ŒUVRES
COMPLÈTES
DE BOSSUET

PUBLIÉES

D'APRÈS LES IMPRIMÉS ET LES MANUSCRITS ORIGINAUX

PURGÉES DES INTERPOLATIONS ET RENDUES A LEUR INTÉGRITÉ

PAR F. LACHAT

ÉDITION

RENFERMANT TOUS LES OUVRAGES ÉDITÉS ET PLUSIEURS INÉDITS

VOLUME XXVI

PARIS
LOUIS VIVÈS, LIBRAIRE-ÉDITEUR
13, RUE DELAMBRE, 13

1879

Juillet 1670. Lettre de Bossuet sur la mort d'Henriette Anne d'Angleterre
décédée à St Cloud le 30 juin 1670
duchesse d'Orléans, fille de la reine d'Angleterre, Henrietta Maria
de France.

publiée par Floquet (Jerôme aussi) dans Bibl. de l'école des Chartes
T. 1, 2e Série 1844   p. 174   à 178

Je crois que vous aurez sceu que je fus éveillé
la nuit de Minuit au lundy, par ordre de M. ou sieur
aller avisto Madame, qui estoit allée se mettre à Saint
Cloud, et qui me demandoit avec empressement...

ŒUVRES

COMPLÈTES

DE BOSSUET

PARIS. — IMPRIMERIE Vᵛᵉ P. LAROUSSE ET Cⁱᵉ
19, RUE MONTPARNASSE, 19

ŒUVRES
COMPLÈTES
DE BOSSUET

PUBLIÉES

D'APRÈS LES IMPRIMÉS ET LES MANUSCRITS ORIGINAUX

PURGÉES DES INTERPOLATIONS ET RENDUES A LEUR INTÉGRITÉ

PAR F. LACHAT

ÉDITION

RENFERMANT TOUS LES OUVRAGES ÉDITÉS ET PLUSIEURS INÉDITS

VOLUME XXVI

PARIS

LOUIS VIVÈS, LIBRAIRE-ÉDITEUR

13, RUE DELAMBRE, 13

1879

MÉLANGES
ET LETTRES DIVERSES

MÉLANGES

INSTRUCTION A MONSEIGNEUR LE DAUPHIN
POUR SA PREMIÈRE COMMUNION (a).

La première communion est un fondement de nouvelle vie pour le chrétien. Il faut après cela commencer à vivre comme un homme qui a reçu Jésus-Christ, et qui a été admis au plus saint de tous les mystères. Toute notre manière de vivre se doit sentir de cette grace. C'est alors qu'il faut écouter plus que jamais cette parole du Sage : « Laissez l'enfance, et vivez et marchez par les voies de la prudence [1]. » Que doit-on espérer d'un homme à qui Jésus-Christ reçu ne fait rien, et qu'y aura-t-il après cela qui soit capable de le toucher? Le plus grand de tous les objets, le plus grand de tous les sacremens, les plus grandes de toutes les graces, c'est ce que contient l'Eucharistie! Si des remèdes si puissans ne changent pas le malade en mieux, sa santé est désespérée. Il faut donc après la communion, commencer à vivre de sorte qu'on s'aperçoive que Jésus-Christ a fait quelque chose en

---
[1] *Prov.*, IX, 6.

(a) Ce titre fait connoître suffisamment, et le but de l'ouvrage, et l'époque de sa composition.
Disons donc une seule chose, c'est que l'Evêque de Meaux publia dans les *Prières ecclésiastiques*, pour les fidèles de son diocèse, l'*Instruction* destinée d'abord au Dauphin; mais il fit, dans la seconde publication, de nombreux changemens à son premier projet. On peut comparer le texte qui va suivre dans ce volume avec celui que nous avons donné plus haut, volume V, p. 230.
Le manuscrit de l'*Instruction* sur la première communion se trouve à la Bibliothèque impériale, avec les manuscrits des compositions qu'on lira ci-après, se rapportant à l'éducation du Dauphin.

nous. Mais afin qu'un si grand mystère opère en nos cœurs ce qu'il y doit opérer, on a besoin d'une grande préparation. Elle doit commencer par l'instruction ; et il y a cinq choses principales à apprendre sur cet adorable sacrement : 1° Ce que c'est, 2° pourquoi il a été institué, 3° ce qu'il faut faire devant que de le recevoir, 4° ce qu'il faut faire en le recevant, 5° ce qu'il faut faire après l'avoir reçu.

I.

Qu'est-ce que le Saint-Sacrement ?

Jésus-Christ nous l'apprend par ces paroles :

« Ceci est mon corps livré pour vous ; ceci est mon sang, du nouveau testament, répandu pour la rémission des péchés [1]. »

C'est donc ce même corps conçu du Saint-Esprit, né de la Vierge Marie, crucifié, ressuscité, élevé aux cieux, placé à la droite du Père, avec lequel Jésus-Christ viendra juger les vivans et les morts.

C'est ce même sang infiniment précieux, qui a été répandu pour nous, et par lequel nos péchés ont été lavés.

Ce corps et ce sang, après la résurrection, sont inséparables. Ainsi avec le corps on reçoit le sang ; avec le sang on reçoit le corps ; et on reçoit avec l'un et l'autre, et l'ame et la divinité de Jésus-Christ, qui ne peuvent en être séparées ; c'est-à-dire qu'on reçoit Jésus-Christ entier, Dieu et Homme tout ensemble.

Avec Jésus-Christ vont toutes les graces, toutes les lumières, toutes les consolations, enfin toutes les richesses du ciel et de la terre, tout nous est donné avec Jésus-Christ, et qui se donne soi-même ne peut plus rien refuser.

Voilà ce qu'il faut croire d'une ferme foi, n'importe que notre sens ni notre raisonnement naturel ne comprennent rien dans ce mystère. Le chrétien n'a rien à écouter que Jésus-Christ : « Celui-ci est mon Fils bien-aimé, dans lequel je me suis plu, écoutez-le [2] : » il est la vérité même, il fait tout ce qu'il lui plait par sa parole. Il est cette parole éternelle par qui tout a été tiré du néant. Exerçons ici notre foi par le mépris du rapport que

---

[1] *Matth.*, XXVI, 26-28. — [2] *Ibid.*, III, 17.

nous font nos sens. Il n'y a rien ici pour eux. C'est un exercice pour la foi. N'écoutons que Jésus-Christ et jouissons du bien infini qu'il nous prête.

II.
Pourquoi est institué ce sacrement ?

Jésus-Christ l'a expliqué par ces paroles : « Faites ceci en mémoire de moi[1]; » et encore : « Comme mon Père vivant m'a envoyé et que je vis pour mon Père, ainsi celui qui me mange vivra pour moi[2]. »

Souvenons-nous de cette nuit triste, et bienheureuse tout ensemble, où Jésus-Christ fut livré pour être crucifié le lendemain. Lui qui savoit toutes choses, qui sentoit approcher son heure dernière, ayant toujours aimé tendrement les siens, il les aime jusqu'à la mort, et assemblant en la personne de ses saints apôtres tous ceux pour qui il alloit mourir, il leur dit en leur laissant ce don précieux de son corps et de son sang : *Faites ceci en mémoire de moi.* Célébrez ce saint mystère jusqu'à ce que je vienne juger les vivans et les morts; et souvenez-vous, en le célébrant, de ce que j'ai fait pour votre salut. Souvenez-vous de mon amour; souvenez-vous de mes bontés infinies; rappelez en votre mémoire tout ce que j'ai fait pour vous, et surtout n'oubliez jamais que je vais mourir pour votre salut. C'est moi-même qui donne ma vie volontairement, *personne ne me la ravit*[3] : mais je la donne de bon cœur, parce que vous avez besoin d'un tel sacrifice.

Méditons donc à la sainte table l'amour que le Fils de Dieu a pour nous. Cet amour lui a fait faire pour notre bien des choses incompréhensibles. Pour s'approcher de nous et s'unir à nous, il a pris une chair humaine. Cette chair qu'il a prise pour l'amour de nous, il l'a donnée pour nous avec tout son sang. Non content de donner pour nous son corps et son sang à la croix, il nous le donne encore dans l'Eucharistie, et tout cela nous est un gage qu'il se donnera un jour à nous dans le ciel pour nous rendre éternellement heureux.

Songeons à toutes ces choses, et nous laissant attendrir à tant

[1] 1 *Cor.*, XI, 24. — [2] *Joan.*, VI, 58. — [3] *Ibid.*, X. 18.

de marques d'amour de notre Sauveur, ne soyons plus qu'amour pour lui. C'est ce qu'il attend de nous, et c'est pour exciter cet amour qu'il a institué ce saint mystère.

Il nous le dit lui-même par ces paroles : « Comme mon Père vivant m'a envoyé et que je vis pour mon Père, ainsi celui qui me mange vivra pour moi[1]. » On voit par ces paroles que l'effet véritable de la communion, c'est de nous faire vivre pour Jésus-Christ, comme il a vécu pour son Père. Exemple admirable proposé aux chrétiens. Jésus-Christ ne respiroit que la gloire de son Père ; il n'y a rien qu'il n'ait fait et qu'il n'ait souffert pour la procurer ; sa nourriture étoit de faire en tout et partout la volonté de son Père ; il a subi volontairement une mort infâme et cruelle, parce que son Père le vouloit ainsi. *Le prince de ce monde*, dit-il, c'est-à-dire, *le démon, ne trouvera rien en moi qui lui donne prise*, parce que je suis sans péché ; et toutefois je m'en vais m'abandonner à sa puissance et souffrir, entre les mains de ceux qu'il possède, une mort infâme, « afin que le monde voie que j'aime mon Père et que je fais ce qu'il commande[2]. »

L'amour qu'il a pour son Père lui fait aimer ses commandemens, quelque rigoureux qu'ils soient aux siens. Il ne vit que pour son Père, puisqu'il est prêt à chaque moment de donner sa vie pour lui plaire ; ainsi celui qui reçoit Jésus-Christ doit vivre uniquement pour lui : c'est-à-dire qu'il doit être tout amour pour son Sauveur, ne respirer que pour sa gloire, aimer ses commandemens, sacrifier tous ses désirs pour lui plaire ; il faut que Jésus-Christ soit sa joie et le possède tout entier au corps et en l'âme. Car c'est ainsi que s'accomplit cette parole : « Qui me mange, doit vivre pour moi[3]. »

III.

Que faut-il faire avant la communion ?

Saint Paul nous le dit par ces paroles ; après avoir rapporté comme Jésus-Christ nous donne son corps et son sang, avec ordre de célébrer ce saint mystère en mémoire de sa mort, il ajoute ce qui suit : « Quiconque mangera ce pain ou boira le calice du

---

[1] *Joan.*, VI, 58. — [2] *Ibid.*, XIV, 30. — [3] *Ibid.*, VI, 58.

Seigneur indignement, sera coupable du corps ou du sang du Seigneur. Que l'homme donc s'éprouve lui-même et ne présume point manger de ce pain, ni boire de cette coupe sans cette épreuve : car celui qui mange et boit indignement, mange et boit son jugement, ne discernant point le corps du Seigneur. C'est pour cela qu'il y en a plusieurs parmi vous qui tombent malades, et que plusieurs meurent. Que si nous nous jugions nous-mêmes, nous ne serions point jugés, » etc. « Quand nous sommes jugés, nous sommes repris par le Seigneur, afin de n'être point condamnés avec le monde [1]. »

Ces paroles de saint Paul sont terribles, et doivent être écoutées avec tremblement de tous ceux qui approchent de la sainte table.

Elles nous apprennent, 1° que ceux qui communient indignement sont coupables du corps et du sang de Jésus-Christ ; c'est-à-dire qu'ils sont coupables du crime de Judas qui l'a livré, et du crime des Juifs qui l'ont mis à mort, et qui ont répandu son sang innocent. Car communier indignement, c'est lui donner avec Judas un baiser de traître ; c'est violer la sainteté de son corps et de son sang, les profaner, les fouler aux pieds, les outrager d'une manière plus indigne que n'ont fait les Juifs, qui ne le connoissoient pas dans leur fureur, au lieu que le chrétien sacrilége l'outrage en le reconnoissant pour le Roi de gloire et en l'appelant son Sauveur.

2° Ces paroles nous font voir jusqu'où ira le mépris que ces chrétiens sacriléges ont pour Jésus-Christ. *En ce qu'ils ne discernent point le corps du Seigneur* [2], et le mangent comme ils feroient un morceau de pain, sans songer auparavant à purifier leur conscience : ce qui est le mépris le plus outrageux qu'on puisse faire à un Dieu qui se donne à nous.

3° Saint Paul conclut de là que celui qui mange indignement le corps de Jésus-Christ mange et boit son jugement : car comme celui qui pèche aux yeux du juge qui a en main la puissance publique pour châtier les scélérats, s'attire une prompte et inévitable punition, ainsi ce chrétien téméraire, qui communie sans avoir purifié sa conscience, mène son juge en lui-même, où il

---

[1] I *Cor.*, XI, 27-32. — [2] *Ibid.*, 29.

semble ne l'introduire qu'afin qu'il voie de plus près ses crimes, et qu'il soit comme forcé à en prendre une prompte et rigoureuse vengeance.

4° Saint Paul nous enseigne que Dieu châtie souvent dès cette vie les communions indignes, en frappant ceux qui les font de maladies mortelles et de morts soudaines ; ce qui doit faire appréhender que les communions sacriléges, si fréquentes parmi les chrétiens, n'attirent et sur les particuliers et sur la chrétienté des châtimens effroyables.

5° Le même saint Paul nous apprend que ces châtimens temporels qui nous sont envoyés pour nous avertir, quelque terribles qu'ils soient, ne sont rien à comparaison de ceux qui sont réservés en l'autre vie aux malheureux chrétiens que de tels avertissemens n'auront pas pu détourner de leurs communions sacriléges.

6° Ce saint Apôtre conclut de tout cela que l'homme doit s'éprouver lui-même avant que d'approcher de la communion, et ne présumer pas de la recevoir sans avoir fait cette épreuve.

Elle consiste en deux choses : premièrement à examiner sa conscience et à se juger indigne de la communion, quand on se sent souillé d'un péché mortel ; secondement à éprouver ses forces durant quelque temps, pour voir si on aura le courage de surmonter ses mauvaises habitudes. Car on ne doit point présumer de recevoir ce saint sacrement, qu'il n'y ait une apparence bien fondée qu'on est en état d'en profiter.

Cette épreuve se doit faire par l'avis d'un sage confesseur, qui sache nous donner si à propos ce remède salutaire, que nous nous en portions mieux, et que notre vie devienne tous les jours meilleure.

Car sans doute c'est profaner le corps et le sang de Jésus-Christ que de les recevoir sans qu'il y paroisse à notre vie. Ce n'est point discerner le corps de Notre-Seigneur d'avec une nourriture ordinaire, que de demeurer toujours aussi grand pécheur après l'avoir reçu qu'auparavant ; il n'y a rien qui endurcisse davantage les pécheurs et qui les mène plus certainement à l'impénitence que de recevoir les sacremens sans en profiter, parce que s'accoutumant à les recevoir sans effet, ils n'en sont plus touchés et ne se laissent aucun moyen de se relever. Dieu retire ses graces de ceux qui en abusent; et plus elles sont abondantes dans l'Eucharistie, plus on se rend odieux à la justice divine quand on les laisse écouler sans fruit.

Que le pécheur s'éprouve donc soi-même, et qu'il juge sérieusement devant Dieu avec un sage confesseur s'il est en état de profiter de la communion. Car s'il n'en profite pas, il se met dans un danger évident d'être pis qu'auparavant, selon cette parole de Jésus-Christ : « Le dernier état de cet homme est pire que le premier [1]. »

Mais malheur à celui qui n'étant pas jugé digne de communier, n'est point percé de douleur et ne regarde pas cette privation comme une image terrible du dernier jugement, où Jésus-Christ séparera pour jamais de sa compagnie ceux qui auront mérité la condamnation.

Ce jugement n'est pas assez redouté, parce que les hommes le regardent comme une chose éloignée; mais Jésus-Christ nous le rend présent dans l'Eucharistie. Il y sépare les agneaux d'avec les boucs, il appelle les justes et éloigne de lui les pécheurs, et leur dénonce par là qu'ils n'auront jamais de part avec lui s'ils ne font bientôt pénitence.

Il y en a qui se font un sujet d'orgueil de ne pas communier et qui s'imaginent être plus vertueux que les autres, quand ils se retirent de la sainte table sans se disposer à en approcher au plus tôt. C'est une illusion pernicieuse, cette privation est un sujet d'humiliation profonde. Jésus-Christ est notre pain, que nous devrions manger tous les jours comme faisoient les premiers chrétiens, et nous devons nous confondre quand nous sommes jugés indignes de le recevoir. Donc au lieu de nous reposer dans cette privation, il faut entièrement tourner notre cœur à déplorer notre malheureux état, et travailler avec ardeur à recouvrer bientôt Jésus-Christ dont nos crimes nous ont séparés.

Quelques jours auparavant que de communier, il y faut préparer son cœur par des actes fréquens de foi, d'espérance et de charité, et travailler peu à peu à nous les rendre si familiers,

---

[1] *Matth.*, XII, 45.

qu'ils sortent comme naturellement de notre cœur sans qu'il ait besoin d'y être excité par aucun effet.

Chacun en faisant ces actes, doit s'éprouver soi-même sur ces trois vertus. Le chrétien doit examiner sérieusement si en disant les paroles par lesquelles les actes sont exprimés, il en a le sentiment en lui-même; c'est-à-dire qu'il doit sonder son cœur pour considérer s'il croit véritablement les saintes vérités de Dieu, s'il met toute sa confiance en ses promesses, s'il l'aime de tout son cœur et s'il désire sa gloire.

Après avoir fait cette épreuve et avoir reçu l'absolution avec un cœur vraiment repentant, on peut s'approcher de la communion, quelque indigne qu'on se sente encore de la recevoir. Car les pécheurs humbles et repentans sont ceux que Jésus-Christ est venu chercher.

Il faut donc aller à lui avec confiance comme à l'unique soutien de notre foiblesse; et puisqu'il nous a déjà donné le repentir de nos fautes, chercher encore en lui-même la force nécessaire pour persévérer.

IV.

Que faut-il faire dans la communion.

« Seigneur, je ne suis pas digne que vous entriez dans ma maison; mais dites seulement une parole et mon ame sera guérie[1]. Venez, Seigneur Jésus, venez[2]. »

Dans cette sainte action il faut mêler ensemble ces deux sentimens : une profonde humilité par laquelle nous nous sentons indignes de recevoir Jésus-Christ, avec une ardeur extrême de s'unir à lui pour ne s'en séparer jamais.

C'est ici le mystère de l'union de l'Epoux céleste avec l'Eglise son Epouse; c'est ici qu'il s'unit à elle corps à corps, cœur à cœur, esprit à esprit, pour ne faire avec elle qu'une même chose, où il se donne à posséder tout entier aux ames chastes qui sont ses Epouses, où il veut aussi les posséder sans réserve.

Quel amour, quel ardent désir ne doit-on point ressentir à l'approche d'une telle grace ! Mais que cet amour doit être humble

[1] *Matth.*, VIII, 8. — [2] *Apoc.*, XXII, 20.

et respectueux! que l'ame doit être pénétrée de sa bassesse, de son néant, de la grandeur de l'Epoux céleste qui se donne à elle, de ses bontés infinies, de ses miséricordes innombrables!

On ne peut trop répéter ces deux paroles : « Seigneur, je ne suis pas digne. Venez, Seigneur Jésus, venez. Je ne suis pas digne; car je ne suis qu'un pécheur et un néant : mais, venez, Seigneur Jésus, venez : car vous êtes venu chercher les pécheurs, vous êtes le seul soutien de ma foiblesse, vous êtes le seul remède à mes maux extrêmes. Vous êtes le pain et la nourriture qui répare mes forces abattues; vous êtes ma vie et mon espérance; vous êtes enfin tout mon bien et en ce monde et en l'autre. »

Il faut s'éveiller dans un grand respect et avec un grand sentiment de l'action qu'on a à faire, se tenir toujours recueilli au dedans; et sans s'arrêter à des paroles certaines, laisser aller son cœur à ces deux mouvemens d'humilité et d'amour.

Il faut tâcher de les exciter avec une nouvelle ardeur durant la Messe où nous avons dessein de communier. Prions-y plus que jamais pour toute l'Eglise et pour la paix de la chrétienté; pour les justes, pour les pécheurs, pour les pasteurs de l'Eglise et pour les princes, afin que Dieu soit servi partout, et le monde bien gouverné en toutes manières; pour les hérétiques, pour les infidèles, pour ses amis, pour ses ennemis, pour ceux qui doivent communier ce jour-là; enfin pour tous les vivans et pour les morts, et offrons à Dieu notre communion pour toutes ces choses. Car c'est ici le mystère de charité, où il faut autant qu'il se peut exercer la charité envers tous les hommes, et faire naître en son cœur le désir de leur faire tout le bien possible.

Il faut recommander avec plus de soin ceux qu'on a une obligation particulière de recommander à Dieu. Ce saint mystère est établi pour nous perfectionner dans tous nos devoirs, pour nous faire exercer toutes les vertus, et pour donner de la force à toutes nos prières et à tous nos vœux.

Offrons-nous donc à Dieu par Jésus-Christ en sacrifice, et offrons-lui avec nous tous ceux avec qui nous souhaitons de régner éternellement avec lui.

Quand le prêtre communie, excitons-nous plus que jamais : abandonnons notre cœur aux sentimens qu'une humilité sincère et un amour plein de confiance nous inspirera; et disons toujours non tant par paroles que par un intime sentiment du cœur : « O Seigneur, je ne suis pas digne. Venez, Seigneur Jésus, venez ! »

Après la communion du prêtre il faut approcher de l'autel. Songeons, en prenant la nappe, quel honneur nous allons recevoir d'être appelés à la table du Roi des rois, où lui-même devient notre nourriture : « Qui suis-je, Seigneur ? qui êtes-vous ? Quoi ! Seigneur, vous venez à moi ! Venez, Seigneur Jésus, venez. »

Il faut dire son *Confiteor* avec un regret extrême de ses péchés. Frappons notre poitrine en disant *Meâ culpâ*, plus encore par une vive componction que par l'action extérieure de la main.

Quand le prêtre dit *Misereatur, Indulgentiam*, prions Dieu qu'il nous pardonne nos péchés, et qu'il nous fasse la grace de les corriger : « O Seigneur ! serai-je assez malheureux et assez ingrat pour vous offenser dorénavant : plutôt la mort, mon Dieu, plutôt la mort ! »

Le prêtre dit ensuite, et nous avec lui : *Domine, non sum dignus*. On le répète trois fois, et on ne le peut dire trop souvent, ni trop admirer la bonté d'un Dieu qui ne dédaigne pas de venir à nous. Là, on adore Jésus-Christ avec un abaissement profond d'esprit et de corps; on frappe sa poitrine, mais on doit encore plus frapper son cœur en l'excitant à componction.

Après, le prêtre s'approche pour nous apporter Jésus-Christ; puis faisant le signe de la croix et nous souhaitant la vie éternelle, il nous donne ce divin corps qui contient en soi toutes les graces.

Heureux celui qui ouvrant la bouche, ouvre encore plus son cœur pour le recevoir : « O Jésus, vous êtes à moi, vous vous donnez tout entier : ô Jésus, je me donne à vous, et je veux être à vous sans réserve. »

Ayant reçu Jésus-Christ, on se retire modestement les mains jointes, plein d'une joie intérieure, comme un homme qui a trouvé un trésor et qui possède ce qu'il aime.

Il faut demeurer quelque temps tranquille, jouissant intérieurement de la présence de Jésus-Christ, et écoutant ce qu'il nous dira au fond du cœur. Car il a des paroles de consolation et de paix, dont nul ne peut entendre la douceur que celui qui les a ouïes.

« Parlez, Seigneur Jésus, parlez, votre serviteur vous écoute[1]. »

« J'ai trouvé celui que mon ame aimoit, je ne le quitterai jamais[2]. »

« Mon ame loue le Seigneur, et mon esprit se réjouit en Dieu mon Sauveur[3]. »

« Louez le Seigneur, parce qu'il est bon, parce que ses miséricordes sont éternelles[4]. »

« Tirez-moi après vous, ô mon bien-aimé ! que je coure après l'odeur de vos parfums, et que je ne sente plus que vos douceurs[5]. »

Avec de tels ou de semblables sentimens, il faut goûter intérieurement Jésus-Christ, et le prier de se faire tellement goûter, que nous perdions le goût de toute autre chose.

On peut faire après cela les actions de graces qui sont marquées dans le livre de prières : mais il n'y en a point de meilleures que celles qui sortent naturellement d'un cœur rempli des bontés de Dieu, et touché de ses infinies miséricordes.

Le jour qu'on communie on entend deux Messes, et la seconde se doit passer principalement en actions de graces. L'ame qui sent son bonheur ne peut quitter cette pensée, et s'épanche toute entière en actes d'amour et en cantiques de réjouissance.

Elle fait aussi ses demandes, mais des demandes animées d'un amour céleste; elle demande pour toute grace qu'il lui soit donné d'aimer Dieu; elle souhaite et demande le même bonheur à tous ceux qu'elle aime : et plus elle aime quelqu'un, plus elle prie qu'il soit rempli de l'amour divin.

« Qu'on vous aime, ô mon Dieu ! qu'on vous aime; que je vous aime de tout mon cœur, que tous ceux qui me sont chers vous aiment; que tout le monde vous aime; puissions-nous tous

[1] I *Reg.*, III, 10. — [2] *Cant.*, III, 4. — [3] *Luc.*, I, 47. — [4] *Psal.* CXXXV, 1. — [5] *Cant.*, I, 3.

vous aimer, vous louer et vous bénir, maintenant et à jamais ! »

Après la seconde Messe et après ces actes d'amour, on se retire plein de Jésus-Christ, et du désir de lui plaire.

V.
Que faut-il faire après la communion?

Jésus-Christ nous l'apprend par ces paroles : « Qui mange ma chair et boit mon sang, demeure en moi, et moi en lui [1]. »

La grace de la communion n'est pas une grace passagère; c'est une grace de persévérance et de force, qui doit nous unir avec Jésus-Christ d'une manière stable et permanente : « Qui me mange demeure en moi et moi en lui. »

Il faut demeurer en lui par l'obéissance à ses préceptes, afin qu'il demeure en nous par le continuel épanchement de ses graces.

La force de cette viande céleste doit tellement prendre le dessus en nous, qu'elle nous conforme tout à fait à elle, en sorte que Jésus-Christ paraisse dans toute notre conduite, c'est-à-dire que nous vivions selon ses préceptes et ses exemples.

Quiconque mange Jésus-Christ en doit tellement être possédé, que toutes ses actions, toutes ses paroles et enfin toute sa vie s'en ressente.

Qui a goûté cette viande doit être tellement rempli de ce divin goût, qu'il soit sans cesse attiré à la table de Notre-Seigneur, et qu'il se dise souvent à lui-même : « Mon ame goûte et ressent combien le Seigneur, est doux; heureux l'homme qui espère en lui ! »

Le propre effet de la communion, c'est de nous faire aimer Jésus-Christ tout entier, c'est-à-dire sa personne adorable, sa parole, son Evangile, sa doctrine céleste, ses vérités saintes, ses exemples, son obéissance et sa charité infinie. Il faut prendre dans la communion le goût de toutes ces choses. Il faut que Jésus-Christ nous plaise, que nous l'imprimions en nous-mêmes, que nous en soyons une vive image, et que nous fassions notre plaisir du soin de lui plaire.

[1] *Joan.*, VI, 54.

Ainsi nous accomplissons cette parole qu'il a prononcée : « Comme je vis pour mon Père, ainsi celui qui me mange vivra pour moi[1], » c'est-à-dire accomplira mes volontés comme j'ai accompli celles de mon Père. Il faut donc que celui qui a communié prenne bien garde de ne plus tomber dans les péchés qui le séparent d'avec Jésus-Christ, et l'excluent de sa communion. C'est une terrible profanation de l'Eucharistie de retomber dans le crime après l'avoir reçue, et de se laisser emporter à nos passions après avoir goûté ce don céleste.

Que Jésus-Christ vive donc éternellement dans nos cœurs, que le péché y meure, que les mauvais désirs s'y éteignent peu à peu ; que Jésus-Christ prenne le dessus, qu'il demeure en nous et nous en lui, et que rien ne soit capable de nous séparer de son amour. *Amen. Amen.*

PREUVES DE L'EXISTENCE DE DIEU
PAR LES CRÉATURES.
A MONSEIGNEUR LE DAUPHIN (a).

Posteà quàm mihi regum maximus, te, Ludovice Delphine, non tam exornandum litteris quàm sapientiæ præceptis paulatim informandum excolendumque tradidit, sæpè multùmque his de rebus, quantùm tua ferebat ætas, collocuti sumus ; eòque te interrogando perduximus, ut multa intelligeres quæ necessaria scitu, neque dictu injucunda forent. Nunc ea omnia juvat uno sermone complecti, ut simul in conspectu sint quæ, prout se res ipsa præbuit, diversissimis temporibus causisque diximus.

Cùm itaque percontarer ante undecim ferè annos ubi degeres, quid ageres, quâ in parte universi delitesceres ; te verò his temporibus necdùm exstitisse fatebaris. Cùm deindè quærerem quis te ex his veluti tenebris in lucem eduxerit, quis corporis partes tam aptè collocarit, quis huic deniquè moli mentem infuderit, respon-

[1] *Joan.*, VI, 58.

(a) Le manuscrit, qui se trouve à la Bibliothèque impériale, dit dans une note : « Ces preuves furent proposées à Monseigneur le Dauphin en 1680, peu avant son mariage. »

debas : Deum. — Præclarè, inquiebam ; neque enim homo humanæ virtutis opus, neque quisquam hominum est qui has infinitas partes, quibus nobis vita sensusque constat, animo comprehendere, nedùm effingere et coaptare queat. Mentem verò ipsam, quæ contempletur Deum eique adhærescat, quis præter Deum condere humanoque corpori contemperare potuisset ? Aud Machabæorum matrem, sanctissimam fœminam, septem illos suos fortissimos liberos his verbis alloquentem : « Nescio qualiter, inquit, in utero meo apparuistis ; neque enim ego spiritum et animam donavi vobis, et vitam ; et singulorum membra non ego ipsa compegi. » Quare jubet ut cœlum aspiciant, unde homines originem ducimus, atque ad auctorem Deum ortùs nostri docet primordia referenda.

At non est alius humani generis, quam qui totius naturæ, parens. Cùm enim mundi partes tam aptè cohæreant, eadem profectò mens et singulas effecit et disposuit universas. An verò existimas, sicut à Rege Versalianum palatium, sic orbem à Deo fuisse conditum ? Non ita est. Nùm enim lapides Rex ipse fecit ? Imò in terræ visceribus ipsius artificis naturæ confecti manu indè in humanos usus proferuntur. Neque verò Rex creavit, aut homines quibus utitur ad ædificium construendum, aut ferramenta aliaque id genus quibus ligna et lapides cæduntur, expoliuntur, et in ordinem collocantur. At ille mundi opifex Deus, materiam suam non aliundè desumpsit, verùm ipsam quoque jussit existere ; ipsam ornavit ut voluit ; deniquè rerum ordinem nullis instrumentis aut machina mentis adscitis nutu suo verboque constituit, idem operis incœptor et effector.

EXHORTATION A L'AMOUR DE LA VERTU,

ADRESSÉE A MONSEIGNEUR LE DAUPHIN (a).

Ne croyez pas, Monseigneur, qu'on vous reprenne si sévèrement pendant vos études, pour avoir simplement violé les règles

(a) Bossuet composa cette exhortation en françois, et la fit traduire en latin

de la grammaire en composant. Il est sans doute honteux à un prince, où tout doit être réglé, de tomber en de telles fautes; mais nous regardons plus haut quand nous en sommes si fâchés. Car nous ne blâmons pas tant la faute elle-même, que le défaut d'attention qui en est la cause. Ce défaut d'attention vous fait maintenant confondre l'ordre des paroles; mais si nous laissons vieillir et fortifier cette mauvaise habitude, quand vous viendrez à manier non plus les paroles, mais les choses mêmes, vous en troublerez tout l'ordre. Vous parlez maintenant contre les lois de la grammaire; alors vous mépriserez les préceptes de la raison. Maintenant vous placez mal les paroles, alors vous placerez mal les choses; vous récompenserez au lieu de punir, vous punirez quand il faudra récompenser: enfin vous ferez tout sans ordre, si vous ne vous accoutumez dès votre enfance à tenir votre esprit attentif, à régler ses mouvemens vagues et incertains, et à penser sérieusement en vous-même à ce que vous avez à faire.

Ce qui fait que les grands princes comme vous, s'ils n'y prennent beaucoup garde, tombent facilement dans la paresse et dans une espèce de langueur; c'est l'abondance où ils naissent. Le besoin éveille les autres hommes, et le soin de leur fortune les sollicite sans cesse au travail. Pour vous à qui les biens nécessaires, non-seulement pour la vie, mais pour le plaisir et pour la grandeur, se présentent dans une abondance qui ne vous laisse pas même à désirer ce qu'il y a de plus superflu, vous n'avez rien en toutes ces choses à gagner par le travail, rien à acquérir par le soin et par l'industrie. Mais, Monseigneur, il ne faut pas croire que la sagesse vous vienne avec la même facilité, et sans que vous y donniez un grand soin. Il n'est pas en notre pouvoir de vous mettre dans l'esprit ce qui sert à cultiver la raison et la vertu, pendant que vous penserez à toute autre chose. C'est pourquoi il faut que vous vous excitiez vous-même, que vous appliquiez votre esprit, enfin que vous travailliez avec grand effort à faire que la raison soit toujours en vous la plus forte. Ce doit être là toute votre occupation, vous n'avez que cela à faire et à penser. Car

par le Dauphin. Nous avons revu les deux textes sur le manuscrit, conservé à la Bibliothèque impériale.

comme vous êtes né pour gouverner les hommes par la raison, et que pour cela il est nécessaire que vous en ayez plus que les autres, les choses sont aussi disposées de sorte que vous pouvez vous mettre en repos de tous les autres travaux, afin de vous attacher uniquement à former votre esprit et votre raison.

Pensez-vous que tant de peuples et tant d'armées, qu'une nation si grande et si belliqueuse et dont les esprits sont si inquiets, si industrieux et si fiers, puissent être gouvernés par un seul homme, s'il ne s'applique de toutes ses forces à un ouvrage si difficile et si important? Quand vous n'auriez à conduire qu'un seul cheval un peu fougueux, vous n'en viendriez pas à bout si vous lâchiez tout à fait la main et si vous laissiez aller votre esprit ailleurs : combien moins gouvernerez-vous cette immense multitude agitée de tant de passions et de mouvemens divers. Il viendra des guerres; il s'élèvera des séditions; un peuple emporté fera sentir sa fureur, de tous côtés il paroîtra tous les jours de nouveaux troubles et de nouveaux dangers; l'un vous attaquera par quelque entreprise cachée, et l'autre par des flatteries et par des fourbes; ce brouillon remuera des provinces éloignées; un autre vous venant troubler jusque dans votre Cour, c'est-à-dire dans la source même des affaires, la divisera par des cabales; il excitera l'ambition de l'un et l'audace insensée de l'autre; il se servira du chagrin de ce mécontent pour le soulever contre vous; à peine trouverez-vous quelqu'un qui vous soit fidèle, tant les choses seront mêlées par les brouilleries, par les trahisons et par les artifices de vos ennemis. Au milieu de tant de troubles, vous croirez pouvoir demeurer paisible et tranquille dans votre cabinet, espérant, comme disoit ce poëte comique, que les dieux feront vos affaires pendant que vous dormirez. Vous êtes bien loin de la vérité si vous avez cette pensée. Salluste fait dire à Caton cette parole bien véritable: C'est en veillant, dit-il, c'est en agissant, c'est en avisant sérieusement aux affaires qu'on les fait heureusement réussir. Quand on s'abandonne à l'oisiveté et à la paresse, on implore en vain le secours des dieux; on les trouve irrités et implacables. Il est ainsi, Monseigneur; ce n'est pas en vain que Dieu a mis dans notre esprit une vivacité toujours agissante et une force infatigable par laquelle nous rappelons le passé, nous comprenons le présent et nous prévenons l'avenir. Ceux qui négligent en eux-mêmes ce présent du Ciel, auront Dieu et les hommes pour ennemis. Car il ne faut pas s'attendre ou que les hommes respectent celui qui méprise ce qui le fait homme, ou que Dieu protége celui qui n'aura fait aucun état de ses dons les plus excellens.

Eveillez-vous donc, Monseigneur, et jetez les yeux sur ce grand roi qui vous a donné la naissance. Ce prince également propre à la paix et à la guerre conduit lui-même toutes choses ; il répond aux ministres des princes étrangers, il instruit ses ambassadeurs et leur apprend le secret de ce qu'ils ont à traiter, il règle son Etat par des lois très-sages ; il gouverne toutes ses armées dont il commande les unes en personne et envoie les autres où il a résolu de les faire agir ; et quoiqu'il ait l'esprit occupé des affaires générales, il n'en pense pas moins à tout le détail. Ce grand roi ne souhaite rien avec tant d'ardeur, que de vous faire entrer dans les conseils et de vous apprendre de bonne heure l'art de régner. Faites-vous seulement un esprit capable de si grandes choses : ne songez point combien est grand l'empire que vous ont laissé vos ancêtres ; mais par quelle vigilance vous devez le défendre et le conserver, et enfin ne commencez pas par l'inapplication et par la paresse une vie qui doit être si occupée et si agissante. De si malheureux commencemens éteindroient en vous la lumière de la raison et feroient qu'étant né avec de l'esprit, ou vous perdriez tout à fait ce don de Dieu, ou vous vous le rendriez inutile. Car à quoi vous serviroient des armes bien faites si vous ne les avez jamais à la main ; et à quoi vous sert aussi d'avoir de l'esprit si vous ne prenez soin de vous en servir, et que vous ne fassiez un bon usage de sa vivacité en l'appliquant ? Sans doute vous verrez périr tous ces biens que la nature vous a donnés : et comme si vous cessiez de danser ou d'écrire, vous en perdriez l'habitude et l'oublieriez tout à fait, de même si vous n'appliquez et n'exercez votre esprit il deviendra engourdi et tombera dans une honteuse léthargie ; en sorte que quand vous voudrez ou exciter sa langueur ou le relever de son abattement, tous vos soins seront inutiles.

Cependant il s'élèvera en vous des passions déréglées ; les plaisirs et la colère qui sont les plus dangereux conseillers des princes, vous porteront à toute sorte de crimes, et la lumière de l'esprit tant une fois éteinte, il ne vous restera aucun secours contre ces corrupteurs de la vie humaine. Vous comprendrez aisément vous-même combien ce malheureux état est contraire à celui de la royauté. Ce n'est pas sans raison qu'un homme emporté par ses passions est appelé par les Latins un homme sans pouvoir. Il ne faut point se persuader qu'un homme ait quelque pouvoir, s'il n'en a point sur lui-même. Quelque autorité qu'il ait sur les autres, il est d'autant plus captif que ce que les hommes ont de plus libre, c'est-à-dire leur esprit et leur raison, en lui est tout à fait sous le joug. Ainsi celui qui veut être et paroître puissant, doit commencer par lui-même à exercer son pouvoir.

Il faut qu'il sache commander à sa colère, modérer ses plaisirs de quelques douceurs qu'ils le flattent, et se rendre maître de son esprit ; ce qu'on ne peut acquérir si on ne s'accoutume de bonne heure à agir sérieusement et à régler sa vie selon la raison.

Souvenez-vous, Monseigneur, je vous en conjure, du traitement que fit Denis le Tyran au fils de Dion, pendant qu'il l'eut en sa puissance. La haine qu'il avoit pour le père, lui fit entreprendre contre le fils tout ce qu'il y avoit de plus rude et de plus cruel. Que si vous voulez savoir ce qu'il fit, votre Cornelius Nepos vous le dit dans son *Histoire*. Il inventa un nouveau genre de vengeance ; il ne tira point l'épée contre cet enfant innocent ; il ne le mit point en prison, il ne lui fit point souffrir la faim ou la soif ; mais, ce qui est le plus déplorable il corrompit en lui toutes les bonnes qualités de l'ame. Pour exécuter ce dessein, il lui permit toutes choses, et dans un âge inconsidéré il l'abandonna à ses fantaisies et à ses humeurs. Emporté par ses plaisirs, il se jeta dans les actions les plus honteuses ; personne ne gouvernoit sa jeunesse imprudente, personne ne s'opposoit aux vices qui le séduisoient, on contentoit tous ses désirs, et on louoit toutes ses fautes. Ainsi son esprit corrompu par une malheureuse flatterie, se jeta dans toute sorte de désordres. Mais considérez, Monseigneur, combien plus facilement les hommes tombent dans la débauche qu'ils ne sont rappelés à l'amour de la vertu. Après que ce jeune homme eut été rendu à son père, il lui donna des gouverneurs pour le détourner de son ancienne manière de vivre ; mais tous ses soins furent inutiles. Car il aima mieux perdre la vie que de renoncer à ses plaisirs accoutumés et se précipita du haut de la maison. Par où vous pouvez entendre deux choses : la première, que nos véritables amis sont ceux qui résistent à nos passions, et que ceux au contraire qui les favorisent sont nos ennemis les plus cruels ; la seconde, qui est la plus importante, que si on prend garde de bonne heure aux enfans, l'autorité paternelle et la bonne éducation peut beaucoup ; mais si on laisse au contraire prévenir l'esprit par de mauvaises maximes, la tyrannie de l'habitude devient invincible, et il n'y a plus de remède ni d'art qui puisse guérir cette maladie invétérée. Il faut aller au-devant d'un si grand mal, de peur qu'il ne devienne incurable. Travaillez-y, Monseigneur, et afin que la raison soit toujours en vous la plus puissante, ne laissez point dissiper votre esprit dans des imaginations vagues et inutiles ; mais nourrissez-le de bonnes pensées, accoutumez-le à les suivre, à s'y attacher, à se les rendre familières, et à en tirer du profit.

AD VIRTUTIS STUDIUM EXHORTATIO,

SERENISSIMO DELPHINO.

Noli putare, Princeps, te liberalibus studiis operantem adeò graviter increpari eo tantùm nomine, quòd præter grammaticæ leges, verba sententiasque colloces. Id quidem turpe Principi, in quo composita omnia esse decet. Verùm altiùs inspicimus, cùm his erratis offendimur. Neque enim tam nobis erratum ipsum, quàm errati causa, incogitantia, displicet. Ea namque efficit ut verba confundas ; quæ si consuetudo invalescere atque inveterascere sinitur, cùm res ipsas, non jam verba, tractabis, perturbabis rerum ordinem. Nunc contra grammaticæ leges loqueris ;

tùm rationis præscripta non audies. Nunc verba, tùm res ipsas alieno pones loco; mercedem pro supplicio, pro præmio supplicium usurpabis. Deniquè perturbatè omnia facies, nisi à puero assuescas attendere animum, motus ejus vagos atque incompositos cohibere, rerumque agendarum sedulò tecum ipse inire rationem.

Ac vobis quidem Principibus, nisi diligentissimè caveatis, ipsa rerum copia inertiam ingenerat animique mollitiem. Cæteros sanè mortales egestas acuit; curæ ipsæ sollicitant, et instigant, neque animum sinunt conquiescere. Vobis, cùm omnia sive quæ ad vitam necessaria, sive quæ ad voluptatem suavia, sive quæ ad splendorem illustria sunt, ultrò se offerant; neque tantùm suppetant, sed supersint; nihil omninò est in ejusmodi rebus, quod labore quæratis, quod studio atque industriâ comparetis. Atqui', Princeps, non ita tibi sapientiæ fructus sine tuo maximo labore provenient. Neque hæc, quæ ad virtutem rationemque excolendam pertinent, incogitanti possumus infundere : quò magis necesse est ipse te excites; ipse animum adhibeas, summoque studio contendas, ut in te ratio valeat vigeatque. Hic tibi labor unus, hoc unum agendum cogitandumque est. Cùm enim ipsâ ratione homines tibi regendi sint, adeòque necesse sit iis ut ratione præstes, ideò provisum est ut tibi reliquorum ferè laborum omnium quædam cessatio esset, quò uni animo rationique informandæ incumberes.

An verò existimas tot populos, tot exercitus, tantam deniquè gentem, tamque bellicosam, tam mobiles animos, tam industrios, tam feroces, unius imperio contineri posse, nisi is tanto operi, totis ingenii viribus, adlaboret? Ne equum quidem unum, paulò ferociorem, manu molli et languidâ, solutoque animo regere et coercere queas : quantò minùs immensam illam multitudinem diversissimis motibus et cupiditatibus æstuantem? Bella ingruent; seditiones exsurgent; plebs efferata passim sæviet; novi quotidiè motus existent; nova urgebunt pericula. Ille te insidiis, hic blanditiis ac fraudibus petet; alius, rerum novarum cupidus, provincias remotissimas concitabit; alius ipsam adortus Aulam, hoc est ipsum rerum caput, eam factionibus distrahet; hujus ambitionem, hujus effrænem ac præcipitem audaciam, hujus animum ægrum et saucium commovebit. Vix quemquam invenias satis tibi fidum; adeò turbis, proditionibus, pessimisque artibus omnia miscebuntur. Tu mihi intereà domi tot inter tempestates securus ac placidus desidebis, sperabisque, ut comicus tuus ait, dormienti tibi omnia confecturos Deos. Næ tu, si id putas, falsus animi es. Præclarè Cato apud Sallustium : « Vigilando, agendo, benè consulendo, prosperè omnia cedunt : ubi socordiæ tete atque ignaviæ tradideris, necquicquam deos implores: irati infestique sunt. » Sic profectò res habet. Non frustrà nobis Deus indidit vividam illam aciem, atque indefessam animi vim, quâ et præterita recordamur, et præsentia complectimur, et futura prospicimus. Id cœleste munus quicumque in se neglexerit, Deum hominesque necesse est adversissimos habeat. Neque enim aut homines verebuntur eum, qui id, quo homo est, aspernetur; aut adjuvabit Deus, qui jam amplissima dona contempserit.

Quin tu igitur expergisceris, Princeps, atque intueris summum virum parentem tuum, Regum maximum? Hic pace belloque juxtà bonus, rebus omnibus præest, consilia omnia moderatur; ad exterorum Principum mandata respondet; suis ipse legatis quid fieri velit, ostendit, ac rerum tractandarum arcana docet; optimis legibus constituit rempublicam; alios aliò dirigit, alios ipse ductat exercitus, ac summam rerum mente complexus, singulis quoque curis adjicit animum. Atque ille quidem avet tecum communicare consilia, ac teneram ætatem regnandi artibus informare. Finge modò animum tantis rebus parem. Neque quantum imperium à majoribus acceperis, sed quantâ vigilantiâ retinere illud, ac tueri valeas, fac cogites; neque occupatissimam ac negotiosissimam vitam tuam ab incogitantiâ atque desidiâ inchoatam velis. His quippe initiis omnem animi lucem extinxeris, ac præclaro licèt natus ingenio, tantum Dei munus aut ipse ultrò amiseris, aut rebus gerendis prorsùs inutile effeceris. Quò enim tibi arma, quamvis affabrè facta, nisi ad manum habeas? aut quò tibi animus atque ingenium, nisi eo diligenter utaris, ejusque aciem intendas? Scilicet ea tibi bona omnia peribunt : utque, si à saltando aut scribendo desistas, ipsa desuetudo in imperitiam desinat; ità planè nisi animum exerceas et adtendas, is turpi veterno torpidus corrumpetur, neque cùm maximè velis languentem excitare, aut erigere jacentem, ullâ industriâ poteris.

Intereà fœdæ cupiditates exsurgent : libido, iracundia, perniciosissimi Principum consultores, te ad pessimum quodque facinus stimulabunt : atque obrutâ semel ingenii luce, ad eas pestes comprimendas nihil tibi auxilii reliqueris. Quod quàm alienum ab imperio sit, tute ipse per te facilè intelligas. Qui enim suis cupiditatibus rapitur, is meritò vocatur *impotens*. Neque valere quidquam ille putandus est, qui cùm cæteris imperet, ipse sui potens non est. Cujus sanè eò est gravior ac tristior servitus, quòd eâ parte serviat, quam omninò sui juris Deus esse voluit : ea est animus, ac mens. Igitur qui potens esse et haberi vult, is à se imperandi ducat initium : modum imponat iræ; voluptates quamvis blandientes coerceat, et castiget : animum deniquè suum habeat in potestate. Quod nemo sibi comparaverit, nisi seriò agere, atque ad rationis normam vitam exigere jam indè à puero instituerit.

Veniat in mentem, obsecro, Dionis filius, qui cùm in Dionysii Tyranni potestate esset, is parentis odio, acerbissima quæque in adolescentis perniciem cogitavit. Quid porrò fecerit, tui *Cornelii Nepotis* prodit historia. Novum excogitavit ultionis genus : neque enim aut ferrum strinxit in puerum, aut in vincula conjecit, aut insontem vexavit fame; verùm, quod luctuosius, animi bona corrupit. Id autem quâ ratione perfecit? nempè indulsit omnia, atque inconsultam adolescentiam suis permisit consiliis vivere. Itaque adolescens, duce voluptate, in omne probrum prosiliit. Nemo regebat ætatem improvidam; nemo vitiis blandientibus repugnabat. Quidquid illi collibuerat, indulgebant; quidquid erraverat, collaudabant. Sic animus fœdâ adulatione corruptus, in omne flagitium præceps ruit. At intuere, Princeps, quantò faciliùs homines in libidinem proruant, quàm ad virtutis studium revocentur. Postquàm adolescens restitutus est patri, is custodes adhibuit qui eum à pristino victu deducerent. Sed id frustrà fuit; nam carere luce, quàm consuetis voluptatibus maluit, seque ex superiori parte dejecit ædium. Ex quo, duo quædam intelligis.

Primùm, amicos eos esse qui nostris cupiditatibus obsistant, vel inimicissimos qui faveant. Tùm illud imprimis : si pueris maturè cura adhibeatur, patriam auctoritatem et rectam institutionem valere : ubi pravis institutis præoccupatur animus, tùm consuetudinis invictam esse vim, atque inveteratum morbum frustrà remediis aut arte tentari. Huic igitur malo, ne fiat insanabile, quàm primùm occurrendum. In id incumbe, Princeps; atque ut in te ratio maximè invalescat, ne tu animum hùc illùc divagari, aut rebus inanibus pasci sinas ; sed eum alas optimis sanctissimisque cogitationibus, has sectetur, his adhærescat, his penitùs imbuatur, ex his fructus capere uberrimos assuescat.

EXTRAITS
DE LA MORALE D'ARISTOTE (a).

DEUX MOTS D'ARISTOTE.

Ἐρωτηθεὶς, τι γηράσκει ταχὺ · Χάρις, ἔφη. Ἐρωτηθεὶς, τι ἔστιν ἐλπὶς · ἐγρηγορότος, ἔφη, ἐνύπνον (b). (DIOG. LAERC.)

DE MORIBUS AD NICOMACHUM.

I.
LIVRE I, CHAPITRE 6.

Il semble que la perfection de chaque chose consiste dans son action. Car chaque chose a son action. La perfection et le bien

---

(a) Bossuet dit dans le rapport au souverain Pontife sur l'éducation du Dauphin : « Pour la doctrine des mœurs, nous avons cru qu'elle ne se devoit pas tirer d'une autre source que de l'écriture et des maximes de l'Evangile ; et qu'il ne falloit pas, quand on peut puiser au milieu d'un fleuve, aller chercher des ruisseaux bourbeux. Nous n'avons pas néanmoins laissé d'expliquer la *Morale*

(b) Comme on lui demandoit (à Aristote) quelle est la chose qui vieillit : « La reconnoissance, » répondit-il.
A cette autre question : « Qu'est-ce que l'espérance ? » il répondit : « Le rêve d'un homme éveillé. »
A l'exemple de saint Basile et d'autres auteurs, Bossuet rapporte ailleurs ce

d'un architecte c'est de bâtir, et du peintre comme tel de faire un tableau, et ainsi des autres. Quoi donc? les artisans, ceux même qui font profession des arts les plus mécaniques, ont leurs actions, les cordonniers, les maçons, les charpentiers. L'homme seul se trouveroit-il sans action? la nature l'aura-t-elle destiné à une oisiveté éternelle? l'aura-t-elle formé si beau, si adroit, si désireux de savoir pour le laisser toujours inutile? ou bien ne faut-il pas dire plutôt que si les yeux, les oreilles, le cœur, le cerveau et généralement toutes les parties qui composent l'homme ont leur action, l'homme aura outre celles-là quelque action, quelque ouvrage, quelque fonction principale? Quelle donc pourra être cette fonction? Car certes la faculté de croître lui est commune avec les plantes. Or il est besoin ici de quelque chose qui lui soit propre, parce que nous trouvons que la perfection de chaque chose est d'exercer l'action que Dieu et la nature lui ont donnée pour la distinguer des autres. Par exemple, la perfection du joueur de luth, en tant qu'il est tel, ne consiste pas en ce qu'il peut avoir de commun entre l'arithméticien et le peintre, comme peuvent être la subtilité de la main et la science des nombres, mais en ce qui lui est propre. Par cette même raison, il est clair que l'homme ne peut pas trouver la perfection dans les fonctions animales. Car les bêtes brutes l'égalent et le surpassent même quelquefois dans cette partie : que si nous trouvons après

d'Aristote; à quoi nous avons ajouté cette doctrine admirable de Socrate, vraiment sublime pour son temps, qui peut servir à donner de la foi aux incrédules et à faire rougir les plus endurcis. »
Ces paroles expliquent suffisamment l'origine et le but des Extraits qu'on va lire. Ces extraits furent faits, nous le pensons du moins, vers 1678, lorsque l'éducation du Dauphin approchoit de sa fin. Ils paroissent ici pour la première fois. Le manuscrit, tout entier de la main de Bossuet, se trouve à la bibliothèque du séminaire de Meaux.

dernier mot : « L'espérance dont le monde parle, dit-il, n'est autre chose, à le bien entendre, qu'une illusion agréable; et ce philosophe l'avoit bien compris, lorsque ses amis le priant de définir l'espérance, il leur répondit en un mot : « C'est un songe de personnes qui veillent : *Somnium vigilantium* (Apud S. Basil., *Epist.* xiv, n. 4). » Un peu plus loin, parlant de l'homme revenu à son sens rassis après des rêves enivrans, Bossuet ajoute : « Que peut-il juger de lui-même, sinon qu'une espérance trompeuse le faisoit jouir pour un temps de la douceur d'un songe agréable? Et ensuite ne doit-il pas dire, selon la pensée de ce philosophe, que l'espérance peut être appelée « la rêverie d'un homme qui veille, » *somnium vigilantium*? (Panégyrique de sainte Thérèse, 1er point.)

une exacte recherche de tout ce qui est dans l'homme, que la raison est tout ensemble et ce qu'il a de plus propre et de plus divin, ne faudra-t-il pas décider que la perfection de l'homme est de vivre selon la raison ? Et de là il résulte que c'est dans cet exercice que consiste la félicité. Car il est certain que chaque chose est heureuse quand elle est parvenue à la perfection pour laquelle elle est née, et le bonheur du joueur de luth comme tel est de toucher délicatement de cet instrument si harmonieux. Car comme le propre du joueur de luth c'est de jouer du luth, aussi est-ce d'un bon joueur de luth d'en jouer selon les règles de l'art. Que si l'homme n'avoit d'autre qualité que celle de jouer du luth, il seroit parfaitement heureux, quand il auroit atteint la perfection de cette science. Il en est de même de la raison. Et encore qu'il y ait en l'homme autre chose que la raison, si est-ce néanmoins qu'elle est la partie dominante, et l'autre est née pour lui obéir. Par où il paroît que la félicité de l'homme est à vivre selon la raison. En quoi il ne faut pas prendre garde aux sentimens des particuliers. Car l'esprit de l'homme est capable d'errer non moins dans le choix des choses qu'il faut faire pour être heureux, que dans la connoissance de toutes les autres vérités. De sorte qu'il ne faut pas avoir égard à ceux qui se sont figuré une fausse idée de bonheur, et ainsi leur imagination étant abusée, semblent jouir de quelque ombre de félicité, semblables aux hypocondriaques, dont la fantaisie blessée se repaît du simulacre et du songe d'un plaisir vain et chimérique, et d'un fantôme léger, d'un spectacle sans corps.

II.

LIVRE I, CHAPITRE 10.

Εἰ μὲν οὖν καὶ ἄλλότι Θεῶν ἐστι δώρημα ἀνθρώποις, εὔλογον καὶ τὴν εὐδαιμονίαν θεόδοτον εἶναι (a).

(a) S'il est quelque autre don que les dieux aient fait aux hommes, il s'ensuit que le bonheur aussi est un présent divin.

III.
LIVRE I, CHAPITRE 12.

Quærit sitne habenda felicitas τῶν ἐπαινετῶν, an τῶν τιμίων, ac laudari quidem quæ alicujus rei comparandæ ista sunt. Εἰ δ' ἐστιν ὁ ἔπαινος τῶν τοιούτων, δῆλον ὅτι τῶν ἀρίστων οὐκ ἔστιν ἔπαινος · ἀλλὰ μεῖζόν τι καὶ βέλτιον... τοὺς γὰρ θεοὺς μακαρίζομεν καὶ εὐδαιμονίζομεν ·... οὐδεὶς γὰρ τὴν εὐδαιμονίαν ἐπαινεῖ καθάπερ τὸ δίκαιον, ἀλλ' ὡς θειότερόν τι καὶ βέλτιον μακαρίζει. Δοκεῖ δὲ καὶ Εὔδοξος καλῶς συνηγορῆσαι περὶ τῶν ἀριστείων τῇ ἡδονῇ · τὸ γὰρ μὴ ἐπαινεῖσθαι τῶν ἀγαθῶν οὖσαν, μηνύειν ᾤετο ὅτι κρεῖττόν ἐστι τῶν ἐπαινετῶν, τοιοῦτον δ' εἶναι τὸν Θεὸν καὶ τἀγαθόν (*a*).

IV.
LIVRE II, CHAPITRE 9.

Δεῖ τὸν στοχαζόμενον τοῦ μέσου, πρῶτον μὲν ἀποχωρεῖν τοῦ μᾶλλον ἐναντίου · τῶν γὰρ ἄκρων τὸ μὲν ἔστιν ἁμαρτωλότερον, τὸ δὲ ἧττον (*b*).

V.
LIVRE IV, CHAPITRE 5.

Οὐ γὰρ εἰς ἑαυτὸν δαπανηρὸς ὁ μεγαλοπρεπής, ἀλλ' εἰς τὰ κοινά (*c*).

VI.
LIVRE IV, CHAPITRE 7.

Περὶ μεγαλοψυχίας. — ... Εἰ δὲ δὴ μεγάλων ἑαυτὸν ἀξίων, ἄξιος ὤν, καὶ μάλιστα τῶν μεγίστων, περὶ ἓν μάλιστα ἂν εἴη..., magnanimum

(*a*) Il demande si l'on doit placer le bonheur parmi les choses louables ou parmi les choses estimables, et pose en principe qu'on loue les choses relativement à d'autres. Cela étant, il est clair que les choses les plus excellentes ne sont pas l'objet de la louange, mais quelque chose de meilleur et de plus élevé. Car nous disons les dieux heureux, au comble de la félicité... Et personne ne loue le bonheur comme la justice, mais on l'élève comme quelque chose de plus divin et de meilleur. C'est pourquoi Eudoxe semble avoir parfaitement montré l'excellence du plaisir ; car de ce qu'il n'est pas loué, bien qu'il se trouve au nombre des biens, il en conclut qu'il les surpasse tous, et c'est ainsi qu'il en est de Dieu et du souverain bien.

(*b*) Celui qui veut atteindre le milieu, doit avant tout s'écarter des contraires : car un extrême pèche par excès, et l'autre par défaut. — Ce principe est le fondement de toute la morale de saint Thomas.

(*c*) Ce n'est pas pour lui que l'homme magnifique est prodigue, mais pour la chose publique. — Il est, dit Bossuet, « comme une fontaine publique qu'on élève pour la répandre. » (*Oraison funèbre de Louis de Bourbon.*)

nemini injuriam facere. Τίνος γὰρ ἕνεκα πράξει αἰσχρὰ, ᾧ οὐθὲν μέγα; καθ' ἕκαστα δ' ἐπισκοποῦντι πάμπαν γελοῖος φαίνοιτ' ἂν ὁ μεγαλόψυχος μὴ ἀγαθὸς ὤν (a).

VII.

LIVRE IV, CHAPITRE 8.

Διὸ ὑπερόπται δοκοῦσιν εἶναι.

Οὐκ ἔστι μικροκίνδυνος οὐδὲ φιλοκίνδυνος, διὰ τὸ ὀλίγα τιμᾶν.

Δοκοῦσι δὲ καὶ μνημονεύειν οὓς ἂν ποιήσωσιν εὖ, ὧν δ' ἂν πάθωσιν, οὔ· ἐλάττων γὰρ ὁ παθὼν ἐν τοῦ ποιήσαντος, βούλεται δὲ ὑπερέχειν... καὶ ἀργὸν εἶναι καὶ μελλητὴν, ἀλλ' ἢ ὅπου τιμὴ μεγάλη ἢ ἔργον· καὶ ὀλίγων μὲν πρακτικὸν, μεγάλων δὲ καὶ ὀνομαστῶν...

Καὶ μέλειν τῆς ἀληθείας μᾶλλον ἢ τῆς δόξης, καὶ λέγειν καὶ πράττειν φανερῶς· καταφρονητικὸς γὰρ

Οὐδὲ μνησίκακος, οὐ γὰρ μεγαλοψύχου τὸ ἀπομνημονεύειν, ἄλλως τε καὶ κακά.

Οὐδὲ θαυμαστικὸς, οὐθὲν γὰρ μέγα οὐτῷ ἔστιν.

Καὶ οἷος κεκτῆσθαι μᾶλλον τὰ καλὰ καὶ ἄκαρπα τῶν καρπίμων καὶ ὠφελίμων, αὐτάρκους γὰρ μᾶλλον. Καὶ κίνησις δὲ βραδεῖα τοῦ μεγαλοψύχου δοκεῖ εἶναι (b).

(a) De la grandeur d'âme. — ... S'il se croit digne, l'étant en effet, de grandes choses et surtout des plus grandes, il n'aura plus qu'une pensée.... c'est que l'homme magnanime ne fait injure à personne. Car pourquoi commettroit-il des actions honteuses, lui pour qui rien n'est grand? Et si l'on considère attentivement les choses, ne seroit-il pas complétement ridicule de paroître magnanime sans être homme de bien?

(b) C'est pourquoi l'homme qui a de la grandeur d'âme semble dédaigneux.
Il n'a pas de petites intrigues et ne court point les hasards, parce qu'il n'estime que peu de chose.
On voit qu'il se souvient de ceux à qui il a rendu des bienfaits; mais de ceux qui lui en ont rendu, non : car l'obligé est au-dessous du bienfaiteur, et il veut avoir le dessus. On remarque en lui de la nonchalance et de la lenteur, à moins que l'honneur ne le réclame ou une grande action; il agit peu, mais il fait des choses grandes et qui donnent de la renommée.
Il prend plus souci de la vérité que de l'opinion; il agit et parle ouvertement, parce qu'il est fier.
Il oublie les injures; car il n'est pas d'un grand cœur de se souvenir même du mal qu'on lui a fait.
Il n'est point admirateur, parce qu'il n'y a rien de grand pour lui.
Il préfère les choses belles, alors même qu'elles sont stériles, aux choses utiles et profitables, car il se suffit à lui-même. Enfin sa démarche et ses mouvemens n'ont rien de précipité.

VIII.

LIVRE V, CHAPITRE 8.

Gratiarum templum in propatulo orbis loco collocari solet, ut remuneratio commendetur.

IX.

LIVRE VI, CHAPITRE 14.

Πάντα γὰρ φύσει ἔχει τι θεῖον (*a*).

X.

LIVRE VII, CHAPITRE 1.

Φίλων μὲν ὄντων οὐδὲν δεῖ δικαιοσύνης · δίκαιοι δ' ὄντες, προσδέονται φιλίας (*b*).

XI.

LIVRE VIII, CHAPITRE 14.

Οἱ δ' ἄνθρωποι οὐ μόνον τῆς τεκνοποίας χάριν συνοικοῦσιν, ἀλλὰ καὶ τῶν εἰς τὸν βίον. Εὐθὺς γὰρ διῄρηται τὰ ἔργα· καὶ ἔστιν ἕτερα ἀνδρὸς καὶ γυναικός... Συνδεσμὸς δὲ τὰ τέκνα δοκεῖ εἶναι · διὸ θᾶττον οἱ ἄτεκνοι διαλύονται · τὰ γὰρ τέκνα κοινὸν ἀγαθὸν ἀμφοῖν, συνέχει δὲ τὸ κοινὸν (*c*).

XII.

LIVRE IX, CHAPITRE 12.

Καὶ τοῖς φίλοις αἱρετώτατον ἔστι τὸ συζῆν... Καὶ ὡς πρὸς ἑαυτὸν ἔχει, οὕτω καὶ πρὸς τὸν φίλον, περὶ αὐτὸν δὲ ἡ αἴσθησις ὅτι ἔστιν, αἱρετὴ (*d*).

(*a*) Tout a par la nature quelque chose de divin.
(*b*) Les hommes s'aimant, la justice n'est pas nécessaire; mais les hommes étant justes, il faut l'amitié.
(*c*) Les hommes vivent en société, non-seulement pour la procréation des enfans, mais encore pour les choses de la vie. Car aussitôt les offices leur sont distribués, et ceux du mari sont autres que ceux de la femme... Les enfans sont d'ailleurs un lien d'union, et voilà pourquoi ceux qui n'en ont pas se séparent aisément; car les enfans sont un bien commun entre les époux, et ce qui est commun réunit.
(*d*) Ce qu'il y a de plus désirable pour les amis, c'est de vivre ensemble ; car les affections que l'on a pour soi-même, on les a pour son ami; et c'est une chose agréable de sentir qu'on est.

XIII.
LIVRE X, CHAPITRE 7.

Ὁ δὲ τοιοῦτος ἂν εἴη βίος κρείττων ἢ κατ' ἄνθρωπον · οὐ γὰρ ᾗ ἄνθρωπός ἐστιν οὕτω βιώσεται, ἀλλ' ᾗ θεῖόν τι ἐν αὐτῷ ὑπάρχει... Οὐ χρὴ δὲ κατὰ τοὺς παραινοῦντας ἀνθρώπινα φρονεῖν ἄνθρωπον ὄντα οὐδὲ θνητὰ τὸν θνητόν, ἀλλ' ἐφ' ὅσον ἐνδέχεται ἀθανατίζειν καὶ πάντα ποιεῖν πρὸς τὸ ζῆν κατὰ τὸ κράτιστον τῶν ἐν αὐτῷ (*a*).

XIV.
De virtutibus et vitiis, caput ultimum.

Ἔστι δὲ ἀρετῆς καὶ τὸ εὐεργετεῖν τοὺς ἀξίους, καὶ τὸ φιλεῖν τοὺς ἀγαθούς, καὶ τὸ μήτε κολαστικὸν εἶναι, μήτε τιμωρητικόν, ἀλλὰ ἵλεων κα εὐμενικὸν καὶ συγγνωμονικόν. Ἀκόλουθαι δὲ τῇ ἀρετῇ χρηστότης, ἐπιείκεια, εὐγνωμοσύνη, ἐλπὶς ἀγαθή (*b*).

XV.
LIVRE X, CHAPITRE 9.

..... Καὶ θεοφιλέστατος ἔοικεν εἶναι (ὁ μακάριος) · εἰ γὰρ τίς ἐπιμέλεια τῶν ἀνθρωπίνων ὑπὸ θεῶν γίνεται, ὥσπερ δοκεῖ, καὶ εἴη ἂν εὔλογον χαίρειν τε αὐτοὺς τῷ ἀρίστῳ καὶ τῷ συγγενεστάτῳ (τοῦτο δ' ἂν εἴη ὁ νοῦς) καὶ τοὺς ἀγαπῶντας μάλιστα τοῦτο καὶ τιμῶντας ἀντευποιεῖν · ὡς τῶν φίλων αὐτοῖς ἐπιμελουμένους, καὶ ὀρθῶς τε καὶ καλῶς πράττοντας · ὅτι δὲ πάντα ταῦτα τῷ σοφῷ μάλισθ' ὑπάρχει, οὐκ ἄδηλον · θεοφιλέστατος ἄρα. Τὸν αὐτὸν δ' εἰκὸς καὶ εὐδαιμονέστατον · ὥστε κἂν οὕτως εἴη ὁ σοφὸς μάλιστ' εὐδαίμων (*c*).

(*a*) Cette vie (bienheureuse) surpassera la condition humaine : car l'homme ne vivra pas comme tel, mais ce qu'il y a de divin en lui dominera. Malgré donc les conseils qu'on nous donne, gardons-nous, tout hommes et tout mortels que nous sommes, de nourrir des pensées humaines et mortelles; mais tâchons de nous détacher autant que possible de la mortalité, et faisons toutes choses pour vivre conformément à la partie supérieure de nous-mêmes.

(*b*) Il est aussi de l'homme vertueux de faire du bien à ceux qui le méritent et d'aimer les gens de bien; de n'être ni rancuneux ni vindicatif, mais miséricordieux, clément et prêt à pardonner. La vertu a pour compagnes la probité, la droiture, la franchise et l'espérance.

(*c*) Il est probable que le sage est chéri de la divinité (et heureux). Car si les dieux s'occupent, selon toute apparence (*), des affaires humaines, comme il est

(*) Les expressions: *Il semble, il paroît, selon les apparences*, etc., ne sont point dubitatives dans le chef des péripatéticiens, non plus que dans le prince de l'Ecole. Aristote ne pouvoit

XVI.

LIVRE VII, CHAPITRE 15.

Οὐκ αἰεὶ δ' οὐθὲν ἡδὺ τὸ αὐτὸ, διὰ τὸ μὴ ἁπλῆν ἡμῶν εἶναι τὴν φύσιν, ἀλλ' εἶναι τι καὶ ἕτερον, καθὸ φθαρτά... Ἐπεὶ εἰ τοῦ ἡ φύσις ἁπλῆ εἴη, αἰεὶ ἡ αὐτὴ πρᾶξις ἡδίστη ἔσται. Διὸ ὁ Θεὸς αἰεὶ μίαν καὶ ἁπλῆν χαίρει ἡδονήν. Οὐ γὰρ μόνον κινήσεως ἔστιν ἐνέργεια, ἀλλὰ καὶ ἀκινησίας · καὶ ἡδονὴ μᾶλλον ἐν ἐρημίᾳ ἐστὶν, ἢ ἐν κινήσει. Μεταβολὴ δὲ πάντων γλυκυτάτον... διὰ πονηρίαν τινά · ὥσπερ γὰρ ἄνθρωπος εὐμετάβολος ὁ πονηρὸς, καὶ ἡ φύσις ἡ δεομένη μεταβολῆς · οὐ γὰρ ἁπλῆ οὐδ' ἐπιεικής *(a)*.

XVII.

LIVRE VII, CHAPITRE 14.

Διώκονται διὰ τὸ σφοδραὶ εἶναι ὑπὸ τῶν ἄλλαις μὴ δυναμένων χαιρεῖν corporis voluptates : αὐτοὶ γοῦν ἑαυτοῖς δίψας τινὰς παρασκευάζουσιν..., οὔτε γὰρ ἔχουσιν ἕτερα ἐφ' οἷς χαιροῦσιν · αἰεὶ γὰρ πονεῖ τὸ ζῶον, ὥσπερ καὶ οἱ φυσικοὶ λόγοι μαρτυροῦσι τὸ ὁρᾶν καὶ τὸ ἀκούειν φάσκοντες εἶναι λυπηρὸν · ἀλλ' ἤδη συνήθεις ἐσμὲν, ὥς φάσιν. Itaque animal multo labore onustum ; laborat enim omnium sensuum exercens facultates, quanquàm assuetudo vetat quominùs id sentiat, in voluptatem tanquàm in quietem ac relaxationem suspirat *(b)*.

raisonnable de croire qu'ils mettent leur complaisance dans les choses les meilleures et les plus semblables à eux, telles que l'esprit, ils récompensent ceux qui l'honorent et le cultivent, comme s'occupant de ce qui leur est cher et se livrant à des exercices nobles et élevés. Or toutes ces occupations, qui ne le voit? se trouvent surtout chez le sage; il est donc clair qu'il jouit de l'amitié divine tout ensemble et du bonheur. Le sage donc, sous ce rapport encore, est très-heureux.

(*a*) La même chose ne nous est pas toujours agréable, parce que notre nature n'est pas simple ; mais qu'elle renferme une diversité qui la soumet à la corruption... Celui dont la nature est simple trouve toujours de l'agrément dans la même action; voilà pourquoi Dieu jouit toujours d'un plaisir un et simple. Et l'action consiste non-seulement dans le mouvement, mais aussi dans l'absence du mouvement; et le plaisir se trouve plus dans le repos que dans le mouvement. Si le changement de toutes choses a le plus grand attrait pour l'homme, cela vient d'un désordre et d'un défaut; et comme l'homme est changeant par dépravation et par défaut, ainsi la nature est mobile par déréglement ; car elle manque de droiture par cela qu'elle manque de simplicité..

(*b*) Ceux qui n'ont pas d'autre soulagement recherchent, parce qu'elles sont violentes, les voluptés du corps; ils allument par là dans leur sein une soif qui

---

heurter de front les croyances de son époque, et le ton tranchant ne convient pas au vrai philosophe. Le Stagyrite ne met pas en doute, quoi qu'on en dise, le dogme de la Providence.

Ὁμοίως δ' ἐν μὲν τῇ νεότητι διὰ τὴν αὔξησιν, ὥσπερ οἱ οἰνωμένοι διάκεινται, καὶ ἡδὺ ἡ νεότης. Οἱ δὲ μελαγχόλικοι τὴν φύσιν ἀεὶ δέονται ἰατρείας · καὶ γὰρ τὸ σῶμα δακνόμενον διατελεῖ διὰ τὴν κρᾶσιν (temperamentum), καὶ ἀεὶ ἐν ὀρέξει σφοδρᾷ εἰσιν. Porrò voluptates medicamenti cujusdam esse, quo dolores atque illa acris animi melancholici vellicatio ac vehemens impetus tantisper remittatur (*a*).

Ὅταν εὔλογον φανῇ τὸ διὰ τί φαίνεται ἀληθὲς, οὐκ ὂν ἀληθὲς, πιστεύειν ποιεῖ τῷ ἀληθεῖ μᾶλλον. Itaque videtur cur voluptates præsertim corporis quàm vehementissimè appetantur, primùm ut molestiæ temperentur, instar medicamenti adversùs molestias (*b*).

XVIII.

AD EUDEMUM, LIVRE IV, CHAPITRE 8.

La société consiste dans les services mutuels que se rendent les particuliers. C'est pourquoi elle se lie par la communication et permutation. Et tout cela est né du besoin, parce qu'il n'est pas possible qu'un seul homme puisse suffire à tout. Ainsi la société demande la diversité des ouvrages. Car s'il n'y en avoit que d'une sorte, chacun seroit suffisant à lui-même. De là vient que deux médecins ne composeroient jamais une société, mais le médecin par exemple et le laboureur. Ils se donnent donc l'un à l'autre les choses dont ils ont besoin. Mais d'autant qu'il y en a dont l'ouvrage vaut mieux que celui des autres, afin d'obliger le meilleur à donner au moindre, il a fallu faire une mesure com-

---

les dévore, car ils n'ont pas d'autres jouissances. Car l'animal est toujours dans un travail fatigant, comme l'attestent les écrits sur la physique ; ils disent que voir et entendre sont des actes pénibles, mais que l'habitude en cache la peine. Ainsi l'animal accablé de fonctions laborieuses, car il travaille en exerçant les facultés de tous ses sens, encore que l'accoutumance l'empêche de le sentir, cherche dans le plaisir le relâche et le repos.

(*a*) Semblablement dans l'adolescence, les hommes, pour favoriser l'accroissement, sont comme endormis dans le vin, et le jeune âge leur est une douce chose. Ceux qui sont d'un naturel mélancolique ont toujours besoin de remède; car leur corps est rongé par la tristesse de leur tempérament et se trouve continuellement dans une excitation violente. Or les plaisirs sont comme un remède qui calme un peu les douleurs, et la tristesse sombre et les mouvemens impétueux de cette noire humeur.

(*b*) En voyant ainsi paroître comme vraies les choses qui ne le sont pas, on découvre une nouvelle raison de croire le vrai; et l'on comprend pourquoi les plus violens plaisirs du corps sont avant tout recherchés comme des remèdes à la douleur, pour en tempérer les atteintes.

mune, et cela les hommes l'ont fait par l'estimation. Or, afin que cela fût plus commode, d'autant qu'il sembloit extrêmement difficile d'égaler des choses de si différente nature, comme une maison et du blé, on a introduit l'usage de l'argent. Je vous donne mon blé par exemple, mais j'aurai besoin d'un logement dans quelque temps : je fais un échange avec Paul, afin de me loger. Mais Paul n'a pas de quoi m'accommoder ; il substitue de l'argent en la place du logement que je lui demande, ainsi l'argent m'est comme caution que je pourrai avoir une maison quand la nécessité me pressera. Sans quoi il est évident que je ne livrerois pas mon blé, que je n'eusse la maison en mes mains. C'est pourquoi Aristote appelle l'argent, *nummus sponsor*, τὸ νόμισμα οἷον ἐγγυητής ἔστιν ἡμῶν. L'argent n'est pas une chose que la nature désire pour lui-même. Car les métaux par eux-mêmes n'ont aucun usage utile au service de l'homme. Aussi dans l'origine des choses, les richesses consistoient dans la possession des biens dont la nature avoit besoin et dont le désir nous est naturel, tels qu'on les trouve dans le vin, dans les troupeaux. Nous le voyons dans les patriarches. Que si l'argent ne nous est nécessaire que comme substitué en la place de ces choses, le désir n'en doit pas être plus grand qu'il ne seroit de ces choses-là mêmes. Le désir maintenant va à proportion du besoin. Or les bornes du besoin sont étroites. La nature est sobre et se contente de peu. Mais la cupidité est venue, qui ne s'est plus voulu contenter du nécessaire, mais par le désir du commode, du plaisant, du bienséant, est montée au délicieux, au mal, au superflu, au somptueux. Nous nous sommes fait certaines idées d'une bienséance incommode ; d'où il est arrivé qu'un homme peut être pauvre, et néanmoins ne manquer de rien de ce que la nature désire ; et cela est absolument ne manquer de rien, parce qu'il faut contenter la nature, non l'opinion. La pauvreté n'est plus opposée à la nécessité, mais au luxe ; et ainsi ce que dit Aristote se vérifie en cette rencontre : δίψας τίνας παρασκευάζοτσι.

SENTENCES

CHOISIES POUR MONSEIGNEUR LE DAUPHIN (a).

I. Le plus excellent parmi les hommes n'est pas celui qui prend le plus, mais celui qui donne le plus. (PLAT., *Gorgias*.)

II. Il se faut, disoit Cyrus, approcher des belles femmes avec plus de crainte que du feu. Car le feu ne brûle que ceux qui le touchent, au lieu qu'elles brûlent même ceux qui ne font que les regarder. (XÉNOPH., *Inst. de Cyrus*, liv. III.)

III. Le général doit supporter, plus que tous les autres, le soleil, le froid et tous les travaux. Par là il gagne ses soldats, il les encourage; et au fond il a moins de peine qu'eux, parce que la gloire le soutient. (*Paroles d'Astyages, roi des Mèdes, à Cyrus, son petit-fils;* ID., *ibid.*, l. I.)

IV. Le plus bel ornement du prince est de voir ses amis ornés de ses dons. (ID., *De la guerre du jeune Cyrus*, l. I.)

V. Il ne faut point souffrir qu'on parle d'amour aux jeunes gens, de peur d'exciter en eux un désir déjà trop fort. (ID., *de l'Inst. de Cyrus*, l. I.)

VI. Il faut à l'exemple de Cyrus, durant sa jeunesse, faire avec plus d'attache les exercices qu'on sait le moins pour les apprendre. (*Ibid.*)

VII. Il faut comme Cyrus, s'accoutumer à parler peu et à rendre raison de tout. (*Ibid.*)

VIII. Le général d'armée doit prier les dieux en partant, qu'il pense, qu'il dise et qu'il exécute ce qui rendra son commandement le plus agréable aux dieux et aux hommes. (*Ibid.*)

IX. C'est un art divin quand on a à commander, de savoir se faire obéir volontairement. (ID., *Mem.*, l. V.)

X. Sachez, Cambyse, disoit Cyrus en mourant à Cambyse son fils aîné, que ce n'est point ce sceptre d'or qui vous conservera le royaume; mais que des amis fidèles sont le vrai sceptre du roi. (XÉNOPH., *Inst. de Cyrus*, l. VIII.)

(a) Le manuscrit, conservé à la Bibliothèque impériale, porte la date de 1672.

XI. Il ne faut point s'imaginer que les hommes naissent fidèles; il les faut faire tels, et cela ne se fait point par la force, mais par la bonté. (*Cyrus mourant à son fils Cambyse; Inst.* liv. VIII.)

XII. Qui veut paroître bon à quelques choses doit songer à l'être en effet. (Id., *Mem. Soc.*)

XIII. Dans les affaires du monde, la félicité même est à craindre. La gloire fait des ennemis; les richesses attirent l'envie; la puissance fait entreprendre plus qu'on ne peut. (Id., *ibid.*, 1. IV.)

XIV. Un homme né pour commander, doit éviter, sur toutes choses, de ne savoir pas, c'est-à-dire d'être mal instruit. (Id., *ibid.*)

XV. Ceux qui regardent et conversent familièrement avec les belles personnes, sont plus hardis que ceux qui se jettent dans les périls ou au milieu des précipices. (Id., *ibid.*)

XVI. L'esprit de l'homme se nourrit et se fortifie en apprenant et en pensant : il fait toujours quelque chose ; il est toujours occupé de quelque recherche, et est attiré par le plaisir de voir et d'ouïr. (Cicero, lib. I, *de Off.*)

XVII. Il ne faut pas toujours user de douceur : la sévérité doit avoir aussi son exercice, à cause du bien de l'Etat qui sans elle ne peut exister. (*Ibid.*)

XVIII. Il ne faut point écouter ceux qui disent que c'est un acte de grand courage de se venger de ses ennemis. Il n'y a rien de plus louable et de plus glorieux que de s'apaiser facilement, et d'avoir de la clémence. (*Ibid.*)

XIX. Le châtiment doit être sans injure, sans injustice, sans excès; et il faut le rapporter non à sa propre utilité, mais à celle de l'Etat. (*Ibid.*)

XX. Ceux qui gouvernent les Etats doivent être semblables aux lois, qui sont portées au châtiment non par la colère, mais par l'équité. (*Ibid.*)

XXI. La nature ne nous a pas faits pour le jeu et pour la raillerie, mais pour des exercices sérieux et graves. (*Ibid.*)

XXII. Il faut que la manière de vivre et le soin que nous prenons de notre corps se rapportent à la bonne constitution et à la santé, et non au plaisir. (*Ibid.*)

XXIII. Il vaut mieux prévoir que se repentir. (Denys d'Halicarnasse, *Antiq. Rom.*, lib. xi.)

XXIV. Les flatteurs sont incapables d'être amis : ils veulent être ou maîtres ou esclaves. (Plat., *de Repub.*, c. 9.)

XXV. Plus on est méchant, plus on est malheureux : le méchant qui réussit devient plus méchant, par conséquent plus misérable. (*Ibid.*)

XXVI. Le plaisir d'apprendre est le plus grand de tous à un esprit raisonnable. (*Ibid.*)

XXVII. Opprimer les laboureurs, c'est opprimer les nourriciers du peuple. (*Ibid.*, c. 8.)

XXVIII. Personne ne doit être prince, qui ne sache entendre et expliquer les raisons des choses. (*Ibid.*, c. 7.)

XXIX. L'injustice est toujours foible, parce qu'elle n'est jamais d'accord avec elle-même et ne peut unir ses forces. (Id., *de Repub. et de just.*)

XXX. Il ne faut point mépriser la réputation : mais il faut savoir que la véritable gloire est toujours unie à la vertu. (Id., *de Legib.*, c. 2.)

XXXI. Le monde étant mêlé de bien et de mal, le grand soin de ceux qui gouvernent doit être que le bien prévale. (*Ibid.*, c. 10.)

XXXII. La destinée de ceux qui ne songent qu'au plaisir et à s'engraisser, c'est d'être la proie des autres. (*Ibid.*, c. 7.)

XXXIII. Pour bien juger, il ne faut ni trop de juges ni trop peu. (*Ibid.*, c. 6.)

XXXIV. Le plus grand de tous les maux est de faire tort à quelqu'un. Il vaut mieux souffrir une injure que la faire. (Plat., *Gorgias.*)

XXXV. Si c'est un plus grand mal de faire une injure que de la recevoir, la justice qui nous empêche d'en faire est un plus grand bien que la puissance qui nous empêche d'en recevoir. (*Ibid.*)

XXXVI. Etre sage, c'est se connoître soi-même. (*Ibid.*)

XXXVII. La seule prudence rend les hommes puissans. (*Ibid.*)

XXXVIII. Le plus grand mal de l'homme sont les plaisirs non réprimés. (*Ibid.*)

XXXIX. Le péché le plus impuni est le plus nuisible à celui qui le commet. (Plat., *Gorgias*.)

XL. Il faut suivre la raison, autrement vous serez toujours contraire à vous-même; ce qui est pis que si vous aviez tous les hommes pour ennemis. (Plat., *Gorgias*.)

XLI. Dieu se moquera des moqueurs, et il bénira les hommes bienfaisans. (*Prov.*, iii, 34.)

XLII. Il ne faut rien souffrir contre les bonnes mœurs sur les théâtres, l'esprit n'est pas éloigné des vices dont la représentation lui plaît. (Aristot., *Polit.*, lib. viii, c. 4.)

XLIII. Mettre les choses en ordre, c'est un ouvrage divin : c'est Dieu qui entretient l'ordre dans l'univers. (*Ibid.*, lib. vii, c. 4.)

XLIV. Faire voyager la foi, c'est faire régner Dieu; faire régner un homme sans la loi, c'est faire régner une bête farouche. (*Ibid.*)

XLV. Il faut faire en sorte que les enfans se réjouissent de bien faire, et ne trouvent rien de plus agréable que de juger sainement de toutes choses. (*Ibid.*, lib. viii, c. 4.)

XLVI. Le vrai roi est celui qui commande non pour exercer sa domination, mais pour profiter à ses sujets. (*Ibid.*, lib. vii.)

XLVII. L'homme montre qu'il a de la raison, en s'élevant au-dessus de son naturel et de ses habitudes. (*Ibid.*, l. vii, c. 13.)

XLVIII. Ce qui fait tomber les royaumes héréditaires, c'est quand il y naît des princes foibles que les peuples méprisent. (*Ibid.*, lib. v, c. 10.)

XLIX. Le meilleur état de l'ame est celui où elle sent le moins la vie des sens. (Id., *Moral.*, lib. vii, c. 15.)

L. Quoique nous soyons mortels, nous ne devons point nous assujettir aux choses mortelles, mais autant que nous pouvons, nous élever à l'immortalité, et vivre selon ce qu'il y a de meilleur en nous. (*Ibid.*, lib. x.)

LI. Où il y a beaucoup de raison et de conduite, il y a peu de hasard. (*Ibid.*, lib. ii, c. 8.)

LII. La vie selon la raison est la meilleure à l'homme, et c'est par là qu'il est homme. (*Ibid.*, lib. x.)

LIII. Celui qui aime la guerre pour elle-même, et non pour la paix, est un meurtrier. (ARISTOT., *Moral* lib. X.)

LIV. Quand l'homme vit vertueusement, ce n'est pas en tant qu'homme, mais autant qu'il y a en lui quelque chose de Dieu. (*Ibid.*)

LV. La meilleure profession, le meilleur emploi, et enfin la meilleure vie et la plus heureuse est celle qui nous donne le moyen de mieux considérer et connoître Dieu. Et au contraire, ce qui empêche de connoître et de servir Dieu est mauvais. (*Ibid.*, lib. vii, c. 15.)

LVI. Si la sagesse entre dans votre cœur, et que la science vous plaise, le conseil vous conservera, et vous serez gardé par la prudence. (*Prov.*, ii, 10, 11.)

LVII. Que vos yeux considèrent ce qui est droit, et qu'ils précèdent vos pas. (*Ibid.*, iv, 25.)

LVIII. Le paresseux veut et ne veut pas; celui qui travaille engraissera. (*Ibid.*, xiii, 4.)

LIX. Le paresseux tient sa main sous son bras, et ce lui est une fatigue de la porter à sa bouche. (*Ibid.*, xxvi, 15.)

LX. Méditez le chemin que vous devez tenir, et vos démarches seront fermes. (*Ibid.*, iv, 26.)

LXI. Le paresseux dit : Il y a un lion sur le chemin, je serai dévoré si je sors. (*Ibid.*, xxii, 13.)

LXII. Je hais l'arrogance, les mauvaises lois et la bouche qui a deux langues. (*Ibid.*, viii, 13.)

LXIII. Ne soyez point sage à vos yeux, craignez Dieu, et vous retirez du mal. (*Ibid.*, iii, 7.)

LXIV. Les rois aiment les lèvres justes; qui parle droitement sera aimé. (*Ibid.*, xvi, 13.)

LXV. Le paresseux n'a point voulu labourer durant l'hiver, il ne recueillera rien en été, il mendiera son pain, et il sera refusé. (*Ibid.*, xx, 4.)

LXVI. Le chemin des paresseux est plein d'épines, celui des justes sans embarras. (*Ibid.*, xv, 19.)

LXVII. La main courageuse et laborieuse dominera, la main paresseuse et lâche payera tribut. (*Ibid.*, xii, 24.)

LXVIII. Les désirs tuent le paresseux ; il passe tout le jour à souhaiter, et sa main ne travaille pas. (*Prov.*, xxi, 25.)

LXIX. Comme la porte se roule sur son gond, ainsi en est-il du paresseux qui se remue et n'avance pas. (*Ibid.*, xxvi, 14.)

LXX. Celui qui est languissant dans son travail est frère du dissipateur. (*Ibid.*, xviii 9.)

LXXI. Eloignez-vous de la mauvaise langue, ne laissez point approcher de vous une bouche médisante. (*Ibid.*, iv, 24.)

LXXII. Laissez l'enfance, et vivez et marchez par les voies de la prudence. (*Ibid.* ix, 6.)

LXXIII. Une main lâche et paresseuse amène la pauvreté, une main courageuse amasse des richesses. (*Ibid.*, x, 4.)

LXXIV. Mettez votre confiance en Dieu de tout votre cœur, et ne vous appuyez pas sur votre prudence. (*Ibid.*, iii, 5.)

LXXV. La vie est dans la gaieté du visage du prince, et sa bonté ressemble à la pluie du soir. (*Ibid.*, xvi, 15.)

LXXVI. N'aimez pas le sommeil, de peur que la pauvreté ne se saisisse de vous ; veillez et vous serez riche. (*Ibid.*, xx, 13.)

LXXVII. La crainte abat le paresseux ; les efféminés auront faim. (*Ibid.*, xviii, 8.)

LXXVIII. Vous dormirez, vous sommeillerez, vous demeurerez les bras croisés ; et là pauvreté viendra comme un homme armé sans que vous ayez de résistance. (*Ibid.*, xxiv, 33.)

LXXIX. Aimez la justice, vous qui jugez la terre ; ayez les dignes sentimens de Dieu, et cherchez-le en la simplicité de votre cœur. (*Sap.* i, 1.)

LXXX. Judicium durissimum his qui præsunt fiet ; potentes autem potenter tormenta patientur. (*Ibid.*, vi, 6, 7.)

LXXXI. Les impies ont cru que notre vie n'étoit que jeu et raillerie. (*Ibid.*, xv, 12.)

LXXXII. Une justice très-rigoureuse sera faite à ceux qui commandent, et les puissans seront puissamment tourmentés. (*Ibid.*, vi, 6, 7.)

LXXXIII. Ecoutez, ô rois ; prêtez l'oreille, ô vous qui commandez les nations et qui vous plaisez à la multitude dont vous êtes environnés. La puissance vient de Dieu qui interrogera vos œuvres et pénétrera le fond de vos pensées, parce que étant les ministres de son royaume vous n'avez pas jugé selon ses lois. (*Sap.*, vi, 2, 3, 4, 5.)

LXXXIV. Dieu n'aura point égard à la qualité des personnes, ni ne craindra la grandeur ou la puissance de qui que ce soit; et prenez-y garde, ô rois; apprenez la sagesse, afin de ne pas tomber. (*Ibid.*, 8.)

LXXXV. Prêtez l'oreille au pauvre sans chagrin, et rendez-lui ce que vous lui devez, et répondez paisiblement et avec douceur. (*Eccli.*, iv, 8.)

LXXXVI. Ne dites pas : J'ai péché, et que m'est-il arrivé de triste ? car le Très-Haut est lent pour punir. (*Ibid.*, v, 4.)

LXXXVII. Le fol marchant dans sa voie, trouve tous les autres fols. (*Eccle.*, x, 3.)

LXXXVIII. Faites promptement ce que vous avez à faire, parce qu'il n'y aura plus ni ouvrage, ni raison, ni sagesse, ni science dans le tombeau où vous allez être précipité. (*Ibid.* ix, 10.)

LXXXIX. Je demeure dans le conseil, dit la Sagesse, et je me trouve au milieu des réflexions savantes et sensées. (*Prov.*, viii, 12.)

XC. J'ai passé par le champ du paresseux et par la vigne du fol : tout y étoit plein d'épines et d'orties, et la muraille d'alentour étoit tombée. (*Ibid.*, xxiv, 30, 31.)

XCI. Le roi insensé perdra son peuple, et les villes seront habitées par le bon sens de leurs seigneurs. (*Eccli.*, x, 3.)

XCII. Une parole douce multiplie les amis et apaise les ennemis, et la langue qui parle bien donne l'abondance. (*Ibid.*, vi, 5.)

XCIII. Ne dites pas : La miséricorde de Dieu est grande; il ne se souviendra point de mes péchés. Car la miséricorde et la vengeance se suivent de près. (*Ibid.*, v, 6, 7.)

XCIV. Semez le matin ; ne vous relâchez pas le soir : car vous ne savez lequel des deux vous produira des fruits; et si tous les deux, tant mieux pour vous. (*Eccle.*, xi, 6.)

XCV. Ne parlez point avec le fol, qui n'aime que ce qui lui plaît. (*Eccli.*, viii, 20.)

XCVI. Pleurez sur le mort ; car il a perdu la lumière : pleurez sur le fol, car il a perdu le sens. (*Eccli.*, xxii, 10.)

XCVII. Ne soyez point comme un lion dans votre maison, opprimant vos sujets et vos domestiques. (*Ibid.*, iv, 35.)

XCVIII. Il a paru au monde inutilement; il va dans les ténèbres, et son nom sera oublié. (*Eccle.* vi, 4.)

XCIX. Le médisant est un serpent qui mord en secret. (*Ibid.*, x, 11.)

C. Vanité des vanités, dit l'Ecclésiaste, et tout est vanité. (*Ibid.*, i, 2.)

CI. Les yeux du sage sont en sa tête, le fol marche dans les ténèbres. (*Ibid.*, ii, 14.)

CII. Que votre main ne soit pas ouverte pour prendre, et resserrée à donner. (*Eccli.*, iv, 36.)

CIII: N'abandonnez point vos anciens amis. Les nouveaux ne les égalent point. Un nouvel ami est un vin nouveau ; il vieillira et vous le boirez avec douceur. (*Ibid.*, ix, 14, 15.)

CIV. Ne tournez pas à tout vent, et n'entrez pas en toutes voies. (*Ibid.*, v. 11.)

CV. Le cœur du sage connoît le temps et la réponse qu'il faut faire. (*Eccle.*, viii, 5.)

CVI Le paresseux est couvert de boue, on n'en parle qu'avec mépris. (*Eccli*, xxii, 1.)

CVII. Soyez doux à écouter les paroles sages afin de les bien entendre, et de rendre avec considération une réponse véritable. (*Ibid.*, v. 13.)

CVIII. Si vous ne travaillez à entretenir votre maison, la pluie pénétrera de tous côtés, et vous la verrez tomber en ruines. (*Eccle.*, x, 18.)

CIX. La pire des dissensions est de ne s'accorder pas avec soi-même ; ce qui arrive nécessairement à ceux qui n'écoutent pas la raison. (Plat., *Gorgias*.)

GRAMMAIRE LATINE
ET MAXIMES DE CÉSAR.

OBSERVATIONS SUR LA GRAMMAIRE LATINE.

Verba contrariæ significationis (a).

Conficere pecuniam : l'amasser *et* le dissiper.
Devolvere corpore montes. Devolvere lapides in aera.
Deducere ab aliquo loco, et *in aliquem locum.*
Deformare : figurer *ou* défigurer.
Deponere pecuniam, magistratum ,sententiam, regnum.
Destitutus : souvent c'est *constitutus.*
Expers : id est *expertus :* et ἄπειρος atque etiam ἔμπειρος.
Formidolosus : Craintif *et* terrible.
Excipio : Je reçois, *et* j'accepte.
Grandis : et le contraire *vægrandis.*
Indictus : publié *ou* qui n'est pas dit.
Infractus animus, id est, non fractus, atque etiam *fractus.* (Virg., *Æneid.,* xii. Turnus ut infractos, etc.
Instratus cubili : étendu dans son lit, *et* pas étendu.
Intumulatus : mis au tombeau, *et* laissé sans sépulture.
Invoco : Venit ad cœnam *invocatus :* sans y être invité, *et* y étant invité.
Promoveo nuptias : J'avance *et* je diffère.
Recantare, id est, *palinodiam canere :* se rétracter, se dédire. Tamen dicunt *recantatam* pro *iterùm cantatam.*

(a) Le manuscrit, conservé à la bibliothèque impériale, est de l'abbé Ledieu. Il renferme la remarque suivante; « M. de Condom a fait des observations aussi curieuses que celles-ci sur les conjugaisons et les particules indéclinables, pour en déterminer le jeu et l'art dans la composition latine. Je les ai vues et les ai laissées, parce que ce seroit un travail infini de recueillir tout ce qui est sorti en tout genre d'un esprit à qui rien n'a échappé dans ses études. J'ajouterai donc seulement ce qui suit, parce qu'il est plus important et d'un plus grand usage. »

Les *observations* sur la grammaire et les *Maximes* tirées de César, n'avoient pas encore vu le jour.

Recingere : remettre *et* ôter sa ceinture.
Recludere : ouvrir. *Reclusæ portæ,* id est, *iterum clausæ.*

Maximes tirées des Commentaires de César.

Il (César) emprunta de ses centurions pour les engager. Il donna libéralement à l'armée pour gagner les soldats.

Ne point donner le temps, ni aux siens de se relâcher, ni aux ennemis de se reconnoître.

Inspirer de la confiance et du mépris à l'ennemi, en se fortifiant comme ayant peur.

Après un combat de mauvais succès pour la cavalerie, ne l'exposer pas sitôt, quelque résolution qu'il y paroisse.

Après un mauvais succès, témoigner de la confiance, pour faire voir que ce n'étoit pas par la valeur des ennemis.

Accoutumer peu à peu les soldats aux troupes qu'ils ne connoissoient pas.

Embuscade : on résiste dans la surprise ; on croit ensuite n'avoir plus rien à craindre, la confiance succède.

Bon traitement aux peuples vaincus : nulles charges nouvelles, récompense.

Manière de rendre une rivière guéable, en la détournant dans un fossé de trente pieds de profondeur.

Ayant affaire en Afrique au reste de ses ennemis défaits, il ne se contente pas d'une victoire assurée : il ne la veut pas sanglante ; pour cela il gagne du temps, afin que ses ennemis se débandent.

Sachant que Labiénus étoit en embuscade, il ne l'attaque pas d'abord, mais il attend qu'il devienne plus négligent en faisant toujours la même chose. Il connoissoit le naturel de l'esprit humain, qui se dégoûte et se relâche.

Il change sa manière de combattre vive et prompte, à cause de la manière nouvelle de combattre de ses ennemis en Afrique, jusqu'à ce que ses gens fussent accoutumés à leurs ruses...

Le temps de faire la paix, quand chacun s'assure de ses forces et que les deux partis semblent égaux.

On l'attaquoit à l'endroit où on voyoit les feux : il fit faire les feux d'un côté, et posa les gardes de l'autre.

Il ne faut point empêcher les soldats d'agir d'abord.

Garnison en Egypte à deux fins, et pour garder les rois, s'ils étoient fidèles au peuple romain, et pour les retenir s'ils y manquoient.

Dans les affaires pressées, *neque excusatio, neque tergiversatio.*

Il ne veut pas que les alliés croient qu'ils se puissent défendre tous seuls et les prévient par son secours, de peur qu'ils ne réussissent sans lui. Gaulois contre le Germain.

Approcher ses travaux de la ville, pour donner plus de facilité à ceux qui voudroient se rendre.

ANIMÆ MORBIS LETHALIBUS LABORANTIS

INVOCATIO

AD CHRISTUM SOSPITATOREM (a).

En quid agam? dùm me species delectat honesti,
    Dùm sanctæ legis jussa verenda placent,
Me miserum! indociles agitans lex æmula sensus,
    Mentis ad arbitrium cogere membra vetat.
Prava trahunt, bona conantem labor urget inanis,
    Visceribusque imis insidet usque malum.
Quò feror? alterni solvunt retinacula venti,
    Nec scio quem in scopulum naufraga puppis eat.
Quò fugiam? occultum tetigit præcordia virus,
    Distrahor insanis mille cupidinibus.
Nec qui sim teneo, usque adeò contraria versant
    Errantem, estque animus quæstio magna sibi.
Hei mihi! quis stolidæ poterit mala gaudia mentis?
    Quis vanos ægro pellere corde metus?
Mene reluctantem quamvis per cæca viarum
    Ire, nec in melius posse referre pedem?
Si mea delectant mala me, vel deniquè fallunt,
    Quæ jam spes misero, quæve medela super?
Chara Dei soboles, magnum Patris incrementum,
    Qui tantus nobis auxiliator ades.

(a) Publié pour la première fois. Manuscrit à la bibliothèque du séminaire de Meaux.

A te certa salus. Cujus tu vulnera tractas,
    Protinùs ille tuæ senserit artis opem.
Tu medicas adhibere manus, tu fræna furenti
    Injicere, et quovis flectere corda soles.
Tu potes ex imo labentem attollere mundum,
    Tu veteris culpæ solvere reliquias.
Tu superis castos ex arcibus injicis ignes (a),
    Queis quicumque calet, nil nisi magna sapit.
Vox tua de cœlo per blanda silentia lene
    Influit, atque sibi mox facit ipsa viam.
Per silices duros, per et aspera quæque secundo
    Ingreditur lapsu : quisquis et audit, amat :
Quisquis amat, sequitur, novaque et secura voluptas,
    Suspensos animos hùc agit undè venit.
Nempè subest vis grata : trahit sua quemque voluptas;
    Casta trahit castos, datque tenere Deum.
Non pudet, ætherea missæ de sede salutis
    Immemorem, turpi subdere colla jugo?
Quin tu animum obfirmas, teque instinc usque reducis.
    Atque, Deo invito, desinis esse miser?
Difficile est longum subitò deponere morbum,
    Difficile est; verùm, quælibet efficias,
Una salus hæc est; hoc est tibi pervincendum.
    Hoc facias, sive id non potè, sive potè.
Magne Deus, facito ut verè hoc promittere possim,
    Atque id sincerè proferam et ex animo,
Ut liceat tandem tota perducere vita
    Divinæ sanctum fœdus amicitiæ.

FABLE LATINE

POUR LE DAUPHIN (b).

IN LOCUTULEIOS.

Ne quid loquaris temerè.

De regno quondàm contenderuut belluæ;
Placuit componi amicè controversiam :
Tùm concioni habendæ condictus dies,
Locusque : hùc omne adcurrit animantûm genus,

(a) Var. : *Immittis ab arcibus ignes*.

(b) La Bibliothèque impériale conserve deux manuscrits de cette fable, l'autographe de Bossuet et la copie de l'abbé Ledieu.
L'abbé Ledieu dit dans sa copie : « Cette fable fut composée par M. l'évêque de Meaux au commencement et dans les premières années qu'il fut auprès de Monseigneur le Dauphin, pour lui donner le goût de la latinité et des belles-lettres. J'en ai fait cette copie sur l'original

Quæque arva, quæque saltus umbrosos tenent,
Et quæ patentes ætheris vasti plagas;
Bipedes, quadrupedesque irruunt magno ambitu.
Extollit audax robur invictum Leo;
Elephantus moli admixtam vim prudentiæ:
Prodit superbus Sonipes cervice arduâ,
Notamque formæ dignitatem prædicat,
Habilemque bello pariter ac pace indolem,
Humi jacentes Aquila ab alto despicit,
Sibique jactat creditum fulmen Jovis.
Sua quemque rapiunt studia. Tandem Simius
Composito vultu turbam in mediam prosilit,
Suique haberi rationem postulat;
Natura quòd se fecerit simillimum
Homini, cui nemo regium invideat decus.
Hic tenuitatis Psittacus oblitus suæ,
(Quas non pertentat animas ambitio impotens?)
Si tanti facitis, inquit, humanum genus,
Ut qui sit homini propior, is potissimus
Habeatur, cedat Simius pulcherrimi
Imago turpis: Me, me, eligite, ô Principes:
Ego ille humanæ vocis imitator scitus,
Quâ voce præstat cæteris, hominem exprimo.
Tùm Simius: Tace, improbe et tantùm loquax;
Sat multa blateras, verùm nil intelligis:
Tibi prompta lingua est; animus at sensùs inops
Fanda atque infanda profert ore futili.
Sic garrulæ avis retusa est impudentia.

Temerè loquentes hoc sibi dictum putent;
Tu non quod libet dicito, sed quod decet;
Os regat animus; linguæ mens præluceat.

mis au net pour les leçons de Monseigneur le Dauphin, sur lequel il y a encore des chiffres qui marquent sur chaque mot l'ordre qu'il doit y avoir dans la suite naturelle du discours : ce qui fait voir que cette fable fut faite dès le temps où Monseigneur en étoit encore presque aux élémens du latin. Au reste l'auteur la porta ensuite à ses amis, et la leur fit lire comme l'ouvrage d'un ancien et peut-être de Phèdre même, qui avoit été trouvée depuis peu parmi des manuscrits sans nom d'auteur et sans aucune marque du temps : qu'il les prioit de juger par la latinité et par les caractères si justes des animaux qu'on fait parler, du temps que cette fable pouvoit être. Après un long examen et diverses observations, elle fut jugée digne du temps d'Auguste. Et alors : « Je suis, leur dit M. de Meaux, cet écrivain du temps d'Auguste, auteur de la fable. » J'ai cru devoir la conserver à la postérité comme une marque du bon goût de la latinité de l'auteur. »

L'abbé Ledieu ajoute dans ses *Mémoires* : « Il (Bossuet) fit une fable latine dans le goût de Phèdre si bien imitée et d'une perfection si grande, qu'on la prit comme de cet auteur. » Nous sommes loin de contester ce fait; mais le récit qu'on lisoit tout à l'heure, soutient-il l'examen de la réflexion ? fait-il assortir dans son véritable jour le caractère des personnages qu'il met en scène ? le rôle qu'il prête à l'écrivain répond-il à la gravité du grand et saint évêque ? Le lecteur en jugera.

POÉSIES (a).

LE SAINT AMOUR,

OU

ENDROITS CHOISIS DU CANTIQUE DES CANTIQUES,

AVEC DES RÉFLEXIONS MORALES POUR LES BIEN ENTENDRE.

SALOMON AU LECTEUR.

Vous, que les tendres vers de mon chaste cantique,
Sous le voile sacré du langage mystique,
Brûlent des plus beaux feux :
Avec moi contemplez la sagesse éternelle
Et voyez au milieu de la troupe fidèle
Ses amours et ses jeux.

(a) Quand Bossuet a-t-il composé ses poésies ? L'abbé Ledieu nous l'apprend en quelque sorte jour par jour, heure par heure, dans son *Journal;* donnons quelques-unes de ses indications. « J'ai trouvé sous la main de M. de Meaux, dit le secrétaire intime du grand homme, la traduction en vers françois d'un nouveau *Psaume.* » (29 novembre 1700.) — « M. de Meaux a travaillé beaucoup depuis quinze jours à sa version des *Psaumes* en vers, à cause de ses voyages de Versailles où il n'avoit point de livres. » (19 décembre 1700.) — « Je lui ai encore vu sous la main la version des *Psaumes.* » (28, 30 et 31 décembre 1700.] — « Il travaille toujours aux *Psaumes* en vers françois, à quoi, il a joint aujourd'hui sa *Politique.* » (4 janvier 1701 ; 10, 21, 22, 23 du même mois.) — « J'ai vu dans son portefeuille sa traduction en vers françois du psaume CXVIII ;... l'ouvrage n'a pas encore été mis au net, et il y fait de nouvelles corrections. » (4 juillet 1701.) — « Ces jours passés M. de Meaux nous parloit de ses traductions des *Psaumes* en vers, et qu'il..... avoit relu tout le psaume CXVIII. » (23 septembre 1702. — « Je remarque qu'il a toujours sur son bureau son portefeuille contenant les *Psaumes* traduits en vers, auxquels il travaille le matin en s'éveillant et aux autres heures, ou pour se délasser, ou pour se mettre en train de travailler. » (10 décembre 1702.) — Vers cette époque, Bossuet soumit son travail à l'examen de l'abbé Genest, membre de l'académie françoise, et nous voyons qu'il continuoit de le corriger dans les premiers mois de 1703. (28 février, même année.) D'après cela, Bossuet composa ses ouvrages poétiques dans les dernières années de sa vie; il y travailla comme par loisir, sans interrompre ses autres travaux pour la défense de l'Église, au moins quatre ans, de 1700 à 1703 inclusivement.

Il faut le reconnoître sans crainte de nuire à la gloire du grand homme, sa traduction des *Psaumes* n'offre pas cette force, cet éclat, cette sublimité qui frappe d'admiration dans un grand nombre de ses sermons, dans ses *Oraisons funèbres,* dans son *Discours sur l'Histoire universelle;* comme Canova le peintre n'atteignoit point Canova le sculpteur, Bossuet le poëte n'égale pas Bossuet le prosateur. Qui s'en étonnera ? Le domaine du génie est limité comme toutes les choses de ce monde, car le chef de famille assigne à chacun de ses serviteurs le champ qu'il doit cultiver ; et l'Aigle de Meaux n'a pas voulu, faut-il le dire ? s'élever sur les ailes de la poésie à côté du Dante ou d'Homère. Il nous apprend lui-même, dans une lettre que nous publierons plus tard, le but qu'il se proposoit dans ses essais poétiques : « Ne parlons point, écrit-il à Madame Cornuau, de me divulguer comme faisant des vers, quoi qu'en dise le P. Roquet, à qui je défère beaucoup,... Je ne fais des vers que par hasard, pour m'amuser saintement d'un sujet pieux, par un certain mouvement dont je ne suis pas le maître. Je veux

La source de l'amour en vos cœurs est gâtée :
Dans les objets des sens par erreur écartée
    Je la viens épurer :
L'ame s'épanchoit trop ; il est temps qu'elle rentre,
Par de sages transports, dans son bienheureux centre
    Pour ne plus s'égarer.

Je lui montre un amant dont la beauté l'attire ;
Elle y court ; pour chanter son amoureux martyre
    Je lui prête ma voix.
Entre ses bras sacrés elle se sanctifie ;
Seul il sait lui donner l'espérance et la vie,
    Quand elle est aux abois.

L'immortel Salomon trouve sa Sulamite :
Dans son sein innocent l'ame pure l'invite,
    Et le nœud conjugal,
De leur chaste union la plus parfaite image,
Nous apprend à goûter d'un divin mariage
    Le bonheur sans égal.

Cesse de recevoir les indignes caresses
Du monde qui s'empresse à gagner tes tendresses :
    Le Verbe est ton époux ;
Il aime le secret, la paix, la solitude,
Et pour le satisfaire, une éternelle étude
    De ses désirs jaloux.

Sans grace, sans espoir, captive condamnée,
A tes mauvais désirs sans guide abandonnée,
    Il t'aperçut des cieux :
Sorti pour t'épouser du séjour de sa gloire,
Il veut seul occuper ton esprit, ta mémoire,
    Tout ton cœur, tous tes vœux.

Mortels, purifiez vos lèvres, vos pensées ;
Et laissez loin de vous les ardeurs insensées
    D'un amour furieux.

bien que vous les voyiez, vous et ceux qui peuvent en être touchés. A tout hasard voilà l'hymne, sauf à ajouter et entrelacer un sixain. Vous aurez bientôt les *mystères* jusqu'à l'*Incarnation*. » Remarquons ce fait, que Bossuet « vouloit bien » communiquer, « à ceux qui pouvoient en être touchés, » ses œuvres poétiques, d'autant plus qu'il ne les destinoit pas à l'impression ; aussi voyons-nous ces œuvres passer de main en main, de monastère en monastère, sous des copies faites cent fois les unes sur les autres : que d'infidélités, que d'inexactitudes, que d'altérations n'ont pas dû se commettre dans ces transcriptions multiples ? Il ne faut donc pas attribuer à l'auteur toutes les imperfections de style, ni toutes les fautes de versification qu'on trouve dans ses poésies.

De toutes les copies qui nous restent, aucune n'est de la main de Bossuet. La principale, conservée à la bibliothèque impériale, appartenoit à la maison de Lugues ; les autres, gardées dans des ibliothèques particulières, étoient la propriété de divers monastères. Nous avons suivi la première pour le texte, et puisé les variantes dans les dernières.

Si vous voulez, épris d'une flamme pudique,
Entonner ces beaux airs, et du roi pacifique
Les chants mystérieux.

LE SAINT AMOUR.

I.

Osculetur me, etc. : introduxit me Rex in cellam vinariam, etc. (*Cant.*, i, 1 ; ii, 1-4.)

Le baiser de la bouche : les embrassemens : les attraits : les défaillances : les odeurs : le vins : le sommeil et le réveil de l'Epouse.

Qu'il vienne, et qu'un baiser de sa divine bouche
  Apaise mes désirs;
Que ses chastes amours, dans sa royale couche,
  Me comblent de plaisirs.

D'un céleste parfum je me sens embaumée,
  A l'approche du roi.
Imprime tes appas dans mon âme enflammée,
  Nous courrons après toi.

Que de tes saints discours la grace est attirante !
  Rien ne peut l'égaler,
Non plus que dissiper la vapeur odorante
  Qu'elle fait exhaler.

Ton nom, venu du ciel, est une douce empreinte
  Des plus vives odeurs :
Les cœurs droits sont épris, pour ta vérité sainte,
  D'immortelles ardeurs.

Des filles de Sion la jeunesse pudique,
  Sensible à tes attraits,
De tes embrassemens fait le sujet unique
  De tes chastes souhaits.

Dans le royal cellier par l'époux renfermée,
  Ses charmes tout-puissans
Se sont mieux fait sentir à mon âme pâmée
  Que ses vins ravissans.

J'expire sous les traits de l'amour qui me blesse.
  Qu'on apporte des fleurs
D'oranges, de citrons; soutenez ma foiblesse ;
  Accourez, je me meurs.

D'une main il reçoit ma tête languissante :
  Seul il est mon soutien :

Il m'embrasse de l'autre et sa flamme innocente
    Ne se refuse rien.

Ah! ne la troublez pas, vous, ses chères compagnes,
    Jusques à son réveil;
Par les faons, par les cerfs sautant dans les campagnes
    Ménagez son sommeil.

RÉFLEXION.

Ainsi l'Epoux, soigneux du repos de l'amante,
Etablit des pasteurs la garde diligente
    Pour veiller à l'entour.
Dans ces fidèles mains laissant la bien-aimée,
Il part; il lui rendra la gloire consommée
    Par son heureux retour.

Touché de sa parole, on lui baise la bouche;
Content de son amour, on repose en sa couche :
    Le chaste embrassement,
C'est par l'impression d'une vive présence
Unir deux volontés dans la persévérance
    D'un saint engagement.

Quand l'Epoux en passant nous a montré sa gloire,
L'ame, de son abord conserve la mémoire;
    Et ce doux souvenir,
Seule, sans mouvement, la tient comme endormie :
Heureuse si la foi d'une si tendre amie
    Le force à revenir.

D'une touche imprévue en son temps réveillée,
De son ravissement elle est émerveillée :
    En cet état heureux
Elle éprouve en son cœur une nouvelle vie
Et féconde en vertus, d'elle-même sortie,
    Elle vit dans les cieux.

Dieu fait nos volontés si nous faisons la sienne;
Il faut dans le devoir que sa loi nous retienne
    Ici-bas captivés.
Mais il fera sa loi des vœux de ses fidèles,
Quand par leur servitude aux grandeurs éternelles
    Ils seront élevés.

De près il me remplit, et de loin il m'attire;
Il m'enivre, il me cause un merveilleux délire;
    On sent un Dieu présent;
S'il retire en son sein sa gloire manifeste,
Il laisse une douceur comme l'odeur qui reste
    De son divin présent.

Cette sainte douceur met l'esprit tout en quête :
A courir vers le ciel une ame est toujours prête ;
    Tout est en mouvement;
On s'ébranle, et le prix de cette belle course
Est qu'un cœur, sans cesser, va recherchant la source
    De l'amoureux tourment.

Qui pourroit exprimer les langueurs de l'absence
Et des yeux épuisés la sainte défaillance,
    Quand, tournés vers l'Epoux,
D'un langage muet et d'une voix plaintive,
Ils disent, en baissant leur paupière attentive :
    Seigneur, quand viendrez-vous?

Objet dont la beauté me ravit à moi-même
Si je veux posséder ta vérité suprême
    Dans l'éternel séjour,
C'est aussi que je veux à l'envi possédée
Me livrer, ame simple à la céleste idée
    Du plus parfait amour.

II.

Ego flos campi, etc. : Dilectus meus mihi, etc. : Donec aspiret dies, etc. (Cant., II, 1-18.)
*Fleurs des vallées : lis entre les épines : arbres fruitiers : fruit goûté à l'ombre : amour
réciproque : vie de foi.*

L'ÉPOUSE.

Humble fleur, des jardins j'évite les allées
    Dans les champs à l'écart :
Et je crois comme un lis dans les sombres vallées
    Sans culture et sans art.

L'ÉPOUX.

Tel qu'un lis à travers les ronces hérissées,
    Telle élève le front
Mon Epouse au milieu des filles insensées ;
    Et rien ne la corrompt.

L'ÉPOUSE.

Tel qu'un arbre au milieu des plantes inutiles,
    Par son fruit estimé ;
Tel entre les mortels par ses branches fertiles,
    Parut mon bien-aimé :

Sous son ombre tranquille à mon gré reposée
    J'ai su prendre le frais ;

LE SAINT AMOUR.

De son fruit délicat j'ai ma bouche arrosée
    Sous son feuillage épais.

Je suis à mon amant, il est à son amante
    Couché parmi les lis,
Il voit prendre à ses pieds leur pâture innocente
    A ses chères brebis.

Je le tiens jusqu'à tant que l'ombre retirée
    Fasse place au levant.
Et que le point du jour, de l'aube tempérée
    Ait ramené le vent.

RÉFLEXION.

Jusqu'à tant que du ciel l'éclatante lumière
Ait ouvert au plein jour notre foible paupière,
    Nous vivons dans la nuit :
Du flambeau de la foi le rayon pâle et sombre
Cache notre bonheur, et ce n'est que dans l'ombre
    Que nous goûtons du fruit.

III.

Vox dilecti mei pulsantis, etc. *(Cant.,* v, 2 et seq.)

Vitesse de l'Époux : ses saillies : son abord : ses regards furtifs : saison nouvelle : doux commencement : beau visage : beaux chants : les arbres taillés : les renardeaux pris.

Quelle voix, et soudain quelle aise me transporte !
    Il avance par bonds,
Plus vite qu'un chevreuil et déjà de la porte
    Il ébranle les gonds.

Je lui voyois sauter le sommet des montagnes,
    Traverser les coteaux,
Raser d'un pas léger de nos vastes campagnes
    Les tendres arbrisseaux.

Que j'entends un doux bruit autour de nos murailles !
    Il voit par les treillis ;
Par ses regards furtifs il émeut mes entrailles
    Et mes sens tressaillis.

Il y mêle sa voix : Levez-vous, chère amante,
    Venez, qu'attendez-vous ?
Pourquoi, dans ces beaux jours, paroissez-vous si lente
    A suivre votre époux ?

Nous ne sentirons plus les pluvieux orages
    Ni l'horreur des hivers ;

Et la terre, en repos de si cruels outrages,
  Etend ses tapis verts.

A de nouveaux soleils les fleurs développées
  Dilatent leurs boutons;
L'arbre qui ne voit plus ses feuilles dissipées,
  Pousse ses rejetons.

La vigne se parfume et ne craint plus la bise
  Pour ses tendres bourgeons :
Sous un air plus bénin, le froid n'a plus de prise
  Sur nos beaux sauvageons.

Pendant que sous son pampre, au fort de la tempête,
  Une grappe fleurit,
Le pommier de ses fruits va couronnant sa tête
  Et la figue mûrit.

Loin d'un fidèle amant la chaste tourterelle
  Soupire son amour;
Et sans vouloir souffrir une flamme nouvelle,
  Murmure nuit et jour.

Solitaire colombe en ces creux enfoncée,
  Pousse tes sons plaintifs :
Fais sentir tes beautés à mon ame empressée
  Par les traits les plus vifs.

Que ton visage est beau ! que ta voix me contente !
  Par ton heureux retour,
Et qu'agréablement elle tient en attente
  Les rochers d'alentour !

Allons (c'en est le temps) des branches renaissantes
  Trancher l'accroissement ;
Et faisons endurer à nos fertiles plantes
  Cet utile tourment.

Prenez ces renardeaux ravageurs de la vigne;
  Et d'un commun effort,
Toutes venez donner à leur race maligne,
  Une soudaine mort.

RÉFLEXION.

Vous qui de la vertu commencez la carrière
Gardez-vous de passer cette saison première
  En de molles douceurs;
Taillez jusques au vif, exterminez le vice,
Etouffez en naissant un défaut qui se glisse
  Au secret de vos cœurs.

LE SAINT AMOUR.

Du corps et de l'esprit la parfaite harmonie
D'un chant perpétuel a la grace infinie :
  L'Epoux en est ravi;
On pousse jusqu'au ciel d'éternelles louanges,
Et, dans ce beau concert, les hommes et les anges
  Le chantent à l'envi :

Lorsque malgré les cris d'un cœur qui le réclame,
Ce dédaigneux amant paroît sourd à ma flamme,
  Quelquefois à l'écart,
Animée au dedans d'une douce espérance,
A ses yeux entr'ouverts par ma persévérance
  Je dérobe un regard.

Il vient comme par sauts à notre humble nature,
Au supplice, aux enfers, après la sépulture :
  Au trône remonté,
Lui-même tour à tour à nos yeux veut paroître
En victime, en pontife, en serviteur, en maître,
  Dans toute sa clarté.

Quelle saillie ! il quitte; il reprend son tonnerre;
Tantôt dans les hauts lieux, tout à coup sur la terre,
  Il m'entraîne après lui.
Je me vois dans l'abîme et bientôt sur la nue,
Riche, pauvre, impuissante et toujours soutenue
  de son secret appui.

IV.

In lectulo (Cant., III, 1.)
Cruelle absence.

Sur ma couche la nuit, seule, triste, éplorée,
  En vain je tends les bras :
Je cherche, hélas ! celui dont je suis pénétrée,
  Et ne le trouve pas.

J'irai de tous côtés, errante, infatigable,
  L'appeler par mes cris:
Qui conduira mes pas à l'objet adorable
  Dont mon cœur est épris ?

Guidez, feux de la nuit, ma course vagabonde .
  Vous qui gardez nos tours,
N'avez-vous point trouvé dans votre exacte ronde
  L'objet de mes amours ?

A peine ai-je passé la garde vigilante,
  Que j'aperçois l'Epoux;

J'accours, et je lui dis d'une voix défaillante :
Pourquoi me quittez-vous ?

Seule dans la maison où je reçus la vie
Je le veux posséder,
Et trop souvent trompée, à ma mère je fie
Le soin de le garder.

Ah ! ne le troublez pas, vous, ses chères compagnes,
Jusques à son réveil.
Par les faons, par les cerfs, sautant dans les campagnes,
Ménagez son sommeil.

RÉFLEXION.

Vous seule, ô sainte Eglise, ô mère charitable,
Gardez à vos enfans leur amant véritable
Par vos soins maternels ;
L'ame ne ressent point les rigueurs de l'absence
Et sûre en votre sein, attend la jouissance
Des plaisirs éternels.

V.

Descendi in hortum meum, etc. (Cant., vi, 10, 11, 12.)

Visite de la vigne et des jardins : retour à la vie contemplative : passage de la contemplation à l'action et au contraire : Sulamite ou l'ame parfaite : les noyers du jardin de l'Epoux : rapidité de ses mouvemens.

L'ÉPOUX.

J'allois, pour divertir mon ardeur violente,
Loin du monde et du bruit,
Tantôt chercher des fleurs, tantôt à chaque plante
Redemander son fruit.

Je voulois occuper ma douce rêverie
De plaisirs innocens,
Et seul m'entretenir de ma vigne fleurie,
De ses pampres naissans.

Avec un soin pareil curieux je visite
Les vallons d'alentour,
Et vois sur le noyer dont la feuille m'invite
Le fruit qu'il met au jour.

Loin de mon cher objet, je crus tromper ma peine
Au milieu des coudriers ;
Je me trouble : et soudain sur leurs pas je ramène
Mes diligens coursiers.

LE SAINT AMOUR.

Ceux qu'à ses chariots Aminadab attelle,
    Avec leurs pieds ailés,
Jamais dans la vigueur d'une course nouvelle
    Ne les ont égalés.

Mes esprits ne savoient dans cette défaillance
    Par où prendre leur cours ;
Je mourois : il falloit aux rigueurs de l'absence
    Un aussi prompt secours !

LES CAMPAGNES.

Revenez : nous voulons toujours à votre suite
    Sentir votre pouvoir ;
Revenez, rendez-nous, divine Sulamite,
    Le plaisir de vous voir :

Et cessez plus longtemps d'habiter les campagnes,
    Quand par de communs vœux,
Egalement charmés, votre Epoux, vos compagnes
    Redemandent vos yeux.

RÉFLEXION.

L'Epoux dans les pasteurs que partout il envoie
Conduire son troupeau dans la céleste voie,
    Sent ces perplexités.
Il fait craindre une vie en ses soins trop active
Et rappelle souvent l'ame contemplative
    A ses sublimités.

Visitez ses jardins : la vigne qu'il confie
A vos yeux vigilans, pousse et se fortifie
    Sous vos soigneux regards ;
Tournez-les cependant vers la sainte retraite,
Si vous voulez d'une ame inquiète et distraite
    Eviter les hasards.

Malgré son tendre amour Jacob souvent préfère,
A l'aimable Rachel, Lia qui le fit père :
    L'une excelle en beauté,
L'autre dans son maintien moins belle que féconde
Rapporte à son époux de quoi remplir le monde
    De sa postérité.

Au secours du prochain la charité vous guide,
La sainte vérité remplit un cœur avide
    Et le met dans les cieux.
Fuyez d'un zèle outré les ardeurs insensées
Et toujours réservez aux tranquilles pensées
    Des momens précieux.

Dans les besoins pressans quittez la jouissance,
Et du céleste Epoux l'agréable présence :
   Allez le secourir,
Lorsqu'en ses membres nus dans cette triste vie,
Accablé de douleur, de faim, de maladie,
   Il est prêt à mourir.

Mais revenez bientôt où sa voix vous rappelle :
Venez pleurer, gémir, chez le peuple fidèle
   Et la nuit et le jour.
Adorez en silence, et que votre prière
Avec Dieu soit en nous un éternel mystère
   D'un mutuel amour.

VI.

L'ame parfaite sous le nom de Sulamite

Sulamite est toujours solitaire et tranquille,
Elle ne peut quitter le bienheureux asile
   Où son Epoux la tient ;
S'il faut des ennemis assurer la défaite
Et mener au combat une ame si parfaite,
   Souvent elle y revient.

C'est du grand Salomon la colombe, l'unique ;
Elle en a pris le nom comme lui pacifique.
   Nul, entre les mortels,
Ne porte dans un cœur plus épuré de crime
La concorde et la paix, ni n'offre de victime
   Plus digne des autels.

Assise aux pieds sacrés comme une autre Marie,
Des hommes la merveille et du ciel si chérie,
   Il faudra toutefois
Qu'elle serve à son tour et que nouvelle Marthe
Au désir de l'Epoux souvent elle s'écarte
   Du doux son de sa voix.

Rejeté dans les flots, Bernard, à la tempête,
Hors du port désiré sait exposer sa tête ;
   Et vient loin de Clairvaux,
Où de chastes plaisirs son ame est transportée,
Zélé prédicateur de l'Eglise agitée
   Partager les travaux.

VII.

Sur les noyers du jardin de l'Epoux.

Les noyers du jardin sont dans le saint Cantique
Des livres inspirés le langage mystique
    Où l'on est empêché
Par l'amère enveloppe et par la dure enceinte
De recueillir d'abord dans la parole sainte
    Le fruit du sens caché.

Il est ainsi; souvent la divine Ecriture
Jette aux yeux éclairés une lumière pure;
    Souvent la vérité
Sous la lettre grossière est la manne cachée,
Qui par un soin pieux veut être recherchée
    Dans son obscurité.

VIII.

Sur la vitesse des chevaux.

Dans ses tours et retours toujours vif et rapide,
L'Epoux d'une ame tiède, indolente, insipide,
    Déteste la lenteur :
De piquans aiguillons il l'anime, il la presse,
Et lui fait vivement quitter de sa paresse
    La triste pesanteur.

Sur un char enflammé l'on voit monter Elie
Par de fervens désirs que l'ame se délie
    De la boue et du sang;
Et que dans ces bas lieux trop longtemps exilée,
Parmi les bienheureux en soupirs exhalée,
    Elle prenne son rang.

IX.

Quàm pulchra es, etc. : absque eo quod intrinsecùs latet, etc. Sicut vitta coccinea, etc. : sicut fragmen, etc. : absque occultis : columbæ super aquas : pulchra ut luna, etc. (*Cant.*, IV. 1, 2, 3; V, 12; VI, 9.)

Eclat de l'Epouse : sa force : beautés cachées : admiration de l'Epoux.

L'éclat de ta beauté tout autre éclat surpasse;
    Ton aspect radieux,
Ton front, tes belles mains, ton port, ta bonne grace
    Font le plaisir des yeux.

Dans ses tendres regards la colombe innocente
    N'a rien de si charmant,
Quand sur les bords fleuris d'une eau claire et courante,
    Elle flatte un amant.

Sur ta bouche tendus deux rubans d'écarlate
    S'entr'ouvrent à ta voix,
Qui retient des zéphirs l'haleine délicate
    Et le chantre des bois.

La grenade coupée en sa vermeille écorce
    Imite tes couleurs :
Dans tes divins appas on éprouve une force
    Qui charme les douleurs.

Comme un camp arrangé tu mets tout en déroute
    Sans efforts et sans bruit.
Telle ne reluit pas dans sa paisible route
    La reine de la nuit.

Pour illustrer nos jours le ciel a fait paroître
    Ton éclat nonpareil :
Qui ne te connoît pas peut aussi méconnoître
    Les rayons du soleil.

Quoiqu'un voile étendu, d'un visage modeste
    Couvre les plus beaux traits,
Ta pudeur te trahit et relève le reste
    De tes chastes attraits.

RÉFLEXION.

La gloire de l'Épouse au dedans renfermée,
Rend son maintien plus beau, sa vertu plus aimée
    Et plus vive sa foi ;
De ses propres grandeurs son cœur elle détache
Le silence est sa joie ; et plus elle se cache,
    Plus elle plaît au Roi.

Pourquoi tant rechercher sa foible créature ?
Seul il en fit l'éclat, la beauté, la parure
    Sa main seule y parut :
Il s'admire lui-même, il chérit son image,
Dès le commencement il bénit son ouvrage,
    Et son travail lui plut.

X.

Donec aspiret dies, etc. Tota pulchra es, etc. Favus distillans, etc. Hortus conclusus, etc. etc. Surge, Aquilo, etc. (Cant. II, 17 ; IV, 7, 11, 12, 16.)
L'Epoux charmé : l'Epouse sans tache, toute belle, inaccessible : ses discours : vents impétueux, persécutions.

Jusqu'à tant qu'au matin des vents la fraîche haleine
    Se répande à l'entour,
Que l'ombre fugitive éclaircisse la plaine
    Et ramène le jour.

J'approcherai de vous, ô montagne de myrrhe,
    De vous de qui l'encens
Exhale jusqu'au ciel la vapeur qu'on attise
    Pour réveiller les sens.

Vous êtes toute belle : une grace admirable
    Relève chaque trait ;
Mais on admire plus du tout incomparable
    L'assemblage parfait.

Plus des yeux étonnés la lumière s'attache
    A vos rares beautés,
Plus on voit éclater d'un visage sans tache
    Les nouvelles clartés.

Venez du mont Liban, des plus gras pâturages,
    De loin, des environs,
Des déserts habités par les bêtes sauvages :
    Nous vous couronnerons.

Un seul de vos regards par de secrètes flammes
    Sait consumer les cœurs :
Un seul de vos cheveux pour les plus belles ames
    A des attraits vainqueurs.

De vos sages discours la grace nonpareille
    A du lait les douceurs,
Et passe la liqueur que la savante abeille
    Va piller sur les fleurs.

Par sa chaste rigueur l'épouse inaccessible
    Est un jardin fermé :
Son cœur pour son Epoux, à tout autre insensible,
    Est toujours animé.

Elle est dans un enclos la fontaine scellée
    Qui sait garder ses sceaux :

Ni berger, ni troupeau ne l'ont jamais troublée,
  Ni corrompu ses eaux.

Venez, vents du midi; soufflez sur le parterre
  Aquilons furieux :
Et portez jusqu'au ciel et par toute la terre
  Ses parfums précieux.

RÉFLEXION.

L'Eglise a ses parfums, sa foi, sa patience,
Son amour, ses désirs; les vents, la violence,
  La fureur des tyrans :
Dans son sein glorieux tous les peuples attire,
Et croissent sous le fer ses saints dont le martyre
  A fait des conquérans.

Que d'un cœur épuré la pudeur est craintive!
Fermée à tous objets, solitaire, attentive,
  Soi-même elle se craint :
Elle n'aime et ne sent que la loi, que la gloire
De son amant jaloux; et seul dans sa mémoire
  Il se trouve dépeint.

La fortune me rit, la volupté me tente;
Avec tous ses attraits la gloire se présente
  Que veut-elle de moi?
Grace de mon Sauveur, empêchez ma défaite;
Venez à mon secours, paix, silence, retraite :
  C'est le sceau de mon roi.

XI.

Ego dormio et cor meum, etc. : Vox dilecti, etc. : Exspoliavi me, etc. : Declinaverat, atque transierat, etc. : Invenerunt me custodes, etc. (*Cant.* v, 2, 3, 6, 7).

Veille intérieure : l'Epoux frappe : lenteur à ouvrir punie : l'Epoux se retire : vainement cherché : la garde arrête l'Epouse.

Mon cœur jamais ne change et jamais ne sommeille :
  Pour un céleste amant
Il brûle nuit et jour; et son feu se réveille
  A chaque battement.

Sa voix trouve toujours mon oreille attentive;
  Je dors et je l'entends;
Je connois les accens de sa bouche plaintive :
  C'est celui que j'attends.

Je frappe : Ouvre, dit-il, ma parfaite, ma belle,
  Dont mon cœur est charmé;

LE SAINT AMOUR.

Ma colombe, ma sœur, ma compagne fidèle,
    Ouvre à ton bien-aimé.

De ma tête à la nuit trop longtemps exposée
    Dans son aimable sein,
Mon Epouse bientôt essuiera la rosée
    Avec sa belle main.

Trop paresseux Epoux! quoi? faudra-t-il reprendre
    L'habit que j'ai quitté,
Et de mes pieds lavés, pour un cœur si peu tendre
    Ternir la netteté?

Par ses doigts empressés de la porte fermée
    Il force le ressort :
Tous mes sens sont émus et mon ame pâmée
    De ce nouvel effort.

Je vole, et le verrou déjà sentoit le baume
    Distillé de ses mains;
Mais je vois disparoître, ainsi qu'un vrai fantôme,
    Le plus beau des humains.

A ses cris, je courois languissante, attendrie,
    Me perdre dans ses bras.
Il me fuit : à mon tour, je pleure, je m'écrie;
    Il ne me répond pas.

Du guet que je rencontre indignement traitée
    J'en méprise les coups ;
Et me plains seulement de me voir arrêtée
    En cherchant mon Epoux.

Vous, filles de Sion, racontez-lui ma peine
    Et l'extrême langueur
Où me met nuit et jour d'une absence inhumaine
    La mortelle rigueur.

RÉFLEXION.

Amante de Jésus, soit qu'il commande en maître,
Soit qu'il frappe en époux, si tu ne sais connoître
    Ses rapides momens,
Tu pleureras longtemps sa fuite irréparable
Et ne reverras plus sa face désirable
    Qu'après mille tourmens.

D'un amant refusé l'ame est comme glacée,
Sa grace mal reçue et sa foi mal placée
    Cause une triste nuit :

Si l'Epouse l'écoute et ranime son zèle,
Le froid cesse, et ravi d'un feu qu'on renouvelle,
    Il en goûte le fruit.

L'Epouse est trop souvent par la garde arrêtée,
Soit que des surveillans foiblement entêtée,
    Elle engage son cœur,
Ou que des vains conseils la trompeuse surprise
Trouble les mouvemens et rompe l'entreprise
    Du céleste vainqueur.

XII.

Averte oculos tuos. (Cant., vi, 4.)
Les amans de la vérité et de la sagesse, étonnés de son excessive lumière.

Vous qui par vos regards m'enlevez à moi-même,
    Vive source de feux,
Reine, je n'en puis plus : ma foiblesse est extrême ;
    Détournez vos beaux yeux.

O maîtresse des cœurs, ô vérité première,
    Quand vous me prévenez
Et que de vos rayons vous jetez la lumière
    Sur mes sens étonnés,

Je me pâme et mon cœur qui loin de moi s'envole,
    Dans un si grand effort,
Ne sait en écoutant votre intime parole,
    S'il est ou vif ou mort.

Après la vision d'un céleste spectacle,
    Dans l'abîme plongé,
Je demeure incertain si j'ai vu ce miracle
    Ou si je l'ai songé.

Retirez donc l'éclat des lumières trop vives,
    Et contens de la foi
Nous assujettirons nos volontés captives
    A sa suprême loi.

RÉFLEXION.

L'Epoux tient dans les saints ce sublime langage,
Quand de la claire vue ils font l'apprentissage ;
    Et par tant de clartés
Il perce de leurs yeux la tremblante prunelle,
Qu'il faut que ces essais de la gloire éternelle
    Souvent leur soient ôtés.

Ainsi sentit d'abord sa force dissipée,
Son courage abattu, sa voix entrecoupée,
    Celui qui dans les tours
De la superbe Suse, aperçut sur la nue
Du Fils de l'homme en l'air la figure venue
    Jusqu'à l'Ancien des jours [1]

L'un dans sa vision voit sa mort assurée,
L'autre d'un si grand poids a la face atterrée.
    Qu'il ne peut se lever;
Ou n'exprimant jamais ce que son cœur médite,
Il commence un discours que sa langue interdite
    Ne peut plus achever [2].

Et toi, de l'Orient apôtre infatigable,
Quand les ravissemens de l'éternelle table
    A ton cœur sont passés,
N'as-tu pas toujours, prêt à de nouveaux supplices,
A la fois accablé de l'excès des délices,
    Répondu : C'est assez !

XIII.

Statura tua assimilata est palmæ, etc. : collum tuum sicut turris eburnea, etc., sicut turris David. (*Cant.*, vii, 4, 7 ; iv, 4.)

Elévation de l'Epouse : délicatesse de ses traits.

L'Epouse est dans sa taille au palmier égalée,
    Arbre chéri des cieux,
Qui dresse incessamment vers sa voûte étoilée
    Son front majestueux.

Ravi de ce grand arbre et de sa belle tête
    En moi-même j'ai dit :
J'en aurai la dépouille, et jusque sur le faîte
    J'en choisirai le fruit.

Je tiendrai cependant ta divine mamelle,
    Comme on presse un raisin
Pour tirer de ses grains la liqueur immortelle
    Du plus généreux vin.

De tes membres polis, si tendre est la jointure,
    Qu'on la croit faite au tour :
De ton col élevé la superbe structure
    Paroît comme une tour :

Tour qui par sa blancheur efface de l'ivoire
    L'éclat et la beauté ;

---

[1] *Dan.*, viii, 9 et seq. — [2] *Jud.*, xii, 22 ; *Dan.*, x, 9 ; *Jerem.*, i, 6.

La tour qui de David conserve la mémoire
    A moins de majesté :

Quoiqu'éternellement sur sa base affermie,
    Par d'assurés remparts,
Les carquois arrachés à la troupe ennemie,
    L'ornent de toutes parts ;

Et qu'on voie à l'entour pêle-mêle étendues,
    Les troupes de guerriers,
Les cuirasses, les dards, les lances suspendues
    Leurs larges boucliers.

RÉFLEXION.

Quand l'ame pousse au ciel sa sublime pensée,
Et qu'en son cher objet toute entière passée,
    Pour lui seul elle vit ;
Quand au-dessus des sens heureusement perdue,
Dans un vaste inconnu sa voix perçante et nue
    Hors d'elle la ravit ;

Unie au Tout-Puissant, en vertus elle abonde ;
Chacun suce à l'envi sa mamelle féconde,
    En tout temps, en tout lieu ;
Pleine de vérité, de ce suc assouvie,
Dans ses sages discours, non plus que dans sa vie,
    On ne trouve que Dieu

Là se voit à ses pieds avec sa pompe vaine
Et le long attirail de sa gloire incertaine,
    Le monde désarmé ;
Son pouvoir est à bas, sa grandeur étouffée ;
Et paroît au-dessus de ce riche trophée
    Le nom du bien-aimé

L'Epouse est au milieu des beautés différentes :
Un rare composé de douceurs attirantes,
    Où tout est réuni :
On y voit la grandeur et la délicatesse,
La grace avec la force et partout la justesse
    D'un ouvrage fini.

De ses membres sacrés Jésus fait la jointure,
Sa parole éternelle en est la nourriture :
    Mêlé dans tout le corps,
Son esprit au dedans l'anime, la maîtrise ;
Et riche en dons divers découvre dans l'Eglise
    Ses immenses trésors.

XIV.

Ego dilecto meo et dilectus meus mihi, etc. : Veni, dilecte mi, egrediamur, etc.
(*Cant.*, vi, 2; vii, 10.)

Amour réciproque : fleurs et fruits : présens de l'Epouse : vie solitaire et cachée.

En désirs mutuels nos deux cœurs se consument :
 Je suis à mon amant ;
Il se livre à la fois, et nos flammes s'allument
 En un même moment.

Allons où la beauté du printemps nous appelle :
 La campagne nous rit,
Nos arbres ont repris leur verdure nouvelle,
 Et le ciel s'éclaircit.

Demeurons au village, et laissons de la ville
 Le bruit tumultueux ;
Voyons ramper la vigne et le provin fertile
 De ce bois tortueux.

Nous verrons si la fleur à l'air s'est exposée ;
 Ou si pendant la nuit,
Ses tendres nœuds nourris d'une douce rosée,
 Ont enfanté du fruit.

Levons-nous, il est temps, et prévenons l'aurore,
 Visitons nos vergers ;
Nous sentirons l'odeur, et nous verrons éclore
 La fleur des orangers.

La mandragore enchante et l'œil et la narine ;
 L'air en est embaumé ;
Elle est riche en senteur, et jusqu'à sa racine
 Tout en est parfumé.

Recevez mon amour et les fidèles gages
 D'un tendre attachement :
A mon cœur empressé ces chastes témoignages
 Sont un soulagement.

J'ai gardé, cher Epoux, des fruits de toute sorte,
 Choisissez les plus beaux :
Goûtez ; tout est à vous, et je vous en apporte
 Des vieux et des nouveaux.

RÉFLEXION.

Simple, humble, solitaire et toujours loin du monde,
En présens délicate, en caresses féconde
 Par un soin immortel,

L'Epouse qui d'un Dieu sait les magnificences
Et de deux testamens les richesses immenses,
   En pare son autel.

Eprise des beautés de la simple nature,
Sur les fruits, sur les fleurs, elle voit la peinture
   De son docte pinceau :
Elle admire les traits d'une main éternelle,
Et découvre toujours quelque grace nouvelle
   Dans son riche tableau (a).

Que de variétés son jardin nous enfante !
Dans ses fertiles plants tout répond à l'attente
   D'un soin industrieux :
Les racines, les jets, ce que la terre cache,
Ce qu'elle montre au ciel également attache
   Les désirs curieux.

Croissez, humbles vertus, en secret élevées ;
Et lorsqu'à votre point vous serez arrivées,
   Par un parfum charmant
Qui perce malgré vous le sein qui vous enserre,
Vous serez notre joie, et du sacré parterre
   Le plus bel ornement.

Ainsi, dans le désert le zélé solitaire,
Qui ne sait que gémir, se cacher et se taire,
   Et malgré sa pudeur,
Sous les yeux de l'Epoux, la vierge retirée,
Dans son humble clôture à jamais enterrée,
   Répandent leur odeur.

XV.

Quis mihi det te fratrem meum, etc. (*Cant.* VIII, 1.)
Jésus-Christ enfant : tendre victime : on l'écoute dans son Eglise.

Cher frère, cher Epoux, dans ton aimable enfance,
   Que je te trouve beau !
Et qu'il me sera doux d'apprendre l'innocence
   Aux pieds de ton berceau !

Je ne te cherche pas dans le sein de ton Père,
   A mes yeux refusé ;
Sorti de ce secret et devenu mon frère,
   Cent fois je t'ai baisé.

(a) *Var.* : A l'aspect des trésors de la saison nouvelle,
   Elle admire les traits d'une main éternelle,
      Dans son riche tableau.

LE SAINT AMOUR.

Qu'on ne méprise plus mon ardeur enflammée :
   Je te trouve en un lieu,
Où trop heureuse sœur du même sang formée,
   Je contente mon feu.

Si ton Père est le nôtre, et qu'ainsi je l'appelle
   Par un semblable attrait,
A ta Mère attachée en pressant sa mamelle
   J'en attire le lait.

Au dedans tout à coup d'un doux transport saisie,
   Je te prends dans mes bras,
Et te porte chez celle à qui je dois la vie,
   Où tu m'enseigneras.

Tu promènes mon cœur au milieu des mystères ;
   Partout j'entends ta voix ;
J'écoute, et parcourant ces objets salutaires,
   J'y vois toujours ta croix.

Je te vois, tendre Agneau devenu la victime
   De tout le genre humain :
Un clou perce déjà, pour expier mon crime,
   Ton innocente main.

Pendant qu'avec douleur en secret je t'admire
   Dans ton sacré tombeau,
Je te mets sur mon sein comme un bouquet de myrrhe,
   Ornement tout nouveau.

Je vois étinceler de ta face éclatante
   Les rayons glorieux ;
Mais ta chair empourprée et de sang dégoûttante
   Me frappe aussi les yeux.

De ta chaste blancheur, de ton rouge admirable
   Egalement saisi,
Mon cœur a pour objet l'Epoux incomparable
   Entre mille choisi.

Mon amant altéré reçoit de ma tendresse
   Les vins réjouissans,
Et de mes grenadiers sur ses lèvres je presse
   Les grains rafraîchissans.

RÉFLEXION.

Par cent bouches l'Epoux fléchit les ames dures ;
Il en emploie autant qu'il ouvre de blessures ;
   Son exemple est ma loi.

Il aime la douceur de ce divin langage.
C'est le vin de l'Epoux et l'agréable gage
    D'une immortelle foi.

Le martyre est ma gloire, et la croix est ma vie;
Souffrir pour mon Epoux est toute mon envie :
    C'est un Epoux de sang :
Et porter de sa mort la glorieuse empreinte,
C'est avec les martyrs, parmi la troupe sainte,
    Prendre le premier rang.

Invisible Docteur qui, dans la solitude,
Me fait sentir sa grace et mon ingratitude,
    Il me parle en amant :
J'écoute en sûreté dans le sein de l'Eglise,
Et soit qu'il me corrige, ou qu'il me favorise,
    Je l'aime également.

XVI.

Quæ est ista quæ ascendit? (*Cant.*, VIII, 5, et seq.)
Les épreuves : l'amour épuré.

Que vois-je? du désert heureuse elle s'élève,
    Au comble des plaisirs :
L'épreuve la soutient ; la solitude achève
    D'épurer ses désirs.

De son divin Epoux avec quelle assurance
    Elle fait son appui !
Dans son bras elle a mis toute son espérance
    Et ne connoît que lui.

D'un arbre malheureux le fruit t'a corrompue;
    Ta mère en a péri :
Un arbre a du péché la course interrompue,
    Et le mal est guéri.

Sur tes bras, sur ton cœur, mets-moi comme une empreinte,
    A toi seul attaché ;
Mon cœur rompra plutôt que par aucune atteinte
    Il en soit arraché.

Pour toi je souffrirai d'un chaste amour saisie,
    Et les feux et le fer,
Plutôt que d'offenser ta sainte jalousie
    Plus dure que l'enfer.

Les eaux n'éteindront pas une flamme si pure;
    Et les flots soulevés

Qui font frémir les sens et trembler la nature
    Tout à coup sont crevés.

S'il faut abandonner et les biens et la vie,
    Je bénirai mon sort :
S'il faut dans les tourmens voir la mort en furie,
    Mon amour est plus fort.

RÉFLEXION.

Insatiable Epoux qui, jaloux de votre ombre,
Me causez des langueurs et des peines sans nombre,
    Il faut vous contenter ;
Cruel, pour égaler votre délicatesse
Et de vos mouvemens seconder la vitesse,
    Que ne dois-je tenter ?

Prête à tous vos momens, à vous seule attentive,
De votre volonté l'éternelle captive,
    Je ne suis point pour moi :
Dans vos secrets sentiers, à moi-même inconnue,
De tous secours humains je marche dépourvue,
    Et ne vis que de foi.

L'ame dans sa carrière un long temps exercée,
Qui voit par cent combats à la gloire avancée,
    Les vices abatus,
De ses propres efforts à la fin se défie,
Et craint pour son amour qu'il ne se glorifie
    Des dons et des vertus.

XVII.

Quæ habitas in hortis, etc. Vox tua dulcis et facies tua decora. (Cant. VIII, 13 ; II, 14.
Chant de l'Epouse : elle craint les excessives douceurs.

Toi qui de ces jardins l'hôtesse et la merveille,
    De tes doctes chansons
Fais entendre aux amis qui te prêtent l'oreille
    Les célestes leçons :

Ainsi que ton bel œil, ta belle voix les touche;
    Et tes airs ravissans,
Tes doux accords poussés de ta savante bouche,
    Vont enchanter les sens.

Ecoutez : mon amante enfin rompt le silence
    De ces aimables lieux ;
Heureux qui peut goûter la sainte violence
    De ses chants amoureux !

Fuyez, mon bien-aimé : je hais la multitude,
    Qui m'ôte mon Epoux ;
Je ne puis vous parler que dans la solitude,
    Ni chanter que pour vous.

Fuyez, j'irai partout à vos pas attachée
    Par de pieux efforts ;
Après vos doux attraits, sans en être empêchée
    Par mille et mille morts.

De péchés accablé, de vos chastes caresses
    Qui peut porter l'excès ?
Dans ces malheureux jours, votre croix, vos détresses
    Ont un meilleur succès.

Fuyez ; je n'en puis plus : d'un amant possédée,
    Jalouse de mes fers,
Dans ses embrassemens de plaisir inondée,
    Moi-même je m'y perds.

Plus vite qu'un chevreuil, fuyez vers les montagnes,
    D'où viennent les odeurs
Qui d'un parfum céleste embaument les campagnes,
    Et soutiennent les cœurs.

RÉFLEXION.

Belle en tes vérités, en tes chants merveilleuse,
Dans tes solennités grande et majestueuse,
    Autour de tes autels,
Sainte Eglise, le ciel répond à ta musique,
Et l'accompagnement du concert angélique
    Ravit les immortels.

Oh ! de l'amour divin étrange destinée !
Dans ce bannissement une ame infortunée
    N'en peut porter le poids :
Il faut, que séparé de tout attrait sensible,
Un Dieu dans sa lumière auguste, inaccessible,
    Se cache quelquefois.

L'AMOUR INSATIABLE.

I.

Content et jamais content,
Je possède et je désire :
Plus mon bonheur est constant,
Plus je chante mon martyre ;
Et ma soif va s'augmentant
A mesure que j'attire
Cette immortelle liqueur
Qui seule remplit le cœur.

Quel secours à mes transports
Et quel remède à ma peine,
Si, malgré tous mes efforts,
Par une absence inhumaine,

L'AMOUR INSATIABLE.

Je sens mille et mille morts
Me couler de veine en veine
Pendant qu'à force d'aimer
Je me vois comme pâmer?

Vous me soulagez en vain
Dans ma triste défaillance,
Quand vous donnez à ma faim
Quelque goût de votre essence.
Il la faudroit voir à plein
Et dans sa claire présence :
Qui n'est pas encore uni,
Ne sent qu'un vide infini.

Adorable vérité,
Mère de l'amour suprême,
Heureuse nécessité,
Qui vous voit toujours vous aime
Dans l'immuable cité.
Venez, montrez-vous vous-même,
Et nos cœurs en vous aimant
Iront tous se consumant.

Amour et toujours amour,
C'est mon attrait, c'est ma vie.
Je veux souffrir nuit et jour
Cette heureuse maladie,
Tant qu'au céleste séjour
D'une sainte mélodie
J'aille chanter à jamais
Le cantique de la paix.

Dans tes murs, sainte Sion,
Notre patrie immortelle,
Loin de la corruption,
Règne la paix éternelle,
Dont la vive impression
Vient à la troupe fidèle
Jusqu'à ces lieux reculés
Où nous sommes exilés.

Paix, qui surpasse tout sens,
Tout désir, toute pensée,
Lorsque du ciel tu descends,
Malheur à l'ame insensée
Qui par des vœux impuissans,
A soi-même délaissée,
Cherche un repos passager
Dans un pays étranger!

II.

SUR LE MÊME SUJET.

Amour, que vous me troublez!
Tous mes désirs rassemblés
Attendent la jouissance ;
Mais ce n'en est pas le temps
Ni de remplir l'espérance,
Et rendre les cœurs contens.

Cher amant, retirez-vous :
Vos embrassemens trop doux
Vont accabler ma foiblesse
Je ressens trop vos appas,
Quoiqu'à l'ardeur qui me presse
Le trop ne suffise pas.

Non, le trop n'est plus assez
A mes désirs empressés ;
Et pour combler de mon ame
La vaste capacité,
Il faut donner à ma flamme
Toute votre immensité.

Qui suis-je, que votre amour
Sollicite nuit et jour
Une ame si languissante ?
Chère Epouse, chère sœur,
Dont le regard me contente,
Dont l'œil m'a blessé le cœur;

Par un seul de tes cheveux
Tu sus allumer mes feux :
Fais encore à mes oreilles
Résonner de tes chansons
Les cadences nonpareilles
Et les agréables sons.

C'est vous qui nous poursuivez,
Nous recherchez, nous servez,
Malgré notre ingratitude,
Comme feroit un amant
Qui, de son inquiétude,
Ne peut souffrir le tourment.

Mais, malgré l'infinité
D'une excessive bonté,
Cœurs ingrats, race traîtresse,

Nous faisons à notre Epoux
Changer toute sa tendresse
En implacable courroux.

Toutefois, dans ma fureur,

J'ai pitié de ton erreur :
En ma conche nuptiale,
Au son de ma tendre voix,
Ame injuste et déloyale,
Reviens encore une fois.

LES TROIS AMANTES.

PREMIÈRE AMANTE.

La Pécheresse. En saint Luc. vi, 37.

Il est temps : descendez des cieux,
Amour chaste et religieux ;
Jésus a paru sur la terre :
Il y vient pour se faire aimer,
Et faire une éternelle guerre
Au monde qui nous veut charmer.

Assis dans un fameux repas
Sa bonté ne dédaigne pas
De voir approcher sa victime
Qui, devant tous les conviés,
Pleine de l'horreur de son crime,
S'abaisse et se jette à ses pieds.

Le visage noyé de pleurs,
Le cœur déchiré de douleurs,
Elle les arrose de larmes,
Essuyant avec ses cheveux,
Autrefois si remplis de charmes,
Le torrent que versent ses yeux.

Humble amante, à ces pieds sacrés,
Tous ses désirs sont attirés :
Sa bouche y demeure collée ;
Pour assouvir un chaste amour,
Triste, interdite, échevelée,
Elle les baise tour à tour.

Allez, odorante liqueur,
Riches parfums, et de mon cœur
Contenez la délicatesse :
Honorez la Divinité
Par la magnifique largesse
Qui servit à la vanité,

Digne par ses crimes affreux,
Des regards les plus rigoureux,
Elle tient sa tête baissée :
Et de sa bouche pour tous mots,
Témoins de son ame angoissée,
Elle ne pousse que sanglots (*a*).

Tel ne fut dans son repentir,
Quand du ciel on vint l'avertir
De son insupportable offense,
Le roi dont les lugubres chants
Font respecter la pénitence
Jusqu'aux hommes les plus méchans.

Amante, réjouissez-vous
De trouver un amant si doux :
Il ressent vos saintes caresses ;
Et par votre flamme gagné,
Il en découvre les adresses
Au pharisien indigné.

Vos larmes, vos cheveux épars,
Vos baisers sont autant de dards
Qui percent un cœur qui vous aime :
Juste Juge, il connoît vos vœux,
ravi dans sa tendresse extrême
De voir vos transports amoureux.

Il voit croître dans le pardon
De l'amour le céleste don ;
Et plus il vous remet de fautes,
Plus de vos merveilleux transports
Aux entreprises les plus hautes
S'élèvent les nobles efforts :

Mes oreilles, qui l'écoutez,
Qui dans mon esprit apportez

(*a*) *Var.* : Ne s'échappent que des sanglots.

LES TROIS AMANTES.

De sa voix l'empreinte éternelle,
Soyez-moi fidèles témoins
Qu'il a dit que moins criminelle
A son gré aimeroit bien moins.

C'est dans les pécheurs convertis,
C'est par leurs vices amortis,
Que Jésus montre sa clémence.
En Sauveur il veut être aimé :
Et ne trouve de complaisance
Que dans ce titre renommé.

Péché, tu m'as donné la mort ;
Mais tu me rends un meilleur sort,
Puisque je sens la repentance
De mon cœur confus et contrit
Augmenter la reconnoissance
Pour le Sauveur qui me guérit.

Et toi spectateur orgueilleux,
D'un Dieu qui se rend merveilleux,
Touché d'une main infidèle,
Lorsqu'il donne un facile accès
A l'ame emportée et rebelle
Qui vient confesser ses excès ;

Tu lui dirois dans ton dédain :
Retire ton impure main ;
Sans doute s'il étoit prophète,
Ce Jésus auroit évité

Cette pécheresse indiscrète,
Le scandale de la cité.

Plutôt, hypocrite et menteur,
A ces marques connois l'auteur
Qui viens rechercher son ouvrage
Et lui dit : Aime seulement ;
Je n'aspire à d'autre avantage
Qu'à celui d'être ton amant.

Pendant qu'idolâtre des sens,
A tes pieds offroit son encens
Des amans la troupe insensée,
Il t'aimoit malgré ton erreur,
Et de ta conduite passée
Sa grace t'inspireroit l'horreur.

Aujourd'hui que tu l'as calmé,
Que ton cœur a beaucoup aimé,
Tes péchés ne sont qu'une amorce
A ses excessives bontés,
Et ne font qu'avec plus de force
Couler ses libéralités.

Quitte donc ton superbe atour,
Purge la source de l'amour :
Nul amant avec plus de joie
Ne t'offrit de semblables vœux,
Et jamais de plus belle proie
Ne fut prise dans tes cheveux

SECONDE AMANTE.

I. — Marie, sœur de Lazare, aux pieds de Jésus à Béthanie, écoutant sa parole. (*Luc*, x, 38.)

Quel aimable discours par sa douce merveille
    Vient ravir mon oreille ?
Parlez, divin Jésus, source de vérité,
    Vous serez écouté.

Quand assise à vos pieds dans un profond silence,
    A vous mon cœur s'élance,
Et que de votre voix il attire ardemment
    L'air céleste et charmant ;

L'ineffable secret qui part de votre bouche
    Est le seul qui me touche.
Dieu demande les cœurs et pour ce beau dessein
    Vous sortez de son sein.

Loin des sens, au dedans où vous tenez l'école
    J'entends votre parole,
Qui calme tout mon trouble et les émotions
    Des fières passions.

Ainsi vous apaisez la mer et les tempêtes
    Qui menaçoient nos têtes,
Et des vents vous changez en souffle gracieux
    Le bruit audacieux.

Si vous ne montrez plus à ma sœur empressée
    Qu'une seule pensée,
Je goûte le vrai bien qui dans votre unité
    Ne me peut être ôté.

Je m'abandonne à vous, seul Etre nécessaire,
    Je ne veux que vous plaire :
Dans mon cœur désormais je ne nourrirai plus
    Des désirs superflus.

Des célestes esprits, en vous seul recueillie
    Je commence la vie,
Je renonce à mes sens et toute hors de moi
    Je ne vis que de foi.

Pleine de l'Etre pur, immortel, invisible,
    Seul incompréhensible,
Je m'écoule et me perds dans ce fonds inconnu
    Où tout est contenu.

Que me présentez-vous, fortune de la terre?
    Rien que l'éclat d'un verre.
Une glace luisante et qui fond dans les mains
    Ou des fantômes vains.

Que me présentez-vous? une creuse figure,
    Pour l'objet la peinture;
D'un nuage léger les changeantes couleurs,
    Les ris tournés en pleurs.

Que vois-je? autour de moi tout le monde s'empresse
    Et chacun s'intéresse
A me jeter du port dans le milieu des flots
    Pour m'ôter mon repos.

Je m'impose à moi-même, et si Dieu ne la guide
    Mon ame toujours vide
Court d'erreur en erreur, et croit se convertir
    Par un vain repentir.

L'aveugle cœur humain qui veut se reconnoître,
    Trouve un plus cruel maître ;
L'avarice, l'orgueil, la colère, l'amour,
    Y règnent tour à tour.

Son désir vagabond va d'idole en idole,
    Il se prend et s'envole
D'un lacet dans un autre, et malgré la raison
    Toujours dans la prison.

Jusqu'à tant qu'à Jésus la vérité nous livre
    Et par la nous délivre,
Dans nos esprits déçus, le mal n'est que caché,
    Et s'accroît le péché.

Jésus change les cœurs par la secrète atteinte
    D'une volupté sainte,
Et de ma volonté d'un délicat effort
    Fait mouvoir le ressort (a).

Je ne vous suivrai plus, fugitives images
    Du bien ombres volages ;
Des hommes éveillés songes capricieux,
    Fuyez loin de mes yeux.

Possédez seul, Seigneur, un cœur qui ne respire
    Qu'à vivre en votre empire ;
Heureux qui se soumet et s'abandonne à vous
    Dont le joug est si doux.

Je ne demande point de ces vives lumières
    Pour mes foibles paupières :
Je m'abaisse ; et ce cœur que vous daignez calmer,
    Ne veut que vous aimer.

II. — La même amante se plaint au Sauveur de la mort de Lazare son frère. (*Joan.* XI, 20, 28. 29, etc., 31, 32, 33, 39.)

On consoloit en vain les deux sœurs affligées
    Et jamais soulagées ;
Dieu même dans le mal dont il étoit l'auteur
    Est leur consolateur.

De Lazare Jésus, de loin, dans Béthanie
    Avoit vu l'agonie ;
Quatre jours au sépulcre il laisse son ami
    Tristement endormi.

(a) *Var.:* Vous changez tous les cœurs par la secrète atteinte
    D'une volonté sainte ;
Et de ma volonté d'un délicat effort,
    Vous mouvez le ressort.

Il approche : aussitôt Marthe toujours active
   Vient d'une voix plaintive,
D'un frère enseveli pleurant le triste sort,
   Redemander le mort.

Marie à la maison plus tendre qu'empressée,
   Dans sa triste pensée,
De sanglots éternels, pleine de son malheur
   Nourrissoit sa douleur.

Elle avance pourtant : mais quand Jésus l'appelle
   Par sa voix paternelle,
On disoit : Elle va par ses pleurs de nouveau
   Arroser le tombeau.

Que ce peuple ignorant connoît mal sa tendresse !
   Ailleurs elle s'adresse;
Mais aux pieds de Jesus, ose-t-elle espérer
   De le faire pleurer ?

Que ne peuvent les pleurs qu'un tendre amour inspire ?
   D'autres pleurs il attire.
Jésus pousse l'effort d'un regret véhément
   Jusqu'au frémissement.

Que voyez-vous, mes yeux ? dans sa douleur extrême
   Il se trouble lui-même ;
Sur son front étonné de son saisissement
   Paroît le sentiment.

Il sait par quel combat et par quelle victoire,
   Devoit tomber la gloire
Du tyran dont l'orgueil à la mort nous soumit,
   Et son cœur en frémit.

Il voit avec horreur la sanglante journée
   Où la troupe damnée
En perdant l'innocent, du cachot éternel
   Tira le criminel.

A l'aspect du tombeau Jésus frémit encore,
   Et sa voix qu'on adore
Dans le ciel, dans la terre et jusques aux enfers,
   En va briser les fers.

Là des morts oubliés le morne et triste nombre
   Dans sa demeure sombre,
Sous cent portes d'airain enfermé sans retour,
   Ne revoit plus le jour.

Mais Jésus a la clef de leur froide clôture :
    Malgré leur sépulture,
Ceux qu'elle tient captifs, de ces funestes lieux
    Repassent vers les cieux.

Vous du démon vainqueur fiers et noirs satellites,
    Qui gardez ses limites,
Et vous, Mort, qui tenez entre vos pâles mains
    Le sceptre des humains :

Aux amis de Jésus il faut rendre la joie
    Et lâcher votre proie.
Cédez, et mettez bas votre injuste fureur
    Devant sa sainte horreur.

Faites tarir vos pleurs, vous, tranquille Marie,
    Votre plaie est guérie :
Et revenez aux pieds du céleste Docteur,
    Le seul qui parle au cœur.

III. — La même amante répand ses parfums sur la tête et sur les pieds de Jésus
    (*Matth.*, xxvi, 6 ; *Joan.*, xii, 1.)

Que ferez-vous, Marie, et d'un présent si rare
    Où l'on vous rend Lazare,
Quelle reconnoissance enfin montrerez-vous
    Au bienheureux Epoux ?

Déjà vous ressentez une joie infinie :
    Jésus à Béthanie
Est entré chez Simon : un grand festin suivit
    Où Marthe le servit.

A ce banquet parut un merveilleux spectacle,
    Et ce fut le miracle
De voir avec Jésus assis à son côté
    Le mort ressuscité.

Marie à cet objet d'un saint transport saisie,
    Prend sa boîte choisie :
La rompt ; l'on voit couler sur ses divins cheveux (*a*)
    Le parfum précieux.

Vers les pieds à la fois va l'odorante essence
    En pareille abondance.
Le superbe édifice en est tout embaumé :
    Tout l'air est parfumé.

(*a*) *Var.* : L'ouvre et l'on voit couler...

A la magnificence elle joint les tendresses ;
  Et de ses longues tresses
Marie en même temps déployoit les beaux nœuds,
  L'objet de mille vœux.

Malheureux instrumens de la perte des ames,
  Des cœurs liens infâmes,
Aux saints pieds de Jésus quittez la vanité :
  est la Vérité.

Sur ces pieds ondoyoit la riche chevelure
  Sa plus noble parure ;
Et de l'huile épanchée au gré de son vainqueur
  Essuyoit la liqueur.

De la Divinité l'infusion sacrée
  En vous est adorée ;
Vous êtes d'Israël l'espérance et l'honneur
  Le seul Oint du Seigneur.

Seul Sauveur, vous allez portant de ville en ville
  L'odeur de l'Evangile,
Et ce baume épanché sur cent climats divers
  Guérira l'univers.

Les pauvres sont vos pieds ; l'aumône est l'huile sainte
  Qui fait cesser leur plainte ;
Les cheveux font changer en libéralité
  Les superfluités.

Sexe vain, ton adresse en parures féconde,
  Croit embellir le monde ;
Mais apprends de Jésus d'un humble habillement
  Le plus digne ornement.

Attache tes regards aux pieds plus qu'au visage.
  Des saintes c'est l'usage ;
Que la pudeur te guide et relève tes yeux
  Seulement pour les cieux.

Par vous seul, ô Jésus, ces belles tant aimées
  Vont être désarmées :
Leur orgueil est à bas, et vous seul méritiez
  De les voir à vos pieds.

Croyez à sa victoire, ames ensorcelées,
  De l'amour affolées :
Jésus jette un regard sur un cœur corrompu,
  Et le charme est rompu.

Vous forcez de la mort la porte redoutable :
    Assis à votre table
Les morts ressuscités goûteront à longs traits
    Vos célestes attraits.

Hélas! dans peu de jours, nous savons que la vie
    Vous doit être ravie;
Et nous ne verrons plus des mortels le plus beau
    Que froid dans le tombeau.

Prévenons de Jésus la triste sépulture :
    Que toute la nature
Fidèle à son auteur pour honorer son corps,
    Epuise ses trésors.

Femme, tout l'univers célébrera ton zèle,
    Ta gloire est immortelle ;
Partout où de Jésus le nom sera porté,
    Le tien sera vanté.

IV. — Le jour que Jésus monta aux cieux, il vient à Béthanie avec ses disciples. (*Luc*, xxiv, 50 ; *Act.* i, 12). Béthanie étoit située auprès du mont des Oliviers. (*Marc.*, xi, 1 ; *Luc.*, xix, 29, 37). De ce mont il devoit s'élancer pour retourner à son Père. (*Luc.*, xxi, 50 ; *Act*, i, 12.) Le mont des Oliviers est celui où Jésus alla prier après la Cène. (*Matth.*, xx, 30 ; *Marc.*, xiv, 26 ; *Luc.*, xvii, 39.) Il avoit accoutumé d'y aller prier. (*Joan.*, vi, xviii, 2.) Il étoit situé au delà du torrent de Cédron, et il y avoit là un jardin. (*Joan.*, xviii, 1, 2.) C'est de là aussi qu'il fit son entrée à Jérusalem. (*Matth.*, xxi, 1 ; *Marc.*, xi, 1 ; *Luc.*, xix, 37.) Béthanie étoit le lieu où il se retiroit ordinairement tous les jours et surtout dans sa dernière semaine, d'où il alloit dès le matin prêcher à Jérusalem. (*Luc.*, xxi, 38), et retournoit sur le soir à Béthanie. (*Matth.*, xxi, 17 ; *Luc.*, xxi, 37.) C'est donc de cet endroit si célèbre par sa retraite, par ses oraisons et par son agonie, qu'il voulut monter au ciel, comme on a dit.

Prêt à monter au ciel, la carrière finie,
Pourquoi Jésus encor va-t-il à Béthanie?
Lui faut-il, immortel, en un lieu retiré,
Contre les Juifs ingrats un refuge assuré?
Quoi! faut-il, comme aux jours de sa mortelle vie,
Au pauvre abandonné fournir une maison,
Un jardin retiré pour sa sainte oraison?
Non : il vient honorer d'une famille chère,
Le charitable toit, la table hospitalière :
Par un dernier adieu consoler ses amis,
Leur montrer qu'à leur foi le ciel étoit promis,
Et que, si bien reçu jusqu'à sa dernière heure,
Il alloit à son tour préparer leur demeure :
Cher Lazare, vivez, mais en ressuscité,
Et toi, tendre Marie, humble et contemplative,
Demeure à ma parole en silence attentive;
J'ai laissé ce partage à ta fidélité ;
Et je veux que jamais il ne te soit ôté.

Conservez votre paix, heureuse, solitaire,
Des célestes secrets sainte dépositaire,
A qui tient au dedans un langage si doux,
Si simple, si caché, le Verbe votre Epoux :
Votre cœur y répond sans bruit : nulle traverse,
Nul trouble, n'interrompt ce fidèle commerce :
L'amour y parle seul, et son discours sans prix
De nul que de l'amour ne peut être compris.
Vous n'avez pas besoin, amante courageuse,
De suivre pas à pas sa route douloureuse :
Ni d'aller en pleurant de la croix au cercueil
Par vos riches parfums signaler votre deuil.
D'autres en se levant au milieu des ténèbres,
Lui rendront à l'envi tous ces devoirs funèbres :
Gardez votre partage, et de Jésus vainqueur
Repassez la parole en votre triste cœur :
Dites que par sa mort le genre humain respire
Qu'il détruit du péché le tyrannique empire,
Et qu'on ne le perd pas au trône paternel,
Puisqu'on a de sa voix le gage solennel :
Sa voix qui tous les jours vient frapper notre oreille,
Et, pénétrant nos cœurs qu'elle guide et conseille,
Vive image du Verbe, éclat de sa clarté,
Y porte la lumière avec la liberté.

 Saints hôtes du désert, troupe humble et solitaire,
Qui cherchez en Jésus le seul bien nécessaire,
De sa divinité sages contemplateurs,
De son humanité zélés imitateurs,
Compagnons de Marie et comme elle sans crainte,
Fidèles auditeurs de la parole sainte,
De ses divins discours méditant tous les mots,
Prévenez les douceurs de l'éternel repos :
Chantez de l'Eternel les merveilles antiques,
C'est pour vous que David composa ses cantiques ;
Jean-Baptiste pour vous par sa tonnante voix,
A fendu les rochers, déraciné les bois :
Et depuis qu'au désert, seul, de la pénitence
Il a fait résonner la sainte violence,
Une montagne à l'autre en rapporte les cris,
Et tout fléchit au bruit des célestes Ecrits :
Brûlez d'un chaste amour pour l'immortelle essence,
Voguez à l'abandon sur cette mer immense,
Epris de sa grandeur et de sa vérité
Dites, sous le soleil que tout est vanité.

 Et vous du saint Epoux amantes épurées,
A son lit nuptial chastement préparées,
Vierges, anges mortels : dans quelque coin caché
Où votre ardent amour ne soit point empêché,

Laissez-vous attirer à la sainte parole
Qui retient dans les biens, et dans les maux console :
Elle est le seul trésor qui jamais ne se perd :
Elle est le pain du ciel au milieu du désert ;
Tous à ce pain vivant portez un cœur avide,
Des désirs affamés il remplira le vide.
Heureux à qui Dieu parle et qui lui répondez,
Prompts à vaincre les sens, hardis à tout quitter,
Père, mère, plaisirs, trésors, femme, héritage (*a*),
Soi-même, pour n'avoir que la croix en partage.
Peuple enseigné de Dieu, la divine sagesse
Sur vous à pleines mains épanche ses largesses;
D'une éclatante voix elle parle au dehors :
Au dedans elle meut d'invisibles ressorts :
Elle montre de près à notre ame attendrie,
Au milieu de l'exil la céleste patrie;
Dans les Livres sacrés nous écoutons l'Epoux,
Puisqu'on entend sa voix, il n'est pas loin de nous.
Nuit et jour en secret il parle au cœur qui l'aime,
Et par son Esprit-Saint, il s'appelle lui-même.
Esprit, que doucement vous nous entretenez !
Sans cesse vous criez : Seigneur Jésus, venez !
Et l'Epouse répond : Venez, votre présence
Peut seule soulager ma longue défaillance;
En regardant au ciel, mes yeux fondus en pleurs,
De langueurs accablés vous disent : Je me meurs.
Tantôt dans la douleur où l'ennui me dévore,
Tantôt dans les plaisirs que je crains plus encore
Ne verrai-je jamais qu'un torrent qui s'enfuit,
Et ne laisse dans l'air qu'un inutile bruit ?
Me voulez vous tenir de Sion éloignée,
A l'exil éternel sans pitié condamnée ?
Venez ; qu'attendez-vous ? cruel, hâtez vos pas,
Dans l'erreur, dans la nuit ne m'abandonnez pas ;
Oui ; je viens promptement : à nos yeux favorable,
Il va nous découvrir sa face désirable,
Qui nous fait oublier tous les travaux passés,
Que l'ange bienheureux ne voit jamais assez ;
Par d'enflammés désirs, volons, perçons la nue
Dans l'essor de la foi goûtons la claire vue;
Et quoiqu'environnés de doux amusemens,
Poussons jusques au ciel de saints gémissemens.

(*a*) *Var.* : Prompts à vaincre les sens, hardis à tout quitter,
Sans trouver sur la terre à quoi vous arrêter,
Père, mère, plaisir, biens, femme, héritage.

TROISIÈME AMANTE.

I. — Marie Madeleine, de qui Jésus avoit chassé sept démons, accompagne la sainte Vierge jusqu'à la croix, avec Marie, sœur de sa mère et femme de Cléophas. (*Matth.*, xxvii, 55, 56; *Marc.*, xv, 40; xvi, 9; *Luc.*, viii, 2; xxiii; *Joan.*, xix, 25.)

Je ne vous quitte plus, ô Mère incomparable;
Vierge, de votre sort compagne inséparable,
Fallût-il avec vous affronter le trépas,
A la croix de Jésus, je veux suivre vos pas.
Allons : ainsi parloit la triste Madeleine,
Elle se souvenoit de son affreuse peine,
Lorsque de sept démons, fiers suppôts des enfers,
Captive, le Sauveur l'affranchit de leurs fers :
Dès cet heureux moment toujours reconnoissante,
Elle fut de Jésus une parfaite amante;
Et sans craindre l'horrible appareil de la croix,
Elle l'accompagna jusqu'aux derniers abois.
Quand Jésus affligé dans son ame innocente,
Que l'état malheureux du pécheur représente,
S'écria par le poids des crimes oppressé :
Mon Dieu, mon Dieu, pourquoi m'avez-vous délaissé?
De quelle sainte horreur ne fut-elle frappée?
Combien vif lui parut le tranchant de l'épée!
Combien saigna son cœur! combien de son amant
Pleura-t-elle à ses yeux le saint délaissement!
Quoi! Jésus est soumis au prince des ténèbres!
Il ne voit que noirceur, que des objets funèbres :
Dedans comme dehors on l'abreuve de fiel :
Pour lui dure est la terre, et d'airain est le ciel :
Le Fils est délaissé pour sauver les esclaves :
On le livre à l'enfer pour rompre nos entraves :
C'est le jour des démons : le peuple est possédé
Aux noires passions tout esprit a cédé.
Aussi de leur erreur l'innocente victime,
Par leur foible commun veut excuser leur crime :
Mon Père, que pour eux mes vœux soient exaucés :
Pardonnez la fureur de ces cœurs insensés :
Des aveugles pécheurs supportez l'ignorance :
Et laissez aux mortels ce reste d'espérance :
Tous ils sont enivrés, et le démon vainqueur
A d'énormes excès précipite leur cœur.
Madeleine le voit en cet état funeste,
D'une si belle vie achever le beau reste :
Il promet le salut au larron converti,
Aussitôt que du corps l'esprit sera sorti :
Avec sa Mère il voit le disciple qu'il aime,
Tendre fils, dans son cœur il se transmet lui-même :

C'est un autre Jésus qu'il forme à ce moment :
Marie à cette fois enfante avec tourment :
Le glaive pénétrant dont son ame est percée,
Va ramasser des saints la troupe dispersée,
Et lui fait recevoir par un ordre éternel,
Pour eux tous dans le sein un amant maternel.
Marie en cet état est la femme féconde,
L'Eve qui tout à coup met au jour tout le monde.
Jean pour elle en lui seul les élus réunit,
Et comme ses enfans tous elle les bénit :
Pour avoir dans Jésus une gloire infinie,
De Jésus elle boit toute l'ignominie ;
Pendant que sans pitié ses cruels ennemis,
Avec des traits amers lui reprochent son fils.
J'ai soif : mais quand sera cette soif apaisée ?
Ciel, distille d'en haut ta plus douce rosée :
Mais non ; c'est mon salut qu'à la croix il attend,
Aimons ; le seul amour le peut rendre content :
Madeleine le donne à sa bouche altérée :
Par l'amour, de sa soif l'ardeur est tempérée;
D'un rocher il a pu tirer une liqueur :
Il ne peut rien tirer de mon perfide cœur :
Ne pourra-t-il jamais m'arracher une larme?
Sa bonté nous paroit, sa rigueur nous alarme;
Le cœur est insensible, et nous ne lui rendons
Que vinaigre, que fiel pour ses célestes dons !
Une plus haute voix enfin se fait entendre,
Jésus n'a plus qu'un souffle, et d'un cœur toujours tendre
Il s'écrie en mourant que tout est consommé :
Oui ; jusques à la mort il a toujours aimé :
D'un amour éternel sa mort est le mystère,
Et son dernier soupir n'a rien d'involontaire;
Il ne veut point mourir qu'il n'ait tout accompli,
Et d'un parfait amour tout le devoir rempli.
Jusqu'à la moindre goutte il a bu le calice,
Où son Père irrité composa son supplice :
Victime consacrée au vengeur immortel,
Comme de l'eau son sang a coulé sur l'autel :
On ne le connoît plus ; sa face désirée,
La merveille des yeux, est toute déchirée :
Ce n'est plus ce docteur de tous si recherché,
C'est l'homme de douleur, c'est un ver écorché.
O miracle inouï ! pendant qu'à l'agonie,
Jésus avec son sang voit écouler sa vie,
Sa voix ne baisse pas : il expire en criant :
Délaissé de son Père il meurt en le priant;
Et remet en ses mains son ame désolée,
Qui même en se troublant ne fut jamais troublée.
Madeleine attentive à ce dernier effort,
Voit que ses yeux fixés se tournent à la mort :

Il se meurt; de son sang la source est desséchée,
Sa bouche est entr'ouverte et sa tête penchée :
C'en est fait; il n'est plus, tout est perdu pour moi,
Mon Amant, mon Epoux, mon Sauveur et mon Roi.
Mais que vois-je? soleil, de ta pâle lumière
Le reste défaillant échappe à ma paupière :
Tout tremble; et par l'effet d'un mouvement affreux,
Des tombeaux d'alentour se découvre le creux :
Des morts parmi les airs on voit voler les ombres,
Avec leur face triste et leurs figures sombres :
Tout l'univers s'ébranle, et semble sans moteur,
Vouloir s'ensevelir avec son Créateur.

II. — La même amante cherche Jésus dans son tombeau : voit deux anges, et le voit lui-même. (*Jean.* xx, 10 et suiv.).

Anges saints, qui vîtes les larmes
Et la douleur pleine de charmes
D'une amante auprès du tombeau
Qui toute sa richesse enserre;
De Jésus sorti de la terre
Chantez le cantique nouveau.

Au creux d'une grotte enfoncée,
Dans le roc de nouveau percée,
Dans un jardin délicieux :
A l'ombre des fertiles plantes,
Au milieu des fleurs odorantes
Reposoit le corps précieux.

Dès le matin, avant l'aurore,
Les amantes venoient encore
Eprises d'un divin appas,
Au saint lieu signaler leur zèle;
Et plus que les autres fidèle,
Madeleine n'en sortoit pas.

Tantôt vers le tombeau penchée,
Tantôt à l'entour épanchée,
Par mille regards superflus,
Elle cherche, inquiète et triste,
Et va suivant comme à la piste
Celui qu'elle ne trouvoit plus.

N'est-ce pas là, dans cette roche,
Qu'aujourd'hui vainement j'approche
Et dans ces solitaires lieux
Que fut posé le divin Maître;
Et ne le voyant plus paroître,
Elle s'en prenoit à ses yeux.

Deux anges, dont la riche veste,
D'un blanc éclatant et céleste
Comme un soleil étincèloit,
Paroissoient, touchés de sa plainte,
Lui vouloir ôter toute crainte,
Et l'un d'eux ainsi lui parloit :

Femme, dans les larmes plongée,
Soulagez votre ame affligée;
Dites le sujet de vos pleurs.
A ces paroles, Madeleine
Sentit qu'ils comprenoient sa peine,
Et qu'ils partageoient ses douleurs.

De son amour toute occupée
Et de nul autre objet frappée,
Sans surprise, sans tremblement,
Elle vit comme des peintures
Ces immortelles créatures,
Et ne songeoit qu'à son amant.

Hélas! jusque sous cette tombe,
A ce dernier coup je succombe :
Ils m'ont enlevé mon Seigneur;
Après l'avoir privé de vie,
On le cache, et l'on nous envie
Ce reste de notre bonheur.

Oh! qu'elle étoit bien écoutée!
Que sa voix fut bientôt portée
A l'oreille du bien-aimé,
Qui, près d'elle, dans le silence,
En secret voit la violence
Du feu qu'il avoit allumé !

Madeleine, toujours en quête,
Cherche encore en tournant la tête,
Le seul qui peut la soulager :
Que ne fait la persévérance?
Il vient contre toute espérance,
Mais sous un visage étranger.

Femme, en ce sépulcre enterré
Qui cherchez-vous toute éplorée?
Quelle est la cause de vos maux ?
Elle croit, malheureuse amante,
Voir celui dont la main savante
Du jardin conduit les travaux.

Elle ne sent que sa tristesse,
Et sans consulter sa foiblesse :
Seigneur, si vous l'avez ôté,
Où l'avez-vous mis, je vous prie?
Dit-elle ; au péril de ma vie,
Je l'aurai bientôt emporté.

Pénétré d'un amour si tendre,
Jésus est forcé de se rendre,
Et lui fait écouter sa voix :
Elle s'entend nommer Marie;
Elle reconnoît et s'écrie :
Mon Maître, c'est vous que je vois !

Comme elle accouroit éperdue
Pour baiser la blessure nue,
L'ornement de ses pieds percés,

Quoique d'une ame impatiente,
Il aime à consoler l'attente,
Le Seigneur lui dit : C'est assez.

Ne me touchez pas davantage :
Dans le ciel est votre partage :
C'est là que touché par la foi,
Loin des sens, au sein de mon Père,
Je garde les biens qu'elle espère
A l'ame qui n'aime que moi.

Aimons : si d'une flamme éteinte,
La cendre est si chère et si sainte,
Et si l'attrait en est si fort;
Si par tant de transports célestes
On cherche ces précieux restes
Jusque dans l'ombre de la mort :

Combien plus entré dans sa gloire,
Doit-il occuper ma mémoire,
Tirer à soi tous mes désirs?
Et combien l'océan immense,
De sa sainte et parfaite essence
Contient-il de chastes plaisirs?

Ainsi, dans une solitude,
Où Jésus est sa seule étude
Dans la nuit comme dans le jour,
Un dont l'ame étoit toujours pleine
Des tendres pleurs de Madeleine,
Avec elle chantoit l'amour.

LA PARFAITE AMANTE.

MARIE, MÈRE DE DIEU.

Vous qui d'un fils parfait et la Mère et l'Amante,
Fûtes du Tout-Puissant la fidèle servante,
Qui joignez le trésor de la virginité
A l'honneur immortel de la fécondité,
Marie, en ce doux nom, la foi vive ramasse
Tout ce qu'ont de plus grand la nature et la grace :
Quel esprit envoyé de l'éternel séjour,
Nous pourroit aujourd'hui raconter votre amour

Ange, qui descendu des hautes hiérarchies,
Vîtes étonné que Marie au-dessus
Jusqu'au comble à la fois les avoit tous reçus,

Quand par l'ordre du Ciel vous lui dites : Marie,
Ne craignez pas, bénite et du Ciel si chérie
En votre chaste sein de graces revètu (a)
Tout à coup du Très-Haut surviendra la vertu :
Ne promettiez-vous pas à la fille tremblante,
Qu'au milieu des transports d'une joie innocente,
En ce sein où de Dieu seroit conçu le Fils,
Son amour paternel aussi seroit transmis ?
Que d'une même voix ils diroient l'un à l'autre :
Ce Jésus est mon Fils ; c'est le mien, c'est le vôtre ?
Le Père dit des cieux : C'est mon Fils bien-aimé,
En qui tout mon amour toujours s'est renfermé.
Sur la terre répond la divine Marie :
C'est mon Fils, c'est mon sang, mon bonheur et ma vie.
Jésus de leur amour le cher et tendre nœud,
Par lui-même en sa Mère allume ce beau feu,
Qui du sein paternel prenant son origine,
Ne cesse de pousser une flamme divine :
La nature l'enseigne et si son Fils est Dieu,
Mère, peut-elle aimer en moins sublime lieu ?
C'est ainsi qu'attachée à l'amour maternelle,
La grace à son état est comme naturelle ;
Et qu'on ne peut former une Mère au Seigneur,
Que d'un amour céleste on n'anime son cœur.

Séraphins, votre ardeur jamais dans l'empyrée
A celle qu'elle sent ne sera comparée :
Si la gloire du ciel de l'amour est le prix,
Cédez tous à Marie, invisibles esprits :
A l'honneur de Jésus vous la verrez sans peine
En amour, en grandeur, en crédit souveraine :
A son Père, à sa Mère, en terre il obéit,
Indivisible Fils leurs ordres il suivit :
Pour qui coule son sang avec plus d'abondance,
Que pour celle où son corps avoit pris sa naissance ?
Si le degré de gloire est le prix de son sang,
Qui ne voit qu'à Marie est dû le premier rang ?
Qui peut dire comment du péché préservée,
Et de tous les mortels la première sauvée,
Nouvelle Eve, sous l'arbre elle vit ses enfans
Du tombeau, de l'enfer, de tout mal triomphans,
Pendant qu'elle immoloit l'innocente victime,
Qui seule par sa croix expioit notre crime ?

Témoins de ces vertus, interprètes sacrés,
Docteurs de l'univers, qui du Ciel inspirés,
Et guidés pas à pas dans notre sainte Histoire.

(a) *Var.:* Ange, qui descendu de la sainte patrie,
Quand par l'ordre de Dieu vous lui dites : Marie,
En votre chaste sein...

Des grandeurs de Jésus conservez la mémoire,
De sa Mère à la fois, pour combler nos souhaits,
Vous deviez raconter les mémorables faits ;
Et vous qui, si longtemps honoré de sa vue,
Dans votre humble maison l'avez toujours tenue
Depuis ce cher moment où Jésus aux abois
La mit entre vos mains d'une mourante voix,
Des vertus dont elle est le sacré domicile,
Jean, ne devez-vous pas orner votre Evangile ?
Et d'un trait qui du temps ne s'est point effacé
Nous donner en Marie un Jésus retracé ?

Mais quoi ! si le Très-Haut en voilant ce miracle,
A ses regards divins en garde le spectacle,
Ou qu'il n'admette enfin à cet objet pieux
Que des hommes choisis ou de célestes yeux :
S'il est écrit au ciel que l'admirable Mère
De son Fils inconnu porte le caractère ;
Que le commun, l'obscur, le vulgaire et le bas,
Fasse le merveilleux de ces humbles états,
Laissons enveloppé d'un voile salutaire
D'un secret si profond l'adorable mystère.
Quel fûtes-vous, Jésus, quand, parole sans bruit,
Lumière sans éclat, et soleil dans la nuit,
Dieu caché, vous montriez à la race mortelle
Que d'être vu de Dieu, retiré sous son aile,
En secret c'est de Dieu le souverain honneur,
Et de l'homme mortel le souverain bonheur ;
Où content de lui seul, sans faste et sans partage,
En silence on lui rend un éternel hommage.
O prodige inouï ! celui qu'à Nazareth
D'un œil émerveillé tout le Ciel admiroit
Comme dans son pays par un art mécanique,
D'un vulgaire artisan gouvernoit la boutique.
Et ce qui maintenant paroit bas à mes vers,
Trente ans étoit l'emploi du Roi de l'univers
Il alloit, il venoit, officieux, tranquille ;
Condamnant la longueur d'une vie inutile :
Pas un acte marquant, pas un fameux discours
De ses ans innocens ne signaloit le cours :
D'Adam par ses sueurs il portoit le supplice :
Et des âpres saisons essuyoit la malice ;
Occupé de sa croix et fidèle à goûter
Tout ce que son amour lui doit un jour coûter ;
Nourri dans les travaux dès l'âge le plus tendre,
A son grand sacrifice il ne cessoit de tendre ;
Il laissoit aux combats voler les conquérans,
Aux conseils assemblés juger les différends ;
Aux ardens orateurs, dans leurs doctes harangues,
Exercer à l'envi leurs curieuses langues :

A toi, pharisien, dans les riches repas,
Disputer, inquiet, l'honneur du premier pas;
Du haut rang en public briguer les préférences,
Des peuples empressés aimer les révérences,
De maître en Israël affecter le renom :
Pour Jésus, à qui seul appartenoit ce nom,
Lorsqu'au temple une fois eut paru sa sagesse,
Des humbles écoutans il grossissoit la presse :
Ainsi couloient ses jours ; qui sait si de retour,
Après tous ses combats à la céleste cour,
Ce Dieu longtemps caché ne veut pas dans Marie
Perpétuer encor cette secrète vie ?
Il est vrai, de l'Eglise elle fut l'ornement,
Le modèle du monde et son étonnement.
Mais par où pouvoit-elle être plus admirée,
Que si, Mère de Dieu, sous ses yeux retirée,
Sans qu'à d'autres témoins son secret fût ouvert,
Elle tenoit ses dons dans son cœur à couvert ?
Les bergers racontoient la céleste musique :
Siméon expiroit dans son tendre cantique;
Et du glaive affilé par un peuple méchant,
A la Mère affligée annonçoit le tranchant;
La sainte prophétesse, au temple, à tous venans,
Vantoit ce que le Ciel gardoit à ses vieux ans.
La ville étoit troublée, et tout le voisinage
Des Mages arrivés racontoit l'équipage,
Le cours de leur étoile, et leurs présens sacrés,
Leurs hommages; les cris des enfans massacrés;
D'un tyran effrayé l'aveugle jalousie,
Sa vaine politique et son hypocrisie.
Tout parloit à l'envi de l'Enfant nouveau-né.
De Marie, à ces bruits le cœur est étonné.
Au silence, à la paix toujours accoutumée,
Son oreille est ouverte et sa bouche fermée;
Et quand le nom du Fils va jusqu'au firmament,
La Mère pour partage a le recueillement.
Simple en sa contenance, au travail assidue,
Evitant des mortels la curieuse vue,
Sous un modeste voile humble et jetant sans fard
Vers le Ciel seulement un innocent regard;
Tendre sans flatterie, et sans art obligeante,
Pauvre, au pauvre elle ouvroit une main bienfaisante,
Inspiroit la pudeur par son chaste maintien
Et toutes les vertus par son doux entretien.
Sainte, elle fréquentoit les saintes assemblées :
Dans celle où d'un grand bruit sont les ames troublées.
D'un bruit avant-coureur de ces langues de feu,
Où sous cet appareil on vit descendre un Dieu,
La fidèle Marie animoit la prière :
Tous ils la regardoient comme leur tendre Mère;

Et ce peuple, avec elle au Cénacle monté,
Honoroit de Jésus la sainte parenté.
Incrédule autrefois, de son erreur guérie,
Elle suit aujourd'hui l'exemple de Marie;
En elle rien n'éclate, on y voit seulement
Simplicité, douceur, humble recueillement.
D'un apôtre nouveau Pierre établit la gloire,
Des oracles sacrés rappelle la mémoire
Où David, par l'effet d'un céleste transport,
Du perfide Judas avoit prédit le sort :
Pierre parle, on l'écoute, et Marie en silence
Voit sans se distinguer la paisible audience.

Dans les Livres divins ce que d'elle on écrit,
Le céleste écrivain d'elle-même l'apprit :
Qui peut mieux raconter le message de l'ange,
Et de l'homme avec Dieu l'union sans mélange,
Que celle dont le sang animé dans son sein,
Enfanta le Sauveur de tout le genre humain?
Aussi par ce récit où sa gloire commence
Falloit-il de son Fils honorer la naissance,
Et montrer que ce Fils, comme le plus puissant,
Etoit de tous les fils le plus obéissant :
Hors ce cher intérêt la louange la blesse,
Et toujours de sa bouche on entend la bassesse ;
Mais plus à s'abaisser, simple elle s'obstinoit,
Plus de ses dons cachés l'Eglise s'étonnoit :
C'étoit le puits fécond, la fontaine scellée,
D'où sortoit le salut, d'où la grace est coulée ;
La Reine dont l'éclat au dedans renfermé,
Moins il étoit connu plus il étoit aimé :
Que ferons-nous, mortels? Aimons jusqu'au nuage
Que l'Eternel répand sur son plus bel ouvrage :
Ce qu'on sait, avec foi nous devons l'assurer
Et ce qu'on ne sait pas, en secret l'admirer.
L'arche où du Tout-Puissant la grace est ramassée,
Au lieu le plus secret de son temple est placée :
Mais que dirons-nous donc ? Tout ce qu'on a pensé,
Sans que d'un Dieu jaloux l'honneur fût offensé,
C'est assez qu'elle ait dit dans son sacré cantique,
Dans les sublimes tons d'une voix prophétique,
Plus belle que l'aurore au visage riant,
Plus riche qu'un vaisseau chargé dans l'Orient,
Plus claire qu'une eau vive ; agréable, odorante;
Plus que dans la moisson la campagne abondante,
Produisant plus de fleurs qu'un jardin cultivé,
Répandant plus de fruits que l'automne empourpré,
Plus blanche que le lis, unique entre les roses,
En moi le Tout-Puissant a fait de grandes choses.
Dites, après ces mots, qu'un martyre amoureux

De ses ans prolongés rendit le cours heureux ;
Chantez tous à l'envi qu'amante autant qu'aimée,
Bienheureuse en secret, d'un beau feu consumée,
Elle s'élance au ciel, et que son dernier jour
Paisiblement finit par un soupir d'amour ;
L'amour seul fit le coup, et ses belles années
De nul autre tyran ne furent terminées :
Et ce corps virginal de Dieu seul approché,
D'une profane main ne fut jamais touché.

Dites que cette chair d'où sortit notre vie
Par une chère main au tombeau fut ravie,
Et qu'un Dieu bienfaisant n'envia point aux cieux
De ce temple choisi l'ornement précieux :
Chantez, que dans le ciel sa prière fervente
Est le ferme soutien de l'ame pénitente :
Qui ne sait qu'appelée au nuptial festin,
Sa féconde oraison y fit naître le vin ?
Et quoiqu'elle parût de son Fils rebutée,
Elle sut dans son cœur qu'elle étoit écoutée :
Combien plus dans la paix de l'amour consommé,
Sur un trône immortel, auprès du bien-aimé,
La lune sous ses pieds, d'étoiles couronnée,
Et plus que le soleil d'éclat environnée !
Dirons-nous, en voyant ses libéralités,
Tant de saints par ses vœux à l'amour excités,
Tant de dons répandus, tant de vertus écloses :
Le Tout-Puissant en elle a fait de grandes choses ?

TRADUCTION POÉTIQUE DE QUELQUES PSAUMES.

I.

Domine Dominus noster, etc., Psaume VIII.
Grandeur de Dieu : l'enfance le loue : beauté de la nuit : dignité de l'homme.

Toi, qui seul en ta main tiens l'empire du monde,
    Seigneur du peuple élu,
Que ton nom est fameux sur la terre et sur l'onde
Et que tout est soumis à ton sceptre absolu !

Ton immense grandeur sur les cieux exhaussée,
    A ses pieds les étend ;
Tout tremble devant toi ; la nature abaissée
Reconnoît la hauteur de ton trône éclatant.

A chanter tes bienfaits l'enfance est éloquente ;
    C'est toi qui la nourris ;

Et, pour être loué de sa bouche innocente,
D'un âge impatient tu fais cesser les cris.

Par tes soins les enfans de la race infidèle
    Suçant le même lait,
Que donne à tes enfans une chaste mamelle,
D'un injuste vengeur condamnent le projet.

Je verrai de tes cieux la structure immortelle
    D'un si rare dessein,
La lune avec les feux allumés autour d'elle,
Eternel monument de ta puissante main.

Qu'est-ce que l'homme, ô Dieu, que ta bonté suprême
    Veuille s'en souvenir ?
Qu'est-ce que l'homme ? un souffle et la vanité même.
Un Dieu de son amour daigne le prévenir !

Placé par ta sagesse un peu plus bas que l'ange,
    Et par les mêmes lois
Si puissant, que sous lui tout le reste se range ;
Du grand roi sur la terre il exerce les droits.

Couronné de ta main, partout on le redoute ;
    Dans les prés, dans les bois,
La brebis fuit ses pas ; le bœuf pesant l'écoute,
Les plus fiers animaux sont souples à sa voix.

Tu mets tout à ses pieds, l'oiseau qui fend la nue,
    Tant de monstres divers,
Qui tiennent dans l'abîme une route inconnue,
Les habitans du ciel, de la terre et des mers.

Eternel, notre Dieu, seul arbitre du monde,
    Seigneur du peuple élu,
Que ton nom est fameux sur la terre et sur l'onde,
Et que tout est soumis à ton sceptre absolu !

II.

Cœli enarrant gloriam Dei, *Psaume* XVIII.

Belle nuit : lever du soleil : sa course rapide : succession des jours et des nuits.

Ainsi chantoit David, au milieu du silence,
    Les beautés de la nuit,
Et d'un ciel étoilé, dont la douce influence
Dans ce paisible temps se répandoit sans bruit ;

Bénissez le Seigneur, vous lune, et vous étoiles,
    Qui, sans nous éblouir,

D'une profonde nuit percez les sombres voiles,
Et dans l'obscurité venez nous réjouir.

Qu'entends-je? il va franchir sa lointaine barrière,
    Au flambeau radieux,
Qui, du matin au soir, fournissant la carrière,
Sur le vaste horizon ne jette que des feux.

Nul ne peut éviter sa vertu pénétrante,
    Sous les toits à couvert,
Ni couché sur le bord d'une eau rafraîchissante,
Ni dans un creux vallon sous un feuillage vert.

Tel qu'un nouvel époux, dans sa riche parure,
    Il paroît au matin;
Sa féconde chaleur anime la nature;
Des changeantes saisons seul il fait le destin.

Toi, qui vois de ses pas l'étonnante vitesse,
    Sage contemplateur,
De ses tours et retours admire la justesse,
Et d'un immense corps l'immobile moteur.

Par un ordre éternel, le jour mène à l'ouvrage.
    Les foibles animaux;
Pour adoucir la peine où le joug les engage,
La nuit par le sommeil vient finir les travaux.

Dieu l'ordonne; et tous deux, attentifs à sa gloire,
    Dans la succession
De sa première loi conservent la mémoire;
D'âge en âge, à jamais, va la tradition.

Le jour apprend au jour la règle de sa course,
    Et la nuit à la nuit,
Aux globes enflammés roulant autour de l'Ourse,
Enseigne le concert d'un mouvement suivi.

C'est du grand univers la voix simple et première,
    Qui jusques au couchant,
Depuis où le soleil découvre sa lumière,
Porte sans varier ce langage touchant.

Sans docteur on l'apprend sous la ligne brûlante,
    Sous les pôles glacés,
Et par tous les climats où la terre opulente
Enrichit de ses dons les mortels dispersés.

Des Juifs et des gentils cette langue entendue,
    Du barbare et des sourds,

Par un secret instinct dans les cœurs descendue,
Leur fait du Ciel propice implorer le secours.

Marchons, humbles mortels, sous la douce contrainte
    De son commandement;
Et, faits à son image, avançons dans la crainte
Qui de notre sagesse est le commencement.

Seigneur, qui dans ta main tiens l'empire du monde
    Et de ton peuple élu,
Que ton nom est fameux sur la terre et sur l'onde
Et que tout est soumis à ton sceptre absolu!

III.

Exaudiat te Dominus in die tribulationis, etc. *Psaume* xix.

Que le Seigneur t'exauce au jour de la tempête,
Que l'ombre de son nom mette à couvert ta tête,
Qu'il arme en ta faveur les puissances des cieux
Que du haut de Sion sa force te soutienne,
Que de ta piété toujours il se souvienne,
Et soit ton holocauste agréable à ses yeux

Qu'au désir de ton cœur sa bouche soit propice,
Que tes justes conseils toujours il affermisse,
Notre bonheur naîtra de ta prospérité :
Du nom de l'Eternel brillera notre gloire :
Déjà l'Oint du Seigneur remporte la victoire,
Et nous voyons que Dieu veille à sa sûreté.

Il répondra d'en haut à toutes tes demandes;
Au milieu des combats mille invisibles bandes
Viendront, d'un vol pressé, grossir ses escadrons :
L'ennemi dans le nombre a mis son espérance,
Ses chars et ses chevaux ont fait son assurance :
La nôtre est en Dieu seul que nous invoquerons.

Ils n'ont pu dans leurs tours se sauver de sa foudre
Ils sont tombés par terre, ils ont mordu la poudre.
Quand nous nous relevons sous votre unique appui;
Dieu qui nous a donné ce prince incomparable,
Conservez ses beaux jours, soyez-nous favorable,
Quand nos vœux enflammés se présenteront pour lui

IV

Eructavit cor meum verbum bonum, etc., Psaume XLIV, qui a pour titre : Cantique pour le bien-aimé.

Je sens, d'un cœur transporté
Sortir, pleins de majesté,
Les vers qu'au Roi je présente
D'un feu céleste animé,
Mon esprit veut que je chante
Le règne du bien-aimé.

Sous une maîtresse main
D'un diligent écrivain,
La langue, plume empressée,
Produit de saintes chansons;
Et ma voix se sent poussée
Jusqu'aux plus sublimes sons.

De mes chants digne sujet,
Des yeux le plus cher objet,
De la beauté la plus vive;
Sur vos lèvres vous portez
La grace simple et naïve
Des célestes vérités.

Béni de Dieu pour toujours,
Commencez à donner cours
A vos triomphantes fêtes;
Mettez à votre côté,
Dans les jours de vos conquêtes
Votre glaive redouté.

Plutôt montrez vos attraits,
Les plus perçans de vos traits;
Les peuples y sont sensibles;
Vos blessures vont au cœur,
Et vos appas invincibles
Vous en rendent le vainqueur.

Marchez, paroissez, charmez
Les bataillons désarmés
Qui, dans une paix profonde,
Aiment à sentir vos coups;
Et bientôt, par tout le monde
Tomberont à vos genoux.

La vérité, la douceur
Et la justice leur sœur,
Par vous reprennent leur gloire;

Et votre merveilleux bras,
Toujours sûr de la victoire,
Vous mène dans les combats

O Dieu (car tous les mortels
Vous dresseront des autels),
Toute la terre habitable
Vous sert avec tremblement,
Et votre trône équitable
Subsiste éternellement.

Sous votre sceptre la loi,
La pudeur, la bonne foi,
Seules tiendront la balance:
Les crimes seront punis;
L'outrage et la violence
A jamais seront bannis.

Modèle de l'équité,
Dieu de qui la sainteté
Condamne toute injustice,
Il faut pour cette action
Que votre Dieu vous remplisse
D'une céleste onction.

Par ce sacre révéré,
A tous les saints préféré,
Seul, dans le rang où vous êtes,
Vous surmontez à la fois
Le saint ordre des prophètes,
Des pontifes et des rois.

De cèdre et d'ivoire orné,
Votre palais fortuné,
Par une immense largesse,
Etale de tous côtés
Votre admirable richesse
Aux filles des rois domptés.

Sur vos habits ravissans,
De la myrrhe et de l'encens,
La vapeur est répandue :
De ces beaux lieux parfumés
Votre odeur s'est étendue
Sur celle que vous aimez.

Dans un superbe appareil,
Plus claire que le soleil,
A votre droite est placée
La Reine, que votre amour
Flatte plus dans sa pensée
Que tout son royal atour.

Vous, ma fille, écoutez-moi,
Vous aurez le cœur du roi,
Si vous perdez la mémoire
De vos antiques cités,
Aussi bien que de la gloire
Du père que vous quittez.

Celui qu'à votre côté
Attire votre beauté
De tous les rois est le maître ;
C'est le Seigneur des seigneurs,
A qui, pour le reconnoître,
On rend les divins honneurs.

Tyr, que la mer entretient,
Et les villes qu'elle tient
Sous son empire captives,
Bientôt pour vous apaiser
De leurs abondantes rives
Vont les trésors épuiser.

Quoiqu'un bord étincelant
Dans un habit opulent
Sur la reine toujours brille,
Et que l'ouvrage achevé
D'une industrieuse aiguille
De fin or soit relevé :

Plus riche encore au dedans,
Avec des désirs ardens,
La princesse est recherchée ;
Plus elle évite le jour
Et tient sa gloire cachée,
Plus elle pare la cour.

Cent filles du plus haut rang,
Des premières de son sang,
Après elle présentées,
Dans le saint ravissement
Dont elles sont transportées,
Suivent le Roi son amant.

Offertes de cette main,
Leur aimable souverain
Les établit dans son temple,
Où, saintement amoureux,
Ces cœurs purs donnent l'exemple
Des feux les plus généreux.

A vos courageux enfans,
Nés de pères triomphans,
Vous partagerez la terre ;
Invincibles conquérans,
Ils briseront comme verre
Le sceptre de ses tyrans.

Leur sainte postérité,
De votre nom répété,
Sera toujours animée ;
Et dans tous les cœurs unis,
Ira votre renommée
Par des siècles infinis.

V.

Deus noster refugium et virtus, etc.; Psaume XLV.

Le Seigneur est notre recours,
Notre force, dont le secours
Nous a relevé le courage,
Quand de tous les maux assemblés
Sur nos têtes grondoit l'orage,
Dont le coup nous eût accablés.

Aussi, soutenu de son bras,
Notre cœur ne trembleroit pas,
Quand, à secousses redoublées,

On verroit frémir l'univers,
Et que les terres écroulées
Tomberoient dans le fond des mers.

De tous côtés autour de nous
S'élevoient les eaux en courroux :
Les montagnes déracinées
Sentoient la colère des cieux,
Et de leurs masses étonnées,
Trembloit le faîte audacieux.

Mais les fleuves de ta cité,
Seigneur, dans leur tranquillité,
N'ont jamais inspiré la crainte ;
Et doucement impétueux,
Ils font dans sa paisible enceinte
Rouler leurs flots majestueux.

L'Eternel habite au milieu ;
Tout est calme en ce sacré lieu
Sanctifié par sa présence :
Son tabernacle est notre appui :
En son nom est notre défense :
Que pouvons-nous craindre avec lui ?

Il nous aide dès le matin,
Et lorsqu'un contraire destin
Commence à troubler notre vie,
Aussitôt, des monts éternels,
Sur la race qu'il a choisie,
Luisent ses regards paternels.

Les peuples étoient abîmés ;
Sur les royaumes alarmés
D'en haut éclatoit le tonnerre,
Qui, par son effroyable bruit,
Faisoit craindre à toute la terre
L'horreur d'une éternelle nuit.

La famine aux hideux regards
Apparoissoit de toutes parts,
Avec la pâle maladie ;
Et la guerre aux sanglantes mains
Par le carnage et l'incendie,
Désoloit les tristes humains.

Avec nous durant nos malheurs,
Nous avions, pour sécher nos pleurs,
Le puissant Seigneur des armées :

Le Dieu de Jacob adoré,
Seul à ses tribus bien-aimées
Est un protecteur assuré.

Venez tous, voyez à la fois
Les prodiges du Roi des rois :
Par lui notre peine est finie ;
Tous nos peuples sont consolés,
Et verront la guerre bannie
Aux climats les plus reculés.

Il rompra les arcs et le fer,
Contre nous forgés dans l'enfer ;
Les armes nous sont défendues :
Les combats sont changés en jeu ;
En faulx les lances sont fondues,
Les boucliers jetés au feu.

C'étoit peu que le Dieu des dieux,
Vers un roi guerrier et pieux
Cent fois fit voler la victoire,
Si pour comble de ses bienfaits,
Joignant le repos à la gloire,
Il n'avoit envoyé la paix.

Venez, et dans un saint loisir
Goûtons le céleste plaisir
D'avoir Dieu présent dans notre ame,
Dieu qui, sur la terre exalté,
A tout peuple qui le réclame,
Sait faire sentir sa bonté.

Avec nous, parmi nos malheurs,
Nous aurons, pour sécher nos pleurs
Le puissant Seigneur des armées :
Le Dieu de Jacob révéré,
Seul à ses tribus bien-aimées
Est un protecteur assuré.

VI.

Tibi silentium laus; Psaume LXV; selon l'hébreu : *Le silence est votre louange.*

Dieu puissant, je me tais en ta sainte présence ;
Je n'ose respirer, et mon ame en silence
Admire la hauteur de ton nom glorieux :
Que dirois-je ? abîmés dans cette mer profonde,
Pendant qu'à l'infini la clarté nous inonde,
Pouvons-nous seulement ouvrir nos foibles yeux ?

Si je veux commencer tes divines louanges,
Et que déjà mêlé parmi les chœurs des anges,
Ma voix dans un cantique ose se déployer,
Dès que, pour l'entonner ma langue se dénoue,
Je sens sortir un chant que mon cœur désavoue
Et ma tremblante voix ne fait que bégayer.

Changement merveilleux : accablé de ta gloire
De tout langage humain j'ai perdu la mémoire ;
Interdit, éperdu, je n'articule plus :
A, a, a, mon discours n'a ni force ni suite ;
A des cris enfantins ma parole est réduite,
Et pour tout entretien n'a que des sons confus.

Plus je pousse vers toi ma sublime pensée,
Plus de ta majesté je la sens surpassée,
Se confondre elle-même et tomber sans retour :
Je t'approche en tremblant, lumière inaccessible,
Sans atteindre jamais l'Etre incompréhensible,
Et mon œil éperdu ne trouve point de jour.

Cessez : qu'espérez-vous de vos incertitudes,
Vains pensers, vains efforts, inutiles études?
C'est assez qu'il ait dit : Je suis celui qui suis :
Il est tout : il n'est rien de tout ce que je pense ;
Adorateur soumis par la foi je commence,
Et sans plus raisonner en amant je poursuis.

Eternel trois fois saint, seul connu de toi-même,
Puissant moteur des cœurs, mon Dieu, fais que je t'aime.
Mais, quand à tes attraits je me serai rendu,
Tu ne seras jamais autant aimé qu'aimable ;
Et seul, dans nos esprits, ton Esprit adorable
D'un ineffable amour a le don répandu.

Descends, divin Esprit, pure et céleste flamme,
Invisible onction qu'en secret je réclame :
Et toi qui le produis dans l'éternel séjour,
Accorde sa présence à mon ame impuissante ;
Fais-en (car tu le peux) une fidèle amante,
Et qu'elle aime sans borne un Dieu qui n'est qu'amour.

VII

Fundamenta ejus in montibus sanctis. *Psaume* LXXXVI.

Gloire de Sion : Dieu voit quelques hommes pieux marqués et en petit nombre dans les autres pays : en Egypte, parmi les Philistins même, dans Tyr, en Ethiopie : Sion est la seule mère qui les enfante sans nombre.

   De la sainte Cité de Dieu
   Je découvre, dans ce haut lieu,
Le ferme fondement et l'immuable gloire :
Dans Sion du Seigneur est le titre éternel ;
Sion de sa grandeur conserve la mémoire,
Et le cher monument de son nom paternel

   Aux saintes portes de Sion
   Dieu donne sa protection ;
Des camps, des pavillons les tours sont les maîtresses ;
Pour elle de respect tout Jacob est touché,
Et ; malgré la hauteur des autres forteresses ;
A leurs gonds immortels l'empire est attaché

   Mais, Sion, que ne dit-on pas
   De tes fêtes, de tes combats,
De tes oracles saints, des coups de l'épouvante
Que par cent traits perçants porte de toutes parts
Sur ces fiers ennemis ton arche triomphante,
Qui voit dans leurs fossés enterrer leurs remparts ?

   Partout où je tourne les yeux,
   J'aperçois quelque homme pieux
En qui de mon pouvoir la connoissance éclate,
Parmi les Philistins, chez l'Ethiopien ;
Dans la superbe Tyr, sur le Nil, sur l'Euphrate
Et dans tous les climats chacun vante le sien.

   Mère féconde des savans,
   Seule dans tous lieux, dans tous temps,
Sion, que Dieu soutient, par milliers les enfante :
Tous elle les rassemble en son bienheureux sein,
Où l'on voit, transporté d'une joie innocente,
De ces hommes sacrés le florissant essaim.

VIII.

Dixit Dominus Domino meo : Sede à dextris meis ; *Psaume* CIX.

Le Seigneur Tout-Puissant a dit à mon Seigneur,
Elevé dans le ciel au souverain honneur :
   Prends ta place à ma droite

Pendant que par ma main tes ennemis domptés,
A tes pieds abattus, tremblans de leur défaite,
Attendront leur salut de tes seules bontés.

Règne donc au milieu de ces fiers ennemis ;
Par un bras immortel tu les verras soumis
    A ton sceptre invisible :
De Sion s'étendant sur cent climats divers,
Sur cent peuples vaincus, ton empire paisible
Rangera sous tes lois les terres et les mers.

Dans ton camp redouté tous les cœurs sont à toi :
D'une pareille ardeur tout marche, et de son Roi
    Veut hâter la victoire :
L'aurore n'étoit pas quand sorti de mon sein,
Unique tu naquis dans l'éternelle gloire,
Et du monde avec moi tu conçus le dessein.

Ecoutons du Seigneur l'éternel Testament,
Et de sa vérité l'immuable serment ;
    Il jure par soi-même :
Du grand Melchisédech je te donne à jamais
Le sacré caractère et le degré suprême ;
Comme lui fais régner la justice et la paix.

Ton Dieu toujours vainqueur combat à tes côtés ;
Par ses coups foudroyans les rois épouvantés,
    Eprouvent sa colère •
Il frappe : tout fléchit, tout nage dans le sang :
Tu bois dans le torrent d'une douleur amère,
Et ton humilité t'élève au premier rang.

Heureux qui dans sa soif, rapide conquérant,
D'un torrent écumeux boit les eaux en courant,
    Sa troupe toujours prête
Tombera sur le dos des bataillons épars :
Sur les peuples conquis il élève sa tête,
Et son nom glorieux vole de toutes parts.

IX.

Super flumina, etc. *Psaume* CXXXVI.

Sur les rives de Babylone,
Une éternelle affliction,
Au doux souvenir de Sion,
Où du Seigneur étoit le trône,
Sous le joug d'un peuple odieux,
En pleurs continuels faisoit fondre nos yeux.

Aux saules voisins suspendues,
Sans se souvenir de leurs chants,
Dans le silence au gré des vents
Alloient nos harpes détendues,
Et ceux qui nous tenoient captifs :
Quittez-nous, disoient-ils, quittez ces tons plaintifs.

Dites plutôt quelque cantique,
De ceux que Sion écoutoit,
Quand jusqu'au ciel elle portoit
Sa mélodieuse musique.
Quoi ! que dans ces barbares lieux
On entende jamais nos airs religieux ?

Qu'on réjouisse la Chaldée
Des saints cantiques du Seigneur,
Et que l'on y chante à l'honneur
Du Dieu qu'adore la Judée ?
Plutôt périssent à la fois,
Avec nos chalumeaux, nos languissantes voix !

Jérusalem, si je t'oublie ;
Si pour toi l'on me voit changer,
Et qu'en un pays étranger
Tes hymnes sacrés je publie ;
Si jamais la sainte Cité
Cesse d'être l'objet de ma félicité .

Puisse mon bras, puisse ma gloire
Tomber dans un pareil oubli ;
Et de mon nom enseveli
A jamais périr la mémoire .
Puisse en ma bouche se sécher,
Et morte à mon palais ma langue s'attacher !

Seigneur, venge-nous d'Idumée
Au jour que tu nous as promis,
Puisqu'elle a de nos ennemis
Aigri la haine envenimée ;
Et dit dans son aveuglement :
Détruisez de Sion jusques au fondement.

A ce jour où mon cœur aspire
Sous un conquérant glorieux
Des méchans avec tous leurs dieux
Tombera le superbe empire ;
Et de Babylone au cercueil
Le châtiment affreux égalera l'orgueil

C'est alors, cruelle Assyrie,
Qui maintenant ris de nos maux,

TRADUCTION DE QUELQUES PSAUMES.

Que tes yeux après cent assauts
A la fin verront la furie
De tes ennemis triomphans
Contre les durs rochers écraser tes enfans.

X.

Credidi, propter quod locutus sum, etc.; Psaume cxv.

J'ai cru, Seigneur, à ta loi ;
J'ai parlé selon ma foi ;
Sous ton bras je m'humilie.
Dans le transport de mon cœur,
Par une sainte saillie,
J'ai dit : Tout homme est menteur.

De tes bienfaits prévenu,
De ton secours soutenu,
Quelle sera ma louange ?
A ta suprême bonté,
Que donnerai-je en échange
De sa libéralité ?

De ton calice altéré,
Avec un cœur épuré
J'en offrirai le mystère ;
Pour invoquer ton saint nom,
De la liqueur salutaire
Je ferai l'effusion.

Devant le peuple pieux,
A Dieu je rendrai mes vœux :
D'une voix respectueuse,

Je chanterai de ses saints
La mort toujours précieuse
Et leurs ames dans ses mains.

Tu sais, divin Créateur,
Que fidèle serviteur,
Humble fils de ta servante,
Pour comble de tant de biens,
D'un coup de ta main puissante,
Je vis rompre mes liens.

Visite ton saint autel,
Et de ton lot immortel
Reçois l'oblation pure ;
J'invoquerai ton grand nom,
Et dans la race future
J'en étendrai le renom.

Avec le peuple pieux
A Dieu je rendrai mes vœux
Dans la magnifique enceinte
De son auguste maison,
Et devant la Cité sainte
Je ferai mon oraison.

ODE

SUR LA LIBERTÉ CRÉÉE, PERDUE, RÉPARÉE, COURONNÉE.

Je te cherche, ô ma liberté,
Rayon de la Divinité,
Vive image de sa puissance ;
C'est par toi que le Roi des rois
Eprouve mon obéissance,
Et la veut devoir à mon choix.

Je te sens au fond de mon cœur ;
Mais, hélas ! le péché vainqueur
T'y laisse pour un triste usage,

Puisque sous le vice abattu,
Je n'ai que le crime en partage,
Sans pouvoir aimer la vertu.

Touché de ses divins appas,
Vers elle je fais quelques pas,
D'un esprit soumis et docile ;
Je la loue et juste à demi,
Après un éloge stérile,
Je me livre à son ennemi.

Que me sert d'avoir en naissant
Reçu d'un maître tout-puissant
Une lumière que j'adore,
Si contraire à mes propres vœux,
J'embrasse le mal que j'abhorre
Et laisse le bien que je veux?

De mille désirs agité,
Souvent, ô sainte vérité,
En moi-même je te consulte :
Le trouble des sens m'interdit ;
Et la raison dans ce tumulte,
Sait à peine ce qu'elle dit.

La loi qui m'éclaire au dehors,
Cause d'inutiles remords
A ma conscience coupable :
Par elle je me vois juger,
Et la sentence inévitable
Me trouble sans me corriger.

Comme un malade qui s'aigrit
Contre le régime prescrit,
Malgré sa triste expérience,
D'un instinct fatal aveuglé,
Suit la brutale impatience
De son appétit déréglé :

Ainsi mon désir imprudent,
Arrêté devient plus ardent ;
La loi qui le retient l'irrite :
Dieu! quel remède à mes excès,
Si de la fureur qui m'agite
Ta loi redouble les accès?

Dans une telle infirmité,
D'où vient la folle vanité
Qui me rend si plein de moi-même?
O de mes maux le plus affreux !
Je suis dans ma misère extrême,
Superbe autant que malheureux.

L'ange de son Auteur jaloux,
Tombe du ciel plein de courroux ;
Vaincu, vient soulever la terre ;
Et sur mille autels encensé,
Sous la main de Dieu qui l'atterre,
Soutient son projet insensé.

Par lui les mortels font les dieux ;
Ils peuvent porter jusqu'aux cieux
La gloire d'un nom redoutable :
Aveugles d'avoir acheté,
Par un travail si véritable,
Une vaine immortalité !

Mais je ne crains plus les enfers :
Mon Sauveur a brisé mes fers,
A sa loi mon ame est soumise :
De sa grace l'attrait caché
Me rend ma première franchise,
Et me fait haïr mon péché.

Un jour libre de tous mes maux,
Affranchi de tous mes travaux,
Vainqueur de la mort ennemie :
D'un plaisir céleste enivré,
Je n'aurai ni repos, ni vie
Qu'en celui qui m'a délivré.

HYMNE POUR LE JOUR DE L'ASCENSION.

Qui ascendit super cœlum cœli, ad Orientem
(Psal. LXVII, 34.)

Lève-toi, père du jour,
Et dans ton plus bel atour,
Viens commencer ta carrière :
Aujourd'hui vers les hauts lieux,
D'où s'élève ta lumière,
Montera le Roi des cieux.

Jamais dans un tel chemin,
Tu ne vis un corps humain
Percer la voûte azurée,

Et des astres respecté
Porter jusqu'à l'Empyrée
Une nouvelle clarté.

Au majestueux abord
D'un Roi vainqueur de la mort,
Princes des troupes fidèles,
Ouvrez les sacrés poteaux ;
Et vous, portes éternelles,
Elevez vos chapiteaux.

Par son courage indompté
Le ciel veut être emporté :
Il faut qu'il ait l'avantage
Sur ses cruels ennemis,
Et son royal héritage
De sa conquête est le prix.

Qui peut dans un jour si beau
De ce triomphe nouveau
Chanter la pompe sacrée,
Et tout le noble appareil
De la magnifique entrée
D'un conquérant sans pareil ?

Sorti de captivité,
L'ancien peuple racheté
L'accompagne dans sa gloire
Tous les mortels affranchis,
A l'honneur de sa victoire,
De ses dons sont enrichis.

Purifiés par son sang,
Ils occuperont le rang
Et les places immortelles
Que dans la sainte Sion,
Quitta des anges rebelles
L'infâme désertion.

Déjà des nouveaux vainqueurs,
Mêlés parmi les neuf chœurs,
Au ciel les troupes zélées
Avec éclat se font voir,
Et les légions ailées
S'ouvrent pour les recevoir.

Dès ce moment fortuné,
Le genre humain étonné,
D'un si sublime mystère,
Malgré son ancienne erreur,
Suit jusqu'au sanctuaire
Jésus, son avant-coureur.

Dieu de gloire, élevez-vous,
Et dissipez les jaloux
De votre éternel empire :
Régnez sur tout l'univers
Et commencez à détruire
La puissance des enfers.

Des lieux les plus reculés,
Tous les peuples ébranlés
Accourent pour reconnoître,
Par une commune voix,
De leur légitime maître
Le nom et les saintes lois.

Les dieux trompeurs des gentils,
Comment échapperont-ils
A la main qui les atterre,
Quand, vainement irrités,
Partout ils verront à terre
Leurs temples précipités ?

Mêle tes gémissemens
A de saints ravissemens,
Eglise, sa chère amante ;
Le séjour du bien-aimé,
Qui fait toute ton attente,
Ne te sera plus fermé.

PRIÈRE D'UN PÉCHEUR PÉNITENT.

Seigneur, j'ai péché contre vous,
Contre vous, l'Auteur de mon être :
Céleste amant de mon ame jaloux,
Qui voulez seul y régner comme maître ;
Sort glorieux, sous un maître si doux,
Si seulement j'avois pu le connoître !

Ce Dieu, qui de rien m'a formé,
Avoit de sa beauté suprême
Le vif éclat sur ma face imprimé ;
Je paroissois comme un autre lui-même ;
Heureux mortel, de lui j'étois aimé,
Et je pouvois lui dire : Je vous aime !

Maintenant, esclave odieux
Banni de sa sainte présence,
Je n'ose plus lever mes tristes yeux.
J'ai tout perdu, grace, gloire, innocence
Espoir, amour, et trop audacieux,
J'ai profané jusqu'à la pénitence.

D'un rayon céleste éclairé,
Je savois le sacré mystère
Toujours promis, en son temps déclaré ;
Et toutefois, aveugle volontaire,
En plein midi je me suis égaré :
Dieu me parloit ; ingrat, je l'ai fait taire.

Mon ame, que rien ne retenoit
A qui ne s'est-elle livrée ?
A tout venant elle s'abandonnoit ;
Deçà, delà, furieuse, enivrée,
Errant toujours, jamais ne revenoit :
Elle eût haï qui l'auroit délivrée.

   Cependant du haut de sa croix,
   Par ses cris Jésus la rappelle :
Reviens, dit-il, ingrate, je te vois

Dans les transports de ta flamme infidèle
Reviens pourtant ; approche de ce bois,
Où par ma mort l'homme se renouvelle.

   Allons ; il faut mourir d'amour,
   A l'amour Jésus nous convie :
Rendons-lui tout par un heureux retour :
Il veut les cœurs ; contentons son envie :
Sur le Calvaire allons perdre le jour ;
Regrets amers, n'épargnez point ma vie.

CECI EST MON CORPS, CECI EST MON SANG.

Où suis-je ? par l'effet d'un sublime mystère,
   Sur un nouveau Calvaire
Je vois mourir Jésus, et de son corps sacré
   Son sang est séparé !

Impassible, immortel, sa puissante parole
   Encore un coup l'immole ;
Il souffre tous les jours par un divin transport
   Une mystique mort.

Mourons, puisque Jésus à mourir nous convie ;
   La parole de vie,
Dont j'entends à l'autel les célestes accens
   Egorge tous mes sens.

Que me sert désormais de consulter ma vue
   De clarté dépourvue,
Puisqu'il faut démentir tout ce que j'aperçois,
   Ce que tiennent mes doigts ?

Jésus dans ce banquet n'est point ce que je touche,
   Ce que goûte ma bouche !
Et je ne reçois plus de ma trompeuse main
   Le rapport incertain.

Cédez, cédez, mes sens : fuyez, troupe infidèle,
   A l'esprit si rebelle ;
Ce n'est plus aujourd'hui ces témoins que je croi,
   Je ne vis que de foi.

Tu me dis, je l'entends, orgueilleux hérétique,
   Dans ton langage inique,
Que les sens sont choisis pour voir en sûreté
   Jésus ressuscité.

J'en appelle l'accord, quand un Dieu les appelle
   De sa voix paternelle,

CECI EST MON CORPS, CECI EST MON SANG.

Pour abattre à ses pieds d'un esprit révolté
    L'indocile fierté.

Après que par les sens, d'une incrédule race
    Il a forcé l'audace,
Le croire sans le voir est l'unique parti
    Du peuple converti.

Non ; cet objet n'est plus ce que mon œil annonce,
    Mais ce qu'un Dieu prononce,
Qui fit tout de néant, pour montrer ce qu'il peut,
    De tout fait ce qu'il veut.

De ses ondes en sang, par un prodige étrange
    Le Nil a vu l'échange ;
Dieu commande, et soudain à ce qu'il étoit né,
    Le fleuve est retourné.

A la verge d'Aaron sur la terre jetée
    La nature est ôtée ;
Un bois sec s'amollit, et s'étonne en rampant
    De se trouver serpent.

Dans le fameux festin, au désir de Marie ;
    Qui sans prier le prie,
Des insipides eaux Jésus fit la liqueur
    Qui réjouit le cœur.

Combien plus au banquet qui l'ame rassasie
    Et lui donne la vie,
Dans la coupe sacrée a-t-il, au lieu du vin,
    Versé son sang divin ?

Comme il veut, à nos yeux il se montre ou se couvre,
    Il les ferme, il les ouvre ;
Il passe ; et promptement au milieu disparu
    Il cesse d'être vu.

Il visite inconnu la triste Madeleine,
    Sans soulager sa peine ;
Puis touché de ses pleurs, il apparoît soudain
    Dans le sacré jardin.

Caché durant l'ardeur d'un discours délectable,
    Tout à coup à la table,
Ceux qu'il avoit trompés voyageur gracieux,
    Le virent glorieux.

Il perce des murs clos, sans y donner atteinte,
    L'impénétrable enceinte ;

Puis lui-même à son corps, vif aux siens présents,
    Rend la solidité.

Et toi, Mère toujours vierge autant que féconde,
    Quand ton Fils vint au monde,
Blessa-t-il la pudeur, caractère éternel
    De ton sein maternel?

Il sort comme le fruit d'une fertile plante
    Que la racine enfante,
Ou de sa tige éclose en sa riche couleur
    Une odorante fleur.

Il sort, comme au miroir on voit d'un beau visage
    Naître la vive image,
Ou de l'astre du jour sur l'horizon monté,
    S'épandre la clarté.

Amour, d'un humble cœur je crois tous les miracles,
    Que les sacrés oracles
D'un Dieu saint et caché nous ont fait concevoir
    De ton divin pouvoir.

Seul, tu peux assembler le ciel avec la terre,
    Et malgré son tonnerre
Sous le timide aspect de nos débiles yeux,
    Venger le Dieu des dieux.

D'un Pontife innocent tu fis une victime;
    Et chargé de mon crime
Le Christ, le Saint des saints, sur un infâme bois,
    Rend les derniers abois

Et la terre et des eaux la liquide nature.
    La croix, la sépulture,
Les enfers, et des cieux le lumineux contour
    Le verront tour à tour.

Tout-puissant artisan de toutes ces merveilles,
    Amour, qui le conseilles,
Où vas-tu le réduire, et que n'en fais-tu pas
    Dans ce dernier repas?

De son chaste baiser mes lèvres enflammées
    D'un beau feu consumées,
Portent rapidement dans mon cœur entamé
    Le trait du bien-aimé.

Accourez, mes désirs; venez tous; viens, mon ame;
    Pour assouvir ta flamme,

Amante, viens t'unir corps à corps, cœur à cœur,
  A Jésus ton vainqueur.

Si ce cœur enflammé, de toute sa puissance
  Tend à la jouissance,
Ne sent-il pas aussi le même empressement
  Dans son céleste amant?

Qu'il apaise, il est temps, son amoureuse envie
  Son feu me purifie :
Donnez, possédez tout, chaste amant, chaste Epoux :
  Enfin contentez-vous.

Dans l'esprit, dans le corps, jouissons l'un de l'autre,
  Vous du mien, moi du vôtre;
Célébrons le mystère où, par un nœud commun,
  De deux on ne fait qu'un.

Pendant que nuit et jour après vous je soupire,
  Je me pâme, j'expire;
Vos caresses, vos jeux, vos transports innocens
  Me ravissent les sens.

Non, je ne vous veux plus sous ces faibles images;
  Percez tous les nuages;
Mon Soleil, dévoilez de votre vérité
  La claire pureté.

SUR LE STYLE ET LA LECTURE

DES

ECRIVAINS ET DES PÈRES DE L'ÉGLISE

POUR FORMER UN ORATEUR (a).

Pour la prédication, il y a deux choses à faire principalement : *former le style, apprendre les choses.*

Dans le style il y a à considérer premièrement, de bien par-

(a) Bossuet composa ce petit écrit pour le cardinal de Bouillon, vers 1670. Comme Turenne refusoit toute distinction personnelle après son abjuration, voulant honorer dans sa famille ce grand homme non moins intrépide devant le respect humain que devant les ennemis de la France, Louis XIV demanda la dignité de cardinal pour son neveu, Théodore de la Tour d'Auvergne, duc

ler ; ce qui ne manque presque jamais à ceux qui sont nés, et qui ont été nourris dans le grand monde. Mais aussi cet avantage est-il médiocre pour les discours publics ; car il faut trouver le style figuré, le style relevé, le style orné ; la variété qui est tout le secret pour plaire, les tours touchans et insinuans. Il y a pour cela divers préceptes; mais nous cherchons des exemples et des modèles.

J'ai peu lu de livres françois ; et ce que j'ai appris du style en ce second sens, je le tiens des livres latins, et un peu des Grecs ; de Platon, d'Isocrate, et de Démosthène dont j'ai lu aussi quelque chose, mais il est d'une étude trop forte pour ceux qui sont occupés d'autres pensées ; de Cicéron, surtout de ses livres *de Oratore*; et du livre intitulé *Orator*, où je trouve les modèles de grande éloquence plus utiles que les préceptes qu'il y ramasse ; de ses oraisons (avec quelque choix) : *pro Murœna, pro Marcello*, quelques *Catilinaires*, quelques *Philippiques* ; *Tite-Live, Salluste*, et *Térence*. Voilà mes auteurs pour la latinité ; et j'estime qu'en les lisant à quelques heures perdues, on prend des idées du style *tourné* et *figuré*. Car, quand on sait les mots, qui font comme le corps du discours, on prend dans les écrits de toutes les langues le tour, qui en est l'esprit ; surtout dans la *latine*, dont le génie n'est pas éloigné de celui de la nôtre, ou plutôt qui est tout le même.

d'Albret. Le jeune prêtre n'avoit que 26 ans, quand il fut élevé parmi les princes de l'Eglise, et devint le cardinal de Bouillon. Pour justifier en quelque sorte une grace qui étoit si grande, il voulut servir l'Eglise par la prédication ; et demanda des préceptes à l'orateur qui, depuis tant d'années, remplissoit la France du bruit de son éloquence apostolique.

Quand Bossuet répondit-il à ses vœux ? Quand lui donna-t-il, tracés sur le papier, les conseils de son expérience ? Il est certain, d'une part, que Bossuet composa son opuscule sur le style après la nomination du jeune cardinal, puisqu'il dit : « Pour un si grand prince de l'Eglise et qui doit être une de ses lumières, il ne faudroit rien dire que de médité ; il est incontestable, d'un autre côté, qu'il écrivit avant d'être précepteur du Dauphin, puisqu'il dit encore : « Si j'avois un homme à former dans son enfance, à mon gré je voudrois lui faire choisir plusieurs beaux endroits de l'Ecriture, » etc. Or l'abbé duc d'Albret fut nommé cardinal le 1er septembre 1669, et Bossuet précepteur du Dauphin le 5 septembre 1670 : c'est donc entre le 5 septembre 1670 et le 1er septembre 1669, qu'il faut placer l'époque de l'écrit sur la prédication.

Nous devons ce petit ouvrage à M. Floquet. L'érudit historien avoit reçu le manuscrit de M. Villenave, qui l'avoit acheté avec d'autres papiers de la maison de Bouillon ; il le publia dans ses savantes *Etudes sur la vie de Bossuet*, en 1855.

Les poëtes aussi sont de grand secours. Je ne connois que Virgile, et un peu Homère. Horace est bon à sa mode, mais plus éloigné du style oratoire. Le reste ne fait que gâter et inspirer les pointes, les antithèses, les grands mots, le peu de sens et toutes les froides beautés.

Néanmoins, selon ce que je puis juger par le peu de lecture que j'ai fait des livres françois, les *OEuvres diverses de Balzac* (a) peuvent donner quelque idée du style fin et tourné délicatement. Il y a peu de pensées; mais il apprend par là même à donner plusieurs formes à une idée simple. Au reste, il le faut bientôt laisser; car c'est le style du monde le plus vicieux, parce qu'il est le plus affecté et le plus contraint. Mais il parle très-proprement, et a enrichi la langue de belles locutions et de phrases très-nobles.

J'estime la *Vie de Barthélemy des Martyrs* (b); les *Lettres au Provincial*, dont quelques-unes ont beaucoup de force et de véhémence, et toutes une extrême délicatesse. Les *Livres* et les *Préfaces* de messieurs de Port-Royal sont bons à lire, parce qu'il y a de la gravité et de la grandeur. Mais comme leur style a peu de variété, il suffit d'en avoir vu quelques pièces.

Les versions [de Perrot] d'Ablancourt sont bonnes; il a fait le

---

(a) Les œuvres diverses de *J. L. Guèz de Balzac* furent imprimées par les Elzevier, en 1651, 1658, 1664. Le recueil complet de ses œuvres fut publié à Paris en 1665, en deux vol. in-fol. (*M. Floquet.*)

(b) Cette *Vie de dom Barthélemy des Martyrs*, archevêque de Brague (Paris, 1663, in-4° et in-8°), publiée sous le nom des *religieux du noviciat des frères Prêcheurs du faubourg Saint-Germain*, est de *Louis-Isaac Le Maistre de Saci*, et non point de *Pierre Thomas du Fossé*, comme on l'a dit dans la *Biographie universelle*, au nom : *Saci* (Louis-Isaac Le Maistre de). Seulement, la traduction (*inédite*), faite par ce dernier (en 1660), d'une *Vie de Barthélemy des Martyrs*, écrite et publiée en espagnol, fut utile à *Le Maistre de Saci* pour la composition de son ouvrage. (*Thomas du Fossé* explique lui-même ainsi les faits, dans ses *Mémoires pour servir à l'histoire de Port-Royal*; Utrecht, 1739, in-12. liv. 1er, ch. 29; et dans une lettre écrite, en 1690, à *Bocquillot*, chanoine à Avallon, insérée dans le Dictionnaire de *Moréri*, article : *Thomas* (Pierre), seigneur *du Fossé.*) Dans les *Mémoires de Trévoux*, 1729, décembre, page 2118 et suiv., est mentionnée « *la Vie de D. Barthélemy des Martyrs*, par Saci; » on y loue *l'élégance du style et l'ordonnance de l'ouvrage*. — Voir, de plus, sur cet ouvrage, le *Discours préliminaire et historique*, en tête de l'*Histoire des persécutions* des religieuses de P. R., écrite par elles-mêmes; Villefranche, 1753, in-4°, p. 10; — et le *Dictionnaire des ouvrages anonymes*, par *Barbier*, 2e édition, 1824, tom. III, pag. 398, n° 18814. (*M. Floquet.*)

Corneille, *Tacite* et le *Thucydide*. Car pour le *Lucien*, c'est le style propre et familier, et non le sublime et le grand, qui doit être néanmoins celui de la chaire (a).

Pour les poëtes, je trouve la force et la véhémence dans Corneille ; plus de justesse et de régularité dans Racine.

Tout cela se fait sans se détourner des autres lectures sérieuses, et une ou deux pièces suffisent pour donner l'idée et faire connoître le trait.

Mais ce qui est le plus nécessaire pour former le style, c'est de bien comprendre la chose, de pénétrer le fond et le fin de tout, et d'en savoir beaucoup, parce que c'est ce qui enrichit, et qui forme le style qu'on nomme *savant*, qui consiste principalement dans des allusions et rapports cachés, qui montrent que l'orateur sait beaucoup plus de choses qu'il n'en traite, et divertit l'auditeur par les diverses vues qu'on lui donne. Cicéron demande à son orateur *multarum rerum scientiam ;* car il faut la plénitude pour faire la fécondité, et la fécondité pour faire la variété, sans laquelle nul agrément.

Venons maintenant aux *choses*. La première et le fond de tout, c'est de savoir très-bien les Ecritures de l'Ancien et du Nouveau Testament.

La méthode que j'ai suivie en les lisant, c'est de remarquer premièrement, les beaux endroits qu'on entend, sans se mettre en peine des obscurs. Par ce moyen on se remplit l'esprit de toute la substance des Ecritures. Car saint Augustin a raison de dire que « les endroits obscurs ne contiennent pas d'autres vérités que ceux qui sont clairs. » Les raisons en sont belles, mais longues à déduire. Les endroits clairs sont les plus beaux ; et si j'avois à former un homme dans son enfance, à mon gré je vou-

---

(a) Nicolas *Perrot d'Ablancourt*. — Sa traduction des *Annales de Tacite* parut à Paris en 1640-1644 ; celle de *l'Histoire* (du même) en 1651 ; tout l'ouvrage forme 3 vol. in-8°, et a été imprimé dix fois. (*M. Floquet.*)

Sa traduction de *Lucien* parut 1° en 1654-1655, 2 vol. in-4° ; 2° en 1664, 3 vol. in-12. (*Ibid.*)

Sa traduction de l'Histoire de *Thucydide* parut à Paris en 1662, in-fol. *Gui Patin* écrivoit, le 21 octobre 1653, à *Falconet :* « M. *Perrot* est un habile homme. On le blâme pourtant de s'être trop donné de licence à son *Tacite ;* et, de fait, je ne l'entends pas si bien que le latin. » (*Id.*)

drois lui faire choisir plusieurs beaux endroits de l'Ecriture, et les lui faire lire souvent, en sorte qu'il les sût par cœur. Ainsi on saura sans doute ce qu'il y a de plus beau, et après on viendra aux difficultés.

Pour l'Ancien Testament, je n'ai jamais fait autre chose que de lire *la Version selon l'hébreu*, la conférer avec *la Vulgate*; prendre le génie de la langue sainte et de ses manières de parler. Vatable seul fournit tout cela dans sa traduction et dans ses Remarques. Quand il se rencontre des difficultés qui ne sont pas expliquées, je conseillerois de passer outre. Car on peut être fort savant sans savoir tout, et jamais on ne sait tout dans ce livre. Au reste j'ai connu par expérience que, quand on s'attache opiniâtrément à pénétrer les endroits obscurs avant que de passer plus avant, on consume en questions difficiles le temps qu'il faudroit donner aux réflexions sur ce qui est clair; et c'est ce qui forme l'esprit et nourrit la piété. Il faut sans impatience lever une difficulté et puis une autre, mais cependant s'attacher à bien posséder ce qu'on a trouvé de plus clair et de plus certain.

Pour le Nouveau Testament, Maldonat sur les Evangiles[1] et Estius[2] sur saint Paul, *instar omnium*.

Il ne faut guère lire les commentaires que lorsqu'on trouve actuellement quelque difficulté. Car ils se farcissent de beaucoup de choses superflues, et ils ont peut-être raison, parce que les esprits sont fort différens, et par conséquent les besoins. Mais pour trouver ce qui nous est propre, il faut nous éclaircir seulement où notre esprit souffre.

Il y a une observation nécessaire à faire sur l'Ecriture, et principalement sur saint Paul. C'est de ne pas chercher si exactement la suite et la connexion dans tous les membres. Il dit tout ce qui se peut dire sur la matière qu'il traite; mais il songe assez souvent

---

[1] Ces commentaires de *Maldonat* sur les Evangiles n'ayant été publiés qu'après sa mort, il s'y trouve, ce docte religieux n'ayant pu les revoir (et *Bossuet* le devait remarquer dans la suite), des sens dont se pourroient prévaloir les sociniens, et que les catholiques repoussent. (*Bossuet*, 1re instruction contre la version du N. T. dite *de Trévoux*, 29 septembre, 1702, nos XXIII et XXVII, et *Remarques préliminaires*. (*M. Floquet*.) — [2] *Estii* (Guillelmi) commentar. in *Sancti Pauli* et aliorum Apost. epistolas; Duac. 1614, 2 vol. in-fol.; idem, 1640, 2 vol. in-fol. (*Id*).

plutôt à la thèse proposée qu'à ce qu'il vient de dire immédiatement. Cette vue m'a sauvé bien de l'embarras dans les Épîtres *ad Romanos*, *ad Galatas*, et dans les endroits qui regardent la doctrine.

Pour les Pères, je voudrois joindre ensemble saint Augustin et saint Chrysostome. L'un élève l'esprit aux grandes et subtiles considérations, et l'autre le ramène et le mesure à la capacité du peuple. Le premier feroit peut-être, s'il étoit seul, une manière de dire un peu trop abstraite, et l'autre trop simple et trop populaire. Non que ni l'un ni l'autre ait ces vices, mais c'est que nous prenons ordinairement dans les auteurs ce qu'il y a de plus éminent. Dans saint Augustin [on trouvera] toute la doctrine; dans saint Chrysostome, l'exhortation, l'incrépation, la vigueur, la manière de traiter les exemples de l'Ecriture, et d'en faire valoir tous les mots et toutes les circonstances.

A l'égard de saint Augustin, je voudrois le lire à peu près dans cet ordre : les livres *de la Doctrine chrétienne* ; le premier : théologie admirable. Le livre de *Catechizandis rudibus*, *de Moribus Ecclesiæ catholicæ*, *Enchiridion ad Laurentium*, *de Spiritu et litterâ*, *de Verâ religione*, *de Civitate Dei* (ce dernier, pour prendre comme en abrégé toute la substance de sa doctrine). Mêlez quelques-unes de ses épîtres : celles *à Volusien*, *ad Honoratum*, *de Gratiâ Novi Testamenti*, ainsi que quelques autres. Les livres *de Sermone Domini in monte*, et *de Consensu Evangelistarum*.

A l'égard de saint Chrysostome, son ouvrage *sur saint Matthieu* l'emporte à mon jugement. Il est bien traduit en françois [1];

---

[1] *Les Homélies ou Sermons de saint Jean Chrysostome... sur tout l'Evangile de saint Matthieu*, traduits en françois par *Paul-Antoine de Marsilly* [pseudonyme]; Paris, chez P. Le Petit, imprimeur, trois volumes in-4°, 1665..... Sous le nom supposé, *d'Antoine de Marsilly*, s'étoit caché *Louis-Isaac Le Maistre de Saci*, auteur véritable de cette traduction, à laquelle, toutefois, *Nicolas Fontaine* prit part, peut-être. (Voir le Dictionnaire des anonymes et pseudonymes, par *Barbier*, 2° édition, 1823, tom. I°, pag. 11, n° 159, et tom. II, pag. 147, n° 8362.) — L'abbé *Goujet* indique formellement *Louis-Isaac Le Maistre* (*de Saci*), comme l'auteur de la traduction des Homélies de saint Chrysostome sur l'Evangile de saint Matthieu, publiée sous le nom de *Paul-Antoine de Marsilly*. (Vie de M. Nicole, et Histoire de ses ouvrages [par *Goujet*]; Luxembourg, 1732, in-12, 1ʳᵉ partie, chap. x, pag. 185.) (*M. Floquet*.)

et (en le lisant) on pourroit tout ensemble *apprenare les choses*, et *former le style*. Au reste quand il s'agit de dogmatiser, jamais il ne se faut fier aux traductions. Les Homélies (de saint Jean-Chrysostome) sur la *Genèse*, excellentes; sur *saint Paul*, admirables; au peuple d'*Antioche*, très-éloquentes. Quelques homélies, détachées, sur divers textes et histoires.

Je conseille beaucoup le *Pastoral* de saint Grégoire, surtout la *troisième partie*; c'est celle, si je ne me trompe, qui est distinguée en avertissemens à toutes les conditions, qui contiennent une morale admirable et tout le fond de la doctrine de ce grand pape.

Ces ouvrages sont pour faire un corps de doctrine. Mais comme l'usage veut qu'on cite quelques sentences, c'est-à-dire *accuratiùs aut elegantiùs dictata*, Tertullien en fournit beaucoup. Seulement il faut prendre garde que les beaux endroits sont fort communs. Les beaux livres de Tertullien sont : *l'Apologétique, de Spectaculis, de Cultu muliebri, de Velandis virginibus, de Pœnitentiâ*, admirable, l'ouvrage *contre Marcion, de Carne Christi, de Resurrectione carnis*; celui *de Præscriptione*, excellent, mais pour un autre usage. On apprend admirablement dans saint Cyprien le divin art de manier les Ecritures, et de se donner de l'autorité en faisant parler Dieu sur tous les sujets par de solides et sérieuses applications.

Saint Augustin enseigne aussi cela divinement, par la manière et l'autorité avec laquelle il s'en sert dans ses ouvrages polémiques, surtout dans les derniers, contre les pélagiens. Ce qu'il faut tirer de ce Père, ce ne sont pas tant des pensées et des passages à citer que l'art de traiter la théologie et la morale, et l'esprit le plus pur du christianisme.

Au reste ce que je propose ici de lecture des Pères, n'est pas si long qu'il paroît. Il n'est pas croyable combien on avance, pourvu qu'on y donne quelque temps, et qu'on suive un peu.

Clément Alexandrin viendra à son tour; et on pourra mêler la lecture de son *Pédagogue*, comme aussi quelques discours choisis de saint Grégoire de Nazianze, très-propres à relever le style.

J'écris ce qui me vient, sans donner repos à ma plume. Je n'ai pas même à présent le loisir de relire, quoique pour un si grand prince de l'Eglise et qui doit être une de ses lumières, il ne faudroit rien dire que de médité. Je sais à qui je parle ; et qu'un mot suffit avec lui pour se faire entendre.

SUR LES TROIS MAGDELÈNES.

Saint Luc, vii, 37, parle de la femme pécheresse qui vint chez Simon le Pharisien laver de ses larmes les pieds de Jésus, les essuyer de ses cheveux et les parfumer. Il ne la nomme point.

Idem, viii, 3, deux versets après la fin de l'histoire précédente, nomme entre les femmes qui suivoient Jésus, Marie-Magdelène, dont il avoit chassé sept démons.

Idem, x, 39, dit que Marthe, qui reçut Jésus chez elle, avoit une sœur nommée Marie, etc.

Ces trois passages semblent marquer plus aisément trois personnes différentes que la même. Car il est bien difficile de croire que si la pécheresse étoit Magdelène, il ne l'eût pas nommée d'abord, plutôt que deux versets après, où non-seulement il la nomme, mais la désigne par ce qui la faisoit le plus connoître, d'avoir été délivrée de sept démons. Et il semble encore parler de Marie, sœur de Marthe, comme d'une nouvelle personne dont il n'a point encore parlé.

Idem, xxiv, 10, nomme encore Marie-Magdelène entre les femmes qui vinrent dire aux apôtres la nouvelle de la Résurrection. Tous les Evangélistes le marquent aussi. Saint Matthieu, xxvii, 56, nomme Marie-Magdelène entre les femmes qui avoient suivi Jésus de Galilée, et assistoient à sa mort. Verset 61, il dit qu'elle étoit assise auprès du sépulcre ; et chapitre xxviii, il dit qu'elle vint le lendemain du sabbat, avec d'autres, voir le sépulcre ; et verset 8, que ces femmes coururent porter la nouvelle aux apôtres.

Saint Marc, xv, 40, compte Marie-Magdelène entre les femmes qui avoient suivi, etc., comme saint Matthieu, xxvii, 56 ; et verset 47, il dit qu'elle regardoit où on mettoit le corps, qui est le même que dit saint Matthieu, xxvii, 61. *Idem,* xvi, 1, la nomme entre celles qui vinrent au sépulcre, comme saint Matthieu, xxviii, 1. *Ibidem,* verset 9, il dit que Jésus apparut d'abord à Marie-Magdelène, et la désigne par les sept démons. Saint Jean, xix, 25, nomme Marie-Magdelène pour la première fois, lorsqu'il dit qu'elle étoit près de la croix ; et xx, 1, il la nomme encore, disant qu'elle vint au sépulcre. Il est vrai que dans le même chapitre, versets 11 et 16, il la nomme deux fois simplement Marie ; mais la suite de l'histoire fait assez voir que c'est la même ; et verset 18, il la nomme encore Magdelène, disant qu'elle vint porter la nouvelle aux disciples : ce qui convient avec saint Luc, xxiv, 10, comme l'apparition avec saint Marc, xvi, 9. Saint Jean parle de Marie, sœur de Marthe et de Lazare, xi, 1, et par tout le chapitre ; et dans le deuxième verset, il la désigne par l'onction : ce qui ne doit pas faire croire que ce soit une autre onction que celle qu'il raconte au chapitre suivant : car ce deuxième verset est une parenthèse. Et il y a apparence qu'il la désigne ainsi, parce que cette action étoit fort connue, suivant la prédiction de Notre-Seigneur. Dans ces deux chapitres, où il parle si souvent de la sœur de Marthe et de Lazare, il ne la nomme jamais que Marie, comme saint Luc, x, 39 ; et toutefois dans les chapitres xix et xx, où il parle de Marie-Magdelène, il répète souvent ce surnom.

Saint Matthieu, xxvi, 6, raconte l'histoire d'une femme qui parfuma la tête de Jésus, et ne la nomme point. Elle est autre que la pécheresse de saint Luc, vii, 37, quoique dans l'un et dans l'autre, celui qui traitoit Notre-Seigneur soit nommé Simon ; mais l'un est qualifié le Pharisien, l'autre le Lépreux. De plus, ce que saint Matthieu raconte arriva peu avant la Pâque et la Passion. Saint Luc, qui est celui de tous qui suit le plus l'ordre des temps, raconte l'onction dont il parle, longtemps avant la Passion. Mais cette femme dont parle saint Matthieu est Marie, sœur de Lazare, et il raconte la même chose que saint Jean, chapitre xii. On le voit par les circonstances : 1° Béthanie ; 2° le murmure de Judas ; 3° la réponse de Notre-Seigneur, où au lieu de *ut in diem sepulturæ meæ servet illud,* Joan., xii, 7, le grec dit : *C'est ce qu'elle avoit préparé pour ma sépulture qu'elle me donne par avance ;* et qui se rapporte plus à ce que dit saint Matthieu.

Il est donc plus conforme à la lettre de l'Evangile de distinguer ces trois saintes : la pécheresse qui vint chez Simon le Pharisien ; Marie, sœur de Marthe et de Lazare ; et Marie-Magdelène, de qui Notre-Seigneur avoit chassé sept démons [1].

Il ne s'agit pas de prouver qu'il est impossible que les trois soient la même ; il faut prouver que l'Evangile force à n'en croire qu'une, ou du moins que ce soit son sens le plus naturel.

PRIÈRE (a).

Qu'il m'est doux, ô mon Dieu, de ce que vous êtes mon Dieu et de vous appeler mon Dieu ; qu'il m'est doux de ce que rien ne vous est impossible ! car ma force est toute-puissante par là, et ma confiance ne peut jamais être trompée, parce que vous êtes la bonté suprême. *Et ne nos inducas in tentationem* [2]; mais, ô bonté et puissance infinie, ne permettez pas que je sois tenté au delà de mes forces, et daignez répandre sur moi des forces divines, pour être en état de supporter les maux et les biens qu'il plaira à votre miséricorde et à votre sagesse éternelle de m'envoyer. Faites, Seigneur, qu'également et toujours plein de vousmême, de reconnoissance et de confiance dans les uns et dans les autres, j'adore constamment la main toute-puissante qui me les envoie en me visitant et en me consolant, pour me purifier et pour me soutenir, par les mérites de Notre-Seigneur Jésus-Christ, votre Fils, qui vit et règne avec vous dans la gloire, dans tous les siècles des siècles. Ainsi soit-il.

[1] *Plures :* Baron, an. 32, n. 17, 18, 19.—*Const. Apost.* lib. III, cap. VI.—*Maria-Magdalena et Maria soror Lazari :* Orig. et ex eo Theophil. in *Marc.* XIV, et Euthym. in *Matth.* XXVI. — Chrysost., homil. LXXXI in *Matth.* et hom. LXI in *Joan.* — Hieron. in *Matth.* XXVI. — Ambros. in *Luc.* VII. — August. in *Joan.* tract. XLIX.
Una : Orig. in *Matth.*, tract. XXXV. *Una quæ Christum sæpiùs unxit.* — Id. contra plures, etc. *Idem,* homil. de Magdal. — Ambros., lib. I, *de Salom.,* cap. V. Gregor., hom. XXV et XXXIII. — Beda, in *Luc,* V.
[2] *Matth.,* VI, 13.
(a) D'après le manuscrit autographe.

LETTRES DIVERSES

REMARQUES HISTORIQUES

Les lettres des grands écrivains ont toujours été recherchées comme la partie la plus intéressante de leurs œuvres : si elles ne font point éclater au grand jour la splendeur de leur génie, elles mettent en lumière leur caractère, leurs inclinations véritables, leurs pensées secrètes, leurs affections intimes, pour ainsi dire les ressorts de leur ame; elles sont comme l'image de leur vie intérieure.

Quel attrait ne doit donc pas offrir la correspondance de Bossuet. Ce grand homme a passé sa vie dans les écoles, au sein des monastères, à la Cour, sur le siége épiscopal, parmi les habitans de la campagne ; et ses lettres nous représentent ces phases multiples de son existence, nous montrant en quelque sorte son grand esprit et son grand cœur sous mille aspects divers. Quelle variété dans les communications de sa science et dans les épanchemens de sa charité! Théologien, il éclaire les docteurs en versant dans leur intelligence des flots de lumière; défenseur de l'Eglise, il arme contre l'erreur et dirige dans le combat la milice d'Israël; profond moraliste et politique habile, il étonne par la sagesse de ses jugemens et de ses décisions; guide des ames, il trace d'une main sûre, à travers les écueils, le chemin de la perfection; saint évêque, il embrase ses écrits des ardeurs de la foi vive, de l'ardente piété, du brûlant amour, et pousse des accens qui rappellent les Thérèse, les François d'Assise, les Augustin; en un mot, pasteur charitable et génie universel, il éclaire les simples, soutient les foibles, console les affligés, verse le baume sur toutes les blessures, en même temps qu'il traite dans de sublimes conceptions le dogme, la morale, la discipline, l'histoire et la philosophie, les sciences et les arts, le sacré et le profane, l'ancien et le nouveau. Nous ne parlons point de la simplicité, de la candeur, de la modestie, de la bonté prévenante de l'immortel écrivain ; ses vertus chrétiennes et sociales brillent à chaque page de ses lettres. On ne lit pas assez la correspondance de Bossuet.

Nous avons divisé cette correspondance connue en trois parties : lettres diverses, lettres de direction et lettres concernant le quiétisme.

Quelques mots sur les lettres diverses. Les plus importantes de ces lettres furent adressées : à saint Vincent de Paul, au sujet d'une mission qui fut donnée à Metz pendant que Bossuet remplissoit les fonctions d'archidiacre dans cette ville; à des prélats sur l'*Exposition de la doctrine catholique,* tant pour l'approbation que pour la traduction de ce livre; à Louis XIV à l'occasion de madame de Montespan et de la coadjutorerie de Meaux ; au maréchal de Bellefonds sur ses disgraces et sur la conversion de madame de La Vallière ; au Pape et aux évêques de France relativement à la célèbre assemblée de 1682; aux évêques du Languedoc concernant les moyens de ramener les prétendus réformés dans le sein de l'Eglise ; à milord Perth, chancelier d'Ecosse, protestant converti par la lecture de l'*Exposition*.

Les Bénédictins des *Blancs-Manteaux* publièrent les Lettres diverses avec des notes nombreuses ; et les éditeurs suivans les ont reproduites, et les notes et les lettres, sans retranchement ni addition, servilement. Pour notre compte, nous avons soit remplacé, soit supprimé force notes dictées par le jansénisme, et nous avons ajouté un certain nombre de nouvelles lettres. Pour arriver à la *Lettre de Bossuet à M. de Rancé,* 8 décembre 1684, notre édition compte 143 lettres, tandis que celle de Versailles n'en a que 111.

Nous avons effacé les sommaires que les éditions nous offrent au commencement de chaque lettre ; nous les avons effacés des deux mains, parce que ces indications interpolées sont quelquefois fausses, souvent incomplètes et toujours inutiles. Toutefois, si l'on y tient absolument, on trouvera un abrégé des lettres à la table des matières.

Bossuet datoit ses lettres, non pas à la fin, mais au commencement; c'est donc la date qui frappe, avant tout, le regard dans notre édition.

Nous avons été forcé, le plus souvent, d'imprimer d'après nos devanciers ; car on ne retrouve pas, tant s'en faut, les autographes de toutes les lettres. Nous avons signalé celles que nous avons pu collationner sur le manuscrit.

LETTRES DIVERSES

LETTRE PREMIÈRE.

BOSSUET A M. DE THIOLET, MAITRE ÉCHEVIN DE METZ (a).

Verdun, 19 octobre 1653.

Monsieur,

Je viens de recevoir tout présentement les lettres de Messieurs des Trois Ordres avec les vôtres, et les pacquets que vous m'envoyez. Il me semble que, pour expédier les affaires, il sera nécessaire que j'aille à Stenay. Un traité ne se fait guères bien par lettres ; tout s'arrête au moindre incident. Je me préparois donc à partir lorsque j'ai reçu cette lettre de M. Caillet, que je vous envoie, avec une autre qu'il m'écrivit hier. Vous verrez par la première qu'il sait les ordres que Monseigneur le prince nous a donnés pour lui. Et néanmoins il ne laisse pas par la seconde de nous demander les contributions *du mois de septembre*, et en termes fort pressans (b). M. Bancelin (c) vous aura pu dire qu'il nous avoit déjà fait à Stenay la même proposition, mais plus doucement, et nous faisant entendre que l'on s'en pourroit relâcher, si nous faisions un présent un peu honnête ; cela vouloit dire, comme il me l'expliqua, cinquante ou soixante pistoles ; c'est la même chose qu'il me dit. Maintenant il ne parle plus de présent ; mais il dit absolument *qu'il ne quitteroit pas un sol du mois de septembre*. Vous verrez bien, Monsieur, le sujet de cette nouvelle rigueur. C'est que, ou il est fâché que nous avons eu recours à Monseigneur le prince, comme il le témoigne assez par ses lettres ; ou

---

(a) Cette lettre, la plus ancienne que nous ayons de Bossuet, a été copiée par M. Floquet à la bibliothèque de Metz, *Manuscrits*, carton XXXIV.

(b) Pendant la fronde, le prince de Condé, qui entretenoit à Stenay une garnison espagnole, avoit stipulé avec la ville de Metz une contribution annuelle de dix mille livres. Néanmoins son intendant, Caillé de Chamlai (ou de Chanlai) en exigeoit onze mille. Bossuet fut envoyé à Stenay pour réclamer contre cette injustice ; il obtint un plein succès. — (c) Conseiller échevin de Metz, député avec Bossuet. Il étoit calviniste.

qu'en faisant plus le difficile, il prétend obtenir de nous une plus grande gratification. Je crois, pour moi, que c'est l'un et l'autre. Comme je vois que l'intention de Messieurs des Trois Ordres est en ce point bien éloignée de la sienne, j'ai cru que tout notre pourparler seroit inutile; et ainsi qu'il étoit nécessaire d'attendre là-dessus ce que Messieurs des Trois Ordres désireront que je fasse. Mais je vous demande, Monsieur, une prompte résolution, tant pour le repos public que pour ma propre satisfaction, afin que je puisse m'en retourner. Faites, s'il vous plaît, que l'on me mande précisément jusqu'à quel point je pourrai m'étendre sur le fait du présent, et jusqu'où je devrai me roidir pour le payement du mois de septembre.

Cependant j'écris à M. Caillet par son tambour. Je lui demande un nouveau passe-port pour aller à Stenay, parce que le temps du nôtre est expiré, comme il me le mande lui-même. Je lui écris votre résolution de ne payer que le mois d'octobre, en suite des ordres de Son Altesse, qui veut qu'il vous traite comme Damvillers; qu'en le faisant de la sorte, il peut tenir le traité comme conclu; et que j'ai ordre, quand il sera achevé comme il faut, de lui faire un présent; qu'il ne doit point chicaner avec nous pour si peu de chose, puisqu'il voit bien que l'intention de son maître est qu'il nous traite favorablement. Je lui envoie les ordres de Monseigneur le prince selon que Messieurs des Trois Ordres me le prescrivent, et ne lui fais aucune mention que je vous aie écrit.

Cependant j'attendrai vos réponses, au plus tôt, et tâcherai de l'empêcher de rien faire contre nous, en lui demandant encore quelque temps pour l'aller trouver, afin de conclure avec lui selon les instructions de Monseigneur le prince. C'est là le sens de ma lettre. Je suis, etc.

J. B. Bossuet.

LETTRE II.

BOSSUET A SAINT VINCENT DE PAUL.

A Metz, ce 12 janvier 1658 [1].

Monsieur,

J'ai appris de M. de Champin [2] la charité que vous aviez pour ce pays, qui vous obligeoit à y envoyer une mission considérable; que vous l'aviez proposé à la Compagnie [3], et que vous et tous ces Messieurs aviez eu assez bonne opinion de moi pour croire que je m'emploierois volontiers à une œuvre si salutaire. Sur l'avis qu'il m'en a donné, je le suppliois de vous assurer que je n'omettrois rien de ma part, pour y coopérer dans toutes les choses dont on me jugeroit capable. Et comme Monseigneur l'évêque d'Auguste et moi devions faire un petit voyage à Paris, je le priois aussi de savoir le temps de l'arrivée de ces Messieurs, afin que nous puissions prendre nos mesures sur cela; jugeant bien l'un et l'autre que nous serions fort coupables devant Dieu, si nous abandonnions la moisson dans le temps où sa bonté souveraine nous envoie des ouvriers si fidèles et si charitables. Je ne sais, Monsieur, par quel accident je n'ai reçu aucune réponse à cette lettre : mais je ne suis pas fâché que cette occasion se présente de vous renouveler mes respects, en vous assurant avant toutes choses de l'excellente disposition en laquelle est Monseigneur l'évêque d'Auguste pour coopérer à cette œuvre.

Pour ce qui me regarde, Monsieur, je me reconnois fort inca-

---

[1] La Reine mère ayant fait en 1657 un voyage à Metz, fut sensiblement touchée du triste état de cette ville. De retour à Paris, elle témoigna à saint Vincent de Paul, qu'elle honoroit de sa confiance, le désir qu'elle auroit de faire instruire son peuple de Metz ; et pour cet effet, il fut conclu que saint Vincent y enverroit une mission. Il en choisit les ouvriers, principalement parmi les ecclésiastiques qu'on appeloit *Messieurs de la Conférence des Mardis*, parce qu'ils s'assembloient ce jour-là pour conférer entre eux sur les matières ecclésiastiques. Saint Vincent avoit formé cette espèce d'association, dans laquelle l'abbé Bossuet étoit entré. La mission fut ainsi composée de vingt prêtres d'un mérite distingué, qui avoient à leur tête M. l'abbé de Chandenier, neveu de M. le cardinal de La Rochefoucauld. (*Les édit.*) — [2] C'étoit un docteur de la *Conférence des Mardis*. — [3] A *Messieurs de la Conférence des Mardis*.

pable d'y rendre le service que je voudrois bien : mais j'espère de la bonté de Dieu que l'exemple de tant de saints ecclésiastiques, et les leçons que j'ai autrefois apprises en la Compagnie [1], me donneront de la force pour agir avec de si bons ouvriers, si je ne puis rien de moi-même. Je vous demande la grace d'en assurer la Compagnie, que je salue de tout mon cœur en Notre-Seigneur, et la prie de me faire part de ses oraisons et saints sacrifices.

S'il y a quelque chose que vous jugiez ici nécessaire pour la préparation des esprits, je recevrai de bon cœur et exécuterai fidèlement, avec la grace de Dieu, les ordres que vous me donnerez. Je suis, Monsieur, votre très-humble et très-obéissant serviteur,

BOSSUET, prêtre, grand-archidiacre de Metz.

LETTRE III.

M. BEDACIER, ÉVÊQUE D'AUGUSTE, A SAINT VINCENT DE PAUL (a).

De Metz, le 29 janvier 1658.

La lettre de cachet de la Reine, et celle que vous m'avez fait l'honneur de m'écrire au sujet de la mission que Sa Majesté envoie en cette ville, m'ont été rendues en même jour; la première par M. de Monchy, et l'autre par M. Bossuet, grand-archidiacre de cette église. Je n'ai rien à dire sur l'une et sur l'autre, sinon que je vous supplie d'assurer Sa Majesté que j'emploierai de très-bon cœur tout ce que je puis avoir de crédit et d'autorité, au spirituel et temporel, en cette ville et diocèse, pour seconder ses saintes et pieuses intentions, et les faire ensuite réussir à la gloire de Dieu, à l'édification de nos peuples, au salut des ames et à la conversion des hérétiques et infidèles, que nous y avons en nombre fort considérable; et que je ferai au surplus tout ce qui me sera possible pour témoigner l'estime très-particulière

[1] Il parle de la Compagnie de *Messieurs de la Conférence des Mardis*, dont il étoit membre.

(a) Nous donnons cette lettre, disent les éditeurs, parce qu'elle explique celle de Bossuet.

que je fais de sa piété. Elle m'oblige trop, en vérité, par le soin qu'elle daigne prendre de soutenir le zèle que je dois avoir de mettre ce diocèse en l'ordre d'une bonne et parfaite discipline, par cet envoi, pour n'en porter pas mes reconnoissances au point qu'elle me témoigne le désirer. Je passerois aussi en effet pour prévaricateur en mon ministère, si je ne montrois pas en cette occasion, combien l'œuvre de Dieu et le commandement de Sa Majesté m'est en considération. J'ajouterai à cela l'état particulier que je fais de votre conduite, qui paroît à l'avantage de toute l'Eglise en ces missions. Assurez-vous, s'il vous plaît, Monsieur, que je n'omettrai rien de ce qu'on peut désirer de moi, pour en rendre le succès aussi heureux que vous le pouvez souhaiter.

Je n'ai qu'une difficulté qui me presse, et que je ne pense pas pouvoir surmonter, si vous n'avez la bonté de considérer l'accommodement aisé qu'on peut prendre pour la lever. Ces Messieurs disent que, selon l'ordre de vos missions, lorsqu'ils sont dans leurs fonctions, toutes prédications cessent, hors celles qu'ils font à leurs heures ; et que partant notre prédicateur ordinaire du carême seroit obligé de cesser et de se retirer : ce que je vous supplie de considérer, et de voir l'inconvénient auquel cela nous pourroit jeter. Celui que nous avons pour le prochain carême, est un fort honnête et habile religieux de l'ordre de Saint-Dominique, docteur de Sorbonne, qui a déjà prêché l'Avent avec applaudissement et recommandation, et lequel j'ai retenu ici sur la bonne foi, n'étant point averti de cet ordre, l'ayant même fait refuser la chaire d'Angers qui lui étoit offerte. Il y auroit une espèce d'affront de le congédier à l'entrée du Carême. Nous pourrons, si vous le trouvez bon, concilier cela en lui faisant remettre les lundi, mardi et jeudi de la semaine ; et ainsi ces Messieurs auront quatre jours par semaine pour prêcher en la cathédrale le matin, ayant au surplus tout le reste du temps ladite cathédrale libre pour leurs exercices. Je suis bien fâché qu'on n'ait pas prévenu cet inconvénient : mais puisque la chose est ainsi, ils pourront fort bien prêcher trois jours dans une autre église, que nous leur désignerons, fort propre pour cela.

Il ne reste au surplus aucune difficulté, sinon de pourvoir à ce qui est nécessaire pour recevoir et loger ceux que vous nous envoyez. Ils seront les très-bien venus, venant au nom du Seigneur et de la part de Sa Majesté. M. de la Contour nous a donné le logis du Roi, à la Haute-Pierre, où ils seront très-commodément logés. Pour ce qui est des meubles et pour leur nourriture, nous aviserons aux moyens de leur faire tout administrer : on vous en rendra raison au premier jour. Cependant je vous supplie de croire que je suis trop heureux d'avoir cette occasion de vous assurer de la continuation de mes services et obéissances, étant, Monsieur, votre très-humble et obéissant serviteur,

† J. Bedacier, év. d'Auguste.

LETTRE IV.

BOSSUET A SAINT VINCENT DE PAUL.

A Metz, ce 1er février 1658.

J'ai été extrêmement consolé que celui de vos prêtres qui est venu ici ait été M. de Monchy : mais j'ai beaucoup de déplaisir qu'il y ait fait si peu de séjour. Il pourra, Monsieur, vous avoir appris que les lettres de la Reine ont été reçues avec le respect dû à Sa Majesté, et que M. l'évêque d'Auguste et M. de la Contour ont fait leur devoir en cette rencontre.

Je rends compte à M. de Monchy de l'état des choses depuis son départ; et je me remets à lui à vous en instruire, pour ne pas vous importuner par des redites : mais je me sens obligé, Monsieur, à vous informer d'une chose qui s'est passée ici depuis quelque temps, et qui sera bientôt portée à la Cour.

Une servante catholique, qui est décédée chez un huguenot, marchand considérable et accommodé, a été étrangement violentée dans sa conscience. Il est constant par la propre déposition de son maître, qu'elle avoit fait toute sa vie profession de la religion catholique : il paroît même certain qu'elle avoit communié peu de temps avant que de tomber malade. Elle n'a jamais été aux prêches, ni n'a fait aucun exercice de la religion prétendue réformée. Son maître prétend que cinq jours avant sa mort elle a changé de religion : Il lui a fait, dit-il, venir des ministres pour recevoir sa déclaration, sans avoir appelé à cette action ni le curé, ni le magistrat, ni aucun catholique qui pût rendre témoignage du fait. Le jour que cette pauvre fille mourut, un jésuite averti par un des voisins de la violence qu'on lui faisoit, se présente pour la consoler. On lui refuse l'entrée ; et il est certain qu'elle étoit vivante. Il retourne quelque temps après avec l'ordre du magistrat, et il la trouve décédée dans cet intervalle. Tous ces faits sont constans et avérés : il y a même des indices si forts qu'elle a demandé un prêtre, et les parties ont si fort varié dans leurs réponses sur ce sujet-là, que cela peut passer pour certain.

Je ne vous exagère pas, Monsieur, ni les circonstances de cette affaire, ni de quelle conséquence elle est ; vous le voyez assez de vous-même, et quelle est l'imprudence de ceux qui, ayant reçu par grace du Roi la liberté de conscience dans son Etat, la ravissent dans leurs maisons à ses sujets leurs serviteurs. Certainement cela crie vengeance : cependant les ministres et le consistoire soutiennent cette entreprise ; et M. de la Contour m'a dit aujourd'hui qu'un député de ces Messieurs avoit bien eu le front de lui dire que cet homme n'avoit rien fait sans ordre. Bien plus, ils ont ajouté qu'ils alloient se plaindre à la Cour, de la procédure qui a été faite par le lieutenant-général : le tout sans doute à dessein, Monsieur, d'évoquer l'affaire au conseil, afin de la tirer du lieu où l'on en a plus de connoissance, et de l'assoupir par la longueur du temps. Dieu ne permettra pas que leur mauvais dessein réussisse ; et je vous supplie, Monsieur, d'employer en cette rencontre tous les moyens que vous avez, pour empêcher qu'on n'écoute pas ces députations séditieuses, et faire que les choses demeurent dans le cours ordinaire de la justice, selon lequel ils ne peuvent pas éviter d'être châtiés de cet attentat contre les édits et la liberté des consciences. La Reine étant en cette ville, a témoigné tant de piété et tant de zèle pour la religion, que je ne doute pas qu'étant avertie de cette entreprise, elle ne veuille que la justice en soit faite.

Outre cela, Monsieur, le Roi leur ayant accordé, de grace, deux pédagogues pour leurs enfans, à condition que ces maîtres seroient catholiques, ils vont demander des gages pour eux. Cela n'a ni justice ni apparence, et ils veulent en charger cette pauvre ville. Mais comme ils savent qu'apparemment on ne leur accordera pas leur demande, je me trompe bien fort si leur dessein n'est d'obtenir, que si on ne veut pas les gager, on leur donne la liberté de les mettre tels qu'il leur plaira, et par conséquent de leur religion. La Reine seule empêcha ici qu'on ne leur donnât cette permission, et je ne doute pas qu'elle ne continue dans ce bon dessein. Je ne vous dis pas, Monsieur, maintenant ce que vous avez à faire sur ce sujet : c'est assez que vous soyez averti; Dieu vous inspirera le reste. J'attends avec impatience les excellens ouvriers qu'il nous envoie par votre moyen; et suis, avec un respect très-profond, Monsieur, votre très-humble et très-obéissant serviteur,

Bossuet, prêtre ind.

LETTRE V.
BOSSUET A M. DE MONCHY.

A Metz, ce 1er février 1658.

La paix de Notre-Seigneur soit avec vous.

Pour commencer à vous rendre compte de l'état des choses depuis votre départ, je vous dirai premièrement que, par les soins et les adresses de M. de la Contour, l'on a trouvé le nombre de lits, matelas, draps et couvertures que vous marquez par votre mémoire. La ville en fournit quelques-uns qui étoient en réserve chez le receveur : on prendra les autres ou du concierge ou des Juifs : et l'on fera en sorte que cela ne sera pas à charge à la mission, et qu'on n'en paiera rien, suivant que vous me l'avez dit en cette ville. On a aussi pourvu de meubles les chambres : il sera plus malaisé de trouver des plats, du linge de table et ce qui est nécessaire pour la cuisine; et ce seroit une grande décharge d'avoir un cuisinier qui fournît de tout : néanmoins il est véritable que quarante sols par jour est un prix excessif pour Metz : et cependant les cuisiniers à qui j'en ai fait parler, ne veulent pas accepter le marché à moins. C'est à vous, s'il vous plaît, à prendre vos mesures là-dessus : je m'informerai toujours cependant de ce qui se pourra faire pour une plus grande commodité et épargne, et je vous écrirai ce que je pourrai ménager.

J'ai entretenu fort particulièrement notre prédicateur du Carême, qui est dans ses premiers sentimens, et qui est persuadé qu'il y va du sien de quitter tout à fait la chaire. Il ne croit pas aussi qu'on ait dessein de l'y obliger contre son gré : il témoigne qu'au reste il contribuera tout ce qu'il pourra pour le bon succès de la mission, et qu'il exhortera fortement le peuple à se rendre digne d'en recevoir le fruit. Je crois en effet que vous le trouverez homme sage, accommodant et désireux du bien. Ses sentimens étant tels, le mien seroit de demeurer aux termes du projet que nous avons fait : je le soumets néanmoins au vôtre, et à celui de Messieurs de la mission : mais si l'on en use autrement, on ne pourra pas éviter quelque murmure du peuple. Plusieurs tâchent déjà d'en semer; et vous n'ignorez pas, et moi aussi, de quel principe cela vient : je vous en ai touché quelque chose; et assurément ce que je vous en ai dit est véritable. Ces légères contradictions ne peuvent pas empêcher l'affaire : et la présence de ces Messieurs éteindra bientôt ces petits bruits, par lesquels Dieu veut éprouver la fidélité de ses ouvriers. Il saura bien avancer son œuvre, et tirer sa gloire de toutes choses par les moyens qu'il sait. Ainsi soit-il; et sa providence soit bénie éternellement.

Je ne prévois aucun obstacle de la part du chapitre, qui reçut avec le respect qu'il doit les lettres de Sa Majesté, et témoigna grande obéissance. On résolut de faire tout ce qui se pourroit, pour faciliter le succès de ce bon dessein.

Je prévois quelque difficulté entre Monseigneur d'Auguste et le chapitre. Quelques-uns peut-être, sous main, prendront occasion de là de vouloir traverser cette œuvre. Je tâcherai de tout mon pouvoir de faire prendre un autre cours aux choses. Je vous en dirai davantage quand je verrai cette affaire un peu plus éclose, et je veillerai soigneusement à tout pour vous en instruire.

Les huguenots prennent hautement le parti de celui qui a violenté la conscience de sa servante mourante : ils l'ont déclaré à

M. de la Contour, et ils députent à la Cour pour ce sujet-là et pour quelques autres assez importans. J'en écris à M. le Gendre; et j'expose aussi en peu de mots tout le fait à M. Vincent, afin qu'il y agisse selon son zèle et sa prudence ordinaire. Je ne doute pas que vous ne nous aidiez à lui faire comprendre la conséquence de cette affaire, ainsi que vous me l'avez témoigné : je ne lui parle point d'autre chose, et je me remets à vous à l'instruire de tout. M. de la Contour désire fort que vous fassiez un tour en cette ville, pour disposer les chambres et les meubles suivant les personnes que vous voulez placer. Si vous ne le pouvez, mandez-moi, s'il vous plaît, votre ordre, et de quelle sorte nous rangerons tout. Nous tâcherons que tous nos meubles soient honnêtes ; mais il y en aura qui le seront plus : écrivez à peu près comme il faudra disposer le tout, si vous ne pouvez y venir vous-même.

J'oubliois de vous dire que la raison pour laquelle les huguenots députent en Cour, est sans doute pour tirer l'affaire au conseil, et l'assoupir par la longueur du temps. Conférez, s'il vous plaît, avec Messieurs du parlement, du moyen de l'empêcher. Je vous écris sans cérémonie, pour ne perdre point le temps ni les paroles : mais je n'en suis pas moins, etc.

LETTRE VI.

BOSSUET A SAINT VINCENT DE PAUL.

A Metz, ce 10 février 1658.

J'ai envoyé à M. de Monchy, à Toul, celle que vous m'avez adressée pour lui : il ne nous a pas jugés dignes de demeurer ici plus longtemps qu'un jour. J'aurois souhaité de tout mon cœur que nous eussions pu l'arrêter; mais ses affaires ne lui ont pas permis. Nous tâchons, Monsieur, de disposer ici le mieux qu'il nous est possible, tout ce qu'il a jugé nécessaire. Il m'a écrit qu'on trouvoit à propos que le prédicateur du Carême quittât entièrement la chaire. Comme Monseigneur d'Auguste s'est donné l'honneur de vous écrire sur ce sujet-là, il attend ce que vous aurez arrêté sur les raisons qu'il vous a représentées; après quoi il résoudra le prédicateur à tout ce que vous trouverez le plus convenable à l'œuvre de la mission, qu'il est résolu de préférer à toutes sortes d'autres considérations : il n'y aura nul obstacle de ce côté-là, et il m'a prié de vous en assurer. Au rest , j'ai appris avec douleur l'accident qui vous étoit arrivé : et je loue Dieu, Monsieur, de tout mon cœur de ce que sa bonté vous a préservé.

J'ai pris la liberté de vous avertir des prétentions insolentes de nos huguenots, dont les députés sont partis pour aller en Cour. Les deux affaires dont je vous ai écrit, sont de fort grande importance pour la religion. La Reine, qui a tant de zèle pour le service de Dieu, et qui témoigne tant de charité pour cette ville, aura bien la bonté d'arrêter le cours des injustes procédures de ces Messieurs, et y emploiera cette ardeur et cette autorité dignes d'elle, que nous avons remarquées ici en pareilles rencontres.

Je me réjouis, Monsieur de voir approcher le temps du Carême, dans l'espérance que j'ai de voir bientôt arriver les ouvriers que Dieu nous envoie, que je salue de tout mon cœur en Notre-Seigneur, et très-particulièrement M. l'abbé de Chandenier. Je les plains d'avoir à faire un si grand voyage pendant un froid si rigoureux; mais leur charité surmontera tout. Qu'ils viennent donc bientôt au nom de Dieu : la moisson est ample, et les petites difficultés qui s'élèvent seront bientôt aplanies par leur présence. Je suis avec tout respect, etc.

LETTRE VII.

BOSSUET A SAINT VINCENT DE PAUL.

A Metz, ce mars 1658.

Je vous rends graces très-humbles de la charité que vous avez eue, pour faire avertir la Reine de l'affaire pour laquelle je m'étois donné l'honneur de vous écrire. Je vois par les lettres que Sa Majesté en a fait écrire en ce pays, que votre recommandation a fort opéré. Je prie Dieu qu'il bénisse les saintes intentions de cette pieuse princesse, qui embrasse avec tant d'ardeur les intérêts de la religion.

Frère Matthieu (*a*), qui est arrivé ici comme par miracle au milieu d'un déluge qui nous environnoit de toutes parts, vous rendra compte, Monsieur, de ce que l'on a préparé pour ces Messieurs. Les choses sont à peu près en état pour le commencement : le temps accommodera tout, et assurément on fera tout ce qui se pourra pour donner satisfaction à ces serviteurs de Jésus-Christ. J'ai appréhendé avec raison beaucoup de difficultés du côté du prédicateur, surtout si ces Messieurs étoient empêchés par les eaux d'être ici avant le commencement du Carême ; et ce bon Père avoit telle répugnance à abandonner sa chaire à un autre en les attendant, ou à la céder après avoir commencé, que j'étois tout à fait en inquiétude du scandale qui auroit pu arriver ici, si M. d'Auguste eût été contraint d'user de son autorité ; à quoi néanmoins il se résolvoit. Mais Dieu, Monsieur, qui pourvoit à tout, nous a mis en repos de ce côté-là, par l'ordre qu'a eu le syndic de cette ville de dire à M. d'Auguste et à M. de la Contour, que la Reine auroit fort agréable si le prédicateur quittoit entièrement sa chaire, en acceptant cent écus que Sa Majesté lui fait donner outre la rétribution ordinaire, et étant retenu pour prêcher l'année prochaine. Par là toutes choses sont apaisées ; et moi, je vous l'avoue, tiré d'une grande peine d'esprit. Il ne reste plus qu'à prier Dieu qu'il ouvre bientôt le chemin, au milieu des eaux, à ses serviteurs ; qu'il fasse fructifier leur travail et donne efficace à leur parole (*b*). C'est en sa charité que je suis, etc.

(*a*) C'étoit un frère de Saint-Lazare, qui fit cinquante-trois voyages de Paris à Metz, pour l'assistance des pauvres. — (*b*) Les vœux de l'abbé Bossuet furent exaucés, les missionnaires arrivèrent à Metz le 4 mars, après avoir couru bien des risques parmi les débordemens des eaux qu'ils eurent à traverser presque durant toute leur route. Ils ouvrirent la mission le mercredi des Cendres, 6 mars: le succès répondit à leur zèle, et fut tel que le décrit Bossuet dans la lettre suivante. (*Les Édit.*)

LETTRE VIII.

BOSSUET A SAINT VINCENT DE PAUL.

A Metz, ce 23 mai 1658.

Je ne puis voir partir ces chers missionnaires, sans vous témoigner le regret universel et la merveilleuse édification qu'ils nous laissent. Elle est telle, Monsieur, que vous avez tous les sujets du monde de vous en réjouir en Notre-Seigneur; et je m'épancherois avec joie sur ce sujet-là, si ce n'étoit que les effets passent de trop loin toutes mes paroles. Il ne s'est jamais rien vu de mieux ordonné, rien de plus apostolique, rien de plus exemplaire que cette mission. Que ne vous dirois-je pas des particuliers, et principalement du chef et des autres, qui nous ont si saintement, si chrétiennement prêché l'Evangile, si je ne vous en croyois informé d'ailleurs par des témoignages plus considérables, et par la connoissance que vous avez d'eux, joint que je n'ignore pas avec quelle peine leur modestie souffre les louanges? Ils ont enlevé ici tous les cœurs; et voilà qu'ils s'en retournent à vous, fatigués et épuisés selon le corps, mais riches selon l'esprit des dépouilles qu'ils ont ravies à l'enfer, et des fruits de pénitence que Dieu a produits par leur ministère. Recevez-les donc, Monsieur, avec bénédictions et actions de graces, et ayez, s'il vous plaît, la bonté de les remercier avec moi, de l'honneur qu'ils m'ont voulu faire de m'associer à leur compagnie et à une partie de leur travail (a). Je vous en remercie aussi vous-même; et je vous supplie de prier Dieu qu'après avoir été uni une fois à de si saints ecclésiastiques, je le demeure éternellement en prenant véritablement leur esprit, et profitant de leurs bons exemples.

Il a plu à Notre-Seigneur d'établir ici par leur moyen une compagnie à peu près sur le modèle de la vôtre (b), Dieu ayant permis par sa bonté que les règlemens s'en soient trouvés parmi les

(a) Bossuet prêcha quelquefois à la cathédrale, et plus souvent à l'église de la citadelle. En outre il faisoit, dans cette dernière église, le catéchisme deux fois par semaine. — (b) Une compagnie semblable à celle que saint Vincent de Paul avoit établie à Paris, pour les *Conférences des Mercredis*.

papiers de cet excellent serviteur de Dieu, M. de Blampignon. Elle se promet l'honneur de vous avoir pour supérieur, puisqu'on nous a fait espérer la grace qu'elle sera associée à celle de Saint-Lazare, et que vous et ces Messieurs l'aurez agréable. J'ai charge, Monsieur, de vous en prier, et je le fais de tout mon cœur. Dieu veuille, par sa miséricorde, nous donner à tous la persévérance dans les choses qui ont été si bien établies par la charité de ces Messieurs. Je vous demande d'avoir la bonté de me donner part à vos sacrifices et de me croire, etc. (a).

(a) *Relation d'un fait mémorable, arrivé dans le cours de la mission de Metz.* — Quoique le consistoire de la ville de Metz eût défendu aux siens d'assister aux prédications, Dieu permit, pour donner sujet aux plus obstinés de penser à eux, un effet de très-grande bénédiction.

Un huguenot ayant été à la prédication et faisant récit à sa femme de ce qu'il avoit entendu, elle voulut se faire instruire et se convertir. L'ordre de son abjuration fut fort édifiant. Elle la fit en présence de Monseigneur l'évêque d'Auguste, suffragant de Metz, qui administroit ce diocèse, accompagné de MM. les abbés Bossuet et de Blampignon, de M. le lieutenant de roi et d'une très-honorable compagnie. Et comme quelques jours après, étant tombé malade, elle souhaita recevoir le saint Viatique, on le lui porta, tous les prêtres et les personnes les plus qualifiées ayant chacun un cierge à la main. Cette bonne demoiselle donna tant de marques que son âme tressailloit de joie en la présence de son Sauveur, que par ses paroles et ses actions elle fit une prédication très-efficace, parlant du fond du cœur; en sorte qu'elle tira les larmes des yeux de tous ceux qui étoient présens.

Je renonce, dit-elle, à toutes les affections temporelles et à tous les intérêts humains, qui eussent pu parmi les calvinistes me faire avoir beaucoup de vues, soit pour la personne de mon mari, soit pour mes enfans. Mes filles, qui sont catholiques, je les mets entre les mains de la providence de Dieu : je demande pour elles la protection et les prières de tant de personnes de mérite qui sont ici présentes. Ah! j'ai trop résisté aux lumières qu'il plaisoit à Dieu de me donner de temps en temps, et aux inspirations qui m'attiroient à la véritable foi. Je crois, j'aime et j'espère de tout mon cœur.

Ces discours et autres semblables, entrecoupés de sanglots, pénétroient au fond de l'ame des assistans. A la sortie du logis, on chanta tout le long des rues le *Te Deum laudamus*; et les hérétiques qui fuyoient comme des hibous le Dieu des lumières, s'enfermoient avec empressement, voyant venir l'éclat de tant de cierges et de flambeaux sur les huit heures du soir; au lieu que les catholiques accoururent de toutes parts à l'Église pour s'échauffer d'une dévotion mutuelle, et rendre graces au Seigneur de ses miséricordes. La Confirmation fut aussi donnée à la même demoiselle, et on n'omit rien pour sa consolation : car les ministres alarmés à ce récit, furent bientôt en campagne, et ils n'auroient pas laissé la malade tranquille, si les visites que M. l'abbé Bossuet lui rendit, ne les eussent contraints de dissimuler leurs malicieuses intentions.

Cette mission de Metz fit de si grands fruits, que M. l'abbé de Chandenier qui la conduisoit, quoique grand et illustre personnage, neveu de M. le cardinal de La Rochefoucauld, ne se croyant pas assez considérable pour remercier eux qu'il voyoit contribuer le plus à ce bon succès, en écrivit à M. Vincent en ces termes : « J'ai cru, Monsieur, que vous n'auriez pas désagréable que je

LETTRE IX.

BOSSUET A CONDÉ (a).

Monseigneur,

Vous recevrez dans ce paquet une marque de mon obéissance; et vous verrez que je ne puis oublier ce qui m'est ordonné de votre part. Je vous envoie un *sermon* que vous avez eu la bonté de me demander, il y a longtemps, et de vive voix et par écrit. J'attribue ce désir à votre bonté, parce qu'il faut que vous en ayez beaucoup pour juger ce présent digne de vous. Quoi qu'il en soit, Monseigneur, je le remets en vos mains, et je prends la liberté de vous l'offrir, non point par l'estime que j'en fais, mais par celle que vous en avez témoignée. Vous la perdrez peut-être en lisant; mais quand cela arriveroit, je ne me réjouirois pas moins de vous avoir obéi. Je serai bien aise de voir augmenter l'estime que je vous prie d'avoir de mon affection, même au préjudice de celle que vous pourriez avoir de ma capacité.

LETTRE X.

BOSSUET A MESSIEURS LES VÉNÉRABLES PRINCIER, CHANOINES
ET CHAPITRE DE L'ÉGLISE CATHÉDRALE DE METZ (b).

Paris, le 11 octobre 1669.

Messieurs,

J'ai été obligé par certaines considérations de presser l'expédition de mes bulles, plus tôt que je n'avois pensé. Et comme j'ai

vous fasse part d'une pensée qui m'est venue, qui est que vous écrivissiez un petit mot de congratulation à Monseigneur d'Auguste, de l'honneur de sa protection qui nous est très-favorable, et pareillement une de congratulation à M. Bossuet du secours qu'il nous donne par les prédications et instructions qu'il fait, auxquelles Dieu donne aussi beaucoup de bénédictions. »
(a) Cette lettre est sans date; mais elle appartient sans doute à l'époque où Bossuet prêchoit à la Cour et dans la Capitale; elle est par conséquent antérieure à 1670. — Insérée par deux fois dans la préface des *Sermons* de Bossuet, puis oubliée par les éditeurs, elle a été de nouveau transcrite par M. Floquet sur l'original qui se trouve dans les *archives de la maison de Condé*, appartenant aujourd'hui au duc d'Aumale. — (b) Copiée par M. Floquet dans les archives de la préfecture de Metz.

prévu que si j'étois pourvu ou canonisé étant encore revêtu du doyenné de votre église, les prétentions de la cour de Rome pourroient causer quelque embarras dans votre élection, dont j'ai dessein avant toutes choses de vous conserver la liberté toute entière, je me suis résolu de prévenir cet inconvénient par ma *démission pure et simple entre vos mains*. Ce sera maintenant à vous, Messieurs, de faire d'abord quelque acte qui empêche les *préventions;* et ensuite de célébrer une *élection* canonique, dans toutes les formes ordinaires, en laquelle je ne doute pas que, laissant à part toutes les pensées et tous les intérêts particuliers dans une affaire d'où dépend tout le bien de votre compagnie, vous ne regardiez uniquement l'honneur et l'utilité du chapitre, qui n'a jamais eu plus de besoin d'un digne chef que dans les conjonctures délicates où il se trouve.

Au reste si la nécessité de mes affaires ne me permet pas de faire ma démission en personne, comme je me l'étois proposé, je ne perds pas pour cela le dessein de vous aller faire mes remercîmens très-humbles des continuelles bontés que vous avez eues pour moi, et de laisser à une église à laquelle je me sens si redevable quelque marque publique de ma reconnoissance.

Recevez en attendant, les assurances d'une affection qui vous sera toujours très-acquise; et croyez que je serai toute ma vie avec le même attachement que si j'étois encore parmi vous, Messieurs, votre très-humble et très-obligé serviteur,

L'abbé Bossuet, nommé à l'évêché de Condom.

Je vous prie d'accuser réception.

LETTRE XI.

BOSSUET AU MARQUIS (ISAAC) DE FEUQUIÈRES,
AMBASSADEUR DE FRANCE EN SUÈDE (*a*).

A Versailles, 22 février 1674.

J'ai reçu les lettres que vous m'avez fait l'honneur de m'écrire, et ai fait tenir les siennes à M. Gaillard, qui a une très-grande

(*n*) Publiée par M. Floquet, en 1855, dans ses savantes *Etudes sur la vie de Bossuet*.

reconnoissance de vos bontés ; et moi, par la part que j'y prends, j'en ai aussi une très-particulière. J'ai rendu à M. le duc de Montausier et à Mme de Crussol celles que vous m'aviez adressées. M. le duc d'Uzès se démet de son duché en faveur de M. son fils ; et le roi a agréé cette démission, avec privilége pour le père et pour la mère, de conserver les honneurs.

Mgr le Dauphin, dont vous demandez tant de nouvelles, s'avance de jour en jour en sagesse plus encore qu'en science, quoique ce qu'il sait soit beaucoup au-dessus de son âge. J'espère qu'il se rendra digne de soutenir la gloire du roi, et la réputation où il met la France.

Vous nous donnez de bonnes espérances de la Suède ; et j'avoue que si quelque chose peut obliger ce royaume de se réveiller, ce seront vos sages négociations. Mais à vous dire le vrai, on va fort lentement en ce pays-là. Nous ne pouvons pas savoir le fond de leurs intentions ni même de leur intérêt, de si loin. Mais autant qu'on en peut juger, ils n'ont pris jusqu'ici aucun des moyens utiles à faire la paix ni la guerre. Pour la guerre, il semble qu'ils l'ont évitée ; et dès là qu'on les a vus lents, de ce côté-là on ne s'est point trouvé pressé de faire la paix ; au lieu que si on les eût vus agir fortement, ni les Allemands, ni les Espagnols, ni les Hollandois n'auroient refusé des conditions de paix raisonnables, qu'on leur auroit pu proposer. Cependant la Maison d'Autriche commence à reprendre, en Allemagne, la même autorité et les mêmes avantages qu'elle y avoit lorsque le roi Gustave prit les armes. L'empereur va se rendre maître ; et il fait des coups d'autorité que ses prédécesseurs n'auroient osé faire dans le meilleur état de leurs affaires. L'enlèvement de M. le prince Guillaume de Furstemberg dans une ville libre, choisie pour traiter la paix, sans qu'on ait respecté sa qualité de plénipotentiaire, est une action bien hardie, et qui fait bien voir que les Espagnols et la Maison d'Autriche n'ont rien rabattu de leurs desseins de maîtriser absolument l'Allemagne.

Cependant si elle en vient à bout (ce qui arrivera infailliblement si on abandonne la France), les Suédois en pâtiront les premiers : et leurs conquêtes d'Allemagne seront mal assurées. Les princes d'Allemagne, qu'on effraie par une vaine jalousie contre la France, qui après tout n'en voudra jamais à leur liberté, déçus de ce vain prétexte, seront contraints enfin à porter le joug de la maison d'Autriche, qui est bien aise qu'on ne craigne que nous, afin qu'on la laisse faire, et qui voudrait bien aussi amuser les Suédois dans une occasion où ils ont tant d'intérêt à se réveiller. Vous saurez bien leur ouvrir les yeux, et les engager à réparer le temps perdu. Mais c'est assez politiquer. Le plaisir de s'entretenir avec vous a alongé mes raisonnemens; je les finis, en un mot, Monsieur, en vous assurant que je suis à vous sans réserve.

J. Bénigne, A, évêque de Condom.

Je vous envoie deux exemplaires du *Traité de l'Exposition*, que votre écuyer m'a dit que vous demandiez.

LETTRE XII.

BOSSUET A M. CONQUART MEMBRE DE L'ACADÉMIE FRANÇOISE (a).

A Saint-Germain en-Laye, 22 mai 1671.

Plusieurs de mes amis de la Cour, qui sont aussi de l'Académie, m'ont témoigné souhaiter de me voir remplir la place qui y vaque par la mort de M. l'abbé de Chambon; et m'ont voulu persuader qu'on me l'accorderoit volontiers, si je faisois connoître que je la désire. Vous pourrez mieux que personne répondre de mes sentimens là-dessus, vous, Monsieur, qui êtes le plus ancien ami que j'aie dans cette compagnie et à qui j'ai fait tant de fois paroître l'estime que j'ai pour elle. Je sais aussi que vous m'avez fait l'honneur de parler de moi, en cette occasion, d'une manière très-obligeante. Ces raisons et la considération particulière où je sais que vous êtes dans ce corps illustre, m'invitent à vous supplier de vouloir bien accepter le pouvoir que je vous donne, de dire en mon nom ce que vous jugerez nécessaire et convenable. Je serai aise de marquer à une si célèbre compagnie toute l'estime possible; et à la réserve de l'assiduité que mes attachemens ne me permettront guère, je m'acquitterai avec joie de tous les devoirs qui pourront satisfaire le corps et les illustres particuliers qui le composent. Je ne vous dis rien pour vous-même, puisque vous savez il y a longtemps combien sincèrement je vous honore et avec quelle passion je suis votre très-humble serviteur.

J. Bénigne de Condom.

LETTRE XIII

BOSSUET A UNE DAME DE CONSIDÉRATION (a).

SUR LA MORT DE SON MARI (a).

Je suis bien payé de mon dialogue, puisqu'au lieu de mon entretien avec la Dame que vous savez, vous m'en rendez un de la Reine et de vous. Je ne vous ferai pas de remercîmens de la part que vous m'y avez donnée : ce sont, Madame, des effets ordinaires de vos bontés ; et j'y suis accoutumé depuis si longtemps, qu'il n'y a plus rien de surprenant pour moi dans toutes les graces que vous me faites. Je m'estimerois bien heureux, si pour vous en témoigner ma reconnoissance, je pouvois contribuer quelque chose à soulager les inquiétudes qui vous travaillent depuis si longtemps, touchant l'état de M. le M. Je vois dans ces peines d'esprit une marque d'une foi bien vive et d'une amitié bien chrétienne. Il est beau, Madame, que dans une affliction si sensible,

---

[1] Nous ne saurions découvrir quelle est la personne qui fait la matière de cette lettre, Bossuet ne disant rien qui puisse nous la faire connoître. Tout ce que nous pouvons assurer, c'est qu'il s'agit d'un maréchal ou d'un marquis, aussi distingué par ses vertus chrétiennes que par ses exploits militaires. Les premières lettres, *M. le M.*, dont Bossuet se sert pour désigner celui dont il parle, et les victoires qu'il lui attribue, justifient pleinement ce que nous avançons. Quant à l'année où cette lettre a été écrite, nous ne sommes pas plus en état de l'indiquer, parce que Bossuet ne l'a point marquée ; mais comme il y parle d'un entretien que la Dame à qui il écrit avoit eu avec la Reine, il est clair que sa lettre est antérieure ou à la mort de la Reine mère, ou à celle de Marie-Thérèse ; c'est-à-dire, qu'elle a été écrite ou avant 1666, ou au plus tard avant 1683, époques de la mort des deux reines. Bossuet ayant eu part, comme il le dit, à l'entretien que cette Dame avoit eu avec la Reine, et la Reine mère l'honorant d'une affection particulière, nous avons lieu de croire que c'est elle dont il s'agit ici : et par conséquent que cette lettre a été écrite immédiatement avant sa mort : le caractère de l'écriture et le style même nous confirment dans cette pensée ; c'est pourquoi nous fixons la date de cette lettre vers 1665. (*Les édit.*)

votre douleur naisse presque toute de la foi que vous avez en la vie future ; et que dans la perte d'une personne si chère, vous oubliiez tous vos intérêts pour n'être touchée que des siens. Une douleur si sainte et si chrétienne est l'effet d'une ame bien persuadée des vérités de l'Evangile ; et toutes les personnes qui vous honorent doivent être fort consolées que vos peines naissent d'un si beau principe, non-seulement à cause du témoignage qu'elles rendent à votre piété, mais à cause que c'est par cet endroit-là qu'il est plus aisé de les soulager. Car j'ose vous dire, Madame, que vous devez avoir l'esprit en repos touchant le salut de son ame ; et j'espère que vous en serez persuadée, si vous prenez la peine de considérer de quelle sorte les saints docteurs nous obligent de pleurer les morts selon la doctrine de l'Ecriture. Je n'ignore pas, Madame, qu'en vous entretenant de ces choses j'attendrirai votre cœur, et que je tirerai des pleurs de vos yeux ; mais peut-être que Dieu permettra qu'à la fin vous en serez consolée, et j'écris ceci dans ce sentiment.

Saint Paul avertit les fidèles « qu'ils ne s'affligent pas sur les morts comme les gentils qui n'ont pas d'espérance[1] ; » et il explique par ce peu de mots, tout ce qui se peut dire sur ce sujet-là. Car il est aisé de remarquer qu'il ne veut pas entièrement supprimer les larmes ; il ne dit point : Ne vous affligez pas ; mais : Ne vous affligez pas comme les gentils qui n'ont pas d'espérance ; et c'est de même que s'il nous disoit : Je ne vous défends pas de pleurer ; mais ne pleurez pas comme ceux qui croient que la mort leur enlève tout, et que l'ame se perd avec le corps : affligez-vous avec retenue, comme vous faites pour vos amis qui vont en voyage, et que vous ne perdez que pour un temps. De là, Madame, nous devons entendre que la foi nous oblige de bien espérer de ceux qui meurent dans l'Eglise et dans la communion de ses sacremens ; et qu'encore qu'il soit impossible d'avoir une certitude entière en ce monde, il y a tant de fortes raisons de les croire en bon état, que le doute qui nous en reste ne nous doit pas extrêmement affliger. Autrement l'apôtre saint Paul, au lieu de consoler les fidèles, auroit redoublé leur douleur. Car s'il n'a-

---

[1] *Thess.*, IV, 12.

voit dessein de nous obliger à faire que notre espérance l'emportât de beaucoup par-dessus la crainte, n'est-il pas véritable, Madame, que ce grand homme ne devoit pas dire : Ne vous affligez pas comme les gentils; mais plutôt : Affligez-vous plus que les gentils, et ne vous consolez pas comme eux ? Il leur est aisé de se consoler, puisqu'ils croient que les morts ne sont plus en état de souffrir. Mais à vous il n'en est pas de la sorte, puisque la vérité vous a appris qu'il y a un lieu de tourmens à comparaison desquels tous ceux de cette vie ne sont qu'un songe.

Il est bien certain, Madame, qu'à prendre les choses de cette sorte, les chrétiens ayant beaucoup plus à craindre, doivent être par conséquent plus sensibles à la mort des leurs : néanmoins il est remarquable que saint Paul ne les reprend pas de ce qu'ils se consolent; mais il les reprend de ce qu'ils s'affligent comme les gentils, qui n'ont pas d'espérance : et nous pouvons assurer sans doute qu'il n'auroit jamais parlé de la sorte, s'il n'eût vu dans la vérité éternelle, dont son esprit étoit éclairé, qu'il y a sans comparaison plus de sujet de bien espérer qu'il n'y a de raison de craindre.

C'est ce que saint Paul veut que nous pratiquions pour les morts : mais il ne faut pas abuser de cette doctrine, ni sous le prétexte de cette espérance qu'il nous ordonne d'avoir pour eux, flatter la confiance folle et téméraire de quelques chrétiens mal-vivans. Voyons donc, s'il vous plaît, Madame, quels sont ces bienheureux morts qui laissent tant d'espérance à ceux qui survivent. Ce sont, sans doute, ceux qui meurent avec les marques de leur espérance, c'est-à-dire dans la participation des saints sacremens; et qui rendent les derniers soupirs entre les bras de l'Eglise, ou plutôt entre les bras de Jésus-Christ même, en recevant son corps adorable. De tels morts, Madame, ne sont pas à plaindre; c'est leur faire injure que de les appeler morts, puisqu'on les voit sortir de ce monde au milieu de ces remèdes sacrés, qui contiennent une semence de vie éternelle. Le sang de Jésus-Christ ayant abondamment coulé sur leurs ames par ces sources fécondes des sacremens, ils peuvent hardiment soutenir l'aspect de leur Juge, qui tout rigoureux qu'il est aux pécheurs, ne trouve rien à condamner où il voit les traces du sang de son Fils.

C'est à ceux qui ont perdu de tels morts que saint Augustin, en suivant l'Apôtre, permet véritablement de s'affliger, mais d'une douleur qui puisse être aisément guérie : il leur permet de verser des pleurs, mais qui soient bientôt essuyées par la foi et par l'espérance[1]. Et il semble que c'est à vous que ces paroles sont adressées : car souffrez que je rappelle en votre mémoire de quelle sorte notre illustre mort a participé aux saints sacremens. A-t-il été de ceux à qui il les faut faire recevoir par force, qui s'imaginent hâter leur mort quand ils pensent à leur confession, qui attendent à se reconnoître quand ils perdent la connoissance? Il été lui-même au-devant; il s'est préparé à la mort avant le commencement de sa maladie. Il n'a pas imité ces lâches chrétiens qui attendent que les médecins les aient condamnés, pour se faire absoudre par les prêtres, et qui méprisent si fort leur ame qu'ils ne pensent à la sauver que lorsque le corps est désespéré : bien loin d'attendre la condamnation, il a prévenu même la menace, et sa confession générale a été non-seulement devant le danger, mais encore devant le mal.

Ce n'est pas à moi de vous dire ce que peuvent les sacremens reçus de la sorte ; toute l'Eglise vous le dit assez : et saint Augustin, qui tremble pour les pécheurs qui attendent à se convertir à l'extrémité de la vie, ne craint pas de nous assurer de la réconciliation de ceux qui se préparent à la recevoir pendant la santé[2]. Rendons graces à Dieu, Madame, de ce qu'il a inspiré cette pensée à feu M. le M., de ce que depuis tant d'années il l'avertissoit si souvent par les maladies dont il le frappoit; et que non-seulement il l'avertissoit, mais qu'il lui faisoit sentir dans le cœur ces salutaires avertissemens.

Mais pourrions-nous oublier ici la manière dont il l'a ôté de ce monde, et ce jugement si net et si tranquille qu'il lui a laissé jusqu'à la mort, afin qu'il n'y eût pas un moment qu'il ne pût faire profiter pour l'éternité? C'est, Madame, la fin d'un prédestiné. Il voyoit la mort s'avancer à lui ; il la sentoit venir pas à pas ; il

---

[1] Serm. CLXXII, n. 3. — [2] Serm. CCCXCIII.

a communié dans cette créance : il a repassé ses ans écoulés, comme un homme qui se préparoit à paroître devant son juge pour y rendre compte de ses actions : il a reconnu ses péchés ; et quand on lui a demandé s'il n'imploroit pas la miséricorde divine pour en obtenir le pardon, ce oui salutaire qu'il a répondu ne lui a pas été arraché à force de lui crier aux oreilles ; c'est lui-même, de son plein gré, qui d'un sens rassis et d'un cœur humilié devant Dieu, lui confessant ses iniquités, lui en a demandé pardon par le mérite du sang de son Fils, dont il a adoré a la vertu présente dans l'usage de ses sacremens. Tout cela ne vous dit-il pas qu'il est de ces morts mille fois heureux qui meurent en Notre-Seigneur ; et qu'étant sorti avec ses livrées le nom de Jésus-Christ à la bouche, le Père le reconnoissant à ces belles marques pour l'une des brebis de son fils, l'aura jugé à son tribunal selon ses grandes miséricordes ?

Je ne vous parle ici, Madame, que de ce qu'il a fait en mourant : mais si je voulois vous représenter les bonnes actions de sa vie, desquelles j'ai été le témoin, quand aurois-je achevé cette lettre ? Trouvez bon seulement que je vous fasse ressouvenir de sa tendresse paternelle pour les pauvres peuples ; c'est le plus bel endroit de sa vie et que les vrais chrétiens estimeront plus que la gloire de tant de victoires qu'il a remportées. Nous lisons dans la sainte Ecriture une chose remarquable de Néhémias. Ce grand homme étant envoyé pour régir le peuple de Dieu en Jérusalem, il nous a raconté lui-même dans l'histoire qu'il a composée de son gouvernement, qu'il n'avoit point foulé le peuple comme les autres gouverneurs (ce sont les propres mots dont il se sert) ; qu'il s'étoit même relâché de ce qui lui étoit dû légitimement ; qu'il n'avoit jamais épargné ses soins ; et qu'il avoit employé son autorité à faire vivre le peuple en repos, à faire fleurir la religion, à faire régner la justice[1] après quoi il ajoute ces paroles : « Seigneur, souvenez-vous de moi en bien, selon le bien que j'ai fait à ce peuple[2]. » C'est qu'il savoit, Madame, que de toutes les bonnes œuvres qui montent devant la face de Dieu, il n'y en a point qui lui plaisent plus que celles qui soulagent les misérables.

[1] II *Esdr.*, v, 15. — [2] *Ibid.*, 19.

et qui soutiennent l'opprimé qui est sans appui. Il savoit que ce Dieu, dont la nature est si bienfaisante, se souvient en son bon plaisir de ceux qui se rendent semblables à lui en imitant ses miséricordes. Puisque M. le M. a gouverné les peuples dans le sentiment et dans l'esprit de Néhémias, nous avons juste sujet de croire qu'il aura eu part à sa récompense; et que Dieu se souvenant de lui en bien, aura oublié ses péchés.

Consolez-vous, Madame, dans cette pensée; et ne songez pas tellement à la sévérité de ses jugemens, que vous n'ayez dans l'esprit ses grandes et infinies miséricordes. S'il nous vouloit juger en rigueur, nulle créature vivante ne pourroit paroître devant sa face; c'est pourquoi ce bon Père sachant notre foiblesse, nous a lui-même donné les moyens de nous mettre à couvert de ses jugemens. Il a dit, comme vous remarquez, qu'il jugeroit les justices [1]; mais il a dit aussi qu'il feroit miséricorde aux miséricordieux [2]: et quoique nos péchés les plus secrets ne puissent échapper les regards de cet œil qui sonde le fond des cœurs, néanmoins la charité les lui couvre: elle couvre non-seulement quelques péchés, mais encore la multitude des péchés [3].

M. le M. a été bienfaisant dans cette pensée; et quoique sa générosité naturelle, dont le fonds étoit inépuisable, le portât assez à faire du bien, il ne l'en a pas crue toute seule; il a voulu la relever par des sentimens chrétiens : il a pensé à se faire des amis qui le pussent recevoir un jour dans les tabernacles éternels; et je ne puis me ressouvenir des belles choses qu'il m'a dites sur ce sujet-là, sans en avoir le cœur attendri. C'est, Madame, ce qui me persuade, et ce qui me persuade fortement, que Dieu l'aura jugé selon ses bontés : c'est pourquoi il l'a frappé, parce qu'il ne vouloit pas le frapper : je veux dire qu'il ne l'a pas épargné en cette vie, parce qu'il vouloit l'épargner en l'autre. Vous savez les peines d'esprit et de corps qui l'ont suivi jusqu'au tombeau, sans lui donner aucun relâche. Dieu a voulu, Madame, que vous et ses fidèles serviteurs eussent la consolation de voir qu'il n'étoit pas du nombre de ceux qui ont reçu leur récompense en ce monde. Il a crié à Dieu dans l'affliction et dans la douleur;

[1] *Psal.* LXXIV, 3. — [2] *Matth.*, v, 7. — [3] 1 *Petr.*, IV, 8.

lorsque sa main s'est appesantie sur lui, il lui a fait un sacrifice des souffrances qu'il lui envoyoit. Je ne puis assez vous dire, Madame, combien ces prières lui sont agréables, et la force qu'elles ont pour expier tout ce qui se mêle en nous de foiblesse humaine parmi les douleurs violentes. Il est donc avec Jésus-Christ, il est avec les esprits célestes ; ou si quelque reste de péché le sépare pour un temps de leur compagnie, il a du moins ceci de commun avec eux, qu'il jouit de cette bienheureuse assurance qui fait la principale partie de leur félicité, parce qu'elle établit solidement leur repos.

Que s'il est en repos, Madame, il est juste aussi que vous y soyez. Je sais bien que vous n'avez pas une certitude infaillible ; ce repos est réservé pour la vie future, où la vérité découverte ne laissera plus aucun nuage qui puisse obscurcir nos connoissances : mais les fidèles qui sont en terre ne laissent pas d'avoir leur repos, par l'espérance qu'ils ont de rejoindre au ciel ceux dont ils regrettent la perte. Et cette espérance est si bien fondée, quand on a les belles marques que vous avez vues, que l'Ecriture, qui ne ment jamais, ne craint pas de nous assurer qu'elle doit faire cesser nos inquiétudes, et même nous donner de la joie. C'est ce repos, Madame, que je vous conseille de prendre ; et cependant nous admirerons qu'après tant de temps écoulé votre douleur demeure si vive, que vous ayez encore besoin d'être consolée. On voit peu d'exemples pareils ; mais aussi ne voit-on pas souvent une amitié si ferme, ni une fidélité si rare que la vôtre.

Mais je passe encore plus loin ; et j'avoue que votre douleur naissant des pensées de l'éternité, le temps ne doit pas lui donner d'atteinte. Qu'elle ne cède donc pas au temps, mais qu'elle se laisse guérir par la vérité éternelle et par la doctrine de son Evangile. Voyant durer vos inquiétudes, j'ai cru que le service que je vous dois m'obligeoit à vous la représenter selon que Dieu me l'a fait connoître. Si j'ai touché un peu rudement l'endroit où vous êtes blessée, c'est-à-dire si je n'ai pas assez épargné votre douleur, je vous supplie de le pardonner à l'opinion que j'ai de votre constance.

Je suis, etc.

LETTRE XV.

BOSSUET A LA MÈRE DE BELLEFONDS, CARMÉLITE [1].

A Saint-Germain-en-Laye, ce 25 avril 1672.

En me regardant moi-même, je ne puis me consoler de l'éloignement de M. le maréchal de Bellefonds. En regardant la Cour, j'ai regret qu'elle ait perdu un homme de ce mérite. En le regardant, ma chère et révérende Mère, j'adore les dispositions cachées de la divine Providence qui le ramène à la Cour quand il la veut quitter, et l'en arrache par un coup imprévu lorsqu'il semble y être le mieux. Quoi qu'il en soit, je suis persuadé que Dieu veille sur lui pour y détruire tout à fait le monde, et y établir Jésus-Christ tout seul. La perte que je fais d'un homme qui cherche Dieu et d'un ami si sincère et si sûr, est une chose presque irréparable en ce pays. Je ne sais ni que désirer pour son retour connoissant ses dispositions, ni qu'espérer en considérant celles des autres. Je suis certain qu'il est percé de douleur de s'être trouvé dans un état auquel il a cru être obligé de déplaire au Roi, et de ui désobéir. C'est une chose bien rude à un si bon cœur et à un si bon chrétien. Je prie Dieu de lui servir de consolation et de conseil, et de bénir sa famille. Je vous supplie de vouloir bien lui envoyer cette lettre (a), et l'assurer que je suis à lui comme je suis à vous de tout mon cœur.

[1] Elle étoit sœur du maréchal de Bellefonds, et prieure des Carmélites de la rue Saint-Jacques à Paris, sous le nom d'*Agnès de Jésus Maria*. Bossuet correspondoit par son moyen avec le maréchal. (*Les édit.*)

(a) C'est la lettre au maréchal de Bellefonds, que l'on trouvera après la suivante.

LETTRE XV.

BOSSUET A LA MÈRE DE BELLEFONDS, CARMÉLITE.

Mercredi matin, 1672.

Je n'ai pas été si avant que de juger de l'action de M. le maréchal de Bellefonds par rapport à la conscience (*a*). Il lui doit suffire devant Dieu qu'il ait cru pouvoir et devoir faire ce qu'il a fait. C'est ce qui m'a obligé à vous écrire comme j'ai fait. Je lui écris dans les mêmes termes, sans m'expliquer davantage sur une chose qui demande qu'on examine beaucoup de faits et de circonstances, et qu'il ne me semble pas nécessaire de discuter à présent, puisqu'elle est faite. Pour ce qui est des jugemens des hommes, il importe peu à M. le maréchal de Bellefonds quel il soit; les choses sont toujours prises de différentes façons, ou pour le fond ou pour les circonstances. Un homme de bien se contente d'agir dans chaque occasion suivant ce que sa conscience lui dicte. Cela, dis-je, suffit à l'égard de Dieu. Quand on se seroit trompé en prenant de faux fondemens, il faudroit espérer que Dieu nous pardonneroit de telles fautes, pourvu qu'on ait agi en simplicité de cœur, suivant les lumières présentes, sauf à réparer quand on connoîtroit autre chose. Voilà, ma chère Mère, ce que je vois à présent, et ne crois pas en devoir considérer davantage. Vous savez la réponse de M. le maréchal de Créqui. Il a offert sa démission de la charge de maréchal de France, et ensuite d'obéir comme marquis de Créqui, ou de quitter le commandement autant de temps que son armée seroit jointe, et de demeurer volontaire pendant ce temps-là auprès de S. M., ou d'obéir enfin en cas qu'il plût au Roi faire une loi générale pour tout le corps, et attribuer le commandement sur les maréchaux de France à la charge de maréchal de camp général. Le Roi ne s'étant contenté d'aucun de ces expédiens, il a demandé une heure de temps pour ne pas refuser en face; mais, s'étant ensuite expliqué sans délai,

(*b*) Comme on le verra à la lettre suivante, le maréchal de Bellefonds avoit remporté la victoire contre les ordres de son chef.

il est parti par ordre pour se retirer à Marine ; voila ce que j'ai appris. Assurez-vous au reste de l'amitié inviolable que je garderai à M. le maréchal de Bellefonds. Je ne me consolerai point du malheur que j'ai eu de le perdre. Je n'ose plus me flatter de l'espérance du retour, ni presque le désirer en l'état où je vois les choses. Je crois que vous pouvez envoyer ma lettre. Prions Dieu qu'il nous attache de plus en plus à lui seul. Je suis à vous de tout mon cœur en son saint amour.

LETTRE XVI.

BOSSUET AU MARÉCHAL DE BELLEFONDS (a).

A Saint-Germain-en-Laye, ce 25 avril 1672.

Je ne veux point vous représenter, Monsieur, combien je sens vivement la perte que je fais en vous perdant ; je ne songe qu'à vous regarder vous-même dans un état de douleur extrême, de vous être trouvé dans des conjonctures, où vous avez cru ne pouvoir vous empêcher de déplaire au Roi. Ce n'est pas une chose surprenante pour vous, d'être éloigné de la Cour et des emplois : votre cœur ne tenoit à rien en ce monde-ci qu'à la seule personne du Roi. Je vous plains d'autant plus dans le malheur, que vous avez eu de vous croire forcé de le fâcher. Que Dieu est profond et

---

(a) Bernard Gigault, marquis de Bellefonds, un des meilleurs généraux de son siècle, qui signala par une multitude de beaux exploits ses vertus militaires. Quoique revêtu de toutes les dignités qui peuvent illustrer un grand personnage, il fut encore plus distingué par sa religion et sa haute piété, que par les charges et les emplois qu'il remplit. Malgré son mérite, M. de Bellefonds éprouva deux disgraces, qu'il soutint aussi avec une grande constance. Son zèle pour le service du Roi et les intérêts de la France lui attira la première. Ce maréchal, qui commandoit sous M. de Créqui, s'aperçut que les ennemis étoient dans la position la plus favorable pour les combattre avantageusement : il en donna avis à son chef, en le pressant d'ordonner l'attaque ; mais M. de Créqui ne jugea pas à propos de déférer aux représentations de M. de Bellefonds. Ses instances réitérées n'ayant pas eu un meilleur succès, il crut, vu la circonstance, devoir s'élever au-dessus des règles ordinaires ; et en conséquence, pour ne pas perdre une si belle occasion, il attaqua l'ennemi avec le corps qu'il commandoit. L'affaire s'étant ainsi engagée, le reste de l'armée fut obligé de donner ; et les troupes du Roi remportèrent une victoire complète. Mais le maréchal de Créqui, piqué de la désobéissance de son inférieur, s'en plaignit en Cour ; et M. de Bellefonds fut exilé. Nous aurons lieu de faire connoître dans la suite des lettres que Bossuet lui a écrites, le sujet de sa seconde disgrace. (*Les éditeurs.*)

terrible dans les voies qu'il tient sur vous ! Il semble qu'il ne vous retient ici lorsque vous voulez quitter, qu'afin de vous en arracher par un coup soudain lorsqu'il paroît que vous y êtes le mieux. Regardez, Monsieur, avec les yeux de la foi la conduite de Dieu sur vous; adorez les dispositions de la Providence divine, impénétrables au sens humain : mettez entre ses mains et votre personne et votre famille. Quiconque espère en Dieu ne sera pas confondu à jamais. Je le prie d'être votre consolation et votre conseil, je vous offrirai sans cesse à lui.

Si vous voyez quelque petit endroit que ce soit par où je puisse vous être tant soit peu utile, ne m'épargnez pas. La Mère Agnès (*a*) me fera tenir vos lettres. J'étois à Paris contre mon ordinaire, quand la chose arriva, et je n'arrivai ici qu'après votre départ : cela me priva de la consolation de vous voir. On attend les réponses de M. le maréchal de Créqui. Je prie Dieu, encore une fois, qu'il conduise toute chose à votre salut éternel.

J. BÉNIGNE, anc. Ev. de Condom.

LETTRE XVII.

BOSSUET AU MARÉCHAL DE BELLEFONDS.

A Saint-Germain, ce 1ᵉʳ juin 1672.

J'ai fait de fréquentes et sérieuses réflexions sur les conduites de Dieu sur vous : elles sont profondes, et bien éloignées des pensées des hommes. J'ai fort considéré par quelles voies il vous avoit préparé de loin, et ensuite de plus près, à ce qui vous est arrivé. Enfin vous voyez sa main bien marquée : que reste-t-il autre chose que d'abandonner à sa bonté et vous et votre famille? Je loue la résolution où vous êtes d'attendre en patience ce que la patience disposera pour vous dégager avec vos créanciers. Vous avez pris les voies droites, malgré toute la prudence humaine qui s'y opposoit : la chose a tourné autrement, et vous voilà en état de ne pouvoir presque plus rien faire. Vous êtes donc par né-

---

(*a*) Prieure des Carmélites de Saint-Jacques : elle étoit sœur du maréchal de Bellefonds.

cessité dans une aveugle dépendance des ordres de Dieu : vous ne pouvez répondre à ses desseins qu'en vous abandonnant à lui seul. Confiez-vous à lui, Monsieur ; et voyez que tout est à vous, pourvu que vous marchiez avec foi et avec confiance. Dieu vous fait des graces infinies, de vous donner les sentimens qu'il vous donne.

Nous parlerons à fond, M. de Troisville (a) et moi, sur votre sujet ; et je vous ferai savoir toutes mes pensées. Tout ira bien, Monsieur ; car Dieu s'en mêle ; et par des coups imprévus, il veut renverser en vous tous les restes de l'esprit du monde, et vous arracher à vous-même. Voilà votre grand ouvrage et la seule chose nécessaire. Lisez l'Evangile, si vous me croyez ; et écoutez Dieu en le lisant. Il vous parlera au fond du cœur, et une lumière secrète de son Saint-Esprit vous conduira dans toutes vos voies. Je ne cesserai de vous offrir à la divine bonté ; et tout ce qui me viendra dans l'esprit pour vous, je le recueillerai avec soin pour vous. Ne m'oubliez pas devant Dieu ; et marchons ensemble en foi et en confiance dans la voie de l'éternité, chacun suivant la route qui lui est ouverte.

J'ai fait vos complimens à M. de Montausier, qui les a reçus comme il devoit, et qui est fort content de savoir que vous ayez reçu sa lettre.

LETTRE XVIII.

BOSSUET AU MARÉCHAL DE BELLEFONDS.

A Saint-Germain, ce 30 juin 1672.

Les miséricordes que Dieu vous fait sont inexplicables. Il vous apprend qu'il est le Souverain et le Fort qui renverse tout, et le Sage à qui cèdent tous les conseils : mais en même temps sa miséricorde et sa bonté se déclarent par-dessus tous ses autres ouvrages, comme disoit le Psalmiste : *Miserationes ejus super omnia opera ejus*[1]. Il vous a élevé aux yeux du monde : il vous

---

[1] *Psal.* CXLIV, 9.

(a) Henri-Joseph de Peyre, comte de Troisville, qu'on prononce Tréville, mort à Paris le 13 août 1708. (*Les édit.*)

a porté par terre ; il vous soutient par les sentimens qu'il vous inspire. Un esprit de justice, qui venoit de sa grace, vous avoit fait rompre avec le monde : il s'est alors contenté du sacrifice volontaire ; il n'a pas voulu l'effet par cette voie. Il falloit que votre dignité vous abattît, et qu'elle vous fît sentir que le monde est aussi amer dans ses dégoûts qu'il est vain et trompeur dans ses présens.

Mais voyez quelles eaux de miséricorde ! Il semble que vous n'aviez pas besoin de ces amertumes pour vous dégoûter du monde, dont le goût étoit comme éteint dans votre cœur ; mais Dieu n'a pas voulu qu'il pût revivre. Il vous a arraché aux occasions, qui font revenir ce goût du monde par l'endroit le plus sensible, c'est-à-dire par la gloire. Quelle campagne voyons-nous ? et combien est-on en danger d'être flatté, quand on a part à des choses aussi surprenantes que celles qu'on exécute ? Et cependant il n'y a rien qui soit plus vain devant Dieu, ni plus criminel, que l'homme qui se glorifie de mettre les hommes sous ses pieds : il arrive souvent dans de telles victoires, que la chute du victorieux est plus dangereuse que celle du vaincu.

Dieu châtie une orgueilleuse république, qui avoit mis une partie de sa liberté dans le mépris de la religion et de l'Eglise. Fasse sa bonté suprême que sa chute l'humilie. Fasse cette même bonté que la tête ne tourne pas à ceux dont il se sert pour la châtier. Tous les présens du monde sont malins, et font d'autant plus de mal à l'homme qu'ils lui donnent plus de plaisirs : mais le plus dangereux de tous, c'est la gloire ; et rien n'étourdit tant la voix de Dieu, qui parle au dedans, que le bruit des louanges, surtout lorsque ces louanges ayant apparemment un sujet réel, font trouver de la vérité dans les flatteries les plus excessives. Ô malheur ! ô malheur ! ô malheur ! Dieu veuille préserver d'un si grand mal notre maître et nos amis : priez pour eux tous dans la retraite où Dieu vous a mis.

Considérez ceux qui périssent, considérez ceux qui restent : tout vous instruit, tout vous parle. On parleroit de vous à présent par toute la terre ; peut-être en parleriez-vous vous-même à vous-même. Qu'il vaut bien mieux écouter Dieu en silence, et s'oublier soi-même en pensant à lui! Je souhaite que cet oubli aille jusqu'au point de vous reposer sur lui de toutes choses; et je le loue de la résolution qu'il vous donne, d'attendre en patience que sa volonté se déclare. Il le fera sans doute; il préparera secrètement toutes choses pour vous dégager. Je l'en prie de tout mon cœur; et qu'il vous conduise par les voies qu'il sait à la sainte simplicité, qui seule est capable de lui plaire.

M. de Troisville m'a promis de venir passer ici quelques jours, avant que de vous aller voir. Vous ferez la plus grande partie de notre entretien : il sera ici plus solitaire qu'à l'*Institution*[1]. Priez pour moi, je vous en conjure, et croyez que je ne vous oublie pas.

LETTRE XIX.

BOSSUET A M. DIROIS, DOCTEUR DE SORBONNE.

A Versailles, ce 8 septembre 1672.

J'ai su par M. le curé de Saint-Jacques-du-Haut-Pas, ce que vous lui avez écrit touchant l'impression de mon livre, que Monseigneur le cardinal Sigismond Chigi a dessein de faire faire à Rome (a), et je vous suis fort obligé des soins que vous offrez pour avancer cet ouvrage. Cela sera de très-grande conséquence pour les huguenots de ce pays, qui n'ont presque point d'autre réponse à la bouche, sinon que Rome est fort éloignée des sentimens que j'expose. Ils ont une si mauvaise et si fausse idée de l'Eglise romaine et du saint Siége, qu'ils ne peuvent se persuader que la vérité y soit approuvée : rien par conséquent ne peut leur être plus utile, que de leur faire voir qu'elle y paroît avec toutes les marques de l'approbation publique.

J'accepte donc, Monsieur, les soins que vous m'offrez pour cette édition, à laquelle je me promets que vous vous appliquerez d'autant plus volontiers, qu'outre l'amitié que vous m'avez toujours

---

[1] L'Institution des Pères de l'Oratoire, où M. de Troisville s'étoit retiré.

(a) M. Dirois se trouvoit à Rome, où l'on devoit traduire en françois l'*Exposition de la Doctrine catholique*.

témoignée, vous y serez encore engagé par l'utilité de toute l'Eglise.

Il faut prendre garde à deux choses : la première, que la version italienne soit exacte ; et pour cela il est nécessaire qu'un théologien françois s'en mêle, parce qu'il faut joindre les lumières de la science à la connoissance de la langue, pour rendre toute la force des paroles. Personne ne peut mieux faire cela que vous. M. de Blancey, à qui Monseigneur le cardinal Sigismond s'est ouvert de son dessein, et à qui même il a confié une lettre du révérendissime Père Maître du sacré Palais sur le sujet de ce livre, pour me l'envoyer, m'écrit que Monseigneur le cardinal d'Estrées lui a dit qu'il vouloit bien prendre la peine de revoir lui-même la traduction. Il n'est pas juste que Son Eminence ait toute cette fatigue parmi tant d'occupations : mais j'espère qu'elle voudra bien que vous lui fassiez rapport des endroits importans, afin que cette justesse d'expression et cette solidité de jugement qui est son véritable caractère, donne à cette version toute l'exactitude que désire l'importance de la matière. La lettre du révérendissime Père Maître du sacré Palais n'est pas moins judicieuse qu'elle est nette et précise pour l'approbation : elle porte expressément qu'il donnera toutes les facultés nécessaires pour l'impression, sans changer une seule parole dans mon *Exposition*. Cela est absolument nécessaire ; car autrement on confirmeroit ce que disent les huguenots touchant la diversité de nos sentimens avec Rome, et l'on détruiroit tout le fruit de mon ouvrage.

J'espère qu'il en fera de plus en plus de très-grands, si cette édition se fait dans l'imprimerie la plus autorisée, comme s'il se peut dans celle de la Chambre apostolique, si elle se fait avec soin et d'une manière qui marque qu'on affectionne l'ouvrage, enfin si elle paroît avec les approbations nécessaires de la manière la plus authentique ; et c'est la seconde chose que j'avois à désirer.

Je vous supplie de conférer de ces choses avec M. de Blancey, avec lequel vous pourrez voir Monseigneur le cardinal Sigismond, et savoir ses volontés. Je vous prie surtout de demander de ma part à Monseigneur le cardinal d'Estrées, la grace qu'il veuille bien être consulté sur ce qui sera à faire pour le mieux, et de lui déclarer que je lui soumets tout avec un entier abandonnement ; assuré non-seulement de sa capacité, mais encore des bontés dont il m'honore. Je vous prie de m'avertir de ce qui se passera, et de croire que je conserve l'estime qui est due à votre mérite, avec la reconnoissance que je dois à votre amitié. Je suis etc.

LETTRE XX.

BOSSUET AU MARÉCHAL DE BELLEFONDS.

A Versailles, ce 19 septembre 1672.

Je commencerai ma réponse par où vous avez commencé votre lettre du 28 août. Je ne m'attends à aucune conjouissance sur les fortunes du monde, de ceux à qui Dieu a ouvert les yeux pour en découvrir la vanité. L'abbaye que le Roi m'a donnée me tire d'un embarras et d'un soin qui ne peut pas compatir longtemps avec les pensées que je suis obligé d'avoir. N'ayez pas peur que j'augmente mondainement ma dépense : la table ne convient ni à mon état ni à mon humeur. Mes parens ne profiteront point du bien de l'Eglise. Je paierai mes dettes, le plus tôt que je pourrai : elles sont pour la plupart contractées pour des dépenses nécessaires, même dans l'ordre ecclésiastique ; ce sont des bulles, des ornemens et autres choses de cette nature.

Pour ce qui est des bénéfices, assurément ils sont destinés pour ceux qui servent l'Eglise. Quand je n'aurai que ce qu'il faut pour soutenir mon état, je ne sais si je dois en avoir du scrupule : je ne veux pas aller au delà ; et Dieu sait que je ne songe point à m'élever. Quand j'aurai achevé mon service ici, je suis prêt à me retirer sans peine, et à travailler aussi, si Dieu m'y appelle. Quant à ce nécessaire pour soutenir son état, il est malaisé de le déterminer ici fort précisément, à cause des dépenses imprévues. Je n'ai que je sache aucun attachement aux richesses : et je puis peut-être me passer de beaucoup de commodités : mais je ne me sens pas encore assez habile pour trouver tout le nécessaire, si je n'avois précisément que le nécessaire ; et je perdrois plus de la

moitié de mon esprit, si j'étois à l'étroit dans mon domestique.
L'expérience me fera connoître de quoi je me puis passer : alors
je prendrai mes résolutions, et je tâcherai de n'aller pas au jugement de Dieu avec une question problématique sur ma conscience.

Je vous serai fort obligé de m'écrire souvent de la manière que vous avez fait. Ce n'étoit pas une chose possible de me tirer d'affaire par les moyens dont vous me parlez. Je tâcherai qu'à la fin tout l'ordre de ma conduite tourne à édification pour l'Eglise. Je sais qu'on y a blâmé certaines choses, sans lesquelles je vois tous les jours que je n'aurois fait aucun bien. J'aime la régularité; mais il y a de certains états où il est fort malaisé de la garder si étroite. Si un certain fond de bonne intention domine dans les cœurs, tôt ou tard il y paroît dans la vie; on ne peut pas tout faire d'abord. Nous avons souvent parlé de ces choses, M. de Grenoble (*a*) et moi; nous sommes assez convenus des maximes. Je prie Dieu qu'il me fasse la grace d'imiter sa sainte conduite.

Je me réjouis avec vous et avec M. de Troisville de ce que vous serez tous deux ensemble : je vous porte souvent devant Dieu tous les deux. Consolez-vous ensemble, avec l'Ecriture, de toutes les misères de ce lieu d'exil. Vous ne pouvez suivre une meilleure conduite que celle de M. de Grenoble : je veux bien venir en second; je veux dire pour les lumières, mais non pour l'affection.

Le livre qu'on a écrit contre moi servira considérablement à notre cause. Je répondrai quelque chose, non pour faire des contredits, mais pour aider nos frères à ouvrir les yeux. Hélas, que les hommes les ont fermés ! J'ai peur que l'habitude de voir des aveugles et des endurcis, ne fasse qu'on perde quelque chose de l'horreur et de la crainte d'un si grand mal. Quelles glaces et quelles ténèbres ! On n'a ni oreilles, ni yeux, ni cœur, ni esprit, ni raison pour Dieu. Sauvez-nous, sauvez-nous, Seigneur; car les eaux ont passé par-dessus nos têtes, et pénètrent jusqu'à nos entrailles. Je laisse aller ma main où elle veut; et mon cœur ce-

---

(*a*) Etienne Le Camus, évêque de Grenoble en 1671, depuis cardinal, mort en 1707.

pendant s'épanche en admirant les miséricordes que Dieu vous a faites, en des manières si différentes, à vous et à M. de Troisville.

J'interromps, pour vous prier de lui dire que j'ai fait ses remercîmens au Roi, qui les a bien reçus. Il me demanda s'il étoit bien affermi : je lui dis que je le voyois fort désireux de son salut, et y travailler avec soin; que les graces que Dieu lui faisoit étoient grandes. Il s'enquit qui l'avoit converti; je répliquai : Une profonde considération sur les misères du monde, et sur ses vanités souvent repassées dans l'esprit. J'ajoutai que m'ayant communiqué son dessein, j'avois tâché de l'affermir dans de si bonnes pensées.

Il faut que je vous dise un mot de Mgr le Dauphin. Je vois, ce me semble, en lui des commencemens de grandes graces, une simplicité, une droiture et un principe de bonté; parmi ses rapidités une attention aux mystères, je ne sais quoi qui se jette au milieu des distractions pour le rappeler à Dieu. Vous seriez ravi si je vous disois les questions qu'il me fait, et le désir qu'il me fait paroître de bien servir Dieu. Mais le monde, le monde, le monde, les plaisirs, les mauvais conseils, les mauvais exemples ! Sauvez-nous, Seigneur, sauvez-nous; j'espère en votre bonté et en votre grace : vous avez bien préservé les enfans de la fournaise; mais vous envoyâtes votre ange : et moi, hélas ! qui suis-je ! Humilité, tremblement, enfoncement dans son néant propre, confiance, persévérance, travail assidu, patience. Abandonnons-nous à Dieu sans réserve, et tâchons de vivre selon l'Evangile. Ecoutons sans cesse cette parole : « Or il n'y a qu'une chose qui soit nécessaire : » *Porrò unum est necessarium*[1].

Je ne demande pas mieux que d'entretenir à fond Madame de Schomberg. Tôt ou tard mon petit ouvrage (a) servira aux huguenots : la contradiction de deçà, et l'approbation incroyable qu'il reçoit à Rome, me font comme voir d'un côté le diable qui le traverse, et de l'autre Dieu qui le soutient.

Je ne finirois pas si je ne me retenois. Je ne parle point ici; il

---
[1] *Luc.*, x, 42.
(a) *L'Exposition de la Foi catholique.*

faut donc bien que j'écrive, et que j'écrive, et que j'écrive. Hé! ne voilà-t-il pas un beau style pour un si grand prédicateur? Riez de ma simplicité et de mon enfance, qui cherche encore des jeux. J'embrasse M. de Troisville. On me reproche tous les jours que je le laisse à l'abandon à ces Messieurs : je soutiens toujours qu'il est de mon parti, et sérieusement. Quand sa théologie sera parvenue jusqu'à examiner les questions de la grace, je lui demande une heure ou deux d'audience, et en attendant une grande suspension de jugement et de pensées. Priez pour mon enfant et pour moi.

LETTRE XXI.

BOSSUET A M. DIROIS, DOCTEUR DE SORBONNE

A Versailles, ce 17 novembre 1672.

Il y a déjà fort longtemps que je me suis donné l'honneur de vous écrire une grande lettre, au sujet d'une des vôtres que M. le curé de Saint-Jacques-du-Haut-Pas me fit voir. Vous y parliez d'un dessein qu'on avoit à Rome, de faire traduire mon *Exposition* et ensuite de l'y imprimer. Je reçus en même temps une lettre de M. de Blancey, qui me mandoit ce que Monseigneur le cardinal Sigismond Chigi lui avoit dit sur ce sujet, qui étoit que Son Eminence vouloit bien avoir la bonté de faire travailler à cette traduction et à cette impression. Il m'envoya même une lettre du révérendissime Père Maître du sacré Palais, écrite à ce cardinal, qui contenoit une approbation très-authentique de la doctrine toute saine de ce livre, dans lequel il n'y avoit pas ombre de difficulté, et offroit toutes les permissions nécessaires pour l'imprimer sans y changer une seule parole. Voilà les propres termes de la lettre, qui est écrite d'une manière à me faire voir que ce Père est très-savant et d'un jugement très-solide. Sur cela je crus être obligé de faire un compliment à cet illustre cardinal, tant sur une lettre très-obligeante pour moi, que je vis entre les mains de M. l'abbé de Dangeau, que sur la lettre du Maître du sacré Palais, dont Son Eminence avoit bien voulu charger M. de Blancey pour me l'envoyer. Cette lettre, avec celle que je vous écrivois, Monsieur, fut mise dans un paquet que j'adressois à M. de Blancey, que je priois aussi de faire mes complimens au révérendissime Père Maître du sacré Palais. Soit que M. de Blancey soit parti de Rome, ou que le paquet ait été perdu, je n'en ai aucune réponse, quoique j'eusse même supplié M. l'abbé d'Estrées de vous faire prier de ma part d'ouvrir le paquet, en cas que M. de Blancey ne fût plus à Rome.

Je m'adresse donc à vous, Monsieur, sur la confiance de notre amitié, pour savoir où en est cette affaire, et pour vous prier de la suivre. Elle est de conséquence en quelque sorte pour moi, puisqu'il me sera sans doute fort avantageux que mon livre soit approuvé à Rome, et que j'en aie cette marque publique : mais cela est beaucoup plus avantageux pour l'Eglise, puisque les huguenots ont paru touchés de cette *Exposition*, et n'ont rien tant fait valoir entre eux que le mauvais succès qu'elle avoit à Rome. Ils ont imprimé qu'elle y étoit improuvée ; et si on leur ferme la bouche par quelque marque authentique, il y a sujet d'espérer que Dieu bénira ce petit ouvrage.

Je vous supplie donc, Monsieur, de vouloir avancer ce projet. Prenez, s'il vous plaît, la peine d'en entretenir de ma part Monseigneur le cardinal d'Estrées, et de faire mes complimens tant à Monseigneur le cardinal Sigismond, à qui je m'étois donné l'honneur de rendre mes très-humbles respects par la lettre dont je vous ai déjà parlé, qu'au Père Maître du sacré Palais. Je vous demande encore la grace de jeter l'œil sur quelque traducteur habile, et d'examiner la traduction avec soin. Vous jugez bien, Monsieur, que si elle n'est fidèle, et si elle ne se fait pas de la manière que marque le révérendissime Père Maître du sacré Palais : *Senza mutarne pure una parola*, ce sont ses termes, on dira que Rome m'aura corrigé ; et au lieu de faire du bien, on nuiroit à l'ouvrage. Mais comme la chose est fort importante, je ne puis aussi la confier à une personne plus capable que vous. Si vous jugez à propos que je fasse un présent à celui qui prendra la peine de traduire, et que je fasse donner quelque chose aux imprimeurs, vous pouvez vous assurer que tout ce que vous trouverez à propos que je fasse sera très-honnêtement exécuté.

Voilà, Monsieur, ce qui me vient dans l'esprit touchant cette affaire : vous suppléerez le reste, s'il vous plaît, et ferez en sorte que la chose s'exécute de la manière la plus honorable et la plus prompte : c'est tout dire à un homme aussi bien intentionné que vous. Il ne me reste qu'à vous assurer de l'obligation que je vous aurai de prendre ce soin, et que je suis de tout mon cœur, etc.

P. S. En la page 87 de l'*Exposition*, dans quelques-uns des exemplaires qui ont été débités, il est resté une faute que les libraires avoient négligé de corriger, et qu'on avoit laissée passer par mégarde.

En la quatrième ligne, en remontant du bas en haut, au lieu de ces mots : *Ou de faire que la vie soit conservée au fils du Centurion, en disant : Ton fils est vivant*, il faut mettre : *Ou de faire que la vie soit conservée à un jeune homme, en disant à son père :* etc. C'est ainsi qu'il avoit été corrigé : mais la faute a passé dans quelques-uns des exemplaires ; et se trouvera apparemment dans ceux qui vous ont été envoyés, parce qu'ils sont des premiers. Je vous prie dans la version de faire suivre la correction.

LETTRE XXII.

BOSSUET A M. DIROIS, DOCTEUR DE SORBONNE.

A Versailles, ce 20 novembre 1672.

J'ai reçu par M. le curé de Saint-Jacques-du-Haut-Pas, votre lettre du 24 octobre : celle que je me suis donné l'honneur de vous écrire par l'ordinaire de vendredi, vous instruira à fond de mes intentions. Il n'y a plus après cela qu'à vous laisser faire comme vous avez commencé, puisque vous entrez si bien dans l'affaire.

Je n'ai point encore de réponse du paquet de M. de Blancey, où je croyois avoir mis ma lettre pour vous, dont j'ai reçu la réponse.

L'oraison funèbre de Madame la princesse de Conti (*a*) est en

---

(*a*) Anne-Marie Martinozzi, nièce du cardinal Mazarin, mariée à Armand de Bourbon, prince de Conti. Elle mourut à Paris, le 4 février 1672, n'étant âgée

effet une pièce pleine de piété et d'éloquence : elle a été fort estimée, et je sais que l'illustre prélat qui l'a faite sera très-aise qu'elle soit approuvée en votre Cour. Puisque vous désirez avoir celle que j'ai faite pour Madame, j'en envoie quelques exemplaires pour vous à M. le curé de Saint-Jacques. Vous verrez qu'on a imprimé ensemble celles de la mère et de la fille. Vous me ferez grand plaisir de les présenter de ma part à Monseigneur le cardinal Sigismond, et au révérendissime Père Maître du sacré Palais. Si vous jugez que le présent en soit agréable à quelques autres, vous le pourrez faire même en mon nom; je remets cela à votre prudence.

J'ose vous demander encore vos soins pour notre version. Si vous jugez, quand les choses seront résolues, que je doive faire quelque présent de livres, ou autre chose semblable, au traducteur, et quelque honnêteté aux imprimeurs pour les encourager à bien faire, vous me le manderez, s'il vous plaît; et je pense vous l'avoir déjà dit par ma précédente. Il ne me reste qu'à vous dire que M. l'abbé de Montagu a fait une version angloise de mon *Exposition*, qui est déjà imprimée : vous pouvez le dire au Père Irlandois, dont vous me parlez. Pour la latine, on y a déjà travaillé ici : je la reverrai, et nous en parlerons quand l'italienne sera faite.

Je trouve fort à propos de mettre les passages de l'Ecriture en latin. Mais en use-t-on de la même manière de ceux qu'on mêle dans le discours, et de ceux qu'on cite expressément, je vous le laisse à décider selon l'usage du pays : mais surtout, l'exactitude dans la version. Je suis, etc.

que de trente-cinq ans, et fut enterrée à Saint-André-des-Arcs, sa paroisse, où l'on fit pour elle un très-grand service le 26 avril suivant. M. de Roquette, évêque d'Autun, prononça l'oraison funèbre dont Bossuet parle dans cette lettre. (*Les édit.*)

LETTRE XXIII.

BOSSUET A M. DIROIS, DOCTEUR DE SORBONNE.

A Saint-Germain, ce 12 janvier 1673.

J'ai reçu vos deux dernières lettres de Rome, et je crois devoir me conformer à ce que vous proposez dans la dernière, du 19 décembre. Je suis donc d'avis, Monsieur, que la version irlandoise se fasse de la manière que vous me marquez.

Pour la latine, je conviens avec vous que l'autorité en sera plus grande quand elle se fera à Rome et par une personne considérable, qui n'y aura autre intérêt que le commun : ainsi si celui que vous me nommez (a) est disposé à la faire (b), rien ne peut être mieux, pourvu, Monsieur, que vous y repassiez avec la même exactitude que vous faites la version italienne : car, vous le savez, tous les mots, en matière de cette nature, sont à peser.

Je vous supplie de faire mes remercîmens à Monseigneur le cardinal d'Estrées et à M. l'abbé de Sanctis : vous pouvez l'assurer de mes services en toute occasion, et que je ferai sa cour à Sa Majesté à la première occasion, en lui disant sa reconnoissance. Le Roi ne sera pas fâché que ce soit lui qui fasse cette version. Du reste je n'ai rien à ajouter, que les assurances de l'amitié et de l'estime particulière avec laquelle je suis, etc.

LETTRE XXIV.

BOSSUET A M. DIROIS, DOCTEUR DE SORBONNE.

A Saint-Germain, ce 26 avril 1673.

Vous avez raison de croire que je suis sensiblement touché de la manière dont le *gratis* de l'abbaye de Saint-Lucien de Beau-

---

(a) M. l'abbé de Sanctis. — (b) On ignore si cette traduction latine a été composée, du moins n'a-t-elle pas été publiée : celle que nous avons est l'ouvrage de M. l'abbé Fleury, auteur de l'*Histoire ecclésiastique.* (*Les édit.*)

vais m'a été accordé par le sacré Collége. La promptitude, la facilité, le concours sont d'agréables circonstances de cette grace ; et les bontés de leurs Eminences, si obligeamment déclarées, y mettent le comble. Je dois tout à M. l'ambassadeur et à Monseigneur le cardinal d'Estrées : ce sont de véritables amis ; et ceux qu'ils honorent de leur amitié leur doivent bien souhaiter une continuelle augmentation de crédit, puisqu'ils s'en servent si obligeamment pour leurs serviteurs.

Je n'ai rien à ajouter à ma précédente touchant le livre de l'*Exposition* : je vous remercie toujours de vos soins que je vous prie de continuer, et de me croire, etc.

LETTRE XXV.

BOSSUET AU MARÉCHAL DE BELLEFONDS.

A Saint-Germain, ce 7 juillet 1673.

Dieu vous tient par la main au dehors, et il vous change puissamment et insensiblement au dedans. Laissez-vous conduire, laissez-vous abattre ; apprenez à renaître et à vous oublier tous les jours vous-même. Tout le monde est plein de tentations et d'instructions : ses attraits engagent les uns, ses bizarreries éclairent les autres. Le chrétien se voit au milieu de tout ; et s'il se tourne à Dieu, tout lui tourne à bien. Les chutes, les aveuglemens, les vanités, les bassesses, les fausses hauteurs qui l'environnent, le réveillent en lui-même. Tout l'étonne, et rien ne l'étonne : il s'attend à tout, de peur d'être surpris au dépourvu ; et ne se fonde sur rien que sur Dieu, de peur qu'un appui indigne de lui n'ébranle sa fermeté.

J'ai eu une singulière et extraordinaire consolation de tenir ici quelques jours M. de Troisville. Je trouve que tout va bien, excepté qu'il s'est laissé emporter par le désir de savoir plus tôt qu'il ne falloit, et il a fait bien des pas dont il aura peine à revenir ; cela soit dit entre nous. Je lui ai parlé sincèrement et bonnement : j'espère qu'il reviendra, et je le suivrai de près. Dieu veuille bénir mes desseins : ils sont bons ; mais mes péchés sont un grand obstacle au succès : je lui demande continuellement pour vous sa sainte grace.

Monseigneur le Dauphin se fait tous les jours fort joli : j'espère que le Roi et la Reine le trouveront fort avancé à leur retour. Nous sommes fort en inquiétude de la santé de la Reine.

LETTRE XXVI.

BOSSUET AU MARÉCHAL DE BELLEFONDS.

A Saint-Germain, ce 25 décembre 1673.

Ne laissez pas, s'il vous plaît, finir l'année sans me donner de vos nouvelles; j'ai un extrême désir d'en apprendre. J'ai vu plusieurs fois depuis votre départ Madame la duchesse de la Vallière; je la trouve dans de très-bonnes dispositions, qui à ce que j'espère, auront leur effet. Un naturel un peu plus fort que le sien auroit déjà fait plus de pas; mais il ne faut point l'engager à plus qu'elle ne pourroit soutenir : c'est pourquoi ayant vu qu'on souhaitoit avec ardeur du retardement à l'exécution de son dessein, jusqu'au départ de la Cour; et que peut-être on pourroit employer l'autorité à quelque chose de plus, si on rompoit subitement : j'ai été assez d'avis qu'on assurât le principal, et qu'on rompît peu à peu des liens qu'une main plus forte que la sienne auroit brisés tout à coup. Ce qui me paroit de très-bon en elle, c'est qu'elle n'est effrayée d'aucunes des circonstances de la condition qu'elle a résolu d'embrasser, et que son dessein s'affermit de jour en jour. Je fais ce que je puis pour entretenir de si saintes dispositions; et si je trouve quelque occasion d'avancer les choses, je ne la manquerai pas.

Du reste tout va ici à l'ordinaire. M. de Turenne y est arrivé avec une grande augmentation d'embonpoint : il est fort content du Roi, et le Roi de lui. Mme la duchesse de la Vallière m'a obligé de traiter le chapitre de sa vocation avec Mme de Montespan. J'ai dit ce que je devois; et j'ai autant que j'ai pu, fait connoître le tort qu'on auroit de la troubler dans ses bons desseins. On ne se soucie pas beaucoup de la retraite : mais il semble que les Carmélites font peur. On a couvert autant qu'on a pu cette résolution d'un grand ridicule : j'espère que la suite en fera prendre d'autres idées. Le Roi a bien su qu'on m'avoit parlé ; et Sa Majesté ne m'en ayant rien dit, je suis aussi demeuré jusqu'ici dans le silence. Je conseille fort à Madame la Duchesse de vider ses affaires au plus tôt. Elle a beaucoup de peine à parler au Roi, et remet de jour en jour. M. Colbert à qui elle s'est adressée pour le temporel, ne la tirera d'affaire que fort lentement, si elle n'agit avec un peu plus de vigueur qu'elle n'a accoutumé.

Vivez avec Dieu et sous ses yeux ; que l'action du dehors laisse, s'il se peut, le repos au dedans : prenez garde de revivre, et songez où est la véritable vie. Je prie Dieu qu'il vous protége et qu'il vous dirige.

LETTRE XXVII.

BOSSUET AU MARÉCHAL DE BELLEFONDS

A Saint-Germain, ce 27 janvier 1674.

J'ai reçu votre lettre, et j'ai rendu moi-même à Madame la Duchesse la lettre que vous m'avez adressée pour elle. Le monde lui fait de grandes traverses, et Dieu de grandes miséricordes : j'espère qu'il l'emportera, et que nous la verrons un jour dans un haut degré de sainteté. C'est de sa chambre que je vous écris. Elle m'a fait voir votre lettre, où j'ai vu des traits puissans de M. de Grenoble.

Hélas ! quand réparerons-nous le mal que nous faisons et que nous faisons faire ? Toutes nos paroles et tous nos regards sont féconds en maux, et les répandent de tous côtés : aux uns nous causons du chagrin ; nous portons les autres à aimer le monde. Nous témoignons ou des attachemens foibles, ou des dégoûts dédaigneux : nous n'avons rien de mesuré, parce que nous n'avons pas en nous la charité qui règle tout : et notre déréglement dérègle les autres. Nous inspirons insensiblement ce que nous sentons en nous-mêmes ; et nous paroissons en tout nous aimer si fort, que nous poussons par là tous les autres à s'aimer eux-mêmes. Voilà ce qui s'appelle la contagion du siècle ; car il y a une corruption qu'on fait dans les autres de dessein : celle-là est fort grossière, et se peut aisément apercevoir. Mais cette autre sorte de corruption que nous inspirons sans y penser, qui se communique en nous voyant faire les uns les autres, qui se répand par l'air du visage et jusque par le son de la voix : c'est celle-là plus que toutes les autres, qui doit nous faire écrier souvent : « Ah ! qui connoît les péchés ? Pardonnez-moi, Seigneur, mes fautes cachées, et celles que je fais commettre aux autres[1]. » Jusqu'à ce que la vérité règne en nous, le mensonge et la vanité sortent de nous de toutes parts pour infecter tout ce qui nous environne.

Je crois que parmi le tumulte où vous êtes, vous êtes encore plus loin de cette corruption qu'on n'est ici. L'action nous fait un peu sortir de nous-mêmes ; mais que nous y rentrons bien vite, et que nous nous y enfonçons bien avant ! Cependant c'est s'abîmer dans la mort, que de se chercher soi-même : sortir de soi-même pour aller à Dieu, c'est la vie.

Je suis en peine du paquet dont vous me parlez, où il y avoit une lettre pour Madame la Duchesse : informez-vous en, s'il vous plaît ; car je n'ai rien reçu du tout. Madame, qui nous voit écrire, vous fait de grands baise-mains : elle se plaint, ou plutôt elle est affligée de ce qu'elle n'entend point parler de vous, quoiqu'elle vous ait fait faire des recommandations de toutes parts.

LETTRE XXVIII.

BOSSUET AU MARÉCHAL DE BELLEFONDS

A Versailles, ce 8 février 1674.

J'ai rendu vos lettres à Madame la duchesse de la Vallière ; il me semble qu'elles font un bon effet. Elle est toujours dans les mêmes dispositions ; et il me semble qu'elle avance un peu ses affaires à sa manière, doucement et lentement. Mais, si je ne

[1] *Psal.* XVIII, 13, 14.

me trompe, la force de Dieu soutient intérieurement son action ; et la droiture qui me paroît dans son cœur entraînera tout.

Pour vous, Monsieur, que vous dirai-je ? J'ai été touché des sentimens que Dieu vous inspire. Mais quoiqu'il soit rare de bien penser sur les choses de piété qu'on ne veut guère toute pure, il est encore beaucoup plus rare et plus difficile de bien faire : mais surtout comment trouver ce repos et cette consistance d'ame dans le mouvement et dans les affaires, puisqu'il est vrai qu'elles ont cela de malin qu'elles font perdre la vue de Dieu ? Je conçois un état que je ne puis presque exprimer : je le vois de loin pour la pratique, bien que j'en sente la vérité dans la spéculation. Une ame qui se sent n'être rien, et qui est contente de son néant, en sort néanmoins par un ordre qu'elle a sujet de croire émané de Dieu : elle se prête à l'action par obéissance, et soupire intérieurement après le repos, où elle goûte Dieu et sa vérité sans distraction. Cependant respectant son ordre, elle agit au dehors sans goût de son action, ni de son emploi, ni d'elle-même ; prête à agir, prête à n'agir pas ; agissant néanmoins avec vigueur, parce que c'est l'ordre de Dieu qu'on ne fasse rien mollement ; et elle aime l'ordre de Dieu, qui l'anime de telle sorte qu'elle entreprend et exécute tout ce qu'il faut, non point comme autrefois pour contenter le monde ou pour se contenter elle-même, mais pour remplir un devoir imposé d'en haut. Car pour cette ame, elle veut bien n'être rien à ses yeux et aux yeux du monde, pourvu que Dieu la regarde. Ecoutez la sainte Vierge avec quelle joie elle dit : « Il a regardé la bassesse de sa servante [1]. » Ainsi cette ame, que je tâche ici de représenter, simple, craignant de sortir de son rien par empressement, pour être ou paroître quelque chose au monde ou à elle-même, ne veut rien être que devant Dieu, et n'agit qu'autant qu'il veut. Elle se fait un trésor de ce qu'il y a de rebutant dans tous les emplois, afin de mieux voir le néant de tout : et elle voit encore un plus grand néant pour ceux qui ne trouvent plus de pareils rebuts, parce qu'ils sont plus enchantés, plus déçus, en un mot plus épris d'une illusion et plus attachés à une ombre.

[1] *Luc.*, I, 48.

Je dis beaucoup de paroles, parce que je ne suis pas encore au fond que je cherche : il ne faudroit qu'un seul mot pour expliquer ; et au défaut des paroles humaines, il faut seulement considérer la parole incarnée, Jésus-Christ trente ans caché, trente ans charpentier, trente ans en apparence inutile, mais en effet très-utile au monde, à qui il fait voir que le réel est de n'être que pour Dieu. Il sort de ce néant quand Dieu le veut : mais quoique occupé autour de la créature, c'est Dieu qu'il y cherche, c'est Dieu qu'il y trouve. Heureuse l'ame qui entend ce repos et cette action d'un Dieu, et qui sait trouver en l'un et en l'autre le fond de vérité qui en fait voir la sainteté ! Que l'action est tranquille, que l'action est réglée, que l'action est pure et innocente quand elle sort de ce fond ! mais tout ensemble qu'elle est efficace, parce qu'animée par le seul devoir, ni elle ne se ralentit par des jalousies ou des mécontentemens, ni elle ne se continue et s'épuise par des empressemens précipités ! La vérité y est en tout ; on ne donne rien au théâtre ni à l'apparence. Si le monde s'y trompe, tant pis pour le monde : tout va bien si Dieu est content ; et il est aisé à contenter, puisqu'il commence à être content d'abord qu'on a du regret de ne l'avoir pas contenté.

Plaise à celui dont je tâche d'exprimer la vérité simple par tant de paroles, faire qu'il y en ait quelqu'une dans un si grand nombre, qui aille trouver au fond de votre cœur le principe secret que je cherche. Il est en nous dans le fond de notre raison ; il est en nous par la foi et par la grace du christianisme. Notre raison n'est raison qu'en tant qu'elle est soumise à Dieu : mais la foi lui apprend à s'y soumettre, et pour penser, et pour agir ; c'est la vie.

J'ai fait vos complimens à Madame..... Elle est meilleure que le monde ne la croit, et pas si bonne qu'elle se croit elle-même : car elle prend encore un peu la volonté d'être vertueuse pour la vertu même, qui est une illusion dangereuse de ceux qui commencent. Nous ne lui parlons jamais de vos lettres ; nous craignons trop les échos fréquens.

Priez pour moi, je vous en conjure. Au reste une fois pour toutes, ne me parlez jamais de mon innocence, et ne traitez pas de cette sorte le plus indigne de tous les pécheurs : je vous parle ainsi de bonne foi, par la seule crainte que j'ai d'ajouter l'hypocrisie à mes autres maux.

LETTRE XXIX.

BOSSUET AU MARÉCHAL DE BELLEFONDS.

A Versailles, ce 3 mars 1674

Je vous ai gardé longtemps une réponse de moi, avec deux lettres de Madame la duchesse de la Vallière, que je prétendois donner à M. Desvaux, et que j'ai à la fin données à la Mère Agnès. Il ne m'a pas été malaisé de faire agréer à Madame de la Vallière les lettres que vous lui écrivez; elle les reçoit avec une grande joie, et en est touchée. Il me semble que sans qu'elle fasse aucun mouvement, ses affaires s'avancent. Dieu ne la quitte point, et sans violence il rompt ses liens. Elle ne parle pourtant point pour finir ses affaires : mais j'espère qu'elles se feront, et que sa grande affaire s'achèvera; du moins la vois-je toujours très-bien disposée.

Que Dieu est grand et saint! et qu'on doit trembler quand on n'est pas fidèle à sa grace! Qu'il aime la simplicité d'un cœur qui se fie en lui, et qui a horreur de soi-même! car il faut aller jusqu'à l'horreur, quand on se connoît. Nous ne pouvons souffrir le faux ni le travers de tant d'esprits : considérons le nôtre; nous nous trouverons gâtés dans le principe. Nous ne cherchons ni la raison ni le vrai en rien : mais après que nous avons choisi quelque chose par notre humeur, ou plutôt que nous nous y sommes laissé entraîner, nous trouvons des raisons pour appuyer notre choix. Nous voulons nous persuader que nous faisons par modération ce que nous faisons par paresse. Nous appelons souvent retenue ce qui en effet est timidité, ou courage ce qui est orgueil et présomption, ou prudence et circonspection ce qui n'est qu'une basse complaisance. Enfin nous ne songeons point à avoir véritablement une vertu; mais ou à faire paroître aux autres que nous l'avons, ou à nous le persuader à nous-mêmes. Lequel est le pis des deux? Je ne sais; car les autres sont encore plus difficiles à contenter que nous-mêmes, et nous n'allons guère avant quand il n'y a que nous à tromper. Nous en avons trop bon marché; et l'hypocrisie qui veut contenter les autres, se trouve obligée de prendre beaucoup plus sur soi. Cependant c'est là notre but; et pourvu que par quelques pratiques superficielles de vertu, nous puissions nous amuser nous-mêmes en nous disant : Je fais bien, nous voilà contens. Nous ne songeons pas que si nous faisions quelque chose par vertu, ce même motif nous feroit tout faire; au lieu que ne prenant dans la vertu que ce qui nous plaît, et laissant le reste qui ne s'accommode pas si bien à notre humeur, nous montrons que c'est notre humeur, et non la vertu, que nous suivons. Comment donc soutiendrons-nous les yeux de Dieu? et le faux qui paroît en tout dans notre conduite, comment subsistera-t-il dans le règne de la vérité?

Je tremble, dans la vérité, jusque dans la moelle des os, quand je considère le peu de fond que je trouve en moi : cet examen me fait peur; et cependant sorti de là, si quelqu'un va trouver que je n'ai point raison en quelque chose, me voilà plein aussitôt de raisonnemens et de justifications. Cette horreur que j'avois de moi-même s'est évanouie, je ressens l'amour-propre, ou plutôt je montre que je ne m'en étois pas défait un seul moment. O quand sera-ce que je songerai à être en effet, sans me mettre en peine de paroître ni à moi ni aux autres? Quand serai-je content de n'être rien, ni à mes yeux, ni aux yeux d'autrui? Quand est-ce que Dieu me suffira? O que je suis malheureux d'avoir autre chose que lui en vue! Quand est-ce que sa volonté sera ma seule règle, et que je pourrai dire avec saint Paul : « Nous n'avons pas reçu l'esprit de ce monde, mais un esprit qui vient de Dieu[1]? » Esprit du monde, esprit d'illusion et de vanité, esprit d'amusement et de plaisir, esprit de raillerie et de dissipation, esprit d'intérêt et de gloire. Esprit de Dieu, esprit de pénitence et d'humilité, esprit de charité et de confiance, esprit de simplicité et de douceur, esprit de mortification et de componction, esprit qui

[1] 1 *Cor.*, II, 12.

hait le monde, et que le monde a en aversion, mais qui surmonte le monde : Dieu veuille nous le donner.

On dit que nous serons du voyage de la Reine : si cela est, nous serons peut-être plus proches de vous, et plus en état d'avoir de vos nouvelles ; ce me sera beaucoup de consolation. Je vous écris les choses comme elles me viennent. « Veillez et priez, de » peur que vous n'entriez en tentation : l'esprit est prompt, mais » la chair est foible[1]. »

LETTRE XXX.
BOSSUET AU MARÉCHAL DE BELLEFONDS.
A Versailles, ce 6 avril 1674.

Je vous envoie une lettre de Madame la duchesse de la Vallière, qui vous fera voir que par la grace de Dieu, elle va exécuter le dessein que le Saint-Esprit lui avoit mis dans le cœur. Toute la Cour est édifiée et étonnée de sa tranquillité et de sa joie, qui s'augmente à mesure que le temps approche. En vérité, ses sentimens ont quelque chose de si divin, que je ne puis y penser sans être en de continuelles actions de graces : et la marque du doigt de Dieu, c'est la force et l'humilité qui accompagnent toutes ses pensées ; c'est l'ouvrage du Saint-Esprit. Ses affaires se sont disposées avec une facilité merveilleuse : elle ne respire plus que la pénitence ; et sans être effrayée de l'austérité de la vie qu'elle est prête d'embrasser, elle en regarde la fin avec une consolation qui ne lui permet pas d'en craindre la peine. Cela me ravit et me confond : je parle, et elle fait ; j'ai les discours, elle a les œuvres. Quand je considère ces choses, j'entre dans le désir de me taire et de me cacher, et je ne prononce pas un seul mot où je ne croie prononcer ma condamnation.

Je suis bien aise que mes lettres vous aient édifié. Dieu m'a donné cela pour vous ; et vous en profiterez mieux que moi, pauvre canal où les eaux du ciel passent, et qui à peine en retient quelques gouttes. Priez Dieu pour moi sans relâche, et demandez-lui qu'il me parle au cœur.

[1] *Matth.*, XXVI, 41.

LETTRE XXXI.

BOSSUET AU MARÉCHAL DE BELLEFONDS.

A Dijon, ce 24 mai 1674.

Quels que soient les ordres et les desseins de la divine Providence sur vous, je les adore, et je crois que vous n'avez point de peine à vous y soumettre. Le christianisme n'est pas une vaine spéculation : il faut s'en servir dans l'occasion; ou plutôt il faut faire servir toutes les occasions à la piété chrétienne, qui est la règle suprême de notre vie. Je ne sais que penser de votre disgrace (a) : elle est politique; et cependant vous commandez encore l'armée, et j'apprends que vous avez ordre de faire un siége. Pour la cause, autant que j'entends parler, on dit que vous avez manqué par zèle et à bonne intention : personne n'en doute; mais personne ne se paie de cette raison. Je voudrois bien avoir vu quelqu'un qui me pût dire le fond : mais ici nous n'entendons rien que ce qui paroît en public. Si vous avez quelque occasion bien sûre, donnez-moi un peu de détail : mais je crains que ces occasions ne soient rares.

Quoi qu'il en soit, je vous prie, s'il y a quelque ouverture au retour, ne vous abandonnez pas : fléchissez, contentez le Roi; faites qu'il soit en repos sur votre obéissance. Il y a des humiliations qu'il faut souffrir pour une famille; et quand elles ne blessent pas la conscience, Dieu les tient faites à lui-même. Je vous parlerois plus en détail, si j'en savois davantage. Je prie Dieu qu'il vous dirige, et qu'il vous affermisse de plus en plus dans son saint amour.

(a) Le maréchal étoit menacé d'une disgrace nouvelle pour un nouvel excès de zèle : il avoit battu l'ennemi et maintenu dans sa possession des places qu'il avoit reçu l'ordre d'évacuer.

LETTRE XXXII.

BOSSUET AU MARÉCHAL DE BELLEFONDS.

A Versailles, ce 5 août 1674.

C'est trop garder le silence; à la fin l'amitié et la charité en seroient blessées : car encore que je vous croie dans le lieu où vous avez le moins de besoin des avis de vos amis, étant immédiatement sous la main de Dieu, il ne faut pas laisser de vous dire quelque chose sur votre état présent.

J'adore en tout la Providence; mais je l'adore singulièrement dans la conduite qu'elle tient sur vous. Elle vous ôte au monde, elle vous y rend; elle vous y ôte encore : qui sait si elle ne vous y rendra pas quelque jour? Mais ce qui est certain, et ce qu'on voit, c'est qu'elle prend soin de vous montrer à vous-même, afin que vous connoissiez jusqu'aux moindres semences du mal qui reste en vous. Elle vous montre le monde et riant et rebutant. Vous l'avez vu en tous ces états, déclaré en faveur, déclaré en haine : vous l'avez vu honteux, afin que rien ne manquât à la peinture que Dieu vous en fait par vos propres expériences. Que résulte-t-il de tout cela? sinon que Dieu seul est bon, et que le monde est mauvais, et consiste tout en malignité, comme dit l'apôtre saint Jean [1].

Vivez donc, Monsieur, dans votre retraite : travaillez à votre salut; priez pour le salut et la conversion du monde. O qu'il est dur! ô qu'il est sourd! car c'est trop peu de dire qu'il est endormi : ô qu'il sent peu que Dieu est!

Madame de la Vallière persévère avec une grace et une tranquillité admirable. Sa retraite aux Carmélites leur a causé des tempêtes : il faut qu'il en coûte pour sauver les ames. Priez pour moi, Monsieur; je m'en vais vous offrir à Dieu.

[1] I Joan., v, 19.

LETTRE XXXIII.

BOSSUET A M. DIROIS, DOCTEUR DE SORBONNE.

A Versailles, ce 1ᵉʳ septembre 1674.

J'ai reçu, par M. le curé de Saint-Jacques-du-Haut-Pas, la lettre que vous m'avez fait l'honneur de m'écrire. Je vois que toutes les longueurs de delà (*a*) sont faites pour éprouver votre patience, et pour vous donner le moyen d'achever avec mérite une chose qui sera assurément fort utile. Ce qui a déjà été fait est considérable ; et je vous suis obligé de m'en avoir fait part : continuez, s'il vous plaît, Monsieur, et faites-moi savoir l'état des choses. Je n'ai point reçu le livre ni la lettre du père Porterus (*b*) : je lui en ferai mes remercîmens quand j'aurai reçu son présent, qui me sera très-agréable.

J'ai ouï dire que le père Noris, augustin (*c*), faisoit quelque chose sur le *Marius Mercator*, et sur l'*Histoire pélagienne* du pere Garnier (*d*), et qu'il alloit travailler ensuite à l'*Histoire des Donatistes*. On m'a aussi donné avis que Monseigneur l'ancien évêque de Vaison avoit donné le *Nilus*, disciple de saint Jean Chrysostome. On parle fort aussi d'un livre de piété de Monseigneur le cardinal Bona. Nous n'avons point encore ces livres-là, que je sache : mais si nos libraires n'en font point venir, je vous prierai de faire en sorte que je les aie. M. de Blancey prendra bien ce soin ; ayez seulement, s'il vous plaît, celui de lui dire ce qu'il doit faire pour les envoyer sûrement. Je suis de tout mon cœur, etc.

(*a*) De la Cour de Rome. — (*b*) François Porter, Irlandois, religieux de l'étroite observance de Saint-François. Il a donné différens ouvrages au public, et deux en particulier contre les protestans. Celui dont parle ici Bossuet est dirigé contre ces hérétiques : il fut imprimé à Rome en 1674, et a pour titre : *Securis evangelica ad hæresis radices posita, ad Congregationem Propagandæ Fidei.* L'auteur mourut à Rome le 3 avril 1702. — (*c*) Henri Noris, né à Vérone le 29 d'août 1631 mourut à Rome le 23 février 1704. Innocent XII éleva ce savant religieux au cardinalat. Ses écrits ont été recueillis en cinq volumes *in-folio*, et imprimés à Vérone sa patrie, en 1729 et 1730. Il avoit aussi travaillé à une *Histoire des Donatistes*, comme on l'avoit marqué à Bossuet : mais, soit qu'elle n'ait pas été achevée, ou pour d'autres raisons, elle n'a pas vu le jour. — (*d*) Jésuite, qui a donné une bonne édition de *Marius Mercator*. (*Les édit.*)

LETTRE XXXIV.

BOSSUET AU MARÉCHAL DE BELLEFONDS.

A Versailles, ce 29 septembre 1674.

Votre silence est trop long ; je vous prie de me donner de vos nouvelles. Je crois, sans que vous me le disiez, que vous goûtez encore plus la solitude que vous n'avez fait après votre première disgrace. Une nouvelle expérience du monde fait trouver quelque chose de nouveau dans la retraite, et enfonce l'ame plus profondément dans les vues de la foi. Il me souvient de David, qui touché vivement de l'esprit de Dieu, lui adresse cette parole : « O Seigneur, votre serviteur a trouvé son cœur pour vous faire cette prière [1]. » Heureux celui qui trouve son cœur, qui retire deçà et delà les petites parcelles de ses désirs épars de tous côtés ! C'est alors que se ramassant en soi-même, on apprend à se soumettre à Dieu tout entier, et à pleurer ses égaremens.

Puissiez-vous donc, Monsieur, trouver votre cœur, et sentir pour qui il est fait ; et que sa véritable grandeur, c'est d'être capable de Dieu ; et qu'il s'affoiblit, et qu'il dégénère et se ravilit, quand il descend à quelque autre objet ! O que le Seigneur est grand ! Par combien de détours, par combien d'épreuves, par combien de dures expériences nous fait-il mener pour redresser nos égaremens ! La croix de Jésus-Christ comprend tout : là est notre gloire, là est notre force, là nous sommes crucifiés au monde, et le monde à nous.

Qu'avons-nous affaire du monde, et de ses emplois, et de ses folies, et de ses empressemens insensés, et de ses actions toujours turbulentes ? Considérons dans l'ancienne loi Moïse, et dans la nouvelle Jésus-Christ. Le premier, destiné à sauver le peuple de la tyrannie des Egyptiens, et à faire luire sur Israël la lumière incorruptible de la loi, passe quarante ans entiers à mener paître les troupeaux de son beau-père, inconnu aux siens et à lui-même, ne sachant pas à quoi Dieu le préparoit par une si longue retraite :

[1] II *Reg.*, VII, 27.

et Jésus-Christ, trente ans obscur et caché, n'ayant pour tout exercice que l'obéissance, et n'étant connu au monde que comme le fils d'un charpentier. O quel secret, ô quel mystère, ô quelle profondeur, ô quel abîme! O que le tumulte du monde, que l'éclat du monde est enseveli et anéanti!

Tenez-vous ferme, Monsieur, embrassez Jésus-Christ et sa retraite; goûtez combien le Seigneur est doux : laissez-vous oublier du monde; mais ne m'oubliez pas dans vos prières, je ne vous oublierai jamais devant Dieu.

EPISTOLA XXXV.

AD FERDINANDUM FURSTEMBERGIUM,

EPISCOPUM ET PRINCIPEM PADERBORNENSEM, ET COADJUTOREM
MONASTERIENSEM.

Quindecim ferè dies sunt, Princeps illustrissime, cùm hæreo lateri tuo, neque à te unquàm divelli me patior. Tuam tecum lustro Paderbornam, te Principe auctam ac nobilitatam. Vicina peragro loca, te ornante lætissima, te canente celebratissima, te deniquè imperante beatissima. Nullus mihi saltus, fons nullus, nullus collis invisus. Lubet intueri agros, tui ingenii ubertate quàm nativâ soli amœnitate cultiores. Tu mihi dux, tu prævius; tu ipsa monumenta monstras; tu rerum arcana doces; neque tantùm Paderbornam, sed priscæ quoque et mediæ, nostræ deniquè ætatis historiam illustras; nec magis Germaniam tuam quàm nostram Franciam.

Ut juvat intereà suave canentem audire Torckium, quod vicinæ valles repetant! Videre mihi videor antiquam illam Græciam, quæ nullum habuit collem, quem non poetarum ingenia extollerent; nullum rivulum, quem non suis versibus immortali hominum memoriæ consecrarent. Horum æquantur gloriæ amnes tui fontesque. Non Dirce splendidior, non Arethusa castior, non ipsa Hippocrene notior Musisque jucundior. Non ergò Evenus aut Peneus, sed Padera et Luppia celebrentur; non vanis fabularum commentis atque portentis, sed rerum fortissimè gestarum claritudine nobiles; nec priscis religionibus, sed christiano ritu meliorique numine regenerandis populis consecrati. Sic enim decebat christianum Principem, christianum Antistitem, non aurium illecebris aut oculorum voluptati servire, sed animos ad veram pietatem accendere.

In his igitur clarissimi tui ingenii monumentis lego et colligo sedulus quæ augusti Delphini nostri studia amœniora efficiant, eumque sponte currentem, adhibitis quoque majorum exemplis, ad virtutem instimulent. Hic Peppinus, hîc Carolus, Francici imperii ac nominis decus, arma et consilia expediunt, pugnant, sternunt hostes, fusis ac perdomitis parcunt ; nec sibi, sed Christo vincunt.

Tuum itaque ingenium, tuam ubique, Princeps, pietatem amplector; nec publicam tantùm Regum atque Imperatorum, sed privatam etiam tuæ familiæ historiam recolo lubens, ac decora suspicio inclytæ gentis, novà virtutum tuarum luce conspicuæ. Tu ergò me, Princeps illustrissime, his sæpè muneribus donatum velis; tu meam erga te propensissimam voluntatem æquo animo, ut facis, accipias; meque tibi addictissimum solitâ benignitate ac benevolentiâ complectare. Vale.

In Regià San-Germanâ, prid. kal. decemb., an. Dom. 1674.

LETTRE XXXVI.
BOSSUET AU MARÉCHAL DE BELLEFONDS.

A Saint-Germain, ce 1er décembre 1674.

La bulle (a), dont vous m'avez envoyé copie, a été publiée seulement à Rome. Nous ne nous tenons point obligés en France à de pareilles constitutions, jusqu'à ce qu'elles soient envoyées aux ordinaires, pour être publiées par tous les diocèses ; ce qui n'a point été fait dans cette occasion. Ainsi cette bulle n'est pas obligatoire pour nous ; et ceux qui savent un peu les maximes en sont d'accord. Néanmoins, si l'on voit que les simples soient scan-

(a) Il s'agit du Bref du pape Alexandre VII, contre la traduction du Nouveau Testament, imprimée à Mons.

dalisés de nous voir lire cette version, et qu'on ne croie pas pouvoir suffisamment lever ce scandale en expliquant son intention, je conseillerois plutôt de lire la version du Père Amelote approuvée par feu M. de Paris, parce qu'encore qu'elle ne soit ni si agréable, ni peut-être si claire en quelques endroits, on y trouve néanmoins toute la substance du texte sacré ; et c'est ce qui soutient l'ame. Je vois avec regret que quelques-uns affectent de lire une certaine version plus à cause des traducteurs qu'à cause de Dieu qui parle, et paroissent plus touchés de ce qui vient du génie ou de l'éloquence de l'interprète que des choses mêmes. J'aime, pour moi, qu'on respecte, qu'on goûte et qu'on aime dans les versions les plus simples la sainte vérité de Dieu.

Si la version de Mons a quelque chose de blâmable, c'est principalement qu'elle affecte trop de politesse, et qu'elle veut faire trouver dans la traduction un agrément que le Saint-Esprit a dédaigné dans l'original. Aimons la parole de Dieu pour elle-même ; que ce soit la vérité qui nous touche, et non les ornemens dont les hommes éloquens l'auront parée. La traduction de Mons auroit eu quelque chose de plus vénérable et de plus conforme à la gravité de l'original, si on l'avoit faite un peu plus simple, et si les traducteurs eussent moins mêlé leur industrie et l'élégance naturelle de leur esprit à la parole de Dieu. Je ne crois pas pourtant qu'on puisse dire sans témérité que la lecture en soit défendue, dans les diocèses où les ordinaires n'ont point fait de semblables défenses; et sans la considération que j'ai remarquée du scandale des simples, j'en permettrois la lecture sans difficulté.

LETTRE XXXVII.

BOSSUET A LA MÈRE AGNÈS DE BELLEFONDS (a).

A Saint-Germain, 19 mars 1675.

Depuis notre dernière conversation et l'entretien que j'ai eu avec ma Sœur Louise de la Miséricorde, il me semble qu'il faudroit à chaque moment s'épancher pour elle en actions de graces.

(a) Publiée vers 1820 par un journal.

Il y avoit quatre mois que je ne l'avois vue, et je la trouvai de nouveau enfoncée dans les voies de Dieu avec des lumières si pures et des sentimens si forts et si vifs, qu'on reconnoît à tout cela le Saint-Esprit. Selon ce qu'on peut juger, cette ame sera un miracle de la grace. Elle n'a besoin que de quelqu'un qui lui apprenne seulement à ouvrir le cœur, et qui sache, en l'avançant, la cacher à elle-même. Dieu a jeté dans ce cœur le fondement de grandes choses. Vraiment tout y est nouveau ; et je suis persuadé plus que jamais de l'application de mon texte (*a*). Je crois, au reste, tout de bon, ma chère et révérende Mère, que je ferai le sermon ; car apparemment nous ne voyagerons pas. J'en ai une joie sensible ; et je prie Dieu de tout mon cœur que je puisse porter à cette ame une bonne parole. Mon cœur l'enfante ; et je ne sais ni quand ni comment elle sortira. Priez Dieu, ma chère Mère, que cette Parole incréée, conçue éternellement dans le sein du Père, et enfin revêtue de chair pour se communiquer aux hommes mortels, possède mon intelligence. Il y a plus de quinze jours que j'ai toujours envie de vous écrire ceci ; je n'en ai trouvé qu'aujourd'hui la commodité. Que ma Sœur Anne-Marie de Jésus ne m'oublie pas devant Dieu. Je vous mets toujours toutes deux ensemble, et j'y mets pour une troisième ma Sœur Louise. La Trinité bénisse les trois. La Trinité nous fasse tous un cœur et une ame pour aimer Dieu en concorde. Ainsi soit-il.

LETTRE XXXVIII.

BOSSUET AU MARÉCHAL DE BELLEFONDS.

A Saint-Germain, ce 19 mars 1675.

Il y a si longtemps que je n'ai eu de vos nouvelles, que je ne puis plus tarder à vous en demander. J'apprends que Dieu vous continue ses miséricordes, et je n'en doute pas : car il étend ses bontés jusqu'à l'infini, et il ne vous quittera pas qu'il ne vous ait

---

(*a*) C'est le texte du discours que Bossuet prononça, le 4 juin 1675, à la profession de Madame de la Vallière ; ce texte, le voici : *Et dixit qui sedebat in throno : Ecce nova facio omnia.* (Apoc. XXI, 5.)

mis entièrement sous le joug. Sa main est forte et puissante, et il sait bien atterrer ceux qu'il entreprend : mais il les soutient en même temps, et enfin il fait si bien qu'il gagne tout à fait les cœurs. Il faut souvent se donner à lui pour le prier d'exercer sur nous sa puissance miséricordieuse, et de nous tourner de tant de côtés, qu'à la fin nous nous trouvions ajustés parfaitement à sa vérité, qui est notre règle et qui fait notre droiture. « Ceux qui sont droits vous aiment, » dit l'Epouse dans le *Cantique*[1]. Car ceux qui sont droits aiment la règle, ceux qui sont droits aiment la justice et la vérité ; et tout cela c'est Dieu même. Mais pour ajuster avec cette règle si simple et si droite notre cœur si étrangement dépravé, que ne faut-il point souffrir, et quels efforts ne faut-il point faire ? Il faut aller assurément jusqu'à nous briser, et à ne plus rien laisser en son entier dans nos premières inclinations. C'est le changement de la droite du Très-Haut ; c'est ce qu'il a entrepris de faire en vous ; c'est ce qu'il achèvera si vous êtes fidèle à sa grace, qui vous a prévenu si abondamment.

Mandez-moi, je vous supplie, si la longue solitude ne vous abat point et si votre esprit demeure dans la même assiette, et ce que vous faites pour vous soutenir et pour empêcher que l'ennui ne gagne. Une étincelle d'amour de Dieu est capable de soutenir un cœur durant toute l'éternité. Dites-moi comme vous êtes ; et, je vous prie, ne croyez jamais que je change pour vous. J'ai toujours un peu sur le cœur le soupçon que vous en eûtes : et qu'auriez-vous fait qui me fît changer ? Quoi ! parce que vous êtes moins au monde, et par conséquent plus à Dieu, je serois changé à votre égard ? Cela pourroit-il tomber dans l'esprit d'un homme qui sait si bien que les disgraces du monde sont des graces du ciel des plus précieuses ? Priez pour moi, je vous en supplie : remerciez-le des miséricordes qu'il fait si abondamment à ma sœur Louise de la Misércorde (*a*).

[1] *Cant.*, I, 3.

(*a*) Madame de la Vallière ; c'étoit le nom de religion qu'elle avoit pris en se faisant Carmélite.

LETTRE XXXIX.

BOSSUET A DOM MABILLON, RELIGIEUX BÉNÉDICTIN.

A Saint-Germain, ce 28 mai 1675.

J'ai une joie extrême de ce que nous pourrons vous tenir ici quelque temps. Je vous supplie de témoigner à vos Pères l'obligation que je leur ai de m'accorder cette grace. Les Pères des Loges vous recevront avec plaisir : vous y serez très-bien logé, et en état de faire tout ce qui sera nécessaire pour votre santé. Si vous avez besoin de médecins, nous vous en donnerons de très-affectionnés, qui ne vous importuneront pas et qui vous soulageront. Loin de vous fatiguer l'esprit, nous songerons à vous divertir; et votre divertissement fera notre utilité. Venez donc quand il vous plaira; le plus tôt sera le meilleur. Dites à M. de Cordemoy tout ce qui vous sera nécessaire; on y donnera l'ordre qu'il faut. Je suis de tout mon cœur, votre très-humble, etc.

LETTRE XL.

BOSSUET AU MARÉCHAL DE BELLEFONDS.

A Saint-Germain, ce 20 juin 1675.

Je viens de voir M. votre fils, qui, Dieu merci, est sans fièvre, le pouls fort réglé, nulle chaleur; et qui même, à ce que je vois, n'est pas si foible qu'on le devroit craindre après une si grande maladie. Il y a eu des jours d'une extrême inquiétude. Dieu a voulu se contenter de votre soumission; et sans en venir à l'effet, il a reçu votre sacrifice. Vous savez ce que veulent dire de telles épreuves. Il remue le cœur dans le plus sensible; il fait voir la séparation toute prochaine : après il rend tout d'un coup ce qu'il sembloit vouloir ôter; afin qu'on sente mieux de qui on le tient, et de qui on possède dorénavant ce qu'on a d'une autre sorte. Il faut souvent songer durant ces états à cette leçon de saint Paul :
« Le temps est court; que ceux qui pleurent soient comme ne

pleurant pas, et ceux qui se réjouissent, comme ne se réjouissant pas: car la figure de ce monde passe[1]. » Il faut avoir des enfans comme ne les ayant pas pour soi ; mais songer que celui qui leur donne l'être, les met entre les mains de leurs parens, pour leur donner le digne emploi de lui nourrir et de lui former des serviteurs ; du reste, les regarder comme étant à Dieu et non à nous. Car qu'avons-nous à nous, nous qui ne sommes pas à nous-mêmes? Et plût à Dieu que comme en effet nous sommes au Seigneur, nous nous donnions à lui de tout notre cœur, rompant peu à peu tous les liens par lesquels nous tenons à nous-mêmes!

Que je vous ai souhaité souvent parmi toutes les choses qui se sont passées, et qu'une demi-heure de conversation avec vous m'auroit été d'un grand secours ! J'ai eu cent fois envie de vous écrire : mais outre qu'on craint toujours pour ce qu'on expose au hasard que courent les lettres, on s'explique toujours trop imparfaitement par cette voie.

Priez Dieu pour moi, je vous en conjure; et priez-le qu'il me délivre du plus grand poids dont un homme puisse être chargé, ou qu'il fasse mourir tout l'homme en moi, pour n'agir que par lui seul. Dieu merci, je n'ai pas encore songé durant tout le cours de cette affaire (a), que je fusse au monde : mais ce n'est pas tout ; il faudroit être comme un saint Ambroise, un vrai homme Dieu, un homme de l'autre vie, où tout parlât, dont tous les mots fussent des oracles du Saint-Esprit, dont toute la conduite fût céleste. Dieu choisit ce qui n'est pas pour détruire ce qui est[2] : mais il faut donc n'être pas ; c'est-à-dire n'être rien du tout à ses yeux, vide de soi-même et plein de Dieu. Priez, je vous en conjure : donnez-moi de vos nouvelles. Ma Sœur Louise de la Miséricorde a enfin achevé son sacrifice; c'est un miracle de la grace. Recommandez-moi aux prières de M. de Grenoble ; j'entends tous les jours de lui des merveilles. Il faudra bien quelque jour faire pénitence à son exemple.

[1] *I Cor.*, VII, 29-31. — [2] *Ibid.*, I, 28.

(a) Manifestement l'affaire de Madame de Montespan. Les deux lettres suivantes nous donneront quelques éclaircissemens.

LETTRE XLI.

BOSSUET A LOUIS XIV (a).

Sire,

Le jour de la Pentecôte approche, où Votre Majesté à résolu de communier. Quoique je ne doute pas qu'elle ne songe sérieusement à ce qu'elle a promis à Dieu, comme elle m'a commandé de l'en faire souvenir, voici le temps que je me sens le plus obligé de le faire. Songez, Sire, que vous ne pouvez être véritablement converti, si vous ne travaillez à ôter de votre cœur, non-seulement le péché, mais la cause qui vous y porte. La conversion véritable ne se contente pas seulement d'abattre les fruits de mort, comme parle l'Ecriture [1], c'est-à-dire les péchés; mais elle va jusqu'à la racine, qui les feroit repousser infailliblement si elle n'étoit arrachée. Ce n'est pas l'ouvrage d'un jour, je le confesse : mais plus cet ouvrage est long et difficile, plus il y faut travailler. Votre Majesté ne croiroit pas s'être assurée d'une place rebelle, tant que l'auteur des mouvemens y demeureroit en crédit. Ainsi jamais votre cœur ne sera paisiblement à Dieu, tant que cet amour violent, qui vous a si longtemps séparé de lui, y régnera.

Cependant, Sire, c'est ce cœur que Dieu demande. Votre Majesté a vu les termes avec lesquels il nous commande de le lui donner tout entier : elle m'a promis de les lire et les relire souvent. Je vous envoie encore, Sire, d'autres paroles de ce même Dieu, qui ne sont pas moins pressantes, et que je supplie Votre Majesté de mettre avec les premières. Je les ai données à Madame de Montespan, et elles lui ont fait verser beaucoup de larmes. Et

---

[1] *Rom.*, VII, 5.

(a) Cette lettre est sans date dans l'original; mais il est évident qu'elle a précédé la suivante, également adressée à Louis XIV; et tous les faits nous assurent qu'elle fut envoyée en 1675, lorsque le Roi commandoit en personne ses armées des Pays-Bas. Cependant comme nous ne pourrions marquer le temps précis où elle a été écrite, nous avons pris le parti de réunir ces deux lettres, qu'on sera bien aise de lire sans interruption. (*Les édit.*)

certainement, Sire, il n'y a point de plus juste sujet de pleurer, que de sentir qu'on a engagé à la créature un cœur que Dieu veut avoir. Qu'il est malaisé de se retirer d'un si malheureux et si funeste engagement! Mais cependant, Sire, il le faut, ou il n'y a point de salut à espérer. Jésus-Christ, que vous recevrez, vous en donnera la force, comme il vous en a déjà donné le désir.

Je ne demande pas, Sire, que vous éteigniez en un instant une flamme si violente ; ce seroit vous demander l'impossible : mais, Sire, tâchez peu à peu de la diminuer ; craignez de l'entretenir. Tournez votre cœur à Dieu ; pensez souvent à l'obligation que vous avez de l'aimer de toutes vos forces, et au malheureux état d'un cœur qui, en s'attachant à la créature, par là se rend incapable de se donner tout à fait à Dieu, à qui il se doit.

J'espère, Sire, que tant de grands objets qui vont tous les jours de plus en plus occuper Votre Majesté, serviront beaucoup à la guérir. On ne parle que de la beauté de vos troupes et de ce qu'elles sont capables d'exécuter sous un aussi grand conducteur : et moi, Sire, pendant ce temps, je songe secrètement en moi-même à une guerre bien plus importante et à une victoire bien plus difficile que Dieu vous propose.

Méditez, Sire, cette parole du Fils de Dieu : elle semble être prononcée pour les grands rois et pour les conquérans : « Que sert à l'homme, dit-il, de gagner tout le monde, si cependant il perd son ame, et quel gain pourra le récompenser d'une perte si considérable [1] ? » Que vous serviroit, Sire, d'être redouté et victorieux au dehors, si vous êtes au dedans vaincu et captif ? Priez donc Dieu qu'il vous affranchisse ; je l'en prie sans cesse de tout mon cœur. Mes inquiétudes pour votre salut redoublent de jour en jour, parce que je vois tous les jours de plus en plus quels sont vos périls.

Sire, accordez-moi une grace : ordonnez au Père de la Chaise de me mander quelque chose de l'état où vous vous trouvez. Je serai heureux, Sire, si j'apprends de lui que l'éloignement et les occupations commencent à faire le bon effet que nous avons espéré. C'est ici un temps précieux. Loin des périls et des occasions,

[1] *Marc.*, VIII, 36, 37.

vous pouvez plus tranquillement consulter vos besoins, former vos résolutions et régler votre conduite. Dieu veuille bénir Votre Majesté : Dieu veuille lui donner la victoire, et par la victoire la paix au dedans et au dehors. Plus Votre Majesté donnera sincèrement son cœur à Dieu, plus elle mettra en lui seul son attache et sa confiance, plus aussi elle sera protégée de sa main toute-puissante.

Je vois, autant que je puis, Madame de Montespan, comme Votre Majesté me l'a commandé. Je la trouve assez tranquille : elle s'occupe beaucoup aux bonnes œuvres; et je la vois fort touchée des vérités que je lui propose, qui sont les mêmes que je dis aussi à Votre Majesté. Dieu veuille vous les mettre à tous deux dans le fond du cœur et achever son ouvrage, afin que tant de larmes, tant de violences, tant d'efforts que vous avez faits sur vous-mêmes ne soient pas inutiles.

Je ne dis rien à Votre Majesté de Monseigneur le Dauphin : M. de Montausier lui rend un fidèle compte de l'état de sa santé, qui, Dieu merci, est parfaite. On exécute bien ce que Votre Majesté a ordonné en partant, et il me semble que Monseigneur le Dauphin a dessein plus que jamais de profiter de ce qu'elle lui a dit. Dieu, Sire, bénira en tout Votre Majesté, si elle lui est fidèle. Je suis, avec un respect et une soumission profonde,

SIRE,

DE VOTRE MAJESTÉ,

Le très-humble, très-obéissant, et très-fidèle sujet et serviteur,

J. BÉNIGNE, anc. Év. de Condom.

LETTRE XLII.

BOSSUET A LOUIS XIV.

A Saint-Germain, ce 10 juillet 1675.

Votre Majesté m'a fait une grande grace, d'avoir bien voulu m'expliquer ce qu'elle souhaite de moi, afin que je puisse ensuite me conformer à ses ordres, avec toute la fidélité et l'exactitude possibles. C'est avec beaucoup de raison qu'elle s'applique si sérieusement à régler toute sa conduite : car après vous être fait à vous-même une si grande violence dans une chose qui vous touche si fort au cœur, vous n'avez garde de négliger vos autres devoirs, où il ne s'agit plus que de suivre vos inclinations.

Vous êtes né, Sire, avec un amour extrême pour la justice, avec une bonté et une douceur qui ne peuvent être assez estimées; et c'est dans ces choses que Dieu a renfermé la plus grande partie de vos devoirs, selon que nous l'apprenons par cette parole de son Ecriture : « La miséricorde et la justice gardent le Roi; et son trône est affermi par la bonté et par la clémence [1]. » Vous devez donc considérer, Sire, que le trône que vous remplissez est à Dieu, que vous y tenez sa place, et que vous y devez régner selon ses lois. Les lois qu'il vous a données sont que parmi vos sujets votre puissance ne soit formidable qu'aux méchans, et que vos autres sujets puissent vivre en paix et en repos, en vous rendant obéissance. Vos peuples s'attendent, Sire, à vous voir pratiquer plus que jamais ces lois que l'Ecriture vous donne. La haute profession que Votre Majesté a faite, de vouloir changer dans sa vie ce qui déplaisoit à Dieu, les a remplis de consolation : elle leur persuade que Votre Majesté se donnant à Dieu, se rendra plus que jamais attentive à l'obligation très-étroite qu'il vous impose de veiller à leur misère et c'est de là qu'ils espèrent le soulagement dont ils ont un besoin extrême.

Je n'ignore pas, Sire, combien il est difficile de leur donner ce soulagement au milieu d'une grande guerre, où vous êtes obligé à des dépenses si extraordinaires, et pour résister à vos ennemis et pour conserver vos alliés. Mais la guerre qui oblige Votre Majesté à de si grandes dépenses l'oblige en même temps à ne laisser pas accabler le peuple par qui seul elle les peut soutenir. Ainsi leur soulagement est autant nécessaire pour votre service que pour leur repos. Votre Majesté ne l'ignore pas; et pour lui dire sur ce fondement ce que je crois être de son obligation précise et indispensable, elle doit avant toutes choses s'appliquer à

[1] *Prov.*, xx, 28.

connoître à fond les misères des provinces, et surtout ce qu'elles ont à souffrir sans que Votre Majesté en profite, tant par les désordres des gens de guerre que par les frais qui se font à lever la taille, qui vont à des excès incroyables. Quoique Votre Majesté sache bien sans doute combien en toutes ces choses il se commet d'injustices et de pilleries ; ce qui soutient vos peuples, c'est, Sire, qu'ils ne peuvent se persuader que Votre Majesté sache tout ; et ils espèrent que l'application qu'elle a fait paroître pour les choses de son salut, l'obligera à approfondir une matière si nécessaire.

Il n'est pas possible que de si grands maux, qui sont capables d'abîmer l'Etat, soient sans remède ; autrement tout seroit perdu sans ressource. Mais ces remèdes ne se peuvent trouver qu'avec beaucoup de soin et de patience : car il est malaisé d'imaginer des expédiens praticables, et ce n'est pas à moi à discourir sur ces choses. Mais ce que je sais très-certainement, c'est que si Votre Majesté témoigne persévéramment qu'elle veut la chose ; si malgré la difficulté qui se trouvera dans le détail elle persiste invinciblement à vouloir qu'on cherche ; si enfin elle fait sentir, comme elle le sait très-bien faire, qu'elle ne veut point être trompée sur ce sujet, et qu'elle ne se contentera que des choses solides et effectives : ceux à qui elle confie l'exécution se plieront à ses volontés, et tourneront tout leur esprit à la satisfaire dans la plus juste inclination qu'elle puisse jamais avoir.

Au reste Votre Majesté, Sire, doit être persuadée que quelque bonne intention que puissent avoir ceux qui la servent pour le soulagement de ses peuples, elle n'égalera jamais la vôtre. Les bons rois sont les vrais pères des peuples ; ils les aiment naturellement : leur gloire et leur intérêt le plus essentiel est de les conserver et de leur bien faire, et les autres n'iront jamais en cela si avant qu'eux. C'est donc Votre Majesté qui par la force invincible avec laquelle elle voudra ce soulagement, fera naître un désir semblable en ceux qu'elle emploie : en ne se lassant point de chercher et de pénétrer, elle verra sortir ce qui sera utile effectivement. La connoissance qu'elle a des affaires de son Etat, et son jugement exquis lui fera démêler ce qui sera solide et réel d'avec ce qui ne sera qu'apparent. Ainsi les maux de l'Etat seront en chemin de guérir ; et les ennemis, qui n'espèrent qu'aux désordres que causera l'impuissance de vos peuples, se verront déchus de cette espérance. Si cela arrive, Sire, y aura-t-il jamais ni un prince plus heureux que vous, ni un règne plus glorieux que le vôtre?

Il est arrivé souvent qu'on a dit aux rois que les peuples sont plaintifs naturellement, et qu'il n'est pas possible de les contenter quoi qu'on fasse. Sans remonter bien loin dans l'histoire des siècles passés, le nôtre a vu Henri IV votre aïeul, qui par sa bonté ingénieuse et persévérante à chercher les remèdes des maux de l'Etat, avoit trouvé le moyen de rendre les peuples heureux, et de leur faire sentir et avouer leur bonheur. Aussi en étoit-il aimé jusqu'à la passion ; et dans le temps de sa mort on vit par tout le royaume et dans toutes les familles, je ne dis pas l'étonnement, l'horreur et l'indignation que devoit inspirer un coup si soudain et si exécrable, mais une désolation pareille à celle que cause la perte d'un bon père à ses enfans. Il n'y a personne de nous qui ne se souvienne d'avoir ouï souvent raconter ce gémissement universel à son père ou à son grand-père, et qui n'ait encore le cœur attendri de ce qu'il a ouï réciter des bontés de ce grand roi envers son peuple, et de l'amour extrême de son peuple envers lui. C'est ainsi qu'il avoit gagné les cœurs ; et s'il avoit ôté de sa vie la tache que Votre Majesté vient d'effacer, sa gloire seroit accomplie, et on pourroit le proposer comme le modèle d'un roi parfait. Ce n'est point flatter Votre Majesté, que de lui dire qu'elle est née avec de plus grandes qualités que lui. Oui, Sire, vous êtes né pour attirer de loin et de près l'amour et le respect de tous vos peuples. Vous devez vous proposer ce digne objet, de n'être redouté que des ennemis de l'Etat et de ceux qui font mal. Que tout le reste vous aime, mette en vous sa consolation et son espérance et reçoive de votre bonté le soulagement de ses maux. C'est là de toutes vos obligations celle qui est sans doute la plus essentielle; et Votre Majesté me pardonnera si j'appuie tant sur ce sujet-là, qui est le plus important de tous.

Je sais que la paix est le vrai temps d'accomplir parfaitement toutes ces choses : mais comme la nécessité de faire et de soutenir une grande guerre exige aussi qu'on s'applique à ménager les forces des peuples, je ne doute point, Sire, que Votre Majesté ne le fasse plus que jamais ; et que dans le prochain quartier d'hiver, aussi bien qu'en toute autre chose, on ne voie naître de vos soins et de votre compassion tous les biens que pourra permettre la condition des temps. C'est, Sire, ce que Dieu vous ordonne, et ce qu'il demande d'autant plus de vous, qu'il vous a donné toutes les qualités nécessaires pour exécuter un si beau dessein : pénétration, fermeté, bonté, douceur, autorité, patience, vigilance, assiduité au travail. La gloire en soit à Dieu, qui vous a fait tous ces dons, et qui vous en demandera compte. Vous avez toutes ces qualités, et jamais il n'y a eu règne où les peuples aient plus de droit d'espérer qu'ils seront heureux que sous le vôtre. Priez, Sire, ce grand Dieu qu'il vous fasse cette grace, et que vous puissiez accomplir ce beau précepte de saint Paul, qui oblige les rois à faire vivre les peuples, autant qu'ils peuvent, doucement et paisiblement, en toute sainteté et chasteté [1].

Nous travaillerons cependant à mettre Monseigneur le Dauphin en état de vous succéder, et de profiter de vos exemples. Nous le faisons souvent souvenir de la lettre si instructive que Votre Majesté lui a écrite. Il la lit et relit avec celle qui a suivi, si puissante pour imprimer dans son esprit les instructions de la première. Il me semble qu'il s'efforce de bonne foi d'en profiter : et en effet je remarque quelque chose de plus sérieux dans sa conduite. Je prie Dieu sans relâche qu'il donne à Votre Majesté et à lui ses saintes bénédictions ; et qu'il conserve votre santé dans ce temps étrange, qui nous donne tant d'inquiétudes. Dieu a tous les temps dans sa main, et s'en sert pour avancer et pour retarder, ainsi qu'il lui plaît, l'exécution des desseins des hommes. Il faut adorer en tout ses volontés saintes, et apprendre à le servir pour l'amour de lui-même.

Je supplie Votre Majesté de me pardonner cette longue lettre : jamais je n'aurois eu la hardiesse de lui parler de ces choses, si elle ne me l'avoit si expressément commandé. Je lui dis les choses

[1] I *Timoth.*, II, 2.

en général ; et je lui en laisse faire l'application, suivant que Dieu l'inspirera. Je suis, avec un respect et une dépendance absolue aussi bien qu'avec une ardeur et un zèle extrême, etc.

INSTRUCTION

DONNÉE A LOUIS XIV, EN 1675 (a).

Quelle est la dévotion d'un roi.

L'essentielle obligation que la religion impose à l'homme, c'est d'aimer Dieu de tout son cœur comme la source de tout son être et de tout son bien, et de ne rien aimer qui ne se rapporte à lui. C'est à quoi doit tendre toute la vie chrétienne ; et on n'a ni piété véritable, ni pénitence sincère, tant qu'on ne se met point en état, et qu'on n'a point le désir de faire régner en soi-même un tel amour. En cet amour consiste la vraie vie, selon que Notre-Seigneur l'a enseigné dans son Evangile.

(a) Cette instruction étant relative aux deux lettres qu'on vient de lire, nous avons cru ne pouvoir lui assigner une place plus convenable que celle que nous lui donnons. Le lecteur lira sans doute avec plaisir quelques anecdotes qui ont trait à cette instruction, et qui sont rapportées par l'abbé Ledieu, secrétaire de Bossuet.

« On ne peut douter, dit-il, que cette règle de vie n'ait été donnée au Roi par M. de Condom, après l'éclat de l'éloignement de Madame de Montespan, à Pâque 1675, puisqu'alors le Roi étant à l'armée entretint un commerce suivi de lettres avec ce prélat, jusqu'à son retour à la Cour, qui eut les funestes suites que j'ai marquées ailleurs. » Ces funestes suites, dont parle ici M. Ledieu, regardent les nouvelles liaisons que le Roi entretint à son retour avec Madame de Montespan, sous prétexte d'une amitié honnête, qui firent bientôt évanouir tous les projets de conversion, et se terminèrent à la naissance de plusieurs enfans naturels, dont le comte de Toulouse fut du nombre.

« Le mois d'août 1701, ajoute M. Ledieu, on a beaucoup parlé à la Cour de la satisfaction que Madame la duchesse de Bourgogne témoigna avoir eue de M. le prieur de Marli, à qui elle se confessa dans sa maladie de ce temps-là. M. l'archevêque de Reims disoit tout haut : Elle est plus contente du curé que de son jésuite. Il est certain que ce prieur lui dit de grandes vérités, qu'elle avoua n'avoir jamais sues. Elle dit à Monseigneur l'évêque de Meaux qu'il parloit bien de Dieu, qu'elle en avoit été très-touchée, qu'elle vouloit servir Dieu avec plus de soin, et qu'elle croyoit que cette maladie lui avoit été envoyée pour l'en avertir.

» Ce fut à ce propos que Monseigneur l'évêque de Meaux nous dit à Versailles, le mardi 23 d'août, MM. les abbés Fleury et Cattellan présens : J'ai autrefois donné au Roi une instruction par écrit, où je mettois l'amour de Dieu pour fondement de la vie chrétienne. Le Roi l'ayant lue, me dit : Je n'ai jamais ouï parler de cela, on ne m'en a rien dit. » (*Les édit.*)

Cet amour n'est autre chose qu'une volonté ferme et constate de plaire à Dieu, de se conformer entièrement à ses ordres, et d'arracher de son cœur tout ce qui lui déplaît, quand il en devroit coûter la vie.

Cet amour nous doit faire aimer notre prochain comme nous-mêmes, selon le précepte de l'Evangile [1]; ce qui nous oblige à lui procurer tout le bien possible, chacun selon son état.

Un roi peut pratiquer cet amour de Dieu et du prochain, à tous les momens de sa vie; et loin d'être détourné par là de ses occupations, cet amour les lui fera faire avec fermeté, avec douceur, avec une consolation intérieure, et un repos de conscience qui passe toutes les joies de la terre.

Ainsi aimer Dieu, à un roi, ce n'est rien faire d'extraordinaire; mais c'est faire tout ce que son devoir exige de lui, pour l'amour de celui qui le fait régner.

Un roi qui aime Dieu, le veut faire régner dans son royaume comme le véritable Souverain, dont les rois ne sont que les lieutenans; et en lui soumettant sa volonté, il lui soumet en même temps les volontés de tous ses sujets, autant qu'elles dépendent de la sienne.

Il protége la religion en toutes choses; et il connoît, en protégeant la religion, que c'est la religion qui le protége lui-même, puisqu'elle fait le plus puissant motif de la soumission que tant de peuples rendent aux princes.

Il aime tendrement ses peuples à cause de celui qui les a mis en sa main pour les garder; et prend pour ses sujets un cœur de père, se souvenant que Dieu, dont il tient la place, est le Père commun de tous les hommes.

Par là il reconnoît qu'il est roi pour faire du bien, autant qu'il peut, à tout l'univers, et principalement à tous ses sujets; et que c'est là le plus bel effet de sa puissance.

Ainsi ce n'est qu'à regret qu'il est contraint de faire du mal à quelqu'un : par son inclination, il préféreroit toujours la clémence à la justice, s'il n'étoit forcé à exercer une juste sévérité pour retenir ses sujets dans leur devoir.

[1] *Matth.*, XXII, 39.

Il n'en vient aux rigueurs extrêmes que comme les médecins, lorsqu'ils coupent un membre pour sauver le corps.

En se proposant le bien de l'Etat pour la fin de ses actions, il pratique l'amour du prochain dans le souverain degré, puisque dans le bien de l'Etat est compris le bien et le repos d'une infinité de peuples.

Lorsqu'il agit fortement pour soutenir son autorité, et qu'il est jaloux de la conserver, il fait un grand bien à tout le monde, puisqu'en maintenant cette autorité, il conserve le seul moyen que Dieu ait donné aux hommes pour soutenir la tranquillité publique, c'est-à-dire le plus grand bien du genre humain.

Quand il rend la justice ou qu'il la fait rendre exactement selon les lois, ce qui est sa principale fonction, il conserve le bien à un chacun, et donne quelque chose aux hommes qui leur est plus cher que tous les biens et que la vie même, c'est-à-dire la liberté et le repos en les garantissant de toute oppression et de toute violence.

Quand il punit les crimes, tout le monde lui en est obligé; et chacun reconnoît en sa conscience que dans ce grand débordement de passions violentes, qu'on voit régner parmi les hommes, il doit son repos et sa liberté à l'autorité du prince qui réprime les méchans.

En réglant ses finances, il empêche mille pilleries qui désolent le genre humain, et mettent les foibles et les pauvres, c'est-à-dire la plupart des hommes, au désespoir. Ainsi l'amour du prochain le dirige dans cette action; et il sert Dieu dans les hommes que Dieu a confiés à sa conduite.

S'il fait la paix, il met fin à des désordres effroyables, sous lesquels toute la terre gémit.

Etant contraint de faire la guerre, il la fait avec vigueur : il empêche ses peuples d'être ravagés, et se met en état de conclure une paix durable en faisant redouter ses forces.

Lorsqu'il soutient sa gloire, il soutient en même temps le bien public; car la gloire du prince est l'ornement et le soutien de tout l'Etat.

S'il cultive les arts et les sciences, il procure par ce moyen de grands biens à son royaume, et y répand un éclat qui fait honorer la nation et rejaillit sur tous les particuliers.

S'il entreprend quelque grand ouvrage, comme des ports, de grands bâtimens et d'autres choses semblables, outre l'utilité publique qui se trouve dans ces travaux, il donne à son règne une gloire qui sert à entretenir ce respect de la majesté royale, si nécessaire au bien du monde.

Ainsi quoi que fasse le prince, il peut toujours avoir en vue le bien du prochain, et dans le bien du prochain le véritable service que Dieu exige de lui.

Par tout cela, il paroît qu'un prince appliqué, autant qu'est le Roi, aux affaires de la royauté, n'a besoin, pour se faire saint, que de faire pour l'amour de Dieu ce qu'on fait ordinairement par un motif plus bas et moins agréable.

Le bien public se trouve même dans les divertissemens honnêtes qu'il prend, puisqu'ils sont souvent nécessaires pour relâcher un esprit qui seroit accablé par le poids des affaires, s'il n'avoit quelques momens pour se soulager.

Que fera donc le Roi en se donnant à Dieu, et que changera-t-il dans sa vie? Il n'y changera que le péché; et faisant pour Dieu toutes ses actions, il sera saint sans rien affecter d'extraordinaire.

L'amour de Dieu lui apprendra à faire toutes choses avec mesure, et à régler tous ses desseins par le bien public, auquel est joint nécessairement sa satisfaction et sa gloire.

Cet amour du bien public lui fera avoir tous les égards possibles et nécessaires à chaque particulier, parce que c'est de ces particuliers que le public est composé.

Il n'est ici question ni de longues oraisons, ni de lectures souvent fatigantes à qui n'y est pas accoutumé, ni d'autres choses semblables. On prie Dieu allant et venant, quand on se tourne à lui au dedans de soi. Que le Roi mette son cœur à faire bien les prières qu'il fait ordinairement; c'en sera assez. Du reste tout ira à l'ordinaire pour l'extérieur, excepté le seul péché, qui dérègle la vie, la déshonore, la trouble, et attire des châtimens rigoureux de Dieu et en ce monde et en l'autre. Qu'on est heureux d'ôter de sa vie un si grand mal! Au surplus, le grand changement doit être au dedans; et la véritable prière du Roi, c'est de se faire peu à peu une douce et sainte habitude de tourner un regard secret du côté de Dieu, qui de sa part veille sur nous et nous regarde sans cesse pour nous protéger, sans quoi à chaque moment nous péririons.

LETTRE XLIII.

BOSSUET A M. DIROIS, DOCTEUR DE SORBONNE.

A Versailles, ce 23 août 1675.

Je suis très-aise, Monsieur, de recevoir des marques de votre cher souvenir. Les soins que vous prenez pour notre version sont bien obligeans. Je me repose sur vous de toute la suite; et je m'attends que vous me direz de quelle manière et par quelle sorte de présent je pourrai reconnoître les soins de M. l'abbé Nazzari [1], quand son ouvrage sera achevé. La lettre du révérendissime Père Maître du sacré Palais est très-obligeante. Je vous supplie, dans l'occasion, de m'entretenir dans ses bonnes graces, et de l'assurer de ma part d'une estime extraordinaire. Je vous suis très-obligé des bons sentimens que vous avez de moi; j'ai aussi pour vous, Monsieur, toute l'estime possible, et suis très-sincèrement, etc.

LETTRE (EXTRAIT) XLIV.

M. DE PONTCHATEAU [2] A M. DE CASTORIE [3].

Ce 9 octobre 1675

Avez-vous lu le livre de M. de Condom? le trouvez-vous bon? ne seroit-il pas propre à être traduit en latin? Si vous le jugez

---

[1] François Nazzari, très-distingué par son savoir et ses écrits. Il est le premier auteur du *Journal des Savans*, qui fut entrepris en Italie, à l'imitation de celui qui s'imprimoit en France. — [2] Sébastien-Joseph du Cambout de Pontchâteau, parent du cardinal de Richelieu, fut pourvu de plusieurs bénéfices, auxquels il renonça pour vivre dans la retraite et la pratique de la pénitence. Il mourut en 1690. — [3] Jean de Neercassel, Hollandois, fut sacré évêque de Castorie *in partibus infidelium*, et exerça avec beaucoup de zèle dans les Provinces-Unies les fonctions de vicaire apostolique. Il mourut en 1686. (*Les édit.*)

ainsi, on pourroit le faire dire à M. de Condom, et lui demander s'il ne voudroit point en prendre lui-même le soin ; car assurément il se trouvera honoré de ce dessein, si vous l'avez. Mais avant toutes choses, il faudroit regarder si vous le trouvez bien, s'il n'y auroit rien à changer ; car on lui en pourroit parler. J'attends de vos nouvelles sur cela.

EX EPISTOLA XLV.

CASTORIENSIS AD ABBATEM DE PONTCHATEAU.

Exegesim Fidei catholicæ, quam composuit illustrissimus Episcopus Condomensis, cum magnâ voluptate legi : undè etiam uni domesticorum meorum, qui est vir magni ingenii, et tùm Gallicæ tùm Batavicæ linguæ valdè peritus, eam dedi in nostrum idioma vertendam, quod populo mihi credito non inutile futurum spero. Converteremus hîc eumdem librum in linguam latinam, nisi forsan illustrissimus Episcopus istam versionem ipse vellet adornare ; quod tantò elegantiùs ipse perficeret, quantò latinum ejus eloquium puritati gallici sermonis propiùs accedit. Crastinâ die denuò legam istam Exegesim, et videbo si quid sit quod mutatum vellem : tibi istud proximo cursore indicabo.

30 Octob. 1675.

EPISTOLA XLVI.

CASTORIENSIS AD ABBATEM DE PONTCHATEAU.

Relegi *Expositionem Fidei catholicæ*, quam composuit illustrissimus Episcopus Condomensis. Ut mihi valdè placuit cùm eam ante annos legerem, ità nunc repetita ejus lectio me singulari affecit voluptate, spemque præbuit quòd ista *Expositio* tùm catholicis, tùm a catholicis nostri Belgii foret utilissima, si verteretur in linguam latinam, nostramque vernaculam. Hæc versio jam inchoata est et brevi absolvetur. Illam aggrediemur, si eruditissimus Episcopus non decrevit ipse eam adornare ; quod ex te scire desidero. Vellem etiam illum consuleres nùm paginâ 27 et 28 non sint aliqua mutanda aut illustranda. Etenim videtur illic primò supponi inutiles fore quas ad Sanctos preces dirigimus, si ipsi eas ignorarent : secundò esse ab Ecclesiâ definitum nostras à Sanctis sciri orationes. Hæc duo existimo egere nonnullâ castigatione.

Paginâ 58 verba *Expositionis* videntur insinuare quòd remissionem criminum post Baptismum commissorum, lege ordinariâ, satisfactio subsequatur; cùm tamen sit magis conforme instituto Christi et moribus antiquæ Ecclesiæ, ut satisfactio præcedat absolutionem. Optarem itaque ut ea quæ paragrapho viii continentur itâ scriberentur, ut nihil officerent praxi saluberrimæ, quâ, in sacramento Pœnitentiæ, non relaxatur pœna æterna, nisi postquàm pœnæ temporales istam indulgentiam aliquatenùs promeruerint. Dignaberis hæc illustrissimo Episcopo insinuare, et unà meam ipsi testari observantiam.

28 Novemb. 1675.

EX EPISTOLA XLVII.

CASTORIENSIS AD ABBATEM DE PONTCHATEAU.

Non potui tam citò atque animo destinaveram, relegere eruditum libellum illustrissimi Condomensis Episcopi, cujus humanitatem, ante annos mihi exhibitam, recordari non possum quin eximias ejus dotes, ac præsertim eminentem eruditionem summæ junctam modestiæ, suspiciam atque collaudem.

12 Decemb. 1675.

LETTRE XLVIII.

L'ABBÉ DE PONTCHATEAU A M. DE CASTORIE.

Ce 28 décembre 1675.

J'ai reçu votre lettre du 12 de ce mois; et comme j'avois aussi reçu les précédentes, j'avois fait un extrait de ce qui regarde le livre de M. de Condom que je lui ai fait donner. Mais je n'ai pas encore eu réponse, parce que la Cour est présentement à Saint-Germain. En attendant, je vous dirai qu'il traduit son livre en latin : je ne sais pas s'il sera en état d'être bientôt imprimé.

LETTRE XLIX.

L'ABBÉ DE PONTCHATEAU A M. DE CASTORIE.

Ce 23 janvier 1676.

Je reçus hier au soir le Mémoire de M. de Condom, dont je vous envoie une copie, parce que l'original est de si gros caractère, qu'il tient dix ou douze pages, au lieu des trois dans lesquelles je l'ai réduit. Il n'est point signé de lui; et comme vous ne lui aviez pas écrit, il s'est servi de la même voie pour répondre à vos remarques. Il attend donc présentement votre pensée, c'est-à-dire si vous souhaitez qu'il vous envoie sa traduction latine pour la faire imprimer : car ce qu'il dit, qu'on la fera peut-être à Rome, ne doit pas en empêcher. Il me semble donc qu'il seroit bon que vous prissiez la peine de lui écrire sur ce Mémoire, et lui demander son livre pour le faire imprimer. Je souhaiterois que vous lui eussiez fait présenter un des vôtres : *De cultu Sanctorum*, etc. Si vous le souhaitez, vous n'avez qu'à lui en parler dans votre lettre; et je lui ferai donner le mien en lui donnant votre lettre. Mais si vous lui écrivez, ne parlez point par qui vous avez reçu son Mémoire, parce que je n'ai pas de commerce immédiat avec lui : et ç'a été par M. Arnauld et par un de nos amis, que je lui ai fait remettre le Mémoire de vos difficultés, auquel j'avois ajouté un extrait de ce que vous m'aviez mandé d'obligeant pour la personne de M. de Condom.

LETTRE L.

CONDOMENSIS AD CASTORIENSIS OBSERVATIONES RESPONSUM.

DE LIBELLO EXPOSITIONIS FIDEI.

Quòd illustrissimus Episcopus Trajectensis de me tam amanter tamque honorificè sentiat, id ego ex animo gaudeo, atque ejus humanitati acceptum fero. Quòd meum de *Expositione Fidei* libellum tantoperè probet, ac Batavicâ linguâ interpretandum curet, id ipsi libello vehementissimè gratulor, gratissimumque habeo laudari illum ab eo Antistite quem omni honore atque amore prosequor; atque unum existimo Ecclesiæ Batavicæ, gravitate, prudentiâ, doctrinâ et apostolicâ charitate, his miserrimis temporibus sustentandæ divinâ Providentiâ natum. De interpretatione verò latinâ, jam à me significatum est quo in loco res sit, atque eâ de re ejus expecto sententiam. Observationes in ipsum libellum accepi lubens, neque me ab ejus mente discessisse puto.

Paginâ 25, 26, 27, 28 et 29 id ago primò, ut si Sanctis nostrarum precum notitia tribuatur, certum sit nihil eis supra creaturæ sortem attribui : secundò, ut certum quoque sit, de mediis quibus etiam notitiam habeant, nihil esse ab Ecclesiâ definitum. Rem ipsam ab Ecclesiâ esse apertè definitam, aut ullum ejus extare decretum quo ea Sanctis notitia tribuatur, vel eâ sublatâ judicetur nostras ad eos preces esse inutiles, nullibi à me est dictum.

Quanquàm eam notitiam Sanctis non denegandam, si non apertissimâ Ecclesiæ definitione, firmissimâ tamen Patrum traditione certum puto. Is enim est communis fidelium sensus ab ipsâ antiquitate omnibus inditus, ut in ipsis precibus Sanctos alloquamur tanquàm audientes et intelligentes. Eò nempè spectat probata illa Augustino et miraculo confirmata piæ mulieris deprecatio : « Sancte Martyr, meum dolorem vides. » Et iterùm : « Quare plangam vides[1]. » Eòdem quoque pertinet illud Gregorii Theologi ad Athanasium atque Basilium : « Tu verò, ô divinum caput, de alto me respice[2], » et cætera in eamdem sententiam. Gregorius quoque Nyssenus Theodorum Martyrem orat[3], ut nostris festis intersit; multaque cum eo agit, quæ nisi sentientem affari se putet, non modò frigida, sed etiam inepta sint. Paulinus verò, à sancto Felice in lumine Christi res nostras cerni sæpissimè commemorat[4]. Hieronymus item atque alii Patres, nemine, quod sciam, discrepante, Sanctorum eâ in re scientiæ favent; ut utraque sententia, et quòd orandi sint Sancti, et quòd nos orantes audiant, eodem ad nos tenore, eâdem traditione devenisse videatur.

---

[1] S. August., Serm. CCCXXIV. — [2] Orat. XX et XXI. — [3] Orat. de S. Theod. Mart. — [4] Poem. VI. de S. Felic.

Eam ergò sententiam quæ scientiam Sanctis tribuit, cùm fidei catholicæ magìs congruat ac certissimâ Patrum consensione firmetur, mihi explicandam potissimùm atque illustrandam duxi ; sic tamen ut ab Ecclesiâ expressè definitam neque dixerim neque supposuerim : verùm eâ de re penitùs tacendum censui. At si quis vel à Sanctis nostras non exaudiri preces, vel id certum apud nos non esse pronuntiet, gravissimæ dabitur offensioni locus : quod à meo consilio perquàm alienissimum esse oportebat ; ne qui ad pacem hæreticos adhortabatur, idem inter catholicos belli causas sereret.

De satisfactione sic egi, ut concilii Tridentini sententiam quàm simplicissimè exponerem; nempè in Pœnitentiæ sacramento non ita dimitti culpam, ut omnis quoque pœna dimittatur. An verò ante vel post absolutionem ea pœna subeunda sit, ex meis dictis colligi non potest, si quis eorum sensum strictiùs pervestiget. Ego ab eâ quæstione, ut loquuntur, abstrahendum putavi ; quòd catholica fides de satisfactionis necessitate stet immota ac tuta, sive in antiquâ disciplinâ, sive in eâ quam nostra potissimùm sequitur ætas, quamque à concilio Tridentino magìs esse spectatam, vel ex eo intelligimus quòd de satisfactione agit, perfecto de absolutione tractatu.

Hæc habui dicenda ad doctissimi Præsulis notas. Cæterùm in libello meo, nisi error aliquis demonstretur, nihil mutandum existimo, tùm ad evitandas nostrorum hæreticorumque calumnias, tùm quòd ipse libellus jam in alias linguas sit transfusus, tùm eò maximè quòd, uti se habet, Romæ sit probatus, atque ibi propemodùm excudendus esse videatur. Dabo sanè operam, ut in interpretatione latinâ, de quâ à me significatum est, observationum doctissimi Præsulis, quantùm libelli sinet integritas, ratio habeatur.

EPISTOLA LI.

CASTORIENSIS AD ABBATEM DE PONTCHATEAU.

Quòd non scripserim illustrissimo Condomensi, ex meâ ergà ipsum observantiâ factum est. Illa enim mihi videbatur prohibere ne meis litteris occupatissimum Præsulem interpellare præsumerem. Verùm cùm advertam tantam esse ipsius ergà me benevolentiam et humanitatem, quantam illius litteræ ad illustrissimum Arnaldum præ se ferunt, ausus fui adjunctas ipsi litteras dirigere, quas subsequetur exemplar quatuor tractatuum quos composui *de Cultu Sanctorum*.

5 Februarii 1676.

EPISTOLA LII.

CASTORIENSIS CONDOMENSI.

Quæ ad Dominum Arnaldum de me scribis, licèt meis sint meritis longè majora, eò tamen sunt gratissima, quò mihi vestrum testantur affectum. Non enim potest non esse jucundum ab eo Præsule diligi, quem virtutis excellentia Superis charissimum, et quem splendor doctrinæ mortalibus reddit venerandum. Plurimùm vestræ gratiæ me agnosco debere, quòd singulari humanitate ad meas observationes respondere fueris dignatus. Rationes ob quas censes in libro nihil esse mutandum amplector lubens. Vidi quas calumnias effutierit nescio quis Calvinista, qui notat in quo differunt exemplaria typis edita, ab illis quæ calamus expressit. Quare, ne maledicis ulla præbeatur calumniæ occasio, prudenter statuis nihil esse mutandum. Post paucos dies Batavis meis batavicè loquetur vestra *Fidei Expositio*. Non dubito quin proderit quàm plurimis, qui non aliâ magis de causâ à nobis manent aversi, quàm quia sanctimoniam et majestatem catholicæ veritatis non distinguunt ab opinationibus scholasticorum, sæpè non castis, sæpè non veris.

Catechismum (a) quem metro composuisti, nobilis apud Batavos poeta batavicis numeris non expressit ineptè : ut ille nostris catechumenis fiat familiaris, brevì etiam evulgabitur. Multùm igitur tibi, Antistes illustrissime, nostra debebit Batavia : tuis enim lucubrationibus illustrabitur in fide, et crescet in scientiâ

(a) Errat Castoriensis, hunc Catechismum Bossuetio adscribendo : ejus auctor fuit Ludovicus le Bourgeois de Heauville, qui multa etiam alia pia carmina gallicè scripsit, à Bossuetio pluribusque Episcopis et Doctoribus approbata. Vitâ functus est circa an. 1680. (*Les edit.*)

Dei. Huic favori alium adderes, si latinum exemplar *Expositionis Fidei* mihi mittere dignareris. Curam gererem ut hîc typis, ad instructionem eorum qui libenter latina legunt, quàm primùm ederetur. Magno me beneficio ditabis, si hoc à vestrâ gratiâ merear obtinere.

Sopiendis turbis, quæ anno elapso occasione cultùs Deiparæ in Belgio fuerunt concitatæ, composui quatuor tractatus *de Cultu Sanctorum* ac præsertim Deiparæ. Horum exemplar vestræ gratiæ audeo offerre, quo meum illi tester obsequium, et unà significem quantâ cum æstimatione tuarum virtutum, et observantiâ meritorum me profitear, illustrissime. etc.

5 Februarii 1676.

LETTRE LIII.

BOSSUET AU P. BOUHOURS, JÉSUITE (a).

Versailles, 12 septembre 1676.

Votre *Histoire* (b), mon révérend Père, m'a servi d'un doux entretien pendant ma maladie. Je ne puis assez vous remercier de m'avoir fourni de quoi m'occuper d'une manière si agréable. Excusez si je ne vous témoigne pas, de ma main, la satisfaction que j'ai eue dans cette lecture. Un reste de foiblesse me le défend. Mais rien ne m'empêchera jamais, mon révérend Père, d'être à vous de tout mon cœur avec une estime particulière.

J. BÉNIGNE. a. év. de Condom.

LETTRE LIV.

BOSSUET AU MARÉCHAL DE BELLEFONDS.

A Saint-Germain, ce 16 mars 1676.

Je vous écris peu, Monsieur; car il y a peu à vous dire : Dieu vous parle, et vous l'écoutez. Les hommes ont peu à vous dire,

---

(a) Publiée par M. Floquet. — (b) *Histoire de Pierre d'Aubusson*, Grand-Maître de Rhodes, Paris 1676.

quand cela est ainsi. Prêtez l'oreille au dedans, ayant les yeux de l'esprit toujours tournés et toujours attachés à cette lumière intérieure, où l'on voit que Dieu est tout, et que tout le reste n'est rien. Heureux qui caché au monde et à soi-même, ne voit que cette première vérité !

Après la mort de M. de Turenne, on a ici fort pensé à vous rappeler ; cela a été détourné : en apparence les hommes l'ont fait, et nous en savons les raisons. En effet c'est Dieu qui a tout conduit ; et nous savons aussi sa raison, qui est de vous renfermer avec lui. Voilà, Monsieur, quel doit être votre exercice. Dieu fera de vous ce qu'il lui plaira : peut-être veut-il vous appliquer un jour à quelque bien ; peut-être vous veut-il tenir sous sa main retiré du monde. Qui sait les conseils de l'Éternel ? Ses pensées ne sont pas les nôtres : adorons-les, soumettons-nous ; n'attendons rien que sa gloire et son règne ; ne l'attendons pas de nous-mêmes, qui ne sommes et ne pouvons rien : soyons prêts à tout ce qu'il voudra ; écoutons-le dans le fond du cœur : qu'il soit notre conducteur et notre lumière ; il le sera, si nous l'aimons, et si nous mettons en lui seul notre confiance.

Je travaille sans relâche dans les heures de loisir que j'ai, à faire quelque chose pour le salut des hérétiques : ce n'est que le peu de temps qui me reste qui empêche le progrès de cet ouvrage. Priez Dieu qu'il me fasse la grâce de le continuer pour l'amour de lui, et qu'il me donne des lumières pures. J'ai fort dans le cœur M. et Madame de Schomberg : ils sont encore bien loin ; mais Dieu est bien près. Adorons-le en secret et en public ; écoutons-le dans la solitude et dans le silence de toutes choses : souffrons ce qu'il veut, faisons ce qu'il veut ; c'est là tout l'homme.

LETTRE LV.

BOSSUET A M. DIROIS, DOCTEUR DE SORBONNE.

A Saint-Germain, ce 25 novembre 1676.

Il y a longtemps que je ne vous ai donné de mes nouvelles, quoique j'aie reçu de vos lettres. Une maladie, les affaires, et s vous voulez un peu de paresse, en ont été cause. Je rentre présentement en commerce par une prière qui ne vous sera pas désagréable : c'est, Monsieur, de vous informer des ouvrages d'Holstenius (*a*). On m'a dit qu'il en avoit laissé de très-excellens et très-dignes d'être imprimés. N'y a-t-il pas moyen d'exciter sur cela ceux qui les ont? Il nous a donné les *Actes* du martyre de saint Boniface, qui ont beaucoup de marques d'une grande antiquité : il doute, ce me semble, si le latin est pris sur le grec, ou le grec sur le latin. Pourriez-vous éclaircir cela par une bonne critique? Il y a un mot dans le latin, tout sur la fin, qui marque qu'Aglaé acheva sa vie *inter Sanctimoniales*. Qu'il y ait toujours eu des Vierges sacrées, c'est chose constante : qu'elles aient été appelées *Sanctimoniales*, ou même qu'elles aient vécu en communauté dès le temps de Dioclétien, on en peut douter : il faudroit voir comment parle et de quel mot se sert le grec. Vous avez sans doute grande habitude avec M. l'abbé Gradi (*b*), bibliothécaire apostolique, par qui vous pourrez voir ces pièces : vous me ferez plaisir de le faire.

Par occasion, vous pourrez assurer ce docte prélat que j'ai vu, entre les mains de M. de Montausier, une oraison funèbre du cardinal Rasponi, dont j'ai eu une extrême satisfaction tant pour les choses que pour le style. J'ai vu aussi un autre ouvrage manuscrit, plein d'érudition et de droiture; ce qui me fait beaucoup estimer l'auteur de ces belles choses.

A propos de sentimens droits sur la morale, est-il possible qu'un Pape si saint ne soit point un jour inspiré de mettre fin à tant d'opinions corrompues et très-dangereuses, qui se répandent dans l'Eglise, et dont ses ennemis tirent avantage contre la pureté de ses sentimens? Alexandre VII avoit commencé d'y mettre la main, et l'accomplissement d'un si grand ouvrage est dû à la piété et aux grandes lumières d'Innocent XI.

M. l'évêque de Hollande (*c*), homme très-capable, comme vous

---

(*a*) Il étoit garde de la Bibliothèque du Vatican, et jouissoit de la plus grande considération parmi les savans de l'Europe. — (*b*) Etienne Gradi, poëte célèbre et très-estimé, dont Ferdinand de Furstemberg, évêque de Paderborn, a fait imprimer les poésies dans le recueil qui a pour titre : *Septem virorum illustrium Poemata*. — (*c*) De Neercassel, évêque de Castorie.

savez, fait imprimer mon traité de l'*Exposition* en hollandois, et le veut faire imprimer en latin; c'est ce qui m'a obligé de revoir moi-même une version qu'un de mes amis (a) en a faite. Si vous jugez qu'à Rome la version latine toute faite pût être plus tôt imprimée que l'italienne, je vous l'enverrai. Mandez-moi, s'il vous plait, votre sentiment, et si vous croyez que par ce moyen on évitât les longueurs. Continuez-moi votre amitié, et croyez que je suis avec une estime particulière, etc.

EPISTOLA LVI.

CONDOMENSIS CASTORIENSI.

Ad te mitto tandem, Præsul illustrissime, *Expositionis* meæ quam dudùm flagitas interpretationem latinam à viro doctissimo Claudio Fleury, serenissimorum Principum Contiorum Præceptore, summâ diligentiâ accuratam, atque à me recognitam ; elegantissimam illam quidem, ut quæ ab optimo interprete sit elaborata, in quâ tamen perspicuitati magìs quàm elegantiæ consultum voluit. Atque ea quidem interpretatio, si ad te perveniat tardiùs quàm oportuit, id eò contigit, quòd morbo implicitus, atque aliis curis districtus necessariis, opus recensere non potui.

Nunc igitur, Præsul illustrissime, totum illud opus permitto tibi, ac maximè gaudeo, quòd auctoritate tuâ in lucem prodeat, quam non modò tua dignitas, verùm etiam doctrina singularis, quodque præcipuum, verè christiana pietas ac pro grege tibi commisso suscepti labores, deniquè evangelicâ illâ et sanctâ simplicitate condita prudentia, commendatissimam omnibus facit. Mitto quoque ad te titulum operi præfigendum, quo quidem profitendum existimavi interpretationem à me fuisse recognitam, ut mea, si qua est, eâ in re auctoritas nec ipsi interpretationi desit.

Tractatus verò tuos *de Cultu Sanctorum,* quibus et nostros doces et adversarios amantissimè castigas, summâ animi voluptate perlegi ; tuamque illam ex optimis fontibus, de Christo in Mariâ et Sanctis colendo, deductam doctrinam penitùs infigi mentibus et cupio, et precor.

(a) L'abbé Fleury. (*Les édit.*)

Tu me, Præsul illustrissime, tui amantissimum atque observantissimum diligas, nostramque operam in tanto Principe christianis maximè præceptis informando, Deo commendatam velis. Vale.

Datum Parisiis, 15 feb. 1677.

EPISTOLA LVII.

CASTORIENSIS CONDOMENSI.

Quòd precibus meis annuens, latinam fieri, mihique præceperis mitti tuam *Catholicæ Fidei Expositionem,* Antistes illustrissime, Domine mihi observantissime, acceptum fero eminenti in Christum studio, quo non contentus ipsius doctrinam eique placitam religionem à tuâ Galliâ cognosci, insuper satagis ut ab aliis quoque gentibus honoretur. Simul atque istum doctrinæ thesaurum accipere merebor, diligenter curabo ne illi typorum elegantia desit.

Preces quas vestra à me modestia requirit, libenter impenderem, si dignus forem qui pro tanto Præsule ad thronum divinæ gratiæ precator accederem. Non tamen omittam toto corde desiderare, ut in serenissimi Discipuli virtutibus optimi Præceptoris merita celebrentur, Antistes illustrissime, etc.

29 Aprilis 1677.

LETTRE LVIII.

BOSSUET AU MARÉCHAL DE BELLEFONDS.

A Versailles, ce 6 juillet 1677.

L'occasion est trop favorable pour la laisser passer sans vous écrire et sans vous demander de vos nouvelles. Je crois que Dieu vous continue ses graces, et que vous apprenez tous les jours de plus en plus, à être moins content de vous-même, à mesure que vous le devenez de lui. En vérité, c'est un état désirable, de vouloir s'oublier soi-même à force de se remplir de Dieu. Je trouve qu'on se sent trop, et de beaucoup trop, lors même qu'on tâche le plus de s'appliquer à Dieu. Dévouons-nous à lui en simplicité, soyons pleins de lui : ainsi nos pensées seront des pensées de Dieu, nos discours des discours de Dieu ; toute notre action sortira d'une vertu divine. Il me semble qu'on prend cet esprit dans l'Ecriture. Dites-moi, je vous prie, comment vous vous trouvez de ce pain de vie. N'y goûtez-vous pas la vie éternelle ? ne s'y découvre-t-elle pas de plus en plus ? ne vous donne-t-elle pas une idée de la vie que nous mènerons un jour avec Dieu ? Les patriarches, les prophètes, les apôtres, ne vous paroissent-ils pas, chacun dans son caractère, des hommes admirables, de dignes figures de Jésus-Christ à venir, ou de dignes imitateurs de Jésus-Christ venu ?

Il y a près d'un an que je n'ai reçu de vos lettres. Ma consolation est que je sais que vous ne m'oubliez pas. Pour moi, je vous offre à Dieu de tout mon cœur au saint autel ; et je le prie de vous changer en Jésus-Christ avec le pain qui figure toute l'unité du peuple de Dieu, en sorte qu'il n'y reste plus que la figure extérieure d'un homme mortel.

Me voilà quasi à la fin de mon travail. Monseigneur le Dauphin est si grand, qu'il ne peut pas être longtemps sous notre conduite. Il y a bien à souffrir avec un esprit si inappliqué : on n'a nulle consolation sensible ; et on marche, comme dit saint Paul [1], en espérance contre l'espérance. Car encore qu'il se commence d'assez bonnes choses, tout est encore si peu affermi, que le moindre effort du monde peut tout renverser. Je voudrois bien voir quelque chose de plus fondé ; mais Dieu le fera peut-être sans nous. Priez Dieu que sur la fin de la course, où il semble qu'il doit arriver quelque changement dans mon état, je sois en effet aussi indifférent que je m'imagine l'être.

Adieu, Monsieur ; aimez-moi toujours. Il me semble que je vois votre prélat de plus en plus satisfait de vous. Quoiqu'il ait été à Paris assez longtemps, il a peu paru ici. Dieu veuille nous faire selon son cœur, et non selon le nôtre ; car nous serions trop pervers et trop pleins de petites choses.

[1] *Rom.*, IV, 18.

LETTRE LIX.

BOSSUET A M. LE ROI, ABBÉ DE HAUTE-FONTAINE *a*)

A Versailles, ce 10 août 1677.

Je ne sais par quel accident il est arrivé que j'aie reçu votre écrit, sur la lettre de M. l'abbé de la Trappe (*b*), plus tard que vous ne l'aviez ordonné. Il m'a enfin été remis ; et j'ai été fort édifié des sentimens d'humilité, de charité et de modestie que Dieu vous a inspirés en cette occasion.

Je reconnois avec vous qu'on ne peut vous condamner sans

(*a*) Guillaume le Roi, abbé de Haute-Fontaine, prêtre aussi recommandable par sa piété que par son savoir, avoit des liaisons très-étroites avec le célèbre M. de Rancé, abbé de la Trappe. Quoique pénétré pour sa personne de tous les sentimens dus à son mérite, il ne put s'empêcher de lui témoigner son improbation pour une pratique usitée à la Trappe. On y étoit dans l'usage, sous prétexte d'humilier et de mortifier les religieux, de leur imposer des pénitences souvent fort rudes pour des fautes qu'ils n'avoient point commises, et qu'on leur imputoit sans même qu'il leur fût permis de se justifier. On croyoit leur rendre service et honorer Dieu, en leur attribuant par une pieuse fiction des défauts que rien ne manifestoit au dehors. L'abbé de Haute-Fontaine témoigna combien ces sortes de fictions lui paroissoient contraires à la vérité et à la charité. L'abbé de la Trappe et dom Rigobert, qui prétendoient s'appuyer de l'autorité de saint Jean Climaque, répondirent qu'ils regardoient cette pratique « comme un point capital, pour faire acquérir aux religieux la perfection de leur état. » M. le Roi leur allégua contre ce sentiment beaucoup de raisons, qu'ils le prièrent de mettre par écrit. Il le fit dans un ouvrage qu'il intitula : *Lettre à un abbé régulier, ou Dissertation sur le sujet des humiliations et autres pratiques de religion.* Cette Dissertation, quoique très-solide et très-sage, déplut à l'abbé de la Trappe, qui s'imagina que l'auteur accusoit lui et son monastère d'aimer les mensonges et les équivoques. Rien n'étoit cependant plus éloigné de la pensée de M. le Roi, qui n'attribuoit qu'à un zèle indiscret ou peu réfléchi la conduite qu'il blâmoit. La dispute s'échauffa. M. de Rancé entreprit de réfuter l'écrit de M. le Roi par une longue lettre qu'il adressa à M. Vialart, évêque de Châlons, dans laquelle il laissa échapper beaucoup de traits de vivacité contre l'auteur de la *Dissertation.* L'évêque de Châlons communiqua sa lettre à M. l'abbé de Haute-Fontaine, qui se borna à y faire des apostilles, après quoi il la renvoya au prélat. Cette affaire n'auroit pas eu d'autres suites, si l'abbé de la Trappe n'avoit donné des copies de sa lettre : elle devint bientôt publique par l'impression, quoiqu'à l'insu et contre la volonté de l'auteur, qui le déclara ainsi à M. le Roi dans une lettre du 14 avril 1677. L'abbé de Haute-Fontaine se sentit alors pressé de faire imprimer sa *Dissertation.* Néanmoins la crainte de préjudicier à la réputation du respectable réformateur le retint ; et avant de prendre aucun parti, il voulut consulter ses amis les plus sages et les plus éclairés. Bossuet fut de ce nombre. Ce prélat lui conseilla de ne point répondre à l'abbé de la Trappe. (*Les édit.*) —
(*b*) Il s'agit d'un éclaircissement donné par M. le Roi, sur la lettre de M. l'abbé de la Trappe contre sa *Dissertation.* (*Id.*)

avoir vu la *Dissertation* qui a donné lieu à la lettre ; et ceux qui ne l'ont pas vue n'ayant aucune raison de vous blâmer, doivent présumer pour votre innocence.

Sans juger ce qu'il y a ici de personnel, il y a sujet de louer Dieu de ce que vous et M. l'abbé êtes d'accord dans le fond, puisqu'il convient que les corrections fondées sur le mensonge n'ont point de lieu parmi les chrétiens ; et que vous avouez aussi qu'on ne peut avec raison rejeter celles qui se fondent sur des fautes présumées par quelque apparence.

Ainsi la vérité ne souffre point dans votre contestation ; et il me semble aussi, Monsieur, jusqu'ici que la charité n'y est point blessée.

Si M. l'abbé de la Trappe vous a imputé, comme vous le dites, un sentiment que vous n'avez pas (a), vous-même vous ne croyez pas qu'il l'ait fait dans le dessein de vous nuire ; et tout au plus, il se pourroit faire qu'il auroit mal pris votre pensée ; erreur qui après tout est fort excusable.

Les paroles fortes et rudes dont il se sert dans sa lettre ne tombent donc pas sur vous, mais sur une opinion que vous jugez fausse et dangereuse aussi bien que lui.

Quant à l'impression, vous croyez sur sa parole qu'il n'y a point eu de part ; et je puis vous assurer que l'affaire s'est engagée par des conjonctures dont il n'a pas été le maître.

J'avois vu sa lettre manuscrite, parce qu'elle s'étoit répandue sans la participation de M. l'abbé : et le récit, que m'ont fait des personnes très-sincères, de tout ce qui s'est passé, m'a convaincu que l'impression étoit inévitable.

Une chose qui s'est faite sans dessein et par un accident qui ne pouvoit être ni prévu ni empêché, n'a pas dû offenser un homme aussi équitable que vous, et aussi solidement chrétien.

Et en effet votre écrit, plein de sentimens charitables, ne montre en vous, Monsieur, aucune aigreur ; mais il me semble seulement que vous croyez trop que M. l'abbé a tort.

(a) L'abbé de la Trappe disoit que l'opinion de M. le Roi tendoit à ruiner les pratiques de pénitence usitées dans les plus saints monastères et pour me servir de son expression, alloit à *ravager la Thébaïde*. (*Les édit.*)

Ce que je viens de dire en toute sincérité et avec une certaine connoissance, vous doit persuader qu'il n'en a aucun. Et pour moi je crois, Monsieur, que Dieu a permis la publication de cet écrit, afin que l'Eglise fût édifiée par un discours où toute la sainteté, toute la vigueur et toute la sévérité de l'ancienne discipline monastique est ramassée.

J'ai lu et relu cette sainte Lettre; et toutes les fois que je l'ai lue, il m'a semblé, Monsieur, que je voyois revivre en nos jours l'esprit de ces anciens moines dont le monde n'étoit pas digne; et cette prudence céleste des anciens abbés, ennemie de la prudence de la chair, qui traite par des principes et avec une méthode si sûre les maux de la nature humaine.

Laissez donc courir cette lettre, puisque Dieu a permis qu'elle vît le jour. Il arrivera sans doute qu'elle donnera occasion de blâmer et vous et M. l'abbé de la Trappe : vous, qu'on verra accusé par un si saint homme; et lui, pour avoir accusé si sévèrement un ami dont le nom est grand parmi les gens de piété et de savoir.

Mais si vous demeurez tous deux en repos et que vous, Monsieur, en particulier, qui êtes ici l'attaqué, méprisiez les discours des hommes en l'honneur de celui qui étant la sagesse même, n'a pas dédaigné d'être l'objet de leur moquerie, ces blâmes se tourneront en louanges et en édification, et même bientôt.

Ainsi loin d'être d'avis que la *Dissertation* soit imprimée, je ne puis assez louer la résolution où vous êtes de communiquer vos réflexions à très-peu de personnes; et je me sens fort obligé de ce que vous avez voulu que je fusse de ce nombre.

Les réflexions, Monsieur, toutes modestes qu'elles sont, sont tournées d'une manière à vouloir qu'on donne un grand tort à M. l'abbé de la Trappe, et un tort certainement qu'il n'a pas, puisqu'il n'a aucune part aux copies qui ont couru de sa Lettre en manuscrit, ni à l'impression qui s'en est faite.

Pour ce qui est de la *Dissertation*, de quelque part qu'elle fût imprimée, soit de la sienne, soit de la vôtre, elle ne peut plus servir qu'à montrer un esprit de contestation parmi des personnes qui ont la paix et la charité dans le fond du cœur.

Pardonnez-moi, Monsieur, la liberté que je prends de vous dire mes pensées : je vous assure que je le fais sans aucune partialité, et dans le dessein de servir également les uns et les autres. Quand vous ne direz mot, votre humilité et votre silence parleront pour vous, et devant Dieu et devant les hommes.

Permettez-moi encore un mot sur ce que vous dites des prosternemens pour fautes légères. J'avoue qu'étant employés sans discrétion, ils font plus de mal que de bien, et font recevoir indifféremment les pénitences ; mais étant ordonnés à propos, ils humilient les superbes, et les font rentrer en eux-mêmes : et je ne crois pas que ce soit un doute qu'ils puissent être utilement employés pour les fautes les plus légères, puisque même, comme vous savez beaucoup mieux que moi, il n'y en a point de légères à qui a sérieusement pensé de quel fonds elles viennent toutes, à quoi elles portent et à qui elles déplaisent.

Au reste en finissant cette lettre, je ne puis m'empêcher de vous témoigner combien je désire de vous connoître autrement que par vos ouvrages. Votre esprit que j'y ai connu, et la bonté que vous avez eue de m'en faire toujours des présens, m'ont attaché particulièrement à votre personne. Excusez si, pour vous sauver la peine que vous donneroit ma méchante écriture, je n'ai pas écrit de ma main. Je suis avec tout le respect et l'attachement possible, etc.

LETTRE (EXTRAIT) LX.

LE MARÉCHAL DE BELLEFONDS A BOSSUET (a).

Dans la vérité, je ne saurois avoir la complaisance de blâmer beaucoup de gens qui, je crois, ne le méritent pas. Cependant je ne me mêle point de justifier personne sur la doctrine : mais l'on ne peut souffrir que je témoigne de la joie que les quatre évêques (b) soient bien avec Sa Sainteté ; et que des hommes

(a) Nous n'avons que cet extrait de la lettre de M. de Bellefonds, qui s'est trouvé dans le recueil des lettres que Bossuet lui a écrites. (*Les premiers édit.*) — (b) Les évêques d'Alet, Nicolas Pavillon ; de Pamiers, François de Caulet ; de Beauvais, Nicolas Choart de Buzenval ; d'Angers, Henri Arnauld. (*Les édit.*)

qui donnent de si grands exemples dans la morale et dans la discipline, soient purgés du soupçon d'une méchante doctrine.

Personne n'a connoissance de ce que je vous écris, et peu de gens l'auront à l'avenir : car j'ose vous assurer que si je n'étois pas d'un certain rang où je dois une espèce d'exemple, je serois très-content d'être humilié et scandalisé, afin de garder un silence où je trouverois beaucoup plus de sûreté. Je vous demande réponse et l'honneur de vos bonnes graces.

LETTRE LXI.

BOSSUET AU MARÉCHAL DE BELLEFONDS.

Je réponds suivant que vous le souhaitez, à la suite de votre lettre que j'ai reçue aujourd'hui. Si le confesseur qui vous oblige à ne point parler des cinq propositions sans ajouter qu'elles sont dans Jansénius, prétend vous empêcher seulement de dire qu'elles n'y sont pas, il a raison. Car vous ne devez pas dire qu'elles n'y sont pas, puisque même ceux qui l'ont soutenu ont reconnu que par respect pour le jugement ecclésiastique, qui déclare qu'elles y sont, ils étoient tenus au silence. Par la même raison il ne faut rien dire qui tende à faire voir qu'on doute si elles y sont, ou que le jugement du saint Siége, qui déclare qu'elles y sont, soit équitable; car ce seroit manquer au respect qui est dû à ce jugement, l'attaquer indirectement, et scandaliser ses frères.

Que si ce pieux religieux prétend que jamais vous n'osiez nommer les cinq propositions, en disant, par exemple, qu'elles ont fait grand bruit dans l'Eglise, et autres choses historiques et indifférentes, sans ajouter aussitôt qu'elles sont dans Jansénius; il vous impose un joug que l'Eglise n'impose pas, puisqu'il n'y a rien dans ses jugemens qui oblige les laïques à se déclarer positivement sur cette matière. On n'a rien à vous demander, quand vous ne direz jamais rien contre le jugement qui décide la question de fait, et que dans l'occasion vous direz que vous vous rapportez sur tout cela à ce que l'Eglise ordonne à ses enfans. Vous avez donc bien fait de ne vous engager pas à davantage : car la sincérité ne permet pas de donner des paroles en l'air, surtout dans un sacrement; et il est contre la prudence et contre la liberté chrétienne, de se laisser charger, sans nécessité, d'un nouveau fardeau qui pourroit causer des scrupules. Du reste vous auriez tort de blâmer des évêques (*a*) qui sont dans la communion du saint Siége, et dont la vie est non-seulement irréprochable, mais sainte. Dites sans hésiter que vous condamnez ce que l'Eglise condamne, que vous approuvez ce qu'elle approuve, et que vous tolérez ce qu'elle a trouvé à propos de tolérer : dites cela quand il le faudra, sans affectation et quand l'édification du prochain, ou quelque occasion considérable le demandera. Persistez à demeurer dans le dessein de garder le silence sur ces matières, autant que vous le pourrez, sans trop gêner votre esprit dans la conversation : qui vous en demandera davantage excède les bornes.

En voilà assez pour répondre à votre question : du reste je suis bien aise de vous dire en peu de mots mes sentimens sur le fond. Je crois donc que les propositions sont véritablement dans Jansénius, et qu'elles sont l'ame de son livre. Tout ce qu'on a dit au contraire me paroît une pure chicane, et une chose inventée pour éluder le jugement de l'Eglise. Quand on a dit qu'on ne devoit ni on ne pouvoit avoir à ses jugemens sur les points de fait une croyance pieuse, on a avancé une proposition d'une dangereuse conséquence, et contraire à la tradition et à la pratique (*b*). Comme pourtant la chose étoit à un point qu'on ne pouvoit pas pousser à toute rigueur la signature du Formulaire, sans causer de grands désordres et sans faire un schisme, l'Eglise a fait selon sa prudence d'accommoder cette affaire, et de supporter par charité et condescendance les scrupules que de saints évêques et des prêtres, d'ailleurs attachés à l'Eglise, ont eus sur le fait. Voilà ce que je crois pouvoir établir par des raisons invincibles : mais

(*a*) Les quatre évêques. — (*b*) Voici comment le cardinal de Bausset cite cette phrase dans l'*Histoire de Bossuet*, liv. II, chap. XVIII, p. 196 (éd. de Vers.) : « Quand on dit qu'on ne devoit, ni on ne pouvoit avoir à ses jugemens, sur les points de fait, *qu'une* (au lieu de *une*) croyance pieuse, on a avancé une proposition, » etc. On voit que l'historien, par l'addition de la particule exclusive *que*, dénature le sentiment de Bossuet sur une matière importante et délicate. Et ce n'est pas la première fois que nous le surprenons dans de pareilles manœuvres.

cette discussion vous est, à mon avis, fort peu nécessaire. Vous pouvez sans difficulté dire ma pensée à ceux à qui vous le trouverez à propos, toutefois avec quelque réserve. J'ai appris de l'Apôtre à ne point trahir la vérité, et aussi à ne point donner d'occasion de troubles à ceux qui en cherchent.

LETTRE LXII.

BOSSUET AUX RELIGIEUSES DE PORT-ROYAL,

Sur la signature pure et simple du Formulaire contre le livre de Jansénius (a).

Mes très-chères-Sœurs,

Quoique les dissensions qui sont nées au sujet des cinq propositions et des signatures fassent une grande plaie dans l'Eglise,

(a) En 1664, Bossuet eut, devant M. de Péréfixe, archevêque de Paris, une conférence avec les religieuses de Port-Royal, pour les engager à reconnoître purement et simplement, sans la distinction du fait et du droit, le Formulaire contre les cinq propositions de Jansénius. Son éloquence incomparable et son invincible dialectique échouèrent devant de funestes préventions. Cédant à la voix de la charité, il écrivit une lettre qui résumoit ses raisonnemens; et M. de Péréfixe la publia dans le texte, ou plutôt à la suite d'un mandement.
Des difficultés nouvelles et de nouveaux écrits vinrent compliquer une situation déjà si critique et si périlleuse, où les résistances et les obstacles se multiplioient les uns par les autres. En 1665, l'archevêque de Paris donna un second mandement, qui demandoit comme le premier la soumission au Formulaire ; et le grand orateur modifia sa lettre fondamentalement, remplaçant dans plusieurs paragraphes les faits par d'autres faits, les raisonnemens par d'autres raisonnemens. Cette seconde lettre ne fut pas publiée comme la première, mais seulement lue aux religieuses de Port-Royal.
L'abbé Ledieu dit, dans une note de la copie qui la renferme : « Je n'ai point trouvé de date dans l'original de cette lettre; mais elle porte deux caractères certains du temps qu'elle a été écrite. Dans un premier projet de cette lettre, il est beaucoup parlé du mandement de M. de Péréfixe, où il réduisoit à la foi humaine la créance du fait de Jansénius : et à la fin de cette copie au net l'on a pu remarquer ce qui est dit de la signature du Formulaire faite par M. Arnauld, évêque d'Angers. J'ai aussi trouvé au bout de cette même lettre une note de l'auteur contre la quatrième partie de l'*Apologie des religieuses de Port-Royal*, ce qui suppose que cet ouvrage étoit public. Or le mandement de M. de Paris pour la foi humaine étoit du septième de juin 1664. Le formulaire contenu dans la bulle d'Alexandre VII, du 15 de février 1665, donna occasion à une nouvelle ordonnance de M. de Péréfixe, du 13 de mai 1665, pour la signature de ce nouveau formulaire avec un simple acquiescement et sans plus parler de la foi humaine : et c'est pourquoi l'auteur de cette lettre en a aussi retranché tout ce qui regarde cette sorte de créance. La quatrième partie de l'*Apologie des religieuses de Port-Royal* fut publiée le 20 d'avril 1665 et la première *Ordonnance*

et qu'en quelque part que l'on découvre des effets d'un mal si dangereux, tous ceux qui ont un cœur et des entrailles chrétiennes ne puissent pas en être touchés médiocrement, il me paroît toutefois que nos peines et nos périls attirent une compassion plus particulière ; et je ne puis sans une extrême douleur vous voir si avant engagées dans un tumulte duquel non-seulement votre retraite et votre profession, mais encore votre sexe même sembloit vous avoir si fort éloignées. C'est ce qui me donne pour vous une continuelle inquiétude ; les dangers et les tentations auxquelles vous êtes exposées me sont présentes nuit et jour ; et je vous porte sans cesse devant Dieu, le priant humblement et avec ardeur par la grace qu'il vous a faite de quitter le siècle, qu'il lui plaise de consommer en vous son ouvrage jusqu'à la fin, et de vous éclairer par sa grace sur ce que vous avez à faire dans cette importante conjoncture.

Je connois si clairement vos obligations que je ne puis en douter, et l'amour que j'ai pour votre salut et pour la paix de l'Eglise me presse de vous en écrire mes pensées. Car, encore que je ne présume pas de pouvoir rien ajouter à ce qui a été expliqué par ceux qui vous ont parlé devant moi, néanmoins me souvenant des instructions de l'Apôtre, je vous dirai avec lui « qu'il ne doit pas nous être à charge de vous répéter les mêmes choses et qu'il vous est nécessaire » de les entendre [1]. Lisez donc, mes chères Sœurs, avec patience ces réflexions du moindre de ceux qui vous ont entretenues de vos devoirs : et trouvez bon que laissant à part tout ce qu'il faudroit peut-être traiter si l'on parloit à

---

[1] *Philip.*, III, 1.

de M. d'Angers, pour la signature du Formulaire, est du huitième de juillet de la même année. Cette lettre supposant toutes ces pièces rendues publiques, il faut qu'elle leur soit postérieure, c'est-à-dire apparemment vers la fin même de juillet 1665, temps auquel M. de Péréfixe fit un dernier effort pour amener à l'obéissance les religieuses de Port-Royal, qu'il avoit toutes fait rentrer en leur maison des champs, après leur avoir ôté celle de Paris, se servant à cette fin de M. l'abbé Bossuet, comme il avoit fait de tant d'autres avant lui. »

Ainsi, deux lettres aux religieuses de Port-Royal : l'une incomplète et défectueuse, l'autre soigneusement revue par l'auteur. Or la première a seule été publiée jusqu'à ce jour ; la seconde paroît ici pour la première fois. Le manuscrit se trouve à la bibliothèque du séminaire de Meaux. Comme on a pu le voir dans ce qui précède, c'est une copie faite par l'abbé Ledieu sur l'autographe de Bossuet.

des docteurs, je me réduise précisément à ce qui suffît pour votre état, n'y ayant rien de moins à propos que de vous jeter dans de longues et inutiles discussions, dans le temps que vos besoins et vos périls demandent que l'on vous donne un moyen facile de vous résoudre.

Pour y parvenir, mes Sœurs, et retrancher autant qu'il se peut les difficultés, je pose pour fondement la déclaration que vous avez faite dans vos Actes, que vous êtes résolues d'obéir sans réserve (à vos Supérieurs ecclésiastiques) en tout ce que la conscience peut permettre. Ainsi [toute la question] est réduite à votre égard à examiner, si la signature pure et simple qu'on vous demande est mauvaise en soi : et pour vous montrer clairement que vous devez l'accorder à M. l'archevêque, il suffit de vous faire voir que vous le pouvez sans blesser votre conscience, puisque selon les termes de vos Actes, hors cela vous êtes prêtes de tout exposer.

Considérons donc, mes Sœurs, ce point unique et nécessaire; et examinons en détail toutes les difficultés qui vous peinent dans cette souscription qu'on vous propose.

Premièrement, je ne pense pas qu'après tant de déclarations et publiques et particulières que vous a faites M. l'archevêque, vous ayez encore l'appréhension que l'on attende de vous la même attache au fait qui est contenu dans le formulaire, qu'aux vérités révélées. Et certainement, mes Sœurs, c'étoit une vaine terreur qu'on vous donnoit, que vous y fussiez obligées par la force des termes de ce formulaire. Car il n'y a personne qui ne sache que dans les professions de foi des fidèles, il n'ait été ordinaire dès la première antiquité de joindre la condamnation des mauvaises doctrines avec celles de leurs défenseurs : et néanmoins on ne dira pas que ç'ait été jamais l'intention de l'Eglise, que ce qui touchoit les personnes fût un article de foi. Il n'est pas besoin de vous rapporter ici le fait de Théodoret, tant de fois rebattu en cette affaire. On sait assez que les Pères de Chalcédoine ne voulurent pas même écouter sa profession de foi, que l'anathème à Nestorius ne fût à la tête [1]. Si donc nous disons avec lui anathème à Nestorius et à

---

[1] *Conc. Chalced.*, act. VIII, tom. IV; *Concil.*, Labb., p. 620, 621.

quiconque ne dit pas que la sainte Vierge est mère de Dieu, personne ne pensera que, pour joindre le fait et le dogme dans une même profession de foi, nous nous soumettions à l'un et à l'autre par le même genre de soumission et dans le même degré de certitude.

Ecoutez, mes très-chères Sœurs, la profession de foi de saint Grégoire, vraiment grand parce qu'il a été vraiment humble, envoyée par ce saint pape aux églises d'Orient après son exaltation au saint Siége : « Parce que l'on croit de cœur à justice, et que l'on confesse de bouche à salut, je confesse que je reçois et que je révère les quatre conciles comme les quatre livres de l'Evangile, à savoir : celui de Nicée, où l'hérésie d'Arius est détruite ; celui de Constantinople, où l'erreur d'Eunome et de Macédonius est convaincue ; celui d'Ephèse, où l'impiété de Nestorius est jugée ; celui de Chalcédoine, dans lequel la mauvaise doctrine d'Eutychès et de Dioscore est réprouvée. Je reçois pareillement le cinquième concile, où la lettre dite d'Ibas, pleine d'erreurs, est condamnée, Théodore convaincu, les écrits de Théodoret contre la foi de saint Cyrille rejetés. Je réprouve toutes les personnes que ces vénérables conciles réprouvent, et j'embrasse celles qu'ils vénèrent. Quiconque donc pense autrement, qu'il soit anathème [1]. » Voyez, mes Sœurs, combien de faits sont mêlés dans la profession de foi de ce grand pape, et avec quelle autorité il fait tomber le même anathème tant sur les faits que sur les dogmes ; et néanmoins il est inouï qu'on ait jamais soupçonné qu'il rejetât les uns et les autres avec la même soumission de foi catholique.

Il me seroit aisé de tirer des Actes des saints conciles, comme des registres publics de l'Eglise, plusieurs professions de foi solennelles de même style et de même esprit que celle de saint Grégoire. Je puis vous assurer qu'elles sont très-ordinaires dans l'antiquité : et il ne serviroit de rien d'objecter que les faits qu'on inséroit dans ces professions de foi étoient tellement notoires, que les hérétiques mêmes en convenoient. Premièrement, il n'est pas ainsi : on n'inséroit dans ces professions de foi que des faits jugés par l'Eglise ; mais on n'attendoit pas pour cela que tout le monde

---

[1] Lib. I, epist. XXIV.

en convînt. Saint Grégoire ne pouvoit ignorer combien de personnes disconvenoient du fait de Théodore, de Théodoret et d'Ibas : il ne l'en comprend pas moins avec les autres dans la même profession de foi et sous le même anathème, parce qu'il lui suffisoit qu'il fût jugé, et personne n'a jamais pensé qu'en cela il fît rien contre les canons. Mais quand la remarque seroit véritable, elle ne feroit rien à la question. Car dans quelque notoriété que ces faits fussent connus aux fidèles, elle n'étoit pas capable de les élever au rang de vérités révélées : par conséquent, il est clair, qu'encore qu'ils fussent proposés avec les dogmes dans la même profession de foi, ils n'étoient pas reçus pour cela par le même genre de soumission et de créance. On recevoit chaque chose dans son degré et dans son ordre. Qui ne voit donc manifestement qu'on vous a effrayées par un vain scrupule, lorsqu'on a voulu vous faire craindre par les termes du formulaire que ce qui touche le livre de Jansénius, ne vous y fût proposé avec la même certitude que les vérités de foi ? Cette crainte n'avoit aucune apparence ; et on ne devoit pas vous engager à cette distinction de fait et de droit entièrement inouïe dans ces sortes de souscriptions, étant très-indubitable que parmi un si grand nombre de professions de foi, dans lesquelles il y a eu des faits insérés par l'autorité de l'Eglise, il ne se trouvera pas que cette distinction ait jamais été jugée nécessaire, ni que personne ait eu un pareil scrupule.

Que si nous venons à approfondir les autres difficultés desquelles on fait tant de bruit, nous ne les trouverons pas plus considérables. Je vois qu'on répand dans le monde et qu'on pose pour très-assurée une infinité de fausses maximes qui troublent les consciences sur le sujet des souscriptions et des faits jugés par l'Eglise, rejetant autant que l'on peut l'autorité de ses jugemens ; parce qu'ils ne sont pas infaillibles comme ceux qui regardent la foi catholique, il semble qu'on [veuille établir] qu'ils ne méritent aucune créance ; on vous les fait regarder comme des choses purement indifférentes et sur lesquelles l'Eglise n'a rien à exiger de ses enfans. C'est pourquoi on vous persuade que vous avez satisfait à tout, lorsque vous déclarez dans vos actes que vous n'y prenez nulle part, comme s'il s'agissoit seulement d'une dispute qui fût née entre les savans, et non d'un jugement ecclésiastique qui regarde tous les fidèles et l'utilité de toute l'Eglise.

Bien plus, on vous fait appréhender que vous ne portiez un faux jugement et que vous ne rendiez un faux témoignage, en condamnant un auteur dont vous ne savez pas la doctrine ; et encore qu'on ne vous propose de le faire que sur l'autorité du jugement de l'Eglise, cette forte considération ne lève pas votre peine : au contraire vous répondez dans vos Actes que ne sachant point si les hérésies condamnées sont dans le livre d'un évêque catholique que vous êtes incapables de lire, vous êtes incapables aussi de rendre témoignage de ce fait que vous savez être contesté. Tellement que la chose en est réduite à ce point, que non-seulement vous ne croyez pas que l'Eglise ait droit de vous obliger à souscrire la condamnation de cet auteur; mais encore vous publiez hautement qu'il ne vous est pas permis de le faire sur la seule autorité de sa sentence ; et que tant que ce fait sera contesté par les partis, vous croirez blesser votre conscience en souscrivant le décret du juge.

Je vous confesse, mes Sœurs, que je ne puis entendre sans étonnement ces maximes nouvelles et inouïes qu'on pose pour fondement à votre conduite présente. Car, je vous prie, qui a jamais ouï dire qu'on ne puisse ni rien croire ni rien assurer, même dans des choses de fait, que sur sa propre science ? Que si l'on peut et si l'on doit souvent s'en rapporter à l'autorité d'autrui, y en a-t-il au monde une plus grande sur l'esprit des chrétiens que celle d'un jugement canonique reçu unanimement dans toute l'Eglise comme celui dont il s'agit ? Qu'y a-t-il donc de plus vain, mais qu'y a-t-il de plus dangereux que cette appréhension de blesser sa conscience, en souscrivant un jugement de l'Eglise universelle, sous prétexte qu'on n'est pas instruit par soi-même des motifs qu'elle a eus pour le prononcer ? Quoi ! lorsqu'un particulier entendra publier par son pasteur un jugement ecclésiastique contre quelques personnes ou quelques écrits, s'il n'est informé par lui-même de la vérité du fait, il ne pourra plus sans péché dire en imitant le grand saint Grégoire : J'approuve les personnes et les écrits que l'Eglise approuve, et je condamne ceux qu'elle condamne : et cette humble déclaration non-seulement ne doit plus être louée, mais ne peut plus être soufferte ? Voilà, mes très-chères Sœurs, les excès où vous engagent vos actes et vos excuses présentes. Car si elles sont recevables et si, pour être capable de consentir à un jugement ecclésiastique de cette nature, il faut avoir pénétré le mérite de la cause, en même temps que ce particulier docile enfant de l'Eglise sera prêt de déclarer hautement l'approbation qu'il donne à sa sentence sans s'enquérir davantage, nous serons obligés de l'avertir qu'il précipite son jugement, qu'il témoigne ce qu'il ne sait pas, et que l'Eglise ne peut exiger ni même recevoir de lui aucune autre soumission que celle de son silence, puisque ne connoissant pas le fait par lui-même, il n'est pas même capable d'en rendre aucun témoignage. Y auroit-il rien de plus nouveau, de plus dangereux ni de plus étrange que cette conduite ?

C'est pourquoi je vous conjure d'envisager avec moi les mauvais effets qu'elle opéreroit dans l'Eglise, et le prodigieux renversement qu'elle feroit dans sa discipline, si elle étoit établie : et pour cela trouvez bon que je vous propose des maximes très-véritables, par lesquelles vous connoîtrez l'origine, l'autorité et la fin des jugemens ecclésiastiques sur les personnes et sur les écrits suspects; desquelles quand nous aurons fait l'application au fait particulier dont il s'agit, j'espère que vous y découvrirez une lumière certaine pour sortir du labyrinthe où vous êtes. Au reste, je vous supplie de croire que voyant vos perplexités, je ne prétends point vous embarrasser dans des questions et des doutes; et au contraire je ne veux avancer ici que des vérités très-connues, par lesquelles vous puissiez trouver la fin de vos peines et le repos de vos ames dans l'obéissance.

Je suppose pour premier principe, que l'Eglise a reçu d'en haut un commandement précis de reprendre et de censurer ceux qui corrompent la saine doctrine, de les séparer, de les éviter, de les noter même publiquement, en sorte qu'on ne puisse pas les méconnoître. Les Ecritures apostoliques sont pleines de pareils préceptes que l'Eglise ne peut accomplir sans prononcer des jugemens, non-seulement sur la doctrine en général, mais encore sur les personnes et sur les écrits. Tellement qu'il ne suffit pas, lorsque quelqu'un est accusé d'avoir enseigné une doctrine suspecte, que l'Eglise examine seulement si cette doctrine est bonne ou mauvaise en soi; mais il faut, pour satisfaire à ces commandemens divins, qu'elle entre en connoissance du fait, et qu'elle recherche s'il est véritable qu'elle ait été enseignée par cet homme et qu'elle soit contenue dans tel écrit : autrement elle n'obéit pas à l'ordre qu'elle a reçu de noter et « censurer l'homme hérétique [1]; » et il n'y a personne qui ne voie que ravir à l'Eglise cette puissance, c'est l'exposer nue et désarmée aux séducteurs et trompeurs, desquels elle a été si souvent avertie de se donner de garde. C'est pourquoi [nous voyons dans presque toutes] les pages de l'histoire ecclésiastique que [l'Eglise en prononçant] contre les mauvaises doctrines, notoit en même [temps et censuroit] par l'autorité du même décret ceux qui en étoient les auteurs ou les défenseurs. En quoi certes elle a suivi, non-seulement le précepte, mais encore l'exemple de l'Apôtre, qui ayant ordonné de noter tout frère qui marche désordonnément et contre la tradition qu'il avoit laissée [2], le pratique lui-même de la sorte en désignant expressément dans ses *Epîtres* un Hyménée, un Phygelle, un Hermogène [3] et les autres qui erroient et engageoient dans l'erreur. Par où l'Eglise a été instruite à rechercher avec soin ceux qui altéroient la bonne doctrine et ensuite à les découvrir, les notant en leur propre nom et par un décret exprès qu'on envoyoit à toutes les villes et à toutes les Eglises : ainsi qu'il fut pratiqué à l'égard d'un hérétique de la secte des monothélites que saint Eloi découvrit à Autun [4], et qu'il se pratiquoit constamment dans les autres rencontres semblables. Il est donc très-clair et très-manifeste que l'Eglise est obligée de rendre des sentences solennelles sur les faits de cette nature; et elle a fait voir à ses enfans de quelle importance lui étoient de tels jugemens, par deux circonstances remarquables.

Tit., III, 10. — [2] II *Thess.*, III, 6. — [3] II *Timoth.*, I. 15 : 1 Sics hoc... Phygellus et Hermogenes; *Ibid.*, II, 17 : Ex quibus est Hymenæus et Philetus. » — [4] *Vita S. Eligii*, lib. I, cap. XXXV; *Spicileg.*, tom. V.

La première, c'est qu'après avoir jugé les novateurs, elle inséroit leur condamnation avec une telle autorité dans ses professions de foi solennelles, que même elle en faisoit une partie très-considérable. Vous venez de lire, mes Sœurs, celle du pape saint Grégoire. Le grand pape saint Léon ordonne à ceux qui étoient suspects de l'hérésie pélagienne, de condamner par écrit dans leur profession de foi « les auteurs de leur superbe doctrine. » Il commande la même chose aux manichéens qu'il avoit découverts dans Rome [1]. Je n'achèverois jamais ce discours, si j'entreprenois de vous raconter tous les exemples pareils, qui sont infinis dans l'histoire et dans les actes particuliers de l'Eglise. J'ajouterai seulement que le pape saint Hormisdas exigea et reçut par écrit la confession de foi de tout l'Orient, en laquelle étoit énoncée la condamnation expresse de tous ceux que l'Eglise avoit jugés, et nommément celle d'Acace patriarche de Constantinople ; ce pape très-saint et très-docte, défenseur très-zélé de la doctrine de saint Augustin, ayant gravement averti les évêques « qu'il ne suffisoit pas d'enfermer les errans dans une condamnation générale, mais que leur profession de foi dont il leur envoyoit le modèle devoit condamner en particulier, nommément et par écrit tous ceux que l'Eglise catholique avoit jugés condamnables [2]. » Je vous ai déjà dit, mes Sœurs, que cette pratique étoit constante et universelle ; par où vous devez entendre de quel poids étoient les jugemens de tels faits, puisqu'ils faisoient comme vous voyez, une partie principale de la profession de foi de l'Eglise : non qu'elle ait jamais prétendu [donner] le dénombrement de ceux qu'elle condamnoit comme une [doctrine] révélée ; mais parce qu'on ne peut mieux témoigner son aversion contre les dogmes pervers, qu'en condamnant avec eux par une même déclaration, ceux que l'Eglise réprouve comme en étant les auteurs et les défenseurs ; selon ce que dit le même pape : « Celui-là prouve qu'il répugne aux erreurs, qui condamne les errans ; et on ne laisse aucun lieu à l'égarement quand on ne pardonne pas à ceux qui excèdent [3]. »

[1] Leon., epist. LXXXVI, *ad Nicetam Aquileiens.*, tom. III, *Concil.*, Labbe, p. 1388, c. 1389, e ; et epist. II *ad Episc. per Italiam*, ibid., p. 1295, c. — [2] Epist. VIII, XXIX, LI ; tom. IV, *Concil.*, Labbe, p. 1441, 1443, b, etc. Voy. les citations plus au long à la fin de la lettre. — [3] Hormisd., epist. XI, tom. IV, *Concil.*, Labbe, p. 1448, e.

C'est pourquoi, et c'est la seconde observation, les jugemens de cette nature et sur ces sortes de faits ont paru à toute l'Eglise d'une telle conséquence et elle les a estimés tellement conjoints à la cause de la foi, que pour accorder la grace de sa communion, elle ne se contentoit pas qu'on fût convenu de la condamnation des erreurs, si l'on ne souscrivoit aussi la condamnation des personnes légitimement réprouvées. C'est ce qui paroît clairement par ce célèbre accord entre saint Cyrille d'Alexandrie et Jean patriarche d'Antioche. Nous en voyons tous les actes à la fin du concile d'Ephèse, dans lesquels nous remarquerons en premier lieu que l'empereur Théodose ayant beaucoup désiré cette conciliation, il assembla les évêques qui se trouvèrent à Constantinople, pour agir en cette affaire selon leur avis, ainsi qu'il se pratiquoit ordinairement dans les grandes affaires de l'Eglise. Là il fut convenu avant toutes choses qu'il falloit poser pour fondement le consentement dans la foi; mais on ajouta aussi comme une condition nécessaire, que Jean d'Antioche seroit obligé d'anathématiser les dogmes de Nestorius, et d'approuver par écrit sa déposition [1]. Voilà quel fut le projet de cet accommodement; en exécution duquel saint Cyrille d'Alexandrie déclare que lui et les orthodoxes ne reçurent à leur communion les évêques d'Orient ni Jean leur chef et leur patriarche, que sous cette condition nécessaire d'anathématiser par écrit Nestorius et ses dogmes, et de consentir aussi par écrit exprès à sa déposition et à l'ordination de Maximien son successeur. Ce qui fut fait de la sorte avec un consentement unanime. D'où il résulte que Jean d'Antioche et les évêques d'Orient n'auroient point eu de part à la paix et à la communion des orthodoxes, s'ils n'eussent consenti formellement, non-seulement à la foi, mais encore en particulier à la condamnation de Nestorius.

Le pape saint Hormisdas, dont je vous ai déjà proposé l'exemple, en usa de la même sorte avec Jean, patriarche de Constantinople et

---

[1] Voyez les lettres de Jean d'Antioche et les déclarations des Orientaux, XXVI, XXVII, XXXI, XXXII; et les lettres de saint Cyrille à Jean d'Antioche, Acace et autres, XXXIV, XXXV, XXXVII; *Conc. Ephes.*, p. 3, tom. III, *Concil.* Labbe, p. 1088 etc., 1105, etc. (Voyez encore les citations qui sont à la fin de cette lettre.)

les autres évêques grecs (*a*) : car leur ayant lui-même envoyé un formulaire de foi, qui comprenoit expressément la condamnation de tous ceux qui avoient été notés par les jugemens de l'Eglise et en particulier celle d'Acace patriarche de Constantinople, que le pape Félix III avoit justement condamné, nonobstant leurs excuses et leur résistance, il leur ordonna de le souscrire. Et encore que Jean de Constantinople lui eût déclaré par écrit qu'il recevoit le concile de Chalcédoine et les lettres du grand pape saint Léon, ce qui suffisoit pleinement pour l'intégrité de la foi, il ne laissa pas toutefois de lui refuser [constamment la communion] jusqu'à ce qu'il lui eût envoyé sa souscription [à leur condamnation]. Car lui répond ce grand pape : « Si ce concile et ces lettres [vous plaisent, et] que la défense d'Acace justement condamné ne vous plaise pas, je saurai alors, poursuit-il, que vous révérez avec moi ce que je révère, si vous détestez avec moi ce que je déteste[1]. » Et encore dans une autre Epître : « Recevoir, dit saint Hormisdas, le concile de Chalcédoine et les lettres de saint Léon, et cependant vouloir défendre le nom d'Acace, c'est entreprendre de soutenir des choses contraires. C'est pourquoi, conclut-il enfin, si vous voulez que nous vivions ensemble en communion, envoyez-moi la profession que vous trouverez attachée au bas de cette lettre souscrite de votre main. » Voilà, mes Sœurs, en quelle manière ce pape très-savant et très-pieux pressoit la souscription sur des faits, et y obligeoit par son autorité les évêques des plus grands siéges de l'Eglise. Et quoique nous voyions par une lettre du pape saint Gélase, que l'on objectoit alors ce que quelques-uns objectent encore à présent, que « Acace n'avoit pas été jugé par un concile, lui qui étoit évêque d'une Eglise si considérable[2] : » néanmoins le pape saint Hormisdas pressa toujours les Orientaux par la force des choses jugées : « Pourquoi m'arrêter, disoit-il, à discourir de choses déjà décidées, puisque je n'ai plus rien à faire qu'à exhorter[3]? » Il croyoit que s'agissant d'une affaire déjà terminée par le jugement authentique de Félix son prédécesseur,

---

[1] Epist. XXIX. — [2] Gelas., epist. XIII; tom. IV, *Concil.*, Labbe, p. 1199, c. d Hormisd., epist. XXXII. — [3] *Ibid.*, p. 1479, b. c.

(*a*) Voyez ci-dessus, et les citations qui sont plus au long à la fin de cette lettre.

il n'avoit plus rien à faire que d'exhorter tout le monde à y obéir. Et en effet tout l'Orient se crut obligé de céder à l'autorité du Pape avec une incroyable satisfaction de toute l'Eglise catholique, qui vit par l'autorité de ce grand et saint pontife sa foi et sa paix universellement établies.

Vous voyez par ces exemples constans, avérés, approuvés par tous les orthodoxes, qu'il faut dire nécessairement ou que l'Eglise s'est horriblement trompée dans sa conduite, ou bien que ses décisions sur les faits ne sont pas de si petite importance qu'on veut vous le faire entendre. Et certes si les nouvelles maximes qu'on veut établir à présent eussent eu lieu en ces temps, qu'y eût-il eu de plus facile à ceux que l'on pressoit pour ces souscriptions, que de répondre qu'ils avoient donné leur déclaration sur la foi si nette et si décisive, qu'il n'y avoit aucune raison de les soupçonner d'hérésie : tellement qu'on ne pouvoit après cela les pousser plus loin sur des faits et des condamnations personnelles sans une extrême violence? Mais l'Eglise ne recevoit pas ces excuses : au contraire le pape saint Hormisdas répondoit ainsi à ceux qui croyoient avoir satisfait à tout, en confessant la foi de l'Eglise romaine : « Après cela, disoit-il, que reste-t-il autre chose, sinon que vous suiviez sans hésiter les jugemens du siége apostolique, duquel vous professez que vous embrassez la foi¹? » Où il se voit clairement qu'il parloit du jugement rendu contre Acace. Nous vous disons, mes chères Sœurs, la même chose. Si vous embrassez la foi du Siége apostolique, suivez sans crainte ses jugemens, ne craignez pas de vous exposer à aucun péril de pécher en souscrivant humblement sur l'autorité de sa sentence.

Avant que d'aller plus loin, je me sens obligé de vous avertir qu'en rapportant ces exemples, je n'entends faire aucun préjudice à la personne de Jansénius, lequel on estime tant que l'on vous exhorte publiquement à l'imiter. Je vous déclare, mes Sœurs, que je ne prétends pas qu'on puisse tirer aucun préjugé de sa personne en faveur de son livre, je ne pense pas non plus qu'il y ait rien à conclure de son livre contre sa personne; et si j'ai

---
¹ Epist. XXIX, tom. IV, *Concil.*, Labbe, p. 1472, 1473, c.

produit les exemples de personnes condamnées, ce n'est pas pour les mettre en aucune sorte de comparaison avec un évêque mort dans la paix et dans la soumission, mais pour établir seulement les maximes générales touchant les jugemens sur les faits, lesquelles doivent être réduites aux personnes ou aux écrits suivant l'exigence de la matière.

Je n'ignore pas qu'on répond que les faits sur lesquels intervenoient de tels jugemens étoient constans et notoires par l'aveu même des partis : mais il n'y a rien de plus vain ni de plus mal fondé que cette réponse. Car par exemple, mes Sœurs, dans les faits que j'ai rapportés, peut-on dire que Jean d'Antioche demeurât d'accord que la déposition de Nestorius eût été bien faite dans le concile d'Ephèse, lui qui avoit rempli toute l'Eglise de plaintes si outrageuses contre les décrets et la procédure de ce saint concile, et qui peu de temps après l'union et lors même qu'elle se traitoit, avoit encore écrit à saint Cyrille qu'il s'y étoit « dit et fait plusieurs choses qui n'étoient pas selon l'ordre [1]? » Le pape Félix III avoit-il attendu l'aveu d'Acace pour prononcer sa sentence? Et si Jean de Constantinople eût reconnu d'abord la nécessité de condamner son prédécesseur, eût-il persisté si longtemps à défendre son nom et sa personne? Qui ne voit donc que ce patriarche, aussi bien que Jean d'Antioche, céda par la force des décrets, et se rendit par l'autorité des choses jugées?

Et sans m'arrêter ici à une longue discussion de faits infinis, je demanderai seulement si quelqu'un peut assurer que les chefs des hérésies et leurs sectateurs convinssent qu'on eût bien pris leur pensée, et qu'ils demeurassent toujours d'accord d'avoir enseigné les dogmes qui leur étoient attribués. Au contraire, n'est-il pas véritable qu'ils affectoient ordinairement de les cacher et de parler comme les orthodoxes, surtout quand leur parti étoit foible; qu'ils ne cessoient jamais de se plaindre qu'on les avoit calomniés, et qu'encore même qu'ils convinssent d'avoir dit les paroles qu'on leur reprochoit, ils ne convenoient pas toujours qu'on eût bien entendu leur sens? Ce seroit perdre le temps et faire le savant

---

[1] Cyril., *Epist. ad Donatum Nicopolit.;* conc. Ephes., p. 3. epist. XXXVIII, tom. III, *Concil.*, Labbe, p. 1155, e.

mal à propos, que de ramasser ici les exemples d'une semblable
conduite, et de prouver par un long discours une vérité qui ne
sera pas disputée. Celui-là certainement auroit peu connu les profondeurs de Satan dans l'établissement des hérésies, qui ne se
seroit pas aperçu que le piége le plus ordinaire que tendent leurs
défenseurs aux enfans de Dieu, c'est de couvrir de ténèbres leurs
desseins et leurs sentimens, de leur donner le change, pour ainsi
parler, en détournant l'état de la question et réduisant la difficulté
à des choses qui semblent légères et où il ne paroît aucun péril,
dans lesquelles néanmoins est renfermé en effet tout le secret du
parti, tout le venin de la doctrine et, comme dit l'apôtre saint
Paul, toute « l'efficace de l'erreur¹. » Parmi tous ces artifices et
dans cette confusion, vous voyez bien, mes Sœurs, à quelles séductions l'Eglise seroit exposée, si elle accordoit aujourd'hui cette
maxime, que les jugemens qu'elle rend sur les personnes et sur
les ouvrages hérétiques n'ont point de force, jusqu'à ce que les
faits soient avérés par le consentement des partis. Et s'ils ne veulent jamais en convenir, et s'ils soutiennent toujours qu'on n'a
pas bien entendu le sens de leurs discours et de leurs écrts, l'Eglise sera-t-elle à bout par cette ruse ou par cette opiniâtreté? et
ne pourra-t-elle plus obéir à l'ordre qu'elle a reçu d'en haut, de
noter les hommes hérétiques? C'est-à-dire, demeurera-t-il établi
qu'elle ne pourra plus crier contre les loups, tant qu'ils garderont leur peau de brebis? Ou bien, si elle fait son devoir en notant
par une censure publique leurs personnes ou leurs écrits suivant
l'exigence des cas, eux et leurs disciples en seront-ils quittes
pour dire que ces jugemens regardent des faits dont ils ne conviennent point? Il n'y a personne qui ne voie quelles ouvertures donneroient de telles maximes au bouleversement total de
l'Eglise. Il faut donc nécessairement en établir de contraires,
et poser pour tout assurer, que l'Eglise peut et doit juger des
personnes et des écrits de ceux qui enseignent les fidèles, soit
que l'on convienne des faits, soit que l'on n'en convienne pas,
n'y ayant rien de plus injuste ni qui ouvre une plus grande porte
à la rébellion manifeste que de soutenir que ses jugemens ne

---

[1] II *Thess.*, II, 10.

puissent avoir leur force entière jusqu'à ce que les partis acquiescent.

Aussi voyons-nous, mes Sœurs, que l'Eglise procédant au jugement de ceux qui lui étoient déférés, dans quelque évidente notoriété que leurs sentimens fussent reconnus et même de leur aveu, n'a pas appuyé sur ce fondement la censure qu'elle a prononcée contre leurs personnes ou contre leurs livres. Car si elle n'eût regardé que cette notoriété et leur propre consentement, elle s'en seroit tenue à cette évidence sans aucune plus ample recherche. Mais au contraire, ayant procédé à l'examen de leurs discours et de leurs ouvrages, ainsi qu'il se voit dans tous les conciles, il paroît manifestement que l'Eglise s'est toujours sentie obligée de prendre une connoissance juridique des pensées et des sentimens des docteurs suspects par leurs discours et écrits publics, et qu'elle n'a jamais prétendu faire dépendre de leur aveu particulier l'effet ni l'autorité de sa sentence.

Vous voyez donc clairement, mes Sœurs, que c'est la pratique constante et la tradition de l'Eglise, non-seulement de prononcer des sentences solennelles sur le sentiment des auteurs, mais encore de n'attendre pour cela ni leur aveu, ni celui de leurs partisans. Vous voyez qu'ayant rendu de tels jugemens, elle les croit, et si importans, et si bien fondés, et si certains, qu'elle ne craint point de les insérer dans ses professions de foi publiques, et d'en exiger la souscription comme une condition nécessaire pour recevoir sa communion et sa paix. Or, il n'y a personne qui ne voie qu'elle ne pourroit faire ces choses, si elle ne tenoit pour maxime certaine et indubitable, qu'il y a une autorité suffisante dans de tels décrets pour obliger ses enfans à y souscrire sans peine. De sorte que c'est aller directement contre son esprit et sa conduite, que de craindre de mentir ou de rendre un faux témoignage en souscrivant sur la foi de ses jugemens canoniques.

Et certainement, mes Sœurs, le soin que l'Eglise a toujours pris de faire signifier, prêcher, publier, avec tant d'autorité et de gravité à tous ses enfans, ses saintes décisions, tant sur les dogmes que sur les personnes et sur les écrits suspects, est une preuve convaincante qu'elle ne doute nullement qu'on ne puisse s'en rapporter tout à fait à elle sans approfondir plus avant. Autrement ces publications solennelles faites dans les mêmes chaires où elle annonce les jugemens de Dieu seroient non-seulement une illusion, mais une tentation manifeste et un piége qu'elle tendroit à la crédulité des peuples. Car elle n'ignore pas que les chrétiens écoutant prononcer de telles sentences d'une place si sainte et si éminente, sous ce nom si vénérable de l'Eglise, ne soient puissamment induits, pour ne rien dire davantage, à y donner leur créance sur la seule autorité de son décret. Si donc cette déférence ne leur étoit pas permise, il faudroit avouer nécessairement que l'autorité de l'Eglise qui les y conduit leur seroit une tentation et un scandale. Et qui ne sait que si les noms de Nestorius, de Pélage, de Dioscore et autres semblables ont été portés par tout l'univers, chargés des anathèmes de tous les peuples, ce n'étoit pas que tous les fidèles sussent par eux-mêmes la malice de leurs discours et de leurs écrits? Un petit nombre les connoissoit de la sorte; mais tout le reste de la multitude, depuis le soleil levant jusqu'au couchant, et depuis le septentrion jusqu'au midi, s'en fioit à l'autorité de l'Eglise sans s'informer davantage; et l'Eglise qui leur inspiroit une répugnance extrême pour les personnes et pour les écrits condamnés, sans qu'ils en connussent par eux-mêmes la malignité, ne craignoit pas pour cela de les engager à des jugemens téméraires, ni de leur faire porter de faux témoignages, parce qu'au contraire elle savoit combien il leur étoit salutaire de les fuir plutôt que de les connoître, et de condamner par soumission et par conformité avec elle ceux qu'elle avoit condamnés par autorité et par connoissance.

Ainsi je ne comprends pas sur quoi peut être fondée cette nouvelle doctrine, qu'à moins de connoître par soi-même la vérité de quelque fait, on ne peut signer en conscience le jugement de l'Eglise qui le décide, comme s'il n'étoit pas permis de s'en reposer sur son autorité et de souscrire sur son témoignage.

On dit que c'est la coutume de n'exiger les souscriptions que des évêques, surtout en ce qui touche les faits. Si l'on veut inférer de là que l'intention de l'Eglise fût de laisser la chose dans l'indifférence à l'égard des peuples, on pourroit conclure de même touchant les décisions de la foi, lesquelles nous ne lisons pas qu'on prît soin de faire signer par des souscriptions générales. Mais qui ne sait que l'Eglise avoit d'autres témoignages publics de la soumission très-entière de ses enfans? Il ne faut qu'une médiocre connoissance de l'antiquité pour savoir que c'étoit une coutume reçue de prêcher et de publier dans l'Eglise, non-seulement les décisions des conciles et des papes contre les erreurs, mais encore leurs anathèmes contre les errans : et qu'il étoit si ordinaire aux chrétiens d'y répondre, d'y consentir, de les approuver par leurs acclamations, que l'Eglise n'avoit pas besoin d'exiger d'eux aucun témoignage, puisqu'ils lui en donnoient volontairement de si authentiques.

Au reste, je n'avoue pas que ce fût une coutume établie, de n'exiger la souscription que des seuls évêques pour des faits de cette nature. Nous voyons en l'action VII du concile de Constantinople, sous saint Flavien, que les archimandrites souscrivirent la déposition d'Eutychès [1]. Les légats du pape saint Hormisdas obligèrent pareillement les archimandrites, c'est-à-dire les Pères des monastères à souscrire expressément la condamnation d'Acace [2]. Et personne ne peut nier que l'Eglise n'ait souvent demandé même des laïques un consentement exprès sur des jugemens de fait, quand elle l'a jugé ainsi nécessaire ou pour l'établissement de la foi, ou pour le bien de la paix et de la concorde publique.

Le concile huitième, dans sa neuvième action, ordonne à quelques laïques de déclarer publiquement « qu'ils reçoivent ceux que le concile reçoit, et qu'ils anathématisent ceux qu'il anathématise, et nommément Photius [3] : » encore qu'ils s'excusassent sur leur condition disant que « ce n'étoit pas à eux de prononcer des anathèmes, » toutefois ils le font enfin par le commandement exprès du concile; lequel dans sa dernière action exige en particulier des laïques qui étoient présens comme une espèce de profession de foi la déclaration suivante : « Recevant ce saint et uni-

[1] Act. VII *Concil. Const.*, relat. act. — [2] *Concil. Chalced.*, tom. IV; *Concil.*, Labbe, p. 230, etc., Dioscori *ad Hormisdam*, tom. IV *ibid.*, inter *Epistolas* Hormisdæ, p. 1490, c. — [3] *Concil. Eph.*, act. IX, tom. VIII, *Concil.*, Labbe, p. 1366 b, c, e, p. p. 1367 a.

versel concile, je reçois ceux qu'il reçoit et j'anathématise ceux qu'il anathématise[1]. » Et si vous voulez encore un exemple d'un concile universel, je vous allègue celui de Constance, lequel ayant défini plusieurs faits contre Jean Wiclef et Jean Huss dans les sessions VIIIe et XVe, comme « qu'ils étoient hérétiques et avoient prêché et soutenu plusieurs hérésies, et nommément que Wiclef étoit mort opiniâtre et impénitent, anathématisant lui et sa mémoire[2]. » Le pape Martin V ordonne dans ce concile et avec son approbation expresse, que tous ceux qui seroient suspects d'adhérer à ces hérétiques, sans aucune distinction, « soient obligés de déclarer en particulier qu'ils croient que la condamnation faite par le saint concile de Constance de leurs personnes, de leurs livres, de leurs enseignemens, a été très-juste et doit être retenue et fermement assurée pour telle par tous les catholiques, et qu'ils sont hérétiques et qu'ils doivent être crus et nommés tels[3]. » Pourroit-on jamais exiger une déclaration plus formelle sur les faits jugés au concile, et auroit-on fait davantage si l'on eût demandé la souscription?

Mais au fond, quand nous n'aurions à vous produire que ce qui a toujours été pratiqué par les évêques, il n'en faudroit pas davantage; et c'est assez pour l'instruction du troupeau que de faire voir l'exemple de ceux qui doivent en être la forme. Les évêques souscrivoient en deux manières aux jugemens ecclésiastiques : quelquefois par autorité, quelquefois par consentement et par obéissance. J'appelle *souscrire par autorité*, lorsqu'ayant été jugés, ils souscrivoient le jugement, et ce n'est point cette manière de souscription que je vous propose pour exemple. Mais il est certain que, même n'ayant point été jugés, ils souscrivoient souvent sur l'autorité des jugemens canoniques qui avoient été rendus par l'Eglise. C'est ainsi que vous avez vu que deux patriarches, Jean d'Antioche et Jean de Constantinople, souscrivirent avec un grand nombre d'évêques, le premier à la dépo-

---

[1] Act. x, *ibid. in fine*, p. 1379 d. — [2] *Concil. Constanc.*, sess. VIII et XV, tom. XII; *Concil.*, Labbe, p. 49 c, p. 128 e, p. 129 a, b. (Voyez la dernière addition à la fin de cette lettre.) — [3] Bulla Martini V, *de Error. Johan. Wiclef. et Joan. Huss.*, sess. XIV; *Concil. Const.*, tom. XII; *Concil.*, Labbe, p. 259, 261 d, et p. 268 c.

sition de Nestorius faite sans lui et malgré lui au saint concile d'Ephèse, et le second par l'autorité du pape saint Hormisdas à la condamnation d'Acace son prédécesseur. Et il n'y a personne qui ne sache quelle grande quantité d'évêques qui n'avoient point été juges au concile de Sardique, souscrivirent sur l'autorité de son décret, non-seulement le rétablissement de saint Athanase, mais encore la condamnation des évêques ses persécuteurs[1]. Vous voyez donc, mes Sœurs, que si les évêques souscrivoient par autorité, ils souscrivoient aussi souvent par obéissance; ou si vous voulez que nous l'expliquions, et peut-être mieux, d'une autre manière, quelquefois ils souscrivoient *en définissant* et quelquefois *en obéissant*. Cette distinction est si importante, que nous voyons même que quelques évêques l'ont exprimée expressément dans leurs signatures. Dans la III⁰ action du concile de Chalcédoine, après que tous les évêques qui avoient assisté au jugement et à la déposition de Dioscore eurent souscrit en cette manière : « Anatolius, évêque de Constantinople, j'ai souscrit en définissant[2], » et ainsi des autres. Juvénal patriarche de Jérusalem et avec lui quelques évêques qui n'avoient pas assisté, ou qui avoient même été exclus de ce jugement, souscrivirent en cette sorte : « Juvénal, évêque de Jérusalem, obéissant à la sentence des saints évêques et y consentant, j'ai souscrit[3]; » et un autre souscrit ainsi : « Thalassius, évêque de Césarée en Cappadoce, j'ai souscrit en suivant la forme des saints évêques[4]; » et un autre en cette façon : « Sozon, évêque de Philippes, sachant l'examen des saints évêques et devant obéir à leur jugement, j'ai souscrit[5]. » Que si l'autorité de ces jugemens est telle, que les évêques mêmes qui ont caractère de juges y trouvent un fondement suffisant pour les souscrire *par obéissance*, en se reposant sur la discussion qui a été faite selon l'ordre des canons, combien plus des religieuses qui sont si fort dans la dépendance et sous la discipline de l'Eglise, doivent-elles se reposer sur la connoissance que leurs supérieurs ont prise des choses, et ensuite souscrire *par*

---

[1] Synodi Sardicensis *Epist. ad Jul., Popam*, tom. II ; *Concil.*, Labbe, p. 660, 661 c, 662 b.; Ejusdem concilii *Epist. ad omnes episcopos*, ibid., p. 670, 675 c, 678 a, b, d. — [2] *Conc. Chalced.*, act. III, tom. IV ; *Concil.*, Labbe, p. 448. — [3] *Ibid.*, p. 458. — [4] *Ibid.* — [5] *Ibid.*, p. 459.

obéissance, lorsqu'on leur commande de le faire ou pour le bien de leurs ames, ou pour l'édification publique?

Ainsi pour recueillir mon raisonnement, je soutiens que vous n'avez aucune raison qui vous empêche de souscrire purement et simplement la profession de foi que l'on vous propose. Vous ne pouvez pas en être empêchées à raison du dogme condamné, puisque vous le réprouvez : ou parce qu'on en a désigné l'auteur dans le formulaire de foi, puisque c'est la coutume de l'Eglise dès les premiers siècles d'en user ainsi : ni à cause que vous ne savez pas par vous-mêmes si cet auteur a enseigné de tels dogmes, puisqu'il vous doit suffire que l'Eglise l'ait jugé et qu'on ne vous demande pas que vous souscriviez *en définissant*, ce qui ne convient point à votre état, mais seulement *en obéissant* : ni enfin sous prétexte que tous ne conviennent pas que le sens de cet auteur ait été bien entendu, puisque c'est sur ce doute-là que le jugement de l'Eglise est intervenu, et qu'il n'y a aucune justice de faire dépendre l'autorité de cette décision de l'acquiescement des partis.

Certainement si vous prenez soin de vous dégager de toute préoccupation pour peser ces choses, vous découvrirez bientôt que les raisons que vous alléguez pour votre défense, vous pressent plutôt d'obéir qu'elles ne vous en excusent. Vous croyez vous être excusées de la signature par une raison invincible, quand vous avez dit que vous n'avez nulle connoissance de ces matières et nulle obligation de vous en instruire : et c'est là justement le cas que l'on peut sans aucune apparence de difficulté s'en rapporter à ceux « qui ont obligation de connoître et autorité de juger, » c'est-à-dire aux supérieurs ecclésiastiques. Vous croyez avoir satisfait à tout, quand vous déclarez que vous soumettez votre jugement à toutes les décisions de foi de l'Eglise Romaine : et elle vous répond par la bouche du pape saint Hormisdas : « Si vous embrassez ma foi, suivez aussi mes jugemens[1]. » Vous croyez qu'il n'y a plus rien à vous demander, quand vous avez dit que vous ne prenez point de part aux contestations. A la bonne heure, mes Sœurs, ne prenez jamais de part aux contesta-

[1] Epist. XXIX, tom. IV, *Concil.*, Labbe, p. 1473.

tions ; mais n'est-ce pas trop d'indifférence de n'en vouloir point prendre aux décisions? Et si vous y persistez, ne donnerez-vous point sujet de penser que le motif qui vous y oblige, c'est que vous en avez trop pris aux contestations? Cédez donc enfin au commandement de M. l'archevêque : cessez de trouver étrange qu'il ne se contente pas de votre silence, puisqu'il a raison d'espérer du temps et de votre docilité une soumission plus effective.

Quant à ce que vous ajoutez et ce qui semble être le fort de votre défense, que vous ne pouvez rendre témoignage de ce que vous ne connoissez point : premièrement, qui de nous a jamais ouï dire qu'on ne puisse rien croire ni rien assurer même dans des choses de fait que sur sa propre science? Que si l'on peut et si l'on doit souvent s'en rapporter à l'autorité d'autrui, y en a-t-il au monde une plus grande sur les esprits des fidèles que celle de la sainte Eglise? Ainsi quoique tous ceux qui n'entendent pas de quoi il s'agit soient touchés de cette raison, j'ose assurer que vous ne vous en servirez jamais si vous concevez nettement quel témoignage on vous demande. Certainement si l'on demandoit votre témoignage pour faire le procès au livre de Jansénius et pour appuyer la sentence sur votre déposition, il n'y a personne qui ne vous accorde qu'alors vous seriez tenues de déposer sur ce fait avec connoissance de cause. Mais le jugement est rendu, les papes l'ont prononcé, tous les évêques l'ont reçu sans contradiction et le témoignage qu'on attend de vous ne regarde plus que vous-mêmes et vos propres dispositions, c'est-à-dire la chose du monde que vous connoissez le mieux. Et si vous nous répondez que c'est là aussi ce qui vous arrête, parce que doutant que le pape et les évêques aient bien jugé en ce qui touche le fait, vous ne pouvez pas l'assurer, c'est ici que vous vous trouverez convaincues de manquer de déférence pour l'Eglise. Car si son autorité étoit telle dans votre esprit qu'elle y doit être, il n'y a personne qui ne voie qu'elle pourroit facilement emporter un doute et encore un doute comme le vôtre, lequel de votre aveu même ne peut pas être appuyé sur aucune raison essentielle tirée du fond de la chose, puisque vous confessez hautement que vous n'en avez nulle connoissance. Il n'est donc plus question d'appeler ici

votre intelligence, c'est une affaire de soumission et d'humilité.
Il s'agit de déclarer nettement si vous pouvez croire que le pape
et les évêques, et enfin tous ceux qui ont dans l'Eglise la puissance
de juger, ont assez de lumière et d'autorité pour vous obliger d'y
faire céder, je ne dis pas un jugement arrêté, puisque vous ne
pouvez pas en avoir aucun sur une matière que vous ne connoissez pas, mais des doutes et des scrupules et une autorité étrangère. Voilà de quoi il s'agit : voilà la déclaration que l'on vous
demande; et vous m'avouerez, mes Sœurs, que pour rendre un
tel témoignage, il ne faut point d'autre connoissance que celle
qu'on ne perd jamais quand on est humble et docile.

Que si après cela vous nous repartez pour dernière réponse,
que les sentences de l'Eglise en ce qui touche les faits ne sont pas
tenues infaillibles, et que vous vous laissiez encore troubler par
ceux qui ramassent avec tant de soin les jugemens de cette nature, dont il y a eu quelque plainte ou quelque soupçon : trouvez
bon que sans vous engager à une longue discussion de ces faits,
par laquelle vous verriez peut-être qu'on n'en peut tirer aucun
avantage, je vous demande seulement si vous pouvez dire ou penser, et si quelqu'un est capable de vous persuader, que vous ne
pouvez rien croire sur l'autorité de l'Eglise et de vos supérieurs,
que lorsqu'ils vous parlent avec une autorité infaillible; et si vous
ne demeurez pas d'accord au contraire, sans que je me mette en
peine de vous le prouver, que c'est une vertu chrétienne et religieuse de soumettre et d'anéantir son jugement propre, même
hors des cas des vérités révélées, surtout dans les choses qu'on
ne sait pas et desquelles on n'a nulle obligation de prendre aucune connoissance; enfin s'il n'est pas certain et indubitable
qu'au-dessous de la foi théologale, il y a un second degré de
soumission et de créance pieuse, laquelle peut être souvent appuyée sur une si grande autorité, qu'on ne peut la refuser sans
une rébellion manifeste. Je suis assuré, mes Sœurs, que pour
peu que vous y pensiez, vous ne pourrez jamais disconvenir de
ces maximes. Or, si elles sont véritables, il faut que vous accordiez qu'encore que les décisions de l'Eglise en ce qui touche les
faits ne soient pas crues infaillibles comme celles qui touchent la

foi catholique, il ne s'ensuit pas pour cela qu'elles ne méritent aucune créance; et que quand on aura fait voir qu'il y aura eu quelque surprise dans quelques-uns de ces jugemens de l'Eglise, ce n'est pas une conséquence qu'on ne puisse plus sans offenser Dieu la croire dans des matières semblables. Ainsi au lieu de perdre le temps à vous alléguer si souvent les faits d'Honorius et des trois chapitres, il valoit bien mieux vous apprendre : premièrement, qu'on ne convient pas qu'il y ait de l'erreur de fait dans ces jugemens, mais que tout le monde convient qu'on y a souscrit et en Orient et en Occident sans aucune crainte et sans aucun péril de péché; ce qui doit mettre en repos votre conscience. Secondement, que l'Eglise ayant reçu tant de graces pour juger sainement de ceux dont la doctrine n'a pas été droite, et même ces deux ou trois jugemens tant de fois produits en cette affaire et tant appuyés, de sorte qu'il est beaucoup plus aisé de les soutenir que de les combattre, les sentimens qu'en ont eus quelques auteurs catholiques, ni même l'erreur de fait quand il y en auroit eu par quelque surprise, ne doit diminuer en rien l'autorité des jugemens de l'Eglise, ni par conséquent l'obligation qu'ont toujours eue ses enfans d'y prendre une entière créance : ou même que Dieu a pourvu d'ailleurs à leur sûreté, tous les docteurs étant d'accord que si nous ne sommes pas autant assurés que des articles de foi, que l'Eglise ne se trompe point dans ces faits, nous ne laissons pas de l'être toujours qu'on ne péche pas en la croyant; surtout ceux qui, confessant comme vous qu'ils n'ont nulle connoissance du fond de l'affaire et nulle obligation de s'en éclaircir davantage, ne peuvent prendre de meilleur parti que celui de s'en rapporter aux supérieurs qui ont grace et autorité, et qui sont préposés par le Saint-Esprit pour connoitre de ces matières.

Et ne vous laissez pas émouvoir aux histoires que l'on vous fait pour vous décrier la conduite du Saint-Père et des évêques; reconnoissez au contraire à quelles tentations les fidèles seroient exposés, s'il falloit écouter tous ces narrés au préjudice des décrets publics. Nous entendons tous les jours ce que disent nos adversaires du saint concile de Trente et des papes qui les ont jugés:

et si vous voulez des exemples de l'antiquité, que ne disoit pas
un Nestorius de saint Cyrille archevêque d'Alexandrie, le principal auteur de ses maux; des inimitiés qui étoient entre eux,
que les historiens de ce temps-là n'ont pas dissimulées; de la
jalousie de leurs siéges; de la précipitation de ce patriarche à
prononcer à Ephèse le jugement contre lui en l'absence de Jean
d'Antioche, lequel arriva deux jours après et qui avoit donné
avis à saint Cyrille de son arrivée prochaine? Et s'il falloit s'amuser à discuter tous ces faits et tout ce qu'entassent contre leurs
juges ceux qui ont été condamnés, ne seroit-ce pas s'engager à
des recherches sans fin, à des disputes folles et sans discipline[1], »
contre le précepte de l'Apôtre? Mes Sœurs, ne vous jetez pas dans
ce labyrinthe : car ne vous apercevez-vous pas quelle illusion ce
seroit, si vous étiez détournées de vous soumettre dans un fait si
authentiquement jugé, par une attache à des faits particuliers,
desquels la discussion peut être très-dangereuse et ne peut jamais être que très-inutile? Laissez donc à part ces narrés d'intrigues et de cabales que les hommes ne cesseront jamais de se
reprocher mutuellement, peut-être de part et d'autre avec vérité
et du moins presque toujours avec vraisemblance; et croyez que
parmi ces troubles et dans ce mélange de choses, la sûreté des
particuliers, c'est de s'attacher aux décrets et à la conduite publique de la sainte Eglise.

Suivez, mes Sœurs, cette voie, et cessez de vous égarer plus
longtemps dans un chemin si facile. Vous trouverez votre sûreté
dans celui de l'obéissance, en mettant en repos votre conscience
sur l'autorité de l'Eglise. Si vous quittez ce sentier unique, outre
que vous chargerez votre conscience d'une désobéissance scandaleuse, sachez que de part et d'autre vous ne trouverez que des
précipices. Car ou vous serez contraintes de dire qu'il n'est pas
permis en conscience de croire respectueusement que l'Eglise ait
bien jugé dans un fait qui est de sa connoissance, et sur lequel
elle a donné une définition canonique : ou si vous êtes touchées
d'une juste appréhension des suites épouvantables de cette doctrine inouïe, il faut que vous vous rejetiez dans un autre abîme,

[1] *I Timoth.*, I, 4; II, II, 2; *Tit.*, III, 9.

en croyant que les décrets de deux papes, reçus, approuvés, publiés unanimement par tous les évêques et lesquels plusieurs d'eux, à ce que j'ai appris, et nommément M. l'évêque d'Angers que je nomme par honneur et avec respect, ont souscrit à deux genoux, ne peuvent être censés canoniques. Et considérez où vous jetteroit cette malheureuse pensée, s'il falloit que croyant, comme on vous le dit, que les formes canoniques ont été méprisées dans le jugement des papes et qu'on y a tout donné à la brigue et à la cabale, vous les vissiez néanmoins reçus et approuvés avec une vénération si universelle, sans qu'il y ait dans toute l'Eglise un seul évêque qui s'oppose à une injustice que l'on publie si visible. Dieu vous préserve, mes Sœurs, de ce sentiment : il vous jetteroit peu à peu dans un état bien terrible, et vous feroit regarder avec le temps tout l'ordre épiscopal d'un étrange œil. Dans ce dégoût secret de votre cœur contre tout le corps des évêques, que vous verriez unanimement adhérer à un jugement qui vous paroîtroit prononcé contre les canons, croyez que l'amour de l'Eglise seroit exposé, pour ne rien dire de pis, à de grandes tentations. Peu à peu vous vous verriez détachées de la conduite ordinaire de la sainte Eglise et attachées à des conduites particulières de personnes desquelles je ne veux rien dire, sinon qu'ils sont à plaindre plus que je ne puis l'exprimer, d'en être réduits à ce point qu'ils semblent mettre toute leur défense à décrier hautement, et de vive voix et par écrit, tout le gouvernement présent de l'Eglise. Dieu vous préserve, mes Sœurs, encore une fois, de tels inconvéniens ! Que si vous les craignez avec raison, croyez donc que le jugement d'Innocent X et celui d'Alexandre VII, que vous voyez reçus par tous ceux qui ont autorité de juger dans l'Eglise catholique, sont légitimes et valables. Et ceux qui vous diront après cela que vous ne pouvez sans péché y soumettre humblement le vôtre, et pour le fait et pour le droit, chacun néanmoins dans son ordre, laissez-les disputer sans fin, et répondez-leur seulement avec l'Apôtre : « S'il y a quelqu'un parmi vous qui veuille être contentieux, nous n'avons pas une telle coutume, ni la sainte Eglise de Dieu [1]. » Voilà, mes très-

[1] I Cor., XI, 16.

chères Sœurs, le repos assuré de vos consciences, le dégagement unique des embarras où vous êtes, l'ouverture assurée à la paix et à la charité de votre Prélat, et peut-être la dernière perfection du sacrifice de dépouillement et d'abnégation de vous-mêmes, que vous avez voué à Dieu solennellement au jour de votre profession.

ANTIQUA EXEMPLA SUBSCRIPTIONUM SUB HORMISDA. Suggestio Germani et Johannis episcoporum, Felicis et Dioscori diaconorum et Blandi presbyteri, quæ incipit : « Non miramur apostolatûs vestri precibus cuncta nobis prospera successisse, etc..... » Eo die sub senatûs cuncti præsentiâ, episcopi quoque quatuor adfuerunt, quos Johannes episcopus Constantinopolitanus, pro partis suæ defensione transmiserat, quibus apostolicæ Sedis libellum ostendimus, omniaque in eo recta canonicaque esse probavimus. Postremò quintâ feriâ..... Episcopus..... consentiens..... subscripsit [1], etc.

Suggestio Dioscori diaconi quæ incipit : « Ineffabilis Dei omnipotentis misericordie, etc..... » De episcopo Thessalonicensi : Post multa certamina præfatus episcopus ratione convictûs libellum subscribere voluit..... Nos respondimus.... (libellus legatorum) et si est in ipso quod ignoretur aut verum esse non credatur, dicant, et tunc ostendemus nihil extra judicium ecclesiasticum in eodem libello esse conscriptum..... Relectus est libellus..... Nos statim subjunximus : Dicant præsentes quatuor episcopi, si hæc quæ in libello leguntur gestis ecclesiasticis minimè continentur? Responderunt omnia vera esse. Post quæ nos subjunximus, etc..... Episcopus Constantinopolitanus..... suscepit à nobis libellum..... Subscriptio ab eodem facta est libello conveniens [2].....

SENTIMENT DU P. ALEXANDRE, DOMINICAIN, SUR LES SOUSCRIPTIONS. Passages de ce Père où il prouve qu'il faut se soumettre même aux décisions de l'Eglise sur les faits : *Histor. Eccles.*, t. V, in-folio, sæcul. VI, dissertat. V, p. 522, col. 2, ad litteram F, *Si de facto doctrinali*, etc., et p. 523, col. 1, ad litteram B, *Quia violatæ reverentiæ*, etc., et col. 2, a eamdem litteram, *Respondeo temerarios esse*, etc.....

On peut voir toute cette dissertation cinquième, *Defens. anathematismorum quintæ synodi.*

Il faut aussi voir dans le même tome V in-folio, dissertat. XIV, *De disciplinâ erga Theodoretum observatâ*, actione VIII *concilii Chalcedonensis*, p. 256, et particulièrement la p. 258, où sont rapportés les passages de saint Léon sur une pareille affaire, et ceux de saint Jérôme contre les origénistes.

Il y a encore à voir la théologie morale de ce Père sur le même point de doctrine : c'est aussi de l'édition in-folio, t. II, *de Peccatis ; de Pertinaciâ* regulâ, V, *Lethalis pertinaciæ reus est*, etc., p. 300, où sont répétés les passages ci-dessus de saint Léon au sujet des fauteurs des pélagiens, aussi bien que ceux de saint Jérôme contre les origénistes : et la souscription (a)   ce : où aussi l'on a remarqué en cette dernière c'   'auteur ; *superbè recusare*, qui n'est pas dans

Et enfin sa décision contre les équivoques   t. II, *de Decalogo*, *de Juramento et perjurio*, regulâ X, *Lethalis perjurii reus est*, etc., où se trouve le canon : *Quâcumque arte*, causâ XXII, q. V, tiré de saint Isidore de Séville, lib. II, *Sententiarum*, cap. XXXI, *ibid.*, p. 687, col. I, ad litteram C.

[1] Tom. IV *Concil.* Labbe, inter *Epistolas* Hormisdæ, p. 1487. E, B. — [2] *Ibid.*, 1488, E, 1489, B, D, E, 1490, A.

(a) Les mots qui manquent sont détruits dans le manuscrit.

LETTRE LXIII.

BOSSUET A M. *.**

« Sur la demande que l'on fait (a) savoir si une personne qui n'est pas d'ailleurs instruite, ni capable par elle-même de s'instruire, ni même désireuse, offenseroit Dieu d'ajouter foi à la déclaration de son supérieur sur un fait, et s'il lui est défendu de croire au témoignage de son prélat et de signer un fait sur sa foi.

» On répond 1° que généralement parlant cette personne pourroit ajouter foi à la déclaration de son supérieur sur un fait sans offenser Dieu; et qu'il ne lui est défendu de croire au témoignage de son prélat, et de signer un fait sur sa foi, sinon que ce fait fût évidemment faux et qu'il lui parût tel, quand même elle douteroit auparavant de la vérité : car il semble qu'il lui est libre de déposer son doute et renoncer aux raisons qui l'appuient, pour déférer à celles de son prélat qu'elle peut croire pieusement meilleures, quoiqu'elles ne paroissent pas telles à son jugement; et c'est même une espèce d'humilité de préférer le jugement de son supérieur au sien, surtout dans une matière où il a droit de donner son jugement, et de laquelle on a sujet de présumer qu'il a pris connoissance.

» 2°. Il se peut faire néanmoins que la personne trouveroit ledit fait revêtu de tant de circonstances qui feroient que la soumission de jugement qu'elle y rendroit, auroit des suites si dangereuses et préjudiciables à la doctrine de l'Eglise, à son ordre et discipline, et même à la réputation du prochain, que le mal qui en résulteroit seroit évidemment plus grand que le bien de sa soumission, à laquelle on présuppose qu'elle n'auroit aucune obligation de conscience du côté de la matière dont il s'agit, qu'en ce cas elle seroit obligée de se départir plutôt du bien qui

---

(a) Les passages guillemetés, jusque vers la fin, ne sont pas de Bossuet; il envoie, à une personne inconnue, le sentiment de l'évêque d'Aleth sur le formulaire, et ne parle lui-même qu'au dernier alinéa.

reviendroit de son obéissance que d'être cause du mal qui arriveroit de sa soumission.

» J'attends de jour à autre des nouvelles du traitement qu'on aura fait à ces pauvres religieuses, et du succès de l'exposition de mes sentimens sur cette affaire. Cependant je vous prie d'être assuré que je ne les oublie point au saint autel, et de la confiance que Dieu me donne, que s'il les éprouve d'une manière qui semble forte, non-seulement il ne les abandonnera pas, mais il leur fera connoître et sentir en temps et lieu la puissance de sa protection. J'écris à monsieur votre frère les raisons de mes divers sentimens sur cette affaire, selon les divers temps et conjonctures qui s'y sont rencontrées, m'en ayant sollicité pour en faire l'usage qu'il jugera à propos pour l'intérêt public et particulier. Nous sommes dans le temps et la nécessité de croire en l'espérance contre l'espérance, et de nous conforter par les règles et vérités de la foi, nous assurant que Dieu fera vers ceux qui le servent fidèlement, connoître et ressentir les vérités de ses promesses. »

Voilà l'extrait de la lettre de M. d'Alet. Je vous l'envoie pour vous faire connoître plus clairement que jamais ses sentimens : et cette preuve est si convaincante, qu'il veut bien qu'on les dise à M. de Paris, en sorte que je doute que vous puissiez déférer à ceux qui n'en sont pas d'avis. Je vous permets de le transcrire et de le faire voir à M. de Saint-Nicolas, et même à M. de Paris, si cela est nécessaire : mais ôtez les mots qui peuvent faire voir à ce dernier que cela s'adresse à moi.

J. Bénigne BOSSUET.

DE

L'AUTORITÉ DES JUGEMENS ECCLÉSIASTIQUES,

OU SONT NOTÉS

LES AUTEURS DES SCHISMES ET DES HÉRÉSIES (a).

Il revient de beaucoup d'endroits des plaintes amères, qui font sentir que plusieurs sont scandalisés de l'autorité qu'on donne

---

(a) L'abbé Ledieu nous fait connoître l'origine de cet ouvrage. Après avoir mentionné la *Lettre aux Religieuses de Port-Royal*, parlant de l'autorité des jugemens ecclésiastiques, il dit dans ses *Mémoires* : « Sentant le besoin qu'avoit l'Eglise d'une instruction à fond en cette matière, il (Bossuet) recueillit des mémoires de l'histoire ecclésiastique et des conciles, qu'il poussa jusqu'à celui de Constance, auquel il travailloit encore à Versailles au mois d'août (1702), quand il fut attaqué de la pierre, pour prouver par la pratique de tous les siècles... la nécessité de la soumission entière de jugement et de la persuasion absolue dans les décisions de l'Eglise contre les erreurs, aussi bien que contre les auteurs et les livres qui les enseignent. » Et dans un autre endroit : « Il vouloit faire une plus ample instruction pour prouver que l'on doit une soumission parfaite aux décisions de l'Eglise, même dans les faits dogmatiques. Dans le mois de février et pendant tout le carême de 1703, il dicta un long mémoire avec un grand recueil de toutes les preuves de la tradition sur cette affaire. »

L'abbé Le Queux, qui avoit entrepris, puis cédé à Déforis l'édition des œuvres complètes de Bossuet, reçut, avec les autres papiers du grand homme, le manuscrit qui renfermoit ces précieux documens, ces savantes discussions : quel usage en fit-il? Feller va nous l'apprendre : « Feu M. Riballier, syndic de la faculté de Paris, parlant à l'abbé Le Queux du petit ouvrage qu'avoit fait ce prélat (Bossuet) sur le formulaire d'Alexandre VII, lui dit que *sûrement il avoit dû le trouver parmi ses manuscrits*. L'abbé répondit que *effectivement il l'avoit trouvé, mais qu'il l'avoit jeté au feu*. Riballier lui fit à ce sujet une réprimande convenable. Nous pouvons citer les personnes les plus respectables qui vivent encore, et à qui M. Riballier a fait part de cette anecdote. Il n'en revenoit pas toutes les fois qu'il racontoit cette impertinente réponse. » Voilà ce que dit un auteur digne de toute confiance. Mais pourquoi l'abbé Le Queux brûla-t-il l'ouvrage de l'immortel écrivain? Parce qu'il le trouvoit trop fort de faits et de raisonnemens contre les jansénistes, parce qu'il avoit « entrepris » dit encore Feller, la nouvelle édition de Bossuet « précisément pour corrompre les écrits de ce grand homme, et rendre sa foi suspecte. » Déforis et les Bénédictins des *Blancs-Manteaux* partageoient ses préventions, sa haine, son opiniâtreté janséniste. Et c'est sur la foi de ces hommes-là que tous les éditeurs ont reproduit et reproduisent aveuglément, sans collationner un seul mot sur les originaux, les œuvres de Bossuet, principalement les œuvres posthumes.

Cependant l'abbé Le Queux avoit fait, de l'écrit sur *L'autorité des jugemens ecclésiastiques*, une copie de sa façon, tronquée, mutilée, telle qu'elle nous paroîtra tout à l'heure. C'est sur cette copie qu'on a imprimé, il le falloit bien, l'ouvrage de Bossuet.

aux jugemens ecclésiastiques, où sont flétris et notés les auteurs des schismes et des hérésies avec leur mauvaise doctrine. Plusieurs gens doctes, éblouis du savoir et de l'éloquence d'un certain auteur célèbre parmi nous [1], croient rendre service à Dieu en affoiblissant l'autorité de ces jugemens. A les entendre, on croiroit que les *Formulaires* et les souscriptions sur les condamnations des hérétiques, sont choses nouvelles dans l'Eglise de Jésus-Christ; qu'elles sont introduites pour opprimer qui on voudra; ou que l'Eglise n'a pas toujours exigé selon l'occurrence, que les fidèles passassent des actes qui marquassent leur consentement et leur approbation expresse, ou de vive voix, ou par écrit, aux jugemens dont nous parlons, *avec une persuasion entière et absolue dans l'intérieur*. Le contraire leur paroît sans difficulté; ils prennent un air de décision qui semble fermer la bouche aux contredisans; et ils voudroient faire croire qu'on ne peut soutenir la certitude des jugemens *sur les faits*, sans offenser la pudeur et la vérité manifeste. Cependant toute l'histoire de l'Eglise est remplie de semblables actes et de semblables soumissions, dès l'origine du christianisme.

Il m'est venu dans l'esprit qu'il seroit utile au bien de la paix de représenter ces actes, à peu près dans l'ordre des temps, en toute simplicité et vérité. Je pourrois en faire l'application aux matières contentieuses du temps; mais j'ai cru plus pacifique de la laisser faire à un chacun. Loin donc de ce discours tout esprit de contention et de dispute. Je ne veux ici produire que des faits constans, que des actes authentiques de l'Eglise, que des exemples certains, qui autorisent le droit perpétuel d'exiger le consentement et l'approbation des actes dont il s'agit.

Je soutiens donc, 1° qu'elle a exercé ce droit sacré dès l'origine du christianisme, et que cette vérité est incontestable; je passe encore plus avant, elle peut être démontrée en une ou deux pages d'une manière à ne laisser aucune réplique. Par exemple, j'exposerai par avance ce fait tiré du concile de Constance, lequel ayant défini *plusieurs faits* contre Jean Wiclef et Jean Hus, dans les sessions huitième et quinzième, comme « qu'ils étoient héré-

---

[1] Le docteur Arnauld.

tiques, et avoient prêché et soutenu plusieurs hérésies, et notamment que Wiclef étoit mort opiniâtre et impénitent, anathématisant lui et sa mémoire [1]; » le pape Martin V ordonne dans ce concile, *avec son approbation expresse (sacro approbante concilio)*, « que tous ceux qui seroient suspects d'adhérer à ces hérétiques, sans aucune distinction, soient obligés de déclarer en particulier qu'ils croient que la condamnation faite par le saint concile de Constance, de leurs personnes, de leurs livres et de leurs enseignemens, a été très-juste, et doit être retenue et fermement assurée pour telle par tous les catholiques, et qu'ils sont hérétiques et doivent être crus et nommés tels [2]. »

Arrêtons-nous là; et supposons, si vous voulez, qu'il n'y ait que ce seul fait à produire et à discuter : je dis que par ce seul fait la chose est décidée; et toutes les objections qu'on peut faire tombent par terre sans ressource.

Ce jugement est prononcé par un concile œcuménique, toutes les obédiences, comme on parloit, étant réunies, le Pape à la tête. Est-on obligé d'y croire, ou non? Ceux qui nient la certitude de tels jugemens, répondent que non, parce que l'Eglise n'est pas infaillible en les prononçant, puisque ce sont des faits qui ne sont pas révélés. Je ne suis pas obligé à résoudre cette objection. Je demande à mes adversaires si le concile de Constance est plus infaillible dans les faits que les autres assemblées ecclésiastiques : quand il oblige à croire le jugement porté contre Wiclef, de quelle sorte de croyance veut-il parler? ou bien n'exige-t-il aucune croyance? Que veulent donc dire ces mots appliqués à tant de faits? Est-ce une croyance naturelle ou surnaturelle, ou une simple résolution de garder un silence respectueux, pendant qu'on est présent devant le juge qui demande un *oui* ou un *non* précis? Je ne réponds rien, je demande seulement; je conformerai ma réponse à celle qu'on me fera; et on ne doit point m'inquiéter, si on n'en a point à me faire.

Mais, direz-vous, on ne me propose point de souscription. Peut-on jamais exiger une déclaration plus formelle sur les faits jugés au concile, et auroit-on fait davantage, si on eût demandé

---

[1] *Concil. Constant.*, sess. VIII, XV. — [2] Bull. *Inter cunctas*.

la signature? Peut-on croire que toute l'Eglise assemblée en concile œcuménique mette ses enfans dans le péril de mentir, et de calomnier Wiclef sur la foi d'un jugement qui ne peut avoir de certitude?

Mais, dira-t-on, au défaut de la foi, on a une certitude de prudence humaine. Où la prend-on? qui l'a révélée? et qui ne voit qu'on ne peut s'assurer de rien, que sur la foi du jugement de toute l'Eglise?

Je n'ai encore allégué qu'un seul fait; et en m'y tenant, je vois tous mes adversaires à bout. Mais un tel fait ne marche jamais seul. Un concile œcuménique, tel que celui de Constance, est toujours précédé par la tradition; et dès là je suis assuré de l'avoir pour moi sans entrer dans une plus ample discussion, comme je l'avois promis. J'y entrerai néanmoins, pour comble de conviction et pour aller à la source. Il en résultera des règles avouées par nos savans ; on verra qu'ils n'ont pu trouver d'actes contraires; et quand il sera constant que le droit de l'Eglise, que je veux défendre, est appuyé sur une tradition incontestable dès l'origine du christianisme, alors je me joindrai avec eux ; et d'eux-mêmes, ils se trouveront obligés à chercher avec moi des solutions aux objections qu'ils proposent contre le droit de l'Eglise, qu'ils verront si clairement établi : ce qui fera une seconde partie de ce discours, mais une partie qui ne me regardera pas plus que tous les autres théologiens, puisqu'ils ont le même intérêt que moi à défendre la tradition.

Il ne s'agira donc pas de me demander quelle est la nature de l'autorité des jugemens ecclésiastiques sur les faits qui ne sont pas révélés de Dieu, puisqu'une fois il sera vrai que cette autorité aura été reconnue par cent actes inviolables, et qu'il faudra bien trouver les moyens de l'exercer pour le salut des fidèles.

Encore, comme j'ai dit, que je ne veuille point entrer dans les matières contentieuses qui ont fait l'agitation de nos jours, je souhaite qu'il me soit permis de lever, par deux faits constans, deux préjugés considérables que je trouve dans les esprits de quelques savans.

Le premier, que la souscription pure et simple du *Formulaire* porte préjudice à la doctrine de saint Augustin et à la grace efficace : mais le contraire est indubitable, puisque cette doctrine va son cours à la face de toute l'Eglise ; on la soutient par tout l'univers, et à Rome même avec la même liberté et si on peut ainsi parler, avec la même hauteur. Alexandre VII a recommandé par un décret exprès la doctrine de saint Augustin et de saint Thomas. Innocent XII consulté par l'Université de Louvain, si elle devoit changer quelque chose dans son ancienne doctrine sur la *grace* et le *libre arbitre*, qui est celle de saint Augustin et de saint Thomas, a répété les anciens décrets de l'Eglise Romaine, pour adopter la doctrine de saint Augustin, dans les mêmes termes dont s'est servi le pape saint Hormisdas dans sa décrétale *ad Possessorem*[1], qui sont les plus authentiques qu'elle ait jamais employés. Le clergé de France, dans son *Formulaire* de 1654, pour ôter tout scrupule ou tout prétexte à ceux qui pourroient appréhender que la doctrine de saint Augustin ait pu recevoir aucune atteinte par la condamnation des cinq propositions de Jansénius, dans les Constitutions d'Innocent X et d'Alexandre VII, a expressément inséré dans ce *Formulaire* que la doctrine de saint Augustin subsiste dans toute sa force, et que Jansénius l'a mal entendue. Ce *Formulaire* du clergé de France subsiste en Sorbonne dans sa pleine autorité ; c'est celui qu'elle a reçu, qu'elle conserve, qu'elle fait encore aujourd'hui souscrire à tous ses bacheliers et à tous ses docteurs, parmi lesquels depuis cinquante ans se trouveront trente évêques. C'est donc une illusion manifeste de faire craindre dans les *Formulaires* la moindre altération de la doctrine de ce Père. L'école de saint Thomas s'élève en témoignage contre de si vaines appréhensions ; et suffit seule pour faire voir qu'on peut défendre, sans rien craindre, le besoin que l'on a d'un secours qui donne l'*agir* par-dessus celui qui donne le *pouvoir* complet en ce genre, qui est tout ce que j'avois à remarquer.

Mais une seconde remarque n'est guère moins importante. Il y en a qui veulent se persuader que l'obligation à la souscription pure et simple, donne trop d'avantage à ceux qu'ils appellent les

[1] Hormisd.; epist. LXX.

auteurs de la *morale relâchée*, et leur donne indirectement trop de pouvoir. C'est là sans doute un vain prétexte. Les évêques qui se sont le plus attachés à maintenir les Constitutions et les *Formulaires* n'en ont pas été moins attachés à défendre la bonne morale, témoin l'assemblée de 1700, où sans faire querelle à personne, les relâchemens ont été attaqués avec autant de vigueur que jamais. Jamais l'obligation d'aimer Dieu n'a été ni mieux établie ni plus étendue. On n'a jamais poussé plus loin, ni par des principes plus solides, la fausse et dangereuse *probabilité*. La même assemblée s'est expliquée plus vivement que jamais pour la doctrine de saint Augustin; et on ne s'étoit jamais déclaré plus clairement contre le *semi-pélagianisme* des derniers temps. Il faut donc être convaincu que les souscriptions et les *Formulaires* ne nuisent en rien à la pureté de la morale, ni même à la vérité de la grace chrétienne, ni enfin à aucune partie de la saine théologie, puisqu'on voit les évêques également opposés à tous les excès.

Ces préventions ainsi levées, je crois qu'on se porteroit naturellement à reconnoître l'autorité toute entière des actes ecclésiastiques dont nous avons promis le récit. Il seroit temps d'entrer dans cette déduction, s'il n'étoit encore plus essentiel d'établir le fondement des saintes Ecritures, qui doit servir d'appui à tout ce discours.

Ce fondement important consiste à dire que si l'Eglise prononce des jugemens authentiques *sur les faits* dont il s'agit, encore que bien constamment ils ne soient pas révélés de Dieu, elle ne l'entreprend pas d'elle-même ni de sa propre autorité; elle en a reçu un commandement exprès d'en haut, dans tous les passages où le Saint-Esprit lui commande de censurer, de reprendre, de convaincre, de noter l'homme hérétique, de le faire connoître, afin qu'on l'évite, qu'on l'ait en exécration, et que sa folie soit connue; tous préceptes divins donnés à l'Eglise, et qui se trouvent renfermés dans celui-ci seul : « Donnez-vous de garde des faux prophètes qui viennent à vous dans des vêtemens de brebis, et au dedans sont des loups ravissans [1]. »

[1] *Matth.*, VII, 15; *Act.*, XX, 29.

Il ne faut pas écouter ceux qui, pour éluder ces passages, semblent vouloir introduire la dangereuse maxime que l'Eglise ne prononce de tels jugemens que par des *notoriétés de fait,* lorsque les erreurs sont constantes et avouées par leurs auteurs ; à quoi j'oppose ces maximes, dont la vérité paroîtra dans tout ce discours, et qui dès à présent vont lui servir de soutien, en sorte que la question peut être décidée par elles seules.

Première maxime. Il n'est pas vrai que l'Eglise n'ait à flétrir parmi les hérétiques que ceux dont les erreurs sont notoires et avouées, puisqu'au contraire ceux-là étant si publiquement connus, sont ceux qu'il est moins besoin de noter par la censure ecclésiastique.

Seconde maxime. Il est vrai au contraire que ceux qu'il lui est plus expressément commandé de noter, sont ceux qui se cachent et se déguisent le plus.

Troisième maxime. C'est l'intention expresse de ce passage : « Donnez-vous de garde de ceux qui viennent à vous avec des habillemens de brebis, et au dedans sont des loups ravissans. » Car ce sont ceux-là précisément à qui il faut ôter la peau de brebis et le masque de l'hypocrisie, qui les rend les plus dangereux de tous les séducteurs, et à qui aussi pour cette raison l'Eglise doit opposer avec plus de force l'autorité de ses jugemens.

Quatrième maxime. Aussi Jésus-Christ donne-t-il le moyen de les connoître, en disant : « Vous les connoîtrez par leurs fruits, par leurs œuvres ; » comme s'il disoit : Il n'est pas question ici des notoriétés, et de l'aveu de ces hypocrites ; plus ils nient, plus vous les devez détester, et rendre public votre jugement. Je vous donne le moyen de les convaincre ; rendez-vous attentifs aux fruits qu'ils portent ; discernez la vérité des apparences : en un mot, convainquez-les, notez-les, afin que personne ne s'y trompe. Quand vous les voyez entraîner des disciples avec eux, partager même les catholiques, en mettre un grand nombre dans leur parti, en sorte qu'on ne sache presque plus qu'en croire : bien loin de vous rebuter, plus vous devez interposer votre jugement, quand ce ne seroit que pour mettre fin aux dissensions et aux schismes qui font tant de maux aux églises.

Cinquième maxime. A Dieu ne plaise qu'on laisse croire aux fidèles que ce soit un joug que l'Eglise leur impose, que de les obliger à l'en croire, puisqu'au contraire c'est le plus grand bien qu'on leur puisse procurer, n'y ayant rien de plus nécessaire à la santé que de bien connoître la maison où est la peste, et les personnes qui peuvent nous l'apporter.

Nous pouvons rapporter ici par avance une requête présentée sous Mennas, où l'on demande que le concile fasse de Sévère et de quelques autres hérétiques, ce que les conciles ont fait selon la coutume de Nestorius, d'Eutychès et de Dioscore[1], c'est-à-dire de les frapper d'anathème, et de les faire connoître à tout le peuple, comme gens d'une doctrine empoisonnée. Nous trouvons encore dans le même concile les acclamations de tout le peuple au patriarche, afin qu'il frappe le même Sévère d'anathème et d'exécration, où tout le peuple presse le patriarche avec de grands cris et une espèce de violence à anathématiser Sévère[2]. Il ne s'agissoit pas d'une notoriété ou d'un aveu; Sévère étoit connu de tout le peuple; mais ils veulent avoir contre lui l'anathème du patriarche et l'autorité des choses jugées, afin que l'hérésie passe à jamais pour condamnée et détestée, avec l'exécration de son auteur.

Sixième maxime. C'est en suivant ces maximes de l'Evangile, qu'on a vu dans tous les temps de l'Eglise flétrir et noter les hérétiques, non point par leur aveu ni par les notoriétés qu'on voudroit introduire; on a toujours procédé par examen, par information juridique. Je me contente d'abord d'en apporter deux exemples tirés des conciles généraux.

Dans celui d'Ephèse, où Nestorius fut condamné, on ne veut point se fonder sur son aveu. On lit les lettres de cet hérésiarque; on les improuve; on lit les extraits de ses sermons qu'il avoit lui-même envoyés au pape saint Célestin; s'il avoit proféré quelque blasphème, on en informoit juridiquement; on le cite dans le concile; on accuse sa contumace; on montre par la procédure qu'on veut agir par l'autorité des choses jugées. On procède à peu près de même contre Dioscore patriarche d'Alexandrie, au

[1] *Conc. Constantinop.,* sub Menn., act. v. — [2] *Concil.,* Labbe, tom. V, col. 178.

quatrième concile général, c'est-à-dire à celui de Chalcédoine, où les erreurs et les violences de ce patriarche furent dénoncées ; on accuse ses autres crimes ; on le cite ; on le contumace ; et comme Nestorius, il demeure anathématisé et détesté par l'autorité des choses jugées, sans qu'on se serve de son aveu ni de la notoriété. Voilà deux exemples fameux, qui seront bientôt suivis d'une infinité d'autres, qui rendent constante la maxime que l'Eglise procède par voies judiciaires, par examen, par information, par un jugement canonique, et en un mot par l'autorité des choses jugées.

Nous voyons dans les lettres du concile de Carthage et de..... à saint Innocent Ier, qu'on tenoit registre des informations qu'on faisoit contre les auteurs de sectes, de leur interrogatoire, de leur aveu, de leur déni, pour montrer qu'on n'attendoit pas à condamner quand eux ou leurs disciples avoueroient leurs erreurs ; mais qu'on vouloit les forcer et les convaincre, afin que le peuple ne pût les méconnoître ; et que plus ils tâchoient à les déguiser et à envelopper leurs discours, plus ils fussent découverts.

Otez à l'Eglise ces saintes maximes, vous la désarmez contre les hérésies ; elles ne se répandent pas toutes seules ; c'est quelque personne, c'est quelque livre qui les tirent de l'enfer, où elles ont été conçues. Priver l'Eglise du pouvoir de noter ces livres ou ces personnes, c'est la livrer en proie à l'hérésie. Réduisez-la à ne flétrir que ceux qui avouent, le plus grand hypocrite l'emportera toujours ; la parole demeurera au plus opiniâtre, et le plus simple sera toujours le plus exposé.

Il est bon de se mettre ici le plus vivement qu'on pourra devant les yeux le caractère de l'homme hérétique. On en peut prendre l'idée dans les interrogatoires d'Eutychès, dans les conférences avec les donatistes, manichéens, ariens, eutychiens et très-clairement au concile d'Aquilée, sous saint Ambroise. C'est là qu'on découvre tant de déguisemens, tant de chicanes, tant d'ambiguïtés affectées, des procédures si éloignées de la bonne foi, qu'on voit par cet endroit seul combien les fidèles ont besoin d'être prévenus, par l'autorité inviolable des jugemens ecclésiastiques, contre tant de tentations subtiles, et, comme parle saint Jean, contre les malices et les profondeurs de Satan[1].

C'est pourquoi il faut ici observer soigneusement que les ordres donnés à l'Eglise pour manifester les hérétiques, sont conçus en termes très-généraux, et qu'on n'y trouve dans les Ecritures aucune limitation : « Prenez garde à vous, dit saint Paul, et à tout le troupeau dont le Saint-Esprit vous a établis évêques, pour gouverner l'Eglise de Dieu, qu'il a rachetée par son sang. Je sais, poursuit-il, qu'après mon départ ou après ma mort, il entrera parmi vous des loups ravissans, et que même il s'élèvera au milieu de vous des menteurs, des séducteurs, des hypocrites qui tiendront des discours pervers, artificieux, pour entraîner des disciples après eux. Souvenez-vous que je n'ai cessé nuit et jour de vous en avertir avec larmes[2]. » Pourquoi un si grave avertissement, si ce n'est afin de rendre l'Eglise attentive à découvrir ces trompeurs futurs, de quelques couleurs qu'ils se parent et quelque nombre de disciples qu'ils entraînent après eux, même du milieu des frères qui se disent le plus catholiques?

Il n'y a rien de plus général que ces commandemens divins. Les fidèles vivent en repos sur cette foi qu'ils ont des surveillans établis de Dieu, avec des ordres exprès de dénoncer l'hérétique, sous quelque forme qu'il paroisse, puisque, bien loin de se taire quand il se cache, c'est au contraire le cas précis de l'examiner, de le déclarer, et de le montrer au doigt, de peur qu'on ne s'y trompe.

Je n'en veux pas dire davantage à présent; le reste viendra en son tour : c'est sur ce fondement de l'Ecriture que l'Eglise, par une pratique aussi ancienne que la religion, s'est accoutumée à dénoncer tout homme hérétique à toute la société chrétienne. Les apôtres en ont donné l'exemple. Saint Paul a dénoncé publiquement Hyménée et Philète avec l'expression de leur erreur, *qui étoit de croire que la résurrection étoit déjà faite*[3]. Il nomme ailleurs dans une de ses *Epîtres*, Hyménée et Alexandre, comme gens *qu'il a livrés à Satan, afin de leur apprendre à ne point blasphémer*[4]. Il n'oublie pas Phigelle et Hermogène[5]. L'apôtre

---

[1] *Apoc.*, II, 24. — [2] *Act.*, XX, 28 et seq. — [3] II *Tim.*, II, 17, 18. — [4] I *Tim.*, I, 20. — [5] II *Tim.*, I, 15.

saint Jean dénonce Diotrèphes[1], qui s'étoit fait une primauté dans l'Eglise d'Asie, et refusoit de reconnoître cet Apôtre. Ces exemples apostoliques ont été suivis ; et c'est une tradition de tous les siècles, d'envoyer le nom de tous les hérétiques chargés des anathèmes de toute l'Eglise contre leurs personnes et leurs livres, en exprimant leurs erreurs. Nous en allons rapporter les actes, pour faire foi à tout l'univers que l'Eglise a exercé le pouvoir de prononcer sur ces faits, encore qu'ils ne soient point révélés de Dieu, et d'exiger le consentement à ces jugemens (a).

Premier et deuxième exemples (b). Jugemens rendus contre les semi-pélagiens, en faveur de saint Augustin.

Comme l'Eglise pour l'utilité des fidèles note l'homme hérétique, il est utile aussi qu'elle marque les principaux docteurs suscités par la Providence pour combattre les hérésies. Elle l'a fait à l'égard de saint Augustin en deux occasions. Prosper et Hilaire s'étoient plaints à saint Célestin des accusations de saint Augustin. Ce pape se déclare, et décide pour l'autorité de saint Augustin. Hormisdas fit la même chose dans le temps que Fauste de Riez tâchoit de relever l'hérésie des semi-pélagiens, et canonisa en particulier les deux livres que les ennemis de saint Augustin improuvoient. Toute l'Eglise a consenti à ce jugement, et ceux qui veulent le plus affoiblir l'autorité des choses jugées, sont les plus attentifs à maintenir l'autorité des jugemens de ce pape.

Troisième exemple. La reconnoissance du pontificat du pape saint Corneille, tirée de saint Cyprien et d'Eusèbe de Césarée. Autres exemples semblables répandus dans tous les siècles, et réflexions sur la certitude de chaque pontificat légitime.

Quatrième exemple. La condamnation de Paul de Samosate au concile d'Antioche.

[1] III *Joan.*, IX.

(a) L'abbé Lequeux dit à cet endroit dans la copie de l'ouvrage de Bossuet ; « Jusqu'ici j'ai copié exactement le *manuscrit*, qui n'est qu'une espèce de brouillon dicté par l'auteur dans un temps où ses grandes infirmités l'avoient mis hors d'état d'écrire lui-même. Je me contenterai présentement de marquer les exemples de la tradition qu'il a employés. » Cela veut dire en bon françois : Les preuves contre les jansénistes deviennent trop fortes ; *je me contenterai présentement* de les supprimer. — (b) Autre note de l'abbé Lequeux : « Pag. 17 du *manuscrit*. »

Cinquième exemple. La condamnation de Nestorius.

Sixième et septième exemples. Accord de saint Cyrille avec Jean d'Antioche et les évêques d'Orient, sur le fait de Nestorius. Il est anathématisé par Théodoret au concile de Chalcédoine.

Huitième et neuvième exemples. Diverses manières de souscrire dans le concile de Chalcédoine : semblables distinctions dans le concile de Latran sous le pape saint Martin.

Dixième exemple. Jugement favorable à saint Athanase.

Onzième et douzième exemples. Condamnation d'Origène avec souscription, et d'Auxence sans souscription, avec égale autorité.

Treizième exemple. Parole de saint Augustin sur Cécilien.

Quatorzième exemple. Décret du pape saint Léon pour condamner les auteurs de l'hérésie pélagienne, par souscription expresse.

Quinzième exemple. Le formulaire du pape Hormisdas contre Acace, patriarche de Constantinople. Doctrine des papes sur les souscriptions.

Seizième et dix-septième exemples. Le formulaire de saint Hormisdas (*Prima salus*) répété sous le pape Agapet, et encore plus expressément dans le concile huitième, sous les papes Nicolas Ier et Adrien II.

Dix-huitième exemple. La condamnation de Timothée, patriarche d'Alexandrie, par les lettres qu'on a appelées *circulaires*.

Dix-neuvième et vingtième exemples. Requête donnée aux évêques pour demander l'anathème de Sévère, et les cris du peuple au patriarche sur le même sujet.

Vingt-unième exemple. Confession de foi du pape saint Grégoire.

Vingt-deuxième exemple. La condamnation des *trois Chapitres* au cinquième concile.

Vingt-troisième exemple. La condamnation des monothélites dans le concile de Latran, sous saint Martin Ier.

Vingt-quatrième exemple. Actes du sixième concile, sous le pape Hormisdas (*a*).

(a) Voici encore une note de l'abbé Lequeux : « Ce titre de chapitre finit le *manuscrit*; et c'est là sans doute que l'auteur en demeura, à la page 107. » L'habile abréviateur marquoit au commencement des *exemples* : Nous voici à

EPISTOLA LXIV.

VIRO CLARISSIMO AMPLISSIMOQUE

MICHAELI ANGELO RICCIO (a).

Ego te, vir clarissime, ac singulares animi tui dotes, et celebrante famâ, et affirmantibus viris summo ingenio summâque dignitate præditis, pridem habeo cognitas. Illi te omni litteraturâ cultissimum, te antiquæ theologiæ ac disciplinæ scientissimum pariter ac retinentissimum prædicabant; te amplissimas quasque dignitates et virtute promeritum et animo supergressum in publica commoda totum incumbere, dignumque omninò esse quo Innocentius XI, Pontifex verè sanctissimus, plurimùm uteretur. Quæ quidem à me non eò commemorantur quò viro modestissimo adblandiar, aut vicem rependam iis laudibus quas in me paucis gravissimisque sententiis amplissimas contulisti : verum quò intelligas quanti te faciam, fidemque habeas flagitanti ut quem ornasti diligas. Id quidem ego, vir clarissime, nisi me vita destituat, omni officii atque obsequii genere promerebor.

In Regiâ San-Germand 12 kal. jan. 1678.

la page 17 du *manuscrit* de Bossuet; il nous dit maintenant que nous sommes arrivés à la page 107; il a donc mis 90 pages de Bossuet dans 2 ou 3 des siennes D'ailleurs qu'est-ce qui nous assure que Bossuet *demeura à la page* 107? D'après le rapport de son secrétaire intime, il travailla à son ouvrage en 1702, et « dicta dans le mois de février et pendant tout le carême de 1703; » il recueillit des témoignages et des faits dans « l'histoire ecclésiastique et dans les conciles; » en un mot, il fit « un long mémoire avec un grand recueil de toutes les preuves de la tradition : » et tous ces documens, toutes ces pièces, toutes ces discussions n'auroient rempli que 107 petites pages, car Bossuet et ses secrétaires n'employoient que du papier de petite dimension ? Quiconque parle par intérêt et non par devoir; quiconque défend, non pas la doctrine de l'Église, mais sa propre opinion, tout sectaire est menteur.

(a) Secretarius Congregationis Indulgentiarum ac SS. Reliquiarum, sanctique Officii consultor fuit. Ab Innocentio XI in Cardinalium collegio cooptatus, anno vix elapso obiit, 12 maii 1682, annos natus 61. Eximiam Italicæ versioni *Expositionis* dedit approbationem, in hujus libelli editione. Parisinâ anni 1679 insertam. Hanc vide suprà, tom. XIII. p. 40.

EPISTOLA LXV.

BOSSUETUS REVERENDISSIMO PATRI M. LAURENTIO DE LAUREA (a).

JACOBUS BENIGNUS, EPISCOPUS CONDOMENSIS.

In palatio San-Germano 12 kalendas januarii 1672.

Homini religiosissimo atque in theologiâ versatissimo quem Roma miretur et consulat, quem omnes ubique purpurâ dignissimum judicent, reverendissime Pater, mea scripta probari ; cùm mihi honorificum esse sentio, tùm hæreticis nostris spero salutare futurum. Nimirùm illi jactare non desinunt diversissimas inter nos de fide quoque esse sententias, à Gallis dissentire Romanos, neque unquàm eventurum ut opusculum meum Romæ approbarem. Homines rerum nostrarum imperitissimi, qui catholicum episcopum ab Ecclesiâ Romanâ dissidere posse putant, aut Romæ non placere, quam ego unam sum prosecutus, expositam Tridenti fidem. Quos tamen non argumentis, sed ipsâ re confutari refellique oportebat. Id à te potissimùm præstitum mihi gratulor : neque quidquam memini gratius contigisse, quàm quod vir nobilissimus juxta atque doctissimus abbas a sancto Lucâ nuper ad me retulit, te nostri studiosissimum esse atque amantissimum. Id nempè superest, vir reverendissime atque observandissime, ut quem tantoperè commendasti, pari benevolentiâ complectare ; meque tibi semper et conjunctissimum et obsequentissimum fore credas.

EPISTOLA LXVI.

CASTORIENSIS EPISCOPI CONDOMENSI.

Hisce veniam deprecor, quòd nobilissima vestra *Catholicæ Fidei Expositio*, non solùm parùm nobili charactere, vilique

---

(a) Brancati de Laureâ vel Lauriâ, minor conventualis, bibliothecæ Vaticanæ præfectus. Eum Innocentius XI sacro collegio adscripsit, anno 1681. Obiit 30 novembris 1693, annos natus 82.

chartâ, verùm etiam variis typographiæ violata vitiis hîc edita fuerit.

Commiseram ejus edendæ curam homini et docto et in arte typographicâ expertissimo, verùm hæretico. Hinc vereor ne infensus libro, ex quo suæ sectæ diminutionem metuit, minùs emaculatis typis eum edendum crediderit ; ut sic lucem veritatis, quâ liber lucet et vincit, nonnihil obscuraret. Minimè fueram arbitratus ipsum creditam sibi provinciam , vel tam negligenter, vel tam infideliter curaturum fuisse. Promiserat enim mihi curaturum se, ut nec in typis elegantia, nec in chartâ nitor, nec in imitatione propositi sibi exemplaris fidelitas à quoquam posset desiderari.

Curabo, Antistes illustrissime, ut fidelius typographus libello vestro debitam reddat observantiam, edens illum typis nobilibus et emaculatis. Ausim dicere eum esse in nostrum idioma tam feliciter à magni ingenii viro (a) transfusum, ut Gallicanæ elegantiæ vel parùm vel nihil detraxerit. Nullus dubito quin tam catholicis quàm a catholicis nostris evadat utilissimus; omnesque ejus auctori summa à Domino bona sint apprecaturi cum illo, qui magnâ cum observantiâ sese profitetur, illustrissime et reverendissime Domine mihi observandissime, humillimum et obedientissimum famulum, etc.

12 aprilis 1678.

EPISTOLA LXVII.

CONDOMENSIS CASTORIENSI.

Ego verò plurimas tibi habeo gratias de libello meo latinè edito, ac missis ad me per clarissimum virum Dominum des Carrières exemplaribus. Sanè fatendum est multa errata, eaque gravia ac sensum obscurantia, irrepsisse : quæ si novâ editione emendare velis, uti tuæ postremæ litteræ profitentur, pergratum mihi feceris. Quod ut faciliùs præstari possit, mitto ad te, Præsul illus-

---

(a) Petrus Codde, qui deindè sub titulo Archiepiscopi Sebasteni, ab anno 1686, Vicarii apostolici munere functus est, post obitum Castoriensis Episcopi.

trissime, horum erratorum seriem, uti à me notata sunt. Tu me, uti facis, tui amantissimum atque observantissimum ama, illustrissime, etc.

Datum in regio castello San-Germano, 22 maii 1678.

EPISTOLA LXVIII.

BOSSUETUS EMINENTISSIMO PRINCIPI ALDERANDO CIBO,

S. R. E. CARDINALI,

JACOBUS BENIGNUS, EPISCOPUS CONDOMENSIS,

SALUTEM.

Neque me contiscere, eminentissime Cardinalis, Innocenti optimi sanctissimique Pontificis benignitas singularis ; neque ipsi adeundo alium præter te ducem quærere, aut auctoritas tua, aut effusa in episcopos maximè Gallicanos benevolentia patitur. Hùc accedit quòd me quoque, quæ tua humanitas est, nuper oblato Eminentiæ Tuæ exiguo tractatu meo, egregiâ animi tui ac propensissimæ voluntatis significatione cohonestatum volueris, effeceris que omninò ut ingratus insulsusque videar, nisi et te uno nitar plurimùm, mihique ipsi tanti viri benevolentiam gratuler. Quare etiam atque etiam rogo, eminentissime Princeps, primùm ut Innocentio pontifici verè maximo gratulationem meam, summumque erga ipsum Sedemque apostolicam obsequium commendare velis : tùm ut tu quoque, cujus animi dotes suspicio venerorque, tuorum numero me adscribas. Nec deerit conciliator optimus, ille qui in te viget sinceræ pietatis, propagandæ fidei, atque ecclesiasticæ disciplinæ in pristinum splendorem revocandæ amor impensissimus, qui ut in te vim depromit suam, ita me ad eamdem metam, pro virium mediocritate, currentem ultrò adjuvabit.

Perspectum sanè mihi est, eminentissime Cardinalis, quàm indefesso studio ipsos adeas fidei ac disciplinæ fontes, quàm sacris canonibus te ipsum primùm informandum tradas ; tùm verò Ecclesiam universam procurandam constituendamque committas.

Esto illud præclarum opus Innocentio XI, summo Pontifice, teque doctissimo sanctissimoque consultore dignissimum; non statuas ponere, non obeliscos erigere, non immensas ædificiorum moles extollere; sed fidem amplificare, sancire pacem, mores christianos excolere, sanctissimam disciplinam et firmare regulis, et exemplis instruere: ut ipse Ecclesiæ decor ad eam pulchritudinem potiundam extraneos quoque et adversarios alliciat et instiget. Mihi verò conato ecclesiasticam doctrinam illustrare, ne illi posteà dixerint quod hactenùs immeritò exprobrarunt, meam sententiam Sedi apostolicæ non probari, intelligant ei Sedi, cui Petrus præsidet et Petri æmulator Innocentius, quæcumque sunt vera, quæcumque pudica, quæcumque justa, quæcumque sancta, quæcumque amabilia, quæcumque bonæ famæ[1], et probari semper, et esse probata : tùm si qua sincera virtus, si qua laus disciplinæ, hæc cogitare Innocentium XI, et Innocentii sanctissimum consultorem Alderanum Cibum, quem ego summâ animi reverentiâ prosequor, eique me addictissimum atque obsequentissimum fore spondeo. Vale.

In Regiâ Versaliensi, 8 kalendas decembris anno 1678.

EPISTOLA LXIX.

BOSSUETUS AD INNOCENTIUM XI.

BEATISSIME PATER,

Quod votis omnibus expetendum fuit, id ego Vestræ Sanctitatis summo beneficio sum assecutus, uti mea scripta gestaque Sedi apostolicæ probarentur, undè terris Deus fundit oracula, eique potissimùm Pontifici quem unum sinceræ pietatis, christianarumque omnium virtutum laude conspicuum, puriori quoque divinitùs luce afflatum esse oporteat. Equidem cùm elaboravi meum de *Catholicæ Fidei Expositione* tractatum, id mihi animo proponebam, ut et adversarii doctrinam Ecclesiæ, tot calumniis impetitam ac deformatam, qualis esset agnoscerent, et Ecclesiæ filii compendioso sermone, sanctæ Matris sensa perspicerent.

[1] *Philip.*, IV, 8.

Quod mihi cumulatissimè contigisse minimè dubitaverim, postquàm libellus meus, nonnullis jam gentibus cognitus, in Italiæ quoque luce atque adeò Romæ, quod est fidei caput, est editus, publicâ approbatione non munitus tantùm, sed ornatus; quoque nihil quidquam aut ad commendationem illustrius, aut ad auctoritatem firmius esse queat, Vestræ Sanctitatis sententiâ comprobatus.

Neque verò minùs lætum fuit, beatissime Pater, quòd Vestra Sanctitas significatum mihi esse voluerit gratam ipsi esse quantulamcumque meam, in informando serenissimi Delphini animo, diligentiam atque operam. Quo quidem in officio amplissimo gravissimoque quid præstarem, ipsa maximi regis jussa monstrabant. Is namque cùm mihi regium adolescentem erudiendum tradidit, recolo enim lubens, id præ omnibus unum inculcabat infarciebatque, ubi pietatem, uti summam erga vestram Sedem reverentiam teneræ menti instillarem, eam deniquè fidem quam ejus progenitores non tantùm piè coluerint, sed etiam acerrimè propugnarint.

Sit illa profectò maxima, beatissime Pontifex, Francorum regum gloria, quòd à mille ducentis annis, Romanam, id est, catholicam fidem, semel animo haustam nunquàm exuerint: ipsi quoque Ecclesiæ Romanæ decorum, regnum illud totius orbis vel nobilissimum et antiquissimum, idem erga Sedem vestram et obsequentissimum et beneficentissimum extitisse. Non eam imminuet gloriam Ludovicus Magnus, ille datâ pace magis quàm tot reportatis victoriis, tot provinciis debellatis inclytus, atque in tanto gratulantis Orbis applausu, decora religionis omnibus laures ac laudibus anteponens. Nec tàm nostris documentis quàm ejus exemplis, Delphinus augustissimus discet nihil esse magis regium quàm Regem regum colere. Ac si Vestra Sanctitas nostris conatibus sanctissimas preces atque apostolicam benedictionem adjungat, mox sese ostentabit orbi regius juvenis virtutibus longè quàm genere clariorem. Regem parentem intuetur unum in infideles bis jàm arma movisse, non injuriâ provocatum, non permotum periculo, sed rei christianæ incredibili studio incitatum. An ergò ille impiam gentem requiescere, imò omnia longèlatèque devastare patietur? An non quod accepit ab optimo parente optimè institutus, id posteris tradet, emergetque Galliæ, ex illâ pulcherrimâ sanctissimâque disciplinâ, perpetua regum series, qui Carolum Magnum, qui sanctum Ludovicum, qui nostrum quoque Ludovicum referant, planèque intelligant reges francos verè christianissimos atque Ecclesiæ primogenitos, fidei propugnandæ, frangendæ impiorum audaciæ esse natos factosque.

Quod ad me attinet, Beatissime Pater, cùm nihil planè habeam tantâ vestrâ benignitate atque apostolicæ benevolentiæ testificatione dignum, id unum intelligo mihi commendationi fuisse, quòd fidem catholicam maximè propagatam atque ecclesiasticam disciplinam impensissimè restitutam velim. Id nimirùm unum Vestra Sanctitas curat, id agit, id spirat. Fortunet verò labores vestros Deus optimus maximus, qui vos in tantam Sedem evexit, ut Ecclesiæ laboranti succurreret. Habeat vos diutissimè Petri cathedra, orbi christiano virtute magis quàm loco præsidentes. Dùm tubâ insonatis, atque ad ecclesiasticam pacem paternosque complexus omnes undecumquè Christianos evocatis, Jericho corruat, exsurgat verò Jerosolyma, Dei sanctuarium instauretur : neque tantùm schismata hæresesque discedant; sed Ecclesia Christi prodeat nativo decore conspicua, suis firmata regulis, antiquis illis suis castissimisque moribus exornata. Id verò vestrum est, beatissime Pontifex, id vestra tempora postulant, id ut vobis eveniat assiduis suppliciis Deum flagito; ac Vestræ Sanctitatis pedibus advolutus apostolicam benedictionem expecto, eique me meaque omnia summâ animi demissione subjicio.

Deus Sanctitatem Vestram diù Ecclesiæ suæ salvam et incolumem custodiat, Domine beatissime et in Christo colendissime, sancte Papa.

VESTRÆ SANCTITATIS,

Devotissimus et obedientissimus filius,

† J. BENIGNUS, Ep. Condomensis.

In palatio Versaliensi, 8 kalendas decemb. 1678.

LETTRE LXIX.

BOSSUET A INNOCENT XI [1].

Très-saint Père,

Il ne pouvoit rien m'arriver de plus désirable que de recevoir par les ordres de Votre Sainteté, des témoignages de son approbation, c'est-à-dire de celle de Dieu même, puisqu'elle est assise dans le Siége d'où il a accoutumé de prononcer ses oracles à toute la terre, et qu'elle se rend digne par sa sainte vie d'être éclairée des plus pures lumières du ciel. Après une telle approbation, très-saint Père, je ne puis plus douter que mon traité de l'*Exposition de la Foi* ne fasse l'effet que j'en avois espéré, qui est de détromper les hérétiques des erreurs qu'ils imputent à l'Eglise, et d'instruire ses enfans en peu de mots des sentimens de leur Mère sur les matières controversées. Après avoir paru en beaucoup de langues, il falloit, très-saint Père, qu'il parût encore en Italie et à Rome même [2], c'est-à-dire dans la source de la foi, avec toutes les marques de l'approbation publique; et, ce qui est au-dessus de tous les titres, avec celle de Votre Sainteté.

Je n'ai pas été moins ravi, très-saint Père, de ce que Votre Sainteté a bien voulu que je susse qu'elle est satisfaite des soins que je prends pour instruire le jeune prince qu'il a plu au Roi de me confier. Dans un emploi si grand et si important, je n'ai eu qu'à suivre les ordres de ce roi incomparable, qui dans le temps qu'il m'y appela (je prends plaisir, très-saint Père, à le rappeler en ma mémoire) ne me commanda rien si expressément que d'élever Monseigneur le Dauphin dans la crainte de Dieu, dans la révérence envers le saint Siége et dans la foi que les rois ses ancêtres ont toujours non-seulement embrassée, mais encore protégée et défendue.

C'est le grand honneur de la France de se pouvoir glorifier que depuis douze cents ans que ses rois ont embrassé la foi catholique,

---

[1] Nous donnons cette traduction, parce qu'elle est de Bossuet. — [2] L'*Exposition* fut imprimée à Rome en italien, et publiée vers le mois de septembre 1678.

c'est-à-dire la Romaine, elle n'en a jamais eu qui l'ait quittée. Mais nous pouvons dire, très-saint Père, que ce n'est pas un petit honneur à l'Eglise Romaine, que le trône le plus ancien et le plus auguste de l'univers ait toujours été le plus soumis et le plus libéral envers le saint Siége. Louis le Grand ne démentira pas ces beaux sentimens de ses ancêtres, lui qui dans ce haut point de gloire où le met la paix donnée à l'Europe [1], plus encore que tant de batailles gagnées et tant de provinces réduites, craint et admiré de tout l'univers, est plus touché de la religion que de toute la grandeur qui l'environne. Monseigneur le Dauphin apprendra, plutôt par ses exemples que par nos instructions, qu'il n'y a rien de plus grand ni de plus royal, que de servir le Roi des rois ; et si Votre Sainteté qui approuve notre conduite, daigne y joindre ses saintes prières et sa bénédiction apostolique, le monde verra bientôt ce jeune prince illustre par ses vertus plus encore que par sa naissance. Quand il considérera que le Roi son père a été le seul à qui le zèle, et non le besoin, ait fait prendre les armes déjà deux fois pour défendre la chrétienté attaquée par les infidèles, il connoîtra qu'un de ses devoirs est de réprimer leur audace. Il fera instruire sa postérité comme il l'a été lui-même. La France portera toujours des Charlemagne, des saint Louis et des Louis le Grand; et ses rois apprendront qu'être roi de France, c'est être vraiment très-chrétien, vrai fils aîné de l'Eglise, son protecteur naturel contre les impies, et invincible vengeur de leurs attentats.

Quant à moi, très-saint Père, qui ne mérite les bontés extrêmes dont il a plu à Votre Sainteté de m'honorer, que par un désir immense de voir la foi étendue et la discipline ecclésiastique heureusement rétablie, je ferai des vœux continuels pour Votre Sainteté, dont tous les desseins tendent uniquement à ces deux choses. Puissions-nous voir longtemps un si grand Pape dans la chaire de saint Pierre, y tenir la première place de l'univers plus encore par ses vertus que par l'autorité d'une charge si éminente! Puisse le Dieu qui vous a élevé à un si grand siège pour le bien de son Eglise, bénir vos soins et vos travaux! Pendant

[1] La paix de Nimègue, signée au mois d'août 1678.

que Votre Sainteté sonne la trompette pour appeler tous les chrétiens à l'unité catholique et à vos embrassemens paternels, puissions-nous voir tomber à vos pieds sacrés les murailles de Jéricho, c'est-à-dire les schismes et les hérésies. Mais en abattant cette infidèle Jéricho, il faut encore relever la sainte Jérusalem, c'est-à-dire rendre à l'Eglise son ancienne beauté, ses premières mœurs, ses règles et sa discipline. Voilà, très-saint Père, le digne ouvrage de Votre Sainteté; c'est ce qui semble être réservé à votre pontificat. Je ne cesse de prier Dieu qu'il vous fasse cette grace; et humblement prosterné aux pieds de Votre Sainteté, j'y attends sa bénédiction apostolique, lui soumettant, avec un profond respect mes écrits et ma personne.

Dieu veuille conserver longtemps Votre Sainteté à son Eglise, très-saint Père, digne en Jésus-Christ de tout respect et de tout honneur, etc. (a).

A Versailles, ce 24 novembre 1678.

EPISTOLA LXX.

CARDINALIS CIBO AD BOSSUETUM.

Cùm sibi jam aditum ad sanctissimi Domini nostri benevolentiam aperuerat, illustrissimæ Dominationis Tuæ virtus et eruditio, ut manuductore non indigeret, litteras sanè tuas eâ excepit paterni erga te animi significatione Sanctitas Sua, quæ devoto illarum officio; et Præsuli omni laude præstanti, ac de catholicâ religione præclarè meritò debebatur. Id illustrissimâ Dominatio Tua ex adjunctis Sanctitatis Suæ litteris cognoscet uberiùs quàm ex meis : neque dubito quin re ipsâ etiam cognitura sit, si occasio se dederit pontificiæ benignitatis experiendæ.

Probè intelligit Sanctitas Sua, et quidem magno cum animi sui solatio, quantùm illustrissima Dominatio Tua prodesse christianæ reipublicæ possit, cùm piis doctisque ingenii tui fœtibus,

---

(a) Le Pape fit réponse à cette lettre de M. de Condom, par le bref du 4 janvier 1679, qui contient l'approbation expresse du livre de l'*Exposition*. Ce bref étoit accompagné d'une lettre signée par le cardinal Cibo, lettre que nous donnons après celle-ci.

tùm institutione serenissimi Delphini, qui auctoritate et exemplo suo comprobaturus olim sit quæ tu ad instaurandam Ecclesiæ disciplinam et ad profligandam hæresim doctè sapienterque tradideris. Ego sanè pro comperto habeo nullâ in re magis posse me Sanctitatis Suæ animum demereri, quàm occasiones illi suppeditando, tibi, tuique similibus viris gratificandi : qui interìm illustrissimæ Dominationi Tuæ de humanissimâ ad me scriptâ Epistolâ gratias agens, omne studium, omnia officia mea ex animo offero, ac sospitatem diuturnam atque florentem à Deo auguror. Illustrissimæ Dominationis Tuæ servitor,

ALDERANUS, Cardinalis CIBO.

Romæ, die 4 januarii 1679.

LETTRE LXXI.

BOSSUET AU MARÉCHAL DE BELLEFONDS.

A Saint-Germain, ce 22 janvier 1678.

Je vous prie, Monsieur, de me mander de vos nouvelles, sans oublier celles de votre santé. Pour nous, nous allons toujours expliquant les saints Prophètes; nous sommes bien avant dans Jérémie, et nous ne cessons d'admirer sa manière forte et douce. La douceur avec laquelle il plaide sa cause devant les grands assemblés en conseil et devant le peuple, est admirable. Il n'est pas moins merveilleux quand il répond au faux prophète Ananias. Le bel exemple! Comme il souhaite de bon cœur que les promesses favorables de ce faux prophète soient accomplies! Avec quelle modestie lui parle-t-il! De lui-même il ne lui dit rien de fâcheux et n'ose pas le reprendre : s'il le fait à la fin, c'est que Dieu l'y oblige. Dieu nous fasse la grace, quand nous serons attaqués, d'agir dans le même esprit, quoique nous ayons encore un plus grand exemple, qui est celui du Sauveur même qui ne se défend que par son silence. Quelle dignité et quelle autorité dans ce silence de Notre-Seigneur! Quelle punition à ceux à qui il ne daigne pas faire voir son innocence! et qu'ils méritoient bien que l'instruction de la parole leur fût refusée, eux qui n'avoient pas cru à celle des œuvres!

Voilà, Monsieur, un petit sermon que je vous fais, afin que vous soyez toujours de la communion du concile (*a*) de Saint-Germain. Nous vous regardons toujours comme un des Pères laïques.

La lettre de notre saint ami (*b*) a fait grand bruit; n'importe : car elle ne fait pas ce bruit pour être partiale, mais parce qu'elle est simple, et que les partis veulent qu'on entre dans leur chaleur. Au fond, malgré les contradictions, je crois qu'elle édifiera, et je ne me repens point que nous l'ayons divulguée. Je vous prie, quand vous le verrez, de le prier de redoubler ses prières pour moi, et de demander à Dieu ma conversion. C'est une étrange chose d'estimer tant la vertu, et de n'en avoir point. Prions les uns pour les autres. Dieu soit avec vous.

LETTRE LXXII.

BOSSUET A M. NICAISE,

CHANOINE DE LA SAINTE CHAPELLE DE DIJON.

A Saint-Germain, ce 9 février 1679.

Vous pouvez assurer M. Spon (*c*), Monsieur, que ses *Miscellanea* (*d*) seront bien reçus de Monseigneur le Dauphin, et qu'il peut les lui dédier, aussi bien que sa *Réponse à la Guilletière* (*e*). Nous avons estimé son *Dictionnaire*. Pour son *In te, Domine, speravi*, il nous a paru ce qu'il étoit, c'est-à-dire ridicule et profane. Au surplus, j'ai ouï dire qu'il y avoit quelques bonnes re-

---

(*a*) C'est ainsi qu'on appeloit, en Cour, l'assemblée de plusieurs savans qui se rendoient à certains jours auprès de Bossuet pour conférer sur l'Ecriture, la théologie et d'autres matières ecclésiastiques ou philosophiques. — (*b*) Tout porte à croire qu'il s'agit ici de la lettre de l'abbé de Rancé, au sujet des humiliations qu'on faisoit subir à des religieux, en leur imputant des fautes ou des défauts dont ils n'étoient pas coupables. [La lettre LIX, ci-dessus, adressée à M. le Roi, abbé de Haute-Fontaine, fait connoître le sujet de cette contestation. (*Les édit.*) — (*c*) Médecin de Lyon, qui professoit la religion protestante. Il se fit connoître par un grand nombre d'ouvrages. — (*d*) *Miscellanea eruditæ Antiquitatis*, in-fol., imprimés plusieurs fois. — (*e*) A. M. Guillet, qui avoit écrit contre son *Voyage de Grèce et du Levant*, publié en trois volumes in-12.

marques dans son livre, car pour moi je n'en ai rien lu; mais j'ai lu avec grand plaisir tout le *Voyage* de M. Spon, plein de belles observations et de recherches curieuses de l'antiquité. Il a donné au public une bonne opinion de son érudition, qui prépare bien les voies à ses *Miscellanea*. L'inscription (a) est du goût antique : il me semble qu'il pourroit ôter le *futuro,* et laisser le *deliciis* tout seul. Je ne sais ce que peut signifier parmi nous, le *Principi juventutis,* ni le *Tutelari genio pacis.* Pour le *à divis concesso,* l'allusion en est ingénieuse, mais il est païen; et s'il faut imiter les anciens, c'est principalement en ce qu'ils ont fait leurs inscriptions selon leurs mœurs et leur religion, sans y rien mêler d'étranger. Les auteurs exacts n'approuvent pas qu'on se serve du mot de *divi* pour les Saints, quoique les catholiques s'en soient servis aussi bien que les protestans. Dans l'inscription pour le Roi, il y a trois adverbes de suite, *celeriter, fortiter, audacter;* ce qui est du style affecté, plutôt que de la grandeur qui convient aux inscriptions : je les ôterois tous trois. Je doute aussi un peu du *conculcatis,* et je ne sais si ce mot se trouve en ce genre : il paroît un peu trop figuré et trop éloigné de la simplicité. Je ne sais si *pace data* ne seroit pas mieux que *oblata :* le reste est excellent.

Voilà, Monsieur, ce que vous avez souhaité de moi, c'est-à-dire mon avis très-simplement. Conseillez à M. Spon d'éviter les railleries excessives dans sa *Réponse aux turlupinades :* elles tombent bientôt dans le froid, et il sait bien que les plaisanteries ne sont guère du goût des honnêtes gens; ils veulent du sel et rien de plus. S'il faut railler, ce doit du moins être avec mesure. Assurez-le de mon estime. Comme je le vois né pour le bon goût, je serois fâché qu'il donnât dans le mauvais. Je suis, Monsieur, comme vous savez, très-sincèrement à vous, et ravi de voir l'amitié qui est entre vous et M. Drouas.

(a) Il s'agit de l'inscription que M. Spon devoit mettre à la tête de ses *Miscellanea,* pour les dédier à M. le Dauphin. On voit en examinant celle qui s'y trouve, que cet auteur a exactement suivi les observations de Bossuet.

EPISTOLA LXXIII.

BOSSUETUS AD CARDINALEM CIBO.

Cùm in eo essem, ut acceptis apostolicis Tuæque Eminentiæ litteris (*a*), ad agendas gratias totâ mente conversus, eas in sinum tuum lætus effunderem, nova scribendi ad te, eaque mihi jucundissima, occasio supervenit. Petiit à me qui Sedis apostolicæ negotia tractat, vir amplissimus atque humanissimus, dominus Joannes Baptista Laurius (*b*), uti perscriberem ad serenissimi Delphini animum informandum quam viam secuti simus : scriptum ad te mitterem, non modò perlegendum; sed etiam ipsi Pontifici meo nomine offerendum : id Eminentiæ Tuæ, id Sanctitati Suæ gratissimum futurum. Rem sanè apostolicâ sollicitudine dignissimam tantique Pontificis paterna viscera demonstrantem, animum adhibere institutioni Principis ad tantum imperium catholicæque fidei defensionem nati.

Ego, eminentissime Princeps, cui præcipua cura est Pontifici morem gerere, Tuæque Eminentiæ jam in me propensissimam ac testatissimam voluntatem magìs magìsque demereri, confecto penè cursu, totam studiorum nostrorum rationem diligenter expono, atque ab ipso Pontifice verè sanctissimo per Eminentiam Tuam summâ demissione flagito, ut emendanda significet, addenda constituat, peccata condonet ; tùm, pro illâ suâ in Regem Delphinumque patriâ charitate, nos tanto in officio desudantes sanctissimis precibus atque apostolicâ benedictione sustentet. Tu quoque, eminentissime Cardinalis, quâ, in ipsâ christianitatis arce constitutus, rem universam christianam complecteris, prudentiâ singulari nostros conatus adjuves, mihique porrò eam, quâ maximè lætor, benevolentiam exhibere non desinas. Vale.

In palatio San-Germano, 8 mart., 1679.

(*a*) Hic agitur de Brevi pontificio, 4 januarii 1679, deque epistolâ Cardinali ei adjunctâ. Vide suprà, *Epist.* LX, LXI. — (*b*) Protonotarius apostolicus, ac nuntiaturæ Auditor in Galliâ.

EPISTOLA LXXIV.

CARDINALIS CIBO.

Luculentam et elegantissimè scriptam relationem quam ad me misit illustrissima Dominatio Tua, de ratione instituendi serenissimi Delphini (a), Sanctitati Suæ, cui nuncupatur, legendam tradidi. Ex adjuncto Brevi pontificio cognosces quo illà in pretio habeatur à Sanctitate Suâ, et quâ spe animum ejus impleveris, uberes aliquandò fructus in christianæ reipublicæ bonum colligendi. Illud affirmare verè possum illustrissimæ Dominationi Tuæ, Pontificem optimum incredibili cum animi voluptate legisse ac perlegisse relationem, et ad pristinam suam ergà te voluntatem non parùm cumuli hàc lectione accessisse. Ab illustrissimâ Dominatione Tuâ vehementer peto, ut meum inserviendi eximiæ virtuti tuæ desiderium frequenter exerceas. Cui læta omnia cum diuturnâ incolumitate à Deo auguror.

Die 19 aprilis 1679 (b).

EPISTOLA LXXV.

AD CARDINALEM CIBO.

Apostolicâ benignitate tuâque benevolentiâ factus audacior, ad Eminentiam Tuam iterùm affero meum de *Catholicæ Fidei Expositione* libellum, auctoritate pontificiâ commendatum, ac Ponti-

---

(a) Epistolam ad Innocentium XI, de institutione Delphini, præfiximus operibus quæ pro erudiendo Principe scripsit Bossuetus. Eam require, cum Responso summi Pontificis, tom. XXXIV hujusce editionis. — (b) Iis ferè temporibus, abbas Renaudot hæc Bossueto scribebat, mittens ei nonnulla ex Epistolâ secretarii Brevium excerpta : *Je crois, Monseigneur, que vous ne serez pas fâché de voir cet extrait d'une lettre de M. Favoriti, du 5 avril* 1679. « Legi Sanctitati Suæ relationem episcopi Condomensis, in quâ exponit eleganter sanè et copiosè instituti sui rationem in liberalibus disciplinis serenissimo Delphino tradendis, eoque ad omnem virtutem, tanto Principe, tanto Regis filio dignam, informando. Incredibili gaudio↓i am audiens perfusa est Sanctitas Sua, et præclara quæque de tam sapienter instituto adolescente, florentissimum in terris imperium quondàm habituro, auguratur. »

ficis maximi pedibus iterùm adponendum. Quo consilio nova hæc sit editio adornata, ipsi Pontifici summatim expono ; ac, si Eminentia Tua dignetur inspicere, Monitum libello præfixum copiosiùs explicabit. Sanè approbatione pontificiâ ad salutem animarum uti, atque hujus usûs ipsi Sedi apostolicæ reddere rationem oportebat. Ea mihi causa est adeundi tuî, eminentissime Princeps. Vereor equidem interpellare graves illas curas tuas reipublicæ christianæ adeò salutares. Verùm enim verò si plus æquo audeam ; si arcanum illud omnique reverentiâ prosequendum conclave tuum, ubi res tantas tractas, importunus ac propè jam protervus irrumpam, id acceptum referas singulari humanitati tuæ. Me verò, eminentissime Cardinalis, tanta tuî cepit fiducia, ut etiam amicum singularem Eminentiæ Tuæ commendaverim ; idque illa quidem gratum sibi esse humanissimis litteris significavit. Hujus ergò negotii successum omnem, mihi sanè optatissimum, Eminentiæ Tuæ me debere profitebor, atque iterùm enixè rogo, ut in eo procurando quam pollicita est impendat operam. Ego et maximas habebo gratias, et omnibus votis Eminentiæ Tuæ faustissima quæque imprecabor. Vale.

7 junii 1679.

EPISTOLA LXXVI.

AD INNOCENTIUM XI.

Beatissime Pater,

En redit ad Vestram Sanctitatem exiguus ille meus de *Catholicæ Fidei Expositione* tractatus, jàm magnus, jàm validus, jàm invictus, vestrâ scilicet approbatione munitus. Brevis ad hæreticos accessit oratio, quâ oves dissipatas ac per avia deerrantes ad vitæ pascua revocamus, vestro quoque interposito nomine ; ut voci Pastoris grex perditus et vagus assuescat, vestræque Sedis auctoritatem propugnatricem fidei, et conciliatricem christianæ pacis, ipsâ ejus utilitate perspectâ, amplificatam potiùs quàm imminutam velit.

Enim verò juvat, Beatissime Pater, antiquam illam et innatam cordibus christianis Sedis apostolicæ reverentiam vestris maximè temporibus excitare, ac sub eo Pontifice qui factus forma gregis, exemplo primùm, tùm etiam verbo christianam disciplinam informet, qui mores christianos exigat non ad inanis ratiocinii, sed ad Evangelii regulam, Patrumque doctrinam ; qui episcopalem auctoritatem quâ salus Ecclesiæ nititur, jacentem ac penè prostratam erigat, eamque Sedi apostolicæ conjunctissimam præstet; qui pace constitutâ, in Christi adversarios bella convertat ; qui futuros Pontifices doceat quam familiam ornare, quos propinquos habere debeant, Christi scilicet familiam, eosque qui cœlestis Patris faciant voluntatem. Hoc nempè est caput ipsum malorum aggredi. Sic novum Melchisedech ipsumque adeò Christum, quoad mortali fas est, orbi christiano exhibetis, ac sacerdotium christianæ legis ad pristinam formam revocatis. Audiet et sequetur hæc exempla posteritas : hæreticorum maledicentia conticescet; suspicient vestram Sedem homines universi, non humanæ, sed divinæ gloriæ servientem ; Romanosque Pontifices, non tàm potestate quàm moribus apostolos, proni venerabuntur.

Jàm paternam vestram, Beatissime Pontifex, de augustissimo Delphino ad optima quæque adhortando curam, quis pro merito commendaverit? Quis dignis laudibus prosequatur Breve illud apostolicum recens ad me missum, quo quidem quot sententias scribitis, tot panditis oracula, magistrumque ac discipulum reclusis fontibus cœlestis sapientiæ, flumine irrigatis? Quòd verò me minimum Episcopum, neque dignum vocari Episcopum, quippe qui vix ullam episcopalis officii partem attigerim, statim ab altari raptus ad aulam ; tàm honorificè, tàm paternè, penè dixerim, absit à verbo invidiâ, tàm amicè compellatis : quid dicam, quid sentiam, quid rependam? Hoc scilicet votum, arcano conceptum pectore, assiduisque vocibus iterandum.

Deus Sanctitatem Vestram reipublicæ christianæ diù servet incolumem, ac pro quotidianâ vestrâ instantiâ, pro sollicitudine omnium Ecclesiarum, pro piis illis lacrymis quibus Ecclesiæ defletis vulnera ac diligentiâ quâ curatis, det vobis, post longum felicis vitæ cursum, perpetuam pacem, æterna gaudia, veram vitam, ac vestri similem successorem.

Hæc voveo, hæc precor; ac Vestræ Sanctitatis pedibus advolutus apostolicam benedictionem supplex flagito (a).

Beatissime Pater,

Vestræ Sanctitatis,

Devotissimus et obedientissimus filius,

† J. BENIGNUS, Ep. Condomensis.

In palatio San-Germano, 7 jun. 1679.

EPISTOLA LXXVII.

CARDINALIS CIBO.

Eum jàm tibi locum in pontificiâ gratiâ, tuâ excellenti virtute, et præclaris tui in apostolicam Sedem obsequii significationibus comparasti, ut non solùm me ad Sanctitatis suæ solium manuductore litteræ tuæ non indigeant, sed possis aliis ad ipsius aures et paternum sinum aditum aperire. Id cognoscere non unâ in re potuit illustrissima Dominatio tua, et denuò cognoscet ex adjuncto Brevi, quò Sanctitas sua ad litteras proximè à te datas respondet. Nova libelli editio Sanctitati suæ, et omnibus qui editionis causam norunt, valdè probatur; ac sperare juvat magìs etiam probandam fructu ipso, cùm nullum relinquat hæresi perfugium vel excusationem. Eò quòd me quoque donaveris, ago illustrissimæ Dominationi tuæ uberes gratias, meaque erga te studia, et rerum tuarum percupidam voluntatem ex animo confirmo, ac læta illustrissimæ Dominationi tuæ omnia à Deo apprecor. Illustrissimæ, etc.

Romæ, 13 julii 1679.

(a) Innocentius XI hisce litteris respondit, Brevi dato 12 julii 1679, quo denòu *Expositionem* approbat. Breve pontificium sextæ hujus libri editioni, anno 1686, ab auctore præfixum est, quod vide *suprà*, tom. XIII, pag. 48.

EPISTOLA LXXVIII.

CASTORIENSIS CONDOMENSI.

Ex tuo mandato, Antistes illustrissime, Domine reverendissime, direxit ad me vir clarissimus des Carrières duo exemplaria *Doctrinæ Catholicæ*, quæ pio cum gaudio exosculatus sum; tùm quia in illis vidi apostolicum Breve quo *Expositio* non solùm approbatur, sed etiam in fidei regulam erigitur; tùm quia *Expositioni Animadversionem* contra Ministrorum cavillas præfixam conspexi. Dùm viribus veritatis sternuntur inimici, manu charitatis, ne ex casu offendantur, à modestissimo victore excipiuntur. Et quia ex illius versione in Latinam et Flandricam linguam non dubitamus auctum iri illos fructus, quos et præclaros et copiosos ex versione *Expositionis Doctrinæ Catholicæ* hìc collegimus; eapropter, Antistes illustrissime, audeo supplicare ut sicut ex nobili interpretatione clarissimi viri Claudii Fleurii *Expositionem* habemus Latinam, ita quoque ex ejusdem interpretatione Latinam *Animadversionem* habere mereamur. Ubi illa fuerit perfecta, curabo diligenter ut unà cum *Expositione* elegantibus correctisque typis imprimatur.

Ille verò amicus meus (*a*) qui fuit *Expositionis*, *Animadversionis* quoque erit interpres, si modò, Antistes illustrissime, tuo cum beneplacito, ac tuâ cum benedictione, quam ejus nomine hìc à te supplex postulo, eo officio fungi possit.

Dùm autem de Flandricâ *Expositione* loquor, silere non possum eam tantâ hìc aviditate divendi (*b*), ut necesse sit jàm secundâ vice impressam, iterùm prælo subdere. Quod eò majori tùm catholicorum, tùm protestantium bono fiet, quò à Romanis elogiis decus et auctoritatem, et ab *Animadversione* invictum robur consequetur.

Si penitùs me ipsum oblivisci possem, mihi singularem læti-

(*a*) Petrus Codde, de quo suprà. — (*b*) 25 oct. 1678, Castoriensis hæc abbati de Pontchâteau scribebat : « Incredibile dictu quantâ aviditate etiam ministro-
» rum calvinistarum, libellus ille Batavus factus *ematur* et legitur. »

tiam ea laus adferret quæ mihi à te, Antistes illustrissime, in *Animadversione* tribuitur. Verùm dùm mentis oculos ad mea omnia sæpiùs cogor revocare, me eum esse invenio qui magis plangendus quàm laudandus sit, et cui tuam charitatem tunc fructuosissimè exhibebis, quandò et precum tuarum auxiliarem manum extendere dignaberis. Hanc gratiam humiliter efflagitans, summâ cum observantiâ me profiteor, Antistes illustrissime, Domine observantissime, etc.

1 Septembris 1679.

LETTRE LXXIX.

BOSSUET A M. SPON, DOCTEUR EN MÉDECINE

A Paris, 1679.

J'ai présenté à Monseigneur le Dauphin votre défense (*a*) : elle a été bien reçue, et j'ai ordre de vous témoigner qu'il estime votre mérite. M. le duc de Montausier verra avec plaisir votre ouvrage plein d'érudition agréable et curieuse. Mais vous lui devez un livre; je lui donnerai, de votre part, celui que vous avez envoyé pour moi. Je suis, Monsieur, fort content de votre manière de traiter les choses, et de vos belles recherches. Si vous m'en croyez, vous ne vous amuserez plus dorénavant à des réponses et à des querelles dont le public n'a que faire. C'est assez d'avoir donné ce premier écrit à votre défense : au surplus, donnez-nous de bonnes choses, comme vous le pouvez; c'est bien répondre que de bien faire. Quant à votre grand ouvrage, M. le chancelier est ferme à ne donner le privilége qu'après que les ouvrages entiers ont été examinés; et on ne seroit pas bien reçu à lui demander autre chose : au surplus, je vous rendrai tout le service que je pourrai, comme un homme qui ai pour vous toute l'estime possible. Je suis, Monsieur, etc.

(*a*) C'est la réponse de M. Spon à la critique publiée par M. Guillet, contre ses *Voyages de Grèce et du Levant*.

LETTRE LXXX.

BOSSUET A M. SPON, DOCTEUR EN MÉDECINE

Ce 15 octobre 1679

J'ai reçu le paquet où il y avoit plusieurs exemplaires du commencement de vos *Miscellanea*. J'en ai présenté un de votre part à Monseigneur le Dauphin, qui m'a commandé de vous écrire qu'il l'avoit eu très-agréable. M. de Montausier m'a prié de vous faire ses complimens pour celui que je lui ai donné. On a trouvé l'inscription belle; mais on a jugé qu'il eût été mieux de ne point mettre le nom de *Bourbon*, qui s'éteint dans la branche qui vient à la couronne. L'impression et les figures sont fort belles: les choses sont curieuses et bien expliquées. Le public vous doit savoir gré du soin que vous prenez de l'instruire si bien. Pour moi, outre que j'entre dans ce sentiment, je vous suis obligé en mon particulier, et suis de tout mon cœur, etc.

LETTRE LXXXI.

BOSSUET A M. MIGNARD, PREMIER PEINTRE DU ROI (a).

Je ne puis vous dire, Monsieur, combien je suis sensiblement touché de la perte que vous avez faite. Comment donc avez-vous perdu cette chère fille, dont j'ai plus tôt appris la mort que la maladie? Je prie Dieu qu'il vous donne ses consolations. C'est là, Monsieur, qu'il faut regarder. Nos vues sont trop courtes pour savoir absolument ce qui nous est propre. Il faut se reposer sur

---

(a) Cette lettre est tirée de la *Vie de Pierre Mignard*, où elle est rapportée, p. 97. L'auteur de cette Vie rapporte ainsi l'accident qui donna lieu au faux bruit de la mort de la demoiselle Mignard, qui valut à son père cette lettre de l'illustre prélat. « Lorsque tout concouroit à rendre la vie de cette enfant précieuse à Mignard, elle tomba dans une maladie qu'on crut longtemps mortelle, et qui porta jusqu'au fond de l'ame du père une douleur accablante, qui ne cessa qu'avec le danger de sa fille. Il est si glorieux pour ce peintre d'avoir pu compter M. Bossuet au rang de ses amis, que je crois devoir transcrire ici une lettre de consolation que ce grand homme lui écrivoit de Versailles, où le bruit de la mort de la jeune mademoiselle Mignard avoit été répandu.

celui qui fait tout pour notre bien, par rapport à ses fins cachées.
L'innocence de cette chère et aimable enfant lui a fait trouver
dans la mort la félicité éternelle, qu'une vie plus longue auroit
mise en péril. Consolez-vous, Monsieur, avec Dieu. Consolez madame
Mignard, et croyez que je suis touché au vif de votre
malheur.

EPISTOLA LXXXII.

AD CARDINALEM CIBO.

Ad Eminentiam Tuam, singulari ejus benevolentiâ provocatus,
accedo frequens libellosque meos, quibus ministros erroris atque
hæresum duces insector, pronus ac demissus offero. Mihi enim
ad extremum usque halitum certum est exagitare impiam gentem.
Dùmque id fit apud nos, quod ævo suo optabat Augustinus
ut hæretici, edictis regiis fractâ contumaciâ, nostris rebus intenti
diligentiùs nos audiant; nihil prætermittam quò ab insanis erroribus
catholicæ doctrinæ luce revocentur.

Sanè, eminentissime Princeps, testari possumus ea in illorum
cœtibus de summis rebus esse dissidia, eos animorum motus; sic
infractam apud plerosque, quâ unâ nitebantur, ministrorum auctoritatem;
sic omnium ferè mentes ad nos arrectas atque conversas,
ut ipsi propemodùm se ad unitatem nostram velut compelli
exposcere videantur. Ac profectò spes sit perduellium aciem
ultrò arma posituram, si conjunctis viribus disjectam ac palantem
adoriamur, atque hæc quæ Ecclesiam, heu! jàm nimiùm
nimiùmque conturbant, infausta dissidia componantur : quod
meo quidem sanguine redemptum velim.

Accipe interim, eminentissime Princeps, quo soles vultu munuscula
hæc mea (*a*). Ac si Suæ Sanctitati grata fore judicas, ut
ad illius adponas pedes, etiam supplico. Jàm enim expertus qualescumque
libellos meos apostolico conspectui oblatos atque ibi
comprobatos, novis indè captis viribus multis fuisse salutares,
eamdem opem sæpiùs implorandam arbitror. Id si officii præstiteris,
ac tanto Pontifici meum studium ac obsequentissimam vo-

(*a*) Fortè *Oratio de universali Historiâ.*

luntatem gratam et acceptam feceris, novo atque arctiore vinculo obligabis tibi jàm devinctissimum, Tuæ Eminentiæ, Princeps eminentissime, etc. (*a*).

EPISTOLA LXXXIII.

BOSSUETUS CASTORIENSI.

Ad te mitto *Monitum*, novæ libelli mei editioni à me præfixum, atque à viro clarissimo Claudio Fleury in latinam linguam transfusum. Eam ego interpretationem recensui; atque ad te transmittendam curavi, jamjàm profecturus, atque ad Selestadium augustissimæ Delphinæ (*b*), unà cum ejus domo, iturus obviàm. Ità tibi morem gero lubens, atque amplissimas ago gratias, quòd meam hanc lucubratiunculam, elegantibus typis imprimendam, edere velis. Etiam atque etiam rogo te, ut errata diligenter emendes, quæ in primam editionem Latinam irrepsere. Hæc ad te, Præsul illustrissime, unà cum ipsâ *Animadversionis* interpretatione mitto. Quòd ex hâc editione quam apparas haud mediocrem fructum speres, gaudeo. Quòd me semper ames, id singulari tuæ humanitati acceptum refero. Te verò summo honore summâque benevolentiâ æternùm prosequar, meque tibi, Præsul illustrissime, addictissimum atque obedientissimum fore spondeo.

In palatio San-Germano, 21 januarii 1680.

EPISTOLA LXXXIV.

BOSSUETUS CASTORIENSI.

Quodà me nuper est editum, ad serenissimi Delphini informationem, ab aliquot jàm annis compositum opus, id offerre tibi, quanquàm haud satis dignum amplitudine tuâ, mei officii est; pariterque agere quàm maximas possum gratias pro eâ curâ quâ

(*a*) In hâc epistolâ dies non est appositus. Cùm autem posterior videatur Brevi summi Pontificis, quo *Expositionem* approbat, hunc locum ei assignamus. — (*b*) Anna Maria Christina, Electoris Bavarici filia, Delphino nupta Catalauni. 8 martii 1684.

meum de *Catholicæ Doctrinæ Expositione* tractatum, Latinum Batavicumque factum, tot commendationibus, tàmque præclarâ exigui operis editione illustrasti.

Quod ut è re Ecclesiæ fuisse, vir omni doctrinæ laude conspicuus, idemque sanctissimus ac veracissimus testificatus es, sic animum induxisti meum ad eum libellum in septentrionales oras summâ diligentiâ perferendum. Significavit enim mihi maximus summique judicii D. Marchio de Feuquières, christianissimi regis nostri in Sueciâ legatus, maximam illic esse copiam planèque incredibilem bonorum virorum, qui ab Ecclesiæ sinu fato quodam miserando potiùs, ut ità dicam, quàm pertinaci errore avulsi, animum gerant ad hauriendam veritatem satis comparatum, si aliqua offerretur illis hujus idonea explicatio : huic rei videri natam *Expositionem* illam, tibi, illustrissime Domine, tantoperè probatam, si Latino sermone ad eos perveniret, nec defuturos qui in popularem linguam verterent : Gallicam sanè linguam sic ibi intellectam, vix ut totam ejus vim per sese caperent ; sed Latinæ linguæ auxilio ad eruditos propagandum opus, tandem ad manus plebis deventurum, nec sine magno quidem fructu.

Id cùm illustrissimus Legatus, pari pietatis atque ingenii laude clarus, ad me scripserit ; id ego, illustrissime Antistes, in tuum refundo sinum, ut aliquam ineas viam catholicæ doctrinæ per libellum illum eas in regiones vicinasque partes, totamque adeò Baltici maris oram universamque Germaniam, propagandæ. Id quâ ratione confici possit, rogo etiam atque etiam ut ad me perscribas. Quod meum erit præstabo sedulò : quod tuæ diligentiæ est, id tua illa apostolica charitas solito studio exequetur ; magnumque eâ in re operæ pretium fore, tanti testis auctoritate adductus minimè dubitabis.

Accepi per illustrissimum D. Comitem d'Avaux, Regis istis in partibus extraordinarium legatum, clarissimi viri Friderici Spanhemii *Stricturas*[1]. An è re catholicæ Ecclesiæ sit ut aliquid repo-

---

(a) Loquitur de libro quem adversùs *Expositionem Fidei* ediderat Spanhemius, sub hoc titulo : *Specimen stricturarum ad libellum nuperum Episcopi Condomensis*, Lugd. Batav., 1681, in-8°. Conjici potest, ex epistolis sequentibus, aliquam hujus libri confutationem suscepturum fuisse Bossuetum ; sed deinceps, multis occupationibus impeditus, à proposito destitisse vide-

nam, à te postulo, tuamque auctoritatem sequar. Nunc superest uti summâ fide testificer me tibi addictissimum fuisse ac fore, atque omninò, etc.

Versaliæ, 8 maii, 1681.

EPISTOLA LXXXV.

CASTORIENSIS CONDOMENSI.

Opusculum nuper à te editum, et ad Serenissimi Delphini informationem olim compositum, quo tua humanitas, Antistes observantissime, me donandum duxit, magno cum gaudio, ubi accepero, exosculabor; certus illud tanti discipuli instructione, tantique magistri eruditione dignissimum esse; ac in eo reperturum me undè et religio incrementum, et studia mea lumen poterunt mutuare.

Quæ Marchio de Feuquières ex Sueciâ nuntiat, uti spem præbent futuros illìc plurimos qui non erunt rebelles lumini dùm eis proponetur, ità simul atque Amsterodamum advenero, conferam cum bibliopolis, ut ineamus rationem quâ præclarissima tua, Antistes illustrissime, *Expositio Fidei Catholicæ* ad quàm plurimos poterit pervenire. Si catholicorum libros in Sueciâ vendere liceat, non erit difficile plurima illùc hinc exemplaria mittere. De rationibus à nobis initis, ut libellus tuus et per Sueciam, omnesque maris Baltici regiones distrahatur, ad te Antistes illustrissime, Amsterodamo referam; ut, si fortè opus erit, Marchio de Feuquières moneatur ad suam protectionem bibliopolis impertiendam, vel ad venditionem libri quocumque modo promovendam, qui ejus prudentiæ videbitur opportunior.

Luculentissimum mihi præbes, Antistes illustrissime, tui erga me amoris argumentum, dùm meo judicio definiendum relinquis, nùm cavillationibus et *Stricturis* Frederici Spanhemii aliquod responsum reponendum sit. Quamvis hæc humilitas, quâ tu, Antistes sapientissime, tuas occupationes meo subdis arbi-

---

tur. Spanhemii cavillationes obiter refellit Arnaldus, in tomo II *Apologiæ pro Catholicis.*

trio, pudorem mihi ingerat, audebo tamen quid optem significare. Ex responso magnum fructum non dubius spero. Ea est enim, Antistes illustrissime, tui nominis celebritas, ea de tuâ eruditione opinio, ea de tuis virtutibus existimatio ; ut nullum de rebus fidei ac religionis sis scriptum editurus, quod non ab omnibus, ut illud legant, expetatur. Tanta verò est in libris tuis et perspicuitas ad docendum, et virtus ad persuadendum ; ut vix legi possint ab iis qui fidei catholicæ adversantur, quin de illâ vel meliùs sentire incipiant, vel suam ab illâ separationem suspectam habeant. Rogo itaque, Antistes observantissime, ut, si per occupationes liceat, aliquo responso Spanhemii objecta diluas, remque catholicam illustrare et confirmare digneris.

Spero te, per familiarem illustrissimi Comitis d'Avaux, qui summâ me benevolentiâ prosequitur, et quem ob religionem in Deum, et ob prudentiam in administratione sui muneris plurimùm colo, accepisse libellum (a) qui hîc nuperrimè editus est contra epistolam Lugdunensis medici, cui nomen Spon. Ea epistola hîc magno applausu ab iis omnibus accipitur, quibus jucundum brevissimo scripto comprehensum videre quidquid ferè catholicis objici potest. Sed speramus plurimos posituros insanum de istâ epistolâ gaudium, dùm ex erudito ad illam responso salubrem concipient dolorem.

Libellus cui titulus, *La politique du clergé de France* (b), licèt mendaciis apertissimis scateat, hîc tamen celebratur tanquàm summi ingenii, eruditionis et politicæ scientiæ stupendum opus : undè brevi tempore plurima hîc ejus divendita exemplaria ; et ut ab omnibus is libellus legi possit, in nostram quoque linguam transfusus est ; præfixâ monitione ad lectorem, quâ maximis elogiis auctoris eximia in rebus theologicis scientia, in historicis eruditio, in politicis perspicacia commendantur. Et quamvis præcipuè scriptus videatur ut Anglorum in catholicos furorem nostris inspiret Ordinibus, illi tamen pergunt indulgenter nobiscum agere ac connivere ad progressum religionis nostræ, neglectâ intentione maledici scriptoris. Judicavit vir magnus, quocum

---

(a) Hujus libelli auctor erat Arnaldus, sicque inscriptus est : *Remarques sur une lettre de M. Spon.* — (b) Auctore *Jurieu.*

mihi nonnullum litterarum commercium, è re catholicæ religionis futurum, si suum otium refutando ei libro impenderet (a). Confido ipsum adeò feliciter istâ operâ defuncturum, ut calvinismo indè pudor, et Ecclesiæ catholicæ ingens gloria sit accessura. Hæc refero tibi, Antistes illustrissime; quia scio nihil esse Ecclesiæ, quod non tuum, pro illâ quâ eam complecteris dilectione, existimes.

Non possum huic epistolæ finem imponere, quin significem me gaudere quàm maximè; quia ecclesia Meldensis te, Antistes sapientissime, pastorem habere meruit (b). Illâ felicitate ut diù fruatur, Deum rogo.

27 maii 1681.

EPISTOLA LXXXVI.
MELDENSIS CASTORIENSI.

Accepi equidem luculentam, atque omni elegantiâ et eruditione refertam Responsionem ad Spondii Epistolam; ac velim multa hujus præclarissimi libelli exemplaria ad nos perveniant. Libellum cui titulus, *La politique du clergé de France*, utinàm ille confutet qui Epistolam Spondii tantis jàm viribus, tantâque eruditione confecit (c)! Te verò etiam atque etiam rogo, Præsul illustrissime, ut hujus mihi responsionis copiam facias, ubi erit edita. Confido enim fore ut mendaciorum pudeat auctorem etiam ipsum, si res accuratè exponatur; quòque ille liber majore est arte contextus ad capiendas leves imperitasque animas, eò magis necesse est ut ejus fraudes publicè detegantur.

De Spanhemio videro quid agendum, ubi per otium licuerit: tuis certè consiliis obtemperaturum me profiteor. Urget illustrissimus atque excellentissimus regis nostri in Sueciâ legatus, ut ad eam regionem nostræ *Expositionis* Latina versio deferatur; plurimùmque in eâ re momenti ponit, ac rerum necessitudines excitandæ fidei opportunissimas esse scribit.

Oro te etiam atque etiam, ut Sedis apostolicæ bullas propè diem

---

(a) Arnaldus, qui Jurii librum confutavit, opere edito sub hoc titulo: *Apologie pour les Catholiques*. — (b) Paulò antè, scilicet 2 maii, Bossuetus designatus fuerat Episcopus Meldensis. — (c) Arnaldus.

expectantem, atque ad episcopale opus se accingentem precibus tuis subleves, ut exemplo incendis. Me verò ne dubites summâ cum reverentiâ et esse et futurum, illustrissime Præsul, tibi obedientissimum et conjunctissimum,

☩ J. BENIGNUM, Episc. Condomensem, Meldensem designatum (*a*).

LETTRE LXXXVII.
BOSSUET A M. DIROIS, DOCTEUR DE SORBONNE
A Versailles, ce 23 mai 1681

Je n'ai pas eu le loisir, Monsieur, dans les derniers ordinaires, de vous donner de mes nouvelles : vous en aurez appris par Monseigneur le cardinal d'Estrées.

J'espère que quelque jour vous viendrez produire à Germigny (*b*) quelqu'un de ces grands ouvrages (*c*), que vous méditez pour l'utilité de l'Eglise.

Je vous enverrai par la première commodité, un ouvrage (*d*) que j'ai donné depuis peu ; j'en ai envoyé quelques exemplaires à Rome par les derniers ordinaires ; j'en destine un à la bibliothèque Vaticane. Faites-le un peu valoir aux savans de Rome et de l'Italie, parmi lesquels votre savoir vous donne tant de créance.

Aidez-moi de vos offices auprès de Messeigneurs les cardinaux, et faites-moi la grace d'entrer dans ce que feront pour moi à Rome Monseigneur le cardinal et M. le duc d'Estrées, qui trouveront en vous un agréable exécuteur des ordres qu'ils auront à donner pour mes intérêts (*e*). Je m'y attends et suis très-parfaitement, etc.

(*a*) Dies non est appositus : certâ tamen scripta est epistola mense junio, præcedentique respondet. — (*b*) Maison de campagne dépendante de l'évêché de Meaux, auquel Bossuet étoit alors nommé. — (*c*) M. Dirois a donné au public plusieurs ouvrages, parmi lesquels on distingue celui qui a pour titre : *Preuves et préjugés pour la religion chrétienne et catholique, contre les fausses religions et l'athéisme.* — (*d*) Le *Discours sur l'Histoire universelle.* — (*e*) Il y a toute apparence qu'il s'agit ici d'obtenir le *gratis* des bulles pour l'évêché de Meaux, ou du moins une diminution.

LETTRE LXXXVIII.

BOSSUET A M. DE RANCÉ, ABBÉ DE LA TRAPPE.

A Paris, ce 22 juin 1681.

J'ai reçu, Monsieur, trois lettres de vous depuis environ quinze jours. La première parloit de mon Livre (*a*) avec les sentimens ordinaires de la bonté dont vous m'honorez. La seconde regardoit une ordination faite par M. de Séez à votre prière. J'écris à ce prélat que je lui en suis obligé et de la civilité qu'il me fait sur cela. Le troisième, qui ne m'a été rendu qu'hier seulement par la voie du grand couvent des Carmélites, étoit du 21 du passé.

Sur votre témoignage, je ne ferai aucune difficulté d'ordonner l'ecclésiastique dont vous me parlez, à moins que je n'y reconnoisse des empêchemens que vous pourriez ne savoir pas ; ce que je ne présume point : et au contraire je sens une secrète consolation, que le premier homme dont on me parle pour l'ordination soit approuvé de vous. La promesse que vous me faites, de prier Dieu qu'il me conduise dans les fonctions de l'épiscopat, m'est un grand soutien: mais vous n'en serez pas quitte pour cela.

Il y a dix ans que j'eus dans l'esprit que si Dieu me remettoit en charge dans son Eglise, j'aurois deux choses à faire : l'une, d'aller passer quelque temps en action avec feu M. de Châlons (*b*) ; l'autre, d'aller aussi passer quelque temps en oraison avec vous. Dieu m'a privé du premier par la mort de ce saint prélat : je vous prie de ne me refuser pas l'autre. J'accompagnerai mon voyage de toute la discrétion possible ; et comme j'ai des raisons pour aller en Normandie, ce voyage couvrira celui de la Trappe. Il n'y aura que le roi seul à qui il faudra le dire, et qui très-assurément le prendra bien. Mon cœur est rempli de joie quand je songe à l'accomplissement de ce dessein : je vous supplie de

---

(*a*) Le *Discours sur l'Histoire universelle.* — (*b*) Félix Vialart, prélat d'une éminente vertu, mort le 10 juin 1680.

l'agréer. Si vous me faites cette grace, aussitôt que j'aurai réponse de Rome je disposerai mes affaires au départ. Je suis, Monsieur, de tout mon cœur à vous.

LETTRE LXXXIX.

BOSSUET A M. L'ABBÉ NICAISE,

CHANOINE DE LA SAINTE CHAPELLE DE DIJON.

A Paris, ce 8 juillet 1681.

J'ai de la peine à croire que Messieurs de Genève traduisent ni impriment mon dernier livre, qui est trop contre eux par son fond sans les attaquer directement. Pour celui de la *Nature et de la grace*, de l'auteur de la *Recherche de la vérité*, je n'en ai pas été satisfait, et je crois que l'auteur le réformera; car il est modeste, et ses intentions sont très-pures. Mais il me semble qu'il n'a pas fait toutes les lectures nécessaires pour écrire de la grace, ni assez considéré tous les principes qui servent à décider cette matière. Je suis persuadé que le livre sur la lettre de M. Spon (*a*) est de M. Arnauld, quoique son nom n'y soit pas. L'ouvrage est fort, et à mon avis d'une très-bonne et très-solide doctrine. Notre bon ami M. Spon avoit bien dit des pauvretés dans sa lettre. Je vous remercie de vos nouvelles, et suis de tout mon cœur, etc.

EPISTOLA XC.

CASTORIENSIS CONDOMENSI.

A sex ampliùs septimanis egi cum bibliopolâ Amsterodamensi, ut iniret rationem in Sueciâ divendendi tuam *Catholicæ Fidei Expositionem*. Gaudebat ille se ad eam rem invitari, sibique spem dari, quòd eo in regno non pauca Latinæ editionis exemplaria distrahere posset. Eâ occasione mihi retulit quòd in nundinis Francofurdiensibus *Expositio* avidissimos inveniret emptores,

---

(*a*) L'ouvrage de M. Spon avoit pour titre: *Lettre au Père de la Chaise, confesseur du roi, sur l'antiquité de la religion*; et la réfutation étoit en effet de M. Arnauld. Elle parut en 1681, n-18.

quòdque per totam Germaniam legatur et fructificet. Hamburgum varia jàm miserat exemplaria; promptus ut ad omnes maris Baltici portus ea quoque dirigat.

Hæc, Antistes illustrissime, citiùs tibi indicassem, nisi decrevissem non priùs tibi scribere quàm acceptus et lectus à me esset tuus *de Historiâ Universali Commentarius*. Legi illum, et reperi quòd grandiora in penetralibus contineat, quàm in fronte ostentet. Quæ de vitâ, miraculis, et doctrinâ Christi narrat, legi non possunt, quin lectorem in religionis nostræ admirationem et amorem rapiant. Certè de doctrinâ Christi nihil sublimius cogitari, nihil potest eloquentius dici, quàm mente concepisti et calamo expressisti. Prophetiis lucem intulisti gratissimam; et quidquid ex Daniele pro religione nostrâ confici potest, tantâ rationis evidentiâ confecisti, Antistes eruditissime, ut vix judaica perfidia ei possit resistere. Et quia ex istâ tuâ lucubratione maximum fructum animo prævident ii omnes qui illum legere potuerunt, hinc librarii nostri eum suis typis subdiderunt.

Dùm hæc tibi, Antistes illustrissime, significo, non possum non rogare ut, dùm otium feret, fastuosum *Stricturarum* auctorem cogas detumescere, et modestiùs de se ipso sentire. Hoc si ejus typhus discere nequeat, erunt tamen hìc quamplurimi quibus lucubrationes tuæ facem præferent, ut ad catholicam, à quâ devulsi sunt, redeant unitatem.

21 augusti 1681.

EPISTOLA XCI.

CONDOMENSIS CASTORIENSI.

Accepi suavissimam epistolam tuam; et quidem jucundissimum mihi fuit probatum tibi opus illud (*a*) quod ad te transmiseram. Sic enim placet, non ipsum quidem, ut itâ dicam, laudari, sed incitari. Sanè Spanhemii *Stricturas* non perstringendas, sed configendas esse arbitror; et facerem id confestim, Deo duce, nisi me multa alia ab hoc studio avocarent. Arripiam tempus, ubicumquè se dederit, et ingentes illos viri spiritus comprimam. Tu me sanctis tuis precibus adjuva.

(*a*) *Oratio in universalem Historiam.*

Jàm video curarum tuarum aliquos in Sueciâ fructus. Nostram enim *Expositionem* eò pervenisse legatus noster testatur; et aliquot è Suecis, viri primarii, eâ commoti ad nos venerunt sacram exquisituri doctrinam. Utinàm aliquandò tot populi fœdissimâ ac deformissimâ reformatione delusi, catholicæ Ecclesiæ, sub pellibus licèt ac tentoriis peregrinantis, decorem cum Balaamo respiciant, eamque admirati exclament : *Qui benedixerit tibi, erit et ipse benedictus : qui maledixerit, in maledictione reputabitur* (a).

Quòd illustrissimi Ordines nullâ ratione adduci possint ut vos malè habeant, legi equidem in tuis litteris eò lubentiùs, quòd mihi aliud renuntiatum erat. Adsit Omnipotens, teque tanto studio pro animarum salute laborantem tueatur. Tu quoque nos et Ecclesiam Gallicanam, mox jussu regio congregandam, commendare velis assiduis precibus optimo Patri, uti nos pacem sectari donet, atque Ecclesiæ vulnera curare, non multiplicare. Id futurum spero; nec sine timore spes. Unum id dixero, quod preces tuas et sollicitudinem quam pro Ecclesiâ geris acuat.

Mitto ad te aliqua errata libri mei (*b*), quæ typographo dare possis, ut ea quam apparat editio sit ornatior.

Ego te, Præsul illustrissime, Ecclesiæ flagrantissimum amatorem, impendiò amo, meque à te amari vehementer lætor, tibique sum addictissimus; utque inter nos sancta libertas ac familiaritas vigeat, peto.

P. S. Errata quæ dixeram non vacat mittere. Nihil magni momenti est, quodque non facilè adverti possit.

Datum in regiâ Fontis-Bellaquei, 22 septembris 1681.

EPISTOLA XCII.

CONDOMENSIS CASTORIENSI.

Ad te mitto, illustrissime Antistes, typographorum errata quæ superiore epistolâ promiseram, nec per otium eo die præstare

---

(a) *Num.*, xxiv, 9. — (b) *Oratio in universalem Historiam*, quam prælo jàm subdiderant Batavi typographi.

potueram; ut si nova adornetur editio, emendatior esse queat. Te autem rogo uti ea errata non ut à me accepta des typographo, quicumque ille sit qui novam editionem apparat. Sanè spero si minore volumine eam fecerit, eam nostris quoque hominibus gratam fore. Hæc habui quæ dicerem : id addo, quod tibi certissimum esse velim, me tibi esse addictissimum. Res nostras sanctissimis tuis commendo precibus.

In regiâ Fontis-Bellaquei, mense septembris 1681.

LETTRE XCIII.

BOSSUET A M. DIROIS, DOCTEUR DE SORBONNE.

Paris, au mois de septembre 1681.

La grande affaire du consistoire de lundi a absorbé les petites, et il faut, Monsieur, que je me donne patience. Je suis persuadé que Monseigneur le cardinal d'Estrées et M. l'ambassadeur feront pour moi tout ce qui sera possible, tant pour la diminution de la somme que pour la diligence : ainsi je me repose sur leurs bontés, et je ne les importunerai pas par cet ordinaire.

Je prends la liberté de vous adresser seulement ces deux lettres pour les mettre entre les mains de son Eminence, et les rendre ensuite, ou faire rendre à leur adresse, s'il le juge à propos. Ce sont, comme vous savez, les deux approbateurs de mon livre de l'*Exposition*, à qui je dois ce compliment après la manière honnête dont ils ont agi avec moi. J'ai ouï dire qu'ils ne sont pas de nos amis : je les renonce à cet égard. Mais le roi ayant eu la bonté de me permettre d'écrire à qui je trouverois à propos, et mes lettres étant d'une si petite conséquence, j'ai cru être obligé à ce compliment.

Vous ne sauriez me faire un plus grand plaisir, que de faire faire un présent honnête à M. l'abbé Nazzari (a). Si vous voulez faire mettre mes armes sur ces pièces d'argenterie dont vous me parlez, je vous en envoie une empreinte. Je vous prie de faire de ma part toutes les honnêtetés possibles à M. l'abbé Nazzari, et de

(a) Il avoit traduit l'*Exposition* en italien.

faire mettre la somme que coûteront les pièces d'argenterie, avec celles dont je suis redevable à M. de la Flageole, que j'acquitterai à son premier ordre; mais pressez-le, s'il vous plaît, de me l'envoyer.

Il y a quelque apparence que je pourrai être de l'assemblée. Vous pouvez me mander confidemment vos vues, persuadé que vous saurez considérer ce qui convient à des évêques. De notre part, nous devons entrer dans l'esprit de la négociation qui est entamée. J'aurai encore le loisir d'apprendre vos sentimens avant qu'on fasse rien de considérable. Je voudrois bien être un quart d'heure avec Monseigneur le cardinal, et un autre quart d'heure avec vous; nous aurions bientôt posé les principes. Il me paroît qu'on ira avec une bonne intention d'avancer ou faciliter l'accommodement : mais il faut être sur les lieux pour bien juger des moyens. Je suis à vous de tout mon cœur.

LETTRE XCIV.

BOSSUET A M. DE RANCÉ, ABBÉ DE LA TRAPPE.

A Fontainebleau, au mois de septembre 1681.

Je crains d'être privé pour cette année de la consolation que j'espérois. L'assemblée du clergé se va tenir; et non-seulement on veut que j'en sois, mais encore que je fasse le sermon de l'ouverture. Il ne me reste plus qu'un peu d'espérance : je pourrai peut-être échapper douze ou quinze jours, si ce sermon se remet, comme on le dit, au mois de novembre. Quoi qu'il en soit, Monsieur, si je ne puis aller prier avec vous, priez du moins pour moi : l'affaire est importante et digne de vos soins. Vous savez ce que c'est que les assemblées du clergé, et quel esprit y domine ordinairement. Je vois certaines dispositions qui me font un peu espérer de celle-ci : mais je n'ose me fier à mes espérances, et en vérité elles ne sont pas sans beaucoup de crainte. Je prie Dieu que je puisse trouver le temps de vous aller voir : j'en aurois une joie inexplicable. Je suis très-parfaitement à vous.

EPISTOLA XCV.

BREVE INNOCENTII XI AD EPISCOPUM CONDOMENSEM.

INNOCENTIUS XI PAPA.

Venerabilis Frater, salutem et apostolicam benedictionem. Animo sanè perlibenti remisimus fraternitati tuæ jura quæ pro expeditione ecclesiæ Meldensis, ad quam promovendus es, exsolvere debuisses. Præclara enim ingenii tui monumenta, ingentiaque merita, quæ in excolendâ præstantissimis artibus ac disciplinis lectissimi Principis Ludovici Galliæ Delphini eximiâ indole, apud christianam rempublicam tibi comparasti, prorsùs id à nobis reposcere videbantur; cùm præsertim speremus te, pro perspectâ pietate ac virtute tuâ, eamdem ecclesiam magno cum animarum fructu administraturum.

Quod ad nos attinet, quidquid ab hâc sanctâ Sede ad pastorales conatus tuos juvandos provehendosque proficisci unquàm poterit, præstituri liberaliter sumus fraternitati tuæ, cui apostolicam benedictionem benevolentiæ nostræ testem peramanter impertimur. Datum Romæ, apud sanctam Mariam Majorem sub annulo Piscatoris, die 24 septembris 1681, pontificatûs nostri anno sexto.

MARIUS SPINULA.

EPISTOLA XCVI.

BOSSUETUS AD INNOCENTIUM XI.

BEATISSIME PATER,

En iterùm ad me pulverem et cinerem ab altâ Petri Sede paterna vox, omni reverentiâ gratique animi significatione prosequenda. Me verò jàm excipiat Meldensis ecclesia tanti Pontificis gratiâ et beneficiis illustratum, totque firmissimis Sedis apostolicæ munitum præsidiis. Neque enim alia sub cœlo est potestas, sanctissime Pontifex, quâ metuendum angelis pastoralis officii onus sublevetur; et copiosior, volentes per populos, evangelicæ prædicationis decurrat gratia. In partem ergò vocandus sollicitudinis, plenitudinem potestatis omni obsequio venerabor; et Romanæ matris affixus uberibus, lac certè hauriam parvulis propinandum, tantumque Pastorem Pastorum Principi assiduis precibus commendabo. Accedat apostolica benedictio, vestrisque pedibus advolutum beet,

Sanctissime Pater,

Vestræ Sanctitatis,

Devotissimum filium et in Christo famulum,

† J. B. Episcopum Condomensem.

Parisiis, 1 novembris 1681.

EPISTOLA XCVII.

CASTORIENSIS CONDOMENSI.

Cum pio cordis gaudio, ex tuis ad me litteris, intelligo Sueciam quoque suos oculos aperire, ut in luce tuæ *Expositionis* videat pulchritudinem catholicæ veritatis. In Germaniâ tantum est *Expositionis* Latinæ desiderium, ut non contenta exemplaribus hinc missis, novam Colonia editionem adornaverit.

Dùm hos ejus fructus recenseo, silere non possum Hagæ-Comitis gallico sermone editum esse librum, cui titulus : *Préservatif contre le changement de religion* ou *Idée juste et véritable de la religion catholique romaine, opposée aux portraits flattés que l'on en fait, et particulièrement à celui de M. de Condom* (a). In hoc opusculo vix quicquam perniciosius, et quod *Expositioni* fidem detrahere magis natum sit, quàm ea quæ de cultu Virginis ex libro Crasseti (b) corrasit, ut ostendat quid catholici de cultu Virginis reverâ credunt. Adjungo hisce loca quæ ex Crasseto profert. Profectò, si illa fideliter ex eo citata forent, existimarem dignum fore eo zelo quo Sorbona in defensionem religionis ca-

---

(a) Jurius auctor erat libri hujus. Arnaldus eum refellit in opere quod inscripsit : *Réflexions sur le* Préservatif *de Jurieu* — (b) P. Crasset, è societate Jesu, librum ediderat sub hoc titulo : *La véritable Dévotion à la sainte Vierge, établie et défendue*, de quo hìc agitur.

tholicæ lucet ac fervet, si illum censurâ confîgens omni auctoritate destitueret; ne quis illius nugas atque quisquilias gravitati catholicæ veritatis opponere in posterum audeat.

Ubi Crasseti librum nactus, reperero in eo ista contineri quæ ab auctore Alexipharmaci (*a*) allegantur, operam dabo ut Romano fulmine feriantur. Si exiguitatis meæ studio, tuæ, Antistes illustrissime, commendatio dignitatis accederet, nullus dubito quin Crasseti opus evaderet in triste bidental (*b*).

Profugi è Galliâ calvinistæ, hîc omnibus in locis tanquàm buccinatores persecutionis in catholicos exercendæ, pœnas atque miserias quas in Galliis se pati dicunt, in immensum exaggerant; atque imprimis illud, quòd regis edicto pueris septennibus data sit facultas arbitrandi de religione capessendâ, et transeundi, parentibus invitis, ad catholicos : adeò ut sub prætextu religionis, sese directioni genitorum suorum subducere possint. Cùm vir in hâc republicâ primæ auctoritatis istud mihi objiceret, ei quid reponerem non habebam; nisi quòd in Trans-Issallaniâ aliisque locis, quæ ordinum nostrorum parent imperio, publicis edictis cogantur catholici infantes suos à matrum utero recentes, ministris calvinistis baptizandos afferre, unàque promittere quòd eos calvinianis placitis imbuent. Sed hoc responso æquitas regii edicti non ostenditur; sed tantùm docetur duriora et iniquiora hîc edicta contra catholicos promulgata esse. Et cùm in aliis provinciis dura et iniqua ista edicta locum non habeant, non cessant profugi ex Galliis calvinistæ, atque harum provinciarum Prædicantes profugis faventes, regium edictum ubique ad invidiam proferre, ut, quâ fruimur, nos malaciâ destituant, ordinumque animos in nos exacerbent. Hic illorum conatus apud ordines Geldrienses non frustrà fuit : nam si Noviomagum excipias, Geldria omnis sacerdotes proscripsit, synaxas nostras sub gravibus mulctis interdixit, aliaque decrevit quæ catholicæ religioni plurimùm

---

(*a*) Sic vertit titulum operis Jurii, nempe *Préservatif*; è duobus græcis vocibus, quarum sensus est : *arcens venenum*. — (*b*) Id est, in locum fulmine tactum. Hæc loca acri studio curabant veteres : sacerdotem adhibebant, colligebant dispersa fulminis vestigia, Terræque sacris ritè peractis, constructâ arâ, cæsâque bidente, eum locum *Bidental* appellabant : quem violare piaculum erat. Vid. *Rob. Stephani Thes, ling. Lat.*

adversantur. Sperandum tamen Geldriæ ordines, præsertim arnhemienses, mitiora consilia inituros ; ad quod maximum momentum adferret, si quod de septennibus pueris in Galliâ sancitum est, solità regis clementiâ mitigaretur. Tu, Antistes illustrissime, pro tuâ prudentiâ ac pietate discernes si invidiam, quâ per occasionem regii edicti premimur, levare, nostrisque prædicantibus materiam declamandi contra bonitatem quâ Hollandiæ ordines catholicos tractant, eripere possis.

Secundò, ostentant hîc profugi ex Galliis calvinistæ libellum supplicem christianissimo regi oblatum, quo plura insolitæ crudelitatis atque injustitiæ facinora, in Pictaviensi provinciâ, in suæ sectæ homines perpetrata referuntur. Ut illis fidem concilient, addunt in fine libelli duos ex istâ provinciâ nobiles in curiam venisse, paratos quaslibet subire pœnas, si in asserendâ eorum veritate deficerent. Dignaberis, Antistes illustrissime, quid de istis sit facinoribus me docere; ut si in nostram invidiam conficta sint, detectâ veritate eis vim nocendi detrahere possimus.

Spero me brevi ad te, Præsul colendissime, missurum aliquos libros qui tuæ eruditioni non erunt injucundi. Interim Patrem misericordiarum orare non desinam, ut in coadunando apud vos præsulum cœtu præsidere, eisque velit suum elargiri spiritum, quo cuncta quæ recta sunt videre, et liberâ charitate discernere ac exercere possint. Dabis quoque veniam famulo tuo cum febribus diù luctanti, quòd in hisce scribendis alienâ manu usus fuit.

P. S. Ipso quò hanc epistolam momento absolveram, mihi redditur altera, Antistes illustrissime, tuæ dignitatis epistola, cui addita sunt errata in libro vestro corrigenda : sed seriùs illa veniunt, libro jàm hîc publici juris facto. Hodiè tamen mittam ea Amsterodamum, ut in calce libri lectori indicentur.

Eodem quoque momento mihi Amsterodamo scribitur libertatem nostram etiam in Hollandiâ, quæ omnium nostrarum provinciarum erga catholicos indulgentissima est, per profugos ex Galliis calvinistas in apertum discrimen esse adductam. Si quam ergò potes, Antistes illustrissime, mitigationem regiorum edictorum impetrare, religionem catholicam hîc periculo, et in Galliâ devios fortè exhibitione clementiæ errori eripies, vel certè revocabis à fugâ in istas regiones, in quibus et ipsi à luce veritatis magìs sunt remoti, et in quibus tanquàm fidei confessores habentur, suæ sectæ homines in errore confirmant, et catholicos odio plebis ac magistratuum obnoxios reddere conantur.

23 octobris 1681.

LETTRE XCVIII.

BOSSUET A M. DIROIS, DOCTEUR DE SORBONNE.

A Paris, ce 10 novembre 1681.

J'ai reçu trois de vos lettres depuis mon *gratis*; et j'ai lu avec plaisir le Mémoire sur la Régale. Je suis bien aise que ces Messieurs que vous me nommez demeurent bien persuadés de vos raisons. Personne ne pouvoit mieux les instruire qu'un homme aussi versé que vous dans les antiquités ecclésiastiques. La difficulté en cette matière, c'est de distinguer les vrais droits d'avec les usurpations et les entreprises; car il y en a de bien anciennes: il y a des règles pour les bien connoître.

Je crois que la matière est bien entendue, et que l'assemblée prendra un bon parti. Pour moi, je vous remercie des lumières que vous nous donnez; je souhaite que vous continuiez, et surtout que vous preniez la peine de nous marquer les dispositions de Rome. Une heure ou deux de conférence avec Monseigneur le cardinal nous seroient de grande utilité; nous entrerons le mieux que nous pourrons dans l'affaire.

Je fis hier le sermon de l'assemblée, et j'aurois prêché dans Rome ce que j'y dis avec autant de confiance que dans Paris; car je crois que la vérité se peut dire hautement partout, pourvu que la discrétion tempère le discours, et que la charité l'anime.

Je suis bien aise que le Pape ait obligé Monseigneur le cardinal Ricci à accepter le chapeau. Il me semble que cela étoit du devoir de Sa Sainteté; et puisque Dieu l'avoit si bien inspirée dans le choix, il falloit qu'elle le soutînt par l'exécution. On n'a jamais permis dans l'Eglise à la modestie de priver la chrétienté de ceux dont elle a besoin sur le chandelier. Entretenez-moi un peu dans l'esprit de ce docte, pieux et modeste cardinal.

Je vous suis obligé du soin que vous prenez de mon présent (a); mais prenez donc encore celui de m'envoyer au plus tôt le mémoire des frais. Je ferai partir, comme vous le souhaitez, une douzaine d'exemplaires de mon dernier livre; et après que vous en aurez pris un, le reste sera en la disposition de Son Eminence et de la vôtre. Ils partiront au plus tôt, et je vous donnerai avis du temps à peu près qu'ils devront arriver. J'ai eu en vous un bon interprète auprès de Monseigneur le cardinal Lauria. Je suis à vous de tout mon cœur.

EPISTOLA XCIX.

CASTORIENSIS MELDENSI.

En *Apologiam* ejus *Cleri* (b), cujus tu pars magna ac decus es. Quamvìs nullus dubito, quin ejus auctor (c), pro suo in te studio, curam gerat ut aliquod ejus exemplar ad te perveniat, mei tamen officii esse credo, illud tibi, Domine illustrissime, mittere; si forté auctor isti officio non tàm promptè satisfacere valeat.

Cum mei cordis non parvâ lætitiâ percepi, dùm *Apologiam* istam evolverem, istos dilectionis et reverentiæ ardores, quibus clarissimus scriptor suum principem, et Ecclesiæ Gallicanæ famam, contra hæretici hominis calumnias tuetur. Tantò illi ardores in eo magìs laudandi, quantò eos ferventes servat inter eas miserias quas peregrinus, vix habens ubi caput reclinet, quotidiè patitur.

Tuus, Præsul illustrissime, *Discursus de Historiâ Universali* eodem ferè tempore Amsterodami et Hagæ-Comitis impressus fuit. Vendibilior liber vix reperitur; tantâ aviditate ab omnibus hîc emitur. Spero quòd ad animarum proficiet salutem, et quòd

---

(a) A M. Nazzari, auteur de la traduction italienne de l'*Exposition*. — (b) Adversùs librum Jurii, cui titulus : *La Politique du clergé de France*, de quo suprà. Epist. LXXXV. — (c) Arnaldus.

Dei misericordia suæ te Ecclesiæ diù servabit incolumem, ut diù ministerio linguæ et calami eam valeas ædificare.

23 novemb. 1681.

LETTRE C.

BOSSUET AU CARDINAL D'ESTRÉES.

A Paris, ce 1er décembre 1681.

J'envoie, Monseigneur, à Votre Eminence le sermon de l'ouverture sortant de dessous la presse, et avant qu'il soit publié. Je suis bien aise que Votre Eminence le lise avant qu'il ait été vu à Rome, et qu'elle soit instruite de tout. Je suis fâché de ne m'être pas avisé de l'envoyer manuscrit : mais j'avoue que cela ne m'est pas venu dans la pensée, et qu'en général je ne m'avise guère de croire que de telles choses méritent d'être envoyées à des personnes de votre importance.

Afin que vous soyez instruit de tout le fait, je lus le sermon à M. de Paris (*a*) et à M. de Reims (*b*) deux jours avant que de le prononcer. On demeura d'accord qu'il n'y avoit rien à changer. Je le prononçai de mot à mot comme il avoit été lu. On a souhaité depuis de le revoir en particulier avec plus de soin, afin d'aller en tout avec maturité. Il fut relu à MM. de Paris, de Reims, de Tournai (*c*) pour le premier ordre; et pour le second, à M. l'abbé de Saint-Luc, et à MM. Cocquelin chancelier de Notre-Dame, Courcier théologal, et Faure. On alla jusqu'à la chicane, et il passa tout d'une voix qu'on n'y changeroit pas une syllabe. Quelqu'un (*d*) dit seulement à l'endroit que vous trouverez, page 45, où il s'agit d'un passage de Charlemagne, qu'il ne falloit pas dire comme il y avoit : *Plutôt que de rompre avec elle;* mais : *Plutôt que de rompre avec l'Eglise.* Je refusai ce parti, comme introduisant une espèce de division entre l'Eglise romaine et l'Eglise en général. Tous furent de mon avis, et même celui qui avoit fait la difficulté. La chose fut remuée depuis par le même, qui trouvoit que le mot de *rompre* disoit trop. Vous savez qu'on ne

---

(*a*) François de Harlay de Chanvalon. — (*b*) Charles-Maurice Le Tellier. — (*c*) Gilbert de Choiseul du Plessis-Praslin. — (*d*) L'archevêque de Paris.

veut pas toujours se dédire. Je proposai au lieu de *rompre*, de mettre, *rompre la communion;* ce qui étoit, comme vous voyez, la même chose : la difficulté cessa à l'instant. Le Roi a voulu voir le sermon; Sa Majesté l'a lu tout entier avec beaucoup d'attention, et m'a fait l'honneur de me dire qu'elle en étoit très-contente, et qu'il le falloit imprimer. L'assemblée m'a ordonné de le faire (a), et j'ai obéi.

J'ai fait cette histoire à Votre Eminence, parce que le bruit qui s'est répandu qu'on trouvoit de la difficulté sur le sermon, pourroit avoir été jusqu'à elle ; et qu'il faut qu'elle soit instruite qu'il n'y a eu de difficulté que celle-là, qui n'en est pas une. Il y a eu certains autres petits incidents, mais qui ne sont rien et qui ne valent pas la peine d'être écrits à Votre Eminence. En revoyant tout à l'heure l'endroit du sermon que je viens de citer, je remarque qu'on a mis en italique quelque chose qui n'y doit pas être; et je ferai faire un carton pour le corriger, afin que tout soit exact.

Pour venir maintenant un peu au fond, je dirai à Votre Eminence que je fus indispensablement obligé à parler des libertés de l'Eglise gallicane : elle voit bien à quoi cela m'engageoit; et je me proposai deux choses : l'une, de le faire sans aucune diminution de la vraie grandeur du saint Siége; l'autre, de les expliquer de la manière que les entendent les évêques, et non pas de la manière que les entendent les magistrats. Après cela, je n'ai rien à dire à Votre Eminence : elle jugera elle-même si j'ai gardé les tempéramens nécessaires. Je puis dire en général que l'autorité du saint Siége parut très-grande à tout l'auditoire. Je pris soin d'en relever la majesté autant que je pus; et en exposant avec tout le respect possible l'ancienne doctrine de la France, je m'étudiai autant à donner des bornes à ceux qui en abusoient qu'à l'expliquer elle-même. Je dis mon dessein : Votre Eminence jugera de l'exécution.

Je ne lui fais pas remarquer ce que j'ai répondu par-ci par-là pour induire les deux puissances à la paix : elle n'a pas besoin d'être avertie. Je puis dire que tout le monde jugea que le ser-

(a) Ce sermon ne fut rendu public qu'au mois de janvier 1682.

mon étoit respectueux pour elles, pacifique, de bonne intention : et si l'effet de la lecture est semblable à celui de la prononciation, j'aurai sujet de louer Dieu. Mais comme ce qui se lit est sujet à une plus vive contradiction, j'aurai besoin que Votre Eminence prenne la peine d'entrer à fond dans tous mes motifs et dans toute la suite de mon discours, pour justifier toutes les paroles sur lesquelles on pourroit épiloguer. Je n'en ai pas mis une seule qu'avec des raisons particulières et toujours, je vous l'assure devant Dieu, avec une intention très-pure pour le saint Siége et pour la paix.

Les tendres oreilles des Romains doivent être respectées; et je l'ai fait de tout mon cœur. Trois points les peuvent blesser : l'indépendance de la temporalité des rois, la juridiction épiscopale immédiatement de Jésus-Christ, et l'autorité des conciles. Vous savez bien que sur ces choses on ne biaise point en France ; et je me suis étudié à parler de sorte que, sans trahir la doctrine de l'Eglise gallicane, je pusse ne point offenser la majesté romaine. C'est tout ce qu'on peut demander à un évêque françois, qui est obligé par les conjonctures à parler de ces matières. En un mot, j'ai parlé net, car il le faut partout et surtout dans la chaire; mais j'ai parlé avec respect et Dieu m'est témoin que ç'a été à bon dessein. Votre Eminence m'en croira bien; j'espère même que les choses le lui feront sentir et que la bonté qu'elle aura de les pénétrer, lui donnera le moyen de fermer la bouche à ceux qui pourroient m'attaquer.

Sur ce qui regarde l'autorité du concile et du Pape, je crois devoir faire observer à Votre Eminence ce que j'en ai dit dans l'*Exposition* et dans l'*Avertissement* qui est à la tête dans l'*Exposition*, article xx, page 191 et suiv., et dans l'*Avertissement*, depuis la page 66 jusqu'à la page 75. Votre Eminence se souvient de l'approbation donnée à Rome à l'*Exposition*, puisqu'elle a contribué elle-même à me la procurer. La version italienne a laissé l'article sans y rien toucher; et le Pape n'en a pas moins eu la bonté d'autoriser ma doctrine. Pour ce qui est de l'*Avertissement*, j'ai aussi pris la liberté de l'envoyer à Sa Sainteté, qui m'a fait l'honneur de m'écrire par son bref du 12 juillet 1679 qu'elle avoit reçu cet *Avertissement,* et même de lui donner beaucoup de louanges. Voici les termes du bref : *Accepimus libellum de Expositione Fidei catholicæ, quem piâ, eleganti, sapientique, ad hæreticos in viam salutis reducendos, Oratione auctum, reddi nobis curavit Fraternitas tua. Et quidem libenti animo confirmamus uberes laudes, quas tibi de præclaro opere meritò tribuimus, et susceptas spes copiosi fructûs exindè in Ecclesiam profecturi.*

Après cela, Monseigneur, je ne dois pas être en peine pour le fond de ma doctrine, puisque le Pape approuve si clairement qu'on ne mette l'essentielle autorité du saint Siége que dans les choses dont tous les catholiques sont d'accord. Tout ce qu'on pourroit dire en toute rigueur, c'est qu'il n'est pas besoin de remuer si souvent ces matières, et surtout dans la chaire et devant le peuple : et sur cela je me condamnerois moi-même, si la conjoncture ne m'avoit forcé, et si je n'avois parlé d'une manière qui assurément, loin de scandaliser le peuple, l'a édifié.

J'ai toujours eu dans l'esprit qu'en expliquant l'autorité du saint Siége de manière qu'on en ôte ce qui la fait plutôt craindre que révérer à certains esprits, cette sainte autorité, sans rien perdre, se montre aimable à tout le monde, même aux hérétiques et à tous ses ennemis.

Je dis que le saint Siége ne perd rien dans les explications de la France, parce que les ultramontains mêmes conviennent que dans le cas où elle met le concile au-dessus, on peut procéder contre le Pape d'une autre manière, en disant qu'il n'est plus Pape : de sorte qu'à vrai dire, nous ne disputons pas tant du fond que de l'ordre de la procédure; et il ne seroit pas difficile de montrer que la procédure que nous établissons, étant restreinte comme j'ai fait aux cas du concile de Constance, est non-seulement plus canonique et plus ecclésiastique, mais encore plus respectueuse envers le saint Siége et plus favorable à son autorité.

Mais ce qu'il y a de principal, c'est que les cas auxquels la France soutient le recours du Pape au concile sont si rares, qu'à peine en peut-on trouver de vrais exemples en plusieurs siècles : d'où il s'ensuit que c'est servir le saint Siége que de réduire les disputes à ces cas; et c'est, en montrant un remède à des cas si rares, en rendre l'autorité perpétuellement chère et vénérable à tout l'univers.

Et pour dire un mot en particulier de la temporalité des rois, il me semble qu'il n'y a rien de plus odieux que les opinions des ultramontains, ni qui puisse apporter un plus grand obstacle à la conversion des rois hérétiques ou infidèles. Quelle puissance souveraine voudroit se donner un maître qui lui pût par un décret ôter son royaume? Les autres choses que nous disons en France ne servent pas moins à préparer les esprits au respect dû au saint Siége; et c'est, encore une fois, servir l'Eglise et le saint Siége que de les dire avec modération. Seulement il faut empêcher qu'on n'abuse de cette doctrine; et j'ai tâché de le faire autant que j'ai pu : ce qui doit obliger Rome du moins au silence, et à nous laisser agir à notre mode, puisqu'au fond nous voulons le bien.

Je demande pardon à Votre Eminence de la longueur de cette lettre. Mais, quoiqu'elle fasse assez ces réflexions et de beaucoup meilleures, et par elle-même, j'ai cru que s'agissant ici de mes intentions plus que de toute autre chose, je pouvois prendre la liberté de les lui expliquer. Au surplus, nous autres qui sommes de loin, nous discourons à notre mode et souvent en l'air. Votre Eminence, qui voit tout de près et à fond, sait précisément ce qu'il faut dire, etc.

LETTRE CI.

BOSSUET A M. DIROIS, DOCTEUR DE SORBONNE.

A Paris, ce 29 décembre 1681.

J'ai reçu, Monsieur, dans votre lettre du 4, des éclaircissemens considérables sur la matière de l'épiscopat.

Je conviens avec vous qu'il y a beaucoup de distinction à faire entre la puissance qu'ont les évêques de juger de la doctrine et celle qu'ils ont de juger leurs confrères en première instance : l'une est fondée sur leur caractère, et en est inséparable de droit divin; l'autre est une affaire de discipline, qui a reçu de grands changemens.

J'ai toujours jugé comme vous que Gerson avoit mal parlé (a), et nous avons repris M. Gerbais de l'avoir suivi. La doctrine de Gerson n'a rien de conforme à l'ancienne tradition, et c'est une pure imagination de ce docteur.

Le droit qu'ont les évêques de juger des matières de doctrine est toujours sans difficulté, sauf la correction du Pape : et même en certains cas extraordinaires, dans des matières fort débattues et où il seroit à craindre que l'épiscopat ne se divisât, le Pape, pour prévenir ce mal, peut s'en réserver la connoissance, et le saint Siége a usé avec beaucoup de raison de cette réserve sur les matières de la grace.

Quant au jugement des évêques, j'ai toujours été convaincu que le concordat supposoit que leur déposition étoit réservée au Pape. Le chapitre *de Concubinariis* m'a toujours paru le supposer ; et la discipline en est si constante depuis six cents ans, qu'à peine peut-on trouver des exemples du contraire durant tant de siècles. Mais l'assemblée s'en tiendra à la délibération du clergé de l'assemblée de 1650, et à la protestation qui fut faite alors, semblable au fond à celle que le cardinal de Lorraine avoit faite à Trente sur le chapitre *Causæ criminales* (b).

(a) Il paroîtroit que ce que Bossuet improuvoit ici dans Gerson, étoit d'avoir cru que les évêques doivent nécessairement et de droit divin être jugés par le concile de la province en première instance, et que l'on reprenoit également M. Gerbais comme ayant suivi en cela ce docteur.

(b) Le chapitre *Causæ criminales*, qui détermine la manière dont les évêques doivent être jugés, est ainsi conçu : « Que le souverain Pontife seul connoisse des causes criminelles, qui seroient intentées contre des évêques même pour raison d'hérésie, ce qu'à Dieu ne plaise, et qui exigeroient la déposition ou la privation de leur état et que lui seul les décide. Si la cause est de nature à demander absolument que l'on nomme des commissaires hors de la Cour romaine, qu'on ne la confie qu'à des métropolitains ou à des évêques choisis par le Pape. Que cette commission soit spéciale, signée de la main du saint Père, et qu'elle n'attribue aux juges que l'instruction du procès, qu'ils enverront aussitôt au Pape, en lui réservant le jugement définitif. » *Concil. Trident.*, sess. XXIV, *de Reformat.*, cap. V.

Le cardinal de Lorraine, lorsqu'on lut ce décret, déclara que dans la congrégation du jour précédent, ce décret avoit été conçu de manière qu'il ne nuisoit point aux priviléges et aux droits du royaume, ainsi qu'aux constitutions des anciens conciles : conditions qu'il désiroit beaucoup pour l'approuver : et il demanda tant en son nom qu'en celui des évêques de France, que sa décla-

Sur cela nous pouvons prétendre autre chose que de maintenir notre droit, en attendant qu'on puisse convenir d'une manière équitable et fixe de juger les évêques, les papes n'y ayant rien laissé de certain, et ayant même dérogé en beaucoup d'occasions, nommément en celle de M. de Léon (*a*) et de M. d'Albi (*b*), au concile de Trente.

Vous savez les arrêts du Parlement dans l'affaire du cardinal de Châtillon (*c*). Enfin nous demanderons seulement qu'on nous laisse prétendre, et qu'on ne condamne pas une prétention qu'on a eue à Trente même et depuis en ces occasions, sans la condamner.

Pour ce qui est du surplus des difficultés, qui sont celles de Charonne et de Toulouse (*d*), nous n'avons rien à dire que sur la forme, et nous n'avons à établir aucune maxime dont Rome ne soit d'accord avec nous.

Quant à la régale, je ne crois pas au train qu'on a pris qu'on doive entrer dans le fond : si on y entroit, je ne croirois pas que le concile de Leptines (*e*) pût faire voir autre chose qu'une sage

ration fût inscrite dans les actes du concile. Les ambassadeurs du roi très-chrétien s'exprimèrent plus clairement, et dirent sans détour qu'ils ne pouvoient approuver le chapitre qui commençoit par ces mots : *Causæ criminales*, attendu qu'il donnoit atteinte aux droits du roi et aux priviléges de l'Eglise gallicane, qui ne permettent pas qu'aucun François, même quand il y consentiroit, puisse être traduit hors du royaume, bien loin qu'il puisse y être condamné. (*Les édit.*)

(*a*) Réné de Rieux de Sourdéac, évêque de Saint-Pol de Léon, fut déposé par des commissaires du Pape, au mois de mai 1635, comme coupable d'avoir favorisé l'évasion de la Reine mère. — (*b*) Alphonse d'Elbène, évêque d'Albi, déposé par les mêmes commissaires en 1634, pour avoir pris part à la révolte de Gaston de France, frère de Louis XIII. — (*c*) Odet de Coligni, cardinal de Châtillon, d'abord archevêque de Toulouse, ensuite évêque de Beauvais, abjura en 1562 la foi catholique. Il mourut à Hampton, en Angleterre, le 2 mai 1571, empoisonné par son valet de chambre.

(*d*) L'affaire de Charonne, dont il devoit être question dans l'assemblée de 1682, avoit pour objet un monastère de filles situé à Charonne, dans le faubourg Saint-Antoine à Paris.

L'affaire de Toulouse regardoit les brefs que le Pape avoit écrits à l'archevêque de cette ville, Joseph de Montpezat de Carbon, touchant les urbanistes et la régale. Les Urbanistes étoient des religieuses de Sainte-Claire établies à Toulouse, qui jouissoient depuis environ quatre cents ans du droit d'élire leurs supérieures. On peut voir sur les affaires dont il est parlé dans cette lettre, les *Mémoires* et les *Procès-verbaux du Clergé*, et les Histoires du temps. (*Edit. de Vers.*)

(*e*) Ce concile fut assemblée par Carloman, et tenu le 2 mars 743, à Leptines ou Liptines, maison royale, aujourd'hui Lestines dans le Cambrésis. Saint Boni-

condescendance de l'Eglise à tolérer ce qu'elle ne pouvoit empêcher, et à faire sa condition la meilleure qu'elle pouvoit.

Je ne conviendrois pas aisément que les biens donnés aux églises puissent être tellement sujets à la puissance temporelle, qu'elle les puisse reprendre sous prétexte de certains droits qu'elle voudroit établir, ni que l'Eglise en ce cas n'eût pas droit de se servir de son autorité. Mais j'avoue que nous ne sommes point dans le cas d'en venir là ; il faut sortir par des voies plus douces d'une affaire si légère dans le fond.

Je serois assez d'avis qu'on n'entamât point de matières contentieuses ; je ne sais si tout le monde sera de même sentiment. Mais quoi qu'il en soit, j'espère qu'il ne sortira rien de l'assemblée que de modéré et de mesuré.

Je vous prie de rendre ma lettre à M. de la Fageole ; je vous l'envoie toute ouverte, afin que vous vous joigniez à mes sentimens.

J'ai fait partir un paquet de douze exemplaires de mon livre, comme vous l'avez désiré ; je donne ordre qu'on vous les rende à Rome, où vous en ferez la distribution selon votre prudence et les ordres de Son Eminence.

Je vous enverrai bientôt mon sermon (*a*) imprimé. Je suis pénétré des bontés de Monseigneur le cardinal Ricci ; je vous prie de lui marquer ma reconnoissance. Plût à Dieu que nos affaires fussent entre ses mains !

LETTRE CII.

BOSSUET A M. DIROIS, DOCTEUR EN SORBONNE.

A Saint-Germain, ce 26 janvier 1682.

Je prends la liberté, Monsieur, d'envoyer à Son Eminence quelques exemplaires de mon sermon ; j'en enverrai encore autant par le prochain ordinaire. Je vous prie d'entrer avec Mon-

---

face, archevêque de Mayence, y présida avec un évêque nommé George, et Jean Sacellaire, tous deux députés du Pape. (*Les édit.*) — (*a*) Le sermon *Sur l'Unité de l'Eglise*

seigneur le cardinal dans le détail de ceux à qui je le supplie d'en donner; et de déchiffrer à Monseigneur le cardinal Ricci non-seulement mon écriture, mais mes intentions, si je puis parler en ces termes, vous qui êtes si bien instruit de nos manières et de nos maximes.

J'ai fait partir, il y a près de trois semaines, une douzaine d'exemplaires du *Discours sur l'Histoire universelle;* je vous prie d'entrer dans la distribution sous les ordres de Son Eminence. Vous n'oublierez pas M. l'abbé Nazzari. M. l'abbé Gradi m'a autrefois demandé mes ouvrages et pour lui et pour la bibliothèque Vaticane; je l'ai promis, et je vous prie de m'acquitter de cette dette. Enfin vous les donnerez à qui vous croirez qu'ils seront agréables, sans oublier ce que je vous dois et à votre tendre amitié.

Je ne vous parle plus des affaires de la régale, ni des résolutions de notre assemblée qui sont publiques : on peut juger aisément de ce qui reste à faire par ce qui a été fait. Je souhaite que dans les autres affaires nous ne donnions point lieu à de nouvelles difficultés; et c'est à quoi tous les gens de bien doivent s'appliquer.

J'attends le mémoire de M. l'abbé de la Fageole, à qui je vous prie de faire mes complimens. Tout à vous.

LETTRE CIII.

BOSSUET A M. DIROIS, DOCTEUR DE SORBONNE.

A Paris, ce 6 février 1682.

Je suis bien aise, Monsieur, que nous convenions de tout sur l'épiscopat. Pour ce qui est de la régale, il n'est plus question d'en discourir. Vous verrez par la lettre que nous écrivons au Pape, que la matière a été bien examinée, et si je ne me trompe, bien entendue. Nous n'avons pas cru pouvoir aller jusqu'à trouver bon le droit du Roi, surtout comme on l'explique à présent : il nous suffit que le nôtre, quelque clair que nous le croyions, est contesté et perdu; et ainsi que ce seroit être trop ennemi de la paix que de le regarder tellement comme incontestable, qu'on ne veuille pas même entrer dans de justes tempéramens, surtout dans ceux où l'Eglise a un si visible avantage. Nous serions ici bien surpris qu'ayant trouvé dans le Roi tant de facilité à les obtenir, la difficulté nous vînt du côté de Rome, d'où nous devons attendre toutes sortes de soutiens.

Au surplus, je suis bien aise que vous persuadiez la régale à Rome de la manière que vous me l'expliquez. Mais pour moi, je vous avoue, sans faire trop l'évêque, comme Son Eminence nous le reproche agréablement, que je ne la puis entendre de cette sorte. Le concile de Leptines, qui me paroît être votre principal fondement, ne regarde qu'une subvention accordée dans de grandes guerres, à peu près de la nature de celles qu'on accorda dans les guerres des huguenots par des aliénations. Ces sortes de subventions sont fondées non sur le droit de régale, droit particulier à la France, mais sur le droit commun de tous les royaumes, où chaque partie doit concourir à la conservation du tout. Je conviens bien que les rois peuvent obliger les églises auxquelles ils donnent à tout ce qu'il leur plaira, et même aux charges communes des laïques. La question est de trouver ces réserves dans les donations ou dans la pratique ancienne, et d'y trouver nommément la jouissance durant les vacances, que je ne trouve établie par aucun droit ancien; sans néanmoins improuver celui qui a été introduit, de quelque façon que ce soit, par une possession dont il n'est plus question d'examiner l'origine.

Je ne conviens pas non plus que cette jouissance, durant la vacance, ait été établie à la place du droit, qu'on exigeoit pour le service de la guerre, puisque je vois durer ce droit longtemps après cette jouissance reconnue. Tous ces droits ont donc leurs raisons et leurs origines particulières : les uns se sont soutenus, les autres ont été négligés ; et il s'est fait de tout cela des usages différens, dont on ne peut dire aucune raison précise : de sorte qu'il n'y a rien de certain que la possession, ni à vrai dire d'autres règles pour fonder des jugemens justes. Et quant à la probabilité que vous voudriez du moins qu'on avouât, je ne puis vous avouer que la seule probabilité extrinsèque tout au plus, parce que je ne puis pas dire que les sentimens que je crois les seuls véritables ne soient pas contestés par d'autres : et qu'il y ait une probabilité intrinsèque et par des principes, je n'y en vois point. Je tiens encore l'effet des investitures tout différent de celui que nous appelons la régale. Mais il faudroit faire des volumes pour dire sur cela tout ce qu'on pense de part et d'autre, et je trouve après tout que le seul moyen est d'en sortir par expédient. Dieu veuille que Sa Sainteté entre dans cet esprit.

J'envoie encore une demi-douzaine d'exemplaires de mon sermon, pour achever les présens dont j'avois parlé dans mes précédentes. Je suis à vous de tout mon cœur.

LETTRE CIV.

BOSSUET A M. DIROIS, DOCTEUR DE SORBONNE.

A Paris, ce 6 mars 1682

J'ai vu, Monsieur, par votre lettre du 23 février, ce que vous pensez de mon sermon, et ce que vous faites pour le faire valoir. Je vous en suis très-obligé, et surtout de tout le soin que vous prenez pour me conserver les bontés de Monseigneur le cardinal Ricci, pour lequel j'ai le dernier respect et tout l'attachement possible.

Je suis bien aise que vous approuviez notre lettre (*a*), et surtout que vous jugiez qu'on n'en peut tirer aucun avantage contre nous; car c'est ce que vous craigniez. M. de Reims sera très-aise de savoir vos sentimens sur cela. Je suis très-persuadé de vos bonnes intentions sur le procès-verbal, et je n'oublierai rien pour les faire connoître à M. de Reims. Au surplus, je n'ai ouï parler en aucune sorte des plaintes qu'il fait de vous: je n'ai pas su qu'il eût rien appris de vos sentimens, et je n'en ai su moi-même que ce que vous m'en avez écrit. Car encore que vous m'ayez mandé plusieurs fois qu'en écrivant du procès-verbal et autres choses au Père Verjus (*b*), vous m'aviez expressément excepté dans le secret

(*a*) La lettre adressée au Pape sur la régale, par l'assemblée de 1682. — (*b*) Jésuite.

que vous exigiez, ce Père ne m'a rien dit ni fait dire par qui que ce soit, et je ne me suis informé de rien. Ainsi vous voyez, Monsieur, que si la chose est venue à la connoissance de M. de Reims, il faut que le Père Verjus se soit fié à quelqu'un qui ne lui ait pas gardé la fidélité.

Au reste, la contradiction qu'on objecte à M. de Reims dans son procès-verbal est aisée, ce me semble, à expliquer. Il n'y a qu'à distinguer ce qu'il dit comme de lui-même, et ce qu'il dit comme cru par les officiers du Roi. C'est aussi ce qu'il a suivi dans la lettre : et nous avons cru qu'il importoit qu'on sût à Rome les maximes des parlemens, parce que sans les approuver, les ecclésiastiques les doivent regarder comme invincibles dans l'esprit de nos magistrats, et chercher sur ce fondement les tempéramens nécessaires pour ne point porter aux extrémités une matière si contentieuse.

Je souhaiterois bien avoir quelques conversations avec vous sur les matières de morale que notre assemblée va traiter (*a*). Vous avez tant travaillé sur ce sujet, et il me reste tant d'estime de la manière dont vous l'avez traité dans les ouvrages que vous m'avez communiqués, que je souhaite encore au dernier point de les revoir. Je me souviens en gros que nous convenions des principes; et vous pouvez être certain que nous irons tres-modérément, tâchant de parler de sorte que le saint Siége puisse confirmer ce que nous ferons, et changer en bulles les décrets de l'Inquisition, dont l'autorité, comme vous savez, ne fait pas loi ici : de sorte que notre intention est de préparer la voie à une décision qui nous donne ici la paix, et y affermisse éternellement la règle des mœurs. Je suis tout à vous.

(*a*) Le roi eut la prudence de dissoudre l'assemblée, comme elle alloit aborder ces questions délicates et dont le jugement appartient à l'Eglise universelle.

LETTRE CV.

BOSSUET A M. DE RANCÉ, ABBÉ DE LA TRAPPE.

A Paris, ce 8 juillet 1682.

On a mis, il y a déjà assez longtemps, entre mes mains l'ouvrage (*a*) dont vous me parlez, Monsieur. L'assemblée m'avoit chargé de l'examen de la morale; et une occupation si importante et d'ailleurs si vaste, remplissoit tout mon temps. Depuis la séparation de l'assemblée, j'ai commencé cette lecture; et j'avoue qu'en sortant des relâchemens honteux et des ordures des casuistes, il me falloit consoler par ces idées célestes de la vie des solitaires et des cénobites. J'espère achever dans peu cette lecture : je la fais avec une sensible consolation.

Je ressens avec vous notre siècle très-éloigné et peut-être très-peu capable de ces instructions célestes, si naturelles au christianisme, si éloignées de l'esprit des chrétiens d'aujourd'hui. Qui sait si ce n'est point dans un siècle si corrompu jeter les perles devant les pourceaux, que de montrer au siècle, et même aux religieux d'aujourd'hui ces maximes évangéliques que vous avez recueillies pour l'instruction de vos frères? Qui sait aussi si ce n'est point le conseil de Dieu, que ce levain renouvelle la masse corrompue? Je vous en dirai mon sentiment en toute sincérité, quand j'aurai tout lu; et comme je reprends après la séparation de l'assemblée le dessein que vous aviez agréé de vous aller voir, nous pourrons traiter tout cela ensemble.

Priez Dieu qu'allant tout de bon commencer mes fonctions dans mon diocèse, je commence une vie chrétienne et épiscopale, et que je ne scandalise pas du moins le troupeau dont je devrois être la forme et le modèle. Je suis en la charité de Notre-Seigneur, Monsieur, etc.

(*a*) L'ouvrage manuscrit, que l'abbé de Rancé publia l'année suivante sous ce titre : *De la sainteté et des devoirs de la vie monastique*.

LETTRE CVI.

BOSSUET A M. DIROIS, DOCTEUR DE SORBONNE.

A Versailles, ce 13 juillet 1682.

Comme je sais, Monsieur, que M. l'archevêque de Reims a envoyé à Monseigneur le cardinal d'Estrées les propositions que nous devions censurer, je ne doute point que vous ne les ayez déjà vues, et je suis bien aise de vous dire quel étoit notre projet.

On m'avoit chargé dans la commission de faire un projet de censure et un de doctrine pour l'opposer aux propositions censurées. Nous prétendions par là donner une pleine instruction à nos prêtres contre ces damnables doctrines, dont presque tous les livres de morale sont infectés depuis près de cent ans. Notre intention étoit d'envoyer le tout au Pape, principalement la Censure, pour en demander la confirmation à Sa Sainteté, et la supplier de nous la donner, ou en tout cas de censurer les propositions par une bulle en forme, que nous eussions reçue avec toutes les marques de respect qu'on peut jamais rendre au saint Siége. Nous avions réduit en chapitres les propositions pour une plus grande commodité. Les qualifications projetées étoient fortes, mais modérées et sans rien outrer, soutenues presque toutes par des passages précis de l'Ecriture et par une doctrine qui eût éclairé l'esprit; c'étoit du moins le dessein : le Corps de Doctrine eût achevé ce que la Censure seule n'auroit pas pu faire.

Parmi les propositions condamnées, nous avions mis toutes celles qu'Innocent XI a proscrites; et de celles comprises dans la censure d'Alexandre VII, nous n'en avions omis que quelques-unes, ou qui n'étoient point de nos mœurs, ou que nous ne jugions pas à propos d'étaler ici aux hérétiques, qui en auroient fait des sujets de raillerie : mais nous eussions expressément déclaré que nous ne les improuvions pas moins que les autres. Ainsi on eût censuré sans hésiter toutes les propositions déjà censurées par les Papes; et les mots : *Propositiones examinandæ*, n'alloient pas à révoquer en doute la condamnation de ces propositions, mais seulement à examiner les qualifications de chacune d'elles. Celles de la probabilité sont construites de manière qu'on en renversoit premièrement les fondemens; ensuite on l'attaquoit en elle-même; puis on en réprouvoit les conséquences. Les qualifications eussent expliqué le sens précis dans lequel on les condamnoit, et eussent découvert la malignité de chaque proposition.

Par exemple, sur la règle : *In dubiis tutius*, on eût déclaré qu'on ne condamnoit pas le mépris du *tutius*, en tant qu'il enchérit simplement sur le *tutum*, mais en tant qu'il lui est opposé; ainsi on mettoit à couvert la doctrine de saint Antonin dont on abuse, et on établissoit le vrai sens de la règle selon la doctrine des papes et des docteurs approuvés; et même celle de saint Antonin, dont les auteurs de la probabilité ont non-seulement détourné le sens, mais encore falsifié et tronqué le texte. On n'eût pas pu s'empêcher de marquer qu'on désiroit sur ces matières un décret dans une autre forme que celle du décret qui a paru, car vous savez qu'on ne peut jamais reconnoître ici le tribunal de l'Inquisition; mais on l'eût fait avec tout le respect convenable, et seulement pour ne point donner un titre contre nous. Par égard pour un décret d'Alexandre VII (*a*), on se seroit abstenu de qualifier la proposition qui rejette de la pénitence le commencement d'amour : mais on auroit déclaré qu'on embrasse le sentiment contraire, et on auroit supplié Sa Sainteté de censurer la doctrine qui nie la nécessité de cet amour.

Voilà le projet qui apparemment eût été suivi, puisqu'on en étoit déjà convenu avec M. de Paris (*b*), et avec les meilleures têtes de l'assemblée. C'est de quoi j'ai cru devoir vous instruire,

---

(*a*) Voici ce que dit un historien de ce décret : « En 1664, Alexandre porta, au sujet des querelles sur l'attrition, un décret qui apaisa la chaleur de la dispute théologique; il déclara que l'attrition conçue par la crainte des peines éternelles suffisoit dans le sacrement de pénitence, pourvu qu'elle fût accompagnée de l'espérance du pardon et qu'elle exclût la volonté de pécher. Dans son décret il ajoute que l'on peut admettre aussi la nécessité de quelque amour de Dieu; mais il défend rigoureusement à ceux qui sont d'un avis contraire, de noter leurs adversaires d'aucune censure. » (*Histoire des Papes...*, par le comte de Beaufort, 1841, vol. IV, p. 310.) — (*b*) M. de Harlay.

afin que vous puissiez en rendre compte à Son Eminence, et vous servir de ce dessein, autant que vous le pourrez, pour exciter les prélats de la Cour de Rome à achever l'ouvrage d'Alexandre VII et d'Innocent XI. Car encore que ce qu'ont fait ces deux papes soit grand, ce n'est rien faire que de laisser soupirer encore la probabilité, déjà entamée, à la vérité, mais toujours venimeuse, quoique traînante, et qui bientôt se rétablira si on ne l'achève. Ce n'est rien aussi de censurer par les décrets conçus dans l'Inquisition; une bulle en forme comblera de gloire Innocent XI; et l'on verra par la manière dont elle sera reçue, que le clergé de France, quoi qu'on puisse dire, sait bien rendre le vrai respect au saint Siége et s'en fait honneur; et que si l'on se réserve quelque liberté dans des cas extraordinaires, qu'on espère qui n'arriveront jamais, on sait bien connoître quelle autorité il y a dans la chaire de saint Pierre, et qu'on la veut élever aussi haut qu'elle l'ait jamais été par les plus grands papes, et par les décrets du saint Siége les plus forts. En voilà assez, Monsieur, sur cette matière.

Je vous remercie de ce qu'enfin vous m'avez envoyé le Mémoire de M. l'abbé de la Fageolle. Je voudrois bien avoir su par la même voie à qui il veut que je rende ici l'argent qu'il a déboursé, et en tout cas je chercherai les moyens de le faire tenir à Rome à la première occasion. Mandez-nous les nouvelles courantes sur la paix (*a*) : nous souhaitons qu'elle soit prompte, et qu'on n'ait jamais besoin de nous rassembler pour de si malheureux sujets. Je suis à vous de tout mon cœur.

P. S. J'oubliois de vous dire que c'est de propos délibéré que parmi les Propositions, nous n'en avons mis aucune qui regarde l'ignorance invincible : cela nous auroit jeté dans des disputes, et d'ailleurs ne nous servoit de rien, puisque nous trouvions de quoi condamner la fausse probabilité, sans nous embarrasser dans ces questions : mais nous eussions dit sur cette matière ce qu'il eût fallu dans la doctrine, et sans nous jeter dans des contentions.

(*a*) Avec la Cour de Rome, sur l'affaire de la Régale.

LETTRE CVII.

BOSSUET A M. DIROIS, DOCTEUR DE SORBONNE.

A Versailles, ce 28 octobre 1682.

Je reviens, Monsieur, d'un assez long voyage que j'ai fait en Normandie ; et la première chose que je fais en arrivant, avant même d'entrer à Paris où je serai ce soir, c'est de répondre à votre dernière lettre.

Elle me fait une peinture de l'état présent de la Cour de Rome, qui me fait trembler (a). Quoi ! Bellarmin y tient lieu de tout, et y fait seul toute la tradition ! Où en sommes-nous si cela est, et si le Pape va condamner ce que condamne cet auteur ? Jusqu'ici on n'a osé le faire ; on n'a osé donner cette atteinte au concile de Constance, ni aux papes qui l'ont approuvé. Que répondrons-nous aux hérétiques, quand ils nous objecteront ce concile et ses décrets répétés à Bâle avec l'expresse approbation d'Eugène IV, et toutes les autres choses que Rome a faites en confirmation ? Si Eugène IV a bien fait en approuvant authentiquement ces décrets, comment peut-on les attaquer ? et s'il a mal fait, où étoit, diront-ils, alors cette infaillibilité prétendue ? Faudra-t-il sortir de ces embarras, et se tirer de l'autorité de tous ces décrets et de tant d'autres décrets anciens et modernes, par des *distinguo* scholastiques, et par les chicanes de Bellarmin ? Faudra-t-il dire aussi avec lui et Baronius, que les actes du concile VI, et les lettres de saint Léon II sont falsifiées ? et l'Eglise, qui jusqu'ici a fermé la bouche aux hérétiques par des réponses si solides, n'aura-t-elle plus de défense que dans ces pitoyables tergiversations ? Dieu nous en préserve ! Ne cessez, Monsieur, de leur représenter à quoi ils s'engagent, et à quoi ils nous engagent tous. Je ne doute pas que Son Eminence ne parle en cette occasion avec toute la force, aussi bien qu'avec toute la capacité possible : il a le salut de l'Eglise entre ses mains.

(a) Peinture vaine et craintes prématurées, comme on verra.

J'ai fait grande réflexion sur ce que vous me dites, que Rome, loin d'être adoucie par ce qu'on lui accorde, le prend pour un aveu de ses droits et s'en sert pour aller plus loin. Je l'ai bien compris; mais à cela je n'ai autre chose à dire, sinon que des évêques qui parlent, doivent regarder les siècles futurs aussi bien que le siècle présent, et que leur force consiste à dire la vérité telle qu'ils l'entendent.

J'ai un peu de peine à concevoir comment vous croyez que le quatrième article de notre Déclaration puisse s'accorder avec la doctrine des ultramontains : nous n'avons pas eu ce dessein, quoique d'autre part nous ayons bien vu que, quoi qu'on enseignât en spéculative, en pratique il en faudroit toujours revenir à ne mettre la dernière et irrévocable décision que dans le consentement de l'Eglise universelle, à laquelle seule nous attachons notre foi dans le symbole. Je ne puis m'imaginer qu'un Pape si zélé pour la conversion des hérétiques et pour la réunion des schismatiques, y veuille mettre un obstacle éternel par une décision telle que celle dont on nous menace. Dieu détournera ce coup; et pour peu qu'on ait de prudence, on ne se jettera pas dans cet inconvénient.

Pour la morale, je conçois bien que ce n'est pas le temps d'en parler à Rome : il faut vider les autres affaires auparavant. Mais pour ce qui est des réflexions que vous me dites que des gens sages ont faites sur nos propositions, j'en suis étonné. Ils disent que parmi les propositions condamnées par Alexandre VII et Innocent XI, il y en a qui ne font pas matière de bulle, comme celle-ci : « Qu'on peut satisfaire au précepte de l'Eglise par un sacrilége : » mais au contraire s'il y en a une qui mérite d'être foudroyée, c'est celle-là : car l'Eglise ne faisant dans ses préceptes qu'appliquer et exécuter ceux de Jésus-Christ, il faut obéir à Jésus-Christ pour obéir à l'Eglise; et l'on se flatte en vain d'obéir à l'Eglise par une action qui est un outrage sacrilége contre Jésus-Christ : autrement contre sa parole : *Qui vous écoute m'écoute* [1], il faudra dire qu'on pourra écouter son Eglise sans l'écouter lui-même, ou qu'on écoute Jésus-Christ en faisant un

---

[1] *Luc.*, x, 16.

sacrilége. Pour moi, je crois au contraire qu'il faut définir, que le fondement de l'obéissance qu'on doit à l'Eglise étant celle qu'on doit à Jésus-Christ, pour obéir à l'Eglise qui détermine l'exécution des préceptes de Jésus-Christ, il faut entrer premièrement ans l'esprit que Jésus-Christ a prescrit; sans quoi l'on peut bien éviter les censures qui ne foudroient que les crimes qu'on connoît, mais non pas satisfaire au fond à l'intention de l'Eglise, ni par conséquent à ses préceptes.

Pour ce qui est de la probabilité, si l'on ne veut qu'effleurer les choses, comme on a fait jusqu'ici, il ne faut en effet frapper que sur trois ou quatre propositions : mais si l'on veut attaquer le mal dans tout son venin intérieur, le détruire dans sa racine, le poursuivre dans ses pernicieuses conséquences et en mettre au jour la malignité, en faisant voir tant la fausseté des principes que l'absurdité des inconvéniens, on ne trouvera rien d'inutile dans nos propositions; et si l'on avoit vu les qualifications que nous avions projetées, on en tomberoit d'accord. Que serviroit de dire, par exemple, ce que vous marquez, qu'on a trouvé bon qu'il faut suivre l'opinion la plus probable et la plus sûre, aux termes marqués dans les propositions CXXVIII et suivantes, si on laisse après cela la liberté de dire que la doctrine enseignée par la plupart des modernes, ou même par un seul, est la plus probable, ou qu'elle devient la plus sûre pour le commun des hommes par sa bénigne condescendance ? C'est laisser le mal en son entier, que de ne pas aller jusque-là. Il n'en faut pas faire à deux fois; et si l'on veut mettre une bonne fois la main aux plaies de l'Eglise, il faut tout d'un coup aller jusqu'à la racine d'une doctrine qui repousse toute entière en un moment, pour petite que soit la fibre qu'on lui laisse.

Quant à la proposition CXVIII, je la crois la plus nécessaire de toutes, parce que le fondement le plus clair et le plus essentiel contre la nouvelle morale, c'est qu'elle est nouvelle, n'y ayant rien de plus contraire à la doctrine chrétienne que ce qui est nouveau et inouï. On auroit pourtant expliqué que les modernes doivent être ouïs, lorsqu'il s'agit d'expliquer de nouvelles lois qu'auroit faites l'Eglise. Mais cependant on poseroit comme un fondement certain, que lorsqu'il s'agit d'expliquer les principes de la morale chrétienne et ses dogmes essentiels, tout ce qui ne paroît point dans la tradition de tous les siècles et principalement dans l'antiquité, est dès là non-seulement suspect, mais mauvais et condamnable; et c'est le principal fondement sur lequel tous les saints Pères, et les papes plus que les autres, ont condamné les fausses doctrines, n'y ayant jamais eu rien de plus odieux à l'Eglise romaine que les nouveautés. S'il falloit toujours trouver dans l'Ecriture et dans les Pères des passages contraires aux doctrines qu'on voudroit condamner, ce seroit donner trop d'avantage à ceux qui inventent des choses dont on ne s'est jamais avisé, et qu'on n'a garde par conséquent de trouver combattues dans les anciens : de sorte qu'il n'y a rien de plus nécessaire que de les rejeter précisément comme nouvelles et inouïes, la vérité ne pouvant jamais l'être dans l'Eglise. C'est pourquoi les propositions CXIV° et les suivantes jusqu'à la CXIX°, ne peuvent être oubliées sans prévariquer. La CXIX° attaque directement la source du mal, qui vient uniquement de ce qu'on a cru qu'il étoit permis de consulter la seule raison dans les matières de morale; comme si nous étions encore dans l'école des philosophes, et non pas dans celle de Jésus-Christ.

Voilà, Monsieur, les raisons que nous avons eues de mettre tant de propositions; et le concile de Trente, qui en a tant condamné, nous a montré l'exemple d'attaquer l'erreur en elle-même, dans ses principes et dans ses conséquences, c'est-à-dire en un mot dans toute son étendue, de peur qu'elle ne revive par aucun endroit.

Je donnerai ordre en arrivant qu'on remette entre les mains de M. de la Bruière les soixante pistoles que M. l'abbé de la Fageolle a déboursées pour moi, dont je lui rends graces de tout mon cœur.

Je vous remercie aussi, Monsieur, avec la même affection, du soin que vous prenez de me représenter si bien l'état de Rome. Il est bon d'en être instruit : je profiterai, autant que je le pourrai, de ce que vous m'en dites.

Je prendrai la liberté d'envoyer à Son Eminence deux petits

traités (*a*) que j'ai depuis peu mis au jour contre nos hérétiques, afin de joindre l'instruction aux édits par lesquels le Roi les rend attentifs : on les donnera à M. de la Bruière pour l'ordinaire prochain.

Je ne vous recommande point la discrétion : quoique je vous écrive sans précaution, vous saurez bien me ménager. Je suis à vous de tout mon cœur.

P. S. J'oubliois l'un des articles principaux, qui est celui de l'indépendance de la temporalité des rois. Il ne faut plus que condamner cet article pour achever de tout perdre. Quelle espérance peut-on avoir de ramener jamais les princes du Nord, et de convertir les rois infidèles, s'ils ne peuvent se faire catholiques sans se donner un maître qui puisse les déposséder quand il lui plaira? Cependant je vois par votre lettre et par toutes les précédentes, que c'est sur quoi Rome s'émeut le plus. Au reste je voudrois bien que vous me disiez comment vous conciliez cet article avec ce qui a été fait contre les empereurs par les papes et dans les conciles, afin de voir si les moyens dont je me sers pour cela sont les mêmes que vous employez, et pouvoir profiter de vos lumières.

On m'a dit que l'Inquisition avoit condamné le sens favorable à cette indépendance, que quelques docteurs de la Faculté de théologie de Paris avoient donné au serment d'Angleterre. On perdra tout par ces hauteurs : Dieu veuille donner des bornes à ces excès. Ce n'est pas par ces moyens qu'on rétablira l'autorité du saint Siège. Personne ne souhaite plus que moi de la voir grande et élevée : elle ne le fut jamais tant au fond que sous saint Léon, saint Grégoire et les autres, qui ne songeoient pas à une telle domination. La force, la fermeté, la vigueur, se trouvent dans ces grands papes : tout le monde étoit à genoux quand ils parloient : ils pouvoient tout dans l'Eglise, parce qu'ils mettoient la règle pour eux. Mais selon que vous m'écrivez, je vois bien qu'il ne faut guère espérer cela. Accommodons-nous au temps, mais

---

(*a*) La *Conférence avec le ministre Claude* et le *Traité de la Communion sous les deux espèces*, ouvrages qui parurent en 1682.

sans blesser la vérité, et sans jeter encore de nouvelles entraves aux siècles futurs.

La vérité est pour nous : Dieu est puissant, et il faut croire *contra spem in spem*, qu'il ne la laissera pas éteindre dans son Eglise.

LETTRE CVIII.

BOSSUET AU GRAND CONDÉ (a).

Paris, le 1er mai 1682.

Monseigneur,

Si je prends la liberté de demander avec toute l'instance possible à V. A. S. l'honneur de sa protection pour M. le président *de Simony*, ce n'est pas seulement par l'étroite liaison qui est entre lui et moi par la parenté et par l'amitié, mais parce qu'il est digne par son mérite de la grace que je vous demande pour lui. Il a une affaire de conséquence, où des principaux de la ville ont des intérêts opposés aux siens. Mais j'espère, Monseigneur, que si vous lui donnez un moment d'audience, il vous mettra aisément de son parti par l'inclination que vous avez à prendre celui de la justice. Je suis très-aise, Monseigneur, qu'il ait l'occasion d'être connu de V. A., et que toute ma famille lui témoigne combien elle est sensible aux bontés dont vous m'honorez.

Je suis, avec tout le respect possible,

Monseigneur,

De V. A. S., le très-humble et très-obéissant serviteur.

J. BÉNIGNE, év. de Meaux.

(a) Publiée pour la première fois par M. Floquet, d'après l'autographe qui se trouve aux archives de l'empire.

LETTRE CIX.

BOSSUET AU GRAND CONDÉ (a).

Versailles, 30 octobre 1682.

J'aurai une grande joie, Monseigneur, si ce nouveau livre que je présente à V. A. S. lui peut faire passer quelques heures agréablement. Il m'importe plus que jamais que V. A. S. lise ce livre, et qu'elle entende que *l'engagement où j'y entre n'est pas téméraire* (b).

J'arrive d'un voyage de Normandie; et je m'en vas à Meaux pour la fête (*la Toussaint*). Je ne tarderai pas à vous aller rendre mes très-humbles respects à Chantilly, où je souhaite de trouver V. A. avec une parfaite santé, et que l'altération dont je m'étois fait peur, ne dure ni ne revienne.

Je suis, avec un très-grand respect,

MONSEIGNEUR,

De V. A. S. le très-humble et très-obéissant serviteur.

J. B., évêque de Meaux.

LETTRE CX.

BOSSUET A M. RANCÉ, ABBÉ DE LA TRAPPE.

A Paris, ce 30 octobre 1682.

Je pars pour Meaux à l'instant. J'ai écrit à M. de Grenoble : j'ai laissé le livre (c) bien empaqueté en main sûre, avec bon ordre

---

(a) Publiée par M. Floquet. Archives de la maison de Condé, appartenant au duc d'Aumale. — (b) Le livre est la *Conférence avec M. Claude*, qui parut en 1682. Bossuet dit, dans le récit de ce célèbre entretien : « Partout où M. Claude dira qu'il n'a pas avoué ce que je lui fais avouer dans le *Récit de la Conférence*, je m'engage, dans une *seconde conférence*, à tirer de lui le même aveu; et partout où il dira qu'il n'est pas demeuré sans réponse, je le forcerai sans autre argument que ceux qu'il a déjà ouïs, à des réponses si visiblement absurdes que tout homme de bon sens avouera qu'il valoit encore mieux se taire que de s'en être servi. » — (c) Livre manuscrit de l'abbé de Rancé, qui fut publié en 1683 sous ce titre : *De la sainteté et des devoirs de la vie monastique*.

de l'envoyer à Grenoble aussitôt que nous aurons l'adresse de ce prélat. Quand nous saurons son sentiment, nous procéderons à l'impression sans retardement, et je mettrai l'affaire en train. Je vous enverrai de Meaux toutes mes remarques. On ne peut avoir un plus grand désir que celui que j'ai de voir publier tant de saintes et adorables vérités, capables de renouveler l'ordre monastique, d'enflammer l'ordre ecclésiastique, et d'exciter les laïques à la pénitence et à la perfection chrétienne, si nous n'endurcissions volontairement nos cœurs. J'ai laissé ordre pour vous envoyer la *Conférence* (a), et en même temps pour envoyer à M. Maine deux oraisons funèbres (b) qui, parce qu'elles font voir le néant du monde, peuvent avoir place parmi les livres d'un solitaire, et qu'en tout cas il peut regarder comme deux têtes de mort assez touchantes.

Les affaires de l'Eglise vont très-mal : Le Pape nous menace ouvertement de constitutions foudroyantes et même, à ce qu'on dit, de formulaires nouveaux. Une bonne intention avec peu de lumières, c'est un grand mal dans de si hautes places. Prions, gémissons. Ne m'oubliez pas : je vous porte dans le fond du cœur, et suis, Monsieur, plus que je ne puis vous le dire, etc.

LETTRE CXI.

BOSSUET A M. DE RANCÉ, ABBÉ DE LA TRAPPE.

A Meaux, ce 13 septembre 1682.

Avant que de venir ici, j'ai conféré, Monsieur, avec M. le maréchal de Bellefonds. La difficulté que nous avons trouvée à la chose est que votre lettre ne parle que de successeur ; ce qui seroit vous déposséder, et causer le dernier chagrin à vos religieux. J'ai vu un billet entre les mains de M. Jannel, par lequel on lui marque qu'il faudroit agir pour un coadjuteur ; mais que pour un successeur, c'est trop affliger les religieux. Je ne me souviens plus de qui est ce billet : mais enfin nous avons cru qu'il falloit

---

(a) **Avec le ministre Claude.** — (b) Celle de Henriette de France, reine de la Grande-Bretagne, et celle de Henriette d'Angleterre, duchesse d'Orléans.

vous en écrire, vous faire considérer les inconvéniens de votre démission, et puis faire à mon retour, au commencement de l'année ce que vous jugerez à propos. Voyez ce que ce seroit, si ce religieux venoit à mourir pendant que vous seriez en vie, et quel déplaisir à vos religieux de n'être plus sous votre obéissance. Considérez et ordonnez : nous agirons conformément à vos désirs. J'ai donné le livre (*a*) à Muguet, qui ne manquera pas de faire diligence : j'ai donné ordre pour le privilége. Vos prières : tout à vous de tout mon cœur.

LETTRE CXII.

BOSSUET A M. LE COMTE D'AVAU,

AMBASSADEUR DE FRANCE A LA HAYE.

A Meaux, le 17 décembre 1682.

Je vous suis très-obligé de la continuation de vos bontés. Si l'*Histoire du concile de Trente*, du sieur Jurieu, est digne de quelque estime, je vous supplie de me l'envoyer par la première commodité. J'ai reçu la *Critique du Calvinisme* : il m'est aussi venu deux livres, dont l'un est pour la défense du *Renversement de la morale de Jésus-Christ par les erreurs des calvinistes ;* ouvrage de M. Arnauld, que j'ai autrefois approuvé après l'avoir examiné par ordre du Roi ; et l'autre a pour titre : *Réflexions sur un livre intitulé :* Préservatif, que vous m'avez autrefois fait la grace de m'envoyer. Ce dernier est pour ma défense contre M. Jurieu qui m'attaque : l'un et l'autre est de bonne main ; et selon qu'on en peut juger par les circonstances, il n'y a pas à douter qu'ils ne soient de M. Arnauld (*b*). Je ne sais d'où ils me viennent ; mais j'ai été bien aise de les recevoir. Je le suis encore plus, Monsieur, de ce que vous approuvez mes petits ouvrages ; et je le serai au delà de tout ce que je puis dire, si vous m'accordez la continuation de votre amitié. Je suis avec respect, etc.

(*a*) *De la sainteté et des devoirs de la vie monastique.* — (*b*) Cette conjecture est vraie.

LETTRE CXIII.

BOSSUET A M. DE RANCÉ, ABBÉ DE LA TRAPPE (a).

Paris, ce 31 décembre 1682.

Je prends pour bénédiction, Monsieur, les souhaits et les vœux que vous m'envoyez pour l'année qui va commencer, et je prie Dieu qu'il vous comble de ses graces.

Je ne connois pas le curé de Tancrou; mais il me sera aisé d'en être informé, et je ne crois pas qu'il obtienne de privilége. Je n'ai point vu encore M. de Reims depuis votre lettre. Je suis bien aise de ce que vous m'écrivez du Prieur de La Ferté-Gaucher, qui de son côté me témoigne beaucoup de reconnoissance de vos bontés.

Je suis, Monsieur, à jamais très-parfaitement à vous.

LETTRE CXIV.

BOSSUET A M. DE RANCÉ, ABBÉ DE LA TRAPPE.

Paris, ce samedi 6 février 1683.

Hier, Monsieur, j'entretins amplement M. l'archevêque de Paris de la commission que vous m'aviez donnée pour lui. Je lui dis que j'avois eu le livre sans votre participation, et que j'avois cru absolument nécessaire de l'imprimer, tant pour le bien qu'il pouvoit faire à l'Eglise et à tout l'ordre monastique que pour éviter les impressions qui s'en seroient pu faire malgré vous. Par là il entendit la raison pour laquelle vous n'aviez pas pu lui communiquer cet ouvrage, et cela se passa bien. Je lui ajoutai que vous parliez avec toute la force possible de la perfection de votre état retiré et solitaire; mais avec toutes les précautions nécessaires pour les mitigations autorisées par l'Eglise, et pour les ordres qu'elle destinoit à d'autres emplois : tout cela se passa bien. Il reçut parfaitement toutes les honnêtetés que je lui fis de votre

---

(a) Publiée pour la première fois.

part; et écouta avec joie ce que je lui dis sur les marques non-seulement du respect, mais encore de l'attachement et de la tendresse que je vous avois vus pour lui. Tout cela et tout le reste, qu'il n'est pas besoin de vous dire, se passa très-bien, et je crois qu'il ne songera à voir l'ouvrage qu'avec tous les autres.

Pour ce qui est de M. l'archevêque de Reims, n'en soyez point en peine : il est pénétré de la bonté et de la grandeur de l'ouvrage; il en souhaite l'impression autant que moi. Ses remarques ne vont à rien de considérable; et comme il ne fera rien sur ce sujet-là qu'il ne me le communique, vous pouvez vous assurer que je ne laisserai rien affoiblir, s'il plaît à Dieu.

Nous sommes ici un peu en inquiétude de n'avoir rien appris sur ce sujet de M. de Grenoble. Mandez-nous, Monsieur, je vous en prie, le plus tôt qu'il se pourra, quand vous aurez ses remarques, et ce que vous croirez devoir faire après les avoir vues, afin qu'on change au plus tôt ce que vous croirez devoir changer sur ses avis, et qu'on ne soit obligé de faire que le moins que l'on pourra de cartons. Il ne faut pas s'étonner de ce qu'il ne m'a pas fait de réponse : comme je lui parlois des affaires de l'Eglise, peut-être n'a-t-il pas voulu s'expliquer avec moi sur cela, n'approuvant peut-être pas ma conduite, ou ayant des raisons de ne pas s'expliquer sur ces matières. Il ne m'a peut-être pas assez connu. La règle de la vérité étant sauvée, le reste est de ces choses où saint Paul permet que chacun abonde en son sens, et je ne sens jusqu'ici aucun reproche de ce que j'ai fait.

Vous avez parfaitement expliqué le synode de Gangres (*a*) : mais je ne sais ce que c'est que cette Décrétale, dont M. de Luçon m'a dit que M. de Grenoble lui avoit écrit.

Je suis venu ici pour ajuster avec M. Felibien et avec l'imprimeur l'endroit des carrosses, conformément à votre lettre du 31 janvier, parce que cet endroit avoit déjà passé dans l'impression. Tout cela sera très-bien, et entièrement sans atteinte aussi

---

(*a*) Ce concile, dans le canon dont il s'agit ici, qui est le xvie, défend aux enfans de quitter, sous prétexte du service de Dieu, leurs pères et mères qui se trouveroient avoir besoin de leur assistance. *Voyez* l'explication que donne à ce canon M. de Rancé, dans son ouvrage *de la Sainteté et des Devoirs de la Vie monastique*, tom. II, pag. 138. (*Les édit.*)

bien que sans foiblesse, et conforme à votre intention. Je vois avec plaisir avancer l'impression de cet ouvrage : mais pressez, au nom de Dieu, M. de Grenoble. Tout à vous.

LETTRE CXV.

BOSSUET A M. DE RANCÉ, ABBÉ DE LA TRAPPE.

A Meaux, ce 16 mai 1682.

Dans le peu de jours que j'ai été à Paris, j'ai vu, Monsieur, ce que vous avez envoyé au sieur Muguet, que j'ai trouvé très-digne du reste. C'est de quoi je suis bien aise de vous rendre compte avant que de m'engager dans mes visites, d'où je ne reviendrai ici qu'à la Pentecôte. Je ne laisserai pas, en attendant, de recevoir tous vos ordres, si vous en avez quelques-uns à me donner. Ce livre fait tous les effets que je m'en étois proposé ; en général un très-grand bien. Dans quelques particuliers, il trouve beaucoup de contradiction [1] ; et quoiqu'on dise qu'il y en a qui se préparent à le faire paroître, je ne puis pas croire que l'aveuglement aille jusque-là. Quoi qu'il en soit, vous avez à rendre graces à Dieu de vous avoir si bien inspiré ; et votre doctrine est de celles contre lesquelles l'enfer ne peut prévaloir, parce qu'elles sont fondées sur la pierre. La continuation de vos prières me sera un grand soutien durant mes visites. Je ne perds pas l'espérance de vous aller voir avant la fin de l'automne. Je suis à vous de tout mon cœur.

(a) Il eut en effet de graves contradicteurs sur plusieurs points, et en particulier sur celui des études monastiques. Dom Mabillon entreprit de réfuter le sentiment de M. de la Trappe, qui vouloit interdire les études aux moines. La dispute s'échauffa : M. de la Trappe répondit au *Traité des études monastiques* de dom Mabillon : celui-ci répliqua à M. de Rancé ; et nombre de savans, Nicole nommément, se déclarèrent en faveur du célèbre Bénédictin. Dom Mége, religieux de l'abbaye de Saint-Germain-des-Prés, combattit aussi dans son *Commentaire de la Règle de Saint-Benoît*, qu'il publia en 1687, plusieurs des maximes de l'abbé de la Trappe, qui lui paroissoient outrées. (*Les édit.*)

LETTRE CXVI.

BOSSUET AU GRAND CONDÉ (a).

Paris, ce 19 mai 1683.

J'ai reçu, Monseigneur, l'admirable livre que V. A. S. m'a envoyé. Vous me proposez un terrible ennemi à combattre. Mais ce qui m'encourage, Monseigneur, c'est que la querelle que j'aurai avec lui m'est commune avec vous dans un endroit. Je vois dans la lettre à M. de Souche qu'il le loue d'avoir tenu contre vous à Senef, et qu'il ose appeler invincible un homme que vous avez combattu. Je ne le souffrirai pas, Monseigneur, et je veux venger votre gloire avec celle du clergé de France (b). Je suivrai le conseil que V. A. me donne pour la dédicace ; et j'espère que cet ouvrage sera bien reçu du public. J'ai, Monseigneur, une vraie impatience d'avoir l'honneur de vous voir. Le carême, les fêtes, et maintenant ma visite que je m'en vas commencer, me retardent un peu. J'ai appris de monseigneur le Duc [Henri-Jules de Bourbon, duc d'Enghien] l'honneur que V. A. S. me vouloit faire de venir à Germigny au retour de la Cour. J'aurai avant ce temps-là celui de vous rendre mes très-humbles respects à Chantilly.

Je suis avec le profond respect et l'attachement que vous savez, etc.

(a) Publiée par M. Floquet. Archives de la maison de Condé. — (b) Bossuet se proposoit, en répondant à un libelle protestant, de parler de la bataille donnée par Condé à Senef ; voilà comment il vouloit venger tout ensemble, et la gloire du prince et l'honneur du clergé.

LETTRE CXVII.

BOSSUET A M. BRUEYS (a).

Versailles, ce 2 décembre 1683.

Je vous envoie, Monsieur, une lettre pour Monseigneur de Montpellier, comme vous l'avez souhaité. M. de Noailles sait bien la part que je prends à ce qui vous touche, puisque je lui ai parlé très-souvent de vous; et je puis dire aussi que je l'ai trouvé très-disposé à vous rendre service. Il est ici depuis hier au soir; mais je ne l'ai pas encore vu. Je suis ravi du nouvel ouvrage auquel vous travaillez, et j'espère qu'il fera du bien. Je ne sais si vous savez que la *Gazette d'Hollande* a parlé de vous d'une manière bizarre, et a dit que vous aviez trouvé le moyen de traiter la controverse en catholique, sans vous dédire de rien de ce que vous aviez dit en écrivant contre moi, étant huguenot. J'ai reçu une lettre sans nom, qui vous accuse de laisser pour indifférentes toutes les choses que vous traitez dans votre ouvrage. Ils n'ont pas entendu votre dessein, et ils ont cru qu'en effet vous trouviez peu considérables les articles qui, selon vous, ne devroient point arrêter les huguenots. Un mot ajouté pour faire voir que votre argument est *ad hominem*, consolera, à ce que je vois, les ames infirmes et ignorantes. Au reste ce petit ouvrage est fort estimé, et fait de grands fruits.

(a) David Auguste Brueys, membre du consistoire de Montpellier, publia une réponse à l'*Exposition de la doctrine*, puis des *Entretiens sur l'Eucharistie*, où il combattoit la présence réelle. Après la mort de sa femme, converti par Bossuet, il mit au jour plusieurs livres contre les protestans, et tout d'abord celui dont parle notre lettre : *Examen des raisons qui ont donné lieu à la séparation des protestans*, 1683. Attaqué par Jurieu et par d'autres ministres, il soutint son ouvrage dans la *Défense du culte extérieur des catholiques*. Il fit ensuite paroître : *Réponse aux plaintes des protestans contre les moyens que l'on emploie en France pour les réunir à l'Eglise*, où l'on réfute les calomnies qui sont contenues dans le livre intitulé : La Politique du Clergé de France (par Jurieu), 1686. *Traité de l'Eucharistie où, sans entrer dans la controverse, on prouve la réalité par des vérités avouées de part et d'autre*, 1686. *Traité de l'Eglise, où l'on montre que les principes des calvinistes se contredisent* : 1687. *Histoire du Fanatisme de notre temps, et le dessein que l'on avoit de soulever en France les calvinistes* : 1692, avec une suite de cette Histoire, 1709 et 1713. *Traité de la*

Il a paru il y a près de deux mois, une réponse de M. Claude à ma Conférence : elle m'obligera à quelque réplique; mais je voudrois bien sans tant écrire, qu'on pût pousser les adversaires à conférer avec nous. Je suis certain qu'avec la grace de Dieu je les confondrois sur cette matière, et qu'en peu d'heures je ferois paroître le défaut inévitable de leur cause. Continuez, Monsieur, à les instruire, et soyez au reste persuadé que je suis avec toute l'estime et la sincérité possible, Monsieur, votre, etc.

EPISTOLA CXVIII.
CASTORIENSIS MELDENSI.

Multùm tibi debeo ob libros quos *de Communione sub unâ specie*, et de auctoritate composuisti, quâ pollet Ecclesia dùm Scripturas exponit, vel etiam testatur eas Deo dictante esse conscriptas; nam præterquàm quòd illos ex tuo dono, Antistes illustrissime, possideo, maximum, præsertim ex *Collatione* quam cum Claudio habuisti, fructum capit Ecclesia, cui me voluit divina servire Providentia.

Uterque hîc typis editus, et magnâ aviditate inter eos qui gallicè loquuntur, divenditur. *Collatio* in nostram linguam sat eleganter transfusa omnium manibus teritur, vel potiùs tàm doctorum quàm indoctorum cordibus inscribitur. Plurimùm ergò tibi debemus, et ego et Ecclesia mihi credita, Præsul illustrissime; nam catholicos nostros in fide confirmas et acatholicos ab errore ad veritatem et suaviter et fortiter revocas.

Composui opusculum de *Amore pœnitente*, ut fratres et conservos meos invitarem ad arctam salutis semitam. Illud dignaberis, Antistes eruditissime, admittere tanquàm testem ejus existimationis, quam habeo de doctrinâ quâ excellis, et de virtutibus quibus tuum ministerium adornas : hâc benevolentiâ et humanitate eum tibi novo vinculo obstringens, qui observanti studio esse profitetur, etc.

27 martii 1683.

sainte Messe : 1700. *Traité de l'obéissance des chrétiens aux puissances temporelles* : 1709. Brueys mourut à Montpellier le 25 novembre 1723.

EPISTOLA CXIX.

MELDENSIS CASTORIENSI.

Cùm anteà mihi, aliis occupato, minimè licuisset doctissimam ac suavissimam tuam de Amore divino lucubrationem eâ diligentiâ perlegere, quâ tale opus decebat, nunc, eo perlecto, intelligo gratias tibi à me habendas esse plurimas, non tantùm propter benevolentiam singularem, quâ me honestatum hoc munere voluisti; sed etiam eo nomine, quòd de amoris divini, saltem incipientis, in Pœnitentiâ necessitate, præclaram atque hoc tempore omninò necessariam doctrinam tradidisti : quâ quidem doctrinâ omnes veræ pietatis studiosos obstrictos tibi habes.

Utinàm liceret conferre tecum de suavissimo argumento, ac tecum expedire difficultates omnes quibus est involutum! Interim rogo ut mihi significes, quomodò tuum librum Roma exceperit, et an in vestris partibus aliquid eâ de re tempestatis exortum sit. Hîc certè qui obstrepat, hactenùs neminem video, cùm multos habeamus, qui alioqui eâ de re nunquàm quieturi esse videantur, nisi eos aliqua ratio tacere cogeret. Id datum seu dignitati atque auctoritati tuæ, seu argumentorum ponderi, sive utrique, tibi atque Ecclesiæ gratulor ac suavissimam verèque flexanimam de divini amoris necessitate doctrinam, altè omnium animis insidere precor.

Accepi à vestris, ut credo, regionibus, cùm alios multos viri omni eruditione præstantis libros, tùm etiam eum cui est titulus, *De veris ac falsis Ideis* [1] : quo libro gaudeo vehementissimè confutatum auctorem eum [2], qui *Tractatum de Naturâ et gratiâ*, gallico idiomate, me quidem maximè reclamante, publicare non cessat. Hujus ego auctoris detectos paralogismos de ideis, aliisque rebus huic argumento conjunctis, eò magìs lætor, quòd ea viam parent ad evertendum omni falsitate repletum libellum *de Naturâ et gratiâ*.

Atque equidem opto quamprimùm edi, ac pervenire ad nos

[1] Auctore Arnaldo. — [2] Scilicet Malebranchius.

hujus tractatûs promissam confutationem; neque tantùm ejus partis quâ de gratiâ Christi tam falsa, tam insana, tam nova, tam exitiosa dicuntur; sed vel maximè ejus quâ de ipsâ Christi personâ, sanctæque ejus animæ, Ecclesiæ suæ structuræ incumbentis, scientiâ, tam indigna proferuntur : quæ mihi legenti horrori fuisse, isti etiam auctori candidè, ut oportebat, declaratum à me est, atque omninò fateor enisum esse me omni ope, ne tam infanda ederentur. Quæ tamen, quoniam nobis invitis undiquè eruperunt, validè confutari è re Ecclesiæ est, ipsâque argumentandi arte, quâ pollere is auctor putatur, evertique perspicuè, quemadmodùm illa de ideis eversa planè sunt, nulloque jam loco consistere posse apud cordatos videntur. Cæteras validi confutatoris lucubrationes, mirum in modum Ecclesiæ profuturas, quàm latissimè pervulgari opto mihique gratulor defensum quoque esse me ab eo viro, qui tanto studio, tamque indefessâ operâ defendat Ecclesiam.

Te verò, illustrissime ac reverendissime Domine, diù Ecclesiæ suæ Deus incolumem, eique verbo et opere egregiè famulantem servet. Hæc voveo ex animo, etc.

In Regiâ Versalianâ, 23 junii 1683.

EPISTOLA CXX.

CASTORIENSIS MELDENSI.

Doctrina et eruditio quibus illustras orbem christianum, faciunt ut non possim non lætari, dùm lego in litteris ad me tuis, quàm honorificè sentias de illis quæ de divino amore nuper edidi. Nihil ad pellendas mentis meæ tenebras efficacius; nihil ad superandas difficultates quibus conciliatio prædominantis in humanis cordibus divini amoris, cum necessitate ac fructu sacramentalis absolutionis, implicata est, mihi utilius foret, quàm si tibi, Antistes sapientissime, eas diffringendas præsens proponere possem. Verùm inter nos et vos magnum chaos interpositum est, ut istam felicitatem vix valeam sperare. Confido tamen de bonitate tuâ erga me maximâ, quòd mihi dignaberis per litteras indicare illa quæ correctione egere videbuntur. Paratior enim sum discere quàm docere, præsertim nactus tam nobilem magistrum.

Tam in Fœderato quàm in Hispanico Belgio *Amor Pœnitens* avidè divenditur, nec animorum pax ejus occasione turbatur; nec hactenùs quispiam inventus fuit, qui clamores contra eum extulit, vel ullos strepitus excivit. Solùm Lovanienses amici mei nonnihil stomachati fuerunt, cùm illis librum examinandum misissem, quòd ipsorum doctrinam referrem potiùs quàm assererem. Dedi illorum erga me affectui non vulgari rationes mei consilii, epistolamque quâ illæ continentur, tanquàm appendicem libro annexui, quod ipsis pergratum fuit. Fuere in meo Clero, quibus antequàm liber evulgaretur, eum legendum tradideram, qui suas mihi difficultates proposuere. Illis explicandis præfationem impendi : atque istâ ratione factum, ut sine strepitu in publicum liber processerit. Eâdem felicitate liber utitur in vicinâ nobis Germaniâ. Qui Religiosis Societatis Jesu apud nos præfectus est, suis ad me litteris opusculum istud non parùm commendat. Idem factum ab alio Jesuitâ, quem ingenium, eloquentia et pietas commendant.

Ex litteris quibus illustrissimus Tornacensis Antistes (*a*) me decoravit, disco librum ei per omnia placere : undè etiam existimo, quòd istis in locis nullæ, occasione libri istius, excitæ sint tempestates aut clamores.

Fuit mihi jucundum, Antistes illustrissime, in tuis videre litteris apud vos necdùm fuisse inventum quempiam, qui lucubrationi isti obstreperet. Quamvis simul ac vidi librum à celeberrimo hujus sæculi Abbate (*b*) compositum, vestroque judicio comprobatum, opusculo nostro sortem in Galliis felicem atque tranquillam fuerim auguratus. Nam sanctissimus ille Abbas necessitatem divini amoris sub initium primi tomi fortiter asserit. Deindè vidi, et magnâ ex parte legi, duos tomos Merbesii (*c*), quibus non uno loco, nec breviter, sed fusissimè docetur sine

---

(*a*) Gilbertus de Choiseuil. — (*b*) Loquitur de opere Abbatis de Rancé, cui titulus : *De la Sainteté et des Devoirs de la Vie monastique*. — (*c*) Bonus Merbesius, Doctor theologus, instigante Archiepiscopo Rhemensi C. M. le Tellier, edidit Summam theologiæ moralis, quæ prodiit Parisiis, anno 1683, duobus tomis, sub hoc titulo : *Summa christiana, seu Orthodoxa morum disciplina, ex sacris Litteris, sanctorum Patrum monumentis, Conciliorum oraculis, summorum deniquè Pontificum decretis fideliter excerpta*.

prædominante Dei amore neminem, etiam in sacramento Pœnitentiæ, redire cum Deo in gratiam. Quæ de dilatione absolutionis trado, etiam asseruntur, et fusiùs ab isto viro explicantur. Hinc conjecturam feci opusculum meum sine ullius offensâ in Gallias abiturum : siquidem scientissimus Abbas sub patrocinio eruditorum Antistitum, et Merbesius cum auctoramento Sorbonicorum Doctorum sua opera in lucem ediderunt.

Vestro tamen testimonio, Antistes religiosissime, meæque conjecturæ nonnihil officit, quod mihi Bruxellis ab amico scribitur, nempè excellentissimum Cancellarium librum meum aliquibus Doctoribus examinandum dedisse; nec permittere ut exemplaria, quæ amicis doctrinâ et pietate illustribus, in meæ erga ipsos observantiæ testimonium, donanda miseram, distribuantur, antequàm à Doctoribus fuerit approbatus. Vix hoc credere possum, præsertìm cùm exemplaria quæ Parisios venum missa sunt, nullam istiusmodi difficultatem perpessa fuerint, et cùm ista agendi ratio dissentiat ab istâ humanitate, quâ excellentissimus Cancellarius me aliquandò prosequi dignatus fuit; nec videatur etiam æqua erga libros quos Episcopi conscribunt ad instructionem Ecclesiæ sibi creditæ, idque cum consilio et assensione sui presbyterii.

Amici quos in urbe Româ habeo, mihi nuntiaverunt exemplaria mei libri illùc advenisse, verùm omnia adhùc illic esse quieta; se tamen timere ne aliqui ex Pœnitentiariis Romanis mussitent contra secundam libri partem, quæ agit de usu clavium : etenim absolutionis dilatio vix apud illos in usu est. Verùm ista quam de dilatione trado doctrina, minimè dissentit à constitutionibus sancti Borromæi : undè ab istâ parte nihil est quod timeo ; præsertìm cùm Internuntius Bruxellensis libro videatur favere, et cùm litteræ quas à Romanis Prælatis accepi, nihil nuntient quod mihi displiceat.

Hæc, Antistes illustrissime, retuli de fortunâ libri, ut tibi, qui de his certior fieri desideras, morem geram.

Sicuti tuus pro Ecclesiâ zelus, Præsul colendissime, postulavit, scripsi ei viro (*a*) quem omni doctrinâ præstantem meritò vocas,

(*a*) Arnaldus.

ut systema de gratiâ eversum ire vellet. Respondit se ad illud operis promptum esse; præsertìm cùm tu, Antistes illustrissime, hoc postules; et cùm ipse, pro suâ erga te veneratione, nihil tibi possit denegare. Verùm, zelum præstantissimi viri sufflaminat exiguus fructus quem libri ejus afferent, quandiù Parisiis portæ illis obseratæ manebunt. Sed hæc incommoda, ubi tempus beneplaciti advenerit, amovebit misericors Deus; in quo te, Præsul illustrissime, semper colam, et ad quem ut me semper amare velis, humiliter supplicat, etc.

22 julii 1683.

EPISTOLA CXXI.

MELDENSIS CASTORIENSI.

Prodiit ab aliquot mensibus libellus cui est titulus, *Traité des Billets* (a), cujus auctor *Le Correur*, presbyter in parochiâ sancti Germani Antissiodorensis Lutetiæ serviens, id præ se fert libellum tibi probatum fuisse, tuâque operâ excusum. Id quidem nunquàm mihi persuasum erit, donec à te ipso mihi significatum fuerit. Hoc libro, de usurâ ea docentur quæ sacris Conciliis, et omnium sæculorum perpetuæ ac perspicuæ traditioni repugnent.

Te igitur rogo etiam atque etiam, illustrissime Domine, ut de eo libro quid sentias testificari velis; ut vel ego ipse rem excutiam diligentiùs si fortè probaveris, quod minimè reor, vel si improbaveris aut nescias, id expostulem apud eum qui se tanto apud me nomine commendarit. Gaudeo occasionem datam salutandi tuî. Nemo enim hominum vivit tuæ pietatis, tuæ doctrinæ, tuæ personæ studiosior, etc.

In Castro nostro Germiniaco ad Matronam, 8 augusti 1684.

(a) Id est, ut mentem suam aperit ipse auctor libri initio : *La pratique de donner et de recevoir, pour un temps limité, de l'argent à intérêt sous de simples billets, entre des personnes accommodées par un pur principe de commerce*. Hoc opus Montibus Hannoniæ excusum, à nonnullis auctoribus confutatum est, inter quos Gaitte, doctor Sorbonicus in suo *Tractatu de Usurâ*, quem edidit anno 1688; et auctor anonymus qui anno 1702 in lucem emisit refutationem expressam, de quo agitur, *Tractatûs*. Vide *Journal des Savans*, an. 1702, pag. 316.

EPISTOLA CXXII.

CASTORIENSIS MELDENSI.

Non meâ operâ, quia ne quidem meâ cum notitiâ editus fuit libellus, cui nomen, *Traité des Billets*. Nunquàm forsan ego scivissem istiusmodi libellum editum fuisse, nisi ejus auctor me de illo impresso fecisset certiorem, postulans meum de illo judicium. Ut illud ei significare possem, quæsivi libellum ; sed cùm eo quo tunc versabar loco non reperiretur, perrexi ad visitandas quæ mihi creditæ sunt Ecclesias, et aliis studiis ac laboribus occupatus, eum non ampliùs quæsivi ; præsertim in hâc meâ incuriâ fui confirmatus, ubi ex amico didici libellum illum examinari ab eruditissimis Galliæ Præsulibus. Cogitabam enim illos, potiùs quàm me, ab auctore libelli audiendos esse, tùm ob doctrinam, tùm ob auctoritatem, quibus me longo intervallo antecedunt. Porrò libellus ille hisce in locis apud catholicos tàm parùm cognitus, ut nullus cooperatorum meorum de illo unquàm mihi fuerit locutus.

Fateor quidem hîc inter mercatores usu esse receptum, ut ex pecuniis ad tempus creditis lucrum capessant. Verùm qui inter illos divina mandata religiosiùs attendunt, ità eas aliis ad tempus credunt, ut eas illis semper optent relinquere. Capiunt ergò istud lucrum tanquàm censum, quem ex aliorum emunt bonis, vel etiam lucrum ultrà sortem exigunt ; quia paciscuntur se et sorte et lucro ex sorte proventuro fore destituendos, si navis pereat, quam illi negotiaturam in alias terras destinant, quibus suas pecunias crediderunt. Ili ergò ultrà sortem lucrum exigunt, quia ipsam sortem periculo exponunt. Alii aliis rationibus, dùm pecunias suas aliis credunt, sibi ab usurarum iniquitate cavent.

Quod libellum attinet, Antistes illustrissime, eum non emi nisi post acceptas à te litteras, quibus me honorare dignatus es, undè necdùm illum legere potui. Si traditioni contraria docet, me approbatorem non habebit ; quod enim ab eâ dissonum, refugere soleo.

Illustris cultor tuus (*a*), quemadmodùm ex ipso intellexi, totus in eo est, ut novum de gratiâ systema (*b*) evertat, et Augustinianam extollat illustretque doctrinam. Dùm hæc ad te scribo, Præsul eruditissime, gaudeo datam mihi esse opportunitatem profitendi, quòd me observantior tuarum virtutum nemo sit, quòdque sim semper devotissimâ voluntate futurus, etc.

24 augusti 1684.

LETTRE CXXIII.

BOSSUET A M. DIROIS, DOCTEUR DE SORBONNE.

A Germigny, ce 12 août 1684.

Après un si long silence, je ne laisse pas, Monsieur, de recourir à vous avec autant de confiance que si je vous entretenois tous les jours : je connois votre cœur, et j'en ai trop éprouvé la générosité pour en douter.

Il s'agit d'une affaire que j'ai fort à cœur ; vous en verrez le récit et l'état dans les Mémoires (*c*) que j'envoie à Son Eminence, que je prie de vous les donner à examiner. La difficulté qu'on fait à Rome seroit à mon avis bientôt levée, si l'on connoissoit et mérite et la vertu des personnes dont il y est parlé, aussi parfaitement que je les connois. Le prélat est à présent devant Dieu, et je le crois bienheureux. Jamais il n'y eut de plus pures intentions que les siennes : celles de l'ecclésiastique dont il s'agit ne sont pas moins saintes. Je suis assuré que l'un et l'autre auroient eu horreur de la moindre pensée de simonie ou de confidence ; et si l'affaire m'étoit renvoyée, je ne ferois nulle difficulté de les absoudre sur cet exposé. Je vous dis cela seulement pour vous convaincre combien je me tiens assuré de l'innocence du procédé de ce bon prêtre. Mais comme il s'agit de persuader les officiers de la Pénitencerie, qu'on a trouvés jusqu'ici fort rigoureux, j'ai re-

---

(*a*) Arnaldus. — (*b*) Malebranchii. — (*c*) Nous n'avons point ces Mémoires, qui pourroient nous instruire de la nature de cette affaire, et nous faire connoître les personnes qu'elle regardoit. Les lettres suivantes nous apprennent qu'il s'agissoit de permettre à cet ecclésiastique de posséder plusieurs bénéfices, qui tous réunis ne produisoient qu'environ 1200 liv. de revenu. (*Les édit.*)

cours au crédit de Monseigneur le Cardinal, à qui je vous prie de rendre compte de cette affaire. Faites-moi le plaisir de vous employer auprès de vos amis à la faire réussir, et de nous mander en quoi l'on met la difficulté, afin que nous voyions ce que nous pouvons dire pour l'éclaircir : vous ne saurez jamais m'obliger dans une occasion où je sois plus aise de réussir.

J'ai vu avec plaisir dans des lettres de vos amis, des marques de votre souvenir qui me sont très-chères. Je me suis aussi très-souvent entretenu avec vous, et j'ai lu avec grand plaisir votre ouvrage sur la religion. J'ai vu aussi dans vos lettres un projet de réponse sur nos quatre Articles, que vous pourriez exécuter mieux que personne. Donnez-moi un peu de vos nouvelles, et que ce me soit ici une occasion de rentrer dans un commerce qui me sera toujours très-agréable. Je suis de tout mon cœur, etc.

LETTRE CXXIV.

BOSSUET A M. DE RANCÉ, ABBÉ DE LA TRAPPE.

A Meaux, ce 23 octobre 1684.

J'ai reçu votre lettre, Monsieur, et la prière de Muguet. Quant aux autres choses dont vous m'écrivez dans vos deux lettres, on n'y pourra penser qu'au retour de M. de Reims qui est dans ses visites, et après que j'aurai achevé celles que je m'en vas continuer. Je pars dans deux heures, et je n'ai pas loin à aller : mais le reste sera fort pénible par certaines dispositions qu'on me mande. Je recommande à vos prières trois de mes principaux amis, et ceux qui m'étoient le plus étroitement unis depuis plusieurs années, que Dieu m'a ôtés en quinze jours par des accidens divers. Le plus surprenant est celui qui a emporté l'abbé de Saint-Luc, qu'un cheval a jeté par terre si rudement qu'il en est mort une heure après, à trente-quatre ans. Il a pris d'abord sa résolution, et n'a songé qu'à se confesser, et Dieu lui en a fait la grace. Les deux autres[1] se sont vus mourir, et ont fini comme

---

[1] M. de Vares garde la bibliothèque du Roi, et M. de Cordemoy lecteur de M. le Dauphin, morts l'un et l'autre en 1684.

de vrais chrétiens. Ce coup est sensible, et je perds un grand secours. Cela n'empêchera pas que je ne continue ce que je vous ai dit, priant Dieu que si c'est pour sa gloire, il me soutienne lui seul, puisqu'il m'ôte tout le reste. Vos prières : tout à vous. MM. de Fleury et Jannen, qui sont venus me consoler, vous saluent.

LETTRE CXXV.

BOSSUET AU GRAND CONDÉ (a).

Fontainebleau, 23 septembre 1683.

Je suis très-obligé, Monseigneur, à V. A. S. de l'avis qu'elle me donne du livre de M. Claude (b). On me l'a déjà envoyé, et je ne l'ai pas encore ouvert. J'espère en aller faire la lecture à Chantilly au commencement du mois prochain, et résoudre avec vous ce qu'il faudra faire pour l'éclaircissement de la vérité (c). Quand je vous aurai contenté, Monseigneur, je me tiendrai invincible.

Je suis avec tout le respect et la reconnoissance possible, etc.

LETTRE CXXVI.

BOSSUET A CONDÉ (d).

Germigny, 10 octobre 1684.

Votre Altesse Sérénissime sait combien j'estime l'abbé Renaudot. Personne, Monseigneur, n'est plus capable que lui de l'emploi que vous souhaitez de lui procurer (e). Je suis ravi, Monseigneur, de voir qu'après que j'ai eu l'honneur de vous parler pour lui, V. A. ait tellement connu ce qu'il vaut, que ce soit Elle maintenant qui me le recommande. Elle ne doute point que je ne fasse tout ce qui dépendra de moi.

Je suis avec un profond respect, etc.

(a) Publiée par M. Floquet : *Archives de la maison de Condé.* — (b) *Réponse au livre de M. de Meaux, intitulé : Conférence avec M. Claude.* — (c) Comme le ministre Claude fit circuler en manuscrit sa *Relation de la Conférence*, Bossuet y répondit avant qu'elle eût paru. — (d) Publiée par M. Floquet : *Archives de la maison de Condé.* — (e) Le prince de Condé avoit demandé l'appui de Bossuet, pour obtenir à l'abbé Renaudot une place à la bibliothèque du roi. La lettre de Bossuet est la réponse à celle du grand Condé.

LETTRE CXXVII.

CONDÉ A BOSSUET (a).

Paris, [avant le 14] octobre 1684.

Je viens d'apprendre par M. *Sauveur* (*b*) que M. *de Cordemoy* (*c*) étoit fort malade, et qu'il y avoit bien du péril en son mal. J'en suis dans la plus grande peine du monde, ayant pour lui beaucoup d'estime et d'amitié. J'écris à M. Bossuet (*d*) de m'en mander des nouvelles. Je ne doute pas que vous n'en ayez une grande douleur, sachant l'amitié que vous avez pour lui. En vérité vous êtes bien à plaindre ; car vous venez de perdre M. l'abbé *de Saint-Luc* (*e*) ; et il n'y a guère que vous avez perdu M. l'abbé *de Vares* (*f*). Personne au monde ne s'intéresse tant que moi à votre déplaisir, d'autant plus que je connois mieux que personne le fond de votre amitié, et que je connoissois le mérite de M. l'abbé *de Saint-Luc*, et l'amitié et l'attachement qu'il avoit pour vous. Je vous supplie de croire que je sens très-vivement votre déplaisir et votre inquiétude sur le mal du pauvre M. *de Cordemoy*. Faites-moi la justice d'être bien persuadé que rien ne peut m'être plus sensible que toutes les choses qui vous touchent, et que personne ne vous honore tant que moi.

(*a*) Imprimée, non dans les œuvres, mais dans l'histoire de Bossuet. — (*b*) Joseph Sauveur, géomètre, chargé d'enseigner les mathématiques aux pages de la Dauphine. — (*c*) Giraud de Cordemoy, placé par Bossuet auprès du Dauphin en qualité de lecteur. Il fut de l'Académie françoise. — (*d*) Antoine Bossuet, frère de l'évêque de Meaux. — (*e*) Bossuet, le 23 octobre 1684, annonçant à l'abbé de Rancé, la mort de l'abbé d'Espinay Saint-Luc, lui disoit : « Un cheval l'a jeté par terre si rudement qu'il en est mort une heure après à trente-quatre ans. Il a pris d'abord sa résolution, n'a songé qu'à se confesser, et Dieu lui en a fait la grace. » (Bossuet, lettre à l'abbé de Rancé, 23 octobre 1684.) — (*f*) L'abbé de Vares étoit mort le 28 septembre précédent. L'abbé d'Espinay Saint-Luc, qui l'avoit assisté à la mort, écrivit le même jour à Bossuet : « On n'a pas, assurément, d'affliction plus sensible en cette vie ; et rien ne doit plus servir à nous en détacher. »

LETTRE CXXVIII.

ANTOINE BOSSUET AU GRAND CONDÉ (*a*).

Paris, samedi 14 octobre 1684, à minuit (*b*).

Monseigneur,

J'ai un compte bien triste à rendre à V. A. S. pour obéir à ses ordres, touchant la maladie de M. de Cordemoy. Il avoit passé la journée assez doucement pour donner un peu d'espérance. Mais depuis les neuf heures du soir, il est tombé dans un état tel qu'on n'ose plus s'en rien promettre. Je viens de le quitter à minuit; il parle encore et il connoît, mais il paroît épuisé. Ce n'est pas sans douleur que je rends compte à V. A. S. d'une mauvaise nouvelle, à laquelle Elle prend part avec tant de bonté.

Je ferai tenir à mon frère la lettre que V. A. S. lui a fait l'honneur de lui écrire.

Il a plu, Monseigneur, à Monseigneur le Duc de nous faire espérer à l'occasion de la mort de M. Basin (*c*), la continuation des mêmes bienfaits que V. A. S. nous avoit accordés. J'en suis pénétré de reconnoissance, et je serai toute ma vie avec une fidélité inviolable, de V. A. S.,

Monseigneur,

le très-humble, très-obéissant et très-obligé serviteur,

Bossuet (Antoine.)

(*a*) Cette lettre, et les dix suivantes pareillement adressées au Grand Condé, ont été publiées par M. Floquet en 1855, dans les *Etudes sur la vie de Bossuet*. Les manuscrits sont dans les *Archives de la maison de Condé*. — (*b*) L'*Histoire de l'académie françoise* et la *Biographie universelle* datent, par erreur, cette mort du 8 octobre. — (*c*) Claude Basin, seigneur de Bezons, conseiller d'Etat, mort le 14 octobre 1684.

LETTRE CXXIX.

ANTOINE BOSSUET AU GRAND CONDÉ.

Paris, octobre 1684. (Postérieure au 14, antérieure au 19.)

Monseigneur,

Le mauvais état de la maladie de M. de Cordemoy, dont j'eus l'honneur de rendre compte à V. A. S., eut bientôt la suite funeste que V. A. S. a su. Je n'ose lui en rien dire davantage ; et je me contente de prier M. de La Bruyère de le lui faire savoir. Le défunt laisse cinq fils, parmi lesquels il y en a qui seront capables de continuer son ouvrage (a), au jugement de M. d'Ormesson et de M. Fleury. Je rends très-humbles graces à V. A. S., Monseigneur, des nouvelles assurances qu'elle a la bonté de me donner de sa protection. Mon frère me mande qu'il va témoigner sa gratitude à V. A. S. et à Monseigneur le Duc, des nouvelles obligations que nous vous avons, et qu'il prendra la liberté de vous présenter mes fils (b). Il est temps qu'ils connoissent leurs bienfaiteurs ; et j'ose assurer V. A. S. qu'ils seront, avec la même fidélité et avec le même profond respect que je suis.

Monseigneur, etc.

[Antoine] Bossuet.

LETTRE CXXX.

ANTOINE BOSSUET AU GRAND CONDÉ.

Paris, 19 octobre 1684.

Monseigneur,

Les extrêmes bontés avec lesquelles V. A. S. continue de marquer l'estime qu'elle avoit pour M. de Cordemoy, et la protection

---

(a) *L'Histoire de France, depuis le temps des Gaulois et le commencement de la monarchie jusqu'en 987.* Publiée en 2 vol, 1685 et 1689. — (b) Louis Bossuet, né à Dijon le 22 février 1663, baptisé le 1ᵉʳ avril suivant, et dont le grand Condé fut le parrain ; puis Jacques-Bénigne Bossuet, né à Dijon, le 11 décembre 1664.

dont elle veut bien honorer sa famille, a touché ceux qui sont ici d'une si grande consolation, que j'ai cru que V. A. S. voudroit bien encore me permettre de lui en rendre compte. Sitôt que les deux enfans, qui sont l'un en Auvergne, l'autre à Lyon, seront de retour, on fera paroître le premier volume de l'histoire, où il reste peu de chose à faire. Le second suivra d'assez près, et puis l'on verra s'il y aura quelques mesures à prendre pour la suite.

Je suis bien glorieux, Monseigneur, que mes enfans aient eu l'honneur de paroître devant V. A. S. et qu'ils ne lui aient pas déplu. Mon frère [l'évêque de Meaux] m'écrit les bontés qu'il a plu à V. A. S. de leur témoigner ; et surtout il me mande les circonstances des obligations infinies que j'ai à V. A. S. et à Monseigneur le Duc. Quelles graces très-humbles puis-je vous rendre pour un si grand bienfait ? Je ne puis qu'avouer, Monseigneur, que je suis redevable à V. A. S. de l'établissement de ma famille, et être comme je serai toute ma vie avec la fidélité et les soumissions respectueuses que je dois,

Monseigneur,

de V. A. S. le, etc.

LETTRE CXXXI.

BOSSUET AU GRAND CONDÉ.

Paris, 25 octobre 1684.

Monseigneur,

Je prends la liberté encore une fois de rendre compte à V. A. S. que j'ai fait voir en arrivant de Meaux, à la famille de feu M. de Cordemoy, ce qui les concerne dans la dernière lettre dont il vous a plu m'honorer. Ils auront l'honneur de se présenter à V. A. S. comme elle leur permet de le faire, et de lui marquer leurs très-humbles actions de graces de tout ce qu'ils doivent à vos bontés dans leur malheur. Pour moi, Monseigneur, je ne pourrai jamais exprimer la reconnoissance que je ressens. Mais je serai toute ma vie fidèlement et avec de très-profonds respects, etc.

LETTRE CXXXII.

BOSSUET A CONDÉ.

[Germigny] octobre 1684.

Je rends, Monseigneur, graces très-humbles à V. A. S. du secours qu'elle m'a donné par son fontenier (a). Il n'a cessé de travailler, et nous a appris bien des choses, que ni moi, ni mes fonteniers ne savions pas. Notre ouvrage est à présent en bon train.

J'ai reçu la lettre que V. A. S. me faisoit l'honneur de m'écrire. Je ne puis, Monseigneur, assez vous remercier de tant de bontés.

Je n'ai encore aucune nouvelle de Fontainebleau sur ce que j'avois proposé pour la famille de M. de Cordemoy. Je pars pour mes visites.

Je suis avec le respect que vous savez,

Monseigneur,

de V. A. S., etc.

LETTRE CXXXIII.

BOSSUET AU GRAND CONDÉ (b).

A Germigny, 9 octobre 1685.

Mes ouvrages sont achevés, Monseigneur; et il ne me reste plus qu'à rendre graces très-humbles à V. A. S., et à lui demander pardon d'avoir retenu si longtemps son fontenier. Il a travaillé avec beaucoup de soin jusqu'à hier; et pour moi, je me suis rendu si parfait dans les hydrauliques, que V. A. dorénavant ne me reprochera plus mes âneries. Je m'en vais dans deux jours à Fontainebleau, d'où l'on me mande que l'on est affligé de la fausse-couche de Madame la Dauphine.

Mon frère m'a bien réjoui en me disant les nouvelles de votre santé.

(a) Bossuet s'occupoit de l'embellissement de la maison de campagne des évêques de Meaux, située à Germigny, sur les bords de la Marne, à deux lieues de Meaux. — (b) Mise ici, parce qu'elle parle comme la précédente d'un ouvrage hydraulique.

J'espère, Monseigneur, avoir l'honneur de vous voir, au retour de la Cour, et je suis bien résolu de ne vous plus fuir.

Je suis, avec le respect que vous savez, etc.

LETTRE CXXXIV.

BOSSUET AU GRAND CONDÉ

Meaux, 28 décembre 1684.

Je suis prié, Monseigneur, par le chapitre de Dammartin, de supplier V. A. S. de vouloir bien donner son agrément et consentement nécessaire à la permutation que M. Claude Chastelain, prêtre du diocèse de Senlis, chanoine de Dammartin (a), prétend faire avec M. Pierre Valois, prêtre du diocèse d'Evreux et curé d'Epinay-sur-Orge, au diocèse de Paris, dont on me rend si bon témoignage que j'ai tout lieu d'espérer qu'il servira utilement et avec édification dans ce chapitre. Pierre Valois a cinquante-sept ans, et Claude Chastelain en a trente-huit. Ainsi V. A. n'est nullement intéressée dans l'agrément qu'on lui demande pour cette permutation, et d'ailleurs elle donnera un bon sujet au chapitre. C'est, Monseigneur, ce qui me fait prendre la liberté de vous demander cet agrément. La permutation se fera en la forme que vous aurez agréable, quand il vous aura plu de permettre la chose.

Je suis, avec le respect et l'attachement que vous savez, Monseigneur, etc.

LETTRE CXXXV.

BOSSUET AU GRAND CONDÉ.

Germigny, 4 juillet 1685.

Monsieur l'abbé de Fénelon étoit ici, Monseigneur, dans la pensée d'aller présenter à V. A. S. une lettre de Monsieur [l'é-

---

(a) Le comté de Dammartin appartenoit alors à la maison de Bourbon-Condé, et le prince avoit des droits de patronage sur les prébendes de la collégiale.

vêque] de Sarlat, son oncle (*a*); Je l'ai prié de différer son voyage jusqu'à ce que je pusse être de la partie; et en attendant je vous supplie très-humblement d'agréer qu'il vous envoie la lettre dont il est chargé. Je crois, Monseigneur, que V. A. S. sera satisfaite des raisons pour lesquelles M. de Sarlat se défend, avec respect, de faire une chose que vous lui avez recommandée. Il connoit la souveraine justice qui règne dans l'esprit de V. A. S. M. de La Bruyère m'a envoyé, par votre ordre, le titre d'un livre latin que vous aviez eu le dessein de me faire voir, touchant les libertés de l'Eglise gallicane. Je l'ai vu; et je supplie seulement V. A. S. de vouloir bien le faire garder soigneusement, afin que je le puisse revoir, si j'en ai besoin quelque jour.

Je travaille par ordre de Madame la Duchesse, à l'Oraison funèbre de madame la princesse Palatine. Quand cet ouvrage sera en train, et que j'aurai achevé quelque autre chose qui ne souffre point d'interruption, nous irons rendre nos respects à V. A. S. MM. les abbés *de Fénelon*, *de Langeron*, et moi.

Je suis, etc.

LETTRE CXXXVI.

BOSSUET AU GRAND CONDÉ.

Germigny, 27 juillet 1685.

Votre santé, Monseigneur, et la manière agréable dont s'est fait le mariage de Monseigneur le duc de Bourbon (*b*) avec toutes les survivances, font maintenant le plus digne sujet de ma joie. J'espère avoir bientôt l'honneur de rendre mes respects à V. A. S. en quelque endroit qu'elle soit. Rien ne me touche plus que ses bontés, et tout est au-dessous du plaisir de la voir en bonne santé. Je prie Dieu, Monseigneur, qu'il vous la conserve longtemps.

Je suis, etc.

(*a*) François de Fénelon, né en 1606, nommé en 1669, à l'évêché de Sarlat, mort le 1er mai 1688, âgé de quatre-vingt-trois ans. — (*b*) Louis, duc de Bourbon (fils de Henri-Jules de Bourbon, duc d'Enghien, et petit-fils du grand Condé), fut, le 24 juillet 1685, âgé de seize ans, marié avec Louise-Françoise, légitimée de France, dite mademoiselle de Nantes, âgée de douze ans, fille de Louis XIV et de madame de Montespan.

LETTRE CXXXVII.

BOSSUET AU GRAND CONDÉ.

Germigny, 24 septembre 1686.

J'ai, Monseigneur, envoyé à M. d'Autun, de votre part, la *Lettre* du ministre Jurieu, et je l'ai prié de me la renvoyer après l'avoir lue. Cette *Lettre* est fort peu de chose, comme V. A. l'a vu d'abord; mais la suite où il promet de réfuter une lettre que j'ai écrite en particulier à un fugitif de mon diocèse, sera de plus grande conséquence; et je supplie V. A., s'il lui en revient quelque chose, de m'en faire part.

Je viens de recevoir un extrait de lettre que V. A. S. sera bien aise de voir; c'est du Père Collorédo, nouveau cardinal (*a*). Le P. Mabillon, qui a lié amitié avec lui dans son voyage de Rome, comme avec un homme de lettres et de piété, lui avoit écrit sur quelque affaire de littérature; et la lettre lui ayant été rendue le lendemain de sa promotion, en lui répondant sur les choses qu'il lui demandoit, il lui parle de la dignité qu'il a refusée, de la manière que vous verrez. Le P. Mabillon revenant de Rome sans aucune vue de ce qui devoit arriver, nous en a parlé comme du meilleur esprit et de l'homme le plus sincère et le plus humble qu'on pût voir. Il me semble qu'on ressent son humilité dans cette lettre, toute tissue de paroles de l'Ecriture, mais encore plus pleine, ce me semble, des sentimens qu'elle inspire. V. A. en jugera, et me renvoyera, s'il lui plaît, cet extrait à sa commodité. Le pape usera de commandement, comme il fit sur un semblable refus du feu cardinal Ricci.

Je rends mille humbles graces à V. A. S. de toutes ses bontés, et suis, avec respect, etc.

(*a*) *Collorédo* (Léandre), prêtre de l'Oratoire de Saint-Philippe de Néry créé cardinal en 1686 par le pape Innocent XI, puis nommé grand pénitencier, mourut le 11 janvier 1709. Plusieurs de ses lettres ont été insérées au tome 1er des *œuvres posthumes* des PP. Mabillon et Ruinart. Il fut contraint d'accepter la pourpre.

LETTRE CXXXVIII.

BOSSUET A HENRI-JULES DE BOURBON,

DEVENU EN DÉCEMBRE 1686 PRINCE DE CONDÉ, PAR LA MORT DU GRAND CONDÉ, SON PÈRE.

Meaux, 18 mars 1692.

Le curé que je crois propre, Monseigneur, à V. A. S., est dans le diocèse de Poitiers. On lui a écrit, et on attend sa réponse. C'est à mon neveu qu'elle doit venir, et voici un autre embarras : c'est que mon neveu est parti pour Lyon, et cela nous mèneroit loin, si la réponse passoit. Pour l'empêcher, je donne ordre à mon portier de Paris de m'envoyer les lettres de mon neveu : nous connoissons l'écriture de M. Berger (c'est l'homme dont il s'agit); et nous garderons la fidélité pour les autres lettres. Voyez en passant, Monseigneur, que je suis bon oncle. J'écris même à toutes fins, et votre valet de pied porte la lettre. Que si V. A. S. est pressée, en vérité, Monseigneur, je n'y puis faire autre chose que de chercher un autre homme, si elle me l'ordonne. Mais je n'en ai point de présent, qui approche de celui-ci. Il a été ici en fonction trois ou quatre mois, et tout le monde en étoit aussi content que moi. Il a beaucoup de littérature et de politesse : ses mœurs sont douces, sociables, et sa personne assez avenante. C'est un homme accommodant, peu intéressé, si bien que je trancherois hardiment, pour peu que je fusse instruit de ses sentimens. Mais il faudroit que je susse de lui auparavant combien lui vaut, et comment il s'accommode d'un bénéfice qu'il a en ce pays-là; et c'est ce que je ne puis savoir que de lui. Au reste il est d'humeur à entrer dans les sentimens de V. A. sur les *Antiennes;* mais il y aura à vous accorder avec Madame la princesse, qui me paroît les aimer assez, et je n'y vois que cet embarras. Voilà, Monseigneur, une affaire bien longuement expliquée, et V. A. peut maintenant me donner ses ordres en connoissance de cause. Elle sait avec quel respect et quel plaisir je les reçois.

LETTRE CXXXIX (a).

BOSSUET AU DUC DE NOAILLES (b).

A Meaux, 20 septembre 1684.

Ne soyez point en peine, Monsieur, des papiers que vous m'avez confiés. Je les ai apportés ici pour y faire avec plus de loisir que je n'en ai eu à Paris, la réponse que vous m'avez demandée. J'aurai soin de vous l'envoyer au premier jour et quand même vous seriez parti, j'adresserai le paquet en Languedoc. Je suis, Monsieur, tout autant qu'on le peut être, votre très-humble et très-obéissant serviteur.

LETTRE CXL.

BOSSUET AU DUC DE NOAILLES.

A Meaux, 23 octobre 1684.

Je vous assure, Monsieur, que votre maladie m'a beaucoup donné d'inquiétude, et que parmi toutes les pertes que j'ai faites, je ressentois bien vivement le péril où je vous voyois. Je me réjouis de vous en voir dehors, et ne puis m'empêcher de vous conjurer d'avoir grand soin de vous ménager. J'ai le bonheur d'avoir ici M. de Chaalons; il passe comme un éclair, et dans peu il partira. C'est toujours une grande douceur de le voir pour peu que ce soit, et d'apprendre par lui de vos nouvelles : il a souhaité de voir les papiers et je les lui ai donnés. Je répondrai à loisir, puisque vous n'êtes pas pressé. Quant à la lettre dont vous m'envoyez la copie, je ne m'étonne pas non plus que vous qu'on ait deviné une chose si grossière, touchant la proposition de s'en tenir aux canons : celui qui l'a fait n'est pas loin du royaume de Dieu. Mais il faut savoir de lui premièrement, dans quels siècles

---

(a) Les trois lettres qu'on va lire, adressées au duc de Noailles, paroissent ici pour la première fois. Les autographes sont à la bibliothèque du Louvre, *Msc. Noailles*, vol. IV. — (b) Le duc de Noailles, frère du cardinal, commanda dans le Roussillon, et fut fait maréchal de France en 1693.

il se borne. Secondement, s'il n'entend pas joindre aux canons les actes que nous avons très-entiers des conciles qui les ont faits. Troisièmement, si dans les canons des conciles dont nous n'avons point d'autres actes que les canons mêmes, il n'entend pas que l'on supplée à ce manquement par les auteurs du même siècle. Quatrièmement, s'il croit avoir quelque bonne raison pour s'empêcher de recevoir la doctrine établie par le commun consentement des Pères qui ont été dans le même temps. Cinquièmement, s'il peut croire de bonne foi que tout se trouve dans les canons, qui constamment n'ont été faits que sur les matières incidentes et très-rarement sur les dogmes. Une réponse précise sur ces cinq demandes nous donnera le moyen de l'éclaircir davantage, pour peu qu'il le veuille et qu'il aime autant la paix qu'il le veut faire paroître. Qu'il ne dise point que c'est une chose immense que d'examiner la doctrine par le commun consentement des Pères qui ont vécu du temps des conciles, dont il prend les canons pour juges. Car on pourroit en cela lui faire voir en moins de deux heures des choses plus concluantes qu'il ne croit. Un petit extrait de cette lettre et des réponses aussi précises que sont les demandes, nous donneront de grandes ouvertures. Je suis à vous de tout mon cœur et prie Dieu, Monsieur, qu'il vous conserve et toute la famille, que je respecte au dernier point.

† J. BÉNIGNE, év. de Meaux.

LETTRE CXLI.

BOSSUET AU DUC DE NOAILLES.

A Meaux, 31 octobre 1684.

Vous vous souviendrez, Monsieur, de la grace que vous m'avez faite, de me promettre d'écrire à M. le premier président de Toulouse en faveur de M. de Naves, frère du défunt abbé de Naves, pour le faire capitoul (*a*). Je vous supplie d'agréer que celui qui aura l'honneur de vous présenter cette lettre, vous présente en même

---

(*a*) Le nom de *Capitouls*, sans doute du célèbre Capitole gascon, désignoit à Toulouse les officiers municipaux, auxquels on donnoit ailleurs le nom d'*échevins*.

temps un mémoire pour l'accomplissement de cette affaire. C'est un homme qui a toutes les qualités requises, et je n'aurai pas moins de joie de lui procurer votre protection que si son frère étoit vivant. Je suis, Monsieur, comme vous savez, votre très-humble et très-obéissant serviteur.

† J. BÉNIGNE, év. de Meaux.

LETTRE CXLII.

BOSSUET A M. DIROIS, DOCTEUR DE SORBONNE.

A Meaux, ce 14 novembre 1684.

J'ai reçu, Monsieur, l'expédition de la Pénitencerie. Je n'ai pas su encore de celui qui la demandoit ce qu'elle a opéré, et si elle a tout à fait calmé sa conscience. J'ai joint à cette expédition l'endroit de votre lettre où vous dites tout ce qu'il faut pour lui ôter tout scrupule. Je vous rends graces de tout mon cœur de tout le soin que vous avez pris de cette affaire. J'attends avec impatience ce que vous me faites espérer.

J'ai vu un traité imprimé en Espagne contre nos Articles : je ne me souviens pas s'il porte le nom du P. d'Aguirre (*a*) : mais il a bien le caractère que vous lui donnez, d'être, surtout pour ce qui regarde la temporalité, beaucoup plus outré et plus emporté que Bellarmin. J'ai su aussi par une relation assurée que cet écrit, c'est-à-dire celui que j'ai lu, avoit été défendu par une ordonnance du conseil d'Espagne : si vous en savez davantage, vous me ferez plaisir de me l'écrire.

Je me prépare à aller saluer le roi à Versailles, où il arrivera demain. Je vous supplie d'assurer Son Eminence de mes respects, et de la reconnoissance que j'ai de la part qu'elle prend aux affaires de mes amis que je recommande. Je suis à vous, etc.

(*a*) Le Père d'Aguirre, depuis cardinal, fit en effet un gros ouvrage contre les quatre Articles de l'assemblée de 1682.

LETTRE CXLIII.

BOSSUET A M. DE RANCÉ, ABBÉ DE LA TRAPPE.

A Paris, ce 8 décembre 1684.

J'ai enfin obtenu le congé du P. Muguet. J'ai fait de nouvelles instances depuis la lettre où vous m'assurez que, pour obvier aux conséquences, vous vous engagiez à n'écouter dorénavant aucun des religieux qui voudroient aller chez vous, pourvu qu'on accordât la liberté à celui-ci. Je fis d'abord parler par le P. Mabillon, qui me rapporta une négative dont il me paroissoit un peu étonné. Dieu m'inspira de faire parler plus fortement par dom Bretaigne, prieur de Saint-Germain-des-Prés, qui me vint dire hier positivement de la part du P. Général que vous pouviez en toute assurance recevoir dom Muguet, sans que ni vous ni lui en fussiez jamais inquiétés par la congrégation. Je demeure dépositaire des paroles que vous vous donnez mutuellement. Ces Pères demandent que l'affaire se fasse sans bruit, et sans qu'il paroisse rien de leur part. Vous y consentirez aisément; et ainsi je ne vois plus de difficulté, ni autre chose à faire que de recevoir dom Muguet.

Je me réjouis avec vous, Monsieur, de vous voir tiré de l'inquiétude que vous donnoit son salut, et avec lui de ce que par une singulière grace de Dieu il va être au comble de ses désirs. Vous recevrez par la poste une lettre que je vous écrivis dès hier : mais comme j'ai appris de M. Muguet que la lettre ne pourroit partir que mercredi, je lui ai conseillé de vous envoyer un homme exprès. Il m'a mis en main quelques cahiers que je verrai au premier loisir. Je suis à vous, Monsieur très-sincèrement.

EPISTOLA CXLIV.

CASTORIENSIS MELDENSI.

Simul atque mihi redditæ fuerunt tuæ ad me litteræ, illustrissime Domine, unum è domesticis meis admodùm fidelem è vestigio Amsterodamum direxi, inquisiturum nùm illic reperiretur quidam Cornelius Zirol. Comperit morari prope Dammum, in domo cui appensum signum Mercurii, virum cui nomen Cornelius Zwol, non verò Zirol, eumque virum esse bibliopolam. Verùm nec ille, nec filius ejus conscius est istius epistolæ (a), quæ ad te, Antistes illustrissime, procul dubio à nebulone aliquo scripta fuit. Plena est Hollandia calvinistis ex Galliâ profugis, quorum fortè aliquis, ut suam sectam, quàm tantò validiùs, quantò modestiùs doctissimis et ingeniosissimis tuis lucubrationibus, Antistes reverendissime, oppugnasti, ulcisceretur, tibi voluerit sycophantici libelli timorem incutere, dùm armis honestate et veritate fulgentibus tibi calvinistæ nequeunt resistere.

Velim autem, Præsul illustrissime et colendissime, me credas futurum semper studiosissimum eorum, quæ ad nominis tui claritatem spectare cognoscam; sum etenim observanti amantique studio, illustrissime Domino, Antistes reverendissime, etc.

4 *Januarii* 1685.

(a) Le lecteur sera sans doute bien aise que nous rapportions ici la lettre qui avoit été écrite à Bossuet, pour lui donner avis de l'écrit qu'on vouloit imprimer sous son nom. Voici cette lettre.

« Corneille Zwol, imprimeur et marchand libraire demeurant à Amsterdam en Hollande, sur le Dam, à l'enseigne du Mercure, fait savoir à M. Bossuet, Evêque de Meaux, qu'on lui a mis entre les mains, moyennant cent pistoles, un manuscrit composé avec grand esprit, lequel a pour titre : *Histoire*, etc. » (Le reste du titre a été effacé dans la lettre, et si fortement qu'il est impossible d'y rien découvrir). « Il ne l'a achetée qu'afin de la remettre à l'ordre dudit sieur Evêque, à cause du respect qu'il a pour lui : sur quoi il attendra sa volonté.

» CORNEILLE ZWOL.

» *A Amsterdam*, ce 28 *octobre* 1684 »

Bossuet a écrit de sa main, au bas de la lettre, ces mots : « Mémoire d'une histoire qu'on imprimoit sous mon nom. L'importance de la matière me fit informer de la vérité par M. de Castorie, qui me fit réponse que chez ce librai.e on n'avoit point ouï parler de cette lettre. » (*Les Édit.*)

LETTRE CXLV.

BOSSUET A M. DE RANCÉ, ABBÉ DE LA TRAPPE.

A Meaux, ce 6 janvier 1685.

Les lettres que je reçois de vous, Monsieur, me donnent tant de consolation, qu'elles ne sauroient jamais être trop fréquentes. Celle que vous écrivez au Père Général le doit disposer favorablement pour le pauvre P. Muguet, dont l'accident est étrange. Dieu donne souvent des mouvemens dont il ne veut pas l'exécution : il faut adorer ses conseils impénétrables. Ce bon Père a consommé son sacrifice, quand il a fait tant d'efforts pour accomplir ce qu'il croyoit venir de Dieu. Il a maintenant un autre sacrifice à accomplir, qui est d'une profonde humiliation; et s'il sait bien avaler ce calice, il n'aura pas peu de part à celui du Fils de Dieu.

Qui sait si tout ceci ne se fait pas pour l'enfoncer davantage dans l'humilité ? Quelquefois il se mêle un orgueil secret, et je ne sais quel dédain pour les autres, dans les pas que l'on fait pour embrasser une vie plus austère et plus parfaite. Jésus-Christ est venu pour révéler les secrets des cœurs; et peut-être fera-t-il sentir à ce bon Père, qu'il doit apprendre dorénavant à s'anéantir d'une autre sorte que celle qu'il avoit cherchée. En tout cas, le voilà désabusé par sa propre expérience, comme vous le remarquez; et libre d'une tentation si délicate, il n'a plus à songer qu'à se sanctifier dans l'état où il est. Vous ne devez pas vous repentir des pas que vous avez faits; vous avez assurément accompli la volonté de Dieu : et pour moi j'ai beaucoup de consolation du peu que j'y avois contribué.

Je retournerai à Paris à la fin du mois pour quelques affaires, si Dieu le permet, et nous tâcherons là de mettre en train l'impression des nouvelles Réflexions (a). Je suis à vous de tout mon cœur.

(a) Elles parurent cette année, sous ce titre : *Eclaircissemens sur quelques difficultés que l'on a formées sur le livre* de la Sainteté et des Devoirs de la Vie monastique.

LETTRE CXLVI.

RÉPONSE DE BOSSUET

A LA QUESTION ENVOYÉE PAR M. L'ÉVÊQUE D'ANGERS (a).

Il n'est pas permis de changer les termes de la *Profession de Foi* de Pie IV, qui est reçue et jurée dans toute l'Eglise, et qu'on y a toujours proposée à ceux qui se convertissent. Elle s'accorde très-bien avec le concile de Trente.

Ces participes : *Invocandus, amandus, venerandus* [1], souvent ne signifient autre chose que ce qui seroit exprimé par ces autres mots : *Invocabilis, amabilis, venerabilis*. Il est certain que ces participes n'emportent pas toujours un commandement ni une obligation de précepte ; les bienséances, les convenances, les grandes utilités s'expliquent souvent en cette manière.

Il en est de même de ces termes françois : Il faut faire, il faut aller, il faut invoquer ; ou de ces autres : L'on doit faire, l'on doit aller, l'on doit invoquer. On a en latin et en françois des manières de parler plus fortes et plus précises, pour expliquer un commandement et un devoir d'obligation étroite et formelle.

J'ai vu des Rituels où l'on a traduit, *invocandos esse*, « les Saints sont à invoquer ; » et les paroles suivantes : *Eorum reliquias esse venerandas:* « Leurs reliques sont à honorer ; » et ainsi des autres semblables. Je ne crois point nécessaire d'introduire dans la *Profession de Foi* une façon de parler peu naturelle à la langue : peut-être qu'on pourroit traduire : Les Saints sont dignes, ou méritent d'être honorés ou invoqués, ou, il est à propos d'invoquer les Saints. Mais pour moi je m'en tiens à la manière la plus ordinaire, dont on traduit en françois les participes en *dus* et en *dum,* qui est celle de les rendre par *Il faut;* et c'est aussi celle dont je vois qu'on se sert presque partout.

Au reste la *Profession de Foi* ne s'éloigne en aucune sorte de

---

[1] Sess. XXV, Decr. *de Invocat. Sanct.*, etc.

(a) Henri Arnauld, frère du célèbre docteur de ce nom. Il mourut à Angers, le 8 juin 1692, âgé de quatre-vingt-quinze ans. Nous n'avons pas la lettre qu'il écrivit pour proposer la question à laquelle Bossuet répond.

l'esprit du concile. Il est porté dans ce même décret : *Sanctorum corpora veneranda esse, imagines habendas et retinendas, eisque debitum cultum et venerationem impertiendam :* « Il faut honorer les reliques des Saints, avoir leurs images et les garder, leur rendre le culte et l'honneur qui leur est dû ; » paroles qui sont transcrites dans la *Profession de Foi.* Or personne n'a jamais cru que les Pères de Trente voulussent par ces paroles imposer aux particuliers plus de nécessité de faire ces choses que d'invoquer les Saints : de sorte que tout cela, selon l'esprit du concile, se doit réduire au *bonum et utile,* qui est posé au commencement du décret comme le fondement de tout ce qui suit.

On lit aussi ces mots dans le concile : *Illos verò qui negant Sanctos invocandos esse..... impiè sentire :* « Que c'est un sentiment impie, de nier qu'on doive invoquer les Saints : » ce qui a donné lieu de dire dans la *Profession de Foi : Sanctos invocandos esse,* « Qu'il faut invoquer les Saints, » parce que s'il est impie de le nier, il est sans doute pieux et véritable de le dire. Mais cela est toujours relatif au *bonum et utile,* mis pour fondement ; et le concile selon sa coutume ne fait ici que condamner la contradictoire de la proposition affirmative qu'il avoit faite d'abord.

En tout cas les termes du concile, qui sont clairs, déterminent ce qui est douteux dans la *Profession de Foi* ; et quand on voudroit s'imaginer dans ces mots : *Sanctos invocandos esse,* quelque espèce de nécessité et d'obligation, il ne s'ensuivroit pas qu'elle fût pour tous les fidèles en particulier. Il suffiroit de dire avec les docteurs, que l'invocation des Saints est de nécessité pour toute l'Eglise en général et lorsqu'elle agit en corps ; puisque la tradition de tous les siècles lui enseigne à la pratiquer même dans son service.

Si on demande comment l'Eglise en général est obligée à cette pratique, et si elle en a reçu un commandement exprès, je ne le crois pas ; et je crois au contraire qu'il s'en faut tenir, tant pour chaque fidèle en particulier que pour l'Eglise en général, aux termes choisis par le concile : « Il est bon et utile d'invoquer les Saints. » C'est assez que l'Eglise se fasse une loi d'une chose si utile et si bonne ; et qu'elle se sente obligée à pratiquer en commun, non-seulement ce qui est de commandement, mais encore ce qui est utile et convenable, afin de donner en tout un bon exemple à ses enfans.

Il en est de la pratique de demander aux Saints le secours de leurs prières, comme de celle de le demander aux fidèles qui sont sur la terre. L'Eglise dit publiquement dans le *Confiteor* : Je prie la sainte Vierge, saint Jean-Baptiste, les apôtres saint Pierre et saint Paul, tous les Saints, et vous, mon Père; ou, et vous, mes frères, *et te Pater, et vos fratres*, de prier pour moi le Seigneur notre Dieu. On demande des prières aux uns comme aux autres; et il n'y a que cette seule différence, que les prières des Saints sont les plus agréables.

Les particuliers qui assistent à cette prière ne sont pas pour cela tenus de la faire expressément, ni de demander des prières à leurs frères qui sont encore en cette vie : il suffit qu'ils approuvent la demande qu'on leur en fait et qu'ils y consentent; et s'ils le refusoient, ils improuveroient ce que l'Eglise juge bon et utile. Il faut pourtant avouer qu'on ne peut guère s'abstenir de faire une chose que l'on croit bonne et utile, quand d'ailleurs elle est si facile et même si consolante : et si quelqu'un répugnoit à demander des prières à ses frères qui sont sur la terre, cette répugnance ne seroit pas innocente : non qu'il combattît directement aucun précepte, mais parce qu'il auroit de l'éloignement d'une chose qui très-constamment est aussi facile que bonne.

Il est aisé de juger par là de la pratique de prier les Saints; et je ne crois pas qu'il puisse rester aucune difficulté dans la question proposée.

Fait à Meaux, le 10 avril 1685.

LETTRE CXLVII.

BOSSUET A M. DIROIS, DOCTEUR EN SORBONNE.

A Germigny, ce 30 avril 1685.

L'affaire que je croyois terminée, Monsieur, par le bref de la Pénitencerie que vous avez obtenu, va encore repasser à Rome à cause des clauses de ce bref. Je vous en envoie copie, et en même temps deux suppliques qui vous feront connoître les difficultés de l'affaire, sur lesquelles on a encore recours à l'autorité du saint Siége. Les deux suppliques regardent la même personne : on en a fait deux, parce qu'on a cru qu'on ne pouvoit sans embarras comprendre le tout en une seule. Je vous supplie, Monsieur, de vouloir bien encore donner vos soins à cette affaire, et m'aider à tirer un homme très-utile à l'Eglise d'un embarras de conscience d'où vous seul pouvez le tirer par l'application que vous aurez à faire entendre les choses. Je vous supplie aussi d'y employer, s'il le faut, l'autorité de Son Eminence, et de faire qu'on en sorte cette fois : vous me ferez un plaisir sensible ; et comme je sais que vous en avez un grand à m'en faire, j'espère tout de vos soins.

Si l'on faisoit difficulté d'accorder à cet ecclésiastique la permission de retenir les bénéfices qu'il a, vous pouvez assurer qu'il n'en a que deux avec sa Prébende, qui ne sont que du revenu de cent soixante-dix livres chacun ; qu'il n'y a point d'incompatibilité de ces bénéfices entre eux, ni avec la Prébende, et que la Prébende ne vaut pas plus de neuf cents livres de revenu : de sorte que les trois ensemble ne valent pas plus qu'il ne faut pour la subsistance d'un ecclésiastique qui est en place, où la bienséance veut qu'il vive honnêtement.

Après vous avoir parlé de cette affaire, il faut maintenant vous dire un mot du projet que vous m'avez envoyé en dix assertions, d'une défense de la déclaration du clergé. L'exécution de ce projet ne peut être qu'avantageuse à l'Eglise ; et si vous croyez que le tour que vous y donnez à cette matière puisse apaiser la Cour de Rome, je n'y vois en France aucune difficulté. Je vous prie de me mander en quel état est cet ouvrage.

Ce que vous m'écriviez aussi des lettres du cardinal Ubaldini est très-considérable. Il faudroit tâcher d'avoir des copies de ces lettres, qui fussent assez autorisées pour obtenir créance. Car s'il paroît que le traité de Duval, imprimé en 1615 contre Richer, a été concerté avec Rome, et que cela résulte du témoignage de ce cardinal qui étoit alors nonce en France, il s'ensuivra très-bien que Rome se contentoit qu'on défendît l'infaillibilité sans taxer ni d'hérésie, ni d'erreur, ni même de témérité la doctrine opposée : ce qui montre que les censures du cardinal Bellarmin ne passoient pas pour certaines, et ne faisoient pas une loi à Rome comme il semble qu'on en veut faire une à présent.

Mais vous marquez une chose que je ne me souviens pas d'avoir aperçue dans Duval, savoir que les décisions du Pape ne sont pas de foi jusqu'à ce que le consentement de l'Eglise soit intervenu. Je vois assez que Duval ne tenant pas l'infaillibilité du Pape comme de foi, il est mené à cette conséquence ; mais je ne me souviens pas qu'il l'ait dit expressément, et cela est d'une extrême importance. Si vous vouliez bien me citer le lieu où Duval parle ainsi, vous me sauveriez la peine de chercher une chose dont il est bon d'être informé.

Je vous suis, Monsieur, très-obligé de toutes vos bontés : continuez-les-moi, je vous en conjure, puisqu'on ne peut être plus que je le suis, etc.

P. S. Nous allons bientôt tenir notre assemblée provinciale pour députer à la générale. Je ne crois pas qu'il se parle de rien dans l'assemblée générale : en tout cas je n'y serai pas, et je m'en rapporte à ceux qui y seront.

LETTRE CXLVIII.

BOSSUET A DOM MABILLON, RELIGIEUX BÉNÉDICTIN.

A Germigny, ce 12 août 1685.

J'ai reçu avec joie les marques de votre amitié, et vous ne devez pas douter que je n'y sois aussi sensible que j'ai d'estime pour votre vertu. Je prends *vertu* dans tous les sens du pays où vous êtes (a). J'ai été ravi d'apprendre qu'on vous y ouvroit les bibliothèques plus qu'on n'a jamais fait à personne ; ce qui nous fait espérer de nouvelles découvertes, toujours très-utiles pour confirmer l'ancienne doctrine et tradition de la Mère des Eglises. Nous attendons l'événement de l'affaire de Molinos (b), qui n'a pas peu surpris

---

(a) Dom Mabillon étoit alors à Rome. — (b) Michel Molinos, prêtre espagnol, s'étoit acquis dans Rome la réputation d'un très-grand directeur, lorsqu'il fut

tout le monde, et particulièrement ceux qui l'avoient connu à Rome. J'en connois de si zélés pour lui, qu'ils veulent croire que tout ce qui se fait contre lui est l'effet de quelque secrète cabale, et qu'il en sortira à son honneur : mais ce que nous voyons n'a pas cet air.

Pour l'affaire d'Angleterre, outre la difficulté des premiers évêques auteurs du schisme, il y en a encore une grande du temps de Cromwel, où l'on prétend que la succession de l'ordination a été interrompue. Les Anglois soutiennent que non; et pour la succession dans le commencement du schisme, ils soutiennent qu'il n'y a aucune difficulté; et il semble qu'ils aient raison en cela. Cela dépend du fait; et le saint Siége ne manquera pas d'agir en cette occasion avec sa circonspection ordinaire.

A ce propos, il me vient dans l'esprit qu'il y auroit une chose qui pourroit beaucoup, selon toutes les nouvelles que nous recevons, faciliter le retour de l'Angleterre et de l'Allemagne : ce seroit le rétablissement de la coupe. Elle fut rendue par Pie IV dans l'Autriche et dans la Bavière : mais le remède n'eut pas grand effet, parce que les esprits étoient encore trop échauffés. La même chose accordée dans un temps plus favorable, comme celui-ci où tout paroît ébranlé, réussiroit mieux. Ne pourriez-vous pas en jeter quelques paroles, et sonder un peu les sentimens là-dessus ? Je crois pour moi que par cette condescendance, où il n'y a nul inconvénient qu'on ne puisse espérer de vaincre après un usage de treize cents ans, on verroit la ruine entière de l'hérésie. Déjà la plupart de nos huguenots s'en expliquent hautement.

Pour nos Articles (a), c'est une matière plus délicate, et je crois que sur cela nous devons nous contenter de la liberté. Je salue

accusé d'avoir avancé des erreurs très-dangereuses dans le livre de la *Conduite spirituelle*, qu'il publia en espagnol. Il fut en conséquence arrêté, et mis dans les prisons de l'Inquisition de Rome, au mois de juillet 1685. Les informations qu'on fit sur sa vie manifestèrent la plus grande corruption dans ses mœurs; et les abominations dont il fut convaincu firent encore mieux sentir la perversité de ses maximes, et à quels désordres elles pouvoient mener ceux qui les réduiroient en pratique. La congrégation de l'Inquisition rendit, le 28 août, un décret qui condamnoit soixante-huit de ses propositions comme hérétiques, scandaleuses et blasphématoires. Après avoir fait abjuration publique de ses erreurs, il fut renfermé pour le reste de ses jours dans une étroite prison, où il mourut le 29 décembre 1696. (*Les édit.*) — (a) Il s'agit des quatre Articles du clergé de France.

Dom Michel de tout mon cœur; et suis avec une parfaite cordialité, etc.

LETTRE CXLIX.

DOM MABILLON A BOSSUET.

A Rome, ce 9 octobre 1685.

J'ai reçu la lettre que Votre Grandeur m'a fait l'honneur de m'écrire, dont je vous remercie très-humblement. J'ai parlé à quelques personnes de nos amis du rétablissement de la coupe en faveur des hérétiques. Monseigneur Slusio, qui est un prélat des plus éclairés et des mieux intentionnés de cette Cour, m'a dit qu'il n'étoit pas temps de faire cette proposition; qu'il n'y avoit pas assez de lumières dans le conseil pour entrer dans cette condescendance, et que de la proposer de la part de la France dans l'état où sont à présent les choses, ce seroit assez pour la gâter; que le meilleur moyen pour y réussir, seroit de faire demander la chose par le roi d'Angleterre, par le moyen du cardinal Ouvart, ou en tout cas, ce que j'ajoute de moi-même, par le nouveau prince Palatin. Comme Monseigneur Slusio sait parfaitement la situation des choses de cette Cour, je n'ai point parlé de cette affaire à d'autres qu'à lui, si ce n'est que j'en ai dit un mot à son Eminence d'Estrées.

La congrégation des cardinaux commis par le Pape pour examiner l'affaire de Monseigneur d'Héliopolis contre les Pères Jésuites de la Cochinchine et de Siam, etc., a donné un décret extrêmement fort en faveur de ce prélat, par lequel décret on révoque de ce pays-là les Pères Jésuites, qui n'ont pas voulu se soumettre à lui, sous peine d'excommunication *ipso facto*, et de ne recevoir aucun novice. Mais comme le Pape n'a pas voulu confirmer ce décret, on ne sait s'il aura assez de force pour être exécuté, quoique le Père général ait écrit à ses religieux missionnaires conformément à ce décret.

M. le cardinal Nerli a quitté l'archevêché de Florence pour prendre le petit évêché d'Assise, qui n'a de revenu que neuf cents écus, sur lesquels il y en a sept cents de pension.

Nous partirons au premier jour pour Naples et pour le Mont-

Cassin, d'où nous ne retournerons ici que sur la fin du mois de novembre, si bien que nous serons obligés de passer ici une partie de l'hiver. En quelque endroit que nous soyons, je serai toujours, aussi bien que Dom Michel, avec un profond respect, etc.

F. Jean Mabillon, moine bénédictin.

LETTRE CL.

BOSSUET A UN DE SES DIOCÉSAINS,

RÉFUGIÉ EN HOLLANDE (a).

A Meaux, ce 17 octobre 1685.

Autant que j'eus de joie quand M. le B. de la F*** votre parent, me vint dire de votre part que vous vouliez rentrer dans l'Eglise,

(a) Cette lettre, avec une autre écrite à la même personne, qui sera imprimée plus bas, a été publiée par les protestans dans un petit ouvrage qui a pour titre : *La Séduction éludée, ou Lettres de M. l'évêque de Meaux à un de ses diocésains qui s'est sauvé de la persécution, avec les réponses qui y ont été faites. A Berne en Suisse*, 1686.

Nous aurions pu donner ici ces réponses : mais la première n'est point celle à laquelle Bossuet réplique dans la seconde lettre, parce que ce prélat avoit cru devoir réfuter préférablement la lettre que ce réfugié écrivoit à sa femme, dont il le jugeoit plutôt auteur que de celle qu'il lui avoit écrite à lui-même. Et pour la Réponse à la seconde lettre du prélat, nous sommes dispensés de l'insérer dans notre collection, Bossuet n'ayant pas jugé à propos d'y répliquer, soit parce que les raisons qu'elle contient ont été mille fois détruites, soit parce qu'il trouvoit plus convenable de consacrer des momens si précieux aux controverses générales et publiques, que de les employer à une dispute particulière dont il voyoit qu'il ne pouvoit se promettre aucun fruit. Il s'étoit proposé de ramener par ses charitables exhortations un fils tendrement chéri : mais dès qu'il vit que les ministres s'étoient tellement emparés de son esprit qu'ils dictoient eux-mêmes toutes ses réponses, il cessa de lui écrire. Enfin il eût été assez inutile que le prélat entreprit de réfuter la grande lettre qui lui avoit été adressée en réponse à sa seconde lettre, puisque celui sous le nom duquel elle avoit été composée n'avoit pas voulu l'adopter : c'est ce que déclare l'auteur même de cette Réponse, dans la lettre qu'il écrivit à Bossuet pour le presser de lui répliquer. » Je prends, dit-il, la liberté de vous écrire ce mot au sujet de la réponse qui vous a été faite sur votre seconde lettre à M. de V. Elle paroissoit comme venir de lui, quoiqu'elle fût écrite d'une autre main : mais celui qui se mettoit en sa place a enfin appris qu'il s'étoit disculpé auprès de vous sur cette dernière réponse, dont il n'a pas jugé à propos de faire l'adoption, comme il avoit fait à l'égard de la première. »

Quels que fussent les mécontentemens que les protestans pouvoient avoir de la conduite d'un prélat qui ne se lassoit point de travailler à confondre leurs erreurs et à ramener à l'Eglise ceux qu'ils avoient séduits, cependant ils étoient

autant fus-je surpris et affligé quand j'appris qu'au lieu d'exécuter ce pieux dessein, vous étiez sorti du royaume. Est-il possible que vous ayez cru qu'on ne peut se sauver dans une Eglise où l'on est forcé d'avouer que vos pères se sauvoient avec les nôtres avant votre réformation? Ce seroit une malheureuse manière de réformer l'Eglise, si avant qu'on pensât à la réformer tous les chrétiens pouvoient se sauver dans l'unité, et qu'après la réformation on ne puisse plus se sauver que par le schisme.

Mais je ne veux point me jeter sur la controverse : je vous écris seulement pour vous inviter à revenir et à ramener ceux que vous pourrez, même M. le Sueur. Vous me trouverez toujours les bras ouverts, et je n'oublierai rien de ce que je pourrai faire pour votre service. Je joins mes prières avec les larmes de mademoiselle ***. Vous avez assez donné à vos anciens préjugés : revenez à la Pierre dont vous avez été séparé ; et songez qu'il ne faut point se complaire quand on souffre persécution, si l'on n'est bien assuré que ce soit pour la justice. Vous trouverez dans l'Eglise catholique, avec Dieu et Jésus-Christ, tout le bien spirituel que vous pouvez souhaiter : vous y trouverez l'unité et l'autorité de l'Eglise universelle; et vous éviterez des maux que Dieu ne vous comptera pas, pour ne rien dire de pis. Revenez donc, encore une fois, je vous en conjure : je ne cesserai de vous rappeler par mes vœux et par mes prières, étant cordialement et avec l'esprit d'un véritable pasteur, etc.

<small>comme forcés de rendre dans toute occasion hommage aux éminentes qualités de ce grand évêque. On en a déjà vu des preuves; et on le remarque singulièrement dans ces deux réponses où ils parlent de Bossuet « comme d'un prélat illustre, que Dieu, dont l'immense libéralité n'a non plus d'égards à l'apparence des religions qu'à celle des personnes, a orné et enrichi d'une infinité de merveilleux dons, pour lequel aussi ils avoient une vénération particulière, ayant toujours eu dans leur secte une grande considération pour son mérite. » Tous ces témoignages si volontaires, et qu'un reste d'équité pouvoit seul produire, nous montrent quelle impression la supériorité des talens et des vertus de Bossuet faisoit sur l'esprit même de ceux qu'il ne cessoit de combattre. (*Les édit.*)</small>

DÉCLARATION

DONNÉE A M. DE BORDES.

I. Je déclare à M. de Bordes qu'il peut, sans hésiter, suivre la doctrine exposée dans le livre intitulé : *Exposition de la Doctrine Catholique dans les matières controversées*, comme étant tirée du saint concile de Trente et approuvée sans contradiction dans toute l'Eglise, et spécialement par deux brefs exprès de notre saint Père le Pape, par la délibération de tout le clergé de France assemblé en corps l'an 1682, et par un grand nombre de prélats et de docteurs de toutes les nations, dont les approbations sont à la tête.

II. Je l'exhorte à lire l'Ecriture sainte, et particulièrement l'Evangile, dans les versions approuvées et autorisées dans l'Eglise, et d'y chercher sa nourriture, sa consolation et sa vie, en l'entendant et l'interprétant comme elle a toujours été entendue par les saints Pères et par l'Eglise catholique.

III. Je l'exhorte pareillement à lire les versions approuvées de la sainte messe, ou Liturgie sacrée, et de tout l'office divin; et je puis l'assurer par avance qu'il trouvera une particulière consolation dans cette lecture, et qu'il admirera la sagesse qui anime le corps de l'Eglise dans la distribution des divers offices, où tous les mystères de l'Ancien et du Nouveau Testament, et principalement ceux de Notre-Seigneur Jésus-Christ, sont célébrés et renouvelés, avec une pieuse commémoration des saints hommes qui ont été sanctifiés par ces mystères, et qui en ont rendu témoignage par leur admirable vie ou même par le martyre.

IV. Quant au désir qu'il a du rétablissement de la coupe, comme il n'en a pas fait une condition de son retour et qu'il est entièrement soumis en ce point, comme dans les autres, à la doctrine de l'Eglise catholique, je n'improuve pas ce désir, d'autant plus qu'il se soumet à la prudente dispensation du Père commun des chrétiens, à qui le saint concile de Trente a renvoyé cette affaire. Il communiera en attendant, quand il y sera préparé par la confession et absolution sacramentelle, en la manière usitée dans l'Eglise catholique : et je le prie de considérer quel est l'aveuglement de ceux qui font de si grandes plaintes sur le retranchement d'une des espèces, quoiqu'il soit fondé sur une doctrine si solide, et se sont laissé ravir sans se plaindre la communication et présence substantielle du corps et du sang de Jésus-Christ, où nous trouvons la vie quand nous y participons avec une vive foi.

J. BÉNIGNE, Ev. de Meaux.

Donné à Paris, ce 24 novembre 1658.

LETTRE CLI.

BOSSUET A MONSIEUR PERRAULT DE L'ACADÉMIE FRANCAISE (a).

A Germigny, 25 décembre 1685.

J'ai reçu le poëme de *Saint Paulin* (b), et je vous rends graces de l'honneur que vous me faites de me le vouloir dédier. La lettre dédicatoire, que vous rendez utile en la faisant servir de préface à tout l'ouvrage, est pleine de bon sens et de modestie. Le poëme est plein de grandes beautés et sera fort estimé des esprits bien faits. Le reste se dira quand on aura l'honneur de vous voir, puisque Monsieur votre frère et vous me faites espérer cette grace. Je vous honore tous deux parfaitement, et je suis avec une estime parère, iculitetc.

(a) Inédite. — (b) Charles Perrault publia en 1686 le poëme de *Saint Paulin, evêque de Nole*, avec une épître chrétienne sur la pénitence, et une ode aux nouveaux convertis : à Paris, chez J.-B. Coignard, in-8°. Il le dédia à Bossuet.

LETTRE CLII.

MILORD, DUC DE PERTH A BOSSUET (a).

Depuis la mort du feu Roi (b), Sa Majesté présentement régnante (c) m'a fait voir un papier (d) touchant la véritable Eglise, que je crois que vous aurez vu. J'y ai trouvé de si fortes raisons, que je n'ai pu depuis avoir de repos que je n'eusse examiné la matière par la lecture des livres, par des conférences et en faisant sur ce sujet beaucoup de réflexions. Quand j'en fus entièrement éclairci, je me trouvai engagé à examiner les autres points qui sont en controverse; ce que je fis en me dégageant, autant qu'il

---

(a) Jacques Drummond, troisième du nom, duc de Perth, fut fait conseiller d'Etat en 1670, grand justicier d'Ecosse l'an 1680, grand chancelier d'Ecosse l'an 1684. Il professa d'abord la religion anglicane : mais il en reconnut dans la suite l'illusion, et fut convaincu de la vérité de la foi catholique en la manière qu'il le décrit lui-même dans ses lettres à Bossuet. Son attachement à l'Eglise catholique et au service du roi Jacques II, l'exposèrent à beaucoup de mauvais traitemens dont ses lettres font le récit.

Nous ignorons à qui les trois lettres dont nous donnons l'extrait ont été écrites : peut-être pourrions-nous conjecturer que la personne dont il s'agit est Madame de Crolly, sœur du duc de Gourdon, dont Bossuet a marqué lui-même le nom au dos de la feuille qui contient les extraits des deux premières de ces lettres. Nous sommes d'autant plus fondés à le penser, que milord Perth dit lui-même dans ses lettres à Bossuet, que la personne à laquelle il écrivoit étoit sa parente et sa belle-sœur; ce qui se rencontre exactement dans madame de Crolly, dont ce lord avoit épousé la sœur. Au reste ce fut l'abbé Renaudot qui donna communication au prélat de ces différentes lettres. Quoiqu'elles ne s'adressent pas directement à Bossuet, nous en rapportons ici l'extrait, parce qu'elles le regardent particulièrement, et que d'ailleurs elles sont nécessaires pour faire connoître au lecteur les circonstances de la conversion de ce Seigneur, dont nous verrons bientôt plusieurs lettres écrites à Bossuet lui-même.

(b) Charles II, fils de Charles Ier et de Henriette de France, né le 22 mai 1630, et mort le 16 février 1685, dans la cinquante-cinquième année de son âge. (*Les édit.*)

(c) Jacques II, duc d'Yorck, fils de Charles Ier et de Henriette de France, né le 24 octobre 1633, proclamé roi à Londres le 16 février 1685, couronné le 3 mai suivant; détrôné en 1688 par le prince d'Orange, stathouder de Hollande, son gendre, et mort à Saint-Germain-en-Laye le 16 septembre 1701, dans la soixante huitième année de son âge. — (d) Bossuet dans sa lettre, à milord Perth, du 28 novembre 1685, nous apprend que cet écrit étoit de feu Madame la duchesse d'Yorck première femme de Jacques II, roi d'Angleterre, auparavant duc d'Yorck. Il parle encore d'un écrit de Charles II, frère et prédécesseur de Jacques, qui contribua aussi à la conversion du lord. (*Les édit.*)

étoit possible, de tout sentiment de partialité. L'excellent livre de l'évêque de Meaux, de l'explication de la doctrine de l'Eglise, m'a été d'un si grand secours, que je voudrois en reconnoissance de ce que je dois à ce digne prélat lui baiser les pieds tous les jours. Un jésuite de piété éminente, le P. Widrington, m'a témoigné en cette occasion beaucoup d'amitié et m'a été fort utile.

Ainsi il ne me restoit plus qu'un scrupule, qui m'a fait différer quelque temps de me réconcilier à l'Eglise catholique : c'étoit la crainte que j'avois qu'on ne crût qu'à cause que le Roi est de cette même religion, je me convertissois plutôt pour lui plaire que pour le salut de mon ame, et que je serois fâché d'être ou de passer pour un homme capable de déguisement. Cependant je me suis à la fin vaincu moi-même, et je me suis résolu à hasarder ma réputation, comme j'ai fait sur ce sujet. Si cela arrive, la sainte volonté de Dieu soit faite : il peut seul vous faire connoître la joie, la paix et le contentement de mon cœur. Ceux qui me connoissent le mieux savent que j'ai d'abord prévu que je serois obligé de quitter ma charge (*a*) : d'autres pourront croire que je m'expose à donner sujet au Roi de penser, que mon changement est dans la vue de me mettre mieux dans ses bonnes graces. Mais Dieu est tout-puissant; et si je fais tout ce que je dois faire, sa divine bonté ne permettra pas que je sois tenté audessus de mes forces : et si lorsque les hommes me feront passer pour un fourbe, l'esprit de Dieu voit ma conscience nette de ce vilain vice, je n'aurai pas sujet de regretter la perte de ma réputation; et il ne me peut rien arriver dans la suite à cette occasion, que je ne sois prêt de supporter dans la vue de Dieu. J'avois dessein de tenir encore quelque temps cette affaire secrète, jusqu'à ce que le Roi eût déclaré sa volonté sur les affaires que nous avons ici : mais le P. Widrington l'ayant découverte par un pur accident, en donna avis au P. Mansuerk, capucin, confesseur du Roi : ainsi je ne doute pas que Sa Majesté ne le sache présentement. Je vous prie de ne déclarer ceci à personne vivante avant que je vous le permette : et cependant tâchez de me trouver

---

¹ Il étoit grand chancelier d'Ecosse.

quelque voie pour témoign r ma reconnoissance à l'évêque de Meaux (*a*).

LETTRE CLIII.

MILORD, DUC DE PERTH A BOSSUET.

A Windsor, octobre 1685.

Ce que j'ai fait (*b*) m'attire beaucoup de reproches : mais que la volonté de Dieu soit faite. Il nous est ordonné de nous couper la main droite et de nous arracher l'œil droit, plutôt que de donner scandale : ainsi souffrir quelques petits reproches me pourra être utile, avec la bénédiction de Dieu. La paix intérieure dont je jouis entièrement compense abondamment tous les biens de ce monde. J'ai montré au Roi un papier dans lequel j'ai exposé tout le fait de ce qui regarde ma conversion. J'ai rendu justice à l'Evêque de Meaux, en ce qui regarde l'avantage que j'ai tiré de son excellent traité (*c*). Je trouve ces écrits remplis d'une justesse de pensées, d'une netteté d'expressions, avec tant de force et des manières si insinuantes, et d'une telle grandeur de génie au-dessus de tous les autres livres de controverse, qu'ils sont entièrement effacés par ceux de ce prélat. J'y trouve aussi tant de charité et de véritables sentimens du christianisme, que je suis charmé à chaque ligne. Comme je lui suis obligé au dernier point de la grande bénédiction que Dieu m'a faite par son moyen, je lui aurois déjà écrit pour lui témoigner ma reconnoissance, si j'écrivois passablement en françois. Si vous pouvez lui en faire témoigner quelque chose, vous me ferez un grand plaisir.

(*a*) Cette lettre n'a point de date dans notre extrait ; mais elle est sûrement de 1685 et antérieure à celles qui vont suivre. (*Blancs-Manteaux.*) — (*b*) Il parle de son abjuration de l'hérésie, et de son retour à l'Eglise catholique. — (*c*) *L'Exposition de la Foi catholique.*

LETTRE CLIV.

MILORD DUC DE PERTH A BOSSUET.

Il est vrai que les excellens ouvrages de Monseigneur l'Evêque de Meaux ont infiniment contribué à la plus grande bénédiction que j'aie reçue en ma vie, qui est ma conversion. Avant même que j'eusse tiré un si grand avantage de ses livres, ils m'avoient fait concevoir une très-grande estime de ses talens, de son savoir et de sa sincérité; qualités qui se rencontrent rarement dans une même personne. Mais depuis que ses écrits m'ont été si utiles, il étoit juste que l'estime que je faisois de sa personne s'augmentât jusqu'au degré de vénération et de respect qu'on doit à un père spirituel. Les offres que vous m'avez faites de sa part, de travailler à m'instruire sur les points où j'avois besoin de quelque éclaircissement sont dignes de sa piété et de sa bonté. Il ne me restoit, grace à Dieu, aucun scrupule ni le moindre doute, avant même que je fusse réconcilié à l'Eglise. Présentement je dois tâcher, avec le secours de la grace de Dieu, de rendre ma vie conforme à la sainte doctrine de cette Eglise, hors laquelle je ne crois pas que personne puisse être agréable à Dieu.

Quelques personnes peu charitables disent que le Roi mon maître étant catholique, me l'avoit fait devenir. Mais Dieu connoit le fond de mon cœur; et celui qui auroit agi par un semblable motif purement mondain, auroit selon toute apparence choisi un temps plus favorable, et n'auroit pas fait une semblable chose pendant que deux dangereuses révoltes étoient en vigueur, et qu'il y avoit deux armées en campagne contre le Roi.

LETTRE CLV.

MILORD PERTH A BOSSUET (a).

De Londres, ce 12 novembre 1685.

Si chacun de ceux qui ont eu le bonheur d'être instruits par vos excellens ouvrages, travailloit à vous en rendre compte en vous témoignant sa très-humble reconnoissance, on vous feroit trop perdre de ce temps précieux que vous employez avec tant de succès pour le bien de l'Eglise de Dieu, quand ce ne seroit qu'à la simple lecture de ces sortes de remercîmens. Je n'aurois pas même osé dérober au public un moment de votre temps, si ce que je dis d'abord au Roi mon maître ne s'étoit répandu par le récit que ce zélé et excellent prince a fait à d'autres de ma conversion. Il a toujours eu pour moi trop d'estime; et depuis peu il a eu la bonté de dire quantité de choses sur mon sujet aux ministres des autres princes, à l'occasion des circonstances où je me trouve présentement. Il semble néanmoins que vous n'auriez pas sitôt appris par cette voie la grande part que vous avez eue en cette affaire, si M. l'abbé Renaudot ayant vu une lettre que j'écrivois à une de mes parentes qui est à Paris, n'eût été assez obligeant pour vous en rendre compte d'une manière trop avantageuse pour moi. Mais personne ne peut assez bien exprimer combien ma reconnoissance est grande envers ceux qui m'ont aidé à acquérir la connoissance de la vérité, dont le prix est infini.

Vos talens naturels augmentés par la lumière divine, et maintenus en vigueur par un travail continuel dans la vigne du

---

(a) Milord Perth avoit écrit sa lettre en anglois, mais il l'envoya à l'abbé Renaudot pour la traduire avant de la remettre à Bossuet. Il en usa ainsi dans toute la suite de sa correspondance avec le prélat; et les traductions que nous donnons ici, qui tiennent lieu d'originaux, ont toutes été faites par cet illustre abbé. Il s'appliqua plus à rendre exactement et littéralement les pensées de l'auteur, qu'à leur prêter en notre langue de l'élégance et des ornemens. Rien aussi ne convenoit mieux, afin d'expliquer à Bossuet le plus fidèlement qu'il étoit possible les demandes ou les questions du lord, et que ce prélat sait aussi bien ses idées, y répondit précisément. (*Les édit.*)

Seigneur, vous mettent au-dessus des autres hommes. Il faut fermer les yeux à la lumière pour ne pas reconnoître la vérité, de la manière dont elle est exposée par votre excellente plume. Vous êtes comme un autre saint Paul, dont les travaux ne se bornent pas à une seule nation ou à une seule province : vos ouvrages parlent présentement en la plupart des langues de l'Europe; et vos prosélytes publient vos triomphes en des langues que vous n'entendez pas.

Je suis obligé en mon particulier de rendre graces à Dieu, de ce que j'ai appris une langue par le moyen de laquelle j'ai reçu un si grand avantage. Si j'avois pu écrire en cette même langue, j'aurois eu le bonheur de vous expliquer mes pensées sans le secours d'un interprète. Je suis donc obligé, Monseigneur, de prier M. l'abbé Renaudot, qui vous a fait connoître l'engagement que j'ai contracté avec vous, puisque je suis devenu un de vos enfans, et par le moyen duquel j'ai reçu les offres charitables que vous avez faites de votre secours pour mon instruction, et pour me confirmer dans la connoissance de la vérité, de vous interpréter ce très-humble témoignage de ma reconnoissance envers vous, à qui je suis redevable d'un si grand bien.

En vérité, Monseigneur, je le ressens autant que mon cœur en est capable. Si je pouvois vous aller trouver, j'accepterois très-volontiers vos offres généreuses quoique, grace à Dieu, il ne me soit pas resté le moindre scrupule touchant la doctrine de l'Église catholique, avant même que je fisse profession de cette sainte foi. Je puis dire, Monseigneur, que je l'ai embrassée contre tout ce qu'il y avoit de considérations mondaines; et que si la force de la vérité ne m'avoit pas porté à le faire, j'aurois eu le malheur de mourir dans l'incrédulité. Mais en étant pleinement convaincu, je crois qu'étant soutenu par la force de la grace de Dieu, je l'aurois embrassée quand même il auroit fallu souffrir une mort cruelle un moment après.

Permettez-moi, Monseigneur, de dire que je bénis Dieu pour la grace qu'il m'a faite de connoître la lumière de la vérité, et de vous rendre ensuite de très-humbles graces de l'avantage que j'ai reçu par votre moyen. Je suis incapable de vous rendre aucun service; et même au lieu de m'acquitter de ce que je vous dois, il faut que je m'engage à vous devoir encore davantage, en vous demandant votre bénédiction et vos prières, afin qu'avec la connoissance de la véritable religion Dieu me fasse la grace de vivre conformément à ce qu'elle enseigne, et que je ne déshonore pas une si sainte profession. Cette charité ajoutera à l'obligation que j'ai déjà d'être avec toute la soumission possible et un profond respect, etc.

LETTRE CLVI.

BOSSUET A MILORD PERTH (a).

A Paris, ce 28 novembre 1685.

Votre conversion a rempli de joie le ciel et la terre, et je ne puis vous exprimer combien elle a fait répandre de pieuses larmes. On voit clairement que c'est l'œuvre de la main de Dieu. Les conjonctures dans lesquelles vous vous êtes déclaré ont fait voir que vous étiez ce sage négociateur de l'Evangile qui ayant trouvé la vérité comme une perle d'un prix inestimable, a donné tout ce qu'il avoit pour l'acquérir : c'est, Milord, ce que vous avez fait. Vous avez fait même quelque chose de plus : car en vous exposant à tout pour le royaume de Dieu, vous avez eu encore à craindre les reproches de ceux qui soupçonneroient que vous aviez agi par des vues humaines, qui est la chose du monde la plus capable d'affliger un cœur aussi bon et aussi généreux que le vôtre. Dieu par sa grace vous a élevé au-dessus de toutes ces tentations; et touché de son Saint-Esprit, vous avez dit avec saint Paul : « Quand il a plu à celui qui m'a choisi et qui m'a appelé par

---

(a) C'est ici la première lettre de Bossuet à milord Perth : mais depuis cette époque jusqu'au jour où ce lord fut arrêté, le prélat lui en écrivit plusieurs autres, dont aucune ne nous est parvenue. Il est à présumer que la populace qui, après s'être révoltée, vint fondre dans l'hôtel du lord, où elle pilla tout ce qu'elle trouva, brûla les portraits du Roi, de Bossuet, du lord, et jusqu'à un crucifix, n'aura pas épargné ses papiers, et que les lettres de notre prélat auront été consumées dans cet incendie. Nous avons d'autant plus lieu de le penser, que les lettres écrites par Bossuet à ce lord, depuis sa prison, nous ont toutes été conservées : son fils en envoya des copies exactes à l'évêque de Troyes, sur lesquelles elles seront ici imprimées. (*Les prem. édit.*)

sa grace, incontinent je n'ai plus écouté la chair ni le sang [1]. » Voilà, Milord, ce qui réjouit toute l'Eglise. La part que vous publiez que Dieu m'a donnée à ce grand ouvrage, sert encore à montrer qu'il est celui qui emploie les petites choses, non plus pour confondre, mais pour accomplir les grandes ; et l'honneur que vous rendez à l'épiscopat en mon indigne personne, achève de découvrir en vous un cœur véritablement chrétien.

J'espère donc, Milord, que Dieu qui a opéré de si grandes choses dans un homme de votre élévation et de votre mérite, les fera servir au salut de plusieurs ; et dans cette heureuse occasion, je suis sollicité à redoubler les vœux que je fais depuis si longtemps pour la conversion de la Grande-Bretagne. Je vous avoue que lorsque je considère la piété admirable qui a si longtemps fleuri dans cette île, autrefois l'exemple du monde, je sens, s'il m'est permis de le dire, mon esprit ému en moi-même à l'exemple de saint Paul, en la voyant attachée à l'hérésie ; et je frémis de voir qu'en quittant la foi de tant de saints qu'elle a portés, elle soit obligée de condamner leur conduite, et de perdre en même temps de si beaux exemples qui lui étoient donnés pour l'éclairer. Mais j'espère plus que jamais que Dieu la regardera en pitié.

L'écrit de feu Madame la duchesse d'Yorck (a), et celui du feu roi d'Angleterre (b), qui a commencé à vous ébranler, sont des témoignages qu'il a suscités en nos jours pour faire revivre la foi ancienne. L'exemple du roi d'aujourd'hui et la bénédiction que Dieu donne visiblement à sa conduite, aussi prudente que vigoureuse, est capable de toucher les plus insensibles.

Je regarde toutes ces choses comme des marques, du côté de Dieu, d'une bonté qui commence à se laisser fléchir ; et je ne cesse de le prier qu'il achève son ouvrage, lui à qui rien n'est impossible.

Puisse son divin esprit se répandre avec abondance sur les catholiques qui sont parmi vous, afin qu'ils ne croient pas avoir

[1] *Galat.*, I, 16.

(a) Première femme de Jacques II, roi d'Angleterre. — (b) Charles II, frère et prédécesseur de Jacques II.

tout fait en combattant comme ils font courageusement pour la foi; mais qu'à votre exemple, Milord, ils montrent leur foi par leurs œuvres, et qu'ils apprennent de vous à respecter unanimement l'ordre apostolique et la sainte hiérarchie de l'Eglise.

Pour moi, en me détachant de ce qui me regarde dans la lettre que vous m'avez fait l'honneur de m'écrire, je suis si édifié de la piété qu'on y ressent à chaque mot, que loin de présumer que je sois capable de vous confirmer dans la foi, je me sens confirmé moi-même par les merveilleux sentimens que Dieu vous inspire : et dans la confiance que j'ai en celui qui agit en vous, je vous donne de tout mon cœur la bénédiction que vous souhaitez, me déclarant pour jamais avec un respect mêlé de tendresse, etc.

LETTRE CLVII.

MILORD PERTH A BOSSUET.

A Edimbourg, ce 8 février 1686.

Si un voyage de cent lieues et un accablement extraordinaire d'affaires que j'ai eues à mon arrivée, ne vous demandoient pardon pour moi, je le pourrois seulement espérer de votre bonté. Mais en vérité j'ai été tellement fatigué depuis mon arrivée, que je mérite compassion : et ainsi j'espère que mon silence, après une lettre telle que celle que j'ai reçue de vous, ne pourra être attribué à aucune négligence ni manque de réflexion. Je suis trop convaincu de l'honneur et du bonheur que j'ai de ce que vous voulez bien prendre soin de moi, et de la grace que vous me faites d'employer votre charité, votre grande science et votre capacité à éclairer mes difficultés, même dans des matières qui ne sont pas assez importantes pour être proposées à une personne si dignement occupée des affaires de la plus grande conséquence. La grande réputation que vous avez acquise dans le monde avec tant de justice, par les voies les plus honorables, fai que la correspondance qu'on a avec vous donne une telle tentation de vaine gloire, que je n'eusse osé presque m'y exposer, si je n'avois pas considéré qu'avec toutes ces grandes qualités, une connoissance si étendue, tant de science et d'expérience, vous avez une piété solide et un jugement capable de conserver vos autres talens en leur propre place, et d'en faire usage pour les meilleures fins, avec une charité capable de vous faire embrasser toutes les occasions d'avancer l'honneur de Dieu et de faire du bien aux hommes. C'est pourquoi j'ai recours au saint, pour lui demander son assistance, et non pas au grand homme par un simple motif de vanité. J'espère qu'en ces deux qualités vous m'accorderez la seule chose que je puis vous demander, qui est vos prières, afin que je puisse faire un bon usage de ce que je dois espérer de vos excellentes qualités pour mon instruction, et pour m'encourager à en faire mon profit.

Je lis avec confusion les expressions pleines de bonté à mon égard, qui se trouvent dans la lettre très-obligeante que vous m'avez écrite. C'est ce qui me fait croire certainement que mes sentimens vous ont été expliqués selon leur véritable sens. Je reconnois que je ne suis rien selon l'opinion que je pourrois avoir de moi-même, mais seulement selon ce que je suis dans la vue de Dieu : c'est pourquoi je ne suis pas fâché de trouver que chacun n'a pas pour moi la même charité que vous. C'est à Dieu qu'on offre le service qu'on rend à la religion. S'il connoît la sincérité d'un bon cœur, je n'ai pas besoin de me mettre fort en peine du jugement que les hommes peuvent faire de moi. J'ose même dire que mon principal dessein, en tâchant de passer pour sincère parmi les hommes, est dans la vue que cela peut me rendre plus capable de faire du bien dans la place où la divine Providence m'a établi. Si j'y réussis, que Dieu en ait toute la gloire : si je n'y réussis pas, je souhaite que quelque autre plus capable que moi prenne ma place, pour venir à bout de ce que j'aurois souhaité faire si je l'avois pu, en ramenant un grand nombre de personnes à l'Eglise de Dieu.

Il semble que le temps soit favorable, parce qu'il paroît une grande disposition dans les esprits à s'éclaircir des matières qui concernent la religion, pour tâcher de faire ouvrir les yeux à ceux qui ont été depuis si longtemps aveuglés par les fausses représentations des vérités de la religion. Je travaille à faire traduire la préface et les approbations qui sont à la tête de la dernière édition de votre excellent livre de l'*Exposition de la Foi*, et à le faire réimprimer (*a*). Car comme les persécuteurs des premiers chrétiens les revêtoient d'habits extravagans pour les exposer à la risée et à la moquerie, ou les couvroient de peaux de bêtes sauvages pour les faire déchirer par d'autres : de même ici les dogmes de l'Eglise catholique ont été tournés en ridicule ou représentés comme impies, pour faire que la foi de l'Eglise eût le même sort qu'avoient eu autrefois ses martyrs.

Plusieurs hommes de bien n'ont besoin que d'être désabusés. J'ai fait cette expérience en la personne de mon frère, qui en huit jours de conversation qu'il a eue avec moi, quoique de si foibles moyens ne pussent avoir un heureux effet que par la bonté de la cause, est devenu un très-bon catholique. J'espère avec la grace de Dieu, qu'il servira fort utilement à avancer les intérêts de notre sainte religion en ce pays, sa charge lui donnant plusieurs belles occasions de le faire.

Depuis que je suis arrivé ici, le précepteur de mon fils, ministre de grande espérance, et qui selon ceux qui gouvernent ici étoit un homme fort propre à être avancé dans de grands emplois, à cause de son jugement solide, de son savoir et de sa piété; après une mûre délibération et une longue résistance, a renoncé à toutes ses espérances et prétentions pour se faire catholique. C'est ce qui me fait espérer qu'il se fera encore plus de bien en ce pays. Car après avoir vu qu'en ôtant seulement ce masque affreux dont par malice on a déguisé la vérité, cela seul a été cause que deux personnes telles que je vous ai dites l'ont embrassée; certainement il y en aura plusieurs autres, qui s'engageront à la recherche des raisons qu'ils ont eues pour faire un changement si important, et avec la grace de Dieu ils suivront leur exemple. C'est pourquoi, Monseigneur, si vous pouvez nous donner quelque chose qui puisse contribuer à un aussi bon dessein que celui de la conversion de ces pauvres nations abusées, le temps seroit fort favorable. C'est ce que je vous demande d'au-

(*a*) Il y a lieu de penser que le traducteur mis en œuvre par milord Perth étoit le père Johnston, Bénédictin anglois, dont nous avons quelques lettres écrites à Bossuet, dans cette même année 1686, et que l'on a vues à la suite de l'*Exposition*. (*Les édit.*)

tant plus volontiers, que j'ai appris que vous aviez depuis peu été fort occupé à conférer avec les nouveaux convertis, et qu'il restoit encore de quoi travailler avec quelques-uns.

Vous faites, Monseigneur, quelques réflexions sur la considération et le très-humble respect que j'ai pour l'office apostolique des évêques. Je vous dirai sur ce sujet que lorsque j'étois le plus zélé pour l'erreur, j'avois une telle vénération pour l'ordre et la dignité des évêques, que je n'ai jamais eu que des pensées fort respectueuses pour les saints hommes revêtus autrefois de cette dignité dans les églises d'Orient et d'Occident. Ce respect avoit besoin d'être un peu rectifié; et présentement outre les anciens Pères, aux prières desquels je me recommande tous les jours, il y en a trois de ce dernier temps dont je lis les vies avec admiration et avec plaisir, qui sont saint Charles Borromée, saint François de Sales et dom Barthélemi des Martyrs. Et comme je respecte en général tous les évêques de l'Eglise catholique, aussi il me semble que ceux de France méritent d'être estimés par-dessus tous les autres de ce siècle, pour avoir pris tant de peine à mettre leur clergé dans l'état où doivent être de véritables ecclésiastiques. A quoi j'ajouterai sans flatterie que Monseigneur l'évêque de Meaux, quand je ne lui aurois aucune obligation, quoique je lui sois redevable de quelque chose qui vaut plus que tout ce qu'il peut y avoir au monde, tient tellement la première place dans mon estime, mon respect et mon affection, que je ne le puis exprimer. Cette comparaison ne vous plaira peut-être pas; mais je suis sûr qu'elle est fort juste.

Il faudra que le digne abbé Renaudot supplée à mon ignorance pour vous expliquer mes véritables sentimens, et vous faire entendre ce que j'ai voulu vous dire. La traduction qu'il a faite de ma précédente lettre a tellement suppléé au défaut de l'original, que je lui en suis fort obligé : car si vous avez conçu quelque bonne opinion de moi, je lui en suis redevable, voyant qu'il m'a donné par sa traduction quelques avantages que la nature m'a refusés, ainsi qu'on l'auroit pu juger par l'original de ce que je vous ai écrit.

Je ne vous importunerai pas davantage, si ce n'est pour vous prier de me donner votre bénédiction épiscopale et paternelle, puisque je suis un de vos enfans, et que j'ai pour vous tous les sentimens de respect, de soumission et d'affection possibles. Conservez-moi donc, s'il vous plaît, un peu de part dans votre souvenir; et Dieu veuille que vous me l'accordiez à votre *Memento* au saint autel, lorsque vous célébrerez le sacrifice de la messe; et faites-moi l'honneur de me croire toujours, etc.

LETTRE CLVIII.

BOSSUET A UN JUIF RETIRÉ EN ANGLETERRE,

Qui, après avoir embrassé la religion catholique, l'avoit quittée pour passer chez les protestans (a).

A Saint-Germain, ce 2 mars 1686.

Quelle nouvelle pour moi que celle de votre sortie hors de l'Eglise ! Dieu m'a voulu humilier : car après ce que vous aviez écrit dans votre dernier ouvrage, je croyois que vous deviendriez un des plus grands défenseurs de notre sainte croyance, et je vous en vois l'ennemi : mais j'espère que je ne serai pas frustré dans mon attente. Dieu a voulu vous humilier aussi bien que moi par votre chute, pour vous rendre à son Eglise plus docile, plus soumis et par là plus éclairé. Je vis dans cette espérance; et cependant, en quelque moment que Dieu vous touche le cœur, venez à moi sans rien craindre : vous y trouverez un appui très-sûr pour toutes choses, un ami, un frère, un père, qui ne vous oubliera jamais, et jamais ne cessera de vous rappeler à l'Eglise par les cris qu'il fera à Dieu. Je ne vous ai point écrit jusqu'à cette heure, parce que j'ai appris que vous aviez été malade. Seroit-ce que Dieu auroit voulu vous parler dans cet état d'abattement? Tous les momens sont à lui. Hélas ! seroit-il possible que la confusion que vous trouvez aux lieux où vous êtes, ne vous fasse point souvenir de Sion et de sa sainte unité, ni sentir quel malheur c'est que d'avoir rejeté l'autorité de l'Eglise? Je ne veux

---

(a) Les protestans ont publié cette lettre à la fin du recueil dont nous avons déjà parlé, qui a pour titre : *La Séduction éludée*, pag. 80 et suiv. (*Les édit.*)

point disputer, et j'aime mieux finir en vous embrassant de tout mon cœur. Revenez, mon fils, etc.

LETTRE CLIX.

BOSSUET A UN RÉFUGIÉ (a).

A Meaux, ce 3 avril 1686.

Je continue à vous écrire, sans me rebuter de la réponse que vous avez faite à ma première lettre. J'y ai trop reconnu un caractère étranger et un style de ministre pour vous l'attribuer : en un mot, j'ai senti qu'elle ne venoit pas d'un esprit comme le vôtre : mais quand elle en seroit venue, je ne cesserois pas pour cela de vous inviter au retour.

J'ai vu dans une lettre que vous écrivez à Mademoiselle de V***, que la vraie Eglise ne persécute pas. Qu'entendez-vous par là, Monsieur ? Entendez-vous que l'Eglise par elle-même ne se sert jamais de la force ? Cela est très-vrai, puisque l'Eglise n'a que des armes spirituelles. Entendez-vous que les princes, qui sont enfans de l'Eglise, ne se doivent jamais servir du glaive que Dieu leur a mis en main pour abattre ses ennemis ? L'oseriez-vous dire contre le sentiment de vos docteurs mêmes, qui ont soutenu par tant d'écrits que la république de Genève avoit pu et dû condamner Servet au feu, pour avoir nié la divinité du Fils de Dieu ? Et sans me servir des exemples et de l'autorité de vos docteurs, dites-moi en quel endroit de l'Ecriture les hérétiques et les schismatiques sont exceptés du nombre de ces malfaiteurs contre lesquels saint Paul a dit que Dieu même a armé les princes[1] ? Et quand vous ne voudriez pas permettre aux princes chrétiens de venger de si grands crimes en tant qu'ils sont injurieux à Dieu, ne pourroient-ils pas les venger en tant qu'ils causent du trouble et des séditions dans les Etats ? Ne voyez-vous pas clairement que vous vous fondez sur un faux principe ? Et s'il étoit véri-

---

[1] *Rom.*, XIII, 4.

(a) C'est la seconde lettre que les Protestans ont donnée dans le petit ouvrage dont nous avons rendu compte plus haut : *La Séduction éludée*, pag. 22 et suiv. (*Les édit.*)

table, c'étoit donc les ariens, les nestoriens, les pélagiens qui avoient raison contre l'Eglise puisque c'étoit eux qui étoient les persécutés et les bannis, et que les princes catholiques étoient alors ceux qui persécutoient et qui bannissoient : et à présent encore les catholiques qu'on punit de mort en Suède et en tant d'autres royaumes, auroient raison contre ceux qui se disent évangéliques. Chacun à son tour auroit raison et tort ; raison en un endroit, et tort en un autre ; et la religion dépendroit de ces incertitudes. Mais c'en est trop sur cette matière pour convaincre un aussi bon esprit que le vôtre. Connoissez seulement que lorsqu'il plaît à Dieu de nous abandonner à nos propres pensées, les meilleurs esprits sont touchés par les moindres apparences.

La crainte que vous avez qu'on ne vous fasse adorer du pain, a dans votre prévention plus de vraisemblance. Considérez cependant, sans entrer dans cette controverse, qui passe les bornes d'une lettre; considérez, dis-je, que c'est une crainte pareille qui faisoit dire aux ariens et aux disciples de Paul de Samosate, qu'ils ne vouloient pas rendre les honneurs divins à un homme, à un enfant, à une créature, pour parfaite et privilégiée qu'elle fût. C'étoit la raison humaine, c'étoit les sens; c'étoit la prévention qui leur inspiroit ces vaines terreurs. Prenez garde que votre religion n'ait à leur exemple trop appelé les raisonnemens et les sens humains à son secours, et que votre peine ne vienne de l'habitude à les suivre.

Quoi qu'il en soit, vous voyez que vos réformateurs n'ont fait autre chose que renouveler des querelles terminées, il y a déjà six cents ans, quand Bérenger les émut : et si vous révoquez en doute le jugement qui a été rendu contre lui, les autres douteront avec autant de raison de tous les conciles précédens ; et nous voilà à examiner de nouveau tout ce qui a été décidé, comme si nous commencions à être chrétiens, et que tout ce que nos Pères ont résolu ne servît de rien. Cela veut dire, en un mot, que si les chrétiens, quand ils ne seront pas d'accord sur le sens de l'Ecriture, ne reconnoissent une autorité vivante et parlante à laquelle ils se soumettent, l'Eglise chrétienne est assurément la plus foible de toutes les sociétés qui soient au monde, la plus exposée à d'irrémédiables divisions, la plus abandonnée aux novateurs et aux factieux. C'est à quoi vos ministres, avec toutes leurs subtilités, n'ont jamais pu trouver aucune réponse; et ils se contentent de nous apporter des exemples où ils prétendent que les conciles n'ont pas toujours bien décidé, tous exemples faux ou mal allégués. En un quart-d'heure de temps, vous qui avez de l'esprit, vous en seriez convaincu, et vous recevez ces choses avec trop de crédulité, sans les avoir jamais pu examiner.

Mais sans vous jeter dans ces discussions, considérez seulement s'il est vraisemblable que Dieu, qui a permis qu'il y eût tant de profondeurs dans l'Ecriture, et que de là il soit arrivé tant de schismes entre ceux qui font profession de la recevoir, n'ait laissé aucun moyen à son Eglise de les pacifier; de sorte qu'il n'y ait plus de remède aux divisions que de laisser croire chacun à sa fantaisie, et conduire par là insensiblement les esprits à l'indifférence des religions, qui est le plus grand de tous les maux. Songez, Monsieur, songez à cela; écoutez votre bon sens, et non pas les subtilités des ministres qui, à quelque prix que ce soit, veulent défendre leurs préjugés, et ne passer pas pour des docteurs de mensonge. C'en est assez; pesez ces choses.

Excusez les endroits où mon écriture vous paroîtra un peu brouillée : il vaut mieux que vous voyiez la simplicité d'un frère qui cherche à gagner son frère, que la politesse d'un discours étudié. Venez, et assurez-vous que je ferai tout pour votre personne, que j'estime et qui m'est chère, et que je suis cordialement, etc.

LETTRE CLX.

BOSSUET A MONSIEUR HERMANT,

DOCTEUR DE SORBONNE, ET CHANOINE DE BEAUVAIS.

A Versailles, ce 22 mai 1686.

J'ai reçu, Monsieur, votre lettre du 20, et je vous en suis tres-obligé. Je lirai Grotius, les notes du Père Quesnel sur saint Léon, et Forbesius (*a*). J'ai lu Cassander et les mémoires concernant le concile de Trente. Je verrai Martel, si vous croyez que cela soit fort utile. Mais comme je n'ai pas dessein de m'engager dans de longs discours, mais de mettre en main des bien intentionnés quelque chose de serré et de précis, je ne me chargerai que de ce qui sera absolument nécessaire et décisif. Je tâcherai de profiter de vos lumières. J'attends ce que vous prenez la peine de recueillir; et après vous avoir demandé pardon de tant de peines que je vous donne, je vous dirai néanmoins que vous ne devez pas trouver surprenant si, persuadé comme je suis de votre capacité, de votre zèle et de l'amitié dont vous m'honorez depuis si long-temps, je vous donne de semblables fatigues. Je suis avec toute l'estime posible, etc.

LETTRE CLXI.

BOSSUET A DOM THIERRI RUINART, RELIGIEUX BÉNÉDICTIN.

A Meaux, ce 11 juin 1686.

Je vous suis très-obligé des remarques que vous m'avez envoyées. Je vous prie de faire encore pour moi une recherche dans la *Vie de saint Ambroise*, à l'endroit où il est parlé de la communion que saint Honorat de Verceil lui donna à l'heure de sa mort, au rapport de Paulin. Je trouve dans cette *Vie*, comme elle est dans Surius et dans quelques éditions de saint Ambroise, le mot *deglutivit*, qui semble marquer la seule espèce solide : mais je n'ai pas trouvé ce mot dans toutes les éditions de cette *Vie*; et j'en ai vu une, je ne me souviens pas bien laquelle c'est, où ce mot n'est point, mais seulement *recepit*. Vous me ferez plaisir d'assurer la vraie leçon par les manuscrits; et même si vous

---

(*a*) Plusieurs protestans de ce nom ont écrit sur la controverse. Guillaume *Forbes* ou *Forbesius*, premier évêque d'Edimbourg, mort en 1634, a composé, dans la vue de concilier les différends de religion, l'ouvrage intitulé : *Considerationes modestæ et pacificæ controversiarum, de justificatione, purgatorio, invocatione Sanctorum, Christo mediatore et Eucharistiâ*. Ce livre fut imprimé après la mort de l'auteur, dont le fils s'est fait catholique. Jean *Forbes* a donné des *Institutiones historico-theologicæ*, réimprimées avec ses autres ouvrages, à Amsterdam, en 1703, 2 vol. in-fol. (*Les édit.*)

n'avez pas la chose présente, d'en communiquer avec vos Pères qui travaillent sur saint Ambroise. Je me suis si bien trouvé de vos remarques, que je ne crains point de vous donner encore la peine de faire celle-ci : je vous en serai très-obligé. Je suis avec une estime particulière, etc.

LETTRE CLXII.

DOM RUINART A BOSSUET.

De l'Abbaye de Saint-Germain-des-Pré , à Paris, ce 14 juin 1686.

Je me suis acquitté avec le plus d'exactitude qu'il m'a été possible, de la commission dont Votre Grandeur a bien voulu m'honorer touchant la *Vie de saint Ambroise* écrite par Paulin. Nos Pères qui travaillent à donner les ouvrages de ce saint, avoient déjà neuf manuscrits de conférés sur cette *Vie*. J'en ai trouvé outre cela cinq dans notre bibliothèque, que j'ai examinés ; et dans tous généralement on y lit : *Quo accepto, ubi glutivit emisit spiritum*. Les plus anciennes éditions ont la même chose. Celle de 1529 donnée à Paris par Chevallon, qui est d'Erasme tout pur, a ces paroles : mais celle de 1567 donnée à Bâle, quoiqu'elle soit marquée comme donnée sur celle d'Erasme, n'a que : *Quod ubi accepit, emisit spiritum* : ce qui fait croire que Cosserius, chanoine régulier d'Anvers, qui en est l'auteur, a le premier de tous changé cette leçon. Toutes les éditions qui ont paru depuis l'ont imité : au moins n'ai-je point vu d'autre leçon dans toutes celles qui sont ici depuis ce temps. Ceux qui ont donné les *Vies des Saints* se sont tenus à l'ancienne leçon. Les deux éditions de Surius à Cologne, dont la première est de 1578, et la seconde beaucoup augmentée en 1618, ont le mot de *glutivit* comme les manuscrits, aussi bien que Mombritius, qui est le premier de tous qui ait donné les *Vies des Saints*, et peut-être le plus fidèlement. Comme il étoit de Milan, on peut croire qu'il a eu de bons manuscrits de cette illustre église touchant cette vie. Au reste, tous les manuscrits et les meilleures éditions ayant le mot de *glutivit*, nos pères restitueront cet endroit : et je m'en suis assuré d'eux-mêmes, après leur avoir fait remarquer cette uniformité si grande des manuscrits et des bonnes éditions.

Votre Grandeur ayant eu assez de bonté pour bien recevoir les remarques que je lui envoyai dernièrement (*a*), j'ai cru qu'elle me permettroit bien d'y ajouter encore deux endroits de saint Cyprien, que j'ai cru pouvoir confirmer quelques endroits des remarques précédentes. C'est au même lieu d'où l'on tire cette célèbre histoire de la petite fille qui ne put avaler le sang de Jésus-Christ, où saint Cyprien exprime par le mot d'*Eucharistia* l'espèce du vin : ce qui se prouve, non-seulement par le mot de *calix* qui précède, mais encore par celui de *potus* qui suit : *De sacramento calicis infudit..... In corpore atque ore violato Eucharistia permanere non potuit. Sanctificatus in sanguine Domini potus, de pollutis visceribus erupit*[1].

L'autre est à l'occasion de ce qui est marqué dans la *Vie de sainte Eudocie*, que l'Eucharistie se changea en feu; ce qui semble étrange. Cependant saint Cyprien rapporte un même changement immédiatement après l'histoire précédente. « Une femme ayant tenté d'ouvrir avec des mains impures un coffre où le corps du Seigneur étoit renfermé, elle fut tout à coup arrêtée par la flamme qui s'éleva du milieu de ce coffre. » *Cùm quædam arcam suam,*

[1] Lib. *de Lapsis*, p. 189, édit. Baluz.

(*a*) Les remarques que Dom Thierri Ruinart avoit envoyées à Bossuet, regardent toutes la même matière : ce sont des extraits de différens auteurs, qui prouvent combien l'usage de la communion sous une seule espèce est ancien dans l'Eglise. Dom Ruinart accompagna ces extraits de la lettre suivante, qui nous fait voir avec quel soin les ouvriers que Bossuet mettoit en œuvre le secondoient dans ses travaux, et combien le prélat aimoit l'exactitude dans les recherches. « Voici ce que j'ai pu ramasser de divers auteurs, sur le dessein que Votre Grandeur a touchant la communion sous une seule espèce. J'aurois souhaité que mon recueil eût été plus abondant, parce qu'il auroit été plus digne d'être présenté à Votre Grandeur ; et j'ai de la confusion de ce que je ne remplis pas assez l'obligation à laquelle je me suis engagé. Néanmoins je n'ai rien négligé de ce que je croyois pouvoir servir à ce dessein. J'ai vu tous les auteurs dans lesquels je soupçonnois y devoir rencontrer quelque chose qui y eût du rapport : mais j'ai bien remarqué que les yeux plus clairvoyants que les miens y avoient déjà passé. Je n'ai pas cru cependant devoir laisser échapper les endroits que j'ai marqués dans ce petit recueil, afin d'avoir au moins la consolation d'avoir témoigné à Votre Grandeur, que j'ai fait tout mon possible pour lui donner quelque satisfaction. Je n'ai rien marqué que je n'aie tiré ou conféré avec l'original ; et je me persuade que si Votre Grandeur n'y trouve pas ce qu'elle souhaite, elle aura néanmoins assez de bonté pour m'excuser, étant avec un profond respect, etc. » (*Les édit.*)

in quâ Domini Sanctum fuit, manibus indignis tentasset aperire, igne inde surgente deterrita est[1]. Et un autre qui ayant reçu le saint Sacrement en mauvais état, « ne put ni toucher ni manger le corps du Seigneur, et qui ne trouva que de la cendre dans ses mains : » *Sanctum Domini edere et contrectare non potuit; cinerem ferre se, apertis manibus invenit*[2]. Les auteurs de la dernière édition d'Angleterre avouent ici qu'on gardoit l'Eucharistie; mais prétendent renverser la transsubstantiation, ne croyant pas qu'on puisse admettre que Jésus-Christ ait pu être changé en cendre, en supposant faussement que l'Eglise croit que la substance du corps de Jésus-Christ fût devenue en cette occasion de la cendre. J'ai cru que Votre Grandeur ne trouveroit pas mauvais que j'ajoutasse ici cet endroit, étant avec un très-profond respect et une soumission entière, etc.

LETTRE CLXIII.

MILORD PERTH A BOSSUET (a).

De Windsor, ce 25 juillet 1686.

Je sais qu'il n'y a point d'excuse qui puisse paroître suffisante sur ce que j'ai été si longtemps à vous répondre, après avoir reçu de vous une lettre si obligeante et si excellente. Outre toutes les autres raisons que vous aviez d'attendre de moi une prompte réponse et de très-humbles remercîmens, j'y étois particulièrement obligé par le respect que je vous dois, ayant l'honneur d'être votre fils. Mais permettez-moi de vous rendre compte d'une partie des occupations que j'ai eues durant ce dernier mois; et j'espère qu'au lieu d'être en colère contre moi, vous serez touché de quelque compassion.

Je ne doute pas que vous ne connoissiez le naturel inquiet de

---

[1] Lib. *de Lapsis*, pag. 189, édit. Baluz. — [2] *Ibid.*

(a) Cette lettre en suppose une que Bossuet avoit écrite au duc de Perth, mais qui ne nous est point parvenue. La lettre du lord ne marque pas l'année où elle a été envoyée : toutefois il est clair qu'elle doit être de 1686; car il y est fait mention de la *Lettre pastorale sur la Communion,* que le prélat avoit adressée cette année aux nouveaux convertis (*Les édit.*)

mes compatriotes, particulièrement lorsqu'ils peuvent couvrir leurs brouilleries du prétexte spécieux de la religion. Chacun peut juger si jamais gens de tête légère et de sang chaud, ont eu de plus beaux moyens de pousser leurs mauvais desseins aux dernières extrémités et à la violence. Un prince actif, zélé, hardi à entreprendre, et qui par ce qu'il a souffert constamment pour sa religion, a convaincu le monde de sa sincérité et de l'intérêt qu'il prend à l'avancement de la religion catholique, est monté sur le trône. Un royaume (a), des trois qui lui sont soumis, est présentement presque tout catholique. Dans le plus grand (b) et le plus florissant des trois, le nombre des catholiques n'est pas tout à fait méprisable. Notre pays (c), qui est le moins étendu et le moins fertile, a néanmoins un grand nombre d'hommes hardis et attachés à leurs sentimens au delà de ce qu'on peut dire, quand ils sont une fois convaincus de quelque chose. Les quartiers les moins accessibles, où les peuples sont plus belliqueux, sont la plupart convertis; ou bien il y a lieu d'espérer que lorsque la vérité leur sera proposée, elle y fera de grands progrès avec la bénédiction de Dieu, parce que le Roi est maître de toutes les terres de la comté d'Argyle, et que les autres appartiennent la plupart au duc de Gordon, qui y a de grands biens, au comte de Stafford et à moi. Les épiscopaux ne sont pas fort violens, et les affaires paroissent assez bien disposées pour triompher de l'erreur.

Ces choses inspirent une espèce de rage aux presbytériens, qui font la secte la plus nombreuse d'Ecosse, quoiqu'elle soit subdivisée en plusieurs autres branches de fanatiques. Elle est telle, qu'ils ne se contenteroient pas de couper la gorge à tous les catholiques, s'autorisant sur le commandement que Dieu fit autrefois de détruire les Amalécites; mais qu'ils seroient aussi capables de tremper leurs mains sacriléges dans le sang de leur souverain, et de réitérer dans la personne du fils le parricide barbare qu'ils commirent en la personne du Roi son père. Ils se tiennent en repos au logis, parce qu'ils n'osent faire autrement, mais ils tâchent d'exciter l'Angleterre. Ce royaume est moins facile à

(a) Le royaume d'Irlande. — (b) Celui d'Angleter . — (c) L'Ecosse.

émouvoir, parce que considérant ses lois qui sont assez favorables aux sujets, les peuples y sont plus soigneux à ne pas passer les bornes que ces mêmes lois donnent aux devoirs des sujets envers leurs rois. Ainsi ils ne se laissent pas aisément émouvoir par des suggestions mal fondées de crainte et de jalousie, pour commencer une rebellion de laquelle les Ecossais espéreroient un si grand avantage. Néanmoins, pour essayer si ceux qui ont dessein de faire leur devoir, en servant les catholiques, peuvent être détournés de bien faire, ils mettent en usage toutes sortes de menaces ; et ils disent que s'il arrive quelque notable changement, aucun catholique n'échappera, parce que selon les lois, entendre la messe et travailler à convertir quelqu'un à la foi catholique, sont crimes de haute trahison.

Les choses étoient en cet état, lorsque le Roi jugea à propos de convoquer son parlement d'Ecosse, afin que par son moyen il pût abroger les lois contre les catholiques, et leur assurer au moins ainsi leurs biens et leurs vies. J'étois d'un avis contraire, et je m'opposois à cette convocation par des raisons qui n'ont encore été réfutées par personne. Je savois que le Roi par ses prérogatives avoit assez de pouvoir pour faire plus qu'il ne demandoit au parlement ; qu'un acte du parlement décideroit ce qui étoit actuellement en question ; et que tous les actes qui établiroient seulement quelque repos aux catholiques et rien davantage, étoient autant d'exceptions par lesquelles la règle étoit confirmée de plus en plus, en tous les points qui n'étoient pas compris dans cette même exception ; qu'un prince protestant renverseroit bientôt un acte semblable ; au lieu qu'aucun prince n'étoit propre à disputer si l'usage que quelqu'un de ses prédécesseurs avoit fait de quelque point contesté de ses prérogatives royales, étoit légitime ou non, parce que la possession en est trop douce pour être abandonnée comme n'étant d'aucune utilité. Ainsi je ne fus pas fâché, lorsque le parlement refusa de consentir à ce qui lui étoit proposé. Présentement le Roi est convaincu de la vérité de ce que je lui disois ; et l'Ecosse est effrayée de voir que Sa Majesté fait beaucoup plus que ce que le parlement lui a refusé.

Je vous rends compte de tout ce détail, afin de vous faire voir en quel état j'étois lorsque j'ai reçu votre lettre. Depuis ce temps-là jusqu'à présent que le Roi mon maître m'a mandé pour recevoir ses ordres touchant le gouvernement du royaume pour l'avenir, mon emploi a été beaucoup au-dessus de mes forces. Car milord grand commissaire étant un homme peu versé dans les affaires de cette nature, et ayant plus de réputation par son zèle pour le service du Roi que par sa capacité : l'avocat du Roi, qui est chargé de soutenir les intérêts de Sa Majesté dans les débats et conférences du parlement, ayant par sa mauvaise conduite obligé le Roi de lui ôter sa charge ; milord greffier, autre officier très-nécessaire et le principal homme d'affaire pour Sa Majesté étant tombé malade, je me suis trouvé chargé du poids de toutes les affaires : ainsi je me suis vu obligé d'étudier toutes les nuits ce que j'avois à faire le lendemain. J'ai eu à répondre à toutes les objections proposées contre nous, et à donner tous les ordres nécessaires. C'est pourquoi il m'a été impossible avant ce temps-ci d'avoir l'honneur de m'acquitter de ce que je vous dois.

Si je vous rends compte de tout le détail des occupations que j'ai eues ces derniers mois, c'est que je suis sûr que personne de ceux qui me connoissent n'auroit cru que j'eusse pu soutenir un si grand fardeau d'affaires aussi fâcheuses, ni en venir à bout parmi la contradiction et la malice des uns, jointe à la négligence et aux fourberies des autres. Car si on en excepte le duc de Gordon en Ecosse et en Angleterre mon frère, qui est votre très-humble serviteur, je n'ai eu aucun secours de personne. Mais espérant que ce que je vous ai dit servira à justifier mon silence, je commencerai à vous rendre de très-humbles graces du souvenir charitable que vous avez eu d'un pauvre malheureux comme moi. Je vous ai déjà dit, et je ne puis le répéter assez souvent, que vous ne pouvez me donner de plus grandes marques de votre bonté que de prier souvent pour moi, et de me donner votre bénédiction avec un cœur aussi plein de tendresse : ce qui m'est tellement cher, que je ne puis vous l'exprimer.

Je n'ai pas encore reçu votre excellente *Lettre pastorale* (a),

(a) Aux nouveaux convertis, *sur la Communion paschale.*

ni l'*Oraison funèbre* (*a*) que vous m'avez envoyée, parce que le paquet étant trop gros pour la poste, il a été envoyé par une autre voie et qu'il n'est pas encore arrivé. J'ai néanmoins à présent la lettre en anglois : elle m'a donné une grande joie et une pareille édification. Je l'ai déjà fait imprimer à Edimbourg : car tous vos ouvrages font un tel effet sur moi, que je ne suis pas en repos jusqu'à ce que je les aie rendus publics pour l'avantage des autres. Si tous ceux qui les lisent y profitent autant que j'ai fait, j'aurai une grande joie de les avoir fait publier, par plusieurs raisons : entre autres, parce que votre grand mérite et vos rares qualités seront ainsi parmi nous en grande vénération, comme en effet personne ne vous peut connoître sans avoir pour vous une estime qu'il n'est pas possible d'exprimer.

Je suis fâché de ne pouvoir encore vous envoyer quelques mémoires de ce qui s'est passé ici dans la naissance de l'hérésie, parmi notre nation. Le chevalier Robert Silbald, qui a un excellent recueil de tous ces mémoires en partie par mon moyen, est retombé dans son erreur, qu'il avoit quittée avec tant de zèle. Je crains qu'il ne fasse difficulté de me donner ces papiers, qui fournissent un grand argument contre lui-même. J'avois dessein de vous rendre compte ici de la malheureuse apostasie de ce misérable : mais vous en serez informé parfaitement dans quelques semaines par le précepteur de mon fils, à qui j'espère que vous voudrez bien donner votre bénédiction, lorsqu'il aura l'honneur de vous aller baiser les mains : c'est pourquoi je ne vous importunerai pas de ce récit. J'ajouterai seulement que le Roi a résolu de me donner assez d'autorité en Ecosse, et des ordres si précis pour avancer la religion catholique, qu'il y a sujet d'espérer que les affaires iront assez bien. Vous serez informé de temps en temps de nos difficultés et du progrès que nous ferons. Je serai souvent obligé dans mes peines d'avoir recours à votre charité pour vous demander vos avis, vos prières et votre bénédiction, que je vous demande présentement prosterné à vos pieds. Quoique je sois indigne de cet honneur, je suis néanmoins votre fils, et je n'ou-

---

(*a*) Probablement celle de Michel le Tellier, chancelier de France prononcée le 25 janvier 1686.

blierai jamais l'obligation que je vous ai, de ce que vous avez fait tomber de dessus mes yeux les écailles de l'ignorance, des préjugés et de la prévention. Je reconnois qu'après Dieu je vous dois ma conversion, et je comprends tous les jours de plus en plus le prix de cette bénédiction. Je prie Dieu que ma vie puisse être une continuelle expression de gratitude envers sa divine Majesté. J'espère aussi que je ne manquerai jamais d'avoir tous les sentimens de reconnoissance à votre égard, et j'en ai le cœur tellement rempli que je ne trouve point de paroles pour les exprimer.

Cependant, Monseigneur, je m'aperçois qu'en vous faisant des excuses de mon silence, je tombe dans une autre extrémité, et que je dois vous demander pardon de ce que je dérobe au public autant de votre temps précieux, que vous en perdrez à lire une si longue lettre. Je vous déclare sincèrement que si j'étois maître de moi, et que si la place dans laquelle la divine Providence m'a attaché ne m'engageoit pas à une résidence nécessaire, j'achèterois avec joie trois heures de conversation avec vous, en allant nu-pieds jusqu'à Meaux et demandant mon pain durant tout le chemin. Car de toutes les instructions que j'ai pu avoir, aucune ne représente les choses si clairement, ne les établit et ne les persuade si fortement, et ne dissipe plus parfaitement les ténèbres de l'ignorance que vos admirables écrits. Chaque lettre que je reçois de vous est un joyau pour moi : j'en reçois du profit et du plaisir, et elle m'échauffe dans mes bonnes résolutions : de sorte que non-seulement je me vois très-bien informé pour ce qui regarde l'entendement, mais je sens ma volonté déterminée de plus en plus au service de Dieu, et à avancer les intérêts de la sainte Eglise.

Il faut aussi que je vous dise que, quoique j'aie toujours eu, même durant mon ignorance et dans l'hérésie, un profond respect pour le ministère apostolique des évêques, vous l'avez tellement augmenté par la manière admirable dont vous vous acquittez de tous les devoirs de l'épiscopat, que je crois remonter jusqu'à saint Cyprien, saint Augustin et saint Ambroise, ou au moins aux trois évêques des derniers siècles, pour qui j'ai la plus grande vénération, qui sont saint Charles Borromée, saint François de Sales et dom Barthélemi des martyrs : quoiqu'à la vérité, à l'égard de ces derniers, il y ait de la différence à faire en ce qui regarde la science et la force de l'expression, qui est plus grande dans les premiers.

Si je pouvois vous informer de quelque chose de ce pays-ci qui fût digne de vous être mandé, et dont vous ne fussiez pas informé par de meilleures mains, je le ferois très-volontiers : mais ce seroit une chose inutile de vous en fatiguer, parce qu'on est assez bien informé par les avis publics. J'ajouterai seulement que ce que le Roi a fait en mettant en commission l'office de vicaire général, et en chargeant de cette commission l'archevêque de Cantorbéry, les évêques de Durham et de Rochester, le chancelier, le trésorier, le président du conseil, et le chef de justice, alarme extrêmement les évêques et les ministres protestans. Ce que Sa Majesté a aussi fait en mettant dans son conseil d'Etat le comte de Powis, milord Arundel, Bellasis et Dover, est encore une démarche qui ouvrira la porte à un nouvel avantage pour les catholiques. Avant ce temps-là, mon frère milord Melford et moi avions pris séance dans le conseil; mais nous y étions entrés étant encore protestans : au lieu que ceci est clair, et que c'est un exercice du pouvoir de dispenser des lois, dont on parle tant : de sorte que, selon mon avis, les protestans seront convaincus par là que le Roi est résolu d'achever son ouvrage. Enfin, Monseigneur, je n'ajouterai plus rien à cette longue lettre que de très-humbles prières, pour vous supplier de me continuer vos bonnes graces et votre charité, comme à celui qui est, etc.

LETTRE CLIV.

BOSSUET A MONSIEUR DE RANCÉ ABBE DE LA TRAPPE.

A Paris, ce 14 septembre 1686.

Toute la compagnie, Monsieur, arriva mercredi à Versailles, en bonne santé. La première chose que j'y appris fut la promotion, et vous pouvez juger de la joie que j'ai de celle de notre ami

M. de Grenoble. Je trouvai ses frères qui venoient faire de sa part au Roi un compliment de soumission, qui fut bien reçu; et ils lui ont dépêché un courrier, pour lui dire que Sa Majesté agréoit qu'il acceptât le bonnet. J'ai appris que certaines gens n'ont pu tout à fait dissimuler leur mécontentement. Quelques-uns croient que le nouveau cardinal viendra ici : pour moi je le souhaite par rapport à ma satisfaction : du reste hors qu'on ne le mande, à quoi je vois peu de disposition, ou qu'il n'y ait quelque raison que je ne sais pas, je crois qu'il doit demeurer, et qu'il le fera ainsi, attendant que les occasions de servir l'Eglise lui viennent naturellement.

Je vous prie de vouloir bien dire à M. de Saint-Louis que je n'ai pas manqué de dire à M. de Louvois l'état où je l'ai trouvé à la Trappe, et combien il étoit touché de ses bontés. Cela a été bien reçu : je n'ai pas cru devoir en dire davantage pour cette fois. Dans le peu de temps que j'ai été à Versailles, je n'ai pas eu occasion de parler de vous au Roi, et je n'ai pas rencontré MM. de Saint-Ponange. Mais je me charge de bon cœur de la sollicitation de la pension dans le temps, dont je le prie de m'avertir.

J'espère aller demain coucher à Meaux, où j'apprendrai toujours avec joie des nouvelles de votre santé. Mais surtout quand il y aura la moindre chose à faire pour votre service, vous ne sauriez me faire un plus sensible plaisir que de m'en donner la commission. Je suis à vous, Monsieur, comme vous savez, et je prie Dieu qu'il vous continue ses bénédictions. M. Pelisson a été fort touché de vos bontés; et M. le contrôleur-général très-ravi d'apprendre la continuation de votre amitié et de vos prières.

LETTRE CLXV.

BOSSUET A MONSIEUR L'ABBÉ NICAISE,

CHANOINE DE LA SAINTE CHAPELLE DE DIJON.

A Germigny, ce 7 octobre 1686.

Vous m'avez fait grand plaisir, Monsieur, de m'envoyer les louanges de Monseigneur le cardinal le Camus, et je les ai trouvées dignes de lui. Il y a beaucoup de bonne latinité, et un style fort coulant dans ces poésies, avec de beaux sentimens.

Je ne savois pas que l'auteur des Idylles fût M. de Longepierre (a) de notre pays. Je prends beaucoup de part à la gloire qu'il peut attirer à la patrie, et je souhaite seulement que son cœur ne se ramollisse pas en écrivant des choses si tendres.

Je n'ai rien vu encore de la Bibliothèque historique (b), et je n'en verrai rien que je n'aie appris de quelque homme judicieux, si la chose en vaut la peine; car on perd beaucoup de temps en ces bagatelles.

Les écrits de M. Jurieu sont du dernier emportement; et il ne les faut voir que quand on y est forcé pour défendre la cause de l'Eglise. Je suis avec toute l'estime possible, etc.

LETTRE CLXVI.

MILORD PERTH A BOSSUET.

Au château de Drummond, ce 15 octobre 1686.

Dans ma dernière lettre je vous rendis compte de la situation de nos affaires en ce pays, afin que le récit du malheureux état où nous sommes, par la dureté d'un peuple opiniâtre, pût vous exciter à nous plaindre, et à nous recommander à Dieu dans vos prières. Aujourd'hui je ne vous importunerai que de choses qui me regardent personnellement.

Peut-être que déjà mon fils s'est jeté à vos pieds pour vous demander votre bénédiction : c'est sur cela que je me donne l'hon-

(a) Hilaire-Bernard de Requeleyne, seigneur de Longepierre, secrétaire des commandemens de M. le duc de Berri, et depuis gentilhomme ordinaire de M. le duc d'Orléans. Il donna en 1684, 1686 et 1688, des remarques sur Anacréon et sur Sapho, Bion, Moschus et sur les Idylles de Théocrite, avec une traduction en vers de tous ces poètes. En 1690, il publia encore un recueil d'Idylles, qui forme un volume in-12. Il est auteur de plusieurs autres ouvrages du même genre : mais l'on assure que les sages réflexions qu'il fit dans la suite le portèrent à désirer de pouvoir anéantir toutes ses traductions, dont Bossuet fait assez sentir ici le danger. M. de Longepierre mourut le 30 mars 1721.

(b) Jean Le Clerc, protestant, commença ce journal en 1686, et le finit en 1693. Il a été imprimé à Amsterdam, et forme vingt-cinq volumes, sans la table qui fait le vingt-sixième. Le Clerc a repris dans la suite ce journal sous d'autres titres.

neur de vous écrire, afin de vous prier de l'honorer de votre protection, et de prier Dieu que la grace qu'il lui a faite de le faire catholique soit augmentée en lui de plus en plus, et qu'il en retire tout l'avantage possible. C'est une grace dont il est redevable à vos écrits ; car il est vraisemblable que si je ne les avois pas vus, il ne seroit pas ce qu'il est. J'avoue que j'abuse avec trop de liberté des bontés que vous me témoignez : mais j'espère que vous pardonnerez à celui qui regarde comme son plus grand bonheur de se pouvoir considérer comme votre fils, et dont le respect et la vénération pour vous ne se peut exprimer. Mon frère, milord Melford, vous honore aussi très-parfaitement. Je ne puis m'empêcher de vous dire encore, qu'il y a quelque chose de tout à fait singulier dans l'affection et le respect avec lequel je suis, etc.

Je vous demande très-humblement votre bénédiction.

LETTRE CLXVII.

MILORD PERTH A BOSSUET.

Edimbourg, ce 16 novembre 1682.

Si je pouvois vous exprimer ma reconnoissance pour tant de bontés que vous avez témoignées à mon fils, je me hasarderois de l'aller faire moi-même, nonobstant tous les périls imaginables auxquels il faudroit m'exposer : car je ne croirois pas en pouvoir trop faire pour vous donner des preuves convaincantes de ma reconnoissance. Mais je vous suis redevable de tant de choses, et je sais si peu comment m'acquitter, que les paroles me manquent sur ce sujet. Je me dois moi-même à votre charité, qui vous a excité à donner au public un livre de controverse le plus instructif qui ait paru en ce siècle, et dans lequel les vérités divines sont expliquées avec tant de netteté, et les erreurs des ennemis de l'Eglise si bien représentées selon leur difformité naturelle, avec leurs terribles conséquences, qu'au lieu de s'étonner du grand nombre de conversions que cet excellent traité a produites, je m'étonne qu'il n'en fait pas encore davantage. Je regarde comme pour moi seul le bien que vous avez fait au public par cet ouvrage, et je mets comme à un second rang toutes les autres choses qu'on en peut dire. En cela vous ne pouviez m'avoir en vue plutôt que tous les autres, qui sont assez malheureux que d'être hors du sein de l'Eglise. Mais les obligations particulières que je vous ai depuis ma conversion me font voir que, non-seulement vous pensez à moi, mais que vous prenez de ma personne un soin qui est fort au-dessus de mon peu de mérite. Mais si mon extrême reconnoissance des obligations que je vous ai pouvoit m'en acquitter au moins en partie, et si des prières pour mon généreux bienfaiteur et des vœux pour lui souhaiter une longue et heureuse vie pouvoient avoir quelque proportion à mes obligations, j'oserois dire que j'ai fait sur ce sujet tout ce que je suis capable de faire.

Il étoit de mon devoir de commander à mon fils d'aller se jeter à vos pieds, pour vous témoigner mon extrême reconnoissance de la plus grande obligation qu'on puisse avoir, et qui lui est commune et à toute ma famille, qui est devenue présentement toute catholique, ou qui est prête à le devenir, fort peu ayant résisté à la vocation de Dieu qui a paru si clairement en ma conversion, et pour vous prier d'avoir pitié de ces tendres plantes qui se trouvent dans une terre si ingrate.

Je prétendois bien. qu'il vous demandât vos prières et votre bénédiction pour lui et pour nous : mais je ne prétendois pas vous demander autre chose, sinon la bénédiction qu'il vous demandoit, et que vous jetassiez les yeux sur le fils de celui qui se fait un grand honneur d'être le vôtre, et qui s'estime très-heureux et ressent tous les jours une nouvelle joie d'avoir connu votre mérite par vos écrits, qui me paroissent tels que s'ils avoient été dictés du ciel par un ange.

J'ai de la confusion que vous ayez pris tant de peine à l'occasion de mon fils, ou qu'il ait paru devant vous autrement que pour vous demander votre bénédiction. Un enfant élevé au collége, à la campagne et en Ecosse, ne méritoit pas que vous lui témoignassiez tant de considération : mais votre bonté vous a fait passer par-dessus toutes les raisons qui le rendoient indigne de tant de faveurs et de tant de marques de bonté. Il est fils d'un homme qui vous honore parfaitement; il est catholique par votre moyen, aussi bien que le reste de ma famille; il est étranger au pays où il est : ce sont les raisons qui lui ont attiré les marques de votre amitié. La récompense des actions dont la charité est le principe doit venir du ciel, de même que la charité qui les produit. Ainsi tout ce que nous pouvons faire pour y répondre est de tourner les yeux vers le ciel, afin d'obtenir qu'elle vous soit accordée.

J'ai commencé à chercher quelques mémoires sur ce qui concerne l'origine et le progrès de l'hérésie en ce royaume, pour vous les envoyer. Mais les protestans ont pris de grandes précautions, pour empêcher que la postérité ne pût être informée des ressorts secrets qui ont fait mouvoir la maudite machine par laquelle la religion a été renversée dans ce pays, qui étoit autrefois appelé *le pays des saints*; et par laquelle ce royaume autrefois si heureux, est devenu le théâtre de tant d'horribles tragédies, et une maison pleine de fous, où chacun prétend être seul inspiré pour l'instruction des autres, où personne ne veut entendre ni la raison ni la vérité, mais où l'on a seulement grand soin de nous tenir dans l'ignorance des moyens qu'on a mis en usage pour perdre la posterité. Ainsi à l'exception de Spotsuood, archevêque de Saint-André, qui nonobstant sa dignité de primat a écrit comme un prédicateur fanatique qui ne mérite aucune créance, nous n'avons aucune bonne histoire de ces affaires. Plusieurs personnes néanmoins m'ont promis des mémoires sur ce sujet; et si je puis avoir des informations authentiques, je ne manquerai pas de vous les envoyer par celui qui me sert d'interprète. Je vous écrirois plus souvent, si je ne craignois de vous être importun : ainsi je ne vous le serai pas davantage, si ce n'est pour vous demander votre bénédiction paternelle; et pour cela je me jette à vos pieds, comme étant, etc.

LETTRE CLXVIII.

MILORD PERTH A BOSSUET.

Edimbourg, ce 15 janvier 1687.

Les obligations que je vous ai sont, il y a déjà longtemps, au delà de tout ce que je pourrois faire pour vous donner des preuves de ma reconnoissance, et du désir que j'aurois de vous la témoigner. Mais puisque c'est pour l'amour de Dieu que vous continuez à me donner de nouvelles marques de votre charité et de votre tendresse, je prie tous les jours sa divine bonté de vous en récompenser mille fois au delà de ce que je pourrois faire pour vous témoigner combien je suis reconnoissant. Celui qui par sa miséricorde envers moi vous a inspiré pour moi une tendresse paternelle, peut seul donner la récompense de tout ce qu'il excite à faire pour lui ; et j'espère avec une entière confiance qu'il le fera, non-seulement pour les offices de charité dont vous nous comblez tous les jours moi et mon fils, mais encore plus pour les avantages que sa sainte Eglise reçoit tous les jours de votre savante, pieuse, judicieuse et éloquente plume.

J'ai fait tout nouvellement imprimer ici votre livre de l'*Exposition de la Foi* et votre *Lettre pastorale*. J'espère avoir tous les jours de quoi vous entretenir sur les bons effets de cette publication. Je souhaite que le premier de ces deux ouvrages ait ici le même effet sur les autres qu'il a eu sur moi. Je remercie Dieu tous les jours de ce qu'il est tombé entre mes mains, d'autant plus qu'il est fort remarquable que ce fut un ministre qui me l'envoya, comme un livre plus propre à satisfaire la curiosité qu'à déterminer le jugement en matière de religion. Mais lorsque les hommes ne songent qu'à leur divertissement, Dieu tout-puissant le change quelquefois en quelque chose de plus sérieux : et saint Augustin n'ayant d'autre dessein que d'écouter avec plaisir l'éloquence de saint Ambroise, remporta la semence des scrupules qu'il jeta dans son cœur, et qui par un miracle étant venus à maturité, produisirent le fruit d'une parfaite conversion.

Mon frère Melford vous est infiniment obligé de la bonté que vous avez pour lui, et de l'espérance que vous témoignez qu'il continuera aussi bien qu'il a commencé. Je suis obligé d'avouer que si j'avois à proportion autant de bonnes qualités que lui, j'espérerois avec la grace de Dieu faire ici quelques progrès : non-seulement j'en suis fort éloigné, mais encore je suis honteux de me trouver comme le fou dont parle Salomon, à qui on a mis entre les mains quelque chose de grand prix, dont je ne sais pas faire tout l'usage que je pourrois. Que ne feroient pas quelques personnes dans le poste où je suis? Mais hélas! quand je considère ce que je dois à Dieu, à ma patrie engagée dans l'erreur, au service du Roi et à cette sainte société de laquelle je suis, quoique le dernier, et aux catholiques de ce pays-ci, je ressens une extrême confusion : si peu de zèle, si peu de forces, si peu de secours, tant d'oppositions et si peu de gens qui m'assistent, sont des considérations qui ne me donnent guère de consolation.

Les catholiques qui sont ici, peuvent dire avec saint Paul qu'ils sont exposés comme en spectacle. Ils sont en petit nombre; et leurs saintes maximes sont si peu connues, qu'on regarde comme des monstres ceux qui tiennent de semblables maximes. Ils ne s'accordent pas même fort bien ensemble, faute de s'appuyer l'un l'autre; et nous avons assez de peine à nous maintenir tous dans une parfaite union. Les uns veulent être de saint Paul, et les autres d'Apollo. Nous en avons peu qui aient assez renoncé à eux-mêmes, pour remercier Dieu de ce que personne n'a aucun juste sujet de se servir de son nom, pour couvrir son attachement à ce qui passe pour une espèce de faction.

Le Roi a invité les bénédictins et les capucins de venir ici travailler dans la vigne de Notre-Seigneur, dont ce pays est au moins un petit coin, mais qui est bien rempli de ronces et de mauvaises herbes. Les jésuites y sont presque en aussi grand nombre que les ecclésiastiques y étoient auparavant : ainsi les gens d'église y seront en fort grand nombre. Mais comme ils font chacun un corps séparé et qu'ils ne prennent point de mesure ensemble, cela pourra produire une manière de procéder qui n'aura pas le même effet que si tous agissoient de concert, afin d'éviter le bruit et les méprises. Cependant chacun de ces corps en particulier a plus d'avantage que le clergé, parce qu'ils se réunissent tous sous leurs supérieurs : au lieu que le clergé n'a point de chef, si ce n'est un fort homme de bien, qui s'étant malheureusement engagé dans la conduite des affaires temporelles du duc de Gourdon, il est, ce semble, trop tard pour espérer qu'il puisse se dégager d'un tel labyrinthe. C'est pourquoi, mon très-illustre et très-charitable Seigneur, permettez-moi d'avoir recours à vous pour vous demander votre avis par charité et pour l'amour de Jésus-Christ, afin que nous puissions ensuite avoir recours au Roi, pour apporter les remèdes nécessaires au mal sous le poids duquel nous gémissons présentement.

J'ai déjà prié les missionnaires qui sont ici, tant les ecclésiastiques séculiers que les jésuites, de venir dîner avec moi tous les samedis, qui est le seul jour de la semaine auquel j'ai quelque loisir, les autres étant employés aux affaires. J'y ai destiné ce jour, parce que je crois que cela pourra être de quelque utilité. Après le dîner, nous lisons ensemble les nouvelles que nous recevons de tous les coins de ce royaume. Ils sont demeurés d'accord que je proposerois la méthode que nous devions tenir dans notre assemblée. D'abord nous avons proposé les moyens d'établir des ecclésiastiques dans les lieux où il y a d'anciens catholiques, et de choisir ceux qui sont les plus capables d'avancer l'Evangile de Jésus-Christ. Je me suis chargé de procurer de petites pensions pour les familles qui ne pourroient pas entretenir des ecclésiastiques sans cette assistance, et de cette manière les choses pourront devenir en meilleur état que par le passé. Ensuite nous avons songé aux moyens d'établir des ecclésiastiques dans les lieux où il n'y en a point, faisant en sorte que quelques personnes par principe de conscience ou par intérêt protégent ceux qu'on y pourroit établir, et d'expérimenter ainsi le succès que Dieu voudroit donner à leurs travaux.

J'ai ensuite demandé qu'on écrivît à tous les ecclésiastiques dispersés dans le royaume, afin qu'ils m'envoient des listes de tous les catholiques qui sont dans les lieux de leur établissement, et qui seroient capables de servir Sa Majesté dans les Cours de justice, ou dans le commandement des troupes, comme aussi de tous ceux qui sont pauvres, afin que Sa Majesté puisse pourvoir à leurs besoins. J'ai ensuite voulu m'informer dans toutes les provinces de ce royaume, combien on trouve de ministres convaincus de la vérité de la religion catholique, et qui ne demeurent attachés à la protestante que pour conserver leurs appointemens, afin qu'on pût les instruire de la méthode dont ils pourroient se servir dans leurs sermons pour tâcher de préparer les peuples à leur conversion.

Enfin j'ai prié ces ecclésiastiques que s'il arrivoit par méprise quelque inconvénient, ils me fissent l'honneur de me consulter, s'ils m'en jugeoient capable, comme un homme plus versé dans les affaires du monde qu'ils ne pouvoient l'être : qu'ainsi j'espérois avec le secours de Dieu trouver moyen d'accommoder toutes les affaires qui pourroient survenir entre des hommes si pieux et si raisonnables, avant qu'elles fissent du bruit dans le monde. De cette manière, tout indigne et incapable que je sois, je me trouve chargé d'un assez grand ouvrage.

Je vous expose toutes ces choses, Monseigneur, afin que, comme un médecin, quoique savant et habile, ne peut donner des remèdes convenables sans être pleinement informé de la constitution de son malade et des symptômes de sa maladie, vous soyez informé de l'état des choses, pour pouvoir proposer ce que vous jugerez le plus convenable à l'avancement de notre sainte religion en ce pays-ci, par rapport à notre état et aux circonstances présentes. Si vous le jugez à propos, vous m'enverrez vos avis tournés en telle manière que je puisse mettre entre les mains du Roi mon maître ce que vous m'écrirez.

Vous voyez, mon très-révérend Seigneur, la liberté que je prends. Mais depuis que Notre-Seigneur vous a fait l'instrument de ma conversion, j'ai considéré que la qualité de fils me donnoit une liberté à laquelle je n'aurois pas osé autrement prétendre auprès de vous : outre que la matière est très-importante, et que je ne vous demande votre secours qu'avec de très-humbles prières et pour l'amour de Notre-Seigneur : ainsi j'espère que vous me pardonnerez.

La bonté que vous témoignez à mon pauvre enfant est une obligation qui pénètre la partie la plus sensible de mon cœur. S'il s'en rend digne, il accomplira tous les souhaits que je fais pour lui. Il a beaucoup de périls et de piéges à éviter, étant justement dans le temps le plus dangereux de sa vie. Votre charité, votre bénédiction et vos prières seront de forts liens pour le tenir dans le devoir. La plus grande charité que vous lui puissiez faire, c'est d'exercer sur lui votre autorité paternelle, comme vous l'avez toute entière sur le père. J'espère qu'il se souviendra de ce que le Roi eut la bonté de lui dire à son départ. Je souhaite qu'il le puisse faire, d'autant plus que j'apprends que M. Vallace fait de son côté ce que Sa Majesté lui a dit : il en aura tout le bonheur, et moi toute la joie. Je vous avoue que je tremble pour cet enfant, quoique ce ne soit pas pour sa conservation, puisque la vie du monde ne dure qu'un moment, mais c'est pour son ame. Que je m'estimerois heureux, s'il savoit tout le prix de son innocence, et ce que c'est que d'être en grace avec Dieu ! Mais sa divine puissance suffit à toutes choses.

J'ai bien de la joie de ce que vous approuvez le choix que j'ai fait, en le mettant entre les mains de M. Innes. J'ose dire que si vous pénétriez au fond du cœur de ce digne ecclésiastique, vous l'approuveriez encore davantage : car il a une piété solide sans affectation, et un si grand zèle pour la gloire de Dieu, que j'ai passé quelquefois cinq heures entières avec lui sans croire presque que la conversation eût duré un quart d'heure. Mais il est accablé des affaires de son collége, qui se trouve fort incommodé par les dernières réparations de la rue, qui en ont fort diminué les rentes et l'ont presque entièrement détruit. Si par votre grand crédit vous pouvez procurer à cette pauvre maison quelque grace du Roi, qui a secouru avec tant de générosité et de bonté nos jésuites écossois de Douay, ce sera une grande œuvre de charité, et un moyen de fournir à ce pays un secours de missionnaires prêts à tout événement. Je vous demande très-humblement pardon, Monseigneur, de vous avoir fait ma lettre si longue : je la prolongerai seulement encore pour vous demander, prosterné à vos pieds, votre bénédiction, étant, etc.

LETTRE CLXIX.

BOSSUET A M. L'ÉVÊQUE DE SAINTES [a].

A Versailles, le 26 février 1687.

Première proposition. Si nous pouvons consentir qu'on amène par force aux mystères, c'est-à-dire à la messe, des gens qui disent tout haut qu'ils ne la croient pas.

Réponse. Je crois comme vous qu'avec une telle déclaration il faudroit plutôt les chasser de l'Eglise que les y faire venir : mais quand ils ne disent mot, et qu'ils sont contraints d'y venir par une espèce de police générale pour empêcher le scandale des peuples, encore qu'on présume et même qu'on sache d'ailleurs qu'ils n'ont pas la bonne croyance, on peut dissimuler par prudence ce qu'on en sait, tant pour éviter le scandale que pour les accoutumer peu à peu à faire comme nous.

IIe Proposition. Si on peut donner les sacremens à ceux qui, ayant toujours dit qu'ils ne croient rien de la religion catholique, veulent bien pourtant se confesser, mais non communier près de la mort, pour éviter les peines de l'ordonnance, ne répondant jamais sur leur foi que par équivoque.

Réponse. Il est certain déjà qu'on ne leur peut pas donner l'absolution dont ils sont incapables : pour la communion, on suppose qu'ils ne la demandent pas ; reste donc à examiner pour l'Extrême-Onction. Je réponds que s'il paroit qu'ils l'ont demandée et que depuis ils n'aient rien fait de contraire, s'ils viennent à perdre la connoissance, on ne leur peut refuser ce sacrement. La raison est que ce seroit déclarer l'incapacité qu'on a reconnue par la confession ; ce qui n'est pas permis. Que si étant en pleine connoissance, ils refusent la communion, ce refus doit être réputé un acte contraire à la demande de l'Extrême-Onction, puisque c'est une marque certaine d'incrédulité. On pourroit douter si la confession faite par un homme qui déclare à son confesseur qu'il ne

---

[a] Bossuet répond, dans cette lettre, à plusieurs questions que lui avoit adressées l'évêque de Saintes.

croit pas la religion catholique, oblige au secret, puisqu'en effet c'est plutôt une moquerie qu'une confession. Mais premièrement, un homme pourroit se confesser en cette manière : Je voudrois bien pouvoir croire, mais je n'en puis venir à bout, et je m'accuse de cette foiblesse. Secondement, quoiqu'il soit vrai qu'un incrédule qui ne veut jamais s'expliquer que par équivoque, et qui dans la confession vous déclare qu'il ne peut ni ne veut croire, en effet ne fait pas une confession, et qu'au fond on ne lui doive aucun secret : néanmoins il faut agir avec beaucoup de prudence, et respecter en quelque sorte même l'apparence de la confession, pour ne point rendre un sacrement si nécessaire, odieux aux infirmes.

Quant à ceux qui veulent bien recevoir l'Extrême-Onction avec connoissance, et ne veulent pas s'expliquer précisément sur la foi, on ne peut point la leur administrer sans participer à leur sacrilége.

IIIe et IVe Proposition. Si l'on peut recevoir parrains et marraines ceux qui ont ces sentimens, et qui ne les dissimulent pas, ou qui répondent avec équivoque; et si on peut les recevoir à se marier.

Réponse. Je ne les reçois ni à l'un ni à l'autre dans mon diocèse : car on ne peut recevoir parrains et marraines que ceux qui seront capables d'instruire l'enfant dans les sentimens de l'Eglise; et le Rituel même prescrit qu'on leur fasse faire profession de la foi catholique : et pour le mariage, ils sont trop certainement en mauvais état pour être capables de recevoir ce sacrement.

Ve Proposition. S'ils se fiancent, et après cela habitent ensemble sans la bénédiction nuptiale, est-il à propos de procéder contre eux par censure?

Réponse. Il n'y a nul doute en ce cas, qu'il faut procéder par censure, implorer le secours du magistrat comme contre un scandale public.

VIe Proposition. Pour les sépultures : on donne l'Extrême-Onction, et on enterre en terre sainte ceux qui ont toujours parlé comme protestans, et n'ont fait aucun acte de catholique, pourvu qu'à l'extrémité ils aient appelé un prêtre ; ce qu'on sait qu'ils font par intérêt, dans la crainte des peines de l'ordonnance : cela est-il canonique?

Réponse. La règle que je donne dans mon diocèse à l'égard de la sépulture en terre sainte, est de la donner ou de la refuser aux nouveaux catholiques dans le même cas qu'aux anciens. Si l'ancien catholique n'a pas satisfait au devoir pascal, et qu'il soit surpris de la mort sans avoir fait aucun acte, je lui fais refuser la terre sainte : de même au nouveau catholique, quoiqu'en ce cas il n'encoure point la peine de l'ordonnance, et qu'il n'y ait à s'adresser au magistrat que pour éviter les inconvéniens d'avoir recélé sa mort. Que si on rapporte que l'ancien catholique a demandé un prêtre, je présume fort facilement pour le mort : et j'en fais autant pour le nouveau catholique, quelque présomption que j'aie au contraire, parce que la présomption de la pénitence étant la plus favorable, c'est celle qu'on doit suivre.

En général, j'évite autant que je puis de donner occasion à la justice de sévir contre le mort, parce que je ne vois pas que ce supplice fasse un bon effet. Il me paroît au reste, non-seulement que c'est la raison que les évêques se rendent maîtres de toutes ces choses, mais encore que c'est assez la disposition de la Cour.

LETTRE CLXX

BOSSUET A M. DE RANCÉ, ABBÉ DE LA TRAPPE.

A Meaux, ce 6 avril 1687.

Celui qui vous rendra cette lettre, Monsieur, est le chantre de mon église, nommé M. de Vitry. C'est un des meilleurs sujets de tout ce clergé, et peut-être un des meilleurs prêtres qu'on puisse connoître. Il désire avec passion de communiquer avec vous, et il a même des desseins de retraite, où je n'entre pas; car je suis persuadé que de bons prêtres comme lui ne sauroient mieux faire que de servir dans la milice cléricale, et de mourir sur la brèche. Il s'expliquera davantage à vous, si vous lui faites la grace de l'entendre, comme je vous en supplie. J'aurai une singulière consolation qu'il vous rapporte ici dans son cœur et dans ses discours, en attendant que j'aille vous voir ; ce qui sera, s'il plaît à Dieu, de meilleure heure que l'année passée et plus longtemps. C'est une des joies de ma vie, et personne assurément, Monsieur, n'est plus à vous que moi, etc.

LETTRE CLXXI.

BOSSUET A UN DISCIPLE DU P. MALEBRANCHE.

A Versailles, ce 21 mai 1687.

Je n'ai pu trouver que depuis deux jours le loisir de lire le discours que vous m'avez envoyé avec votre lettre du 30 mars (*a*). Je suis bien aise de peser ces choses avec une liberté toute entière, et sans être distrait par d'autres pensées : et si jamais j'ai apporté du soin à la compréhension d'un ouvrage, c'est de celui-là. Car comme vous autres Messieurs, lorsqu'on vous presse, n'avez rien tant à la bouche que cette réponse : On ne nous entend pas (*b*), j'ai fait le dernier effort pour voir si enfin je pourrai venir à bout de vous entendre. Je suis donc très-persuadé que je vous entends autant que vous êtes intelligible ; et je vous dirai ingénuement que je n'ai pas trouvé dans votre discours ce que vous nous promettiez autrefois à Monceaux et à Germigny, c'est-à-dire un dénouement aux difficultés qu'on vous faisoit. Vous nous dîtes alors des choses que vous vous engagiez de faire avouer à votre docteur : et moi je vous donnai parole aussi que s'il en convenoit, je serois content de lui. Mais il n'y a rien de tout cela dans votre discours : ce n'est au contraire qu'une répétition, pompeuse à la vérité et éblouissante, mais enfin une pure répétition de toutes les choses que j'ai toujours rejetées dans ce nouveau système ; en sorte que plus je me souviens d'être chrétien, plus je me sens éloigné des idées qu'il nous présente.

Et afin de ne vous rien cacher, puisque je vous aime trop pour ne vous pas dire tout ce que je pense, je ne remarque en vous autre chose qu'un attachement, tous les jours de plus en plus

---

(*a*) Cette lettre nous manque. — (*b*) C'est la réponse perpétuelle de tous les soi-disans philosophes et des hérétiques.

aveugle, pour votre patriarche : car toutes les propositions que je vous ai vu rejeter cent fois quand je vous en ai découvert l'absurdité, je vois que par un seul mot de cet infaillible docteur vous les rétablissez en honneur. Tout vous plaît de cet homme, jusqu'à son explication de la manière dont Dieu est auteur de l'action du libre arbitre comme de tous les autres modes, quoique je ne me souvienne pas d'avoir jamais lu aucun exemple d'un plus parfait galimatias. Pour l'amour de votre maître, vous donnez tout au travers du beau dénouement qu'il a trouvé aux miracles dans la volonté des anges ; et vous n'en voulez pas seulement apercevoir le ridicule. Enfin vous recevez à bras ouverts toutes ses nouvelles inventions. C'est assez qu'il se vante d'avoir le premier pensé la manière d'expliquer le déluge de Noé par la suite des causes naturelles ; vous l'embrassez aussitôt sans faire réflexion qu'à la fin elle vous conduiroit à trouver dans les mêmes causes et le passage de la mer Rouge, et la terre entr'ouverte sous les pieds de Coré, et le soleil arrêté par Josué, et toutes les merveilles de cette nature. Car si, par les causes naturelles, on veut entendre cette suite d'effets qui arrive par la force des premières lois du mouvement et du choc des corps, je ne vois pas comment le déluge y pourra plutôt cadrer que ces autres prodiges : et s'il ne faut que mettre des anges à la volonté desquels Dieu se détermine à les faire, par cette voie, quand il me plaira, je rendrai tout naturel, jusqu'à la résurrection des morts et à la guérison des aveugles-nés.

Je vous vois donc, mon cher Monsieur, tout livré à votre maître, tout enivré de ses pensées, tout ébloui de ses belles expressions. Vous citez perpétuellement l'Ecriture, et les simples pieux seront pris par là, sans considérer seulement que de tous les passages que vous produisez, il n'y en a pas un seul qui touche la question. Il en est de même des passages de saint Augustin. Pour entrer en preuve sur cela, il faudroit faire un volume : c'est pourquoi, en deux mots, je vous dirai que si vous voulez travailler utilement à réconcilier mes sentimens avec ceux du P. Malebranche, il me paroît nécessaire de procurer quelques entrevues aussi sincères de sa part qu'elles le seront de la mienne, où nous puissions voir une bonne fois si nous nous entendons les uns les autres. S'il veut du secret dans cet entretien, je le promets : s'il y veut des témoins, j'y consens ; et je souhaite que vous en soyez un. S'il se défie de ne pouvoir pas satisfaire d'abord à mes doutes, il pourra prendre tout le loisir qu'il voudra : et comme je ne cherche qu'un véritable éclaircissement qui me persuade qu'il a plus de raison que je n'ai pensé, et qu'il ne s'écarte pas autant que je l'ai cru de la saine théologie, j'aiderai moi-même à ce dessein. Cela est de la dernière conséquence : car pour ne vous rien dissimuler, je vois non-seulement en ce point de la nature et de la grâce, mais encore en beaucoup d'autres articles très-importans de la religion, un grand combat se préparer contre l'Eglise sous le nom de la philosophie cartésienne. Je vois naître de son sein et de ses principes, à mon avis mal entendus, plus d'une hérésie ; et je prévois que les conséquences qu'on en tire contre les dogmes que nos pères ont tenus, la vont rendre odieuse, et feront perdre à l'Eglise tout le fruit qu'elle en pouvoit espérer pour établir dans l'esprit des philosophes la divinité et l'immortalité de l'ame.

De ces mêmes principes mal entendus, un autre inconvénient terrible gagne sensiblement les esprits. Car sous prétexte qu'il ne faut admettre que ce qu'on entend clairement, ce qui réduit à certaines bornes est très-véritable, chacun se donne la liberté de dire : J'entends ceci, et je n'entends pas cela ; et sur ce seul fondement on approuve et on rejette tout ce qu'on veut, sans songer qu'outre nos idées claires et distinctes, il y en a de confuses et de générales qui ne laissent pas d'enfermer des vérités si essentielles, qu'on renverseroit tout en les niant. Il s'introduit, sous ce prétexte, une liberté de juger qui fait que sans égard à la tradition on avance témérairement tout ce qu'on pense ; et jamais cet excès n'a paru, à mon avis, davantage que dans le nouveau système : car j'y trouve à la fois les inconvéniens de toutes les sectes, et en particulier ceux du pélagianisme. Vous détruisez également Molina et les thomistes ; à certains égards je l'avoue : mais comme vous ne dites rien qu'on puisse mettre à la place, vous ne faites que payer le monde de belles paroles. Vous poussez si loin ce que vous avez pris de Molina, que lui-même n'auroit jamais osé aller si avant, et que ses disciples vous rejetteront autant que les autres, si en se donnant un jour le loisir de pénétrer le fond de votre doctrine, ils viennent à s'apercevoir que vous les avez vainement flattés. Enfin je ne trouve rien dans votre système qui ne me rebute : tout m'y paroît dangereux, même jusqu'à ces belles maximes que vous y étalez d'abord, parce que vous les proposez d'une manière si vague, que non-seulement on n'y peut trouver aucun sens précis, mais encore qu'on en peut tirer le mal plutôt que le bien.

Je ne demande pas que vous m'en croyiez sur ma parole : mais si vous aimez la paix de l'Eglise, procurez l'explication de vive voix que je vous propose, et menez-la à sa fin. Tant que le P. Malebranche n'écoutera que des flatteurs, ou des gens qui faute d'avoir pénétré le fond de la théologie, n'auront que des adorations pour ses belles expressions, il n'y aura point de remède au mal que je prévois, et je ne serai point en repos contre l'hérésie que je vois naître par votre système. Ces mots vous étonneront; mais je ne les dis pas en l'air. Je parle sous les yeux de Dieu et dans la vue de son jugement redoutable, comme un évêque qui doit veiller à la conservation de la foi. Le mal gagne : à la vérité je ne m'aperçois pas que les théologiens se déclarent en votre faveur; au contraire ils s'élèvent tous contre vous. Mais vous apprenez aux laïques à les mépriser : un grand nombre de jeunes gens se laissent flatter à vos nouveautés. En un mot, ou je me trompe bien fort, ou je vois un grand parti se former contre l'Eglise; et il éclatera en son temps, si de bonne heure on ne cherche à s'entendre avant qu'on s'engage tout à fait.

Le succès dont vous paroissez si satisfait dans votre discours, me fait peur. Car lorsqu'on a du succès en matière de théologie par l'exposition de la commune doctrine de l'Eglise, on a sujet de louer Dieu de la bénédiction qu'il donne aux travaux qu'il nous inspire. Mais lorsqu'on s'éloigne des sentimens de l'Eglise et de la théologie qu'on y a trouvée universellement reçue, le succès ne peut venir que de l'appât de la nouveauté, et toute ame chrétienne en doit trembler : c'est le succès qu'ont eu les hérétiques. Comme vous, ils se sont donné un air de piété, en nommant beaucoup Jésus-Christ et en se parant de son Ecriture. Comme vous, ils se sont souvent vantés de proposer des moyens de ramener les errans à la foi de l'Eglise. Mais il faut songer à cette parole : « Tous ceux qui m'appellent Seigneur, Seigneur, n'entreront pas pour cela dans le royaume de Dieu[1]. » Citer souvent l'Ecriture et n'en alléguer que ce qui ne sert de rien à la matière, c'est encore un des artifices dont l'erreur se sert pour attirer les pieux : et si vous ne convertissez les libertins et les hérétiques qu'en les jetant dans d'autres sortes d'erreurs, on ne vous sera non plus obligé qu'aux monothélites, lorsqu'ils se sont servis de leur erreur pour faciliter le retour des eutychiens.

Tout cela est encore bien général, je le confesse ; mais aussi ne veux-je pas entrer dans le détail. Je réserve ce détail à la conversation que je demande. Elle ne sera pas longue, si on veut : quatre ou cinq réponses précises à quatre ou cinq questions que j'ai à faire, me feront connoître si c'est avec fondement que je crains ce grand scandale dont je vous ai parlé, ou si mes terreurs sont vaines. Si on a aussi bonne intention que je le veux croire, on verra bientôt ce qu'il faudra dire pour donner des bornes aux vaines curiosités et aux nouveautés dangereuses. C'est à quoi je tends. Que si, sans jamais entrer dans le fond des inconvéniens de votre système, on se contente de nous dire toujours, comme on a fait jusqu'ici : On ne nous entend pas, sachez, Monsieur, qu'il n'en faudra pas davantage pour me confirmer dans mes craintes. Car ces hérétiques dont j'appréhende tant qu'à la fin on n'imite l'orgueil, comme déjà on en imite la nouveauté, prétendoient aussi toujours qu'on ne les entendoit pas : et c'étoit une des preuves de leur erreur, de ce que les théologiens ecclésiastiques ne pouvoient en effet jamais les entendre.

Ne croyez pas qu'en vous comparant aux hérétiques, je vous veuille accuser d'en avoir l'indocilité, ni ce qui les a enfin portés à la révolte contre l'Eglise ; à Dieu ne plaise : mais je sais qu'on y arrive par degrés. On commence par la nouveauté ; on poursuit par l'entêtement. Il est à craindre que la révolte ouverte n'arrive

[1] *Matth.*, VII, 21.

dans la suite, lorsque la matière développée attirera les anathèmes de l'Eglise, et après peut-être qu'elle se sera tue longtemps, pour ne pas donner de la réputation à l'erreur.

Voilà, Monsieur, vous parler comme on fait à un ami : et afin de m'ouvrir à vous un peu plus en particulier, je vous dirai que pour le peu d'expérience que vous avez dans la matière théologique, vous me paroissez déjà de beaucoup trop décisif. Croyez-moi, Monsieur, pour savoir de la physique et de l'algèbre, et pour avoir même entendu quelques vérités générales de la métaphysique, il ne s'ensuit pas pour cela qu'on soit fort capable de prendre parti en matière de théologie : et afin de vous faire voir combien vous vous prévenez, je vous prie seulement de considérer ce que vous croyez qui vous favorise dans mon *Discours sur l'Histoire universelle*. Il m'est aisé de vous montrer que les principes sur lesquels je raisonne, sont directement opposés à ceux de votre système. Si de secondes réflexions vous le font ainsi apercevoir, vous m'aurez épargné le travail d'un long discours : sinon, je veux bien pour l'amour de vous prendre la peine de vous désabuser sur ce sujet, afin que vous ayez du moins cet exemple de ce que peut la prévention sur votre esprit. Je ne vous en écrirai ici que ce mot : qu'il y a bien de la différence à dire, comme je fais, que Dieu conduit chaque chose à la fin qu'il s'est proposée par des voies suivies, et de dire qu'il se contente de donner des lois générales, dont il résulte beaucoup de choses qui n'entrent qu'indirectement dans ses desseins. Et puisque, très-attaché que je suis à trouver tout lié dans l'œuvre de Dieu, vous voyez au contraire que je m'éloigne de vos idées des lois générales, de la manière dont vous les prenez : comprenez du moins une fois le peu de rapport qu'il y a entre ces deux choses. Sauvez-moi par une profonde et sérieuse réflexion la peine de m'expliquer ici davantage; et surtout ne croyez pas que je ne mette pas en Dieu des lois générales et un ouvrage suivi, sous prétexte que je ne puis me contenter de vos lois plutôt vagues que générales, et plutôt incertaines et hasardeuses que véritablement fécondes (*a*).

(*a*) Bossuet voulant d'abord entrer un peu plus avant dans la matière, avoit ajouté à son manuscrit, dans sa copie, les paroles suivantes, qu'il a ensuite

Vous avez dû présentement recevoir l'*Oraison funèbre* (*a*) par la voie de Pralard. Je vous prie de m'en accuser la réception, afin que si on a manqué à mes ordres, j'y supplée. Les *Variations* s'avancent, et vous en aurez des premiers. Mais si vous aimez l'Eglise, venez procurer la conversation que je vous demande; et donnez-y de si bons ordres par vos amis, qu'elle se fasse. Il y aura de mon côté, non-seulement toute l'honnêteté, mais encore toute la sincérité et toute la sûreté qu'on y pourra désirer. Assurez-vous du moins que je parlerai nettement : en sorte qu'on pourra bien n'être pas dans mon avis, mais qu'on ne dira point qu'on ne m'entend pas.

LETTRE CLXXII.

BOSSUET AU R. P. RAPIN, DE LA COMPAGNIE DE JÉSUS (*b*).

Meaux, 3 août 1687.

J'avois, mon révérend Père, à vous remercier du *Magnanime*, quand votre lettre est venue m'obliger à un nouveau remerciement, par les honnêtetés qu'elle contient.

Il y aura dans l'éloge de Monsieur le Prince, de quoi contenter la délicatesse de vos lecteurs, et en particulier toutes celles de Monseigneur [Henri-Jules de Bourbon]. Il ne me sera pas difficile de lui dire beaucoup de bien d'un ouvrage pour qui j'ai toute l'estime possible. Je vous serai très-obligé de faire mes remerciemens très-humbles à Monsieur d'Entrague.

---

barrées, parce qu'il a cru devoir pour le moment se borner à ce qu'il venoit de dire : « Dieu est un, et dans ses ouvrages n'a qu'une seule pensée. Cette pensée si simple et si unique, ne se peut développer au dehors que par une prodigieuse multiplicité d'effets; et tous ces effets, qui expriment cette unique pensée, dès là sont toujours unis entre eux. » (*Les prem. édit.*)

(*a*) De Louis de Bourbon, prince de Condé, prononcée le 10 mars 1687.

(*b*) Le *Traité du grand et du sublime dans les mœurs*, par le P. René Rapin (Paris, 1686, in-12), étoit consacré à la gloire de Louis XIV, du premier président Lamoignon, de Turenne et de Condé. Ce dernier n'ayant point paru satisfait de la part de louange que le livre lui avoit faite, on avoit cherché à l'indisposer contre l'auteur. Le P. Rapin, voulant témoigner publiquement combien il admiroit Condé, composa le livre intitulé : *Le Magnanime, ou éloge de Louis de Bourbon prince de Condé, second du nom, premier prince du sang* (Paris, 1687), in-12.

Je suis, de tout mon cœur, et avec toute l'estime d'un mérite comme le vôtre,

   Mon révérend Père, votre très-humble serviteur,
      J. BÉNIGNE, *év. de Meaux.*

LETTRE CLXXIII.

MILORD PERTH A BOSSUET (a).

Ce 4 septembre 1687.

 J'avoue que j'ai été trop longtemps à répondre à votre très-divine lettre : mais je ne différois à y répondre, que parce que j'avois toujours quelque espérance de vous pouvoir rendre un bon compte des effets qu'elle avoit produits. Cependant il faut que je me plaigne de ma mauvaise fortune, en ce qu'un si excellent moyen ne produira pas apparemment l'effet qu'il devoit produire : car si votre lettre eût été adressée à tout autre qu'à moi, il seroit extraordinaire qu'elle neût pas porté nos supérieurs, de la volonté desquels nous dépendons, à nous procurer la salutaire bénédiction d'un bon évêque. Mais cette affaire, après que j'y ai employé de ma part les plus pressantes instances, étant présentement assoupie, voici tout ce que j'en puis dire : c'est que le meilleur des évêques, dont la plume inspirée d'en haut, car il faut que je le dise, dont la plume charmante a défendu si noblement et avec triomphe l'honneur de la doctrine apostolique contre les calomnies dont la malice des hérétiques tâchoit de la noircir; celui qui par sa dextérité à mettre la vérité dans son véritable jour, l'a fait embrasser à un si grand nombre de personnes qu'il a retirées de l'erreur; celui dont l'exemple est un sermon continuel, auquel il est plus difficile de résister qu'à toute la force et l'énergie de cette éloquence avec laquelle il captive ses auditeurs; celui-là, dis-je, a trouvé parmi nous moins de docilité que parmi les hérétiques de France, malgré les mauvaises humeurs qui avoient régné si longtemps dans leurs esprits. Car au moins, à

 (a) La lettre de Bossuet, à laquelle Milord répond dans celle-ci, nous manque, comme plusieurs autres que le prélat lui avoit écrites.

ce qu'il paroît, nous ne pouvons être convaincus qu'un évêque soit le plus propre remède de nos divisions : mais nous sommes contens de demeurer dans un état incommode, gémissant sous le poids de notre maladie, plutôt que de nous soumettre à une cure que quelques personnes trouveroient trop rude pour la pouvoir supporter aisément.

Je laisse l'explication de tout ceci à***[1], qui en sera si pleinement instruit par un de mes amis, qu'il pourra vous satisfaire sur toutes les circonstances de cette affaire. J'espère que Notre-Seigneur aura quelque jour pitié de nous, et qu'il nous délivrera du malheur d'être à charge les uns aux autres, tandis que nous faisons tous profession d'être soumis à un même esprit, d'avoir en vue la même fin, et d'espérer d'être unis à Notre-Seigneur, et en lui les uns avec les autres par les liens d'une éternelle charité. Le saint Apôtre a développé ce mystère de la cause des divisions, comme Salomon l'avoit fait longtemps auparavant; et il nous a dit que notre gloire devoit être à tâcher d'être assez humbles pour imiter l'exemple de Notre-Seigneur, et qu'ainsi nous ne trouverons que de légères tentations : de sorte que nous ne nous intéresserons pas plus qu'il ne faut à être sous un chef, d'un corps séparé du reste des hommes, borné par les limites de certaines règles et constitutions, et qui se prétend exempt de ses supérieurs naturels, ou à marcher dans l'ancienne voie en obéissant à nos pasteurs apostoliques. Ce n'est pas que je croie que le choix soit égal; car certainement le plus sûr est le meilleur : mais je veux dire que si nous pouvions rendre les choses égales par notre choix, nous devrions nous attacher très-peu à tous les motifs des passions humaines, qui entrent dans quelque part de cette affaire.

J'avoue que je trouve plus étonnant qu'un religieux devienne un saint, que je ne m'en étonne d'un paysan. Ce ne sont pas les règles ni les modes qui mènent au ciel : et à mon avis Thomas à Kempis n'auroit pas travaillé à empêcher qu'un pays ne reçût les bénédictions attachées à l'établissement d'un bon évêque pour y

[1] Probablement l'abbé Renaudot, auquel milord Perth adressoit les lettres qu'il écrivoit à Bossuet, et qui les traduisoit. (*Les édit.*)

gouverner l'Eglise, afin de conserver ce gouvernement dans sa congrégation. L'état présent de nos affaires me donneroit lieu de faire sur ce sujet plusieurs semblables réflexions douloureuses. Cependant je suis obligé de dire que les religieux parmi nous sont de fort bonnes gens : mais la moindre chose leur fait ombrage; et ils sont si entêtés de leur ordre, que cela les empêche d'examiner les choses avec exatitude. Car je suis sûr qu'ils sont fort capables d'être employés et très-disposés à s'appliquer à tout ce qui concerne le bien de l'Eglise, lorsque ce zèle pour leur corps ne les en détourne pas. Mais il faut prendre patience, prier, et être content que la sainte volonté de Dieu soit faite.

Je dois dans chaque lettre vous remercier très-humblement des grandes obligations que je vous ai, pour la grande bonté que vous témoignez à mon fils. Je suis fort aise que vous soyez content de ceux qui ont soin de son éducation. Je suis sûr qu'ils l'aiment, et que c'est un grand moyen pour les rendre soigneux, pourvu que l'amitié ne dégénère pas en une trop grande complaisance. La bonté que vous leur témoignez leur donne beaucoup de courage à bien faire ; et je suis fort assuré qu'il n'y a personne au monde qui vous honore davantage. Madame de Croly ma belle-sœur, qui porte cette lettre, vous rendra compte, quand elle aura l'honneur de vous voir, de l'état des affaires de notre Eglise. Je n'ai plus rien à ajouter, Monseigneur, sinon de me prosterner à vos pieds pour vous demander très-humblement votre bénédiction, en vous témoignant ma reconnoissance des obligations infinies que je vous ai, et en vous assurant que je serai jusqu'au dernier soupir, etc.

LETTRE CLXXIV.

BOSSUET A M. DE RANCÉ, ABBÉ DE LA TRAPPE.

A Paris, ce 4 octobre 1687.

Il y a quelques jours, Monsieur, qu'on m'a donné avis que le P. Mege, de la congrégation de Saint-Maur, alloit publier une version de la règle de saint Benoît avec quelques notes, où le livre *de la Vie monastique* étoit attaqué en trois ou quatre endroits. J'avois su que M. l'abbé de Lamet et M. le curé de Saint-Laurent s'étoient excusés, par cette raison, de l'approuver. En même temps j'écrivis de Versailles, où j'étois, au P. prieur de Saint-Germain, qu'il me sembloit que cet ouvrage feroit tort à la piété en général et en particulier à la congrégation de Saint-Maur; et je le priois de donner avis de cette affaire au P. général, afin qu'il en empêchât le cours. Le P. prieur m'envoya avec sa réponse une lettre du P. Mége, à qui j'écrivis, et de qui je reçus une seconde lettre. Je vous l'envoie avec la première, et par là vous pourrez juger de ce que j'avois écrit.

J'arrivai avant-hier de Versailles; et ayant donné avis de mon arrivée à l'abbaye Saint-Germain, le P. Mége me vint voir hier. Nous convînmes qu'après que les Pères de la congrégation, qui doivent revoir son ouvrage, auront fait les changemens qu'il faudra, on me fera voir le tout; et que nous tâcherions par ce moyen, en vous en donnant avis, de finir cette affaire à l'amiable. Je vois que tout roule principalement sur le silence, sur les humiliations et sur les études[1]. Ce Père ajouta qu'il y avoit beaucoup d'endroits du livre où vous les aviez fort maltraités : et m'ayant dit qu'il savoit que vous deviez de votre côté faire imprimer une version de la règle avec des notes, et qu'il vous prioit de ne plus maltraiter sa compagnie, je l'assurai fort que vous étiez très-éloigné de cette pensée. Il me dit qu'il me donneroit les endroits; et nous nous séparâmes fort honnêtement. J'ai averti M. l'abbé Jannen de tout cela, afin qu'après mon départ, qui sera demain, il puisse porter les paroles qu'il faudra, suivant les instructions que je pourrai lui envoyer de mon diocèse. Voilà, Monsieur, l'état où je laisse cette affaire : je veillerai à la suite. Je n'ai pas jugé à propos de prendre aucunes mesures avec M. le chancelier, ni de rien dire à M. de Reims, qui se seroit peut-être plus échauffé que je n'ai fait. Je vous prie de me renvoyer les

[1] Dom Mége s'est appliqué dans son *Commentaire* à prouver que saint Benoît n'a pas ordonné, comme le soutenoit l'abbé de la Trappe, un silence absolu et perpétuel à ses moines, qu'il n'a pas approuvé les humiliations fondées sur des imputations arbitraires, ni condamné les études monastiques.

lettres du Père, quand vous m'en aurez dit votre sentiment. Je suis, Monsieur, à vous comme vous savez.

Le livre est imprimé; mais on fera des cartons.

LETTRE CLXXV.

BOSSUET A M. DE RANCÉ, ABBÉ DE LA TRAPPE.

A Meaux, ce 11 novembre 1687.

Je ne me suis pas trouvé ici, Monsieur, quand un religieux de Fontevrault y a apporté l'explication de la règle de saint Benoît. M. l'abbé Fleury l'a reçue en mon absence, et je la reçois à présent avec votre lettre du 28 octobre. Le P. général de Saint-Maur m'a écrit que son intention étoit de supprimer par mes conseils le livre du P. Mége[2], et de faire faire sur la règle quelque chose de plus correct. J'apprends la même chose par une lettre du P. Mége, qui se justifie en même temps de l'envoi des exemplaires dans les provinces, en rejetant la faute sur son libraire qui l'a fait à son insu. Je ne me paierai pas de cette excuse, et je m'en plaindrai au P. général. Mais ce qu'il y a de meilleur à faire, c'est d'imprimer au plus tôt votre *Explication :* je ne perdrai pas de temps à la voir, si vous êtes toujours dans la pensée que je l'approuve. Tout ce qu'on pourra faire pour diligenter, c'est d'envoyer toujours à l'imprimeur pendant que j'achèverai a lecture. Je sera i, s'il plaît à Dieu, samedi prochain à Paris pour très-peu de jours, mais assez pour donner les ordres qu'il faudra; et de là je vous écrirai plus amplement. Je suis, Monsieur, à vous comme à moi-même.

[1] En effet, comme nous l'avons déjà dit, les sollicitations vives et pressantes de Bossuet portèrent la diète annuelle de 1689, à condamner le *Commentaire* du P. Mége, par un règlement qui en interdisoit la lecture aux religieux de la congrégation.

LETTRE CLXXVI.

BOSSUET A M. DE RANCÉ, ABBÉ DE LA TRAPPE.

A Paris, ce 4 décembre 1687.

En partant pour m'en retourner dans mon diocèse, je suis bien aise de vous dire que je n'ai aucune nouvelle ni des diligences de ce P. de Fontevrault auprès de M. Courcier, ni de la lettre que j'ai écrite à ce docteur. Tout ce que je vous puis dire, Monsieur, c'est qu'il est à propos, pour des raisons qui assurément ne me regardent pas, que le commentaire paroisse plutôt avec les approbations ordinaires qu'avec la mienne.

Je ne crois pas qu'il y ait rien de solide dans les bruits qui ont couru, si ce n'est peut-être quelque mécontentement par rapport à madame de Guise (a). J'ai dit ce que je devois sur ce sujet-là, partout où j'ai cru le devoir faire. Au surplus, je vous supplie de ne pas douter que je ne sois affectionné à la Trappe comme seroit un de vos religieux, et à vous comme à un ami cordial, et à un homme que je crois à Dieu, et en qui je crois que Dieu est.

PROPOSITION.

Qu'on peut dire que la satisfaction que Jésus-Christ fait par ses souffrances à la justice divine, supplée à la satisfaction que les damnés lui font pour leurs péchés (b).

Lorsque deux personnes font satisfaction pour la même injure, et que la satisfaction de l'un, insuffisante par elle-même, devient

---

(a) L'abbé de la Trappe étoit en grande relation avec cette dame, et il composa pour elle un écrit qui fut publié à l'insu de cet abbé en 1697, sous le titre de *Conduite chrétienne, adressée à Son Altesse Royale Madame de Guise.* (*Les édit.*)

(b) Cette proposition n'est pas de Bossuet; on l'attribue généralement à dom François Lami, bénédictin de la congrégation de Saint-Maur. Voici comment ce religieux en explique l'origine et le développement : « Une personne ayant fait depuis peu, en bonne compagnie, la lecture d'une lettre où on lui apprenoit que le ministre Jurieu traitoit de paradoxe cette proposition de l'auteur de la *Recherche de la vérité* (Malebranche), « que Jésus-Christ supplée ou ajoute par ses satisfactions ce qui manque à la satisfaction que les damnés font à la

très-suffisante jointe à la satisfaction de l'autre, il est vrai de dire que la satifaction de l'un supplée à celle de l'autre. Or Jésus-Christ et les damnés font par leurs souffrances, quoique bien différemment, satisfaction à la justice divine pour les péchés des damnés ; et la satisfaction des damnés, d'elle-même insuffisante, devient très-suffisante jointe à la satisfaction de Jésus-Christ. Il est donc vrai de dire que la satisfaction que Jésus-Christ fait par ses souffrances à la justice divine, supplée à la satisfaction que les damnés lui font pour leurs péchés.

OBSERVATIONS DE M. L'ÉVÊQUE DE MEAUX,

Sur la proposition raisonnée (a).

La satisfaction de Jésus-Christ peut être considérée quant à la suffisance du prix, quant à l'intention de Jésus-Christ, quant à l'application. Quant à la suffisance, tout y est compris : quant à l'intention, elle n'a été que pour les hommes : quant à l'application, elle n'est que pour les justes.

A proprement parler, les damnés ne satisfont pas; mais Dieu satisfait lui-même à sa justice en les punissant en toute rigueur. Je ne crois point que Jésus-Christ satisfasse pour les démons, ni que de sa satisfaction et de celle des damnés il s'en fasse une seule et même satisfaction. La satisfaction de Jésus-Christ est infinie, capable d'anéantir l'enfer et de sauver tous les damnés, si elle leur étoit appliquée. Il ne la faut donc pas regarder comme suppléant à celle des damnés, mais comme parfaite en tout point en elle-même.

justice divine pour leurs péchés, » chacun prit parti diversement, les uns pour l'hérétique et les autres pour le catholique.

« Un de ceux-ci (dom Lami) s'apercevant qu'on prenoit cette proposition en des sens outrés, fort éloignés de l'esprit de son auteur, crut que pour la faire recevoir plus agréablement, il n'y avoit qu'à la proposer avec un peu plus d'étendue, et à la prouver par un seul raisonnement.

» En effet, il arriva que cette proposition raisonnée ramena un peu les esprits de ceux qui en étoient les plus éloignés. Cependant, comme plusieurs continuoient de la combattre, on prit le parti de la soumettre, telle qu'on va la lire, au jugement de M. l'évêque de Meaux.»

(a) C'est Bossuet qui va parler, comme on le voit par le titre, dans ce *Observations*.

Il semble pourtant que l'on veuille dire que la satisfaction de Jésus-Christ demande, pour être suffisante, d'être jointe à celle des damnés. Que si l'on veut dire que c'est la satisfaction des damnés qu'on regarde comme insuffisante, je réponds qu'on ne doit pas dire qu'elle devienne suffisante par la satisfaction de Jésus-Christ, puisqu'elle ne leur est pas appliquée. Les satisfactions que nous faisons à Dieu, insuffisantes par elles-mêmes, deviennent suffisantes avec celle de Jésus-Christ qui nous est appliquée. Ainsi la satisfaction de Jésus-Christ est le supplément de la nôtre : mais je ne connois rien de semblable dans les damnés.

Je conclus donc premièrement qu'en prenant les damnés, y compris les diables, Jésus-Christ ne satisfait pas pour eux : secondement, qu'en prenant les damnés pour les hommes, Jésus-Christ ne supplée pas à l'insuffisance de leur satisfaction par la sienne, qui ne leur est pas appliquée : troisièmement, qu'il ne faut point regarder les deux satisfactions dont on parle ici, comme n'en faisant qu'une seule parfaite, parce que celle de Jésus-Christ a sa perfection indépendamment de toute autre chose.

RÉPONSE DE L'AUTEUR DE LA PROPOSITION (a).

Je commence par exclure les sens étrangers à la proposition.

Premièrement donc, Monseigneur, je conviens que Jésus-Christ n'a ni appliqué ses satisfactions aux damnés, ni eu intention qu'elles leur servissent. Secondement, je ne veux pas même contester ce que vous me dites, « qu'à proprement parler les damnés ne satisfont pas, mais que Dieu satisfait lui-même à sa justice en les punissant : » je ne parlerai de leur satisfaction qu'en ce sens-là. Troisièmement ; par les damnés je n'entends point parler des démons, mais seulement des hommes. Quatrièmement, je ne prétends nullement que de la satisfaction de Jésus-Christ et de celle des damnés, il ne se fasse qu'une seule et même satisfaction. Je les regarde comme de deux ordres différens et très-indépendantes l'une de l'autre. Cinquièmement, à Dieu ne plaise qu'en disant

---

(a) Inutile de le remarquer, c'est dom François Lami qui reprend la parole, pour démontrer géométriquement sa proposition dite raisonnée.

que la satisfaction de Jésus-Christ supplée à celle des damnés, je veuille la faire regarder comme imparfaite ou comme insuffisante par elle-même; au contraire je prétends que pour pouvoir ainsi suppléer, elle doit être infiniment parfaite.

Ce n'est, Monseigneur, qu'après avoir écarté tous ces mauvais sens et en avoir dégagé notre proposition, que j'en entreprends la démonstration suivant les règles de la méthode géométrique.

DÉMONSTRATION GÉOMÉTRIQUE.

DÉFINITION.

Par les termes d'ordre, de loi éternelle, de règle immuable, de justice, de source de toute justice, j'entends les rapports de perfection qui se trouvent entre les idées divines; c'est-à-dire entre les premiers exemplaires ou les originaux de toutes choses, compris dans l'essence divine.

ÉCLAIRCISSEMENT.

Comme Dieu ne peut rien connoître que dans son essence, il faut que cette divine essence lui représente la diversité de tous les êtres : mais elle ne peut la lui représenter que par les diverses perfections qui ont rapport à ces divers êtres, et sur le modèle desquelles ils ont été ou peuvent être créés; et c'est pour cela que ces diverses perfections s'appellent du nom d'*idées*, d'*exemplaires* ou d'*originaux*. Or c'est le rapport invariable qui se trouve entre ces perfections que j'appelle *ordre essentiel, loi éternelle, règle immuable, justice, source de toute justice:* ordre essentiel, parce que ce rapport est le principe de la subordination de toutes choses : loi éternelle, parce que Dieu s'aimant d'un amour nécessaire, et aimant par conséquent indispensablement tout ce que renferme sa divine essence à proportion des divers rapports de perfection, il est visible qu'il ne peut se dispenser de suivre dans sa conduite l'ordre de ces rapports, et qu'ainsi ils lui tiennent lieu de loi : règle immuable, parce que c'est sur ce rapport que toutes choses doivent être réglées, la conduite de Dieu et celle des esprits créés; justice et source de toute justice, parce que c'est suivant ces rapports que chaque chose est mise à sa place et traitée selon son mérite, et qu'on rend à chacun ce qui lui est dû; et parce qu'enfin c'est par la conformité des volontés avec ces rapports, c'est lorsqu'on estime et qu'on aime les choses à proportion de ce qu'elles sont estimables et aimables, que les esprits sont justes.

J'appelle péché l'amour des choses sans égard à leurs divers rapports de perfection : préférer les biens temporels aux éternels, la créature au Créateur : user des choses dont on devroit jouir, et jouir de celles dont on ne devroit qu'user : tout ce qui est contre l'ordre, contre la loi éternelle, contre la règle immuable; en un mot, un véritable désordre.

AXIOMES.

Premièrement, Dieu s'aime nécessairement et invinciblement soi-même. Secondement, la grandeur et l'énormité du péché se mesurent par l'excellence et la dignité de la personne offensée, au-dessus de celle qui offense : et au contraire la grandeur de la satisfaction se prend de l'excellence et de la dignité de la personne qui satisfait; et de là vient cette maxime : *Honor est in honorante, injuria verò in dehonestato :* de sorte que l'injure contracte une énormité intérieure de la condition de la personne offensée, comme la satisfaction contracte une valeur intérieure de la condition de la personne qui satisfait. Troisièmement, Dieu n'agit que par sa volonté, et sa volonté n'est que son amour. Quatrièmement, il y a inégalité dans les peines des damnés

PREMIÈRE PROPOSITION

Dieu aime invinciblement l'ordre essentiel.

DÉMONSTRATION.

L'ordre essentiel n'est pas distingué de Dieu même, puisque par la première définition, ce n'est que le rapport de perfection qui se trouve entre les idées comprises dans sa divine essence. Or par le premier axiome, Dieu s'aime nécessairement et invinciblement lui-même; il aime donc invinciblement l'ordre essentiel.

DEUXIÈME PROPOSITION.

Dieu aime invinciblement la loi éternelle et la justice.

DÉMONSTRATION.

C'est la même que celle de la première proposition ; et tout ce que nous dirons de l'ordre dans la suite, se peut également appliquer à la loi éternelle et à la justice.

TROISIÈME PROPOSITION.

Dieu ne peut se dispenser d'agir dans l'ordre, de suivre l'ordre, de satisfaire à ce que l'ordre demande.

DÉMONSTRATION.

Dieu ne peut se dispenser de suivre dans sa conduite le mouvement de son amour puisque, par le troisième axiome, Dieu n'agit que par sa volonté, et que sa volonté n'est que son amour ; et que par le premier axiome, Dieu s'aime invinciblement lui-même. Or par la première proposition, son amour l'attache invinciblement à l'ordre. Il ne peut donc pas se dispenser d'agir dans l'ordre, de suivre l'ordre, de satisfaire à ce que l'ordre demande.

QUATRIÈME PROPOSITION

Il est de l'ordre de punir le péché ; et l'ordre demande qu'il soit puni à proportion de sa grandeur, ou du moins à proportion de la capacité de souffrir qui se trouve dans le coupable.

DÉMONSTRATION.

Il est de l'ordre de s'opposer à tout ce qui le blesse et de punir tout ce qui l'offense ou le viole, et cela à proportion de la grandeur de l'offense, ou du moins à proportion de la capacité du coupable : car par la première définition, l'ordre, la loi éternelle, la justice, ne demandent rien tant que la conservation de l'ordre, et que le traitement de chaque chose selon son rang et son mérite. Or par la deuxième définition, le péché blesse l'ordre ; il le viole.

il le renverse autant qu'il est en lui : en un mot, le péché est un véritable désordre. Donc il est de l'ordre de le punir à proportion de sa grandeur, etc.

CINQUIÈME PROPOSITION.

La grandeur du péché est infinie.

DÉMONSTRATION.

La grandeur et l'énormité du péché se mesurent par l'excellence et la dignité de la personne offensée, comme il est prouvé par le deuxième axiome. Or il est visible que Dieu, c'est-à-dire l'Etre infiniment parfait, offensé par le péché, est d'une excellence et d'une dignité infinie. Donc la grandeur du péché est infinie.

ÉCLAIRCISSEMENT.

Il se trouve des gens qui croient pouvoir éluder la force de cette démonstration en disant qu'il n'y a rien que de fini dans la créature, qu'ainsi tous ses actes sont finis, et que par conséquent la grandeur du péché n'est que finie. Mais on devroit prendre garde que le péché ou, pour parler plus exactement, que le formel, l'essentiel du péché n'est point un acte. Le péché n'est qu'un déréglement, un désordre, un éloignement de Dieu, une pure privation : il n'a ni forme, ni essence, ni nature, ni réalité : en un mot, c'est un pur néant. Or qui conçoit bien cela, comprend aisément que, quoiqu'il n'y ait rien que de fini dans la créature, son péché ne laisse pas d'être d'une grandeur infinie, parce que du néant à l'être, mais surtout à l'Etre infiniment parfait, il y a une distance infinie; en un mot, il n'y a nulle proportion finie.

SIXIÈME PROPOSITION

Dieu ne peut pas se dispenser de punir le péché d'une peine infinie, ou du moins selon la capacité de souffrir qui se trouve dans le coupable.

DÉMONSTRATION.

Par la troisième proposition, Dieu ne peut pas se dispenser d'agir dans l'ordre, de suivre l'ordre, et de satisfaire pleinement, ou du moins, autant qu'il est possible à ce que l'ordre demande. Or par la quatrième proposition, l'ordre demande que le péché soit puni à proportion de sa grandeur, ou du moins selon la capacité du coupable ; et par la cinquième, la grandeur du péché est infinie. Dieu ne peut donc pas se dispenser de le punir d'une peine infinie, ou du moins, etc.

SEPTIÈME PROPOSITION.

Le péché n'est puni dans les hommes damnés, ni infiniment, ni selon toute la capacité qu'ils ont de souffrir.

Quoique cette proposition ait deux parties, ce sera avoir suffisamment prouvé la première que d'avoir démontré la seconde : en voici donc la preuve.

DÉMONSTRATION.

Qui pourroit souffrir plus qu'il ne fait n'est pas puni selon toute sa capacité : or les hommes damnés pourroient souffrir plus qu'ils ne font ; ils ne sont donc pas punis selon toute leur capacité. La majeure de cet argument est évidente : voici la preuve de la mineure.

Où il y a inégalité dans les peines de plusieurs ames de même capacité, il est visible que du moins celles qui en souffrent de moindres pourroient en souffrir de plus grandes. Or par le quatrième axiome, il y a inégalité dans les peines des damnés ; et je suppose ces ames de même capacité : donc les hommes damnés pourroient souffrir plus qu'ils ne font.

COROLLAIRE PREMIER.

Donc Dieu ne satisfait pas pleinement, ni autant qu'il le pourroit, dans les damnés à ce que l'ordre demande indispensablement.

DÉMONSTRATION.

Par les quatrième, cinquième et sixième propositions, l'ordre demande indispensablement que le péché soit puni d'une peine infinie, ou du moins selon toute la capacité du coupable. Or par la septième proposition, le péché n'est puni dans les damnés ni d'une peine infinie, ni selon toute la capacité qu'ils ont de souffrir : Dieu ne satisfait donc pas pleinement dans les damnés à ce que l'ordre demande indispensablement.

COROLLAIRE SECOND.

Donc Dieu retrouve ailleurs ce qui manque à la satisfaction qu'il tire des damnés.

DÉMONSTRATION.

Celui qui étant indispensablement obligé de faire faire satisfaction ou réparation à l'ordre, ne le fait pas autant qu'il le pourroit par rapport au coupable, doit ou retrouver ailleurs ce qui manque à cette satisfaction, ou manquer lui-même d'amour pour l'ordre. Or on ne peut pas dire que Dieu manque d'amour pour l'ordre, puisque par la première proposition, il l'aime invinciblement. Il faut donc que Dieu retrouve ailleurs ce qui manque à la satisfaction qu'il tire des damnés.

HUITIÈME PROPOSITION.

Dieu ne peut retrouver ailleurs qu'en Jésus-Christ et dans ses satisfactions, ce qui manque à la satisfaction des damnés.

DÉMONSTRATION.

Ce qui manque à la satisfaction des damnés est infini, par la cinquième et la sixième proposition. Or Dieu ne peut trouver rien d'infini en matière de satisfaction qu'en Jésus-Christ, dont la personne divine donne un prix infini à ses souffrances. Donc Dieu ne peut trouver ailleurs qu'en Jésus-Christ ce qui manque à la satisfaction des damnés.

COROLLAIRE PREMIER.

C'est donc sur les satisfactions de Jésus-Christ que Dieu se dédommage de ce qui manque à celle des damnés. Cette proposition n'est qu'une suite des deux dernières : car il ne serviroit de rien, pour satisfaire à l'ordre, de retrouver en Jésus-Christ ce qui manque à la satisfaction des damnés, si Dieu ne s'en servoit à cette fin ; je veux dire, si Dieu ne se dédommageoit sur les satisfactions de Jésus-Christ de ce qui manque à la satisfaction des damnés.

COROLLAIRE SECOND.

Donc les satisfactions de Jésus-Christ suppléent et relèvent même infiniment ce qui manque à la satisfaction des damnés. Quelque évidente que soit la liaison de cette proposition avec celles qui l'ont précédée en voici néanmoins encore la preuve.

DÉMONSTRATION.

Lorsque d'une même injure l'on tire deux satisfactions très-différentes, l'une finie, l'autre infinie ; et que de l'une et de l'autre il résulte que l'offensé est infiniment satisfait, au lieu qu'il ne le seroit nullement de la satisfaction finie, si l'infinie manquoit, on peut justement dire que celle-ci paie, supplée, et relève infiniment celle-là. Or Dieu tire des injures que les hommes damnés lui ont faites deux satisfactions bien différentes ; savoir celle des souffrances libres de Jésus-Christ, qui est infinie, et celle des supplices forcés des hommes damnés, qui n'est que finie : et de ces deux satisfactions il résulte que Dieu est infiniment satisfait ; au lieu qu'il ne le seroit nullement de la satisfaction des damnés, si celle de Jésus-Christ manquoit. Donc les satisfactions de Jésus-Christ suppléent et relèvent même infiniment ce qui manque à la satisfaction des hommes damnés.

REMARQUE.

Après tout ce qu'on a prouvé jusqu'ici, il n'y a rien dans cet argument qui ne doive paroître fort clair, surtout quand on sait que la satisfaction de Jésus-Christ est infinie, et que celle des damnés n'est que finie. Il faut seulement remarquer que tant s'en faut que ce soit une imperfection à la satisfaction de Jésus-Christ de suppléer ainsi à celle des damnés, qu'au contraire cela marque une perfection infinie, parce qu'elle n'y supplée qu'en la relevant infiniment.

COROLLAIRE TROISIÈME.

Donc la satisfaction que Jésus-Christ fait à Dieu pour les péchés de tous les hommes, est indirectement favorable aux hommes damnés.

DÉMONSTRATION.

Elle leur est indirectement favorable, s'il est vrai qu'il leur en revienne par occasion quelque diminution dans leurs peines; et si Dieu en prend occasion de mêler pour ainsi dire la miséricorde dans leurs supplices. Or c'est justement ce qui arrive et ce que Dieu fait, puisque par les septième et huitième propositions, ce n'est que parce que Dieu trouve en Jésus-Christ une satisfaction infinie pour les péchés des hommes, qu'il épargne les hommes damnés, et qu'il ne les punit pas même selon toute la capacité qu'ils ont de souffrir. Donc la satisfaction de Jésus-Christ est en quelque sorte favorable aux hommes damnés.

Mais remarquez que je ne dis pas que Jésus-Christ ait souffert en faveur des hommes damnés, ni que ses satisfactions soient unies à leurs satisfactions, ni enfin que des unes et des autres il se fasse une seule et même satisfaction; mais seulement qu'ayant satisfait fort différemment, chacun en son ordre, Dieu prend occasion de la satisfaction infinie que Jésus-Christ lui a faite pour les péchés de tous les hommes, de remettre aux hommes damnés quelque chose des justes châtimens qui leur sont dus.

LETTRE CLXXVII.

BOSSUET A DOM FRANÇOIS LAMI.

A Meaux, ce 24 décembre 1687.

J'ai reçu, mon révérend Père, votre démonstration sur la satisfaction, que j'examinerai après ces fêtes. Je sais que la proposition est du P. Malebranche. Si elle peut être défendue, elle le sera de votre main; et déjà elle est déchargée de beaucoup de mauvais sens qu'elle me parut avoir. Je vous dirai si avec votre secours je serai capable d'y en trouver un bon. Cependant je suis à vous, mon révérend Père, avec le cœur et l'estime que vous savez.

LETTRE CLXXVIII.

BOSSUET A DOM FRANÇOIS LAMI.

À Paris, ce 7 janvier 1688.

Je vous envoie, mon révérend Père, mon sentiment sur votre *Démonstration* (a). La méthode en est nette ; et elle m'a fait souvenir des propositions contre Spinosa (b), que je souhaiterois beaucoup de voir au jour. Songez-y et avertissez-moi, pendant que je suis ici, de ce que je pourrai faire non-seulement pour cela, mais encore en toute autre chose pour votre service.

LETTRE CLXXIX.

DOM FRANÇOIS LAMI A BOSSUET.

J'ai reçu, avec la réponse que Votre Grandeur a bien voulu faire à la *Démonstration*, des marques singulières de ses bontés pour moi. J'ai eu besoin d'être aussi sensible que je le suis à celles-ci, pour trouver quelque adoucissement dans vos censures. J'en ai néanmoins trouvé à penser que vous me preniez pour un autre, et que je n'ai point les sentimens que vous censurez. Et une marque de cela, c'est que laissant à part tout ce qui s'est dit jusqu'ici, je consens le plus agréablement du monde à m'en tenir à ce que vous me faites l'honneur de m'offrir sur la fin ; c'est-à-dire « à soutenir seulement que la satisfaction de Jésus-Christ apporte quelque soulagement aux damnés, et même aux démons ; et que Dieu pour l'amour de Jésus-Christ punit les damnés, et même les démons, au-dessous de leurs mérites ; et qu'ils

---

(a) On trouvera ci-après l'écrit où Bossuet expose son sentiment sur la *Démonstration* du P. Lami. — (b) Le P. Lami publia en effet en 1696 un ouvrage contre Spinosa, sous ce titre : *Le nouvel Athéisme renversé, ou Réfutation du système de Spinosa*, qu'il combat, dans la seconde partie, selon la méthode des géomètres. (*Les édit.*)

doivent cet adoucissement aux mérites infinis de Jésus-Christ, auxquels Dieu a plus d'égard que ne mérite leur ingratitude. » En voilà, Monseigneur, plus qu'il ne m'en faut, et plus que je n'en voulois. Avec cela j'abandonne le mot de *supplément* dans tous les sens que vous désapprouvez, et qui aussi bien ne m'étoient jamais venus dans l'esprit ; et je n'en veux jamais ouïr parler, très-persuadé surtout de cette maxime de saint Augustin, que « dès qu'on est d'accord sur les choses, il est inutile de disputer sur les mots : » *Ubi de re constat, superflua est de verbo contentio*[1].

A l'égard des offres obligeantes que Votre Grandeur veut bien me faire, je vous supplie très-humblement d'être bien persuadé que je les reçois avec tout le respect et le ressentiment que je dois. J'avois mis la *Réfutation de Spinosa* au nombre des vieux registres qu'on ne veut plus regarder. Si néanmoins, Monseigneur, vous la jugez utile à la religion, vous en êtes le maître, comme de tout ce qui est à ma disposition ; et vous pouvez mieux que personne lever l'obstacle qui l'a jusqu'ici retenue, c'est-à-dire ou délivrer M. Pirot d'un fort léger scrupule, ou faire passer la réfutation par un autre canal que le sien. J'abandonne le tout à la disposition de Votre Grandeur, étant moi-même avec un parfait dévouement et un égal respect, etc.

LETTRE CLXXX.

BOSSUET A DOM FRANÇOIS LAMI

A Versailles, ce 26 janvier 1688.

Les censures que vous dites que je vous ai faites, mon révérend Père, n'étoient pas si sérieuses que vous le pensiez par rapport à vous. Pour la doctrine, il n'y aura plus de difficulté après que vous vous êtes réduit à la proposition que je vous accorde sans difficulté. Mais il faut, s'il vous plaît, que vous avouiez de bonne foi que votre *Démonstration* portoit à faux, et que pour réduire votre théologie à des termes tout à fait irrépréhensibles, il

---

[1] *Cont. Academ.*, lib. III, cap. XI, n. 25.

faut, ce me semble, avec ce mot de *supplément* ôter celui de *satisfaction*, parce qu'il peut y avoir un très-mauvais sens à dire que Jésus-Christ ait satisfait pour les démons. Je verrai, quand je serai à Paris, ce qu'on pourra faire de l'ouvrage contre Spinosa, que je crois en effet être utile.

LETTRE CLXXXI.
DOM FRANÇOIS LAMI A BOSSUET.

Voici de nouveaux éclaircissemens (a) à la *Démonstration* par rapport aux nuages que vous y avez trouvés. Comme je ne me suis d'abord embarqué à les faire que pour ma satisfaction, et si je l'ose dire pour ma propre satisfaction, et que je n'ai songé que tard à les envoyer à Votre Grandeur, vous trouverez rarement que je m'y donne l'honneur de vous adresser la parole; et je crains même que mes manières ne vous y paroissent un peu trop libres. Cela auroit peut-être dû m'obliger à les recommencer pour leur donner un autre tour : mais j'ai pensé que vous m'avez ordonné tout fraîchement d'éviter les tours et les insinuations dans ces sortes d'écrits, et d'en user avec une liberté philosophique. Je vous les envoie donc tels qu'ils m'ont d'abord échappé, persuadé qu'au travers de cette liberté vous vous souviendrez toujours de la profonde vénération que j'ai pour Votre Grandeur.

Vous verrez au reste, Monseigneur, dans ces éclaircissemens, que je suis fort éloigné d'être attaché au mot de *supplément*, et plus éloigné encore de dire que Jésus-Christ ait satisfait en faveur des démons : de mes jours cela ne m'est tombé dans l'esprit. Plus je pense à cette petite contestation, plus il me paroît qu'on a besoin de s'entr'éclaircir dans les disputes. Il y arrive presque toujours que tous les deux partis ont raison et tort à divers égards. Ils ont raison à ne regarder le sujet de la dispute que du côté qu'ils l'envisagent : mais ils ont tort de se condamner mutuellement, parce qu'ils approuveroient à leur tour ce qu'ils condamnent dans leur adversaire, s'ils voyoient ce qu'il voit, et s'ils envisageoient la chose par le côté qu'il la regarde.

(a) Ces éclaircissemens sont à la suite de cette lettre, avec l'écrit de Bossuet.

Le malentendu vient donc, la plupart du temps, de ce qu'on s'imagine ne voir tous deux que le même côté : car dans cette supposition il faudroit bien que l'un des deux se trompât, puisque l'un nie ce que l'autre affirme. Ainsi celui qui voit étant fort sûr de ce qu'il voit, et ne pouvant pas même se tromper à ne juger que de ce qu'il voit, condamne hardiment son adversaire, persuadé que cet adversaire ne regarde la chose que du côté qu'il la voit lui-même. Mais on devroit se faire mutuellement la justice de croire qu'on regarde la chose différemment, puisqu'on en juge diversement; et tout l'usage des disputes ne devroit tendre qu'à s'étudier l'un l'autre, qu'à se tâter pour ainsi dire, et qu'à observer par quel endroit celui à qui on a affaire envisage le sujet de la contestation. C'est une réflexion, Monseigneur, que m'a fait faire le progrès de notre contestation, ce que vous m'accordez et ce que vous me disputez : car enfin ce dernier n'est presque plus réduit qu'à des termes et à des expressions. Mais comme je vous en ai déjà fait un sacrifice, j'espère que rien ne me séparera jamais de Votre Grandeur, et surtout du profond respect avec lequel je suis, etc.

SENTIMENT

DE M. L'ÉVÊQUE DE MEAUX

Sur la démonstration de dom François Lami, au sujet de la satisfaction de Jésus-Christ (a).

Pour décider sur la démonstration de l'auteur, il n'y a qu'à lire la lettre qui l'accompagnoit. Par cette lettre il paroît qu'on veut exclure les démons (*b*) du nombre des damnés, pour lesquels on s'efforce de prouver par la démonstration que Jésus-Christ a satisfait (*c*). Mais si la démonstration est concluante, elle doit valoir

(*a*) Collationné sur le manuscrit, qui se trouve à la bibliothèque du séminaire de Meaux. — (*b*) On a seulement dit que dans la proposition de la question, on n'entendoit parler que des hommes damnés. — (*c*) Loin de s'efforcer de prouver que Jésus-Christ a satisfait pour les démons, on l'a formellement nié dans les propositions préambulaires à la démonstration ; et l'on s'est seulement efforcé, dans celle-ci, de prouver « que Dieu se dédommage sur les satisfactions que Jésus-Christ fait à sa justice, de l'insuffisance de la satisfaction des damnés. »

pour les démons (a) comme pour les autres damnés. Ce n'est donc pas une bonne et valable démonstration.

Pour en trouver le défaut, il n'y a qu'à considérer le second axiome : « La grandeur et l'énormité du péché se mesurent par la dignité de la personne offensée. » Si l'auteur entend qu'elle se tire de là en partie, j'en conviens : s'il entend qu'elle s'en tire toute entière, je le nie; car il s'ensuivroit que tous les péchés seroient égaux (b).

Je conviens des trois premières propositions, conformément aux définitions que vous avez données de l'ordre essentiel, de la loi éternelle et de la justice. La quatrième proposition a deux parties. Sur la première, qui porte « qu'il est de l'ordre de punir le péché, » je distingue : si vous entendez seulement que cela est conforme à l'ordre, c'est-à-dire que Dieu peut avec justice punir le péché, j'en conviens : Si vous entendez que cela est essentiel (c), en sorte que Dieu ne puisse pas ne le pas punir, c'est détruire l'idée du pardon, de la miséricorde et de la clémence.

Je dis donc qu'il est de l'idée de l'Etre parfait de pouvoir pardonner gratuitement (d), et d'exercer sa bonté quand il lui plaît, même sur des sujets indignes, pourvu qu'ils reconnoissent et détestent leur indignité (e) : car une bonté infinie n'a besoin d'autre raison que d'elle-même pour faire du bien à sa créature (f), parce qu'elle doit trouver en elle-même tout le motif de son action.

(a) On fera voir tantôt que cela n'est pas : mais quand cela seroit, la démonstration n'en seroit que plus forte.
(b) On verra tantôt que cela ne s'ensuivroit point, et que cette distinction nuira plus à l'illustre prélat qu'elle ne lui servira. — (c) L'auteur s'est nettement expliqué : il paroît par ses définitions et par la suite des propositions qu'il parle de l'ordre essentiel, immuable, inviolable à Dieu même; de l'ordre que Dieu ne peut pas se dispenser de suivre, et de satisfaire à ce qu'il demande : il ne le peut pas, dis-je, de cette heureuse impuissance qui naît de la plénitude, de l'abondance et de la nécessité de l'amour dont il s'aime lui-même. Or cet ordre ne demande rien plus absolument, plus instamment, plus essentiellement que sa conservation, ni par conséquent rien plus indispensablement que la punition de ce qui le blesse, et que la réparation de ce qui l'offense et l'outrage. Toute idée de clémence qui va à renverser cela, est une idée de clémence toute humaine : mais il y a moyen, sans blesser les droits de l'ordre, de faire voir en Dieu une extrême clémence. — (d) Toujours sauf les droits de l'ordre. — (e) Ils ne le peuvent comme il faut sans médiateur. — (f) D'accord, s'il ne s'agit que de lui faire simplement du bien : mais s'il s'agit de lui faire miséricorde, on ne voit pas qu'il le puisse qu'en Jésus-Christ, et que satisfait par ses satisfactions.

Je m'arrête encore sur cette parole : *Punir le péché* : car tous les théologiens sont d'accord que Jésus-Christ pouvoit mériter le pardon de tous les hommes, seulement en le demandant, tant à cause de sa dignité qu'à cause de l'éternelle et inviolable conformité de sa volonté avec celle de son Père : or en demander le pardon (*a*), ce n'est pas en porter la peine : Dieu donc pouvoit pardonner le péché, sans en imposer la peine à Jésus-Christ.

Quant à la preuve qu'on apporte de votre proposition : « Qu'il est de l'ordre de s'opposer à tout ce qui le blesse, et de punir tout ce qui l'offense, » en entendant comme vous faites qu'on ne peut pas ne le pas punir, cela n'est pas universellement vrai, parce qu'il n'est pas de l'ordre de punir un violement de l'ordre dont le coupable se repent (*b*). Or le coupable se peut repentir d'avoir blessé l'ordre (*c*) : il n'est donc pas toujours de l'ordre de le punir.

Il est vrai que celui qui transgresse l'ordre ne s'en peut repentir que par la grace de Dieu : mais il est vrai aussi qu'il n'y a nulle répugnance que Dieu lui accorde cette grace (*d*), et que pour la lui accorder il n'a besoin que de sa bonté toute seule ; d'où je forme ce raisonnement : Celui qui peut accorder un vrai repentir du péché n'est pas obligé de le punir : or Dieu peut accorder par sa bonté un vrai repentir du péché : il n'est donc pas obligé de le punir, et il n'est pas même possible qu'il le punisse en toute rigueur : autrement il puniroit en toute rigueur un péché dont on se repent, et un pécheur qui implore sa miséricorde et qui met sa confiance en elle seule ; ce qui est contraire à sa bonté (*e*).

(*a*) En matière de satisfaction, c'est souvent la plus grande de toutes les peines que de demander pardon, surtout si la personne qui le doit demander est d'une dignité fort éminente ; à plus forte raison si elle est d'une dignité infinie, comme est Jésus-Christ : et ainsi la conséquence est nulle.

(*b*) Le repentir, s'il est véritable et proportionné à l'offense, est la meilleure de toutes les punitions : un homme pénétré d'une vive et amère contrition ne sent ni les roues, ni les chevalets, ni les flammes.

(*c*) Il ne le peut sans la grace : et l'on ne peut pas violer plus visiblement l'ordre que de lui donner cette grace avant son repentir, puisque c'est récompenser ou favoriser ce qui devroit être puni.

(*d*) On vient de faire voir cette répugnance ; et l'on peut douter que pour accorder cette grace, il seroit besoin d'un médiateur pour réconcilier le pécheur avec Dieu.

(*e*) Tout ce raisonnement tombe de lui-même, après les trois dernières remarques qu'on vient de faire.

Il ne sert de rien de dire que ce pécheur, qui implore sa miséricorde, demeure toujours pécheur; car il ne le demeure qu'en présupposant que Dieu ne lui pardonne pas : or il est convenable que Dieu lui pardonne, et il ne peut pas ne lui pas pardonner (*a*).

Je viens à la seconde partie de la proposition : « L'ordre demande que le péché soit puni à proportion de sa grandeur. » La vérité de cette partie dépend de la première : or la première partie n'est pas véritable (*b*) ; et je soutiens au contraire que Dieu peut trouver sa gloire à faire surabonder sa grace où l'iniquité a abondé (*c*), selon la parole de saint Paul[1]. Il ne sert de rien de répondre que saint Paul parle en ce lieu en présupposant la satisfaction de Jésus-Christ (*d*) : car je maintiens que c'est une chose digne de Dieu par elle-même, de donner sans avoir rien qui le provoque à donner (*e*), au contraire ayant quelque chose qui le provoque à ne donner pas, parce que c'est en cela que paroît l'infinité de sa clémence. Et la preuve en est bien constante, en ce que gratuitement, et sans être provoqué par aucun bien dans l'homme pécheur, il lui a donné Jésus-Christ (*f*). Or ce n'est pas à

---

[1] *Rom.*, v, 20.

(*a*) Et ainsi tout ce raisonnement se réduit à dire que Dieu ne peut pas punir un péché pardonné, ou un pécheur réconcilié. Il n'y a pas là grand mystère ; et assurément il se trouvera peu de gens d'humeur à contester cela : mais on soutiendra toujours que, pour obtenir le pardon de son péché, la créature a besoin d'un médiateur infiniment élevé au-dessus d'elle, et qu'enfin ce n'est qu'en Jésus-Christ que Dieu lui pardonne.

(*b*) Il est évident par les remarques précédentes, que la première partie est véritable : la seconde l'est donc aussi, puisqu'on avoue ici qu'elle dépend de la première.

(*c*) Il faut toujours ajouter : Sans préjudice de l'ordre, sauf les droits de la justice, sans violer ce qu'il doit à l'ordre de la justice, à la loi éternelle.

(*d*) Cela sert infiniment : car c'est ce qui fait voir que ce n'est qu'en Jésus-Christ et par Jésus-Christ que Dieu fait miséricorde, et qu'il sait allier la plus étroite justice avec l'extrême clémence.

(*e*) On conviendra de cela en général : mais de donner et de récompenser ce qui mérite punition, de laisser le crime et le désordre impuni, de laisser blesser, violer, renverser l'ordre de la justice, sans lui faire faire nulle satisfaction lorsqu'on le peut : c'est une clémence malentendue, c'est une bonté de femmelette, c'est ce qui est absolument indigne de Dieu ; c'est enfin ce qui lui est même absolument impossible, étant essentiellement juste comme il est, et aimant comme il fait invinciblement l'ordre : *Impunitum non potest esse peccatum, impunitum esse non decet, non oportet, non est justum*, dit saint Augustin en plusieurs endroits. (*In Psal.* XLIV, n. 18; *in Psal.* LVIII, n. 13; Serm. XIX, n. 2; Serm. XX, n. 2.)

(*f*) Dieu n'a donné Jésus-Christ aux hommes, qu'en se le donnant préalable-

cause de Jésus-Christ satisfaisant qu'il lui a donné Jésus - Christ satisfaisant : Dieu donc peut faire du bien, et le plus grand de tous les biens, au pécheur, sans y être invité par d'autres motifs que par celui de sa bonté.

De là je tire encore une autre preuve : c'est que le même ordre qui demande que le pécheur soit puni, demande aussi qu'il le soit en la personne du coupable (a) : car c'est là ce qui s'appelle faire justice ; c'est là ce qui s'appelle réparer le désordre du péché, que de le punir où il est et dans celui qui l'a commis. Or Dieu se peut relâcher de la punition du pécheur en sa personne : (b) donc l'ordre qui demande que le péché soit puni, n'est pas un ordre essentiel et indispensable.

Ce qu'on peut encore tourner d'une autre manière. Dieu peut se relâcher par sa bonté du droit qu'il a d'exiger la peine du péché du pécheur même, en acceptant volontairement pour lui la satisfaction d'un autre, comme il a fait celle de Jésus-Christ pour nous ; et il pourroit à la rigueur n'accepter pas cette satisfaction étrangère, et exercer tout son droit sur la personne du coupable (c). Donc tout ce qu'on dit ici de l'ordre, ne se peut point entendre d'un ordre absolu et essentiel ; et il est du genre des choses que Dieu peut faire et ne faire pas, selon les diverses fins qu'il se sera proposées.

Sur la cinquième proposition : « La grandeur du péché est infinie, » et sur la preuve qui en est tirée du second axiome, je l'admets avec la restriction que j'ai apportée à cet axiome.

Sur l'éclaircissement où il est dit que « le péché est un néant infiniment opposé à Dieu, et que l'homme, quoiqu'incapable de l'infini qui vient de l'être, ne l'est pas de l'infini qui vient du néant, » j'admets la distinction, en remarquant seulement que le

---

ment à lui-même et à sa justice : content de la satisfaction que son Fils lui fait, il le donne aux hommes pour leur être favorable, et comme une hostie de propitiation.

(a) Ou de quelqu'un qui satisfasse pour lui.

(b) Pourvu qu'une victime plus digne de la grandeur et de la justice de Dieu, reçoive cette punition : et comme c'est ce que Jésus-Christ a fait, la conséquence est absolument nulle.

(c) Il ne peut pas se dispenser de prendre l'un des deux partis : l'ordre l'exige, et cet ordre n'est nullement arbitraire : et ainsi la conséquence qui suit est encore parfaitement nulle.

péché est un néant à la vérité, mais un néant dans un sujet qui, lorsqu'il pèche, a un objet et une manière d'y tendre : nous verrons tantôt quelle conséquence on tire de cette vérité.

Sur la sixième proposition : « Dieu ne peut pas se dispenser de punir le péché d'une peine infinie, ou du moins selon la capacité de souffrir qui se trouve dans le coupable : » je dis que cette proposition, qui dépend nécessairement de la quatrième, ne subsiste plus après qu'elle est détruite (*a*); et je dis encore que, tant la quatrième proposition que celle-ci, en prenant comme l'on fait dans toutes les deux la peine du péché pour la souffrance, enferme une contradiction manifeste dans l'alternative qu'on met en disant que « Dieu doit punir le péché ou infiniment, ou du moins selon toute la capacité du sujet : » car ou le principe ne conclut rien, ou il conclut absolument pour l'infinité sans l'alternative (*b*). On n'a osé dire néanmoins que Dieu doit punir le péché infiniment (*c*), parce qu'on sait que le pécheur n'est pas capable d'une souffrance infinie, et que la justice ne permet pas qu'on lui demande plus qu'il ne peut avoir. Il a donc fallu apporter l'alternative (*d*), de le punir du moins selon toute sa capacité. Mais cette alternative n'est pas moins impossible que l'autre (*e*); puisque Dieu ne pouvant jamais épuiser sa puissance, il peut toujours faire souffrir le pécheur de plus en plus jusqu'à l'infini (*f*). Donc

(*a*) Comme la quatrième proposition n'a pas souffert le moindre petit effort, ainsi qu'il paroit par les remarques précédentes, il est aisé de juger que la sixième ne se porte pas mal, puisqu'elle dépend de la quatrième.

(*b*) Le principe, par lui-même et considéré en général, conclut pour l'infinité : mais comme l'application ne peut s'en faire que sur une créature en particulier, et que toute créature est finie, il conclut nécessairement pour toute la souffrance dont la créature est capable.

(*c*) C'est une retenue bien forcée que celle-là, et dont l'auteur ne se fait guère d'honneur. Il faudroit être bien extravagant pour oser dire qu'il y a dix mille écus dans une bourse où l'on sait qu'il n'y en a pas mille.

(*d*) Assurément cette nécessité n'a rien eu de fâcheux pour l'auteur.

(*e*) On ne sait pas de quelle autre alternative on veut parler en cet endroit [1].

(*f*) Si ce n'est pas là une contradiction, on n'entend rien à tout ceci. On vient de dire que la capacité du pécheur est finie, qu'il ne peut pas souffrir à l'infini ; et l'on ajoute ici que « Dieu le peut faire souffrir jusqu'à l'infini : » pouvoir souffrir à l'infini et ne pouvoir souffrir à l'infini, rien peut-il se contredire plus

[1] Bossuet veut parler d'une peine du péché actuellement infinie, dont il s'agit dans le premier membre de la sixième proposition qu'il réfute.

il n'est pas possible qu'il le punisse selon toute sa capacité : et ainsi cette alternative est autant impossible que la première, et l'on retombe dans l'absurdité que l'on avoit voulu éviter.

Sur la septième proposition : « Le péché n'est puni dans les hommes damnés, ni infiniment, ni selon toute la capacité qu'ils ont de souffrir (*a*). » L'auteur tombe ici dans une erreur manifeste faute d'avoir pris garde que la difformité du péché se tire de deux endroits : l'une du côté de Dieu, dont elle nous prive ; l'autre du côté de son objet, qu'on appelle *spécificatif*, et de la manière de s'y porter (*b*). C'est dans le premier égard qu'il est infini ; et à cet égard aussi il est puni infiniment : car l'auteur a mis l'infinité du péché dans son infini néant. Le pécheur sera donc de ce côté puni infiniment, si on le laisse dans ce néant infini, et qu'on le prive éternellement et nécessairement de Dieu, dont il s'est privé volontairement. Mais du côté de l'objet spécificatif, et de la manière de s'y porter, il n'est point vrai que le péché ait une difformité infinie ; autrement tous les péchés seroient égaux (*c*) : et il n'est point vrai par conséquent que Dieu le doive punir infiniment à cet égard ; autrement Dieu seroit injuste en punissant les péchés inégalement : d'où il s'ensuit encore que l'auteur se trompe, en disant que Dieu doit punir le péché par une souffrance formellement ¹ ? Il faut donc dire que, quoique la puissance de Dieu soit infinie, elle se trouve quelquefois bornée dans ses effets par les limites du sujet sur lequel elle agit. En voilà assez pour juger de la justesse des deux conséquences qui suivent ici, dont la première fait encore une évidente contradiction avec ce qui a été dit de la capacité finie du pécheur.

(*a*) Cela effraie d'abord ; mais il faut suspendre son jugement.

(*b*) On se rassure en cet endroit : car enfin toute l'erreur ne seroit donc que de n'avoir pas pris garde à cet objet spécificatif ; erreur qui assurément ne seroit pas contre la foi. Mais d'où sait-on qu'il n'y a pas pris garde ? C'est qu'il n'a parlé que de l'énormité qui se tire de la dignité de la personne. Quelle conséquence ! Si cette seule énormité lui suffisoit, a-t-il dû parler d'une seconde ? si de cette seule difformité, il pouvoit inférer la nécessité d'une peine infinie, a-t-il été obligé d'en chercher encore une seconde ? Mais enfin qu'on en cherche tant qu'on voudra, plus l'on en trouvera, plus le péché méritera d'être puni, et par conséquent plus l'auteur aura ce qu'il prétend.

(*c*) On ne voit pas la raison de cette conséquence ; car entre deux infinis il peut y avoir une fort grande inégalité. Entre une infinité d'hommes et l'infinité des cheveux de ces hommes, il y a une extrême différence. On voit que l'auteur conclut de l'infini potentiel à l'infini actuel. Pure chicane !

[1] Bossuet n'a pas dit que le pécheur ne peut souffrir à l'infini ; mais qu'il n'est pas capable d'une souffrance actuellement infinie ; ce qui est bien différent.

infinie, ou du moins par une souffrance qui égale la capacité du sujet. Car l'infinité du péché, comme néant, est suffisamment punie par la perte du bien infini qui est Dieu : et pour ce qui est de l'autre partie de son énormité, ni on ne la doit punir par une peine infinie, puisque en ce sens elle n'a point d'infinité; ni on ne la doit punir selon la capacité, mais selon l'indignité du sujet.

A la forme, je réponds donc que du côté que le péché est infini, il est aussi puni infiniment (*a*); et du côté qu'il est fini il, est vrai qu'il n'est pas puni infiniment, ni même selon toute la capacité du sujet, parce qu'il ne le doit pas être, et que ce n'est pas la capacité, mais l'indignité du sujet qui est la règle de la peine.

Je tourne ma réponse en démonstration contre l'auteur, en cette sorte : Celui qui peut punir le péché dans le pécheur même, selon tout ce qu'il a de malice, en peut tirer une parfaite satisfaction : or est-il que Dieu peut punir le péché dans le pécheur même selon tout ce qu'il a de malice, en le punissant du côté qu'il est infini par la soustraction du bien infini qui est lui-même, et du côté qu'il est fini par divers degrés de souffrances proportionnées aux divers péchés (*b*) selon les règles que Dieu sait : par

---

(*a*) Si du côté que le péché est infini il est puni infiniment, pourquoi l'auteur, qui le regarde principalement de ce côté-là, se trompe-t-il, en disant que Dieu doit punir le péché par une souffrance infinie ? Est-ce que Dieu punit le péché plus qu'il ne doit ? Il est malaisé de sauver ceci de contradiction ; à moins qu'on ne prétende qu'être puni infiniment, c'est ne rien souffrir. Ce seroit certes une étrange punition.

(*b*) Je me doutois bien qu'on regardoit ce qu'on appelle ici punition infinie, c'est-à-dire la soustraction du bien infini qui est Dieu même, comme n'étant ni douloureuse ni pénible : cela paroît assez de ce qu'on l'oppose aux souffrances. C'est l'idée vulgaire que les hommes grossiers se forment de l'enfer : ils regardent le feu matériel comme terrible et la privation de Dieu comme un rien, ou du moins comme quelque chose qui ne leur sera pas fort incommode, ne se trouvant pas fort incommodés d'être privés de Dieu dans cette vie au milieu de leurs désordres. De sorte que si avec cela on vient à regarder le feu de l'enfer comme fabuleux, ainsi que font quelques prétendus esprits forts, la privation de Dieu n'ayant rien de pénible, tout l'enfer ne passera plus que comme un vain fantôme, dont il n'y a que les enfans qui se laissent effrayer. Mais en vérité, il seroit bien étrange qu'un prélat infiniment éclairé ne regardât pas la privation de Dieu comme la dernière de toutes les souffrances ; qu'il ne la regardât que comme une pure privation de plaisir, et non pas comme causant une insupportable douleur. Quoi ! l'absence et la privation d'une misérable créature sera quelquefois si pénible et si douloureuse à un homme, qu'il en

conséquent il peut tirer du pécheur même une entière et parfaite satisfaction. Donc le recours à la satisfaction de Jésus-Christ n'est pas nécessaire, et toute la machine est en pièces.

séchera sur les pieds; et la privation du bien infini, qui est Dieu, n'aura rien de pareil ? Que les saints ont eu bien d'autres sentimens de cette privation de Dieu ! Sainte Catherine de Gênes, si éclairée sur l'état des ames après la mort, ne regarde les feux terribles de l'enfer et du purgatoire que comme un rafraîchissement, que comme un pur rien, en comparaison de ces amertumes insupportables, de ces douleurs cuisantes, de ces flammes intérieures et dévorantes, dont l'ame des pécheurs est pénétrée et tourmentée par la seule privation de Dieu.

Et il ne faut pas s'imaginer que ces peines, qui reviennent de la privation de Dieu, soient égales dans tous les damnés. Il est vrai que la privation est égale ; mais la peine de la privation est plus ou moins grande, à proportion des divers degrés d'éloignement de Dieu renfermés dans le péché. Et c'est apparemment à quoi l'illustre prélat ne prend pas garde, lorsqu'il m'objecte si souvent que si l'énormité du péché se mesuroit par la dignité de la personne offensée, tous les péchés seroient égaux [1].

Mais enfin, pour trancher en deux mots toute cette contestation, je me sers d'un dilemme que je puis opposer comme une démonstration à la prétendue démonstration de l'illustre prélat.

Ou la privation de Dieu, dont on punit le pécheur, est pénible et douloureuse à ce pécheur, ou non : si elle ne lui est pas douloureuse, quelle espèce de punition est celle qui ne cause nulle peine et nulle douleur? et quelle apparence que l'ordre puisse être satisfait, si un homme qui par son péché mérite une peine infinie, ne souffre nulle peine?

Mais, dira-t-on, s'il ne souffre nulle peine, du moins est-il privé d'un grand bien. D'accord; mais c'est un bien qu'il a si fort négligé, qu'il s'en est privé volontairement; c'est un bien dont il y a mille gens assez brutaux pour vouloir se passer pendant toute l'éternité, pourvu qu'ils puissent jouir des misérables créatures. Etrange punition que celle qui ne consiste qu'à priver les hommes d'un bien qu'ils ont été assez brutaux pour mépriser, et dont ils se sont fait un plaisir de s'éloigner ! Plaisante satisfaction que celle qui n'offre et qui ne sacrifie que ce dont on a bien voulu se passer ! Un homme ne seroit-il pas bien puni, qui plein d'aversion pour son prince, après avoir refusé avec insulte sa bienveillance et ses faveurs, et s'être retiré de la Cour avec mépris, ne seroit châtié que par une lettre de cachet qui lui défendroit simplement de paroître jamais devant le Roi?

Mais, dira t-on encore, cette privation de Dieu à une ame séparée du corps, lui sera bien autrement pénible et douloureuse qu'elle n'est en cette vie; et c'est en cela que consiste leur punition. Voilà donc où il en faut venir : il faut convenir que cette privation est pénible et douloureuse aux damnés, et qu'elle n'est même punition qu'autant qu'elle est pénible : car assurément, qu'on en dise ce qu'on voudra, une privation dont on ne ressent nulle peine, n'est pas une punition.

Cela donc supposé comme la première partie de notre dilemme, voici de quelle manière je raisonne.

L'ordre demande que la punition soit proportionnée à l'énormité de l'offense :

[1] Dom Lami, pour pouvoir raisonner à son aise, prête ici à Bossuet des sentimens bien opposés à ceux qu'il soutient, puisque plus la privation de Dieu sera une peine grande, douloureuse, insupportable, plus la justice de Dieu tirera du pécheur une satisfaction pleine et entière, sans avoir besoin de chercher un supplément dans celle de Jésus-Christ.

Qu'ainsi ne soit, je le démontre *ex concessis*. L'auteur accorde dans sa lettre que sa proposition ni sa démonstration ne comprend pas le démon (*a*) : or est-il que le péché du démon n'est pas moins infini que celui de l'homme, et il n'est pas plus infiniment puni que celui de l'homme (*b*) : par conséquent de deux choses l'une, ou Dieu ne reçoit aucune satisfaction suffisante pour le péché du démon, et tous les principes de l'auteur s'en vont en fumée ; ou il est vrai que Dieu peut tirer une satisfaction suffisante du pécheur même, sans aucun rapport à Jésus-Christ ; et la démonstration tombe encore.

L'auteur n'a maintenant qu'à considérer d'où vient qu'il n'a osé comprendre le démon dans sa proposition. C'est qu'il a vu

or le péché est d'une énormité infinie du côté qu'il regarde Dieu, ainsi que le reconnoît l'illustre prélat : donc l'ordre demande que la peine qui revient au pécheur, de la privation de Dieu, soit infinie. Mais le pécheur n'est pas capable d'une peine infinie, comme je le suppose : il ne sera donc jamais puni autant qu'il le mérite, ni selon toute l'énormité de son péché : il ne peut donc par lui-même faire à Dieu une entière satisfaction : Dieu ne peut donc tirer une pleine satisfaction pour le péché, si Jésus-Christ ne s'en mêle : et par conséquent il est faux que le recours à la satisfaction de Jésus-Christ ne soit pas nécessaire et il faut avouer qu'il l'est d'autant plus en cette rencontre, que si les damnés ne sont pas punis selon toute la capacité qu'ils ont de souffrir, ce ne peut être que parce que Dieu trouve en Jésus-Christ une pleine et entière satisfaction. Ainsi toute la *Démonstration* avec la permission de l'illustre prélat, subsiste mieux que jamais.

(*a*) L'auteur dit seulement que dans la proposition de question, il n'a voulu parler que des hommes damnés : mais cela n'empêche pas que sa démonstration ne puisse prouver quelque chose de plus. Un homme qui entreprend de prouver qu'on lui doit dix louis, ne sera point trompé si sa preuve va à lui en assurer vingt.

(*b*) Il y auroit quelque chose à redire à la forme de cet argument, si l'on vouloit chicaner ; mais rien n'est plus éloigné de mon esprit. Je m'arrête seulement à cette seconde partie de la mineure, dans laquelle on dit « que le péché du démon n'est pas plus infiniment puni que celui de l'homme ; » car il est vrai qu'il ne l'est pas plus infiniment, parce que ni l'un ni l'autre ne le sont infiniment, l'homme ni le démon n'étant pas capables d'une peine infinie.

Mais premièrement, ne pourroit-on point soutenir que le démon est plus puni que l'homme, c'est-à-dire qu'il est puni selon toute sa capacité de souffrir ? C'en seroit assez pour faire voir que la *Démonstration* n'est pas aussi concluante pour les démons comme pour les hommes damnés, contre ce que l'illustre prélat a prétendu au commencement.

Secondement, je veux néanmoins que le démon ne soit pas plus puni que l'homme : qu'en conclura-t-on ? Que Dieu ne reçoit aucune satisfaction suffisante pour le péché du démon. D'accord : il ne la recevra pas du démon : mais qui empêche que conformément aux principes de la *Démonstration*, on ne dise que Dieu se dédommage sur Jésus-Christ de ce qui manque au démon pour satisfaire à la justice divine ? C'est, réplique-t-on, qu'il faudroit dire que Jésus-Christ est le Sauveur du diable et de ses anges, et qu'il satisfait pour eux.

qu'en l'y comprenant, il faudroit dire que Jésus-Christ est le Sauveur du diable et de ses anges, et qu'il satisfait pour eux (*a*) : or cette doctrine lui a fait trop de peine. Il doit donc détruire lui-même sa démonstration qui le mène là.

Et certainement, si Jésus-Christ avoit offert pour les démons sa satisfaction infinie, il faudroit qu'ils pussent être sauvés : car la satisfaction se fait à celui à qui on doit, à la décharge du débiteur. Tout ce donc qu'on supposeroit que Jésus-Christ auroit payé pour les démons, devroit être à leur décharge : et s'il avoit payé jusqu'à l'infini, ils pourroient être déchargés jusqu'à l'infini, et par conséquent être sauvés ; ce qui étant une erreur manifeste, toute proposition où celle-là est renfermée est digne de censure (*b*).

(*a*) Mais premièrement, si cette conséquence avoit quelque solidité, ce seroit à l'illustre prélat qui me l'objecte beaucoup plus qu'à moi à s'en défendre, puisqu'il déclare, comme nous le verrons plus bas, « qu'on peut dire que la satisfaction de Jésus-Christ apporte quelque soulagement aux damnés, et même aux démons ; et que Dieu pour l'amour de Jésus-Christ, punit les damnés et même les démons au-dessous de leurs mérites, et qu'ils doivent cet adoucissement aux mérites infinis de Jésus-Christ. » Pour moi je n'en voudrois pas tant dire : je ne voudrois pas dire, sans quelque adoucissement, que ce soit pour l'amour de Jésus-Christ que Dieu punisse les démons au-dessous de leurs mérites, ni que les démons doivent cet adoucissement aux mérites infinis de Jésus-Christ; mais seulement que Jésus-Christ ayant satisfait à la justice divine dans la seule vue des intérêts de son Père, et sans nulle bonne volonté pour les démons Dieu pleinement satisfait prend occasion de la satisfaction infinie de Jésus-Christ, de mêler quelque adoucissement dans les peines des démons, à peu près comme j'ai dit des hommes damnés sur la fin de la *Démonstration*.

Et par là, secondement, l'on voit que je suis bien éloigné de dire « que Jésus-Christ soit le sauveur des démons, et qu'il ait satisfait pour eux, » puisque je soutiens qu'il n'a eu nulle bonne volonté pour eux. S'il n'y a donc que cela qui me fasse de la peine, ou qui m'oblige à détruire ma *Démonstration*, je n'ai qu'à demeurer tranquille, et qu'à penser à édifier de pareilles démonstrations plutôt qu'à les détruire.

(*b*) C'est à l'illustre prélat à se sauver et de cette erreur et de sa censure, puisque assurément si cette erreur est renfermée dans quelqu'une de ses propositions ou des miennes, il est facile de juger par le parallèle que j'en viens de faire, que c'est beaucoup plutôt dans les siennes. Car enfin je ne dis point que Jésus-Christ ait offert pour les démons sa satisfaction infinie : je nie même dans la *Démonstration*, qu'il l'ait offerte pour les hommes damnés ; et je dis seulement, comme on l'a vu plus haut, que « Jésus-Christ ayant satisfait à la ustice divine dans la seule vue des intérêts de son Père et sans nulle bonne volonté pour les démons, Dieu pleinement satisfait en prend occasion de modérer leurs peines. » Si c'est là sauver les démons et rendre Jésus-Christ leur sauveur, sûrement l'illustre prélat peut se tenir certain qu'il a fait ce grand mal beaucoup plus formellement que moi.

Je conclus que la doctrine de la quatrième, cinquième, sixième et septième proposition, avec celle des deux corollaires, ne peuvent pas être reçues dans la saine théologie (*a*).

Je ne trouve pas moins d'absurdité dans la huitième proposition, que voici : « Dieu ne peut retrouver qu'en Jésus-Christ et dans ses satisfactions, ce qui manque à la satisfaction des damnés. » Je dis que cette proposition est insoutenable dans le dessein de l'auteur : car encore qu'il ait trouvé à propos de nous le cacher par sa prudence, on voit bienqu'il en veut venir à la nécessité absolue de l'incarnation (*b*), pour suppléer à l'impossibilité où Dieu seroit sans cela de satisfaire à sa justice. Or cette doctrine est insoutenable, puisqu'elle suppose qu'il étoit absolument impossible que Dieu laissât tous les hommes dans la masse d'Adam; ce qui est combattu par saint Augustin et par toute la tradition.

Savoir maintenant si l'on peut dire que la satisfaction de Jésus-Christ apporte quelque soulagement aux damnés et même aux démons, je crois qu'on le peut résoudre par une opinion très-commune dans l'Ecole. On y dit que Dieu récompense au-dessus, et punit au-dessous des mérites : on apporte pour le prouver ce

---

(*a*) S'il n'y a que ce que l'illustre prélat m'a objecté jusqu'ici qui s'oppose à cette réception, il me permettra, après tout ce que je lui ai répondu, de conclure que ces propositions doivent être reçues dans la saine théologie.

(*b*) Assurément l'illustre prélat voit plus clair dans mon cœur que je n'y vois moi-même : car j'avoue que je n'y avois nullement aperçu ce dessein en aucun endroit de la *Démonstration*.

Mais enfin je veux que mon dessein ait été d'établir également la nécessité des satisfactions de Jésus-Christ et la nécessité de l'incarnation. Ces propositions sont-elles absurdes et insoutenables ? Oui, dit-on, parce qu'il s'ensuit qu'il étoit absolument impossible que Dieu laissât tous les hommes dans la masse d'Adam. Mais je nie absolument cette conséquence. Il est aisé de faire voir qu'elle n'a nulle liaison avec les propositions dont on la tire. Il y a une fort grande différence entre satisfaire à Dieu pour les péchés des hommes, et vouloir que cette satisfaction soit favorable aux hommes. Les magistrats d'une ville peuvent fort bien satisfaire au roi pour la révolte de quelques séditieux, sans prétendre par là les exempter du supplice. Ainsi Jésus-Christ a pu satisfaire à son Père pour le péché des hommes, sans prétendre par là les délivrer de la punition, ni les tirer de la masse de perdition. Et l'on voit assez souvent que, lorsqu'il est arrivé quelque profanation au Saint-Sacrement de nos autels, l'on fait à la justice divine toutes les réparations et toutes les satisfactions dont on est capable, sans prétendre par là décharger les criminels des peines qu'ils ont encourues par cette profanation.

texte du psaume : *Cùm iratus fueris, misericordiæ recordaberis*[1], et quelques autres.

Je ne vois pas, dans cette opinion, qu'il soit mal de dire que les damnés doivent cet adoucissement aux mérites infinis de Jésus-Christ, auxquels Dieu a plus d'égard que ne méritoit leur ingratitude ; et si l'auteur n'eût voulu dire que cela, j'aurois peut-être laissé passer sa proposition (*a*) avec quelques adoucissemens dans les termes. Mais si c'étoit là ce qu'il vouloit dire, il n'auroit pas fallu nous parler de l'indispensable besoin d'une satisfaction infinie (*b*), puisque cet adoucissement de la divine miséricorde envers les damnés n'allant nullement à ôter ce qu'il y a d'infini dans leurs peines (*c*), une infinie satisfaction n'y étoit pas nécessaire.

On voit donc bien où l'auteur en vouloit venir : c'étoit à la prétendue démonstration de la nécessité de l'incarnation (*d*), pour procurer à la justice de Dieu une satisfaction dont il n'étoit pas possible qu'elle se passât ; et c'est là que je trouve trois erreurs (*e*) : la première, que Dieu ne puisse pas laisser les hommes dans la masse de perdition (*f*) ; la seconde, qu'il ait besoin de la satisfaction infinie de Jésus-Christ pour les damnés, sans qu'on en puisse excepter les démons (*g*) ; en sorte qu'il ne pût pas ne

[1] *Habac.*, III, 2.

(*a*) Laissez-la donc passer, Monseigneur ; car assurément je n'en ai de mes jours tant prétendu.

(*b*) C'étoit une nécessité d'en parler pour soutenir les intérêts de l'ordre et de la justice : car Dieu les aimant invinciblement, comme on l'a démontré, il ne peut pas abandonner leurs intérêts : et ce principe, au reste, établit incomparablement mieux que celui que l'illustre prélat a emprunté de l'École, l'indulgence qui revient aux damnés des mérites de Jésus-Christ.

(*c*) Ce n'est nullement pour diminuer les peines des damnés, ni pour en ôter ce qu'il y a d'infini, puisqu'on ne les croit pas infinies, qu'on admet la nécessité de la satisfaction infinie de Jésus-Christ : c'est uniquement pour satisfaire à l'ordre et à la justice divine. Il faut voir ce qu'on a dit, dans la remarque sur cette prétendue infinité de peines.

(*d*) J'ai déjà dit que ce n'étoit point là mon dessein. Mais enfin je veux que ce le soit : est-il si criminel ?

(*e*) Oui, dit l'illustre prélat : « C'est là que je trouve trois erreurs. » C'est être bien libéral d'erreurs : mais encore voyons donc quelles elles sont.

(*f*) Mais j'ai fait voir que cette proposition n'est nullement comprise dans la nécessité de l'incarnation.

(*g*) Est-il possible qu'on ne veuille pas voir qu'il y a une extrême différence entre satisfaire pour la faute d'un criminel et satisfaire en faveur et à la décharge du criminel, entre satisfaire pour l'amour de la personne offensée et satisfaire

pas satisfaire infiniment pour ceux à qui positivement il ne vouloit pas appliquer sa satisfaction infinie : et la troisième, où l'on veut venir par les deux autres, que supposé le péché ou des démons ou des hommes, Dieu soit autant nécessité d'incarner son Fils (a) que de s'aimer lui-même ; en sorte que l'œuvre de la plus grande miséricorde et de l'amour le plus gratuit, soit en même temps l'œuvre de la plus grande et de la plus inévitable nécessité.

Je condamne hardiment ces trois propositions (b) comme inouïes dans l'Eglise, et comme contraires à la tradition et à la théologie de nos pères.

Quand l'auteur se voudra réduire à soutenir seulement que Dieu, pour l'amour de Jésus-Christ, punit les damnés, et même si l'on veut les démons, au-dessous de leurs mérites (c), selon mes lumières présentes je ne m'y opposerai pas. Mais j'espère aussi qu'il voudra bien corriger cette proposition, « que les satisfactions de Jésus-Christ soient un supplément de celle des

pour l'amour du coupable, entre offrir à Dieu une satisfaction par un pur zèle de la justice et vouloir que cette satisfaction soit encore favorable aux criminels? Cette différence saute aux yeux ; et il est, ce me semble, très-aisé à comprendre qu'il se peut très-bien faire que Dieu ait besoin de la satisfaction infinie de Jésus-Christ pour les péchés des damnés, sans que pour cela on puisse dire que Jésus-Christ ait satisfait en leur faveur, et sans qu'il ait eu nulle bonne volonté pour eux.

(a) Mais ce n'est pas là une troisième erreur comprise dans la proposition : ce n'est que la proposition même en question. Voici néanmoins quelque chose de différent qu'on y oppose.

C'est, dit l'illustre prélat, qu'à ce compte il faudra que « l'œuvre de la plus grande miséricorde et de l'amour le plus gratuit, soit en même temps l'œuvre de la plus grande et de la plus inévitable nécessité. »
Mais ce qu'on regarde là comme une contradiction, loin d'être une erreur, est ce qui fait une partie de la grandeur du mystère : en voici le dénouement. Le mystère de l'Incarnation regardé par rapport à Dieu, est dans cette supposition d'une inévitable nécessité, parce que la justice, la loi éternelle, l'ordre inviolable le demandent : mais il est en même temps l'œuvre de la plus grande miséricorde et de l'amour le plus gratuit, parce que Dieu a bien voulu que les hommes y eussent part ; et que Jésus-Christ a bien voulu répandre son sang, pour retirer de la damnation de misérables et d'indignes pécheurs, pouvant justement les y laisser.

(b) On espère que l'illustre prélat voudra bien lever ces censures, lorsqu'il se sera donné la peine de lire nos éclaircissemens.

(c) Je vous ai déjà dit, Monseigneur, que bien loin d'avoir peine à me réduire à cette proposition, je n'en demande pas tant ; et que toute ma peine en m'y réduisant, seroit d'en dire peut-être trop et toujours plus que je ne voudrois.

damnés : » car ce terme de *supplément* est dur et odieux, pour deux raisons : l'une, à cause que c'est mal parler de la satisfaction de Jésus-Christ, qui pourroit acquitter la dette entière, de la faire considérer comme un supplément : l'autre est, mon révérend Père, que, quoi que vous puissiez dire, ce qui est regardé comme un supplément ne fait qu'un seul et même paiement total avec la somme, dont il supplée le défaut. Avec ces deux correctifs, j'accorde sur ce sujet tout ce qu'il vous plaira (*a*). Mais si je devine bien, vous ne vous soucierez guère en cela de ma complaisance, puisque vous n'y trouverez pas votre incarnation démontrée, qui est le but où vous tendez avec votre ami, et où je puis bien vous assurer que vous ne ferez jamais venir les orthodoxes (*b*).

Que si vous me demandez maintenant d'où vient donc que Dieu a pris cette voie de la satisfaction de Jésus-Christ : quand je dirai que je n'en sais rien, et que j'aime mieux demeurer court sur cette demande que d'y chercher des réponses contraires à l'analogie de la foi (*c*), il faudra en demeurer là. Je crois néanmoins pouvoir trouver dans les Ecritures et dans la doctrine des

(*a*) Nous voilà donc, Monseigneur, parfaitement d'accord sur cette proposition, qui sembloit d'abord m'éloigner de Votre Grandeur par de si prodigieux espaces. Car assurément le mot de *supplément* ne me tient nullement au cœur : et quoique après les explications que je lui ai données dans la *Démonstration* et dans la lettre qui l'accompagnoit, il ne doive faire nulle difficulté, néanmoins je vous l'abandonne, n'étant nullement d'humeur à disputer d'un mot.

(*b*) Je me suis déjà expliqué là-dessus ; et assurément les orthodoxes ne devroient avoir nulle peine à se rendre à un sentiment qui paroît si avantageux à la religion, et d'une si grande force contre les libertins et les sociniens.

(*c*) Est-il possible qu'il faille regarder comme contraire à l'analogie de la foi, de dire qu'il n'y a eu qu'un Homme-Dieu qui ait pu satisfaire en rigueur à la justice divine, et nous réconcilier avec Dieu ? Et n'est-ce pas ce que saint Paul insinue en tant d'endroits de son *Epître aux Hébreux*, et ce qu'il marque surtout par ces paroles : *Talis enim decebat ut nobis esset Pontifex, sanctus, innocens, impollutus, segregatus à peccatoribus, et excelsior cœlis factus*, etc. (*Hébr.*, VII, 26.)

Le malentendu de tout cela, c'est que dans l'incarnation on ne veut songer qu'à l'intérêt de l'homme, et point du tout aux intérêts de Dieu, ni de sa justice. Si cependant on vouloit examiner les saintes Ecritures sous ces deux regards, on trouveroit que quelque soin qu'elles aient eu de nous rendre l'incarnation aimable du côté de notre intérêt, elles n'en ont pas moins eu de nous la rendre vénérable du côté de la gloire de Dieu et de l'intérêt de sa justice. *Gloria in excelsis Deo, et in terrâ pax hominibus bonæ voluntatis* : voilà les deux fins de l'incarnation nettement marquées par les anges qui eurent ordre d'en porter la nouvelle aux hommes : premièrement, la réparation de la gloire de Dieu avant toutes choses, *Gloria Deo* ; et puis la réconciliation des hommes, *Pax hominibus*.

saints, un dénouement plus solide et plus simple de toutes les questions de la satisfaction de Jésus-Christ. Mais ce n'est pas de quoi il s'agit, et je ne veux pas m'engager dans cette matière : tout ce que j'en puis dire en trois mots, c'est que quiconque croira trouver dans les satisfactions de Jésus-Christ les règles d'une justice étroite, demeurera court en deux endroits essentiels : l'un, quand il faudra expliquer comment Jésus-Christ a satisfait à la seconde Personne de la Trinité (*a*), c'est-à-dire à lui-même ; et l'autre, comment on sauve la justice étroite dans une satisfaction où ce n'est point le coupable même qui est puni en sa personne (*b*).

(*a*) On ne voit pas qu'il y ait là une fort grande difficulté, ni que rien de cela empêche que la satisfaction de Jésus-Christ ne soit parfaitement étroite. Car premièrement, comme le péché est opposé à la sainteté de Dieu et à l'ordre qui, comme nous l'avons dit dans la *Démonstration*, consiste dans les rapports qui se trouvent entre les perfections comprises dans l'essence divine, il est visible que le péché regarde Dieu comme Dieu, et non pas comme Trinité : et qu'ainsi il suffit que la satisfaction regarde Dieu selon ce qu'il a d'absolu, et non pas selon ce qu'il a de relatif, sans qu'il soit besoin que la seconde personne se satisfasse à elle-même comme personne. Secondement, on ne peut pas imaginer une plus étroite justice que celle où l'on paie un prix infini, et que celle où c'est un Dieu qui satisfait.

(*b*) Mais, dit-on, ce n'est pas le coupable même. Non, Dieu a jugé à propos de l'épargner dans la vue de son grand dessein : mais c'est une personne divine, chargée de toutes les livrées du coupable, c'est-à-dire revêtue de sa nature, de ses foiblesses, de ses infirmités et enfin de tout ce qui lui appartient, le péché excepté : peut-il y avoir une plus terrible justice ?

On peut encore ajouter que Jésus-Christ a satisfait à la seconde Personne de la Trinité, c'est-à-dire à lui-même. Il est vrai qu'on ne conçoit pas qu'une personne qui ne subsiste qu'en une nature et qui ne termine qu'une nature, puisse se satisfaire à soi-même. Mais si elle subsiste en deux natures, et qu'elle termine deux natures, comme la Personne du Verbe termine la nature divine et la nature humaine, il est aisé de concevoir que cette adorable Personne, en tant que terminant la nature humaine, se satisfasse à soi-même en tant que terminant la nature divine.

Il ne faut pas une plus grande distinction pour une satisfaction étroite que pour une vraie obéissance. Or Jésus-Christ, quoique vraiment Dieu, a véritablement obéi à Dieu, et conséquemment à soi-même : il a donc pu aussi se faire satisfaction à soi-même.

APPENDICE.

Objections contre la démonstration (a).

J'ai lu et relu avec bien du plaisir votre *Démonstration*, non pas à la vérité avec ce plaisir qu'on a quand on sent son esprit enleve et emporté par une entière conviction, car franchement la *Démonstration* n'a point eu sur le mien cet effet; mais avec ce plaisir et cette satisfaction qu'on ressent quand on voit une preuve autant bien suivie, et une opinion autant bien soutenue qu'elles le peuvent être. Vous aurez beaucoup avancé quand vous m'aurez bien prouvé la quatrième proposition, et qu'on n'y doit pas mettre la limitation que je crois y devoir entrer.

« Il est de l'ordre de punir le péché, » dites-vous; et j'en conviens, si la personne offensée ne se relâche pas de son droit. « L'ordre demande, ajoutez-vous, que le péché soit puni à proportion de sa grandeur : » cela est encore vrai, à moins que la personne offensée ne veuille bien diminuer quelque chose en faveur du coupable. Or je ne vois point qu'il soit contre l'ordre que Dieu se relâche de son droit, et qu'il ne punisse pas le coupable dans toute la rigueur. Cela, ce me semble, doit être considéré comme très-libre en Dieu; et la réparation de sa justice en toute rigueur ne doit être regardée que comme un bien borné et limité, qu'il lui est entièrement libre de prendre ou de ne prendre pas.

(a) Les premiers éditeurs disent : « Le recueil d'où nous avons tiré toutes ces lettres, contenant encore d'autres pièces relatives à la même contestation, nous avons cru faire plaisir au lecteur en lui donnant ici l'extrait des témoignages qui confirment le jugement que Bossuet a porté de cette question. »

Parmi *les témoignages qui confirment le jugement de Bossuet*, comme on s'exprime, se trouvent les *objections contre la Démonstration*. Qui en est l'auteur? Nous soupçonnerions que ce pourroit être Nicole, répondent les bénédictins des *Blancs-Manteaux*; mais nous ne pouvons que le conjecturer; parce que le manuscrit ne s'explique point assez clairement. La manière dont le père Lami lui répond, nous donne à entendre que celui à qui il écrivoit étoit un homme d'un mérite distingué. « Il paroit, lui dit-il, que vous n'avez pas jugé la *Démonstration* indigne de votre application, puisque vous l'avez même honorée de votre critique. Je l'en aime mieux, de s'être attiré cet honneur; et ce n'est que pour la mettre en état de le mieux soutenir, que je vais tâcher de l'appuyer un peu contre vos attaques. »

Quant à ce que l'on dit, « qu'il aime invinciblement sa justice ; » je crois que la proposition est véritable en ce sens, qu'il aime invinciblement sa justice comme un attribut inséparable de lui-même, mais non pas en ce sens qu'il aime invinciblement la réparation de sa justice en toute rigueur. Car encore bien que cette réparation en toute rigueur doive être quelque chose d'infini, c'est pourtant quelque chose hors de Dieu qui ne lui est point essentiel, et qui par conséquent doit lui être très-libre : et c'est en ce sens que j'ai dit que c'est un bien limité et borné, à peu près comme les théologiens disent du mystère de l'Incarnation.

Instance contre la Démonstration (a).

Je tiens que l'ordre est en effet immuable, et je suis fort éloigné de croire qu'il soit arbitraire en Dieu. Mais encore que l'ordre soit immuable, et que le péché blesse l'ordre, il ne s'ensuit pas que le péché doive être absolument puni, sans qu'il soit permis à la personne offensée de se relâcher en faveur du coupable. Si j'avois laissé passer cette quatrième démonstration, il eût fallu nécessairement avouer tout le reste; car il se suit parfaitement bien. Je suis, etc.

Réponse de l'auteur de la Démonstration à de nouvelles objections (b).

Je viens aux véritables motifs qui vous ont engagé au combat, et que vous ne pouvez exposer sans m'attaquer tout de nouveau.

Le premier de ces motifs est, dites-vous, que « la proposition raisonnée, touchant la satisfaction de Jésus-Christ, tend à établir la nécessité absolue du mystère de l'Incarnation, qui est si universellement désavouée par tout ce que nous avons d'habiles théologiens. »

Le second a quelque chose de plus spécieux, le voici : C'est, dites-vous, « que cette démonstration va à détruire une opinion non moins universellement reçue par ces théologiens, qui est

---

(a) Cette *Instance* fut faite, par l'auteur des Objections, après une première réponse du P. Lami.

(b) Ce titre indique assez que le P. Lami ne répond pas aux objections qu'on vient de lire, mais à de nouvelles difficultés que lui avoit adressées son adversaire.

que Jésus-Christ par une seule action, sans rien souffrir, en demandant seulement le pardon des péchés des hommes, en a pu mériter la rémission. »

Je l'avoue, Monsieur ; si la *Démonstration* alloit à détruire un sentiment si raisonnable, je l'abandonnerois à l'instant. Mais il est plus évident que le jour qu'elle n'y donne nulle atteinte ; et vous le verriez comme je le vois, si le grand nom et l'autorité de M. de Meaux ne vous avoit ébloui, et empêché d'apercevoir la solidité de la réponse que je lui fais. Il faut donc tâcher de vous mettre dans le point de vue : je vous demande seulement un moment de suspension d'esprit.

Sur ce que j'ai dit dans la *Démonstration*, « qu'il est de l'ordre que le péché soit puni, » l'illustre prélat m'a objecté « que tous les théologiens conviennent que Jésus-Christ pouvoit mériter le pardon de tous les hommes seulement en le demandant, et qu'ainsi Dieu pouvoit pardonner le péché sans en imposer la peine à Jésus-Christ. »

A cela j'ai répondu qu'en matière de satisfaction, c'est souvent la plus grande de toutes les peines que de demander pardon, surtout si la personne qui le doit demander est d'une dignité fort éminente.

Réponse qui marque assez que je conviens que Jésus-Christ a pu satisfaire à Dieu par une simple demande du pardon, mais qui fait voir aussi que cette demande de pardon seroit toujours une grande satisfaction et une grande punition du péché.

Cependant, Monsieur, cette réponse n'a pas eu l'honneur de vous plaire : « Elle vous semble foible ; et si jamais le prélat me presse là-dessus, vous ne voyez pas par où je pourrai parer ce coup. »

Je le parerai, Monsieur, comme j'espère que je vas parer le vôtre : le voici.

« La peine, dites-vous, qu'on ressent à demander pardon à son égal ou à son supérieur, n'est qu'un mal d'imagination, qui ne peut naître que de l'orgueil d'un esprit hautain : nous sentons le rabaissement à proportion de notre orgueil. Mais ces sentimens ne pouvant jamais être dans Jésus-Christ, on ne peut dire raisonnablement que la demande de pardon qu'il auroit faite à son Père pour les péchés des hommes, lui eût été pénible (a).

LETTRE CLXXXII.
BOSSUET A M. LE FÈVRE D'ORMESSON.
A Meaux, ce 29 octobre 1687.

Il n'y a nul doute, Monsieur, que l'opinion dont nous parlâmes à Paris ne soit très-saine. C'est même une doctrine très-commune, ou plutôt une maxime très-universelle dans l'Ecole, que tout le mérite des bonnes œuvres a sa source dans la charité habituelle : ce qui suit aussi de la doctrine du concile de Trente, lorsqu'il déclare que le mérite de l'homme justifié vient de l'influence continuelle de Jésus-Christ comme Chef dans ses membres [1]. De dire maintenant que la charité influe dans les bonnes œuvres sans qu'on y pense et sans qu'elle leur serve de motif, c'est trop la faire agir comme une chose morte et inanimée. Aussi trouverez-vous partout dans saint Thomas, qu'il n'y a de mérite que dans les œuvres qui sont ou produites ou commandées par la charité.

Et quant à ce que vous disiez, qu'il s'ensuivroit que les actes de foi et d'espérance, ou même ceux de la crainte des jugemens de Dieu et des peines éternelles, ne seroient pas méritoires, la réponse est bien aisée. Si la charité ne pouvoit pas exciter ou commander une œuvre de foi, saint Paul n'auroit pas écrit aux Corinthiens que *la charité croit tout* [2]. Si elle excite et fait agir la foi, elle peut bien faire agir la crainte, dont la foi est le fondement. Et qui doute qu'un homme qui aime Dieu ne soit bien aise d'abattre en lui-même la concupiscence en se représentant les motifs de la crainte, afin que la charité soit d'autant plus ferme

---
[1] Sess. VI, *de Justif.*, cap. XVI. — [2] I *Cor.*, XII, 7.

(a) Le P. Lami s'efforce, disent les premiers éditeurs, de prouver ici que, quoique cette demande de pardon ne fût pas pénible à Jésus-Christ, elle étoit cependant une très-grande peine et une terrible punition du péché. » Malgré tout son zèle, en dépit de toutes ses démonstrations géométriques, le savant bénédictin ne convainquit personne; bien plus, les partisans de Malebranche dirent qu'il n'avoit pas compris la pensée de leur maître. Qui a jamais compris les philosophes novateurs?

qu'elle sera moins attaquée? Il en est de même de l'espérance; puisque saint Paul, qui a dit : *La charité croit tout*, dit aussi que *la charité espère tout* [1]. Il est vrai qu'on ne peut pas dire qu'elle craigne, puisqu'au contraire elle tend de sa nature à chasser la crainte. Mais comme elle n'opère ce grand effet que lorsqu'elle est parfaite, comme le dit expressément l'apôtre saint Jean [2], elle peut bien, pendant qu'elle est infirme, se servir de la crainte pour se fortifier.

Mais on voudroit peut-être que l'exercice de la foi fût méritoire, sans que le motif de la charité y entrât. Je ne le puis croire, puisque saint Paul, après avoir dit tout ce qui ne sert de rien, ne compte, parmi les choses qui servent, que la foi qui opère par la charité [3]. Et à vous dire le vrai, il n'y a nulle apparence que la foi puisse être méritoire, ni doive agir dans l'homme justifié, sans la charité qui en est l'ame et la forme, du consentement unanime de toute l'Ecole.

Mais enfin, demandiez-vous, que sera-ce donc qu'un acte de foi détaché de l'exercice de la charité? Seroit-il bon? seroit-il mauvais? seroit-il indifférent? Il est encore aisé de répondre qu'il seroit bon; mais qu'il ne s'ensuit pas qu'il fût immédiatement méritoire. Il en seroit comme d'un acte de foi qu'un homme feroit hors de l'état de grace. Il est bon sans doute, parce qu'il met toujours dans le cœur de bonnes dispositions. Ainsi cet acte de foi que vous présupposez dans l'homme juste, le disposera sans doute à rendre la charité plus active; et je crois même bien difficile qu'un homme juste exerce un acte de foi sans que son cœur soit excité à aimer la vérité éternelle, et à s'attacher à celui qui est l'auteur comme l'objet de la foi.

Quoi qu'il en soit, je ne comprends pas la théologie qui semble donner à la charité habituelle quelque chose pour nous exempter d'en exercer les actes : au lieu qu'elle n'est donnée que pour nous y incliner, et pour nous les rendre faciles; ce qui rend l'obligation de les exercer plus étroite. En un mot, je conclus, Monsieur, que la charité n'influe dans nos bonnes œuvres que d'une manière vivante et vitale : d'où il s'ensuit qu'elle ne fait rien dans ceux qui

---

[1] *I Cor.*, XII, 7. — [2] *I Joan.*, IV, 18. — [3] *Gal.*, V, 6.

n'y pensent pas, c'est-à-dire qui n'agissent point par ce motif. Vous entendez bien, au reste, qu'il ne s'agit pas ici d'avoir toujours l'esprit actuellement tendu pour penser à Dieu : vous savez trop ce que c'est que l'intention virtuelle, pour vous arrêter à une si légère difficulté.

Voilà, Monsieur, mon sentiment et une partie de mes raisons. Je vous exhorte à entrer dans ces vrais et solides principes : mais sans mes exhortations, vous saurez toujours bien faire et penser tout ce qu'il y a de meilleur.

Une petite fluxion à l'épaule, qui fait que j'ai peine à écrire, m'oblige à emprunter une main qui ne vous est pas inconnue.

LETTRE CLXXXIII.

BOSSUET A DOM MABILLON.

A Paris, ce 29 janvier 1688.

Je vous remercie de votre *Mémoire sur Maxence* [1] : J'en avois assez pour mon dessein de ce qui en étoit dans Eusèbe, mais j'étois bien aise de savoir s'il n'y avoit rien davantage. Je puis aussi me contenter de ce que dit Lactance de Constantius Chlorus, *de*

[1] Nous croyons faire plaisir au lecteur de mettre ici le Mémoire dont il s'agit dans cette lettre. Le voici :

Je ne me souviens point d'avoir vu aucun acte de martyrs qui soit bon, sous la persécution de Maxence. Il n'y en a aucun dans le petit recueil sur lequel je travaille. Eusèbe dit que Maxence donna d'abord un édit en faveur des chrétiens (*Hist. Eccles.*, lib. VIII, cap. xiv), pour faire paroître qu'il avoit de la douceur; mais qu'ensuite il se laissa aller à toute sorte de cruauté, d'impiété et d'injustice : il ne parle pas néanmoins qu'il les ait exercées en particulier sur les chrétiens, quoiqu'il le compare avec Maximin, qu'il dit les avoir beaucoup persécutés. Ce même historien rapporte plus au long, dans la *Vie du grand Constantin*, les déréglemens de Maxence (*Ubi suprà*, lib. I, cap. xxxvii et seq.) : mais il ne marque point non plus en cet endroit, que ce tyran ait fait de la distinction entre les chrétiens et les païens, sinon que les femmes chrétiennes témoignoient bien plus de courage que les païennes pour conserver leur honneur; ce qui étoit à quoi ce tyran en vouloit le plus. Il marque même qu'une femme de qualité aima mieux se faire mourir que de souffrir la violence de Maxence.

Pour ce qui est des *Actes de saint Marcel*, pape et martyr, on ne doit point du tout les tenir pour sincères. Le cardinal Baronius avoue même qu'il y a des faits qui sont tout à fait insoutenables. Je crois que tout ce qu'on peut croire de sûr de ce saint, est renfermé dans les vers que saint Damase, pape, a faits de lui, où il dit qu'il fut envoyé en exil. Baronius rapporte ces vers au troisième tome de ses *Annales*, et après lui Bollandus au 16 de janvier.

Mortibus persecutorum; mais je souhaiterois savoir si en Espagne ou ailleurs, dans sa portion de l'empire, il n'y a point eu quelque martyre ou quelque exécution contre les chrétiens durant la persécution. Pour les Gaules où il étoit, je ne crois pas qu'il y en ait eu : mais il est bon de savoir ce que les magistrats pourroient avoir fait, en exécution des édits qu'il n'avoit point révoqués [1].

La même chose du césar Sévère; quoique pour celui-ci je ne voie pas qu'il puisse rien y avoir, ni tant qu'il a été césar, ni dans le peu de temps qu'il a été empereur.

Je m'avise que quelques canons du concile d'Elvire marquent en Espagne quelques souffrances de l'Eglise : la question est de la date; il me semble que ce doit être sous Constantius Chlorus. Je sais l'endroit d'Eusèbe sur la durée de la persécution en Occident; mais ces choses générales ne sont pas toujours sans quelque exception. Je vous demande pardon, mon révérend Père, de la peine que je vous donne.

LETTRE CLXXXIV.

BOSSUET A M. DE RANCÉ, ABBÉ DE LA TRAPPE.

A Germigny, ce 2 septembre 1688.

Il est vrai, Monsieur, que nous entendîmes durant quelques heures beaucoup de difficultés assez légères, parmi lesquelles il y en avoit deux ou trois que je jugeai de conséquence, et dont M. du Peirier a dû vous rendre compte. Je n'ai pu rejoindre M. de Reims, quelque soin que j'en aie pris, et quoique j'aie attendu à partir jusqu'à la veille de mon synode, qui ne me permettoit plus de retarder. Ce n'est pas qu'il y ait aucun changement dans ce prélat, qui comme moi a beaucoup estimé l'ouvrage. Mais ou il a été malade comme il l'est encore, ou il est arrivé d'autres incidens autant imprévus qu'inutiles à raconter. Je lui avois proposé de convenir par lettres ; il n'y a pas eu moyen : il a trouvé cette

---

[1] Sur ces questions, *voyez* la Préface que dom Thierri Ruinart a mise à la tête des *Actes des Martyrs*, § III, n. 60 et seq., pag. LXVI et seq., *edit.* 1713. Il y prouve que la persécution fut générale dans tout l'Empire, quoique moins violente dans la portion soumise à Constance Chlore. (*Les édit.*).

voie trop longue; et comme j'eusse pu prendre le parti de faire un tour à Paris pour achever, il a été attaqué très-violemment des hémorrhoïdes, mal qui lui est assez ordinaire : si bien que la chose est remise. Cependant cela fait beaucoup discourir. On a dit que je ne voulois pas approuver, et puis qu'on faisoit beaucoup de cartons. J'ai répondu ce que je devois; mais cependant ces contre-temps me fâchent beaucoup.

On mande de tous côtés que ce grand armement du prince d'Orange tombe enfin sur la France, où les huguenots remuent de toutes parts; c'est-à-dire qu'il faut beaucoup prier et s'abandonner à la volonté de Dieu. Il n'y avoit point d'apparence de s'éloigner dans l'état où l'on étoit. A vous, Monsieur, de tout mon cœur.

LETTRE CLXXXV.

BOSSUET A DOM MABILLON.

A Coulommiers, ce 9 octobre 1688.

La lettre de M. le cardinal de Colloredo est assurément, mon cher et révérend Père, la plus obligeante qu'on pût jamais recevoir : c'est ce que j'ai impatience de vous témoigner. Il faut prier Dieu qu'on écoute à Rome de tels cardinaux.

Je suis venu célébrer ici la fête de saint Denis dans une paroisse qui lui est dédiée, afin d'exciter les peuples à la prière, dans ces menaces terribles qu'on fait autant contre l'Eglise catholique que contre l'Etat [1]. C'est le cas plus que jamais d'invoquer Dieu, et de demander les prières de l'ancien protecteur de nos rois et de la France. Je suis à vous, mon révérend Père, de tout mon cœur et avec toute la sincérité que vous savez.

[1] Dès 1686 les ennemis de la France avoient formé une ligue redoutable connue sous le nom de la *ligue d'Ausbourg*, et menaçoient ce royaume de la guerre la plus terrible qu'il eût encore eue à soutenir. Louis XIV, pour prévenir leurs mauvais desseins, envoya cette année 1688, au delà du Rhin, une armée qui eut de très-grands succès. (*Les édit.*)

LETTRE CLXXXVI.

BOSSUET A M. L'ABBÉ RENAUDOT.

A Meaux, ce 22 décembre 1688.

Si nous faisions bien à l'académie, ce seroit, Monsieur, des gens comme vous qu'il y faudroit appeler (a), mais cela se mène d'une manière qu'il n'est pas possible de vous en rien dire de si loin. Tout ce que je puis vous assurer, c'est que si la chose est en son entier à mon arrivée, qui sera avant la fin de l'année, je serai de tout mon cœur pour vous, et j'attirerai à ce parti ce que je pourrai de mes amis. Je ne fais que gémir sur l'Angleterre. Je suis Monsieur, à vous de tout mon cœur.

LETTRE CLXXXVII.

M. L'ABBÉ RENAUDOT A BOSSUET.

Je vous envoie, Monseigneur, une lettre de milord chancelier d'Ecosse, que je reçus il y a quatre jours, et que j'ai mise en françois. Il est de la dernière conséquence que ni l'original ni la copie ne sortent pas de vos mains : car une semblable lettre suffiroit, dans des temps difficiles, pour lui faire son procès. Je ne vous l'ai pas envoyée à Meaux, sachant que vous deviez arriver bientôt. Je remets le reste de ma commission à la première visite que j'aurai l'honneur de vous rendre. Je vous supplie, Monseigneur, d'être toujours persuadé de mon très-profond respect.

(a) L'abbé Renaudot fut reçu à l'académie françoise l'année suivante, à la place de M. Doujat.

LETTRE CLXXXVIII.

MILORD PERTH A BOSSUET.

Du château de Sterling, ce 21 janvier 1689.

J'ai mandé à M. l'abbé Renaudot que quoique peut-être ce point d'honneur et cette fidélité inviolable et non interrompue de ma maison m'ont mis ici [1], à cause que je demeure fidèle au roi mon maître si cruellement outragé, je vous ai cependant cette obligation, que par la grace, la miséricorde et la bonté de Dieu envers moi, vous avez été l'instrument par lequel ce que je souffre est en quelque manière sanctifié ; et non-seulement m'est devenu supportable, mais doux et agréable. Ce n'est pas seulement pour le roi mon maître, mais pour mon Dieu, que je suis présentement dans la souffrance : et comme il y a de la noblesse et de la grandeur à souhaiter de souffrir seulement pour l'amour de son souverain, que ne doit-on pas être prêt à souffrir, lorsque avec cela on souffre pour la religion catholique et par principe de conscience ? Pour moi je suis un des plus foibles hommes qu'il y ait, et je n'ai rien de bon, capable de me soutenir. Cependant je rends graces à Dieu pour la miséricorde qu'il me fait ; car elle est plus qu'abondante : de sorte que j'ai eu même quelques scrupules d'avoir été

---

[1] Lors de la grande révolution arrivée en Angleterre au mois de novembre 1688, causée par l'invasion du prince d'Orange, qui souleva les trois royaumes contre Jacques II son beau-père, le roi, la reine, avec le jeune prince de Galles leur fils, furent obligés de se réfugier en France. Milord Perth, chancelier d'Ecosse, se vit aussi contraint de sortir d'Edimbourg. Ses ennemis pillèrent indignement sa maison ; et l'ayant arrêté, ils l'enfermèrent dans le château de Sterling, où il fut gardé très-étroitement pendant deux ans et sept mois. Après ce terme on lui accorda quelque adoucissement à cause de ses infirmités ; mais on le remit ensuite en prison, d'où il ne fut élargi qu'au bout de neuf mois : enfin on lui permit de sortir du royaume. Il se retira d'abord à Rome, où sa vertu et son zèle pour la religion catholique le firent beaucoup estimer. Etant passé en France, il fut premier gentilhomme du roi Jacques II, gouverneur du prince de Galles Jacques III, connu sous le nom du chevalier de Saint-Georges, et grand chambellan de la reine sa mère. Il mourut à Saint-Germain-en-Laye le 10 mai 1716, en sa soixante-huitième année : son corps fut apporté à Paris, et enterré dans le collége des Ecossois. Ses plus grands ennemis n'ont jamais pu lui objecter d'autre crime que sa catholicité. (*Les édit.*)

si peu sensible à ce qui m'est arrivé. Vous en saurez le détail, s'il vaut la peine de fatiguer votre patience, par mon frère et par le principal du collége Ecossois.

On ne peut que fort incertainement juger quel tour prendront les affaires de ce royaume déchiré. Mais je suis bien fâché que vous ayez un nouvel argument, si important pour confirmer votre doctrine dans la seconde édition de votre *Histoire des Variations des protestans*, tel qu'est celui que ces royaumes vous fournissent. Mais si cela peut gagner une seule ame à Dieu, toutes les pertes temporelles qui peuvent arriver à qui que ce soit seront bien employées.

Je ne doute pas que vous ne voyiez souvent le roi mon très-cher maître. Il n'y a point d'homme dont l'éloquence et la piété puissent plus efficacement donner quelque consolation à Sa Majesté, qui néanmoins, comme je crois, par son tempérament naturel en a aussi peu de besoin que personne qui seroit en pareil état. Mais ce qu'il souffre est fort grand. Je vous supplie pour l'amour de Jésus, d'employer vos sages exhortations à le soutenir dans son affliction, et de lui accorder surtout vos saintes prières, afin que Notre-Seigneur le rétablisse dans ses royaumes, et ses sujets dans leur bon sens; car il règne de toutes parts une espèce de folie générale.

Je suis fort étroitement gardé, de sorte que cette lettre est écrite et sera envoyée à la dérobée. Mais comme apparemment je n'aurai jamais l'occasion ni le moyen de vous écrire encore, je vous ai écrit celle-ci pour vous demander votre bénédiction et vos prières. J'espère que Notre-Seigneur, qui vous a fait servir d'un si bon instrument pour me rendre de la véritable religion, et qui m'a mis quoique très-indigne en état de souffrir pour elle, vous exaucera, en m'accordant la bénédiction d'une heureuse mort et d'une éternité de bénédiction et de joie.

Je vous écrivis au commencement de ces troubles, pour vous remercier de votre excellent livre (a). Il est heureusement échappé des mains de la canaille, lorsqu'on pilla ma maison : mais ils brûlèrent un crucifix, le portrait du roi, le vôtre et le mien, dans

---

(a) L'*Histoire des Variations.*

un même feu, à la croix du marché d'Edimbourg. Vous voyez qu'ils m'ont mis en trop bonne compagnie.

J'ai une très-humble prière à vous faire, qui est que si c'est la volonté de Dieu que je meure en ce temps-ci, comme il paroît fort probable, et que ma femme continue dans la résolution qu'elle a de passer en France, vous vouliez bien par votre autorité et par vos avis avancer ses pieux desseins, et que vous vouliez bien tenir lieu de père à mon fils et être ami de mon frère. C'est une trop grande présomption de vous faire des demandes si hardies : mais les circonstances de l'état où je suis feront que vous me pardonnerez volontiers. Ayez aussi la bonté de me donner votre bénédiction, que je vous demande en me prosternant.

Tous les ecclésiastiques sont maintenant si maltraités, qu'ils n'osent paroître; et ainsi j'ai encore moins d'espérance d'en pouvoir voir aucun : de sorte que me trouvant privé de tout le secours que je pourrois espérer en ce monde, les prières des personnes comme vous, Monseigneur, me sont encore plus nécessaires. J'espère que Notre-Seigneur, qui sait avec quelle sincérité j'estime les Ordres qu'il a établis dans sa sainte Église et les bénédictions qu'elle répand, suppléera à ce qui me manque, puisque ce n'est pas par ma faute, mais par la nécessité, et qu'il me fera une plus grande part de ses consolations immédiates. Je suis, etc.

LETTRE CLXXXIX.

BOSSUET A MILORD PERTH.

A Meaux, ce 14 mars 1689.

Si je me suis toujours senti très-honoré, et si mon cœur s'est attendri toutes les fois que j'ai reçu les aimables et pieuses lettres d'un comte de Perth et d'un grand chancelier d'Écosse converti à la foi, jugez combien j'ai été touché en recevant celle d'un prisonnier de Jésus-Christ. C'est le plus glorieux caractère que puisse porter un chrétien : c'est un caractère qui le met au rang des apôtres, puisqu'un saint Paul a pris si souvent cette qualité, et qu'il n'y a rien au-dessus que la gloire si désirable de mourir pour son Sauveur. Je loue Dieu, Milord, de tout mon cœur, de vous voir dans cet esprit : j'en ressens l'épanchement et la plénitude dans toutes les paroles de votre lettre. Tout y respire l'amour de Jésus-Christ, mais de Jésus-Christ dans son Eglise est dans le lien de l'unité. Qu'on est heureux de souffrir pour cette cause! Car pour ceux qui souffrent dans le schisme, ils n'auront jamais qu'un zèle amer ; et toutes vos lettres, principalement la dernière, ne sont que charité, douceur et paix.

Je ne suis guère moins touché de votre inviolable attachement pour le roi votre cher maître. L'hérésie se montre pour ce qu'elle est, en soufflant de tous côtés la rébellion et la perfidie. Pour vous, mon cher frère ; car je veux, en oubliant toutes ces qualités qui vous rendent illustre dans le siècle, ne vous plus parler que comme à un chrétien ; conservez ce tendre amour et cette inaltérable fidélité pour votre prince : ne cessez d'en donner l'exemple au milieu d'une nation infidèle ; et qu'enfin, à la vie et à la mort, le nom du roi votre maître soit dans votre bouche avec celui de Jésus-Christ et de l'Eglise catholique, comme choses inséparables. Dieu est en ces trois noms ; et je sais que votre roi vous seroit cher, quand vous ne regarderiez autre chose en sa personne sacrée que l'ordre de Dieu qui l'a établi, et l'image de sa puissance sur la terre ; et quand il ne seroit pas, comme il l'est, un vrai défenseur de la foi (*a*) à meilleur titre que ses derniers prédécesseurs.

Qui suis-je pour consoler un si grand roi, comme vous le souhaitez? J'ai eu l'honneur de lui rendre souvent mes très-humbles respects pendant qu'il a été ici, et d'être très-bien reçu de Sa Majesté. Mais j'ai bientôt reconnu que ce prince n'avoit pas besoin de mes foibles consolations. Il a au dedans un consolateur invi-

---

(*a*) Henri VIII, roi d'Angleterre, ayant composé un livre portant pour titre : *Des sept Sacremens*, contre l'insolent ouvrage de Luther intitulé : *De la captivité de Babylone*, Léon X, après en avoir délibéré avec les cardinaux, adressa une Bulle à ce prince, par laquelle il lui conféroit et à tous les rois d'Angleterre qui viendroient après lui, le titre de *Défenseur de la foi*. Les successeurs de Henri VIII, quoique séparés de l'Eglise romaine, n'ont pas laissé que de conserver ce glorieux titre, dont cependant le schisme et l'hérésie les avoient dépouillés. (*Les édit*.)

sible qui l'élève au-dessus du monde. Trois royaumes qu'il a perdus ne sont estimés de lui que comme l'illustre matière du sacrifice qu'il offre à Dieu ; et s'il songe, comme il le doit, à se rétablir dans le trône de ses ancêtres, c'est moins pour sa propre gloire que pour retirer ses malheureux peuples de l'oppression où ils se jettent à l'aveugle. Au reste s'il a été si honteusement abandonné et trahi par ses infidèles sujets, il a trouvé tous les François prêts à répandre leur sang pour ses intérêts et pour ceux de son héritier, et le roi notre maître, qui lui-même nous inspire à tous ces sentimens. Dieu fera un coup de sa main quand il lui plaira : il sait élever et abaisser, pousser jusqu'au tombeau et en retirer, et dissiper en un moment la gloire et le vain triomphe de l'impie. Mais quoi qu'il ait résolu du roi votre maître, nous respecterons toujours plus en sa personne la gloire d'un roi confesseur que la puissance d'un roi triomphant.

Je ne sais comment j'oublie, en vous écrivant, que vous êtes dans la captivité et dans la souffrance. Dieu sait combien j'ai été sensible au récit que l'on m'a fait de vos maux. Mais à présent il semble que je les oublie, tant est vive la joie que je ressens pour le courage que Dieu vous inspire, et pour l'abondance des consolations dont il vous remplit. J'y prends part de tout mon cœur : je me glorifie avec vous dans vos opprobres ; et je n'ai pu lire sans verser des larmes de joie ce que vous me marquez dans votre lettre, que vos persécuteurs ont brûlé mon portrait que votre seule charité vous faisoit garder, avec celui du roi votre maître, et le vôtre, et tous les trois avec le crucifix. Que plût à Dieu qu'au lieu de mon portrait j'eusse pu être en personne auprès de vous pour vous encourager dans vos souffrances, pour prendre part à la gloire de votre confession ; et après avoir prêché à vos compatriotes la vérité de la foi, la confirmer avec vous, si Dieu m'en jugeoit digne, par tout mon sang.

Vous avez pu connoître par toutes mes lettres le tendre amour que je ressens pour l'Angleterre et pour l'Ecosse, à cause de tant de Saints qui ont fleuri dans ces royaumes, et de la foi qui y a produit de si beaux fruits. Cent et cent fois j'ai désiré avoir l'occasion de travailler à la réunion de cette grande île, pour laquelle mes vœux ne cesseront jamais de monter au ciel. Mon désir ne se ralentit pas, et mes espérances ne sont point anéanties. J'ose même me confier en Notre-Seigneur que l'excès de l'égarement deviendra un moyen pour en sortir.

Cependant vivez en paix, serviteur de Dieu et saint confesseur de la foi. Semblables à ceux de saint Paul, vos liens vous rendent célèbre dans toutes les églises et cher à tous les enfans de Dieu. On prie pour vous partout où il y a de vrais fidèles. Dieu vous délivrera quand il lui plaira; et son ange est peut-être déjà parti pour cela. Mais quoi qu'il arrive, vous êtes à Dieu, et vous serez la bonne odeur de Jésus-Christ à la vie et à la mort. Madame votre femme, que vous daignez me recommander, me sera chère comme ma sœur; M. votre fils sera le mien dans les entrailles de Jésus-Christ; M. votre frère, dont j'ai connu ici le mérite, me tiendra lieu d'un frère et d'un ami cordial : les intérêts de votre famille me seront plus chers que les miens propres. Et pour vous, avec qui Dieu m'a uni par de si tendres liens, vous vivrez éternellement dans mon cœur : je vous offrirai à Dieu nuit et jour, et surtout lorsque j'offrirai la sainte Victime qui a ôté les péchés du monde. Combattez comme un bon soldat de Jésus-Christ : mortifiez à la faveur de vos souffrances tout ce qui reste de terrestre en vous : que votre conversation soit dans les cieux. Si vous êtes privé du secours des prêtres, vous avez avec vous le souverain pontife, l'évêque de nos ames, l'apôtre et le pontife de notre confession, qui est Jésus : vous recevrez par vos vœux tous les sacremens; et je vous donne en son nom la bénédiction que vous demandez. Souvenez-vous de moi dans vos prières : j'espère que Dieu vous rendra aux nôtres, et vous tirera de la main des méchans. Je suis en son saint amour, etc.

LETTRE CXC.

BOSSUET A M. DE RANCÉ, ABBÉ DE LA TRAPPE.

A Meaux, ce 15 mars 1689.

Je me rends, Monsieur, à vos remarques, quoique je sois encore un peu en doute si l'ancien Office romain n'étoit pas semblable à celui de saint Benoît (*a*), quant au fond, plutôt qu'au romain d'aujourd'hui : mais je m'en rapporte à vous. M. de Reims me mande qu'il trouve la préface très-bien. Je lui ai envoyé aujourd'hui l'approbation qu'il a souhaité que je fisse. Elle est simple ; mais le livre en porte avec soi une bien plus authentique dans les saintes maximes qu'il contient, et dans le nom de son auteur. Au reste ceux qui auront le livre comme il étoit avant les cartons, verront bien que ce sont des choses de rien, et que la doctrine nous en a paru irréprochable dans son fond. Je loue Dieu que cet ouvrage aille enfin paroître, et suis très-fâché du retardement. Tout le fruit que j'en espère, c'est, s'il plaît à Dieu, qu'on profitera davantage de ce qu'on aura attendu et désiré plus longtemps. A vous, Monsieur, sans réserve

LETTRE CXCI.

BOSSUET A M. DE RANCÉ ABBÉ DE LA TRAPPE.

A Paris, ce 2 janvier 1690

J'espère, Monsieur, que cette année ne se passera pas comme l'autre, sans que j'aie la consolation de vous voir. Je jouis en attendant de votre présence, en quelque façon par vos lettres ; et je profite d'ailleurs de la communication de vos prières, dont vous avez la bonté de m'assurer.

Il est vrai que l'égarement du ministre Jurieu va jusqu'au prodige. J'ai cru que Dieu ne le permettoit pas en vain, et qu'il vouloit qu'on le relevât. Il fera dans son temps tout ce qu'il voudra de ce qu'il inspire. On vous envoie le troisième *Avertissement :* le quatrième est retardé par la poursuite d'un procès que j'ai entrepris, ou plutôt que j'ai à soutenir au parlement pour ôter, si je puis, de la maison de Dieu le scandale de l'exemption de Jouarre, qui m'a toujours paru un monstre.

Je ne vous parlerois point du *Commentaire latin de la Règle de saint Benoît* (*b*) des bénédictins, n'étoit qu'en me disant qu'ils

---

(*a*) Il ne paroît pas que saint Benoît ait réglé l'Office de son ordre sur le romain.

(*b*) Dom Edmond Martène, qui a donné au public un grand nombre d'ouvrages, est auteur de ce savant *Commentaire*.

vous l'avoient envoyé, ils m'ont dit en même temps qu'on y attaquoit le P Mége, et qu'on y défendoit vos saintes maximes et vos saintes pratiques. Je n'en sais encore rien; car je ne l'ai pas vu, et je crains de n'avoir pas sitôt le temps de le voir. C'est un gros ouvrage, qui sans doute sera fort savant. Je souhaite que la piété l'ait inspiré, et je le veux croire; car l'auteur paroît fort humble et fort mortifié. Je suis, Monsieur, à vous sans réserve.

LETTRE CXCII.

BOSSUET AU R. P. DE MONTFAUCON, BÉNÉDICTIN.

A Versailles, ce 10 avril 1690.

J'ai reçu et lu avec plaisir, mon révérend Père, votre *Judith* (a), et je suis ravi de voir que de si habiles gens travaillent à rendre la lecture de l'Ecriture facile, en prenant soin d'aplanir les difficultés qui s'y rencontrent. Je sais les autres doctes travaux qui vous occupent; et tout cela m'engage de plus en plus à vous assurer de l'estime très-particulière que j'ai pour vous.

LETTRE CXCIII.

BOSSUET A M. SANTEUL, CHANOINE RÉGULIER DE SAINT-VICTOR.

A Versailles, ce 15 avril 1690.

Voilà, Monsieur, ce que c'est que de s'humilier (b). L'ombre d'une faute contre la religion vous a fait peur : vous vous êtes

---

(a) C'est un volume in-12, qui a pour titre : *La vérité de l'Histoire de Judith*, imprimé à Paris, chez Simon Langronne, en 1690. L'accueil que le public fit à cet ouvrage, obligea l'auteur d'en donner une seconde édition deux ans après. L'objet principal de l'écrit est de prouver que l'histoire de Judith n'est point, comme le soutenoient les protestans, une parabole et un sujet de tragédie, mais une histoire très-réelle, qui s'accorde parfaitement avec les autres histoires de la Bible, et dont les faits se trouvent confirmés par tout ce que les meilleurs historiens profanes ont rapporté des Mèdes et des Assyriens. (*Les édit.*)

(b) Plus d'une fois Bossuet avoit sollicité Santeul d'abandonner les Muses, pour consacrer entièrement ses talens à la louange de Dieu et de ses Saints. M. Pelisson, maître des requêtes, qui désiroit aussi que Santeul fit un meilleur usage de sa veine poétique, lui proposa de travailler à de nouvelles hymnes. Il réussit à l'y déterminer, et Santeul s'y engagea solennellement, dans une pièce qu'il

abaissé; et la religion elle-même vous a inspiré les plus beaux vers, les plus élégans, les plus sublimes que vous ayez jamais faits. Voilà ce que c'est, encore un coup, que de s'humilier.

J'attends l'hymne de saint Bruno; et j'espère qu'elle sera digne d'être approuvée par le Pape et d'être chantée dans ces déserts, dont il est écrit qu'ils se sont réjouis de la gloire de Dieu. Mais comment est-ce que le Pape vous a commandé cette hymne (*a*)? Je vous en prie, dites-nous-en la mémorable histoire.

Aussitôt que M. Pelletier sera de retour ici, je parlerai avec plaisir de vos pensions.

J'ai vu, Monsieur, un petit poëme sur votre *Pomone :* il commence ainsi; c'est la religion qui parle :

> En iterùm Pomona meas malè verberat aures.
> Santolide, cessit quo tibi cura mei ?
> Ten mea templa canent fallacia sacra canentem ?

Je ne me souviens pas du pentamètre; mais il étoit violent, et finissoit en répétant :

> Ten mea templa canent?
> Opprobrium vatum ten mea templa canent ?

Le poëte reprenoit ainsi :

> Ergòne cœlestes haustus duxisse juvabit,
> Ut sonet infandos vox mihi nota deos ?

Recherchant la cause de l'erreur, il remarque que ce poëte évite encore les noms d'apôtres et de martyrs, comme tous les autres

---

adressa à ce magistrat, où il protestoit renoncer pour toujours au Parnasse. Cependant oubliant de temps en temps ses promesses, il ne laissoit pas de composer encore des pièces remplies des expressions de la fable. C'est ainsi qu'il fit un poëme intitulée : *Pomona in Agro Versaliensi*, qu'il dédia à M. de la Quintinie. Bossuet lui en fit de vifs reproches, dont Santeul fut sensiblement touché; et pour témoigner publiquement son repentir, il fit la pièce dont il est parlé dans cette lettre, intitulée : *Poeta Christianus*, et qu'il adressa à notre prélat. On voyoit à la tête une vignette en taille douce, dans laquelle Bossuet étoit représenté revêtu de ses habits pontificaux, et Santeul à genoux devant lui, sur les marches de l'église cathédrale de Meaux, la corde au cou, faisant amende honorable, et jetant tous ses vers profanes dans un grand feu. Cette pièce est très-tendre, remplie de grands sentimens de religion, et digne des éloges que lui donne le prélat. (*Les édit.*)

(*a*) Alexandre VIII, dont il s'agit, avoit été élevé au pontificat le jour de saint Bruno.

qu'il ne trouve pas dans Virgile et dans Horace; et il conclut que celui qui craint d'employer les mots consacrés dans la piété chrétienne, mérite d'avoir dans la bouche les fables et les faux dieux.

> Martyrii pudet infantum, vox barbara Petrus,
> Aut Lucas, refugit nomen apostolicum,
> Sanctorumque choris pulsus, confessor, abibit,
> Non Maro, non Flaccus talia quippe ferant;
> Credo equidem et Jesum plus horreat atque Mariam,
> Et quod Cœlitibus Christiadisque pium est.
> . . . . Cui sacra vocabula sordent,
> Huic placeant veteres, numina falsa, Joci.
> Ille Jovem Veneremque et divûm crimina narret,
> Jam repetant vatem sacra nefanda suum.

J'ai empêché la publication du poëme; il est vigoureux : l'auteur l'auroit pu rendre parfait, en prenant la peine de le châtier; mais il n'y travaillera plus.

Adieu, mon cher Santeul, je m'en vais préparer les voies à notre illustre Boileau.

LETTRE CXCIV.

BOSSUET A M. DE RANCÉ, ABBÉ DE LA TRAPPE

ce 19 septembre 1690.

Il est vrai, Monsieur, que quelques-uns ont repris cette espèce de défense de lire l'Ancien Testament. La vraie résolution de cette difficulté, c'est qu'il en faut accorder la lecture avec discrétion et selon la capacité des sujets. C'est ainsi que j'ai expliqué votre pensée à M. Nicole, qui reprenoit cette défense. Il me parla aussi du *Chrétien intérieur*, et m'assura qu'il avoit été défendu à Rome (a), sans pouvoir me dire de quelle nature étoit la défense, si c'étoit par l'Inquisition ou par l'Index : je n'en ai rien appris depuis.

(a) Le *Chrétien intérieur* a pour auteur M. de Bernières-Louvigny, trésorier de France, homme d'une éminente piété, mort à Caen en 1659. Le P. Louis-François d'Argentan, capucin, fit imprimer cet ouvrage en 1660, par conséquent longtemps avant la naissance du quiétisme. Voyez l'*Avertissement* mis à la tête de la nouvelle édition faite à Pamiers en 1781. Une traduction italienne du *Chrétien intérieur* a été en effet condamnée à Rome par un décret de l'Inquisition du 30 novembre 1689. (*Les édit.*)

Il me semble que ce que vous dites, que cette diversité de faits, d'événemens et d'histoires, n'a point de rapport à la simplicité dont les religieuses font profession, a un peu besoin d'explication. Je pense que vous voulez dire qu'il faut savoir trop de choses pour bien entendre une telle diversité, afin que notre esprit n'en soit pas confondu.

La raison d'exclure les prophètes est différente de toutes celles-là : c'est leur grande obscurité. On objectera qu'il y a de l'obscurité dans les *Epîtres* de saint Paul et dans beaucoup d'autres endroits du Nouveau Testament.

Après tout je conviens qu'il ne faut pas permettre indifféremment l'Ancien Testament, mais en éprouvant les esprits. J'en use ainsi; et j'ai dit à M. Nicole que l'expérience m'avoit appris que l'Ancien Testament permis sans discrétion, faisoit plus de mal que de bien aux religieuses. Je prie, Monsieur, Notre-Seigneur qu'il soit avec vous, et qu'il vous conserve pour le bien de vos enfans et de l'Eglise.

LETTRE CXCV.

BOSSUET A M. SANTEUL, CHANOINE RÉGULIER DE SAINT-VICTOR.

1690.

J'ai reçu, Monsieur, avec bien de la joie et de la reconnoissance le beau présent que vous m'avez fait. Je me suis hâté de lire l'épître dédicatoire, et j'y ai trouvé un éloge de M. Pelletier qui m'a paru très-fin et très-délicatement traité. Je reverrai avec plaisir dans ce raccourci et dans cet ouvrage abrégé, toute la beauté de l'ancienne poésie des Virgiles, des Horaces, etc., dont j'ai quitté la lecture il y a longtemps : et ce me sera une satisfaction de voir que vous fassiez revivre ces anciens poëtes, pour les obliger en quelque sorte de faire l'éloge des héros de notre siècle, d'une manière moins éloignée de la vérité de notre religion.

Il est vrai, Monsieur, que je n'aime pas les fables; et qu'étant nourri depuis beaucoup d'années de l'Ecriture sainte qui est le trésor de la vérité, je trouve un grand creux dans ces fictions de l'esprit humain et dans ces productions de sa vanité. Mais lorsqu'on est convenu de s'en servir comme d'un langage figuré pour exprimer, d'une manière en quelque façon plus vive, ce que l'on veut faire entendre, surtout aux personnes accoutumées à ce langage, on se sent forcé de faire grace au poëte chrétien qui n'en use ainsi que par une espèce de nécessité. Ne craignez donc point, Monsieur, que je vous fasse un procès sur votre livre: je n'ai au contraire que des actions de graces à vous rendre; et sachant que vous avez dans le fond autant d'estime pour la vérité que de mépris pour les fables en elles-mêmes, j'ose dire que vous ne regardez, non plus que moi, toutes ces expressions tirées de l'ancienne poésie que comme le coloris du tableau, et que vous envisagez principalement le dessein et les pensées de l'ouvrage, qui en sont comme la vérité et ce qu'il y a de plus solide. Je suis, Monsieur, etc.

LETTRE CXCVI.

BOSSUET A M. SANTEUL, CHANOINE RÉGULIER DE SAINT-VICTOR.

1690.

J'ai reçu les trois exemplaires de vos merveilleux ïambes, deux avant-hier, dont il y en a un pour mon neveu, et un aujourd'hui: je n'en saurois trop avoir. Au reste mes déplorables sollicitations me privèrent hier du sermon et de la joie de vous voir. Je n'osai entrer à Saint-Victor après avoir manqué ce beau discours; et j'en allai apprendre les merveilles au Jardin royal, de la bouche des plus éloquens hommes de notre siècle, qui les avoient ouïes.

Faut-il, illustre Santeul, vous inviter à venir chez moi? Qui a plus de droit d'y entrer? qui peut y être mieux reçu que vous? Ne parlons plus de l'amende honorable que pour exalter les vers qui l'ont célébrée, et ceux dont elle a été suivie.

LETTRE CXCVII.

A M. L'ABBÉ RENAUDOT.

A Meaux, ce 7 janvier 1691.

Vous me donnez, Monsieur, une agréable nouvelle : nous verrons donc à cette fois, s'il plaît à Dieu, milord chancelier d'Ecosse. Je l'ai salué de loin comme un excellent catholique; j'espère l'embrasser comme un confesseur. Les deux pièces que vous m'avez envoyées m'ont fait plaisir à lire. Mille remerciemens de votre amitié, à laquelle personne ne sera jamais plus sensible que moi, ni plus rempli d'estime pour vous.

LETTRE CXCVIII.

AU P. MAUDUIT, PRÊTRE DE L'ORATOIRE.

A Versailles, ce 7 mars 1691.

J'ai reçu, mon révérend Père, votre lettre du 3, et je suis très-aise que le *Psautier* qu'on vous a donné de ma part vous ait agréé. Les deux psaumes que vous m'avez envoyés m'ont transporté en esprit dans les temps où ils ont été composés; et si je n'ose encore prononcer sur l'impression, c'est à cause que je n'ose aussi me fier à mon jugement ni à mon goût sur la poésie, dans l'extrême délicatesse, pour ne pas dire dans la mauvaise humeur de notre siècle.

Il me paroît par les remarques que vous faites sur la *Synopse* d'Angleterre, que vous avez quelque pensée que je m'en suis beaucoup servi : mais je ne veux pas vous laisser dans cette opinion. J'en ai parcouru cinq ou six psaumes dans les endroits les plus obscurs, et j'y ai trouvé ordinairement plus d'embarras et de confusion que de secours. De tous les interprètes protestans, il n'y a presque que Grotius, s'il le faut mettre de ce nombre, qui mérite d'être lu pour les choses, et Drusius pour les textes. Au reste ce qu'on entasse et dans la *Synopse* et même dans les Critiques d'Angleterre, se trouve non-seulement plus autorisé, mais plus pur et mieux expliqué dans les saints Pères : en sorte que je ne laisse à ces critiques protestans qu'on nous vante tant, que quelques remarques sur la grammaire. Parmi les catholiques, Muis (*a*) emporte le prix, à mon gré, sans comparaison.

Et voilà, mon révérend Père, à ne vous rien déguiser, tout le secours que j'ai eu ; et je ne voudrois pas que vous crussiez que les protestans m'aient beaucoup servi, ou que j'improuve ce que vous en dites sur saint Paul. Au contraire je suis tout à fait de votre avis : et ce n'est pas seulement par piété, mais par connoissance que je donne la palme aux nôtres. Quand je serai à loisir chez moi, et que j'aurai eu plus de temps de considérer votre *Analyse* (*b*), je vous en dirai ma pensée. Je ne puis à présent vous dire autre chose, sinon que ce que j'en ai pu lire m'a fort plu. Je suis de tout mon cœur, mon révérend Père, etc.

LETTRE CXCIX.

BOSSUET A M. DE RANCÉ, ABBÉ DE LA TRAPPE.

A Paris, ce 29 août 1691.

Voilà, Monsieur, les deux lettres que j'avois oublié de vous porter. Si vous prenez la peine de m'adresser la réponse, je serai plus fidèle à la rendre en main propre.

Je n'ai fait que passer à Versailles, où j'ai trouvé le roi prêt à partir pour Marly. On m'assure de tous côtés qu'il est tout à fait revenu pour la Trappe. Je ne manquerai pas l'occasion d'en être informé par moi-même. Il me paroît qu'il est nécessaire de redoubler les prières à cause du mauvais état des affaires, et des autres fâcheuses conjonctures qui peuvent mettre la religion en un extrême péril, si Dieu n'y pourvoit par un coup de sa main.

On a très-bonne espérance de la conclusion des affaires de Rome. Je m'en vais dans quatre jours attendre dans mon diocèse

---

(*a*) Siméon de Muis, professeur de langue hébraïque au collège royal, mort en 1644. Son *Commentaire sur les Psaumes* a été fort estimé.

(*b*) Le P. Mauduit a publié des *Analyses des Évangiles, des Actes, des Epîtres de saint Paul et des Epîtres canoniques.*

l'effet de ces bonnes dispositions, pour en rendre graces à Dieu. Je ne puis vous témoigner combien je ressens de joie de vous avoir vu, ni combien je suis touché de votre amitié.

LETTRE CC.

BOSSUET A M. NICOLE.

A Meaux, ce 7 décembre 1691.

J'ai toujours, Monsieur, beaucoup de joie quand je reçois des marques de votre amitié et de votre approbation. L'une de ces choses me fait grand plaisir, et l'autre m'est fort utile, parce qu'elle me fortifie, mais surtout à l'occasion du dernier ouvrage (a). J'ai été très-aise de vous voir appuyer particulièrement sur une chose que je n'ai voulu dire qu'en passant, pour les raisons que vous aurez aisément pénétrées, et que néanmoins je désirois fort qu'on remarquât. C'est, Monsieur, sur le triste état de la France, lorsqu'elle étoit obligée de nourrir et de tolérer sous le nom de réforme tant de sociniens cachés, tant de gens sans religion, et qui ne songeoient de l'aveu même d'un ministre qu'à renverser le christianisme. Je ne veux point raisonner sur tout ce qui est passé en politique rafinée : j'adore avec vous les desseins de Dieu, qui a voulu révéler par la dispersion de nos protestans ce mystère d'iniquité, et purger la France de ces monstres. Une dangereuse et libertine critique se fomentoit parmi nous : quelques auteurs catholiques s'en laissoient infecter ; et celui qui veut s'imaginer qu'il est le premier critique de nos jours (b), travailloit sourdement à cet ouvrage. Il a été depuis peu repoussé comme il méritoit : mais je ne sais si on ouvrira les yeux à ses artifices. Je sais en combien d'endroits et par quels moyens il trouve de la protection ; et sans parler des autres raisons, il est vrai que bien des gens, qui ne voient pas les conséquences, avalent sans y prendre garde le poison qui est caché dans les principes. Pour moi, il ne m'a jamais trompé ; et je n'ai jamais ouvert aucun de ses livres

---

(a) Le sixième *Avertissement aux Protestans*, ou la *Défense de l'Histoire des Variations*, ouvrages qui parurent cette année. — (b) Richard Simon.

où je n'aie bientôt ressenti un sourd dessein de saper les fondemens de la religion : je dis *sourd* par rapport à ceux qui ne sont pas exercés en ces matières, mais néanmoins assez manifeste à ceux qui ont pris soin de les pénétrer.

Je finis en vous assurant de tout mon cœur de mes très-humbles services, et en priant Dieu qu'il vous conserve pour soutenir la cause de son Eglise, dont vos ouvrages me paroissent un arsenal.

LETTRE CCI.

BOSSUET AU MARÉCHAL DE BELLEFONDS.

A Germigny, ce 10 août 1692

Je me suis tu, et je n'ai pas seulement ouvert la bouche, parce que c'est vous qui l'avez fait : c'est ce que disoit David[1]. Jésus-Christ, qui vous présente à boire son calice, vous apprend en même temps à dire : Votre volonté soit faite[2]. Je n'ajoute rien à cela, Monsieur, si ce n'est que je m'en vais offrir à Dieu au saint autel vos regrets et vos soumissions, et celles de votre famille, et le prier du meilleur de mon cœur qu'il vous donne à tous les consolations que lui seul peut donner, et à l'ame que vous chérissiez sa grande miséricorde.

LETTRE CCII.

BOSSUET A M. LE CURÉ DE DOUÉ.

A Germigny, ce 6 octobre 1692.

Il n'y a, Monsieur, aucune difficulté de nommer les ecclésiastiques avant le seigneur : c'est la coutume et la règle, quelque qualifié que soit un seigneur : et le roi souffre bien qu'on nous nomme avant lui. Je suis à vous, Monsieur, de tout mon cœur-

[1] *Ps.* XXXVIII, 10. — [2] *Matth.* XXVI, 42.

LETTRE CCIII.

BOSSUET A MADEMOISELLE DU PRÉ (a).

A Versailles, ce 14 février 1693.

Je vous assure, Mademoiselle, que M. Pelisson (b) est mort, comme il a vécu, en très-bon catholique. Loin d'avoir le moindre doute de la foi catholique, je l'ai toujours regardé, depuis le temps de sa conversion jusqu'à la fin de sa vie, comme un des meilleurs et des plus zélés défenseurs de notre religion. Il n'avoit l'esprit rempli d'autre chose ; et deux jours avant sa mort, nous parlions encore des ouvrages qu'il continuoit pour soutenir la transsubstantiation : de sorte qu'on peut dire sans hésiter qu'il est mort en travaillant ardemment et infatigablement pour l'Eglise. J'espère que ce travail ne se perdra pas, et qu'il s'en trouvera une partie considérable parmi ses papiers.

Au reste il a voulu entendre la messe pendant tous les jours de sa maladie, et je n'ai jamais pu obtenir de lui qu'il s'en dispensât les jours de fête. Il me disoit en riant qu'il n'étoit pas naturel que ce fût moi qui l'empêchât d'entendre la messe. Il n'a jamais cru être assez malade pour s'aliter, et il s'est habillé tous les jours jusqu'à la veille de sa mort, et il recevoit ses amis avec sa douceur et sa politesse ordinaire. Son courage lui tenoit lieu de forces, et jusqu'au dernier soupir il vouloit se persuader que son mal n'avoit rien de dangereux. A la fin étant averti par ses amis que ce mal pouvoit le tromper, il différa sa confession au lendemain pour s'y préparer davantage : et si la mort l'a surpris, il

---

(a) Cette lettre et la suivante, imprimées dans le temps sur une feuille volante n'ont pas été recueillies dans les anciennes éditions.

(b) Né à Béziers en 1624, d'abord avocat à Castres, puis premier commis de Fouquet, Pelisson (ou Pellisson) fut enfermé pendant cinq ans à la Bastille, où il fit trois mémoires en faveur de son maître disgracié. Rendu à la liberté, il obtint comme dédommagement de sa captivité des places et des pensions, et la droiture de son jugement lui fit abjurer les erreurs du protestantisme. Il mourut en 1693. On lui doit les *Mémoires* pour Fouquet, qui sont les chefs-d'œuvre du barreau françois au XVIIe siècle ; l'*Histoire de l'Académie françoise*, qui le reçut dans son sein ; 'Histoire de Louis XIV ; les *Réflexions sur les différends de la religion*, et le *Traité de l'Eucharistie*.

n'y a eu rien en cela de fort extraordinaire C'étoit un vrai chrétien, qui fréquentoit les sacremens. Il les avoit reçus à Noël, et à ce qu'on dit encore depuis avec édification. Bien éloigné du sentiment de ceux qui croient avoir satisfait à tous leurs devoirs pourvu qu'ils se confessent en mourant, sans rien mettre de chrétien dans tout le reste de leur vie, il pratiquoit solidement la piété ; et la surprise qui lui est arrivée ne m'empêche pas d'espérer de le trouver dans la compagnie des Justes. C'est, Mademoiselle, ce que j'avois dessein d'écrire à Mademoiselle de Scudery, avant même de recevoir votre lettre : et je m'acquitte d'autant plus volontiers de ce devoir, que vous me faites connoître que mon témoignage ne sera pas inutile pour la consoler. Je profite de cette occasion pour vous assurer, Mademoiselle, de mes très-humbles respects, et vous demander l'honneur de la continuation de votre amitié.

LETTRE CCIV.

BOSSUET A MADEMOISELLE DE SCUDERY.

Ce que vous m'avez fait l'honneur de m'écrire, Mademoiselle, sur le sujet de M. Pelisson, me donne beaucoup de consolation; mais n'ajoute rien à l'opinion que j'avois de la fermeté et de la sincérité de sa foi, dont ceux qui l'ont connu ne demanderont jamais de preuves. J'ai parlé un million de fois avec lui sur des matières de religion, et ne lui ai jamais trouvé d'autres sentimens que ceux de l'Eglise catholique. Il a travaillé jusqu'à la fin pour sa défense : trois jours avant sa mort, nous parlions encore de l'ouvrage qu'il avoit entre les mains contre Aubertin, qu'il espéroit pousser jusqu'à la démonstration, ne souhaitant la prolongation de sa vie que pour donner encore à l'Eglise ce dernier témoignage de sa foi. Je souhaite qu'on cherche au plus tôt un si utile travail parmi ses papiers, et qu'on le donne au public, non-seulement pour fermer la bouche aux ennemis de la religion, qui sont ravis de publier qu'il est mort des leurs ; mais encore pour éclaircir des matières si importantes, auxquelles il étoit si capable de donner un grand jour. Quoiqu'il n'ait pas plu à Dieu de lui laisser le temps de faire sa confession et de recevoir les saints sacremens, je ne doute pas qu'il n'ait accepté en sacrifice agréable la résolution où il étoit de la faire le lendemain. Le roi, à qui vous désirez qu'on fasse connoître ses bonnes dispositions, les a déjà sues, et j'ai en cela prévenu vos souhaits. Ainsi, Mademoiselle, on n'a besoin que d'un peu de temps pour faire revenir ceux qui ont été trompés par les faux bruits qu'on a répandus dans le monde. Sa Majesté n'en a jamais rien cru; je puis, Mademoiselle, vous en assurer : et tout ce qu'il y a de gens sages, qui ont connu pour peu que ce soit M. Pelisson, s'étonnent qu'on ait pu avoir un tel soupçon. C'est ce que j'aurois eu l'honneur de vous dire, si je n'étois obligé d'aller dès aujourd'hui à Versailles, et dans peu de jours, s'il plaît à Dieu, dans mon diocèse. Je m'afflige cependant, et je me console avec vous de tout mon cœur, et suis avec l'estime qui est due à votre vertu et à vos rares talens, etc.

LETTRE CCV.

SUR LA MORT DE M. PELISSON (a).

ce 6 mars 1693.

Quoique la lettre que j'ai eu l'honneur de vous écrire, Monsieur, sur la mort de M. Pelisson, ait suffi pour vous persuader qu'il est mort fort bon catholique, j'ai cru que je vous ferois plaisir de vous envoyer copie de celles que M. l'Evêque de Meaux a écrites sur le même sujet à deux personnes de mérite. Un si sûr témoignage achèvera de détromper ceux de votre connoissance qui auroient pu se laisser surprendre aux faux bruits que quelques protestans ont fait courir contre la sincérité et la piété de ce zélé défenseur de la foi. Tout ce que je vous ai fait savoir sur son sujet m'a été confirmé de nouveau, excepté ce que je vous ai dit du temps de sa conversion, qui n'arriva qu'en 1670. Depuis cet

(a) Cette lettre n'est pas de Bossuet. Elle fut imprimée avec les lettres de ce prélat sur la mort de Pelisson. Nous avons cru devoir la conserver pour honorer la mémoire d'un homme également cher à la religion et aux lettres, indignement calomnié par les ennemis de l'Eglise catholique. (*Edit. de Vers.*)

heureux changement, on n'a jamais remarqué en lui le moindre doute sur les vérités catholiques ; et on y a au contaire reconnu de jour en jour un nouvel amour pour l'Eglise, et un zèle plus ardent pour la défense de ses vérités. La seule erreur que l'on ait remarquée en lui, disoit agréablement un illustre abbé, est celle d'être mort plus tôt qu'il ne pensoit. C'est pourquoi jamais entreprise ne fut plus extravagante, que celle de vouloir faire passer sa conversion pour un changement politique, sa conduite depuis ce temps-là pour une comédie honteuse, et sa mort pour une preuve de son hypocrisie. Je ne sais si on a jamais vu dans aucun huguenot converti, plus de caractères d'une vraie et sincère conversion à la foi catholique, qu'on en a toujours reconnu dans M. Pelisson. La tentation la plus ordinaire aux gens mal convertis, est contre le sacrement adorable de l'Eucharistie. Ce mystère est l'écueil contre lequel ils se brisent, et où leur conversion échoue. Au contraire il n'y a guère de marque plus visible, ni de preuve plus certaine de la sincérité de la conversion d'un protestant, que les témoignages constans qu'il rend de la ermeté de sa foi sur le saint sacrifice de l'autel, d'un respect extraordinaire et d'un amour tendre pour ce sacrement. Et c'est justement ce qui a éclaté dans la personne de M. Pelisson d'une manière toute singulière, et qui fait voir que ce même mystère, dont quelques protestans publient si faussement qu'il n'a point voulu entendre parler à la mort, et qu'ils prennent pour fondement de leurs calomnies, a été les saintes délices de cet excellent catholique, et l'objet de sa plus tendre piété.

Ce qui m'en est revenu sans que j'en aie fait aucune recherche, m'a beaucoup consolé ; et comme je suis persuadé qu'il fera le même effet dans votre cœur, je vous le rapporterai, Monsieur, bonnement et avec simplicité. Si les protestans qui le pourront voir s'en moquent, je suis assuré que les catholiques à qui vous en ferez part en seront fort édifiés, et qu'ils béniront Dieu en voyant dans une personne dont on leur a voulu rendre la conversion suspecte, une foi si parfaite et si bien soutenue par tous les endroits de sa vie.

Il ne se convertit qu'après s'être instruit à fond de la vérité de ce mystère par l'étude de la tradition, et après avoir achevé de s'en convaincre par la lecture du livre de *la Perpetuité de la Foi de l'Eglise catholique sur l'Eucharistie*.

Il célébra depuis tous les ans l'anniversaire de sa conversion, en assistant au saint sacrifice de la messe, et en communiant à la victime qui y est offerte.

Il a fréquenté ce sacrement dans le reste de sa vie avec une piété exemplaire, et dont les religieux de Saint-Germain des Prés ont toujours été fort édifiés.

Il s'y préparoit par le sacrement de la pénitence, et les révérends Pères dom Thomas Blampin, dom Michel Germain et dom Jacques du Frische, religieux de cette abbaye, qui ont été ses confesseurs, ont été témoins de sa foi et de son respect envers ce mystère.

Les prières courtes et pleines d'onction qu'il fit imprimer, pour aider les autres à assister avec plus de religion à la célébration de la sainte messe, sont une preuve de son zèle pour la sainteté de ce sacrifice.

Il ne se contenta pas d'y travailler lui-même; il y engagea ceux qu'il connoissoit le plus propres à y contribuer : et ce fut lui qui inspira à feu M. le Tourneux le dessein de l'*Année chrétienne*, cet ouvrage si édifiant et si utile, qui contient la traduction du Missel, et l'explication des épîtres et des évangiles qui se lisent à la messe dans le cours de l'année.

Dans toutes les occasions qui se sont présentées, il a pris la plume pour défendre la présence réelle du corps et du sang de Jésus-Christ au Saint-Sacrement et la vérité du sacrifice de l'Eucharistie: ses livres en font foi.

Les instructions qu'il a données de vive voix sur ce mystère à un grand nombre de protestans qui pensoient à se convertir, et à d'autres qui l'avoient déjà fait, ne sont guère moins connues que ses ouvrages publics.

Il a été si appliqué les vingt dernières années de sa vie à la conversion des huguenots, qui communément ont plus d'opposition à la vérité de l'Eucharistie qu'à pas un autre article contesté, que ceux mêmes qui veulent faire croire au monde que M. Pelisson est mort protestant, ne peuvent s'empêcher d'avouer et de publier en même temps que l'Eglise perd en lui un puissant instrument pour les conversions. Ils pouvoient ajouter que le zèle qu'il avoit pour le salut de ses frères, le portoit à les assister avec une libéralité qui alloit au delà de ses forces, quoiqu'il ait laissé suffisamment de quoi payer les dettes que sa charité pour eux lui a fait contracter.

Son amour pour l'Eucharistie l'attiroit puissamment aux pieds des autels. Il avoit une dévotion particulière à y venir répandre son cœur dans la prière; et on l'a vu très-souvent en faire de très-longues et très-édifiantes devant le Saint-Sacrement.

On l'y a surpris plusieurs fois tout prosterné : et le révérend Père dom Simon Bougis remarqua un jour d'une tribune où il étoit, que M. Pelisson s'étant reconnu seul dans l'église, s'y tint fort longtemps prosterné devant le Saint-Sacrement, et qu'il fut obligé de l'y laisser quand il se retira de la tribune.

On a aussi remarqué que lorsqu'il alloit par la ville et qu'il étoit avec des personnes familières, il descendoit souvent de carrosse, pour aller adorer le Saint-Sacrement dans les églises par-devant lesquelles il passoit.

Je sais même que sa piété envers le saint sacrifice de la messe lui inspira d'en fonder une, il y a quelques années : et ce qui est bien contraire à l'hypocrisie, il l'a fondée sous le nom d'un de ses amis, afin de cacher cette bonne œuvre aux yeux des hommes, comme il l'a fait en plusieurs autres occasions, et que le sacrifice en fût plus parfait devant Dieu. Rien n'est plus certain; car je le sais d'original.

On assure encore que, quand il se croyoit offensé par quelqu'un, il avoit coutume de faire dire une messe pour lui.

Il a désiré avec empressement d'entendre la messe tous les jours de sa maladie, et on n'a pu l'empêcher de suivre ce désir les jours de fête.

Il s'est disposé à recevoir le saint Viatique, aussitôt que ses amis l'ont assuré qu'il étoit en danger.

Enfin il est mort la plume à la main pour la défense de la transsubstantiation.

Je doute, Monsieur, que tout cela soit trouvé par des gens raisonnables, fort propre à prouver au public que M. Pelisson est mort huguenot : mais je suis assuré que tous huguenots qui ont de l'honneur et de la bonne foi, auront honte qu'il y ait eu parmi eux des personnes assez aveugles ou d'assez mauvaise conscience pour répandre dans le monde une fable aussi ridicule que celle-là, et propre à décrier la conduite du parti protestant.

Je ne vous en dirai pas davantage, Monsieur : si vous voulez connoître les excellentes qualités de M. Pelisson, et voir en sa personne le portrait d'un des plus honnêtes hommes qu'on ait vus dans ce siècle, vous n'avez qu'à lire l'éloge qu'en a fait une illustre amie, et qui se trouve dans le *Mercure galant* du mois de février dernier. Je suis, Monsieur, avec respect (*a*), etc.

LETTRE CCVI.

BOSSUET A M. NICOLE.

A Meaux, ce 17 août 1693.

Je m'en tiendrai, Monsieur, à votre décision : j'avoue que j'ai été fort partagé entre les notes courtes ou longues. Pour les courtes, j'avois les raisons que vous avez si bien exposées dans votre lettre : pour les longues, j'avois le grand nombre qui est composé ordinairement de gens médiocres et impatiens, qui sont offensés pour peu qu'on les oblige à s'appliquer, et qui ne veulent plus lire quand on leur explique tout, à cause de la longueur qui les accable. Comme donc j'ai été persuadé qu'on n'en dit jamais assez pour ceux qui ne sont point attentifs, et que j'en ai dit assez

(*a*) A la place de cette longue lettre publiée par les éditeurs de Versailles, on pourroit produire vingt témoignages plus authentiques, plus convainquans. Ainsi Fenelon dit, dans son discours de réception à l'Académie françoise, à la place de Pelisson : « Nous l'avons vu, malgré sa défaillance, se traîner aux pieds des autels jusqu'à la veille de sa mort, pour célébrer, disoit-il, sa fête et l'anniversaire de sa conversion. Hélas ! nous l'avons vu, séduit par son zèle et par son courage, nous promettre d'une voie mourante qu'il achèverait son grand ouvrage de l'Eucharistie. Oui, je l'ai vu les larmes aux yeux, je l'ai entendu ; il m'a dit tout ce qu'un catholique nourri depuis tant d'années des paroles de la foi peut dire pour se préparer à recevoir les sacremens avec ferveur. La mort, il est vrai, le surprit venant sous l'apparence du sommeil : mais elle le trouva dans la préparation des vrais fidèles. » (*Œuvres de Fénelon*, tom. XXI, p. 130, 131 édit. Vers.)

pour ceux qui le sont, j'irai mon train, et je continuerai à me proposer pour modèle Jansénius d'Ipres sur les Evangiles, dont la juste et suffisante brièveté m'a toujours plu.

Je vous prie de me décider encore une autre chose. Plusieurs croient qu'à cause des mauvais critiques qui réduisent à rien les prophéties, c'est-à-dire le fondement principal de la religion, il sera utile de traduire le *Supplément sur les Psaumes.* Si vous le trouvez à propos je le ferai ou le ferai faire, et en ce cas j'étendrai les notes encore un peu davantage en faveur du commun des lecteurs. Je vous fais mille remerciemens très-sincères.

Il y a des fautes dans le *Salomon,* qui me font de la peine, entre autres une transposition qui gâte le sens, *Proverb.* xx, i, où *sicera* qui est à la fin, doit être mis avant *id est, vinum.* Je vous prie de corriger cet endroit. Encore une fois, Monsieur, je vous rends graces, et suis tout à vous. Je prie de tout mon cœur Notre-Seigneur qu'il vous conserve.

LETTRE CCVII.

BOSSUET A MILORD PERTH

A Meaux, ce 3 septembre 1693.

J'ai appris avec une extrême joie que vous aviez la liberté de sortir de la Grande-Bretagne, et qu'on pouvoit espérer de recevoir de vos lettres : j'en ai une grande impatience. Je ne doute pas que pendant votre prison, Dieu, qui n'abandonne jamais ceux qui souffrent pour sa cause, ne vous ait fait de grandes graces ; et ce me sera une particulière consolation d'en apprendre quelque chose de vous-même. Donnez-moi donc cette joie ; et croyez, Milord, que vous m'avez toujours été présent. J'attends qu'on sache où vous êtes pour vous écrire plus amplement. Soyez cependant

(a) Jusqu'ici nous avons vu un bien plus grand nombre de lettres de Milord que de Bossuet, parce que, comme nous l'avons remarqué, la plupart de celles du dernier ont péri dans les révolutions arrivées en Angleterre. Désormais on n'en trouvera plus qu'une de Milord Perth, parce que apparemment Bossuet ou ceux qui ont recueilli ses papiers, n'ont pas eu autant de soin de nous conserver les lettres que ce seigneur lui a écrites depuis sa sortie d'Angleterre. (*Les éditeurs.*)

persuadé du respect, de la cordialité et de la tendresse avec laquelle je suis, etc.

LETTRE CCVIII.
BOSSUET A N*** (a).
A Meaux, ce 22 octobre 1693.

Il est malaisé de vous définir le livre de M. Simon : vous en connoissez le génie. On apprend dans cet ouvrage à estimer Grotius et les unitaires plus que les Pères, et il n'a cherché dans ceux-ci que des fautes et des ignorances. Il donne pourtant contre eux plus de décisions que de bons raisonnemens. C'est le plus mince théologien qui soit au monde, qui cependant a entrepris de détruire le plus célèbre et le plus grand qui soit dans l'Eglise (b). Il ne fait que donner des vues pour trouver qu'il n'y a rien de certain, et mener tout autant qu'il peut à l'indifférence. L'érudition y est médiocre, et la malignité dans le suprême degré.

LETTRE CCIX.
M. DE LA BROUE, ÉVÊQUE DE MIREPOIX A BOSSUET (c).
A Narbonne, ce 19 novembre 1693.

Je me suis enfin acquitté de vos deux commissions, Monseigneur : j'ai fait votre présent des *Notes sur Salomon* à M. de Basville, et je lui ai parlé de ce que vous souhaitez avoir de M. de Graverol. Il a déjà écrit pour cela, et prétend qu'il peut vous donner encore de nouveaux éclaircissemens (d) par des registres d'interrogatoires qui ont été faits à Carcassonne, et qui sont à présent à Montpellier. Il croit que, pour y chercher plus utilement, il seroit bon

---

(a) Nous ignorons à qui cette lettre étoit adressée : le nom de la personne n'est point marqué sur la minute que Bossuet avoit conservée. (*Les prem. édit.*)
(b) Saint Augustin.
(c) Comme nous avons une suite de lettres de Bossuet et de M. de la Broue, nous donnons ici la première, qui est de ce dernier évêque, quoique la lettre de Bossuet nous manque ; parce que nous plaçons ordinairement parmi les lettres de ce prélat, toutes celles des personnes à qui il peut avoir écrit, lorsque nous avons un nombre de lettres de Bossuet à ces mêmes personnes. (*Les prem. édit.*)
(d) Sur les albigeois.

que vous prissiez la peine de dresser un petit mémoire des erreurs qui peuvent servir à prouver que les Albigeois étoient manichéens. Je me suis offert à faire ce mémoire en attendant : mais comme les registres ne sont point ici, et qu'avant qu'on soit à Montpellier on peut avoir reçu votre réponse, il sera beaucoup mieux qu'on en ait reçu un de votre façon.

Je vous supplie de me donner des nouvelles de votre ouvrage. Je suis très-mécontent de M. Dupin sur les extraits de saint Jean Chrysostome et de Cassien. Je suis fort trompé s'il ne croit pas qu'on peut être semipélagien sans cesser d'être catholique : je souhaite qu'il vapule dans votre ouvrage comme il le mérite. Je ne sais si je n'irai point bientôt voir ce que vous avez déjà fait : j'attends de savoir si M. le marquis de Mirepoix viendra ou ne viendra point dans la province cet hiver, et j'espère de le savoir incessamment. Si M. l'archevêque de Toulouse avoit eu la bonté de se souvenir de moi, j'aurois été député à l'assemblée des bois ; et cela me convenoit à cause de mon procès.

Au reste avez-vous donné un exemplaire des *Notes sur Salomon* à M. l'évêque de Saint-Pons? Il me semble qu'il vous donnoit ses ouvrages, et qu'il vous consultoit même avant de les donner au public. Je mets l'abbé de Catellan sous votre protection : je ne sais comment il réussit au pays où il est. Je vous supplie de lui donner tous les avis dont il aura besoin ; il sera soigneux de vous les demander. Je suis toujours très-respectueusement, etc.

LETTRE CCX.

BOSSUET AU CARDINAL DE JANSON.

Réponse à une consultation de Jacques II, roi d'Angleterre (a).

Du 22 mai 1693.

MONSEIGNEUR,

Il a plu au roi d'Angleterre de me faire communiquer certains éclaircissemens qu'on demandoit à Sa Majesté touchant la reli-

(*a*) Dépouillé de sa couronne par la révolution de 1688, Jacques II, roi d'Angleterre, avoit conservé de nombreux partisans dans les trois Royaumes-Unis ;

gion, en faveur de ses sujets protestans, lorsqu'ils se rangeroient à leur devoir ; et il me fit témoigner en même temps qu'il vouloit savoir de moi si je croyois qu'ils pussent blesser sa conscience. Je crus qu'il les pouvoit accorder sans aucune difficulté, et je lui déclarai mon sentiment, tant de vive voix que par écrit.

Le même roi m'ordonne présentement, Monseigneur, de dire à Votre Eminence les raisons dont j'ai appuyé mon avis, afin qu'elle puisse en rendre compte à Sa Sainteté, à qui je soumets de tout mon cœur toutes mes pensées et toutes mes vues. J'obéis, et Votre Eminence verra en peu de mots dans l'écrit inclus, les raisons qui me déterminent à approuver la Déclaration de ce prince.

Le roi, notre maître, a su la consultation et la réponse, et il a approuvé mes sentimens, qui se sont trouvés conformes à celui

mais les protestans lui demandoient, en échange de son rétablissement sur le trône, des garanties en faveur de leur religion. On proposa de part et d'autre, une déclaration qui fut publiée le 17 avril 1693, dans les termes suivants : « Nous déclarons sur notre parole royale, que nous protégerons et défendrons l'église anglicane telle qu'elle est établie par les lois, et que nous assurerons à ses membres toutes les églises, universités et écoles qu'ils possèdent aujourd'hui, ainsi que leurs dignités, droits et priviléges. Nous déclarons aussi que nous recommanderons sérieusement au Parlement l'établissement d'une liberté de conscience impartiale, et telle qu'elle conviendra au bonheur de la nation. Nous déclarons de plus que nous ne violerons pas le *Test*, que nous ne dispenserons pas de son observation, et que nous laisserons au Parlement le soin d'expliquer et de limiter notre pouvoir de dispenser en d'autres matières. »

Cette déclaration fut soumise avec un autre projet, au jugement des évêques françois. Bossuet donna, sous la date du 12 février 1693, la décision que voici :

Les deux formules et promesses dans le fond sont de même force. Le roi de la Grande-Bretagne peut également accepter et signer sans blesser sa conscience, et donner la préférence à celle que Sa Majesté croira la plus avantageuse pour le bien de son service. » Quelques docteurs de Sorbonne, qu'à la vérité l'on ne nomme pas, se prononcèrent dans le même sens.

Trois mois plus tard, la question fut soumise directement à Bossuet de cette manière : « 1° Si le roi d'Angleterre peut, sans blesser sa conscience, promettre à ses sujets protestans, pour les faire rentrer dans son obéissance, de protéger et de défendre l'église anglicane, comme elle est maintenant établie par les lois, et assurer aux membres de cette église toutes leurs églises, universités, colléges et écoles, avec leurs immunités et priviléges ; 2° Si le même roi peut promettre aussi de ne point violer le serment du *Test*, et de n'en point dispenser. » Bossuet envoya sa réponse à Rome, avec une lettre au cardinal de Janson ambassadeur de France auprès du saint Siége.

Ces deux pièces et celles qu'on a déjà lues dans ces quelques lignes, ont été publiées en 1818, par le journal anglois *The catholic Gentlemans magazine*, t. I, n° 10.

des principaux docteurs de la Sorbonne, sans que nous ayons communiqué ensemble.

Il s'agit à présent, Monseigneur, de faire entendre nos raisons à un Pape dont la prudence et la piété éclatent par toute l'Eglise ; et j'ose espérer de la bonté dont vous m'avez toujours honoré, que vous voudrez bien vous servir de cette occasion, pour assurer ce saint Pontife de mes profondes soumissions, et de l'inviolable respect que je ressens, comme je le dois, non-seulement pour sa place si auguste et si sainte, mais encore pour sa personne, dont les vertus remplissent le monde d'édification et de joie.

Conservez-moi, Monseigneur, l'honneur de votre amitié, et croyez que je suis toujours avec le très-humble respect que vous connoissez, Monseigneur, votre, etc.

† J. BÉNIGNE, Ev. de Meaux.

Preuves du sentiment de M. l'Evêque de Meaux sur la Déclaration du roi d'Angleterre.

La Déclaration qu'on demande au roi d'Angleterre en faveur de ses sujets protestans, consiste principalement en deux points : le premier est que Sa Majesté promette de protéger et défendre l'église anglicane, comme elle est présentement établie par les lois, et qu'elle assure aux membres d'icelle toutes leurs églises, universités, colléges et écoles, avec leurs immunités et priviléges. Le second, que Sadite Majesté promette aussi qu'elle ne violera point le serment du *Test*, ni n'en dispensera point.

J'ai répondu et je réponds, que Sa Majesté peut accorder sans difficulté ces deux articles; et pour entendre la raison de cette réponse, il ne faut que fixer le sens des deux articles.

Le premier a deux parties : l'une de protéger et de défendre l'église anglicane, comme elle est présentement établie par les lois; ce qui n'emporte autre chose que de laisser ces lois dans leur vigueur, et comme roi les exécuter selon leur forme et teneur.

La conscience du roi n'est point blessée par cette partie de la

Déclaration, puisque la protection et la défense qu'il promet à l'église anglicane protestante, ne regarde que l'extérieur, et n'oblige Sa Majesté à autre chose qu'à laisser cette prétendue église dans l'état extérieur où il la trouve, sans l'y troubler, ni permettre qu'on la trouble.

Pour décider cette question par principes, il faut faire grande différence entre la protection qu'on donneroit à une fausse église par adhérence aux mauvais sentimens qu'elle professe, et à celle qu'on lui donne pour conserver à l'extérieur la tranquillité. La première protection est mauvaise, parce qu'elle a pour principe l'adhérence à la fausseté; mais la seconde est très-bonne, parce qu'elle a pour principe l'amour de la paix, et pour objet une chose bonne et nécessaire, qui est le repos public.

Ceux qui traitent avec le roi d'Angleterre dans cette occasion, ne lui demandent pas l'approbation de l'église anglicane, parce qu'au contraire ils le supposent catholique, et traitent avec lui comme l'étant. Ils ne lui demandent donc qu'une protection légale, c'est-à-dire une protection à l'extérieur, telle qu'elle convient à un roi qui ne peut rien sur les consciences; et tout le monde demeure d'accord que cette sorte de protection est légitime et licite.

Les rois de France ont bien donné par l'édit de Nantes une espèce de protection aux protestans réformés, en les assurant contre les insultes de ceux qui les voudroient troubler dans leurs exercices, et en leur accordant des espèces de priviléges, où ils ordonnoient à leurs officiers de les maintenir. On n'a pas cru que leur conscience fût intéressée dans ces concessions, tant qu'elles ont été jugées nécessaires pour le repos public, parce que c'étoit ce repos, et non pas la religion prétendue réformée, qui en étoit le motif. On peut dire à proportion la même chose du roi d'Angleterre; et s'il accorde de plus grands avantages à ses sujets protestans, c'est que l'état où ils sont dans le royaume et le motif du repos public l'exigent ainsi. Aussi ceux qui trouvent à redire à cet endroit de l'article ne mettent-ils la difficulté qu'en ce qu'il renferme une tacite promesse d'exécuter les lois pénales qui sont décernées par le Parlement contre les catholiques, parce que, disent-ils, les protestans mettent dans ces lois pénales une partie de la protection qu'ils demandent pour l'église anglicane protestante.

Mais les paroles dont se sert le roi n'emportent rien de semblable ; et il importe de bien comprendre comme parle la Déclaration. « Nous protégerons, dit-elle, et défendrons l'église anglicane, comme elle est présentement établie par les lois. » Il ne s'agit que des principes constitutifs de cette prétendue église en elle-même, et non pas des lois pénales par lesquelles elle prétendroit pouvoir repousser les religions qui lui sont opposées.

Les principes constitutifs de la religion anglicane selon les lois du pays, sont premièrement les prétendus articles de foi réglés sous la reine Elisabeth ; secondement, la liturgie approuvée par les Parlemens ; troisièmement, les homélies en instructions, que les mêmes Parlemens ont autorisées.

On ne demande point au roi qu'il se rende le protecteur de ces trois choses, mais seulement qu'à l'extérieur il leur laisse un libre cours pour le repos de ses sujets : ce qui suffit d'un côté pour maintenir ce qui constitue à l'extérieur l'église anglicane protestante, et d'autre part ne blesse point la conscience du roi. Voilà donc à quoi il s'oblige par cette première partie de l'article, où il promet d'assurer à l'église protestante et à ses membres, leurs églises, etc. La seconde a encore moins de difficulté, et même elle tempère la première, en réduisant manifestement la protection et la défense de l'église anglicane protestante aux choses extérieures dont elle est en possession, et dans lesquelles le roi promet seulement de ne point souffrir qu'on la trouble.

Le Roi est bien loin d'approuver par là l'usurpation des églises et des bénéfices ; mais il promet seulement de ne point permettre que ceux qui les ont usurpés soient troublés par des voies de fait, parce que cela ne se pourroit faire sans ruiner la tranquillité de ses Etats.

A l'égard du *Test*, qui fait le second article de la Déclaration du roi, il n'oblige Sa Majesté à autre chose, sinon à exclure des charges publiques ceux qui refuseroient de faire un certain sement : en quoi il n'y a point de difficulté, puisqu'on peut vivre humainement et chrétiennement sans avoir des charges.

Que s'il paroît rude aux catholiques d'en être exclus, ils doivent considérer l'état où ils sont, et la petite portion qu'ils composent du royaume d'Angleterre ; ce qui les oblige à ne pas exiger de leur roi des conditions impossibles, et au contraire à sacrifier tous les avantages dont ils se pourroient flatter à l'avancement, au bien réel et solide d'avoir un roi de leur religion, et d'affermir sur le trône sa famille, quoique catholique ; ce qui peut faire raisonnablement espérer, sinon d'abord, du moins dans la suite, l'entier rétablissement de l'Eglise et de la foi. Que si on s'attache au contraire à vouloir faire la loi aux protestans, qui sont les maîtres, on perdra avec l'occasion de rétablir le roi, non-seulement tous les avantages qui sont attachés au rétablissement, mais encore tous les autres, quels qu'ils soient, et on s'exposera à toutes sortes de maux ; étant bien certain que si les rebelles viennent à bout selon leurs désirs d'exclure tout à la fois le roi, ils ne garderont aucune mesure envers les catholiques, et ne songeront qu'à assouvir la haine qu'ils leur portent.

Par ces raisons je conclus, non-seulement que le roi a pu en conscience faire la Déclaration dont il s'agit, mais encore qu'il y étoit obligé, parce qu'il doit faire tout ce qu'il est possible pour l'avantage de l'Eglise et de ses sujets catholiques, auxquels rien ne peut être meilleur, dans la conjoncture présente, que son rétablissement. On doit même regarder déjà comme un grand avantage la déclaration que fait Sa Majesté, de recommander fortement à son Parlement une impartiale liberté de conscience, ce qui montre le zèle de ce prince pour le repos de ses sujets catholiques, et tout ensemble une favorable disposition pour eux dans ses sujets protestans qui acceptent sa Déclaration. Je dirai donc volontiers aux catholiques, s'il y en a qui n'approuvent pas la Déclaration dont il s'agit : *Noli esse justus multùm, neque plus sapias quàm necesse est, ne obstupescas*[1].

Je ne doute pas que notre saint Père le Pape n'appuie le roi d'Angleterre dans l'exécution d'une Déclaration qui étoit si né-

[1] *Eccle.*, VII, 17.

cessaire, et ne pense bien des intentions d'un prince qui a sacrifié trois royaumes, toute sa famille et sa propre vie à la religion catholique. Je me soumets de tout mon cœur à la suprême décision de Sa Sainteté.

Fait à Meaux, ce 22 mai 1693.

† J. BÉNIGNE, Ev. de Meaux.

LETTRE CCXI.

BOSSUET AU PREMIER PRÉSIDENT DE HARLAY.

A Meaux, 2 novembre 1693.

Monsieur,

J'ai reçu avec respect l'arrêt que vous m'avez fait l'honneur de m'envoyer, et la lettre dont il vous a plu de l'accompagner. Il

---

(a) Quelques mots sur cette lettre et sur la suivante.

Les années 1692 et 1693 avoient donné des moissons peu abondantes; et la disette, venant s'ajouter au dénûment causé par une longue guerre, faisoit craindre de grands malheurs pour l'hiver de 1694. Le parlement de Paris, qui à ses fonctions judiciaires joignoit des attributions administratives très-étendues, étoit chargé de surveiller l'approvisionnement des marchés, et de pourvoir à l'assistance des pauvres dans la capitale et dans son vaste ressort. On nous a conservé, parmi les papiers de Harlay, plusieurs volumes de rapports adressés presque jour par jour au premier président par le lieutenant de police La Reynie et par les intendans de province, sur les progrès du fléau et les moyens de l'arrêter. A l'approche de l'hiver, la chambre des vacations rendit un arrêt pour exhorter et, au besoin, pour forcer toutes les classes de la société à contribuer à l'entretien des pauvres. Le Parlement régloit la distribution des aumônes, et mettoit le zèle le plus louable à rechercher les mesures les plus efficaces pour soulager la misère publique. Malgré ses préjugés gallicans, animé d'un esprit sincèrement chrétien et profondément catholique, il ne disputoit point au clergé, comme on l'a fait depuis, le droit de secourir les peuples. Il savoit que nul pouvoir en ce monde n'a plus d'autorité que l'Église, sur les riches pour commander leur commisération, ni sur les pauvres pour apaiser et consoler leurs souffrances. On n'avoit pas encore oublié qu'il n'y a pas d'œuvre de charité féconde, sans la présence et la bénédiction du prêtre.

L'arrêt de la chambre des vacations mettoit les évêques et les curés au premier rang dans la lutte que les pouvoirs publics engageoient contre la famine. Les évêques et les curés, dont le zèle avoit depuis longtemps devancé celui des magistrats, acceptèrent avec reconnoissance l'appui de l'autorité temporelle, et répondirent à ses désirs par un redoublement de charité. Outre les deux lettres de Bossuet, on peut lire plus de cent autres lettres, également autographes, de tous les évêques du ressort, qui montrent la tendresse et des ecclésiastiques et des laïques pour les membres souffrans de Notre-Seigneur; elles

étoit absolument nécessaire. Je n'oublierai rien, Monsieur, de ce qui dépendra de mon ministère pour en rendre l'exécution aussi douce et aussi efficace qu'il sera possible, et je tâcherai de prévenir les difficultés pour ne vous importuner que de celles qu'on ne pourra éviter de porter jusqu'à vous. Je suis avec un respect sincère, etc.

† J. Bénigne, év. de Meaux.

LETTRE CCXII.

BOSSUET AU PREMIER PRÉSIDENT DE HARLAY.

A Meaux, 28 novembre 1693.

Puisque vous m'avez fait l'honneur de me témoigner que vous seriez bien aise d'être informé des difficultés qui se présentent dans l'exécution de votre arrêt, voici celles que je viens de rencontrer dans la course que je viens de faire, durant trois semaines, dans les endroits les plus écartés de ce diocèse.

La première est que les habitans des villes soutenoient qu'étant taxés dans les villages à raison des biens qu'ils y possédoient, ils ne pouvoient plus être obligés à contribuer dans les villes ; et on m'a dit que ceux de Provins, du diocèse de Sens, se vouloient adresser à la Cour pour le faire ainsi interpréter en leur faveur. Mais j'espère, Monsieur, que cette illusion, qui laisseroit la campagne absolument sans secours, ne trouvera point de lieu devant votre justice. J'ai établi pour maxime dans tout le diocèse que les habitans des villes devoient double contribution, l'une à la campagne à raison des biens qu'ils y ont, l'autre dans les villes pour éviter les inconvéniens de la demeure. Tout le clergé et

ne font voir que deux ombres dans ce magnifique tableau, l'avarice de quelques magistrats subalternes de Châlons-sur-Marne, et la dureté de quelques-uns de ces abbés commendataires que les rois imposoient à l'Eglise gallicane en vertu de ses *libertés*, et qui lui ravissoient à la fois ses biens et son honneur.

Les autographes des deux lettres de Bossuet se trouvent à la bibliothèque impériale, *Harlay*, 367, tom. XVI, pag. 193 et 271. La première est inédite, et la seconde n'a paru que dans la *Correspondance administrative de Louis XIV*, tom. I (*Collection des Documents inédits.*)

Nous donnons aussi quelques lettres des évêques qui se trouvoient dans le ressort du parlement de Paris. Comme la première de Bossuet, ces lettres sont inédites.

moi à la tête, nous en avons donné l'exemple, et pourvu, Monsieur, qu'il vous plaise laisser les choses comme elles sont, j'espère que tout cédera à cet avis.

L'autre difficulté vient des officiers qui n'osent taxer leurs seigneurs ni les personnes considérables. Celle-là est grande, et je n'y ai d'autre remède que d'ordonner aux curés de me rendre compte de ce qui se passe, et d'agir moi-même auprès des seigneurs, à quoi jusqu'ici je n'ai pas trouvé beaucoup de résistance. Si j'en trouve dans la suite, j'aurai recours, Monsieur, à votre autorité, et si vous me le permettez à vos conseils.

La dernière difficulté que je ne puis vaincre sans un nouvel ordre, c'est que la moitié des paroisses, par exemple toutes celles des vignobles, ne peuvent absolument soutenir leurs pauvres. Il y en a même dont le territoire est si petit que, quand on en changeroit tout le revenu en aumônes, elles ne seroient pas suffisantes, ces paroisses étant d'ailleurs toutes pleines de pauvres ouvriers qui demeurent sans travail. Il est donc absolument nécessaire de soutenir les paroisses plus foibles par les plus fortes, ce qui ne se peut sans qu'on en donne le pouvoir à quelqu'un. Je n'imagine pas qu'on le puisse faire autrement que par les évêques. On ne cherche point en cette occasion à se donner de l'autorité : elle est même fort à charge dans un temps si fâcheux ; mais il ne faut pas fuir le travail.

C'en est pour vous, Monsieur, un très-pénible d'avoir à joindre aux soins paternels que vous prenez pour Paris, celui de tant de provinces ; mais votre zèle n'a point de bornes non plus que vos lumières, et sur cela je ne crains point de vous importuner.

Je dois vous dire que les ecclésiastiques font bien leur devoir, principalement les chanoines et les curés que nous avons sous notre main. Il y en a plusieurs dans ce diocèse qui, n'ayant que la portion congrue, la sacrifient pour leurs pauvres, et vivent presque de rien sur leurs petites épargnes et en vendant tout.

J'ai, Monsieur, chargé mon neveu de vous rendre compte de la disposition où sont entrés Messieurs de Rebais, de céder, et de vous faire mes très-humbles remerciemens de l'audience que vous avez eu la bonté de m'accorder.

Il ne me reste qu'à vous assurer du respect avec lequel je suis, Monsieur, etc.

LETTRE CCXIII.

L'ÉVÊQUE D'AMIENS AU PREMIER PRÉSIDENT DE HARLAY.

Amiens, le 3 novembre 1693.

J'ai reçu celle que vous m'avez fait l'honneur de m'écrire avec l'arrêt pour procurer le soulagement des pauvres. Il me sera d'autant plus facile de concourir avec les magistrats de ce diocèse pour le faire exécuter, que leur zèle pour cette bonne œuvre pourroit me servir d'exemple.

Dès l'année passée nous agîmes de concert, et nous engageâmes les communautés, aussi bien que les particuliers, à convenir d'une contribution volontaire chaque semaine, laquelle a duré jusqu'au premier jour d'août dernier. Mais nous avions besoin cette année d'une autorité supérieure, à cause de l'augmentation de la misère et de la plus grande cherté du pain.

Je profiterai, Monsieur, puisque vous me le permettez, de la liberté que vous me donnez de vous représenter ce qui me paroîtra requérir ou vos lumières ou votre appui dans l'exécution de ce projet.

L'arrêt porte que dans les villes où il y a plusieurs paroisses, chacune se cotisera pour nourrir ses pauvres. Nous ne pourrons pas suivre cette disposition dans la plupart des villes de mon diocèse, et particulièrement dans Amiens. Il y a des paroisses dans lesquelles il n'y a pas un seul pauvre. Il y en a d'autres dans lesquelles il n'y a presque personne en état de faire l'aumône. Nous serons obligés de faire, comme l'année passée, une masse commune de toutes les aumônes pour ensuite les répartir suivant les besoins de chaque paroisse. J'espère que la seule proposition que j'en ferai sera reçue. Si j'y trouvais quelque obstacle à cause des termes de l'arrêt, je ne manquerois pas de vous en donner avis.

L'arrêt dispense les curés à portion congrue d'entrer dans la cotisation qui sera faite pour les paroisses de la campagne. On peut faire deux observations sur cet article par rapport à mon diocèse. La première, c'est qu'il y a un nombre considérable de curés qui sont décimateurs par l'abandon qui leur a été fait des dîmes, et qui néanmoins n'ont pas 300 francs de revenus. La seconde, c'est que de 750 et tant de curés qui composent le diocèse d'Amiens, il n'y en a pas 200 dont les bénéfices valent mieux que portion congrue. Mais par l'exemple de ce qui s'est fait l'hiver passé, j'ai lieu de me promettre que les plus pauvres contribueront de tout leur pouvoir; car effectivement, je suis obligé de leur rendre ce témoignage. Je suis, etc.

LETTRE CCXIV.

L'ÉVÊQUE D'ORLÉANS AU PREMIER PRÉSIDENT.

D'Orléans, ce 3 novembre.

Lorsque j'ai reçu la lettre que vous m'avez fait l'honneur de m'écrire, j'avois déjà pris quelques mesures avec plusieurs curés de cette ville pour tâcher de secourir les pauvres dans leurs nécessités. Je les ai tous rassemblés, et je leur ai ordonné de voir avec leurs plus notables paroissiens quels sont ceux de leurs paroisses qui ont besoin de secours, et de quels moyens on peut se servir pour les faire subsister sans favoriser la fainéantise de quelques-uns. Je vais donner ordre aussi aux curés de la campagne de chercher avec les juges des lieux et avec les plus considérables de leurs paroisses, les expédiens les plus prompts et les plus sûrs pour faire subsister leurs pauvres. Je ferai tout ce qui dépendra de moi pour seconder vos bonnes intentions, afin que tout s'exécute comme vous le souhaitez, Monsieur; mais je prévois des difficultés qui me font peur. La plupart des paroisses de la campagne sont dans la dernière misère, et ceux qui y devroient être les plus accommodés manquent même de ce qui leur est nécessaire. Bien loin d'avoir du superflu, les habitans des villes souffrent comme les autres, et nous avons même dans celle-ci si peu de blé, et le peu que nous en avons est si cher, que le moindre pain y vaut 4 sols la livre. Nos marchands en avoient acheté en Bretagne et en Poitou, mais on l'arrête dans les villes où il faut qu'il passe, et il ne nous en vient presque pas. J'aurai l'honneur de vous rendre compte de ce que nous ferons, et je m'estimerai toujours très-heureux de trouver l'occasion de pouvoir marquer qu'on ne peut être avec plus de respect que je suis, etc.

LETTRE CCXV.

L'ÉVÊQUE D'ANGERS AU PREMIER PRÉSIDENT DE HARLAY.

J'ai reçu avec tout le respect que je dois celle que vous m'avez fait l'honneur de m'écrire pour l'exécution de l'arrêt de la Chambre des vacations, qui concerne le soulagement de nos pauvres. Devant être leur père en qualité de leur évêque, vous pouvez juger jusqu'à quel point va la reconnoissance que je conserverai toute ma vie du soin que votre zèle vous inspire pour leur soulagement, et de la protection que vous nous promettez dans une misère aussi pressante. Notre clergé avoit déjà donné des marques de son zèle pour le soulagement des pauvres, en empruntant une somme de 10,000 écus pour faire des achats de blés, qu'on débitera aux pauvres à bon marché. Votre exemple nous va encore tous animer. Je vous conjure de nous accorder la continuation de votre protection, et de me croire, etc.

LETTRE CCXVI.

L'ÉVÊQUE DE CHALONS-SUR-MARNE

AU PREMIER PRÉSIDENT DE HARLAY.

A Châlons, le 4 de décembre 1693.

Monsieur,

Je presse autant que je dois notre clergé d'ajouter, du moins par des aumônes volontaires, quelque chose au tiers qu'il donne dans la contribution générale pour la subsistance des pauvres de

cette ville; je ne puis à cause des conséquences dont je dois le
défendre, l'obliger à porter une plus forte taxe ; elle est au-dessus
de toutes celles portées jusques à présent en pareille occasion, et
elle paroît fort considérable à toutes les personnes désintéressées.
Vous en avez, Monsieur, jugé de même et vous m'avez fait l'honneur de m'écrire que vous trouvez qu'on doit s'en louer. Ainsi, il
ne m'est pas possible d'en tirer davantage, et je ne puis qu'engager les ecclésiastiques aisés de grossir leurs aumônes particulières : c'est ce que plusieurs ont déjà fait avec grande charité,
et dont les gens raisonnables sont fort édifiés. Si nos magistrats
avoient moins de jalousie contre le clergé et moins d'intérêt dans
ce qu'ils demandent, ils en seroient aussi contens; mais M. le
lieutenant général ne veut donner que 10 francs par mois pour
l'aumône publique et depuis cinq ou six ans n'a pas voulu payer
la taxe pour l'hôpital-général ; et M. le lieutenant particulier ne
donne pas un sol dans la contribution générale pour les pauvres,
s'en croyant dispensé parce qu'il a encore père et mère et n'est
point marié. Je ne sais si vous approuverez, Monsieur, leur conduite sur cela; mais, si vous le faites, je le ferai aussi, me soumettant avec plaisir à vos lumières et à votre justice. Faites-moi
toujours, s'il vous plaît, celle de me croire, etc.

LETTRE CCXVII.

LEIBNIZ A BOSSUET.

Sur l'essence des corps.

1693.

Quant à l'essence des corps et le sujet de l'étendue, il semble
que ce sujet contient quelque chose dont la répétition même est ce
qui fait l'étendue, et il paroît que vous ne vous éloignez pas de ce
sentiment. Ce sujet contient les principes de tout ce qu'on peut
lui attribuer, et le principe des opérations est ce que j'appelle la
force primitive. Mais il n'est pas si aisé de satisfaire là-dessus ceux
qui sont accoutumés aux idées seules de Gassendi ou de Descartes,
et il faudroit prendre la chose de plus haut. M. Pelisson m'envoya

quelques objections contre ce que j'avois dit de la force et de la nature du corps : je tâchai d'y satisfaire. Il me disoit qu'elles venoient d'une personne de grande considération, sans s'expliquer davantage. Y ayant pensé depuis, j'ai du penchant à croire qu'elles étoient venues de M. Arnauld : car j'ai remarqué depuis, qu'il y avoit quelque chose qui ne pouvoit presque être su que de lui, à cause des lettres que nous avions échangées autrefois sur des matières approchantes. Je ne sais, Monseigneur, si vous avez vu cette objection et ma réponse, aussi bien que ce que j'ai donné depuis peu, et autrefois dans le *Journal des Savans,* touchant l'inertie naturelle des corps.

Je voudrois, Monseigneur, que vous eussiez vu ce que j'avois envoyé à feu M. Pelisson, sur ce qu'il avoit trouvé bon de faire communiquer mes raisonnemens de dynamique à l'académie royale des sciences. Mais ce papier ayant été mis au net, et envoyé à l'académie, y demeura là, et on me dit maintenant qu'il est sous le scellé de feu M. Thévenot. Il est vrai que M. Thévenot me manda que l'académie l'ayant considéré, avoit témoigné de l'estime ; mais qu'on n'avoit pu convenir du sens de quelques endroits. Je demandai qu'on me marquât ces endroits ou ces doutes ; mais M. Thévenot mourut là-dessus. Je ne sais si M. Pelisson en a gardé une copie : il me semble qu'il la vouloit donner à lire à M. de la Loubère. Si M. de la Loubère l'a, il pourroit vous en informer à fond. Il me semble aussi que M. des Villètes, qui étoit des amis de M. Pelisson, et qui l'est particulièrement de M. le duc de Roannez, avoit lu ou peut-être eu mon *Mémoire :* mais en tout cas je le pourrois tirer derechef de mon brouillon. Car comme vous êtes juge compétent de tout cela, je souhaiterois que vous fussiez informé du procès. M. Pelisson avoit parlé de cela avec M. l'abbé Bignon, qui a l'intendance de l'académie de la part de M. de Pontchartrain : mais la mort de M. Thévenot a arrêté notre dessein. On m'a mandé que M. l'abbé Bignon a un excellent dessein, qui est d'établir une académie des arts : cela sera d'importance ; mais il sera bon qu'il y ait de l'intelligence entre la sœur aînée et la cadette.

Vous faites trop d'honneur, Monseigneur, à une épigramme

aussi médiocre que celle que j'avois faite sur les bombes : mais c'est apparemment parce que votre philanthropie vous fait désapprouver les maux que les hommes s'étudient de se faire. Plût à Dieu que ces sentimens de charité fussent plus généraux! Je suis, etc.

LEIBNIZ.

RÉFLEXIONS DE LEIBNIZ

Sur l'avancement de la métaphysique réelle, et particulièrement sur la nature de la substance expliquée par la force (a).

Je vois que la plupart de ceux qui se plaisent aux sciences mathématiques n'ont point de goût pour les méditations métaphysiques, trouvant des lumières dans les unes et des ténèbres dans les autres : dont la cause principale paroît être que les notions générales, qu'on croit les plus connues, sont devenues ambiguës et obscures par la négligence des hommes et par leur manière inconstante de s'expliquer : et il s'en faut tant que les définitions vulgaires expliquent la nature des choses, qu'elles ne sont pas même nominales. Le mal s'est communiqué aux autres disciplines, qui sont sous-ordonnées en quelque façon à cette science première et architectonique. Ainsi au lieu de définitions claires, on nous a donné de petites distinctions ; et au lieu des axiomes universels, nous avons des règles topiques, qui ne souffrent guère moins d'instances qu'elles ont d'exemples. Et néanmoins les hommes sont obligés d'employer ordinairement les termes de métaphysique, se flattant eux-mêmes d'entendre ce qu'ils sont accoutumés de prononcer. On parle toujours de substance, d'accident, de cause, d'action, de relation ou rapport, et de quantité d'autres termes dont pourtant les notions véritables n'ont pas encore été mises dans leur jour : car elles sont fécondes en belles vérités, au lieu que celles qu'on a sont stériles. C'est pourquoi on ne doit point s'étonner si cette science principale, qu'on appelle la

---

(a) Nous donnons ici les différens écrits de Leibniz relatifs à cette matière, que nous avons trouvés en original parmi les manuscrits de Bossuet, et sur lesquels ce prélat portera bientôt son jugement. (*Les prem. édit.*)

première philosophie, et qu'Aristote appeloit la *désirée* ζητουμένη, est cherchée encore.

Platon est souvent occupé dans ses *Dialogues* à rechercher la valeur des notions, et Aristote fait la même chose dans ses livres qu'on appelle *métaphysiques;* mais on ne voit pas qu'ils aient fait de grands progrès. Les platoniciens postérieurs ont parlé d'une manière mystérieuse, qu'ils ont portée jusqu'à l'extravagance; et les aristotéliciens scholastiques ont eu plus de soin d'agiter les questions que de les terminer. Ils auroient eu besoin d'un Gellius, magistrat romain, dont Cicéron rapporte qu'il offrit son entremise aux philosophes d'Athènes, où il étoit en charge, croyant que leurs différends se pouvoient terminer comme les procès. De notre temps, quelques excellens hommes ont étendu leurs soins jusqu'à la métaphysique : mais le succès n'a pas encore été fort considérable. Il faut avouer que M. Descartes a fait encore en cela quelque chose de considérable; qu'il a rappelé les soins que Platon a eus de tirer l'esprit de l'esclavage des sens, et qu'il a fait valoir les doutes des académiciens. Mais étant allé trop vite dans les affirmations, et n'ayant pas assez distingué le certain de l'incertain, il n'a pas obtenu son but. Il a eu une fausse idée de la nature du corps, qu'il a mis dans l'étendue toute pure sans aucune preuve; et il n'a pas vu le moyen d'expliquer l'union de l'ame avec le corps. C'est faute de n'avoir point connu la nature de la substance en général : car il passoit par une manière de saut à examiner les questions difficiles, sans en avoir expliqué les ingrédiens. Et on ne sauroit mieux juger de l'incertitude de ses méditations que par un petit écrit où il les voulut réduire en forme de démonstrations, à la prière du P. Mersenne, lequel écrit se trouve inséré dans ses réponses aux objections.

Il y a encore d'autres habiles hommes qui ont eu des pensées profondes : mais il y manque la clarté, qui est pourtant plus nécessaire ici que dans les mathématiques mêmes, où les vérités portent leurs preuves avec elles : car l'examen qu'on en peut toujours faire est ce qui les a rendues si sûres. C'est pourquoi la métaphysique, au défaut de ces épreuves, a besoin d'une nouvelle manière de traiter les choses, qui tiendroit lieu de calcul, qui serviroit de fil dans le labyrinthe, et conserveroit pourtant une facilité semblable à celle qui règne dans les discours les plus populaires.

L'importance de ces recherches pourra paroître par ce que nous dirons de la notion de la substance. Celle que je conçois est si féconde, que la plupart des plus importantes vérités touchant Dieu, l'ame et la nature du corps, qui sont ou peu connues ou peu prouvées, en sont des conséquences. Pour en donner quelque goût, je dirai présentement que la considération de *la force*, à laquelle j'ai destiné une science particulière, qu'on peut appeler *Dynamique*, est de grand secours pour entendre la nature de la substance. Cette force active est différente de *la faculté* de l'Ecole, en ce que la faculté n'est qu'une possibilité prochaine pour agir, mais morte pour ainsi dire, et inefficace en elle-même si elle n'est excitée par dehors. Mais la force active enveloppe une *entéléchie* ou bien un acte; étant moyenne entre la faculté et l'action, et ayant en elle un certain effort, *conatum*: aussi est-elle portée d'elle-même à l'action sans avoir besoin d'aide, pourvu que rien ne l'empêche. Ce qui peut être éclairci par l'exemple d'un corps pesant suspendu ou d'un arc bandé : car bien qu'il soit vrai que la pesanteur et la force élastique doivent être expliquées mécaniquement par le mouvement de la matière éthérienne, il est toujours vrai que la dernière raison du mouvement de la matière est la force donnée dans la création, qui se trouve dans chaque corps, mais qui est comme limitée par les actions mutuelles des corps. Je tiens que cette vertu d'agir se trouve en toute substance, et même qu'elle produit toujours quelque action effective, et que le corps même ne sauroit jamais être dans un parfait repos : ce qui est contraire à l'idée de ceux qui le mettent dans la seule étendue. On jugera aussi par ces méditations, qu'une substance ne reçoit jamais sa force d'une autre substance créée, puisqu'il en provient seulement la limitation ou détermination qui fait naître la force secondaire, ou ce qu'on appelle *force mouvante*, laquelle ne doit pas être confondue avec ce que certains auteurs appellent *impetus*, qu'ils estiment par la quantité du mouvement, et le font proportionnel à la vitesse, quand les corps sont égaux : au lieu que la force mouvante, absolue et vive, savoir celle qui se conserve toujours la même, est proportionnelle aux effets possibles qui en peuvent naître. C'est en quoi les cartésiens se sont trompés, en s'imaginant que la même quantité de mouvement se conserve dans les rencontres des corps. Et je vois que M. Huygens est de mon sentiment là-dessus, suivant ce qu'il a donné, il y a quelque temps, dans l'*Histoire des ouvrages des Savans*, disant qu'il se conserve la même force ascensionnelle.

Au reste un point des plus importans, qui sera éclairci par ces méditations, est la communication des substances entre elles, et l'union de l'ame avec le corps. J'espère que ce grand problème se trouvera résolu d'une manière si claire, que cela même servira de preuve pour juger que nous avons trouvé la clef d'une partie de ces choses : et je doute qu'il y ait moyen de donner une autre manière intelligible, sans employer un concours spécial de la première cause, pour ce qui se passe ordinairement dans les causes secondes. Mais j'en parlerai davantage une autre fois si le public ne rebute point ceci, qui ne doit servir qu'à sonder le gué. Il est vrai que j'en ai déjà communiqué, il y a plusieurs années, avec des personnes capables d'en juger. J'ajouterai seulement ici ma réponse à des difficultés qu'un habile homme a faites sur ma manière d'expliquer la nature du corps par la notion de la force.

RÉPONSE DE LEIBNIZ

Aux objections faites contre l'explication de la nature du corps, par la notion de la force.

Les expressions de M.*** étant si obligeantes et si justes, on reçoit ses objections avec autant de plaisir que de profit. Si tout le monde en usoit de même, on iroit bien loin. Il paroît qu'il n'est pas entêté des opinions qui sont en vogue. J'aurois tort de prétendre qu'il se rende facilement à la mienne; et je ne me flatte pas assez pour espérer de le satisfaire entièrement sur ses objections. Cependant mon devoir veut que je fasse là-dessus ce qui dépend de moi.

I. Je croirois plutôt que la notion de la force est antérieure à celle de l'étendue, parce que l'étendue signifie un amas ou agrégé de plusieurs substances, au lieu que la force se doit trouver même dans un sujet qui n'est qu'une seule substance : or l'unité est antérieure à la multitude. On peut même dire que la force est le constitutif des substances, comme l'action, qui est l'exercice de la force, en est le caractère : car les actions ne conviennent qu'aux substances, et conviennent toujours à toutes les substances.

II. Lorsqu'il s'agit de l'idée de la force, je ne saurois faire autre chose que d'en donner la définition, comme j'ai fait : les propriétés qu'on en tirera la feront d'autant mieux connoître. Son idée n'est point du nombre de celles qu'on peut atteindre par l'imagination ; et on ne doit rien chercher ici qui la puisse frapper. Ayant mis à part l'étendue et ses modifications ou changemens, on ne trouvera rien dans la nature qui soit plus intelligible que la force.

III. Mon axiome n'est pas seulement : *Quòd effectus integer respondeat causæ plenæ;* mais : *Quòd effectus integer sit æqualis causæ plenæ.* Et je ne l'emploie pas pour rendre raison de la force primitive, qui n'en a point besoin ; mais pour expliquer les phénomènes de la force secondaire : car il me fournit des équations dans la mécanique, comme l'axiome vulgaire, que le tout est égal à ses parties prises ensemble, nous en fournit dans la géométrie. La force primitive dans les corps est indéfinie d'elle-même : mais il en résulte la force secondaire, qui est comme une détermination de la primitive, provenant des combinaisons et rencontres des corps.

IV. Je n'ai garde de dire, que la controverse de la présence réelle est terminée par ce que j'ai proposé : mais il me semble au moins que cette présence est incompatible avec l'opinion de ceux qui font consister l'essence du corps dans l'étendue. L'impénétrabilité naturelle des corps ne vient que de leur résistance, qui doit obéir à la volonté de Dieu : et cette résistance des corps n'est autre chose que la puissance passive de la matière.

V. Ce que j'ai répondu à la première difficulté servira encore ici : et puisque tout ce qu'on conçoit dans les substances se réduit à leurs actions et passions, et aux dispositions qu'elles ont pour cet effet, je ne vois pas qu'on y puisse trouver quelque chose de plus primitif que le principe de tout cela, c'est-à-dire que la force. Il est bien manifeste aussi que la force d'agir des corps est quelque chose de distinct et d'indépendant de tout ce qu'on y conçoit d'ailleurs, tout le reste y étant comme mort sans elle et incapable de produire quelque changement. La *faculté*, qui faisoit du bruit dans les écoles, n'est rien qu'une possibilité prochaine pour agir : mais la force d'agir est une entéléchie ou bien un acte positif ; et c'est ce qu'on demande. La seule possibilité ne produit rien, si on ne la met en acte ; mais la force produit tout. Elle est portée de soi-même à l'action ; et on n'a point besoin de l'aider ; il suffit qu'on ne l'empêche point.

On peut ajouter ce qu'il y a sur cette matière dans le *Journal des Savans*, 18 juin 1691, 16 juillet 1691, et 5 janvier 1693.

LETTRE CCXVIII.

BOSSUET A LEIBNIZ.

Août 1693.

Toutes les fois que M. de Leibniz entreprendra de prouver que l'essence du corps n'est pas dans l'étendue actuelle, non plus que celle de l'ame dans la pensée actuelle, je me déclare hautement pour lui. J'ai même travaillé sur ce sujet ; et je prétends pouvoir démontrer par M. Descartes, qu'il n'a point sur cela un autre sentiment que celui de l'Ecole. En cela donc, comme en beaucoup d'autres choses, ses disciples ont fort embrouillé ses idées : les siennes même n'ont pas été fort nettes, lorsqu'il a conclu l'infinité de l'étendue par l'infinité de ce vide qu'on imagine hors du monde ; en quoi il s'est fort trompé : et je crois que de son erreur on pourroit induire par conséquences légitimes l'impossibilité de la création et de la destruction des substances, quoique rien au monde ne soit plus contraire à l'idée de l'Etre parfait, que ce philosophe prend pour principal moyen de l'existence de Dieu.

Quant au surplus de la dynamique, je m'en instruirai avec

plaisir : car autant que je suis ennemi des nouveautés qui ont rapport avec la foi, autant suis-je favorable, s'il est permis de l'avouer, à celles qui sont de pure philosophie, parce qu'en cela on doit et on peut profiter tous les jours tant par le raisonnement que par l'expérience.

LETTRE CCXIX

LEIBNIZ A BOSSUET.

Le petit discours de l'*essence du corps* ne sauroit partir que d'une main excellente ; et comme il y est marqué qu'elle a travaillé sur cette matière, j'en attends des lumières considérables. Le parallèle de la pensée actuelle de l'ame avec l'étendue actuelle du corps est fort juste. Je suis effectivement d'opinion, qu'il est aussi naturel à l'ame de penser qu'au corps d'être étendu, quoique cet effet naturel puisse être suspendu par la cause suprême. Cependant il n'est pas assez, pour éclaircir la nature du corps, qu'on lui attribue une simple possibilité, qui ne dit que ce qu'il pourroit avoir : il faut lui attribuer quelque chose d'effectif ; savoir *la puissance*, qui est un état dont l'effet suit, pourvu que rien ne l'empêche. Cette puissance, quand elle est primitive, est proprement la nature du corps ; c'est-à-dire, selon la définition d'Aristote, le principe du mouvement et du repos, ou plutôt de la résistance au mouvement. Car je crois que naturellement le corps n'est jamais dans un parfait repos, non plus que l'ame sans pensée ; et je suis persuadé que l'action convient toujours naturellement à toutes les substances. En quoi l'on voit que nos nouveaux philosophes, qui ne sont pas instruits de cette vérité, n'ont pas eu la véritable idée du corps : car l'étendue ne leur donne qu'une idée incomplète, qui n'est point celle de la substance. Cela n'empêche pas que tout se fasse dans le corps selon les lois de la mécanique : mais l'origine de ces lois vient d'une cause supérieure, comme mes dynamiques le feront voir ; et j'ai déjà montré dans le *Journal des Savans*, qu'elles ne sauroient venir de la seule notion de l'étendue.

Je crois que l'Ecole a raison ; mais qu'elle a été méprisée de nos temps, parce qu'elle ne s'étoit pas expliquée par quelque chose d'assez intelligible. La notion de la force y est merveilleusement propre. Je distingue entre la force primitive du corps, qui est de son essence et qui est en quelque façon infinie, et entre la force accidentaire, qui est une modification de la force primitive, née des circonstances des corps ambians : c'est ce qu'on appelle la force mouvante, qui a lieu dans les machines.

La découverte que je fis de la véritable loi de la nature sur le mouvement, me fit penser à l'importance de la notion de la force, et au projet d'une science nouvelle, que j'appelle la *Dynamique*. J'avois donné, comme les autres, dans l'opinion vulgaire ; mais il y a déjà plusieurs années que je suis désabusé. Le vulgaire établit une compensation entre la vitesse et la grandeur, comme si le produit de la vitesse et de la grandeur, qui s'appelle la quantité du mouvement, faisoit la force. C'est pourquoi M. Descartes, suivant en cela le préjugé commun, a cru que la même quantité du mouvement se conserve. Soient deux corps A et B; et avant le choc, la vitesse du corps A soit (c), la vitesse du corps B soit (v). Après le choc, celle d'A soit (c), et celle du corps B soit (v). Cela posé, suivant la règle des cartésiens, A multiplié par (c), plus B multiplié par (v) est égal à A multiplié par (c), plus B multiplié par (v), ou bien $Ac + Bv = Ac + Bv$. J'ai trouvé que cette règle n'est pas soutenable. Par exemple, supposons qu'A soit de quatre livres et B d'une livre : supposons encore qu'avant le choc A soit en mouvement avec la vitesse d'un degré et B en repos ; enfin supposons que, suivant les circonstances, toute la force A doive être transférée sur B; en sorte qu'enfin A soit en repos, et B seul soit en mouvement : cela posé, B recevra quatre degrés de vitesse, selon les cartésiens. Or j'ai démontré ailleurs que si cela étoit, nous aurions le mouvement perpétuel tout trouvé, et l'effet plus puissant que sa cause. Car supposons qu'A 4 ait acquis sa vitesse en tombant de la hauteur d'un pied, et que puis continuant son mouvement dans le plan horizontal, il y donne toute la force à B 1, qui étoit auparavant en repos ; et que B se trouvant aux bords d'un plan incliné, ou bien au bout d'un pendule, emploie à monter la force qu'il a reçue : donc B 1 commençant à monter avec la vitesse 4, montera à la hauteur de seize pieds, suivant les démonstrations de Galilée. Ainsi au lieu que la cause étoit A 4 élevé à un pied, l'effet sera B 1 élevé à seize pieds, et l'effet sera le quadruple de sa cause. Car quatre livres élevées à un pied valent autant qu'une livre élevée à quatre pieds : et même nous pourrions avoir le mouvement perpétuel, comme j'ai démontré ailleurs. Voici comme je le corrige. Mon principe est que ce n'est pas la même quantité du mouvement, mais la même quantité de la force qui se conserve ; que cette conservation consiste dans une équivalence parfaite de l'effet entier et de la cause ; que réduire au mouvement perpétuel est réduire *ad absurdum;* qu'ainsi estimant la force par l'effet, on doit estimer la force non pas par le produit du poids et de la vitesse multipliés ensemble, mais par le produit du poids et de la hauteur à laquelle le poids doit monter en vertu de la vitesse qu'il a, cette hauteur n'étant pas en raison des vitesses, mais en raison doublée des vitesses. Dans la mécanique vulgaire du levier, de la poulie, etc., la considération de la hauteur et de la vitesse sont coïncidentes, ce qui a aidé à tromper les gens : mais il n'en est pas de même, quand il s'agit de ce que j'appelle *la force vive.*

Ainsi pour rectifier l'équation $A (c) + B (v) = A (c) + B (v)$, il faut que (c) et (v) *item* (c) et (v) signifient non les vitesses, mais les hauteurs que les vitesses peuvent produire. Et par conséquent dans le cas particulier proposé, A 4 avec vitesse 1, rencontrant B 4 en repos, et lui donnant toute sa force, suivant la supposition, lui donnera la vitesse 2 : car ainsi A 4 ayant acquis sa vitesse en descendant d'un pied ; B 1 en vertu de la sienne montera à quatre pieds : et au lieu de la cause qui étoit l'élévation de quatre livres à un pied, nous avons un effet égal à cette cause, qu est l'élévation d'une livre à quatre pieds.

J'ai vu par cela et par d'autres raisons, que ce n'est pas la quantité du mouvement que la nature conserve ; car il tient de l'Être de raison, puisque le mouvement n'existe jamais à la rigueur, ses parties n'existant jamais ensemble : mais que c'est plutôt la force dont la quantité est exactement conservée ; car il a

force existe véritablement. On voit aussi la différence entre l'estime par le mouvement, et entre l'estime par la force. Il y a encore bien des choses à dire là-dessus : mais cela suffit pour faire entendre mon but.

LETTRE CCXX.

LEIBNIZ A BOSSUET.

C'est avec votre pénétration ordinaire que vous avez bien jugé, Monseigneur, combien la dynamique établie comme il faut, pourroit avoir d'usage dans la théologie. Car pour ne rien dire de l'opération des créatures et de l'union entre l'ame et le corps, elle fait connoître quelque chose de plus qu'on ne savoit ordinairement de la nature de la substance matérielle, et de ce qu'il y faut reconnoître au delà de l'étendue. J'ai quelques pensées là dessus, que je trouve également propres à éclaircir la théorie des actions corporelles, et à régler la pratique des mouvemens : mais il ne m'a pas encore été possible de les ramasser en un seul corps, à cause des distractions que j'ai. J'en avois communiqué avec M. Arnauld à l'égard de quelques points, sur lesquels nous avons échangé des lettres. Par après je mis dans les *Actes de Leipsick*, mois de mars 1685, une démonstration abrégée de l'erreur des cartésiens sur leur principe, qui est la conservation de la quantité du mouvement : au lieu que je prétends que la quantité de la force se conserve, dont je donne la mesure, différente de celle de la quantité du mouvement. M. l'abbé Catellan y avoit répondu dans les *Nouvelles de la République des Lettres*, septembre 1686, page 999, mais sans avoir pris mon sens, comme je reconnus enfin et le marquai dans les *Nouvelles* de septembre de l'année suivante. Le révérend P. Malebranche, dont j'avois touché le sentiment sur les règles du mouvement, dans ma Réplique à M. Catellan, février 1687, page 131, ne m'avoit point donné tort en tout, avril 1687, page 448 ; et j'avois tâché de justifier ce qu'il n'approuvoit pas encore, dans les *Nouvelles de la République des Lettres*, juillet 1687, page 745, où je m'étois servi d'une espèce d'épreuve assez curieuse, par laquelle on peut juger, sans employer même des expériences, si une hypothèse est bien ajustée; et j'avois trouvé que la cartésienne, aussi bien que celle de l'auteur *de la Recherche de la vérité*, combat avec soi-même par le moyen d'une interprétation qu'on a droit d'y donner. Je ne parle point des autres qui ont voulu soutenir le principe des cartésiens dans les *Actes de Leipsick*, auxquels j'ai répliqué.

Feu M. Pelisson ayant fort goûté ce que j'avois touché de ma dynamique, m'engagea à lui en envoyer un échantillon, pour être communiqué à vos Messieurs de l'académie royale des sciences, afin d'en apprendre leur sentiment : mais il ne put l'obtenir, quoique M. l'abbé Bignon et feu M. Thévenot s'y fussent employés. C'est pourquoi M. Pelisson approuva que je fisse mettre dans le *Journal des Savans* une règle générale de la composition des mouvemens, pour recourir au public. Longtemps auparavant j'avois écrit à M. l'abbé Foucher, chanoine de Dijon, touchant mon hypothèse, et pourquoi je n'étois point d'accord du système des causes occasionnelles. Un professeur italien, à qui j'en avois dit quelque chose en conversation, y prit beaucoup de goût, et m'en écrivit depuis; et je lui fis réponse. Un ami que j'ai à Rome, ayant voulu savoir de moi pourquoi je ne mettois pas la nature du corps dans l'étendue, je lui fis une réponse, laquelle me paroissant populaire et propre à entrer dans l'esprit, sans qu'on ait besoin de s'enfoncer bien avant dans les spéculations, je la fis imprimer dans le *Journal des Savans*, 18 juin 1691. Un cartésien y répondit, 16 juillet 1691 : je le sus un peu tard ; mais enfin je le sus par l'indication de M. l'abbé Foucher. J'y répliquai alors, 5 janvier 1693; et M. Pelisson trouva ma réplique fort claire. M. Lenfant, ministre des François réfugiés à Berlin, m'écrivit ses doutes sur quelque chose qu'il avoit vu dans le *Journal de Paris*; et je tâchai de le satisfaire. On me manda que M. Bayle avoit dessein de faire soutenir quelques thèses sur la nature du corps, où il vouloit considérer mon opinion; mais cela n'a point été exécuté. Enfin à la semonce d'un ami de Leipsick, je fis insérer dans les *Actes* de cette année le petit discours ci-joint de la nature de la substance, et de l'usage qu'on y peut faire de la notion de la force. Ainsi n'ayant point encore eu le loisir de ranger mes pensées, je me suis contenté d'en donner quelques petits échantillons, et de répondre aux amis ou autres qui m'avoient proposé des doutes là-dessus; et c'est le moyen d'avancer insensiblement selon les rencontres.

Je travaille maintenant à mettre par écrit la manière que je crois unique, pour expliquer intelligiblement l'union de l'ame avec le corps, sans avoir besoin de recourir à un concours spécial de Dieu, ni d'employer exprès l'entremise de la première cause pour ce qui se passe ordinairement dans les secondes : c'est afin de pouvoir soumettre mon opinion au jugement du public. Je l'ai eue, il y a déjà plusieurs années ; et ce n'est qu'un corollaire de la notion que je me suis formée de la substance en général. Si vous le trouvez à propos, Monseigneur, on pourra faire mettre les deux pièces ci-jointes dans le *Journal des Savans*, pour donner quelque goût de mon dessein. La bonté que vous avez de vous informer de mes pensées, me donne la hardiesse de vous les adresser. Au moins je crois avoir fait quelques pas à l'égard de la notion qu'on doit avoir de la substance en général, et de la substance corporelle en particulier : et comme je ne trouve rien de si intelligible que la force, je crois que c'est encore à elle qu'on doit recourir pour soutenir la présence réelle, que j'avoue ne pouvoir bien concilier avec l'opinion qui met l'essence du corps dans une étendue toute nue. Car ce que Descartes avoit dit sur le sacrement ne regardoit que la conservation des accidens : et quoique le révérend P. Malebranche nous ait fait espérer une conciliation de la multiprésence avec la notion de l'étendue pure et simple, je ne me souviens pas de l'avoir encore vue. Je suis avec zèle, etc.

LETTRE CCXXI.

BOSSUET A M. DE RANCÉ, ABBÉ DE LA TRAPPE.

A Paris, ce 17 janvier 1694.

Je reçois, Monsieur, avec une reconnoissance sincère, l'assurance de la continuation de vos bontés. Je prie Notre-Seigneur qu'il vous comble de ses graces avec le troupeau qu'il vous a commis, et que vous soyez tous, comme je l'espère, de ceux dont il a dit : « Sanctifiez-les en vérité ; je me sanctifie pour eux[1]. »

LETTRE CCXXII.

BOSSUET A M. DE SAINT-ANDRÉ, CURÉ DE VAREDDES (a).

Germigny, ce 18 juin 1695.

Je commence par vous dire, Monsieur, que vous ne sauriez me parler trop fréquemment, ni trop franchement, ni trop amplement de tout ce que vous croirez utile pour les intérêts de l'Eglise en général et du diocèse en particulier : tout est bien reçu, et j'y fais toujours grande attention.

Je conviens de toutes les qualités que vous attribuez à M. le curé de Crepoil : mais je ne crois pas qu'il convienne au diocèse ni à lui de le mettre à Meaux, avant qu'il nous ait donné des preuves d'une conduite plus sérieuse et plus régulière. Vous pouvez lui dire mon sentiment, que je lui expliquerai moi-même en lui donnant cette lettre. Je suis très-aise cependant que vous ayez accommodé son affaire avec Madame de la Trousse, et je vous en sais très-bon gré. Il faudra néanmoins le tirer de là, et j'en conviens avec vous.

Je consens que M. Teillard continue à Saint-Barthélemi ; mais il faut en même temps qu'il ne compte plus rien du tout sur le revenu de Bouillanci, dont je disposerai absolument après avoir fait le service.

J'ai de la peine à comprendre ce que vous me dites de la part de Monseigneur de Tournay. Je conviens qu'il a déclaré plusieurs fois à l'audience, qu'il ne vouloit point soutenir la juridiction de Rebais (b) : mais ce seroit contredire à cette déclaration que de vouloir encore soutenir la transaction de 1112, comme les religieux semblent le vouloir, puisqu'ils ne donnent aucun désiste-

---

[1] *Joan.*, XVII, 17, 19.

(a) Vareddes, village à une lieue de Meaux.

(b) Il s'agit de l'exemption dont les religieux de Rebais jouissoient dans ce lieu, où les ecclésiastiques relevoient de leur juridiction. Bossuet attaqua cette exemption. (*Les édit.*)

ment ni sur cette transaction, ni sur leur prétendu privilége. Jusqu'à ce qu'ils s'expliquent je crois être obligé de poursuivre tant contre eux que contre Monseigneur de Tournay; et je poursuis l'audience, où ce sage prélat pourra faire telle déclaration qu'il lui plaira. Cependant pour la procédure, il faut que j'agisse également contre les abbé et religieux. Vous pouvez dire néanmoins à Monseigneur de Tournay, que je ne puis lui refuser de dignes louanges pour la volonté qu'il continue de témoigner, de ne vouloir point combattre les droits de l'épiscopat, où il tient un si grand rang : mais si les religieux ne conviennent, le procès ne sera pas fini. Si vous apprenez de lui quelque chose sur ce sujet-là, je pourrai l'apprendre mercredi à Meaux, au retour de Rouvre où je vais.

Je n'ai point dit qu'on vous priât de ma part de vous charger de l'éducation de ce jeune gentilhomme, mais seulement d'examiner s'il étoit digne que j'en prisse un soin particulier : ce que je vous prie de vouloir faire, ou par vous, ou par quelque ami judicieux, en la manière que vous trouverez la plus convenable.

Quant à Madame la marquise de la Trousse, il n'a pas tenu à moi que nous n'ayons terminé notre différend à l'amiable. Je m'en étois rapporté à M. de Lamoignon, son ami, et qu'on ne soupçonne pas de me vouloir favoriser : elle l'en a dédit. L'affaire est en état d'être jugée, et nous en sortirons plutôt par un arrêt que par arbitrage. Ainsi il ne paroît pas qu'elle ait rien à faire que de faire des offres compétentes, ou d'acquiescer pour éviter les dépens, qu'en ce cas je remettrai.

Je vous envoie la commission que votre charité vous oblige à me demander : je vous donne toute mon autorité, que je sais bien que votre prudence ne vous permettra jamais de mettre en compromis.

J'ai passé à Farmoutiers, où j'ai vu de très-bons effets de votre administration et des espérances meilleures encore. Je suis à vous avec toute l'estime et la confiance possible.

LETTRE CCXXIII.

BOSSUET A M. L'ABBÉ RENAUDOT.

1695

Si je me fusse trouvé ici, Monsieur, quand vous m'avez honoré de votre visite, je vous aurois proposé le pèlerinage d'Auteuil avec M. l'abbé Boileau, pour aller entendre de la bouche inspirée de M. Despréaux, l'hymne céleste de l'Amour divin. C'est pour mercredi : je vous invite avec lui à dîner; après, nous irons : je vous en conjure.

LETTRE CCXXIV.

BOSSUET A M. LE PELLETIER, ÉVÊQUE D'ANGERS.

Ce 16 juillet 1695.

Puisqu'il vous plaît, Monseigneur, de m'ordonner de vous dire mon sentiment sur le mariage du maire de votre ville avec sa nièce, et en général sur les mariages entre cousins germains, j'aurai l'honneur de vous dire ce que vous savez mieux que moi, qui est qu'il faut distinguer entre les mariages à faire et les mariages faits.

Pour les derniers, il n'y a qu'à considérer si l'exposé est véritable dans les faits qu'on peut regarder comme ayant servi de motif à la dispense, et qu'en cas qu'il soit véritable, il n'y a qu'à demeurer en repos. Au contraire si l'exposé étoit faux, il faudroit en grande douceur et efficace représenter aux parties cette nullité, et y chercher des remèdes.

Mais comme la chose est faite, et qu'il n'y a pas d'apparence qu'on soit tombé dans un défaut si essentiel, c'est principalement sur l'avenir qu'il faut répondre.

Mon sentiment est donc, 1° qu'il n'y a pas lieu ici à l'appellation comme d'abus, parce que c'est une chose de pure grace, dont d'ailleurs les évêques sont les maîtres. 2° Quoique le cas ne me soit pas encore arrivé, ma disposition précise est de refuser absolument de tels brefs pour les raisons que vous marquez, qui sont de la dernière conséquence : tous les brefs qui sont donnés contre l'expresse défense du concile de Trente devant être censés obtenus par surprise.

J'excepte le cas où l'on auroit commencé *ab illicitis*, sans avoir eu le dessein de faciliter par là la grace demandée : en ce cas j'en ai passé quelques-uns entre cousins germains.

Pour d'oncles à nièces, j'aurois grande peine à m'y résoudre, si ce n'est pour éviter un grand scandale.

Je crois pourtant encore qu'on pourroit passer dans certains cas extraordinaires, comme par exemple pour empêcher des procès entièrement ruineux, entre cousins germains seulement, et non pas entre oncles et nièces, encore moins entre neveux et tantes, à quoi la nature répugne trop

Je n'entre pas dans certains exemples de nos jours, où je crois que la bonne foi peut avoir excusé ceux qui ont obtenu ces graces.

La précaution d'en écrire au cardinal dataire est très-bonne; mais le secret est de nous rendre maîtres de l'exécution qui nous est renvoyée.

Quand vous me faites souvenir, Monseigneur, du temps qu'il vous plut passer avec moi, je me souviens en même temps des exemples de vigilance et de prudence que vous m'y avez donnés, et de l'obligation où je suis d'en profiter. Je suis avec un respect sincère, etc

LETTRE CCXXV.

M DE NOAILLES, ÉVÊQUE DE CHALONS,

A M. LE PELLETIER ÉVÊQUE D'ANGERS (a).

A Paris, ce 18 juillet 1695.

Je suis persuadé que nous devons empêcher, autant qu'il est en nous, les mariages dont vous me faites l'honneur de m'écrire, à

(a) Cette lettre s'étant trouvée jointe à celle de Bossuet, nous avons cru ne devoir pas l'en séparer dans l'impression, parce qu'elle en confirme la décision, et qu'elle fait partie de la consultation donnée dans cette affaire. (*Les prem. édit.*)

moins qu'il n'y ait des raisons très-pressantes de les tolérer, comme la réunion d'une famille, la fin d'un scandale qui ne pourroit être arrêté par d'autres voies, et la réconciliation avec Dieu de deux personnes dont la damnation paroîtroit assurée sans cela. Hors ces cas-là, qui n'arrivent pas si souvent qu'on croit, je pense que nous devons observer les règles à la rigueur.

Il me paroît meilleur d'écrire au cardinal dataire, pour empêcher qu'on ne donne trop légèrement des dispenses à Rome, que de se pourvoir par appel comme d'abus, parce que les parlemens les reçoivent, et les magistrats en profitent comme d'autres dans l'occasion. Mais ces dispenses ne lient point les mains aux évêques : ils peuvent toujours en empêcher la fulmination et l'exécution lorsqu'ils ne les jugent pas raisonnables (a), et refuser les certificats de pauvreté sans lesquels communément on n'accorde point ces dispenses à Rome. On peut encore déclarer aux banquiers que, s'ils ne communiquent les causes des dispenses qu'ils veulent demander, on ne les recevra point. Je me suis servi de ce moyen et m'en suis très-bien trouvé.

Voilà, Monseigneur, tout ce que je puis vous dire sur cette matière. J'ai bien de la joie de l'occasion qu'elle me donne de vous demander la continuation de l'honneur de votre amitié, et de vous assurer que je la mérite mieux qu'un autre, s'il ne faut pour cela qu'être avec beaucoup de respect et de sincérité, etc.

EPISTOLA CCXXVI.

BOSSUETUS AD CARDINALEM DE AGUIRRE.

Datum Meldis, 13 augusti 1695.

Posteaquàm hùc, eminentissime Cardinalis, amplissimæ ac præclarissimæ Collectionis tuæ ingens fama pervenit, dedi sanè operam, quàm potui diligentissimam, ut ad nos egregius perferretur liber. At, ô vel hoc nomine detestanda bella feralia, quæ, tot

---

(a) Ils le peuvent, comme les curés peuvent *empêcher l'exécution* des dispenses données par les évêques, en jugeant leur supérieur et par la désobéissance à ses ordres. Au reste, admirable effet des libertés de l'Eglise gallicane, de paralyser la clémence et la bonté du saint Siége.

terrâ marique interfusis exercitibus, hoc quoque commercium intercludant! Quàm perlegissem libens, non modò fortissimæ gravissimæque Hispaniensis Ecclesiæ monumenta, tàm eruditâ manu in pristinum splendorem restituta, verùm etiam doctissimas easdemque sanctissimas dissertationes tuas, præsertìm verò eas quæ ad christianæ pœnitentiæ disciplinam atque ad ecclesiasticam castitatem, aliaque vitæ clericalis officia pertinerent! Interìm solatii loco erit *Synopsis* tua, quam ad me per eminentissimum Jansonium nostrum, virum omni ex parte ornatissimum, transmittendam curasti.

Neque quidquam occurrit quod ætatem nostram illustraret magìs. Primùm enim gratissima veniet non modò ad Hispanienses ac novi orbis, sed etiam ad Gallicanos totiusque adeò orbis episcopos adhortatio, ut concilia frequenter celebrent : qui vel maximus concilii Tridentini fructus esse debuit : idque unum si perviceris, ecclesiarum dignitas ac sanctitas, nec modò episcopalis ordinis amplitudo, verùm etiam apostolicæ Sedis priscus revirescet vigor; episcopis omnibus beatissimi Capitis auctoritatem communi studio secuturis : necesse est enim, ut quâ primùm constitit, eâdem vi canonica disciplina reflorescat.

Jàm illud quàm christianum, doctissime Cardinalis, quàm summo Præsule ac theologo dignum, quod regulam morum exemplis decretisque firmas; efficisque planè ut valeat apostolicum illud : *Omnia probate; quod bonum est tenete* [1]; et illud : *Ut probetis potiora, ut sitis sinceri et sine offensâ in diem Christi* [2]. Ità quippè verè sinceri ac sine offensâ sumus, si, cùm de præceptis agitur, animo et conscientiæ affulgentem purioris potiorisque rationis lucem, tanquàm vitæ ducem, obscurioribus ac debilioribus visis anteponimus : neque quidquam absurdius aut à christianâ gravitate atque constantiâ alienius, quàm ut per Doctorum flexibilia decreta, theologiam lubricam atque versatilem, opinionum æstus seu lusus abripiat ac distrahat; quorum operâ cautum oportuit, ne circumferremur omni vento doctrinæ.

Quòd autem sacro Cardinalium collegio id officii allegas, ut

[1] 1 *Thessal.*, v, 21. — [2] *Philip.*, I, 10.

novitates arceant, ac vivendi normam suis canonibus constabilitam muniant ac fulciant; Romanam purpuram omnibus gentibus magìs magìsque venerandam præstas. Itaque suspicio ac veneror eminentissimam dignitatem tuam, pari cum pietate atque exquisitissimâ eruditione conjunctam ; ac supplex flagito, ut me tibi addictissimum atque obsequentissimum, eâ quâ litteratos ac theologos soles benevolentiâ, prosequaris. Vale.

EPISTOLA CCXXVII.

CARDINALIS DE AGUIRRE AD BOSSUETUM

ILLUSTRISSIMO ET REVERENDISSIMO D. J. B. BOSSUETO, EPISCOPO MELDENSI.

SALUTEM PLURIMAM.

Neapoli, hâc die 10 septembris 1695.

Inter tàm multas insignium virorum litteras, quas frequenter accipio, nullæ mihi gratiores fuere hisce tuis, nuper Neapolim missis ad me Româ per eminentissimum Jansonium, mihi multis nominibus venerandum. Et certè multò antequàm ad te mitterem *Synopsim* recentem collectionis Hispano-Indicæ conciliorum nuper editam Romanis typis, venerabar te, atque imprimis colebam ob egregias lucubrationes, quibus dogmata fidei catholicæ Romanæ adversùs heterodoxos, et præcipuè Jurieum, vindicasti. Porrò tàm ii libri quàm alii præcellentium scriptorum florentissimæ nationis tuæ, quamvìs scripti linguâ mihi peregrinâ, acuerunt animum meum, ut illos frequenter legerem, et utcumquè intelligerem, donec jàm tandem mihi familiares facti et faciles visi sunt.

Quòd causaris et doles feralia isthæc bella, commercium librorum impedientia; mihi etiam jamdiù contingit, quâ verbis, quâ scriptis conquerenti, et assiduis precibus clamanti ad Deum pro solidâ pace et concordiâ utriusque præstantissimæ coronæ, et omnium principum christianorum tam inter se, quàm cum Ecclesiâ apostolicâ Romanâ, et hujus felicissimo statu, ac correctione morum in quolibet hominum ordine ac statu, ac doctrinâ morali ad pietatem et salutem conferente. Hæc ipsa vota mea pariter tua sunt, ut palam testaris in disertissimâ hâc epistolâ : et satis ostenderas in tot libris prælaudatis, qui frequenter Romam perveniunt; et cum fructu lectitantur ab hominibus doctis, etiam Cardinalibus eximiè eruditis ac piis, præsertim eminentissimis Casanate et Denhoff.

Collectionis illius vastæ, quam luci dedimus Romæ completam sub finem præcedentis anni, multa exemplaria integra in Gallias missa sunt, et ab Anissoniis illuc portata, aut saltem directa ab ipsorum agente Nicolao l'Hulliet, quamvìs ob pericula maris et terræ fortassis nondùm pervenerint Lutetiam. Sic et lentè admodùm et cum ingenti periculo ad me indè mittuntur plures libri, præsertìm sanctorum Patrum editionis San-Germanensis. Videamus an fortè piissimus Dominus assiduas Ecclesiæ suæ preces exaudire dignetur, et pacem illam nobis donet, quàm mundus dare non potest, præsertìm in hoc deplorato statu et cruentissimis præliis, qualia nunquàm fortassis visa fuerunt, nec leguntur inter christianos exarsisse à tempore orbis redempti. Aiebat olim Ammianus Marcellinus suo tempore non fuisse tàm infestas invicem feras, quàm erant mutuò plerique christianorum. Quod ille ethnicus execrabatur suo ævo, meliùs nostro lamentari possumus, præsertìm sacerdotes et prælati, quibus pax communis, et æterna animarum salus magnâ ex parte indè dependens, cordi esse debet. Fortassìs ubi jàm ad summa deventum est, et crudelitas mutua videtur summum apicem attigisse, incipiet apparere pax et concordia singulari beneficio Dei : nam alioquin potiùs desideranda, quàm speranda est.

Intereà, doctissime Præsul, prosequere studia et lucubrationes tuas, præsertìm ad dogmata fidei uberiùs stabilienda, et laxiorem doctrinam circà mores reformandam ; hoc potissimùm tempore, quo tot scripta ubique prodeunt à viris eximiè piis et doctis elaborata adversùs illam liberiorem casuisticam, quæ à fine circiter præcedentis sæculi usque modò tot infelices fructus protulit, et perniciosas theses, quarum utinàm postremæ fuerint, centum et decem ut minimùm, hactenùs fulguritæ sacro Vaticani igne. Mihi nondùm fuit otium sufficiens ad ea commenta ex instituto refellenda; solùm obiter ea in variis libris refutare potui, præsertìm dùm exponendis conciliis incumberem, et detinerer tot aliis studiis, ac curis alterius generis in Urbe, donec contigit præ nimio labore succumbere, et sæpè subire ægritudines satis notas, quibus non semel intra postremum annum, Romæ ac Neapoli, cum ipsâ penè morte colluctatus fui. Itaque provinciam ejusmodi et quælibet graviorum studiorum genera aliis doctioribus et firmiori valetudine fruentibus relinquo, præsertìm tibi, dignissime Præsul, atque illustrissimo Abrincensi episcopo, Petro Danieli Huetio, qui juxta insignem eruditionem quâ præstat, et toti orbi litterario se celebrem reddidit, potest tecum id oneris in se recipere, atque in eâ parte sequi ductum ac zelum et pietatem eximiam, quâ tot gravissimi Galliæ præsules, et doctores Sorbonici, et parochi Parisienses et rothomagenses, alienissimi ab omni hæreseos notâ, probabilismum luxuriantem eliminandum curarunt ac represserunt, à tempore Urbani VIII et deinceps usque modò.

Prædictum D. Petrum Danielem Huetium saluta nomine meo, et illustrissimum D. archiepiscopum Rhemensem [1], quos jam pridem diligo ac veneror; et exopto diù florere tecum in commune bonum Ecclesiæ, et nobiscum studere ad revocandam frequentiam conciliorum jam diù intermissam ubique ferè, cum magnâ reipublicæ christianæ jacturâ. Vale, illustrissime Domine, atque in orationibus ac sacrificiis tuis et tuorum memento meî bene valentis quidem à sex mensibus usque modò.

LETTRE CCXXVIII.

BOSSUET A MILORD PERTH.

A Meaux, ce 9 octobre 1695.

J'ai reçu dans votre lettre de Rome la continuation des témoignages de vos bontés. Vous êtes dans une Cour où il y a beaucoup de religion dans quelques-uns, et beaucoup de politique qui

[1] Carolus-Mauritius Le Tellier.

pourra vous étonner, dans les autres (*a*). Au milieu des pensées humaines, l'œuvre de Dieu s'accomplit; et la foi romaine, révérée dans tous les siècles, subsiste. Je prie Dieu sans cesse pour votre persévérance, non-seulement dans la véritable doctrine, mais encore dans la véritable piété. Je vous demande la conservation de votre précieuse amitié, et la grace de me croire toujours avec la même passion et le même respect, etc.

LETTRE CCXXIX.

MILORD PERTH A BOSSUET.

A Rome, ce 14 novembre 1695.

Je prends la liberté de vous présenter le gentilhomme qui aura l'honneur de vous porter cette lettre, M. de Menize, un de mes amis, qui ne m'a jamais abandonné, et qui a toujours adhéré au roi par principe d'honneur et de justice. Je serois très-aise d'y ajouter de religion aussi; mais c'est de vous, Monseigneur, que j'espère que Dieu se servira pour lui donner des principes si au-dessus de la raison humaine. Pour ce qui est des raisonnemens sur les matières qui touchent les affaires de ce monde, vous le trouverez, comme je l'espère, au moins en quelque façon digne de votre illustre protection : et j'espère que si vous voulez avoir la bonté pour moi de discourir avec lui sur la religion catholique et même la chrétienne, car j'ai peur qu'il ne soit pas trop persuadé de ce premier principe, il en sera convaincu, et se rendra avec gloire au plus habile et plus digne prélat qui soit sur la terre.

Pour moi, Monseigneur, c'est à vous que je dois mes espérances après Dieu : et si par mon expérience je vous adresse un autre malheureux comme j'étois, c'est par charité pour lui, et pour donner aussi à mon illustre Père spirituel l'occasion d'exercer sa charité. Et je prie le Seigneur, qui est la charité essentielle, de vouloir bénir ce dessein, afin que ce gentilhomme, qui m'est fort cher, puisse participer au bonheur dont je jouis par la grace de

(*a*) Préjugé contraire à la conviction des hommes qui connoissent à fond, non superficiellement, la Ville des Pontifes, des martyrs et des saints.

Dieu, en espérant de parvenir dans le ciel à la joie et à la tranquillité dont je suis si injustement privé en ce monde par les ennemis du plus saint roi qui soit sur la terre. J'espère, Monseigneur, que vous pardonnerez ma présomption, et que vous continuerez de m'honorer de votre bienveillance, comme étant, etc.

Je vous supplie de m'accorder votre sainte bénédiction paternelle et épiscopale.

LETTRE CCXXX.

M. DE MENIZE, GENTILHOMME ECOSSOIS,

AMI DE MILORD PERTH, A BOSSUET.

La lettre que je prends la liberté de vous envoyer est d'un de vos admirateurs et mon cher patron, le comte de Perth, milord chancelier d'Ecosse. C'est, Monseigneur, une des plus grandes marques de son amour et de l'amitié dont il m'a toujours honoré, que de me vouloir présenter à une personne que tout le monde admire, et qui semble être faite tout exprès pour honorer notre siècle.

Une indisposition m'a fait garder la lettre quelques jours, et m'a empêché d'avoir l'honneur de la porter moi-même. Mais pour vous dire franchement la vérité, Monseigneur, je n'osois pas me produire à un si grand jour, et je n'ose pas encore, sans vous demander pardon par avance de vous présenter une personne si indigne de votre connoissance, qui ne sait pas encore parler de suite six mots de françois, et encore moins de bon sens, et qui ne vous apportera rien que des occasions d'exercer votre patience et votre humilité. Tout le mérite que je pourrois avoir auprès de vous, Monseigneur, c'est d'admirer de plus près cette profonde érudition, cette candeur, cette justesse de pensées, et toutes ces grandes qualités qui vous ont tant fait renommer dans la république des lettres et dans toutes les religions. A la vérité, Monseigneur, j'ai commencé de vous admirer au même âge que j'ai commencé de juger; car quelque scythique que soit notre pays, votre réputation et vos écrits se trouvent en grande vénération dans les montagnes et les neiges de cette *ultima tellus*; et mon cher ami et patron est témoin que vous avez poussé vos victoires où les Romains mêmes autrefois ne pouvoient pas porter leurs armes.

Je vous demande mille pardons, Monseigneur, pour la liberté que j'ai prise de vous écrire : sitôt que ma santé me permettra, je viendrai pour avoir l'honneur de vous voir, et pour être *auditor tantùm :* c'est par nécessité, parce que je ne saurois pas parler. J'ai honte de n'avoir pas encore appris le françois : et les agitations continuelles de cette violente usurpation m'ont fait oublier le peu que je savois de quelque chose que ce soit, aussi bien que mon latin. Mais vous, Monseigneur, que le Dieu de la nature a fait d'un limon bien différent de celui du reste des hommes, vous aurez, s'il vous plaît, la bonté de m'excuser, et de pardonner la foiblesse en considération du respect et de la vénération avec laquelle je vous assure, en fort mauvais françois, mais de fort bon cœur, que je suis, etc.

DE MENIZE.

EPISTOLA CCXXXI.

BOSSUETUS AD CARDINALEM DE AGUIRRE.

Parisiis, 13 martii 1696.

Nihil mihi unquàm fuit optatius, eminentissime Cardinalis, quàm ut in urbem profecturus fratris mei filius tuo conspectu frueretur, meque et se totum tuum in sinum effunderet; sin, quod nolim, abes, quoad fieri poterit, quocumque loco versabere, votis saltem ac desideriis sequeretur. Te enim, eminentissime Cardinalis, ut Ecclesiæ lumen, morumque ac pietatis exemplar in pectore gerere, in ore habere non cesso, summoque te honore, ac, si liberæ vocis simplicitatem admittis, amore prosequi certum quoad vita supererit. Quarè etiam atque rogo, ut etiam me tibi addictissimum solitâ benevolentiâ cohonestatum velis. Vale.

EPISTOLA CCXXXII.

CARDINALIS DE AGUIRRE AD BOSSUETUM.

Romæ, die 10 julii 1696.

Pergratum mihi fuit, illustrissime Præsul, legere litteras tuas amoris et honoris plenas, quas exhibuit domnus nepos tuus ex fratre, semel et iterùm à me admissus libenter admodùm, et cum eo affectu quo par erat. Intereà prosequebar lectionem aurei tui libri, quo gallicè tueris *Historiam Variationum* jam antè editam adversùs heterodoxos quosdam et præsertim Jurieum. Has lucubrationes tuas, et quasdam alias ejusdem ferè argumenti, legere, aut saltem audire mihi jam pridem in deliciis fuit. Gaudeo enim, non solùm olim, sed etiam modò gravissimam Ecclesiam Gallicanam tam insignes præsules simul et scriptores habere, qui fidem catholicam adeò fortiter et eruditè tueantur adversùs quaslibet novatorum calumnias, imò et deliramenta.

Prætereà mihi admodùm placet tam in scriptis tuis, quàm in aliis recentibus modernorum Galliæ præsulum ac doctorum legere plura ad disciplinam ecclesiasticam, et doctrinam morum tutiorem spectantia, quæ quotidiè in omnibus ferè regnis et nationibus magìs ac magìs vigent inter scriptores magni nominis. Oportet certè in hâc parte exerere ampliùs et uberiùs sacræ eruditionis vires, quibus abundas, simul cum illustrissimis antistitibus Rhemensi et Abrincensi, quos jam diù impensè diligo ac veneror. Idipsum spero de illustrissimis præsulibus Parisiensi (*a*) et Aurelianensi (*b*), dudùm mihi ex famâ et communi æstimatione notis, quos velim, si occasio fuerit, salutes nomine meo.

Intereà jam à multis mensibus, Deo favente, fruor et frui spero optatâ salute, cujus defectum prostremis hisce annis passus fui Romæ ac Neapoli. Epilepsia illa, quâ excruciabar interdùm cum magno vitæ discrimine, cessavit jam à multis mensibus, et censetur, juxta dispositionem præsentem quotidiè ampliùs confirmatam, minimè reditura. Vale, Præsul doctissime ac piissime, me-

(*a*) Ludovicus Antonius de Noailles. — (*b*) Cæsar du Camboust de Coislin.

que inter veneratores tuos et amicos recense, et in sacrificiis ac orationibus tuis ac tuorum mei apud Deum memento.

LETTRE CCXXXIII.
BOSSUET A M. L'ABBÉ RENAUDOT.

A Meaux, ce 25 juin 1696.

Je vous rends graces, Monsieur, de la copie des sentences des Inquisitions (a). Le dépôt de la foi est-il pas bien en de telles mains (b)? Dieu veillera sur son Eglise, qui a bien besoin de ses bontés. C'est encore une autre merveille que l'empereur ne trouve rien à dire à ces censures, sinon qu'elles sont contre les jésuites. Mandez-moi, Monsieur, je vous prie, à votre loisir, comment notre ami est content de la Trappe. Je suis à vous. Monsieur comme vous savez.

LETTRE CCXXXIV.
BOSSUET A M. PASTEL, DOCTEUR DE SORBONNE.

A Meaux, ce 3 août 1696.

J'ai reçu, Monsieur, avec une sincère reconnoissance le témoignage de l'amitié de votre famille, dans votre lettre qui m'a été rendue par M. votre frère (c). Il continue toujours à honorer son ministère, et c'est l'exemple de notre église.

(a) L'année précédente 1695, le 17 septembre, la congrégation de l'Inquisition avoit condamné un livre de M. Baillet, *de la Dévotion à la sainte Vierge, et du culte qui lui est dû*; imprimé à Paris, en 1693. Elle proscrivit par le même jugement l'*Année chrétienne* de M. le Tourneux. L'Inquisition d'Espagne rendit la même année, le 14 novembre, un décret contre les *Actes des Saints* de Bollandus, des mois de mars et d'avril, publiés par les jésuites d'Anvers. Le motif de la censure étoit qu'ils révoquoient en doute les visions et révélations de Simon Stock, grand promoteur de la confrérie du Scapulaire de la sainte Vierge. L'empereur Léopold écrivit au Roi Catholique pour se plaindre de cette censure, précisément, comme le dit Bossuet, parce qu'elle étoit contre les jésuites; mais la défense qui excluoit leur ouvrage d'Espagne, ne fut levée qu'en 1715. (*Les édit.*) — (b) Seroit-il plus en sûreté dans les mains d'un docteur particulier que sous la garde d'un corps chargé par l'Eglise universelle de veiller au maintien de la vraie doctrine? — (c) Chanoine de Meaux, et grand vicaire du prélat.

Il est vrai que le malheureux Faydit, après avoir si longtemps souillé sa plume impie et licencieuse dans toutes sortes d'emportemens et d'erreurs, s'est fait prendre enfin pour avoir osé publier un livre abominable sur la Trinité (a), où il a poussé le blasphème jusqu'à dire qu'il y a trois dieux. J'ai ce livre, et il ne faut pas vous fatiguer à m'en envoyer des extraits : il est monstrueux en toutes ses parties. On a vu que pour le bien de l'auteur et pour celui de toute l'Eglise, il étoit bon de l'enfermer; et M. de Paris a remis entre les mains de Desgrets un ordre du roi pour le mettre à Saint-Lazare. M. de La Reynie l'avoit déjà fait arrêter, l'ayant trouvé débitant lui-même ses ouvrages. Il seroit digne sans doute d'un plus rigoureux châtiment, s'il n'y avoit autant de folie que d'erreur et d'impiété dans ses écrits. Je suis avec l'estime que vous savez, etc.

LETTRE CCXXXV.

BOSSUET A M. PAYEN, LIEUTENANT GÉNÉRAL.

PRÉSIDENT AU PRÉSIDIAL DE MEAUX.

A Germigny, au mois d'août 1696.

M. de Thémines vient de me mander, Monsieur, qu'il acceptoit la proposition. J'en suis très-aise pour le bien de la paix, et afin que tout le monde concoure à la splendeur et à l'unité du culte de Dieu. Il ne faut pas que M. le Prévôt trouble notre concert. Il a donné sa parole : la considération de ses officiers ne doit plus le peiner, puisque les principaux ont leur place plus honorable dans le présidial, et que les autres dans une occasion de concert public ne sont nullement à considérer. C'est l'ordre de M. le chancelier, de M. de Pontchartrain et de M. l'intendant. J'ai tout concerté avec eux, et ne prendrois pas plaisir de me voir dédit : cela aussi bien seroit inutile. Il est bon, Monsieur, et je vous en prie, de faire par-

---

(a) Cet ouvrage a pour titre : *Fausses Idées des Scholastiques sur toutes les matières de la Théologie*. Le P. Hugo, chanoine régulier de l'ordre des Prémontrés, le réfuta; et Faydit, après sa sortie de Saint-Lazare, lui répliqua par un écrit qui parut en 1704, et dans lequel il adoucit les propositions qui avoient révolté dans son premier ouvrage.

ler à M. le Prévôt. Je lui parlerai après, et ce sera d'une manière à lui faire voir qu'il ne doit ni ne peut nous troubler. Après tout il ne s'agit que d'une provision et pour un seul jour. L'intention du roi est que tous les corps honorent la sainte Vierge protectrice de son royaume, qui vient de lui obtenir de si grandes graces. On trouveroit très-mauvais que le concours manquât ; et celui par qui il seroit rompu ayant à en rendre raison, je puis assurer qu'il n'en rendra jamais une qui soit agréable. Je serai mardi de bonne heure à Meaux (*a*), et en état, s'il plaît à Dieu, de tout terminer d'un commun consentement. Je suis avec l'estime que vous savez, Monsieur, très-parfaitement à vous.

LETTRE CCXXXVI.
BOSSUET A M. L'ABBÉ RENAUDOT.
1696.

C'est vous, Monsieur, qui m'avez donné l'agréable avis de milord grand chancelier d'Ecosse. Depuis ce temps-là nous nous cherchons l'un l'autre avec un égal empressement. J'ai été à Saint-Germain ; j'ai été en un autre lieu où l'on m'avoit assuré qu'il étoit ; j'ai été au collége des Ecossois, où l'on m'avoit dit qu'il devoit dîner. Joignez-nous, Monsieur, je vous en supplie, dès aujourd'hui, s'il se peut : j'attendrai ici vos ordres toute la journée. Vous savez ce que je vous suis.

(*a*) Le prélat se rendit en effet à Meaux, avant la fête ; et parvint tellement à concilier les esprits, que d'un commun accord on dressa la veille de la Notre-Dame d'août un acte sous seing privé, dont la minute fut déposée entre ses mains, et par equel on détermina provisionnellement le rang que chacun devoit occuper tant à la procession qu'aux autres cérémonies publiques. (*Les édit.*)

LETTRE CCXXXVII.

BOSSUET A MILORD PERTH.

A Meaux, ce 16 août 1696.

Ce n'est pas avec vous, Milord ; c'est avec Leurs Majestés Britanniques et avec Monseigneur le prince de Galles (*a*) qu'il se faut réjouir de ce que vous êtes choisi pour son gouverneur. Dieu vous préparoit à cette grande charge par les souffrances qui vous ont rendu en quelque façon le martyr de la religion et de la royauté, où Dieu veut que Sa Majesté reluise. Conservez donc à l'Eglise, Milord, ce grand et précieux dépôt ; et gardez en la personne de ce jeune prince un instrument dont je crois que Dieu se veut servir pour l'exécution de ses grands desseins. Il falloit un homme comme vous pour les seconder. J'aurai bientôt l'honneur de vous embrasser, et je suis avec un respect sincère, etc.

LETTRE CCXXXVIII.

BOSSUET A M. DE NOAILLES ARCHEVÊQUE DE PARIS (*b*).

A Meaux, 26 décembre 1695.

Quoique vous sachiez, Monsieur, l'intérêt sincère que je prends en ce qui regarde votre famille, je me fais un trop grand plaisir de vous le dire pour être capable d'y manquer. Je suis très-aise de voir un saint succéder à un saint, et s'il est permis de le regarder un peu, un ami qui m'est très-cher à un autre qui me l'est au dernier point. Je suis de tout mon cœur, Monsieur, votre très-humble et très-obéissant serviteur.

J. Bénigne, év. de Meaux.

(*a*) Fils de Jacques II, connu depuis en France sous le nom de chevalier de Saint-Georges. Il se retira dans la suite à Rome, où il fut reconnu roi d'Angleterre.

(*b*) Cette lettre et celles qui vont suivre, à M. de Noailles archevêque de Paris, sont inédites. Les autographes de Bossuet se trouvent à la bibliothèque du Louvre, *Manuscrits Noailles*, vol. VI et IX.

LETTRE CCXXXIX.

BOSSUET A M. DE NOAILLES, ARCHEVÊQUE DE PARIS.

A Meaux, 1ᵉʳ novembre 1696.

Mon neveu est très-éloigné, mon cher Seigneur, de parler mollement à Rome sur votre ordonnance. Pour moi, je me suis trop expliqué par les lettres que j'ai écrites en ce pays-là pour y laisser aucun doute de mon sentiment. Après tout il nous revient de tous côtés que Rome n'a plus besoin d'être excitée. Je ne sais si le cardinal Noris fera encore longtemps le mystérieux, mais enfin le torrent l'emporte. L'oserais-je dire? Vous donnez à l'Eglise de France l'avantage d'avoir à cette fois instruit sa mère l'Eglise romaine, et peut-être que vous avez sans rien hasarder les approbations de ce côté-là.

Je ne suis plus du tout en peine de rien sur le sujet de M. ***, après ce que vous m'en écrivez. Il faut toujours dire ce qu'on pense à ses amis et après se reposer, quand ce sont des amis comme vous, sur leur prudence et leurs saintes intentions.

Je vais demain à la Fortelles-les-Rosoy, d'où le trajet est si petit pour Fontainebleau, que je compte d'y être le 3. Si vous avez, mon cher Seigneur, quelque ordre à m'y donner, vous savez mon obéissance.

J. Bénigne, év. de Meaux.

Je viens de recevoir une lettre de M. de Mirepoix, où il est comme nous tous en admiration sans réserve de l'ordonnance; mais je vois qu'il n'avoit point reçu le paquet où je la lui avois envoyée de votre part, quoique je l'eusse confiée en mains qui paraissoient sûres.

LETTRE CCXL.

BOSSUET A M. DE NOAILLES, ARCHEVÊQUE DE PARIS.

Dimanche.

Je vous renvoie, mon cher Seigneur, l'écrit que vous m'avez confié : plus tard que je ne vous l'avois promis ; mais assez tôt, puisqu'on a ordre de vous le porter à Conflans. Avec deux heures de réflexion, je me mettrai en état d'y dire ce qu'il faut, s'il plaît à Dieu. Tout consiste maintenant à la diligence. Je serai prêt à tout moment. Donnez ordre, je vous en conjure, que tous ces Messieurs se trouvent avec nous. C'est à la conclusion qu'on a besoin de ramasser tout le bon conseil. Je prie Dieu qu'il nous inspire une paix qui ne blesse ni n'affoiblisse la vérité.

LETTRE CCXLI.

BOSSUET A M. DE NOAILLES, ARCHEVÊQUE DE PARIS.

A Meaux, 15 août 1697.

Voilà, mon cher Seigneur, les deux articles à considérer dans la quatrième thèse qui est celle du 1er août. Le 38e article a ces mots : *Amor Dei propter se, sine ullo ad nos respectu, et possibile est et præcipitur.*

Dans la même thèse, article 40, est aussi la suffisance de l'attrition. Dans toutes les quatre thèses on affecte le *sine ullo respectu*; il est dans celle du 26 juin, article 21 ; dans celle du 3 juillet, article 12 ; et dans celle du 16 juillet, article 23.

Dans la thèse du 3 juillet se trouve encore, article 33, la suffisance de l'attrition, comme dans l'article 40 de la thèse du 1er août.

Dans la même thèse du 3 juillet, article 40, tout à la fin, se trouve en termes formels l'infaillibilité du Pape d'une manière aussi odieuse que dans la censure de Strigonie. *Ecclesia romana sola infallibiliter definit :* l'Eglise romaine ne définit que par son

Pontife; il s'agit dans tout cet article des prérogatives du Pape; le *sola* est exclusif du Concile et de l'Eglise catholique.

Tout cela est attentatoire à notre autorité.

Les deux articles où est enseignée la suffisance de l'attrition, sont directement opposés à la décision de notre grande ordonnance sur la grace, où vous mettez expressément l'amour commencé comme nécessaire à la justification. Je me suis fait relire l'article.

Le *sine ullo respectu ad nos* dans ce temps est d'une visible affectation pour favoriser M. de Cambray; et il ne falloit point dissimuler que cela s'entend seulement de l'objet spécificatif, sans exclusion des autres motifs qui ont rapport à nous, et qui dans la pratique sont absolument nécessaires.

Dans la thèse du 16 juillet, article 23, il est porté formellement : *Caritas est virtus theologica ex objecto, tum materiali, tum formali, quod utrumque est Dei perfectio quœlibet.* Il y a contradiction que la charité ait pour objet formel toute perfection de Dieu, et qu'en même temps elle soit *sans rapport à nous*, puisqu'il y a des attributs qui emportent nécessairement ce rapport, comme la bonté et la miséricorde.

Quant à la thèse de l'infaillibilité, surtout d'une manière si odieuse, elle nous attaque avec toute l'Eglise de France, et même aux termes où elle est couchée, avec la plupart des auteurs même ultramontains, le *sola* n'étant approuvé que d'un petit nombre.

Ainsi il me paroit évident que vous pouvez user de votre autorité pour faire supprimer ces thèses, et pour établir votre droit de faire examiner toutes les thèses des religieux (*a*) en sorte qu'il y ait quelqu'un qui en réponde au roi, au public et à vous.

C'est le seul moyen d'empêcher les divisions que ces thèses feront naître infailliblement avec le Pape; il croira que c'est lui faire une querelle que de supprimer ces thèses, où on mettra son infaillibilité : il faudra donc demeurer exposé à les laisser passer, ou établir un moyen pour les prévenir en les assujettissant à votre examen, qui après tout est de droit commun, puisque vous êtes

---

(*a*). Les thèses dont Bossuet vient de parler, étoient avancées par les jésuites.

naturellement le juge de la doctrine. La conjoncture est heureuse pour établir votre autorité.

Souvenez-vous, je vous en supplie, du P. Augustin, barnabite, qui n'attend que son rétablissement pour s'aller jeter à la Trappe. Je vous en parle pourtant, mon cher Seigneur, sans rien savoir et en supposant que les raisons de lui retirer les pouvoirs ne peuvent être que bonnes. Tout à vous avec respect...

EPISTOLA CCXLII.

BOSSUETUS AD CARDINALEM NORIS.

3 Septembris 1696.

Redit ad te nepos meus, eminentissime Cardinalis, non jam à me, sed ab illustrissimo archiepiscopo Parisiensi, amico meo singulari jussus, qui in doctas manus tuas ejusdem præsulis Constitutionem (a) deferat, te sanè dignissimam. Et ille quidem christianam commendat gratiam; tu ejusdem gratiæ defensor intrepidus, nomen tuum posteris commendasti. Ille Augustinum meritis extollit laudibus, tu parentem tuum ab adversariorum intemperiis pari facundiâ ac doctrinæ gloriâ vindicasti; ejus discipulos ac fortissimos gratiæ defensores, Joannem Maxentium (b) sociosque ab Eutychianismi labe purgatos, orbi christiano puros et integros reddidisti. Quid verò est postremâ Apologiâ tuâ, quam tuo munere accepi; quid, inquam, est, eminentissime Cardinalis, et elegantiâ jucundius, et eruditione præstantius, et omni litterarum genere ornatius? Quidquid ex antiquâ historiâ tangis, mirum in modum illustras. Patribus inserendus, Patrum locos excutis reconditissimos; omnia circumspicis, retegis, ornas, lectoremque tui cupientissimum facis. Tuere, doctissime Cardinalis, episcopos Gallicanos pro verâ Augustini theologiâ, pro morali disciplinâ, pro antiquitatis honore tuis jam auspiciis acriter certaturos; meque tuâ benevolentiâ honestatum velis, Eminentiæ tuæ addictissimum et obsequentissimum.

(a) Agitur de constitutione editâ occasione libri cui titulus : *Problème ecclésiastique.* (b) De Maxentio, Scythiæ monacho.

EPISTOLA CCXLIII.

BOSSUETUS ABBATI GRAVINÆ (*a*).

In Germiniaco nostro, xiv kal. decemb. 1696.

Accepi, mi illustrissime, litteras tuas humanitatis officiique plenas; tantæ verò venustatis, ut statìm persentiscerem Tullianæ eloquentiæ gustum. Itaque arripui libellum, quo me munere cumulatum voluisti : nihil aut sermone elegantius, aut sententiarum gravitate majus ac sapientius visum est, seu Juris scrutaris origines, seu luctui modum ponis (*b*), seu latinæ linguæ fontes reseras, et Græcorum opibus nos ditas. Cætera omnia, paris licet eloquentiæ, commemorare non vacat. Nec desunt vernaculi sermonis gratiæ, quibus si Apocalyptica nostra vel pondus accesserit, tuas inter manus, quidquid contigerint continuò exsplendescet. Rem sanè non indignam ingenio tuo et eloquentiâ, ut Romam christianam, et Ecclesiæ caput ab impiorum calumniis vindicandum putes ex ipsâ historiæ fide, et certis verbi divini testimoniis. Quâ de re tibi gratias refero, quantas possum maximas : nec minores quòd abbatem Bossuetum tantâ benevolentiâ prosequare. Phelipucium verò nostrum, tui assiduum laudatorem, etiam atque etiam tibi commendatum volo. Me verò, mi illustrissime, scito perpetuum, quâcumque ratione licuerit, studiorum tuorum fautorem futurum, atque omnia præstiturum quæ ab amicissimo atque addictissimo, tuarumque laudum studiosissimo exspectare possis. Vale.

(*a*) Joannus Vincentius Gravina, Romæ fato functus 6 januarii 1718, annos natus 54. Inter hujus ævi scriptores claruit; multaque opera edidit, quorum præcipua sunt : *Origines Juris civilis : De Romano Imperio liber singularis*.
(*b*) Alludit ad epistolam Gravinæ *de modo luctui ponendo*.

EPISTOLA CCXLIV.

ILLUSTRISSIMORUM ET REVERENDISSIMORUM

ECCLESIÆ PRINCIPUM,

Caroli-Mauritii Le Tellier, archiepiscopi-ducis-remensis; Ludovici-Antonii de Noailles, archiepiscopi Parisiensis; Jacobi-Benigni Bossuet, episcopi Meldensis; Guidonis de Sève, episcopi autrebatensis, Et Henrici Feydeau de Brou, episcopi Ambianensis;

AD SANCTISSIMUM

D. D. INNOCENTIUM PAPAM XII,

Contra librum, cui titulus est : *Nodus prædestinationis dissolutus, auctore* Cœlestino S. R. E. *Presbytero Cardinali* Sfondrato, typis mandatum Romæ, anno 1696 (a).

Beatissime Pater,

Episcoporum est sine personarum acceptione detegere errores, qui quo altiore loco se attollunt, eo graviore ictu conterendi. Itaque ad Apostolatum vestrum deferre cogimur propositiones istas : primam : « Quantùm ex parte Dei est, omnes dilecti : omnes ad vitam æternam, aut aliquid quod vitâ æternâ melius sit, ut de infantibus baptismo non tinctis posteà dicemus, destinati. » Hæc scripta reperimus in libro, cui titulus : *Nodus prædestinationis dissolutus*[1]. Neque enim metuimus, beatissime Pater, ne, quia eminentissimum Cœlestinum Sfondratum, tot egregiis dotibus commendatum, ut serviret Ecclesiæ, ad tantam dignitatem provexistis, idcircò illius quoque ignoscatis erratis quæ ad Ecclesiæ fidem labefactandam pertinerent; imò vero scimus vestram Sanctitatem, ut veritati et Ecclesiæ serviat, nullius nomini parcituram, ac magìs peccaturos nos, si necessaria taceamus.

Sanè faveamus licet optimi viri memoriæ ingenio et elegantiæ, tamen ob tupuimus ad inauditas voces. Sed cùm auctor ad alios nos remittat locos, ubi de infantibus sermo sit, ad eam tandem partem legendo devenimus, in quâ hæc sunt posita[2] : « Parvulos quòd attinet, qui sine baptismo decedunt, cœlesti quidem regno,

[1] P. I, § 1, n. 2, p. 14. — [2] *Ibid.*, n. 13, p. 48.
(a) De Sfondrato vide Præfationem *Defens. Declar. Cleri Gallicani*.

quasi paternæ culpæ reos. nec expiatos, exclusit; non exclusit tamen naturalibus bonis, » beatitudine scilicet naturali, quod primùm annotamus : « et à peccato præservavit, æternoque supplicio, quo, si adolescerent, puniendi essent; cùm sola, inquit, præservatio à peccato, » quam semper supponit in parvulis, originali licèt vero magnoque peccato inquinatis, « pluris valeat, majorisque pretii sit, quàm regnum ipsum cœleste : » quasi major res sit, tantùm carere malis, quàm æternâ vitâ Deoque ipso perfrui : quæ tam absurda, tam vana sunt, ut christianæ aures ferre non possint.

Quò magis legendo processimus, beatissime Pater, eò pejora occurrebant; qualia profectò hæc sunt [1] : « In hâc parvulorum causâ considerandum est, licèt Deus ad cœlestem gloriam eos non admiserit, alio tamen multòque majori beneficio affecisse, quod illi ipsi longè cœlo prætulissent; et nos quoque, si electio daretur, multò majoris pretii quàm cœlum duceremus. » Et paulò post : « Quid ergò conqueri de Deo possunt, aut quid illis mali fecit, si non quidem cœlo, at alio beneficio donavit, quod multò præstantius cœlo est, quodque et ipsi et omnes sapientes cœlo præferrent? » Undè concludit : « Ergò nulla dolendi, nulla conquerendi, sed magis gaudendi gratesque agendi, causa est : » ut profectò parentibus christianis parvulos suos amittentibus sine baptismi gratiâ, non luctus, ut fit, sed gratulatio indicenda sit : ipsi verò parvuli, tanti licet sacramenti exsortes, lætis magis vocibus quàm lacrymis prosequendi videantur.

Hæc quidem sufficerent ad condemnationem tam inauditæ novitatis : sin autem responderi volunt auctoris ratiociniis ex parvulorum innocentiâ, ut vocat, personali repetitis; de his quidem mox viderimus, si vestra Sanctitas permiserit. Rogamus interìm, te teste, te judice, beatissime Pater, ecquid in fidei quæstionibus ratiocinia sine Scripturis ac traditione valeant? Cùm Propheta clamet : *Ad legem magis et ad testimonium* [2], ad traditionem, ad Patres, ne, si tu, theologe, quisquis es, aliquid evangelicæ prædicationi addideris, quâcumque dignitate fulgens, quocumque hominum præsidio fretus, sis licet Apostolus, sis licet Angelus,

[1] *Nod. diss.*, § 1, n. 23, p. 120. — [2] *Isa.*, VIII, 20.

ab altâ Petri sede tanquàm è cœlo feriaris, ac sermones tui anathema fiant.

Et tamen illa subtilium argumentorum inventa videamus, ipsumque erroris recludamus fontem. « Nempè, inquit [1], actualibus cùm venialibus tùm etiam mortalibus peccatis subduci, » regno est potius; atque ut verbis clarioribus auctoris utamur, « innocentiæ personalis donum et immunitatis à peccato tantum est, ut ipsi parvuli millies cœlo carere malint, quàm vel uno peccato involvi; nullusque christianorum est, cujus non idem votum esse debeat : » quod est vanissimum. Neque enim si vetuit Apostolus, ne *faciamus mala, ut veniant bona* [2], ideò prohibere possumus Deum, quominùs ex permissis peccatis, pro suâ excellentissimâ potestate, majora bona eliciat, quàm ea quæ ante peccata futura erant : neque propterea peccatis delectamur, absit; sed eidem Apostolo dicenti credimus : *Ubi abundavit delictum, superabundasse et gratiam* [3]. Nempe ex peccatis meminimus tantam gratiæ accessionem factam, ut etiam eorum occasione Christum habeamus. Nec si Petrus è lapsu evasit humilior ac deindè fortior atque felicior, ideò liceat nobis peccatum, innocentiæ, sed uberiorem post peccatum gratiam minori anteferre, Deique omnia mala vertentis in bonum exsuperantissimam prædicare bonitatem.

De his ergo argutiis, beatissime Pater, salvâ reverentiâ vestræ apostolicæ Sanctitatis, id meritò dixerimus : *Telas araneæ texuerunt* [4], quibus imbecilles animæ caperentur. Neque enim quòd peccatum toto animo horreamus, ideò invidere debemus aut Deo liberalitatem suam, aut nobis felicitatem nostram : nec prohibere quis possit, quominùs cum Ecclesiâ concinamus lætum illud ac faustum : *Felix culpa!* et : *O verè necessarium Adæ peccatum!*

Hæc vera, hæc pia sunt; non ex recentibus novæ pietatis ducta commentis, sed ex veris fontibus christiani apostolicique spiritùs. Quòd autem toties parvulis *immunitas à peccato*, ipsaque adeò innocentia tribuatur, intolerabile credimus : vanaque erroris excusatio est, quòd illa *innocentia* novo atque ambiguo nomine

---

[1] *Nod. diss.*, pag. 120. — [2] *Rom.*, III, 8. — [3] *Ibid.*, v. 20. — [4] *Isa.*, LIX, 5.

personalis vocatur [1]. Neque enim parvulorum persona innocens est, *ad quam peccatum ipsum quod est mors animæ transit*, ut est in Arausicano secundo, ac posteà in Tridentino concilio definitum [2]. Non, inquam, persona innocens est, eo quòd careat peccatis propriâ voluntate contractis : imò verò peccatrix, quæ sub irâ Dei atque in potestate tenebrarum nascitur, quæ exorcismis exsufflatur, quæ aquâ mundatur : valetque omninò illud, quod à sancto Augustino synodus Tridentina deprompsit, originale peccatum non utiquè nobis esse extraneum ; imò ut *origine unum, ita propagatione unicuique esse proprium* [3] ; nec nisi inhærente et propriâ sanctitate purgandum.

Ejicite ergò, beatissime Pater, ex Ecclesiâ Dei, cui pari integritate ac potestate præsidetis, degeneres mollesque sententias, quæ pietatis specie vim ipsam pietatis infringunt. Neque enim dissolvit, sed implicat nodos, qui humanis affectibus exilibusque argutiis magìs, quàm Ecclesiæ traditione ducitur. Nec semel dixisse contentus, eumdem errorem semper inculcat magnificentioribus verbis : cùm dona collata parvulis sine Christi sacramento decedentibus, *ad Christi merita ac redemptionem pertinere* asserit [4] ; ut hinc quoque vel maximè redempti parvuli censeantur, quòd sacramenti redemptionis expertes, nullâ in Redemptoris regno et corpore parte sint. Quo quid absurdius, et in Redemptorem ipsum contumeliosius dici possit, nos quidem non videmus.

Quo loco idem auctor hoc etiam addit, *non damnari* parvulos [5], quippe qui propter alienum nec personale peccatum damnari non possint. At quis hæc docuit ? Non certè concilium Lugdunense secundum sub Gregorio decimo [6], non Florentinum sub Eugenio quarto [7], quorum hæc fides est, hæc definitio : « Illorum animas, qui in actuali mortali peccato, vel cum solo originali decedunt, mox in infernum descendere, pœnis tamen disparibus puniendas. » En quò ; en quibuscum descendant, qui naturâ filii iræ, exosi et invisi, cum cæteris damnatis ad infernum detru-

---

[1] *Nod. diss.*, § 1, n. 13 et 23, p. 48 et 120. — [2] *Conc. Arausic.* II cap. 11; *Conc. Trid.*, sess. V, can. 2. — [3] Sess. V, can. 3. — [4] *Nod. diss.*, § 2, n. 16, p. 164. — [5] § 1, n. 23, p. 118, § 2, n. 16, p. 164. — [6] Tom. XI *Conc.*, part. 1, col. 966. — [7] *Decret. union.*, tom. XIII, col. 515.

duntur : quos tamen auctor noster *non damnari* docet ; quasi aliud sit damnari, quàm ad infernum descendere : insuper, si Deo placet, patriæ exilium, favori et gratiæ iram, denique *ipsi cœlo* infernum anteponit ; usque adeò summis ima permiscet.

Quòd verò damnari negat, qui à pœnâ sensùs, hoc est, ab ignis æterni cruciatu, passim immunes habeantur, quid ad nos, qui eâ de re non contendimus? Consulant qui voluerint doctissimum Dionysium Petavium[1] : consulant imprimis eminentissimum Henricum Norisium[2], à vestrâ Sanctitate insignis doctrinæ merito, christiano orbe applaudente, ad summa quæque provectum. Nos quidem hæc prætermittimus, ac theologis disputanda relinquimus. Quàm autem sit immanis error, ab inferno ac damnatione absolvere parvulos sine Christi sacramento defunctos, cardinalis Bellarmini verbis malumus quàm nostris dicere. Qui quidem, ex prædictis aliisque decretis, hanc sententiam ab Ambrosio licèt Catharino aliisque defensam, non modò *falsam*, sed etiam *hæreticam existimandam esse* concludit ; et contrà : « FIDE CATHOLICA tenendum, parvulos sine Baptismo decedentes absolutè esse DAMNATOS : nec solâ cœlesti, sed etiam NATURALI beatitudine perpetuò carituros, qui nempè sunt eruntque semper aversi habitualiter à Deo, deguntque ac semper degent in carcere inferno[3], » ex concilii Lugdunensis œcumenici decretis, in concilio Florentino repetitis, Ecclesiâ Orientali unà cum Romanâ et Occidentali in unam fidem concinente. Ex his igitur aliisve decretis, teste Bellarmino, illi parvuli *sub potestate diaboli in carcere inferno* degunt, *loco*, inquit[4], *horrido ac tenebricoso*. Quod quid est aliud, quàm projici cum damnatis in horrendas illas exteriores tenebras[5], et ibidem esse sub potestate tenebrarum, quarum id regnum est?

De affectibus verò illis, quos pios vocant, juvat eumdem Bellarminum audire hæc sánctè et graviter disserentem : « Nihil prodesse parvulis jam defunctis misericordiam nostram, et contrà nihil eisdem obesse nostræ sententiæ severitatem : multùm

---

[1] *Theol. Dog.*, tom. 1, lib. IX, cap. IX, n. 5. — [2] *Vind. August.*, cap. III, § 5, à p. 50 ad 84. — [3] Bell., *de Amiss. grat. et Statu pecc.*, lib. VI, cap. II, n. 1. — [4] *Ibid.*, n. 29. — [5] *Matth.*, VIII, 12 ; XXII, 13.

autem nobis obesse, si ob inutilem misericordiam erga defunctos, pertinaciter aliquid contrà Scripturas aut Ecclesiam defendamus. Idcircò non affectum quemdam humanum, quo plerique moveri solent, sed Scripturæ, Conciliorum et Patrum sententiam consulere et sequi debemus. »

Atque abfuisse quidem à celeberrimo Sfondrato cardinali hanc pertinaciam facilè confidimus : cæterùm tacere non possumus id, quod de sancto Augustino scribit [1], « nunquàm scilicet Augustinum hoc modo philosophatum esse ; sed in causâ parvulorum non nisi ad occulta Dei judicia provocasse. » Hæc ille de sancto Augustino, quem in ipso libri titulo suæ solutionis auctorem prædicabat. Et tamen posteà ejusdem doctrinæ diffisus, ac plus tanto doctore, absit verbo injuria, sibi sapere visus, hæc subdit : « Nec id ad Augustini institutum pertinebat, nec voluit ipse aliis adimere libertatem ea omnia dicendi, quæ deinceps opportuna viderentur, præsertim, inquit, adversùs Calvinum atque Jansenium. » Quo sanè prætextu ad nova et inaudita quæque prosiliunt. An enim si novi auctores confutandi veniunt, ideò nova quoque dogmata invehi necesse est in Ecclesiam, nempè hæc, quòd parvuli tam luctuoso puniantur exilio, non ad illa tremenda judicia, sed ad Dei gratiam potiorem referri oportere ? Quæ profecto si ad nodum reprobationis parvulorum dissolvendum pertinerent, quo in loco explicando Augustinus totus est, non ab ejus instituto abhorrerent. Sed ille huic nodo non aliam solutionem affert, quàm illud Apostoli : *Tu quis es ?* et illud, in causâ parvulorum toties repetitum : *An non habet potestatem figulus luti, ex eâdem massâ* originis vitiatæ atque damnatæ, *facere aliud quidem vas in honorem, aliud verò in contumeliam* [2] *?* Neque quidquam aliud in parvulorum, ac in totâ prædestinationis causâ, beatus Augustinus aut quæsivit, aut prompsit : imò aliud quærentibus id apertè significat, cui non ista sufficiant, ut quærat doctiores, sed caveat ne inveniat præsumptiores [3].

Neque minùs alienum est à beati Doctoris sensu, quòd illud Sapientiæ [4] : *Raptus est, ne malitia mutaret intellectum ejus,*

[1] *Nod. diss.*, § 2, n. 16, p. 164. — [2] *Rom.*, IX, 20, 21. — [3] *Lib. de Spir. et Litt.*, cap. XXXIV, n. 60. — [4] *Sap.*, IV, 11.

transfertur ad parvulos[1] : illud enim de justis : *Ne à suâ justitiâ recederent*, esse prolatum ; et locus ipse clamat, et beatus Augustinus[2] aliique orthodoxi omnes uno ore consentiunt. Ad gratiam autem pertinere, quòd sine Baptismo rapiantur infantes in infernum carcerem devolvendi, tanquàm eis subtracto baptismo potior obventura sit felicitas et gratia ; non ipse Catharinus, non ipsi Pelagiani ausi sunt asserere : qui, cùm iisdem parvulis aut vitam æternam aut naturalem assignent beatitudinem, non tamen eam qualemcumque, aut vitam æternam aut felicitatem regno præferendam putant.

Causa autem errandi hæc fuit, quòd tanti nodi Dissolutor nequidem naturam ac vim peccati originalis agnovit, atque etiam ex sancto Augustino probare nititur[3], parvulis in præsente vitâ cruciatis esse aliquid « bonæ compensationis, quod in æternâ vitâ reservet Deus ; quoniam quanquam nihil boni fecerint, tamen nec peccaverint aliquid[4]. » Quam quidem sententiam idem cardinalis à beato Augustino in *Epistolâ ad Hieronymum* retractatam fatetur, « non tamen ut erroneam et falsam, sed tantùm ut minùs firmam validamque[5]. » Hæc quidem Sfondratus cardinalis asseruit : nec legere voluit in eâdem *Epistolâ*[6], nullam iisdem parvulis « compensationem cogitandam, quibus insuper damnatio præparata est ; » eamque esse « robustissimam ac fundatissimam Ecclesiæ fidem. » De fide ergò est illa damnatio parvulorum, quam illi compensationi Augustinus opponit : de fide, inquam, est illa damnatio, quæ licèt, Augustino teste, omnium mitissima, non tamen proinde sanctitati ac æternæ felicitati anteferenda sit : neque ullum præsidium in illâ est *Epistolâ ad Hieronymum*, quam auctor *dissoluti Nodi* tantâ confidentiâ proferebat.

Idem alibi scripsit : « Fatendum, quia nunquam parvulis ante baptismum sublatis Deus vitam æternam voluit, istos ad alium finem classemque providentiæ pertinere[7]. » Quo loco perspicuum

---

[1] *Nod. diss.*, p. 1, § 1, n. 23, p. 120. — [2] Lib. *de Prædest.* SS., cap. xiv, n. 26 et seq. — [3] *Nod. diss.*, p. 1, § 1, n. 23, p. 118. — [4] Aug., *de lib. Arb.*, lib. III, cap. xxiii, n. 68. — [5] *Nod. diss.*, ibid., p. 118; Aug., ep. clxvi, c. vii, n. 18 et seq. — [6] *Ibid.*, n. 20. — [7] *Nod. diss.*, part. 1, § 1, n. 13, p. 48.

est, eumdem auctorem totius humani generis primævæ institutionis oblitum. Quis enim christianus negat, universam Adæ sobolem in eo ad æternam vitam fuisse ordinatam? Non ergò parvuli *ad alium finem aut ad aliam classem providentiæ* revocandi sunt : sed planè ad communem creaturæ rationalis ordinem redigendi ; ut nec sine sacramento Redemptoris, vitam æternam ad quam instituti erant recuperare possint, nec ejus jacturâ sine certâ et justâ damnatione mulctari.

Hæc quidem sunt, quæ attinent ad parvulorum statum : pluribus supersedemus, quibus quippe animus est ea promere, quæ magìs ad exponendum, quàm ad refellendum errorem necessaria videantur. Nunc ad alterum caput pergimus ; nec veremur, ne Parenti optimo atque sanctissimo tædio simus, cui res maximas ejus apostolico judicio decidendas, summâ cum animi demissione subjicimus.

Altera ergò propositio sic habet : *Ut demus* (Brasilienses aliosque) *ita ignorasse* Deum, hoc est invincibiliter, *id quoque magna beneficii et gratiæ pars est*[1]. Quæ quidem, beatissime Pater, liceat enim nobis in optimi Parentis sinum intimos animi nostri sensus deponere, non sine maximo dolore referimus : sed sun quæ magìs doleant, nempè sequentia, quibus ista muniantur : « Cùm enim, inquit, peccatum sit essentialiter offensio et injuria Dei, sublatâ Dei cognitione, necessariò sequitur nec injuriam, nec peccatum, nec æternam pœnam esse ; » reddique *impeccabiles*, atque ab æternâ pœnâ prorsus impunes, etiam parricidas, hospitum necatores, ac portenta libidinum consectantes ; quos Deus tantâ gratiâ, hoc est cæcitate mentis, summâque suî ignoratione donaverit. Quod quid est aliud, quàm peccatum ipsum philosophicum ab Alexandro VIII, felicis recordationis antecessore vestro, tantâ perspicuitate damnatum? Hæc nempè ad Sinenses solatia deferebant, quibus excæcatæ gentis, ac de parentum suorum sapientiâ immensùm gloriantis, superbiam demulcerent. Horum ergò gratiâ quærebatur : « An infideles præcepta naturalia transgredientes pœnas æternas mereantur : et negabant aliqui, quia ignorantiâ Dei et legislatoris à tam gravi pœnâ ex-

[1] *Nod. diss.*, part 1, § 2, n. 11, p. 152.

cusantur[1]. » Sic enim blandiebantur Sinensibus. At sacræ Congregationis auctoritate, Consultores rescribebant, procul dubio *damnari* eos, idque pœnis æternis, de quibus quæstio instituta erat, nec illam turpissimam ignorationis Dei excusationem admittebant.

Alexander verò VIII, recentissimo edicto, die 24 augusti, anno 1690, decernebat hoc *temerarium, piarum aurium offensivum atque erroneum*, si dicatur « peccatum philosophicum quantumvis grave, in eo qui Deum vel ignorat, vel de Deo actu non cogitat, esse grave peccatum, sed non esse offensam Dei, neque peccatum mortale dissolvens amicitiam Dei, neque æternâ pœnâ dignum. » Quo decreto nihil sublevati sumus, si ab ipsâ Urbe, à tantæ dignitatis viro, portentosa doctrina non tantùm ad Sinenses, sed etiam ad omnes reipublicæ christianæ provincias diffundatur. Sic enim duo invalescerent : primum, ut essent omninò impeccabiles, qui summè et invictè, si quidem id fieri posset, ignorarent Deum : alterum, ut ea ignorantia ad gratiam, non autem ad peccati gravissimam pœnam pertineret. Quæ duo ab errore defendi non possunt. Neque enim fieri potest, ut innocens Deo sit qui, extinctâ licet cognitione Dei, rectæ rationis et conscientiæ lucem à Deo exorientem spernit. Neque item fieri potest ut non sit contumeliosus in Deum, qui rectæ rationi, cujus Deus auctor et vindex est, infert injuriam.

De pœnarum verò per hanc ignorantiam sublatâ æternitate quod sentiunt, non advertunt pœnarum æternitas à quâ radice profluat. Nempe, ut ait sanctus Gregorius Magnus[2] antecessor vester, vellent mali sine fine vivere, ut possent sine fine peccare; quippe qui felicitatem ac finem ultimum in pravâ delectatione defigunt : neque verò quisquam est, qui non æternum esse velit id quo se beatum putat. Inest ergò cuicumque mortali peccato quædam concupiscentiæ æternitas, atque, ut ità dicam, immensitas, cui profectò Deum totâ suâ infinitate atque æternitate ac sanctitate adversari necesse sit. Ergò mortale quodcumque pec-

---

[1] *Consult. et Resp.*, anni 1674, quæst. XXIV, in lib. *Fr. Dominici Ferdinand; Navarette Dominicani*, tract. VII, p. 503. — [2] *Moral.*, lib. XXXIV. cap. XIX, ol. XVI, n. 36.

catum, contrà legem etiam naturalem, habet aliquid quod æternam iram provocet : undè quocumque peccato rectam rationem læseris, exsurgit ille ultricis conscientiæ stimulus; ille *vermis* interior, qui, teste Christo, *non moritur*[1] ; cujus adeò immortale virus, morsus indefessus : quod supplicii genus qui extinguendum putat, Evangelio contradicit. Vermem autem illum profectò comitatur sempiternus ignis, à quo si impios illos exemeris, erit non modò parvulis, verùm etiam adultis Deum nescientibus, à sempiterno igne seclusus assignandus locus; nec in sinistrâ erunt perditi ac scelerati, qui Deum nesciunt, ejusque ignoratione mulctati, nec à præteritis peccatis expedire se possunt, et in nova proruunt. Non ergò impeccabiles, qui legem naturalem quam sciunt non impune contemnunt : nec, si vel maximè sint impeccabiles, id beneficii loco consequentur. Etsi enim gratia est, peccare non posse in bonâ voluntate firmatos : non proinde gratia, sed peccati esset pœna gravissima, peccare non posse eò quod ignorarent Deum ; quo nihil est miserius et æternæ damnationi propius.

Has autem supplicamus, beatissime Pater, ut perpendatis voces[2] : « Ergò cùm hâc ignorantiâ impeccabiles redderentur, alioquin certissimè peccaturi si agnoscerent, sequitur hoc ipsum beneficium esse, juxtà illud Apostoli[3] : *Melius enim erat illis non agnoscere viam justitiæ, quàm post agnitionem retrorsùm converti ab eo, quod illis traditum est, sancto mandato.* » Hoc nempè supererat ad erroris cumulum, ut quia lege Dei et gratiâ perversi et ingrati abutimur, subtractio legis et gratiæ, non pœnæ, quod semper Ecclesiæ visum est, sed gratiæ et beneficio imputetur.

Quæ mala indè proveniunt, beatissime Pater, quòd Scripturas divinas velut versatiles ad arbitrium flectant; quòd cæcis affectibus et inanibus ratiunculis delectati, Patribus non auscultent, malintque comminisci falsa, quàm tantis viris docendos se tradere. Quæ nisi claro certoque judicio ab Ecclesiâ Dei propulsetis, omnia collabascant : Romam, quod Deus avertat, suis favere, non modò adversarii, verùm etiam pii, saltem infirmi, concla-

[1] *Marc*, IX, 43 et seq.— [2] *Nod. diss.*, part. I, § 2, n. 2, p. 153.—[3] II *Pert.*, II, 21.

ment; ac lascivia ingeniorum magìs incitata, quàm compressa esse videatur.

Sed hoc à vestris temporibus procul abesse, et vestri pontificatùs claritudo, et ab ore vestro per totam Ecclesiam pervulgatæ voces docent. Itaque supplicamus, ut post illas præcipuas propositiones hanc quoque Sanctitas vestra dispiciat : « Post promulgatum Evangelium, an fides explicita in Christum omninò necessaria sit, disputant Theologi : si tamen admittamus necessariam esse, dicendum est[1], etc. : » quæ a christianorum scholis longè abigenda sunt, ne sub dubio relinquatur, an sine Christi nomine credito et invocato salvus esse quis possit ; dicente Domino : *Qui credit in illum, non judicatur;* medio justificationis invento : *qui autem non credit, jam judicatus est*[2]; relictus ipse sibi, nulloque novo judicio, propriâ et præcedente iniquitate mersus.

Postremò, Pater sanctissime, quod ad universi libri pertineat scopum, illud vel maximè apostolicæ Sedi quam beatus illustras, insinuandum putamus, ne vestra sinat Sanctitas definitionem prædestinationis infringi eam, quam vester Augustinus tradidit; ut nempè sit « præscientia et præparatio beneficiorum Dei, quibus certissimè liberantur quicumque liberantur[3]. » Hanc enim definitionem prædestinationis omnibus gentibus prædicandam, idem Augustinus iterum iterumque commendat[4] : « hâc prædestinatione beneficiorum Dei » fieri confitetur, ut omnes prædestinati singulari et gratuità dilectione serventur, qui fons christianæ humilitatis ac pietatis est ; hujus prædestinationis veritatem « semper fuisse in Ecclesiæ fide[5], » ac de eâ « neminem unquàm nisi errando disputare potuisse[6]; » et idem Augustinus affirmat, et sanctis Pontificibus Cœlestino et Hormisdà pronuntiantibus, Ecclesia Romana suscepit : et nostro quoque sæculo cardinalis Bellarminus[7], « non ad opinionem, sed ad Ecclesiæ catholicæ fidem pertinere » asserit. Quam tamen catholicam veritatem nod Dissolutor tacet, atque hujus prædestinationis definitionem immu-

---

[1] *Nod. diss.*, § 2, n. 19, p. 169. — [2] *Joan.*, III, 18. — [3] Lib. *de Don. Persev.*, cap. XIV, n. 35. — [4] *Ibid.*, cap. XVII, XX, XXI, XXIII. — [5] *Ibid.*, cap. XXIII, n. 65. — [6] *Ibid.*, cap. XIX, n. 48. — [7] *De Grat. et lib. arb.*, lib. II, cap. XI.

tat [1] : supponit aliam sancto Augustino ignotam, quæ vim singularis atque gratuitæ dilectionis ac beneficiorum præparationis obscuret. Quanquam enim eam non semel agnoscit, sic tamen rem involvit dictis, ut nihil magis vereri videatur, quàm ne electos majori quàm reprobos beneficio affectos esse constet [2] : quod nec Molinæ sectatores inficiati sunt. Sic Ecclesiæ Romanæ de singulari et gratuitâ dilectione electorum, aut omninò quatitur, aut saltem vacillat fides : quæ si auctoris verbis affirmare nitimur, huc nempè totus liber transferendus fuit.

Neque plura memoramus, cùm ea à vobis perpensa et annotata, vestra egregia ad vicinos Belgas Decreta demonstrent. Nobis certè sufficit, ad vestrum apostolatum detulisse ea quæ veritatem læderent, ac Patrum laudare sententias, quas majore gratiâ de Petri cathedrâ prædicatis.

Plures episcopi subscripsissent, nisi pauci sufficerent, ut ne ambitiosiùs quàm modestiùs agere videremur. Cæterùm meminimus à sancto Innocentio I non modò synodicas, sed etiam quinque episcoporum litteras, paterno animo esse susceptas [3]. Atque ab Innocentio XII paria expectari oportere, tanti Pontificis æquitas ac paterna benignitas facilè persuadet. Subscripsimus :

BEATISSIME PATER,

SANCTITATIS VESTRÆ,

Obsequentissimi ac devotissimi servi ac filii.

† CAROLUS-MAURITIUS, arch. dux Rhemensis. LUDOVICUS-ANTONIUS, arch. Parisiensis. JACOBUS-BENIGNUS, episc. Meldensis. GUIDO, episc. Atrebatensis. HENRICUS, episc. Ambianensis.

Et hæc erat inscriptio : Sanctissimo D. D. nostro INNOCENTIO Papæ XII.

[1] *Nod. diss.*, 1 part., § 1, n. 13, p. 48. — [2] *Ibid.*, p. 67, 106, 107, 108, 109, etc. — [3] Epist. XXVI.

EPISTOLA CCXLV.

INNOCENTII PAPÆ XII RESPONSA.

INNOCENTIUS PAPA XII.

Venerabiles Fratres, salutem et apostolicam benedictionem. Litteras vestras vii kalendas martii proximè præteriti ad nos datas, grato animo accepimus. Ex iis enim vigilem ac sacerdotalem zelum, quo sacros antistites in partem sollicitudinis nostræ vocatos flagrare maximè decet, in vobis vigere, vosque priscam erga hanc sanctam Sedem, cui nos, licet immeriti, præsidemus, debiti obsequii gloriam constanter retinere deprehendimus; dùm antiquæ traditionis exempla servantes et ecclesiasticæ memores disciplinæ, ad locum quem elegit Dominus ascendistis, ac ea quæ in libro posthumo bonæ memoriæ Cœlestini, sanctæ Romanæ Ecclesiæ cardinalis Sfondrati, de divinâ prædestinatione, nuper edito, reprehensione digna vobis visa sunt, ad nostrum apostolatum, eo fermè tempore quo variæ doctorum hominum de eodem libro sententiæ etiam per Urbem ferebantur, detulistis, nostrum hâc in re judicium eâ quâ par est reverentiâ deposcentes. Officii itaque nostri esse duximus, librum ipsum, resque à vobis in eo adnotatas, insignium Theologorum discussioni committere; ut omnibus maturæ considerationis trutinâ perpensis, quod justum fuerit subindè decernere valeamus; non aliâ perfectò, quàm crediti nobis divinitùs ministerii partes sicut oportet implendi, habitâ ratione : quod ut etiam in aliis omnibus, quæ ad onerosam apostolici muneris nostri curam pertinent, salubriter exequi possimus, jugibus Fraternitatum vestrarum apud Patrem luminum precationibus infirmitatem nostram juvari vehementer optamus; vobisque apostolicam benedictionem peramanter impertimur.

Datum Romæ apud sanctam Mariam Majorem, sub Annulo Piscatoris, die 6 Maii, Pontificatùs nostri anno sexto.

Signatum : MARIUS SPINULA.

Et hæc erat inscriptio : Venerabilibus Fratribus CAROLO-MAURITIO, Rhemensi; et LUDOVICO-ANTONIO, Parisiensi, archiepiscopis, necnon JACOBO-BENIGNO, Meldensi; GUIDONI, Atrebatensi, et HENRICO, Ambianensi, episcopis.

LETTRE CCXLVI.

BOSSUET A MILORD PERTH.

A Meaux, ce 31 mars 1694.

Toutes les lettres qui me viennent de votre part me donnent une joie infinie par la foi et la piété que j'y ressens dans toutes vos paroles. Je me réjouis de l'espérance de vous embrasser incontinent après Pâque. Je vous supplie d'assurer Leurs Majestés de la profonde reconnoissance que j'ai de toutes leurs bontés, et de mes très-humbles respects. Je suis, comme vous savez, avec une sincère vénération, etc.

LETTRE CCXLVII.

BOSSUET AU CARDINAL DE AGUIRRE.

1697 (a).

La paix tant désirée par votre Eminence dans les lettres dont elle m'honore, et encore dans la dernière plus ardemment que jamais, est enfin venue du ciel, attirée par vos pieux vœux. L'empereur a signé, comme votre Eminence le souhaitoit tant, et la guerre est finie de tous côtés : Dieu veuille nous conserver un si grand bien, et bénir nos rois et nos princes. Le roi m'a honoré de la charge de premier aumônier de Madame la duchesse future de Bourgogne, qui est la première de sa chapelle et de sa maison. J'ose en donner part à Votre Eminence comme à un ami, puisqu'elle veut bien m'honorer de cette qualité d'une manière si tendre : c'est sans déroger au respect sincère avec lequel je suis, etc.

(a) Cette lettre est sans date ; mais la paix dont elle parle montre qu'elle est de 1697. Bossuet l'a écrite en françois, ainsi qu'une autre qui suivra, parce que le cardinal de Aguirre lui avoit marqué qu'il entendoit aisément cette langue.

EPISTOLA CCXLVIII.

CARDINALIS DE AGUIRRE AD BOSSUETUM.

Romæ, die 26 septembris 1697.

Quò sæpiùs ad me scribas aut rescribas, eò libentiùs litteras tuas accipio. Hoc ipsum mihi contigit, acceptis nuper iis quas dedisti vicesimâ die Augusti, traditas per manus domni archidiaconi nepotis tui ex fratre. Ejus eruditionem singularem, præsertìm in rebus sacris, et disciplinâ ecclesiasticâ, et doctrinâ morum saniore à te modò testatam nullus dubito qualem asseris, nec despero me insuper experimento aliquo probaturum, antequàm ipse in Galliam redeat. Felix ille qui patruum, pastorem, et magistrum in doctrinâ et moribus talem nactus est, qui quotidiè ecclesiam suam Meldensem imò et catholicam quanta est, aureis suis scriptis munit et illustrat adversùs heterodoxos et errores quosque.

Hæc dùm suggero, aut dicto amanuensi meo, ingentem lætitiam cordis vix cohibere possum, dùm audio novissimè hùc pervenisse nuntium expressum, ut vocant, ad Sanctissimum de pace universali tandiù desideratâ, et jam initâ in orbe christiano. Ità certè optabam, et precabantur omnes pii, omnes boni atque æqui amantes, cujuscumque nationis sint. Qualescumque orationes meæ ac meorum ad Dominum, qualiacumque officia erga principes et primos Catholicæ Majestatis ministros sæpiùs litteris consignata, et à me nominatim subscripta, eò collimabant. Novit ille qui scrutatur hominum corda, et tot piorum ac miserorum preces irritas manere non est passus. Lætare mecum, vir clarissime, de pace istâ; et simul cum aliis gravissimis præsulibus celeberrimæ Ecclesiæ Gallicanæ, præsertìm Rhemensi, Parisiensi, Aurelianensi et Abrincensi, quos identidem à te salutatos velim nomine meo; cura et exhortare, ut pax ista solida et secura sit, nec ad horam aut diem tantùm durans, instar hortorum Adonidis, uti olim Plato loquebatur. Sanctissimus Pontifex hoc ipsum optabat, et assiduè atque ardenter precabatur, quà scripto, quà verbo, quà orationibus privatis et publicis. Grates itaque referamus Deo nostro, qui tot cædibus, discordiis et desolationibus provinciarum et urbium optatum finem imposuit. Nec plura in singulari licet exprimere hoc loco, cùm notitia nuperrimè ingressa Urbem sit adhuc vaga, nec satis distincta; præsertim cùm hoc ipso vespere opus sit mittendi epistolam istam ad cursorem Gallicum, post paucas horas egressurum. Te Deus intereà, illustrissime Antistes, bene valentem atque incolumem servet.

LETTRE CCXLIX.

BOSSUET AU CARDINAL DE AGUIRRE.

A Versailles, ce 20 décembre 1697.

Aux approches du renouvellement de l'année, je la souhaite heureuse à Votre Eminence, comme je le ferois à moi-même, puisque vous avez bien voulu que l'amitié nous fît une même chose. Je suis si touché, Monseigneur, de cette grace, que je ne vous la puis assez exprimer. On commence à goûter ici les fruits de la paix, que Votre Eminence a tant désirée qu'elle l'a enfin attirée du ciel par ses vœux. Je suis ravi quand je vois de vos nouvelles dans les lettres dont vous m'honorez, dans celles de M. de Rheims, et surtout dans celles de M. l'abbé Bossuet, que je vous prie d'honorer toujours de votre protection, et dans l'occasion de vos conseils. Je suis avec tout le respect et toute la tendresse possible, etc.

FIN DU VINGT-SIXIÈME VOLUME.

TABLE

DES MATIÈRES CONTENUES DANS LE VINGT-SIXIÈME VOLUME.

MÉLANGES ET LETTRES DIVERSES.

Remarques historiques. 1

MÉLANGES.

Instruction à Monseigneur le Dauphin pour sa première communion.	1
I. Qu'est-ce que le Saint-Sacrement?	2
II. Pourquoi est institué ce Sacrement?	3
III. Que faut-il faire avant la communion?	4
IV. Que faut-il faire dans la communion?	8
V. Que faut-il faire après la communion?	12
Preuves de l'existence de Dieu par les créatures, à Monseigneur le Dauphin en latin.	13
Exhortation à l'amour de la vertu, adressée à Monseigneur le Dauphin.	14
Ad virtutes studium exhortatio, Serenissimo Delphino.	19
I. — Livre I, chapitre VI.	23
II. — Livre I, chapitre X.	25
III. — Livre I, chapitre XII.	26
IV. — Livre II, chapitre IX.	26
V. — Livre IV, chapitre V.	26
VI. — Livre IV, chapitre VII.	26
VII. — Livre IV, chapitre VIII.	27
VIII — Livre V, chapitre VIII.	28
IX. — Livre VI, chapitre XIV.	28
X. — Livre VII, chapitre I.	28
XI. — Livre VIII, chapitre XIV.	28
XII. — Livre IX, chapitre XII.	28
XIII. — Livre X, chapitre VII.	29
XIV. — *De Virtutibus et vitiis.*	29
XV. — Livre X, chapitre IX.	29
XVI. — Livre VII, chapitre XV.	30
XVII. — Livre VII, chapitre XI.	30
XVIII. — *Ad Eudemum,* Livre IV, chapitre VIII.	31
Sentences choisies pour Monseigneur le Dauphin	38
Grammaire latine et Maximes de César.	41
Maximes tirées des commentaires de César.	42
Animæ morbis lethalibus laborantis invocatio ad Christum sospitatorem.	43
Fable latine pour le Dauphin, In Locutuleios.	44

LE Saint amour ou Endroits choisis du *Cantique des cantiques*, avec des réflexions morales pour les bien entendre. 46
LE Saint Amour. 48
I. Le baiser de la bouche; les embrassemens; les attraits; les défaillances; les odeurs; les vins; le sommeil et le réveil de l'Epouse. 48
II. Fleurs des vallées, lis entre les épines; arbres fruitiers; fruit goûté à l'ombre; amour réciproque; vie de foi. 50
III. Vitesse de l'Epoux; ses saillies; son abord; ses regards furtifs; saison nouvelle; doux commencement; beau visage; beaux chants; les arbres taillés; les renardeaux pris. 51
IV. Cruelle absence. 53
V. Visite de la vigne et des jardins; retour à la vie contemplative; passe de la contemplation à l'action et au contraire: Sulamite ou l'ame parfaite; les noyers du jardin de l'Epoux; rapidité de ses mouvemens. 54
VI. L'ame parfaite sous le nom de Sulamite. 56
VII. Sur les noyers du jardin de l'Epoux. 57
VIII. Sur la vitesse de ses chevaux. 57
IX. Eclat de l'Epouse; sa force; beautés cachées; admiration de l'Epoux. 57
X. L'Epoux charmé; l'Epouse sans tache, toute belle, inaccessible; ses discours; vents impétueux, persécutions. 59
XI. Veille intérieure; l'Epoux frappe; lenteur punie; l'Epoux se retire; vainement cherché; la garde arrête l'Epouse. 60
XII. Les amans de la vérité et de la sagesse, étonnés de son excessive lumière. 62
XIII. Elévations de l'Epouse; délicatesse de ses traits. 63
XIV. Amour réciproque; fleurs et fruits; présens de l'Epouse; vie solitaire et cachée. 65
XV. Jésus-Christ enfant; tendre victime; on l'écoute dans son Eglise. 66
XVI. Les épreuves : l'amour épuré. 68
XVII. Chant de l'Epouse : elle craint les excessives douceurs. 69
I. L'amour insatiable. 70
II. Sur le même sujet. 71
LES TROIS AMANTES. 72
Première amante. La pécheresse de saint Luc. 72
Deuxième amante. I. Marie, sœur de Lazare, aux pieds de Jésus à Béthanie, écoutant sa parole. 73
II. La même amante se plaint au Sauveur de la mort de Lazare son frère. 75
III. La même amante répand ses parfums sur la tête et sur les pieds de Jésus. 77
IV. Le jour que Jésus monta aux cieux, il vint à Béthanie avec ses disciples. Béthanie était située auprès du mont des Oliviers. De ce mont il devoit s'élancer pour retourner à son Père. Le mont des Oliviers est celui où Jésus alla prier après la cène. Il avoit accoutumé d'y aller prier. Il étoit situé au delà du torrent de Cédron, et il y avoit là un jardin. C'est de là aussi qu'il fit son entrée à Jérusalem. Béthanie étoit le lieu où il se retiroit ordinairement tous les jours et surtout dans sa dernière semaine, d'où il alloit dès le matin prêcher à Jérusalem, et retournoit sur le soir à Béthanie. C'est donc de cet endroit si célèbre par sa retraite, par ses oraisons et par son agonie, qu'il voulut monter au ciel. 79
Troisième amante. I. Marie-Madeleine, de qui Jésus avoit chassé sept démons, accompagne la sainte Vierge jusqu'à la croix, avec Marie, sœur de sa mère et femme de Cléophas. 82
II. La même amante cherche Jésus dans son tombeau; voit deux anges et le voit lui-même. 84

La parfaite amante. Marie, Mère de Dieu. 85
I. Psaume VIII. Grandeur de Dieu; l'enfance le loue; beauté de la nuit; dignité de l'homme. 90
II. Psaume XVIII. Belle nuit; lever du soleil; sa course rapide; succession de jours et des nuits. 91
III. Psaume XIX. *Exaudiat te Dominus in die tribulationis*. 93
IV. Psaume XLIV. *Eructavit cor meum*, etc. Cantique pour le bien-aimé. 94
V. Psaume XLV. *Deus noster refugium et virtus*, etc. 95
VI. Psaume LXV. Le silence est notre louange. 96
VII. Psaume LXXXVI. Grandeur de Sion; Dieu voit quelques hommes pieux marqués et en petit nombre dans les autres pays; en Egypte, parmi les Philistins même, dans Tyr, en Ethiopie; Sion est la seule mère qui les enfante sans nombre. 98
VIII. Psaume CIX. *Dixit Dominus Domino meo : Sede à dextris meis.* 98
IX. Psaume CXXXVI. *Super flumina Babylonis.* 99
X. Psaume CXV. *Credidi propter quod locutus sum.* 101
ODE sur la liberté créée, perdue, réparée, couronnée. 101
HYMNE pour le jour de l'Ascension. 102
PRIÈRE d'un pécheur pénitent. 103
CECI EST MON CORPS; CECI EST MON SANG. 104
Sur le style et la lecture des écrivains et des Pères de l'Eglise, pour former un orateur. 107
Sur les trois Magdelènes. 114
PRIÈRE. 116

LETTRES DIVERSES.

REMARQUES HISTORIQUES. 117
LETTRE I. *Bossuet à M. Thiolet, échevin de Metz.* 119
LETTRE II. *Bossuet à saint Vincent de Paul.* Sur une mission qui devoit se faire à Metz. 121
LETTRE III. *M. Bédacier, évêque d'Auguste, à saint Vincent de Paul.* Sur la même mission. 122
LETTRE IV. *Bossuet à saint Vincent de Paul.* Sur les lettres de la reine, au sujet de la mission de Metz, et sur les violences des protestans contre une fille catholique. 124
LETTRE V. *Bossuet à M. de Monchy.* Sur le même sujet. 126
LETTRE VI. *Bossuet à saint Vincent de Paul.* Sur le même sujet. 128
LETTRE VII. *Bossuet à saint Vincent de Paul.* Sur le même sujet. 129
LETTRE VIII. *Bossuet à saint Vincent de Paul.* Sur le même sujet. 131
LETTRE IX. *Bossuet à Condé.* 133
LETTRE X. Bossuet à Messieurs les *vénérables princier, chanoines et chapitre de l'église cathédrale de Metz.* 133
LETTRE XI. *Bossuet au marquis (Isaac) de Feuquières, ambassadeur de France en Suède.* 134
LETTRE XII. *Bossuet à M. Conquart, membre de l'Académie Françoise.* 136
LETTRE XIII. *Bossuet à une Dame de considération.* Sur la mort de son mari. 137
LETTRE XIV. *Bossuet à la mère de Bellefonds, carmélite.* 144
LETTRE XV. *Bossuet à la Mère de Bellefonds, carmélite.* 145
LETTRE XVI. *Bossuet au maréchal de Bellefonds.* Sur sa disgrace. 146
LETTRE XVII. *Bossuet au maréchal de Bellefonds.* Sur le même sujet. 147
LETTRE XVIII. *Bossuet au maréchal de Bellefonds.* Sur les graces que Dieu lui a faites. 148

LETTRE XIX. *Bossuet à M. Dirois, docteur de Sorbonne.* Sur la traduction italienne qu'on vouloit faire à Rome, du livre de l'*Exposition.* 150

LETTRE XX. *Bossuet au maréchal de Bellefonds.* Sur les raisons que le prélat a eues d'accepter l'abbaye de Saint-Lucien, que le roi lui a donnée, l'usage qu'il se propose de faire de ses revenus, la conversion de M. de Troisville, et les heureuses dispositions de M. le Dauphin. 152

LETTRE XXI. *Bossuet à M. Dirois, docteur de Sorbonne.* Sur la traduction du livre de l'*Exposition*, qu'on méditait de faire à Rome. 155

LETTRE XXII. *Bossuet à M. Dirois, docteur de Sorbonne.* Sur le même sujet et sur plusieurs oraisons funèbres. 157

LETTRE XXIII. *Bossuet à M. Dirois, docteur de Sorbonne.* Sur d'autres traductions du livre de l'*Exposition.* 159

LETTRE XXIV. *Bossuet à M. Dirois, docteur de Sorbonne.* Sur le *gratis* de ses bulles, pour l'abbaye de Saint-Lucien. 159

LETTRE XXV. *Bossuet au maréchal de Bellefonds.* Sur M. de Troisville et M. le Dauphin. 160

LETTRE XXVI. *Bossuet au maréchal de Bellefonds.* Sur la conversion de la duchesse de la Vallière, et les ménagemens qu'exigeoit sa foiblesse. 161

LETTRE XXVII. *Bossuet au maréchal de Bellefonds.* Sur le même sujet. 162

LETTRE XXVIII. *Bossuet au maréchal de Bellefonds.* Comment une ame peut conserver le repos dans l'agitation des affaires. 163

LETTRE XXIX. *Bossuet au maréchal de Bellefonds.* Sur la conduite de Dieu à l'égard de Madame de la Vallière, et sur l'horreur que nous devons avoir de nous-mêmes, en nous considérant à la lumière de la vérité. 166

LETTRE XXX. *Bossuet au maréchal de Bellefonds.* Sur la résolution de Madame de la Vallière, de se faire carmélite. 168

LETTRE XXXI. *Bossuet au maréchal de Bellefonds.* Sur sa nouvelle disgrace. 169

LETTRE XXXII. *Bossuet au maréchal de Bellefonds.* Sur le même sujet et sur la persévérance de Madame de la Vallière. 170

LETTRE XXXIII. *Bossuet à M. Dirois.* Sur les longueurs qu'il éprouvoit à l'égard de la traduction italienne du livre de l'*Exposition*, et sur quelques ouvrages imprimés à Rome. 171

LETTRE XXXIV. *Bossuet au maréchal de Bellefonds.* Sur les avantages de la retraite, la grandeur de l'homme et le mépris du monde. 172

LETTRE XXXV. *Ad Ferdinandum Furstembergium, episcopum et principem Paderbornensem, et coadjutorem Monasteriensem.* Il loue son génie, son savoir et ses vertus. 173

LETTRE XXXVI. *Bossuet au maréchal de Bellefonds.* Sur la traduction du Nouveau Testament, imprimée à Mons. 174

LETTRE XXXVII. *Bossuet à la mère Agnès de Bellefonds.* Il lui parle avec éloge de la conversion de Madame de la Vallière, sœur Louise de la Miséricorde. 175

LETTRE XXXVIII. *Bossuet au maréchal de Bellefonds.* Sur les effets de la puissance miséricordieuse de Dieu, et la droite du cœur. 176

LETTRE XXXIX. *Bossuet à dom Mabillon, religieux bénédictin.* Il lui témoigne la satisfaction qu'il aura de le posséder à Saint-Germain. 178

LETTRE XL. *Bossuet au maréchal de Bellefonds.* Sur la maladie de son fils. 178

LETTRE XLI. *Bossuet à Louis XIV.* Sur le caractère d'une véritable conversion. 180

LETTRE XLII. *Bossuet à Louis XIV.* Sur l'obligation où il étoit de travailler au soulagement de son peuple, et sur les moyens d'y réussir. 182

INSTRUCTION *donnée à Louis XIV.* Quelle est la dévotion d'un roi. 187

LETTRE XLIII. *Bossuet à M. Dirois, docteur de Sorbonne.* Sur la traduction italienne de l'*Exposition.* 191

LETTRE XLIV. (Extrait). *M. de Pontchâteau à M. l'évêque de Castorie.* Sur le livre de l'*Exposition de la Foi catholique.* 191
LETTRE XLV. *Castoriensis ad abbatem de Pontchâteau.* Sur le même sujet. 192
LETTRE XLVI. *Castoriensis ad abbatem de Pontchâteau.* Sur le même ouvrage. 192
LETTRE XLVII. *Castoriensis ad abbatem de Pontchâteau.* Extrait d'une lettre où il fait l'éloge de M. de Condom. 193
LETTRE XLVIII. *L'abbé de Pontchâteau à M. de Castorie.* Sur M. de Condom. 193
LETTRE XLIX. *L'abbé de Pontchâteau à M. de Castorie.* Sur un mémoire de M. de Condom au sujet du livre de l'*Exposition.* 194
LETTRE L. *Condomensis ad Castoriensis observationes responsum.* De libello *Expositionis Fidei.* 194
LETTRE LI. *Castoriensis ad abbatem de Pontchâteau.* Sur les raisons qu'il a eues de ne point écrire à M. de Condom. 196
LETTRE LII. *Castoriensis Condomensi.* Il approuve ses raisons pour ne rien changer dans son *Exposition.* 197
LETTRE LIII. *Bossuet au P. Bouhours, jésuite.* Il le complimente de son *Histoire de Pierre d'Aubusson.* 198
LETTRE LIV. *Bossuet au maréchal de Bellefonds.* Il lui parle du dessein que l'on avoit eu de le rappeler, et de quelques-uns de ses écrits. 198
LETTRE LV. *Bossuet à M. Dirois, docteur de Sorbonne.* Sur les ouvrages d'Holstenius, l'état des vierges au temps de Dioclétien, la morale corrompue, et différentes traductions du livre de l'*Exposition.* 199
LETTRE LVI. *Condomensis Castoriensi.* Il lui envoie la traduction latine de son *Exposition,* et lui donne de grands éloges et à ses ouvrages. 201
LETTRE LVII. *Castoriensis Condomensi.* Il loue le zèle de M. de Condom, qui l'avoit porté à faire composer une traduction latine du livre de l'*Exposition.* 202
LETTRE LVIII. *Bossuet au maréchal de Bellefonds.* Sur la nécessité de s'oublier soi-même, l'esprit qu'on prend dans l'Ecriture sainte, et les dispositions de M. le Dauphin. 203
LETTRE LIX. *Bossuet à M. Le Roi, abbé de Haute-Fontaine.* Il l'exhorte à ne point publier sa réponse à la lettre de M. de Rancé, contre sa dissertation sur certaines pénitences usitées à la Trappe. 204
LETTRE LX. (Extrait). *Le maréchal de Bellefonds à Bossuet.* Sur les disputes du temps. 207
LETTRE LXI. *Bossuet au maréchal de Bellefonds.* Il lui donne des avis relatifs aux disputes présentes, et lui fait connoître ses sentimens sur le fait de Jansénius. 208
LETTRE LXII. *Bossuet aux religieuses de Port-Royal.* Sur la signature pure et simple du *Formulaire* contre le livre de Jansénius. Il les exhorte à donner à leur archevêque une marque de leur obéissance, en signant le *Formulaire,* et leur démontre qu'elles y sont tenues. 210
LETTRE LXIII. *Bossuet à M***.* Il lui envoie l'extrait d'une lettre de M. l'évêque d'Alet, sur la signature du *Formulaire,* et sur les religieuses de Port-Royal. 236
DE L'AUTORITÉ DES JUGEMENS ECCLÉSIASTIQUES, OU SONT NOTÉS LES AUTEURS DES SCHISMES ET DES HÉRÉSIES. Précis de cet ouvrage. 238
LETTRE LXIV. *Bossuet à M. Michel-Ange Ricci.* Il fait l'éloge de son mérite et de ses vertus. 250
LETTRE LXV. *Bossuet au R. P. Laurent de Lauréa.* Il relève l'approbation qu'il a donnée au livre de l'*Exposition.* 251
LETTRE LXVI. *M. de Castorie à M. de Condom.* Il lui fait ses excuses de la

négligence et de l'infidélité avec laquelle son livre de l'*Exposition* a été imprimé en Hollande. 251

LETTRE LXVII. *Bossuet à M. de Castorie.* Sur l'édition latine du livre de l'*Exposition*, faite en Hollande. 252

LETTRE LXVIII. *Bossuet au cardinal Cibo.* Il relève ses rares vertus, et fait l'éloge du Siége apostolique. 253

EPISTOLA LXIX. *Bossuetus ad Innocentium XI.* 254

LETTRE LXIX. *Bossuet à Innocent XI.* Il lui témoigne sa reconnoissance de l'approbation qu'il a accordée à son livre de l'*Exposition*, l'instruit du plan sur lequel Louis XIV vouloit que M. le Dauphin fût formé. 257

LETTRE LXX. *Le cardinal Cibo à Bossuet.* Il témoigne à Bossuet l'affection et l'estime de Sa Sainteté pour lui. 259

LETTRE LXXI. *Bossuet au maréchal de Bellefonds.* Sur l'extrême douceur dont Jérémie, et surtout Jésus-Christ, nous ont donné l'exemple. 260

LETTRE LXXII. *Bossuet à M. Nicaise, chanoine à Dijon.* Jugement qu'il porte des différens écrits de M. Spon. 261

LETTRE LXXIII. *Bossuet au cardinal Cibo.* Sur la lettre qu'il écrit à Sa Sainteté, pour l'instruire de la méthode que l'on suivoit dans l'éducation de M. le Dauphin. 263

LETTRE LXXIV. *Le cardinal Cibo.* Il fait l'éloge de la lettre au Pape, sur l'éducation de M. le Dauphin. 264

LETTRE LXXV. *Bossuet au cardinal Cibo.* Sur une nouvelle édition du livre de l'*Exposition*. 264

LETTRE LXXVI. *Bossuet au pape Innocent XI.* Sur la vraie manière de renouveler dans les cœurs le respect pour le saint Siége. 265

LETTRE LXXVII. *Le cardinal Cibo.* Il donne des éloges à la nouvelle édition du livre de l'*Exposition*. 267

LETTRE LXXVIII. *M. de Castorie à M. de Condom.* Sur l'*Avertissement* que Bossuet avoit mis à la tête de son *Exposition*, et le débit de la traduction flamande. 268

LETTRE LXXIX. *Bossuet à M. Spon, docteur en médecine.* Il loue ses écrits, et lui donne quelques avis pour la suite de ses travaux. 269

LETTRE LXXX. *Bossuet au même.* Il le remercie de l'ouvrage qu'il lui a envoyé. 270

LETTRE LXXXI. *Bossuet à M. Mignard, premier peintre du Roi.* Sur la mort de sa fille. 270

LETTRE LXXXII. *Bossuet au cardinal Cibo.* Zèle du prélat envers les hérétiques. Moyens de les ramener à la vérité. Empressement de Bossuet pour voir ses ouvrages approuvés du Pape. 271

LETTRE LXXXIII. *Bossuet à M. de Castorie.* Sur la nouvelle édition latine du livre de l'*Exposition*. 272

LETTRE LXXXIV. *Bossuet au même.* Il lui envoie son *Discours sur l'Histoire universelle*, et lui propose de faire parvenir des exemplaires de l'*Exposition* en Suède et dans les pays du Nord. 273

LETTRE LXXXV. *M. de Castorie à Bossuet.* Sur les moyens de répandre dans le Nord l'*Exposition de la Foi*; sur le livre de Frédéric Spanheim, la Réponse à la lettre de M. Spon; et sur le libelle intitulé *La Politique du clergé de France*. 274

LETTRE LXXXVI. Réponse de Bossuet à la précédente. 276

LETTRE LXXXVII. *Bossuet à M. Dirois.* Il lui annonce son *Discours sur l'Histoire universelle*. 277

LETTRE LXXXVIII. *Bossuet à M. de Rancé, abbé de la Trappe.* Sur un ecclésiastique que cet abbé l'avoit prié d'ordonner, et sur le projet d'une retraite à la Trappe. 278

Lettre LXXXIX. *Bossuet à M. Nicaise.* Sur le *Traité de la Nature et de la Grace*, du P. Malebranche, et la réponse de M. Arnauld à la lettre de M. Spon. 279

Lettre XC. *M. de Castorie à Bossuet.* Il parle de plusieurs faits concernant le livre de l'*Exposition*, relève le mérite du *Discours sur l'Histoire universelle*, et presse Bossuet de réfuter Spanheim. 279

Lettre XCI. *Bossuet à M. de Castorie.* Sur la réfutation qu'il désiroit faire de Spanheim, les fruits de l'*Exposition* en Suède, la paix de l'Eglise de Hollande, l'assemblée prochaine du Clergé de France, et autres points. 280

Lettre XCII. *Bossuet au même.* Sur les corrections à faire dans une nouvelle édition du *Discours sur l'Histoire universelle.* 281

Lettre XCIII. *Bossuet à M. Dirois.* Sur les approbateurs et le traducteur de son *Exposition*, à la prochaine assemblée du clergé. 282

Lettre XCIV. *Bossuet à M. de Rancé.* Sur les obstacles à son voyage de à Trappe, et la prochaine assemblée du clergé. 283

Lettre XCV. *Bref d'Innocent XI à M. de Condom.* Il lui déclare qu'il lui a remis les droits pour l'expédition de ses bulles pour l'évêché de Meaux. 284

Lettre XCVI. *Bossuet au pape Innocent XI.* Il lui témoigne sa reconnoissance et les sentimens de son respect et de son attachement. 284

Lettre XCVII. *M. de Castorie à M. de Condom.* Sur les fruits du livre de l'*Exposition*, les mauvais effets de celui du P. Crasset, et les plaintes des Calvinistes transfuges de France contre les Catholiques. 285

Lettre XCVIII. *Bossuet à M. Dirois.* Sur la Régale, l'assemblée du Clergé, la nomination du prélat Ricci au cardinalat, et quelques autres objets. 288

Lettre XCIX. *M. de Castorie à M. de Condom.* Sur l'*Apologie pour les catholiques*, composée par M. Arnauld, et le *Discours sur l'Histoire universelle*. 289

Lettre C. *Bossuet au cardinal d'Estrées.* Il lui parle des difficultés proposées sur quelques endroits de son sermon, prêché à l'ouverture de l'assemblée de 1681, et lui rend compte des motifs qui l'ont dirigé dans la composition de ce discours. 290

Lettre CI. *Bossuet à M. Dirois.* Sur les différens objets qui devoient se traiter dans l'assemblée actuelle du clergé. 294

Lettre CII. *Au même.* Sur la distribution de quelques-uns de ses ouvrages. 297

Lettre CIII. *Au même.* Sur l'origine et les fondemens de la Régale. 298

Lettre CIV. *Au même.* Sur la lettre et le procès-verbal de l'assemblée, touchant la Régale, et la manière dont on se proposoit de traiter les points de morale. 300

Lettre CV. *Bossuet à M. de Rancé.* Il parle d'un ouvrage de cet abbé, et déplore la corruption du siècle. 302

Lettre CVI. *Bossuet à M. Dirois.* Sur le projet de Censure et le Corps de Doctrine, qu'il avoit été chargé de dresser par l'Assemblée, et sur la manière dont on devoit procéder à l'égard des différentes propositions qui méritoient d'être censurées. 303

Lettre CVII. *Bossuet au même.* Sur les funestes conséquences de la décision que Rome méditoit en faveur de l'infaillibilité des Papes: la nécessité de condamner sans réserve toutes les propositions que l'Assemblée devoit censurer: en quoi consiste la véritable grandeur du saint Siége. 306

Lettre CVIII. *Bossuet au Grand Condé.* Il lui recommande un de ses parents, qui avoit un procès contre les principaux de sa ville. 311

Lettre CIX. *Bossuet au Grand Condé.* Il lui envoie son livre intitulé *Conférence avec M. Claude*. 312

Lettre CX. *A M. de Rancé.* Sur l'ouvrage de cet abbé, deux Oraisons funèbres du prélat, et les fâcheuses dispositions du Pape. 312

TABLE.

LETTRE CXI. *Bossuet au même.* Il tâche de le détourner du dessein qu'il avoit de se démettre. 313

LETTRE CXII. *Bossuet à M. le comte d'Avaux, ambassadeur de France à la Haye.* Sur différens ouvrages contre les Protestans, que le prélat avoit reçus de Hollande. 314

LETTRE CXIII. *Bossuet à M. de Rancé.* Sur la conférence qu'il avoit eue avec M. l'archevêque de Paris, au sujet du livre de cet abbé. 315

LETTRE CXIV. *Au même.* Il lui apprend les heureux fruits de son livre, et en fait de grands éloges. 315

LETTRE CXV. *Bossuet à M. de Rancé, abbé de la Trappe.* 317

LETTRE CXVI. *Bossuet au Grand Condé.* Il le remercie d'un livre que ce prince lui avoit envoyé. 318

LETTRE CXVII. *Bossuet à M. Brueys.* 319

LETTRE CXVIII. *M. de Castorie à Bossuet.* Sur plusieurs écrits de M. de Meaux, dont l'Eglise de Hollande retiroit de grands avantages. 320

LETTRE CXIX. *Bossuet à M. de Castorie.* Estime qu'il fait de son livre de l'*Amour pénitent*; éloges qu'il donne aux ouvrages de M. Arnauld contre le P. Malebranche. 321

LETTRE CXX. *M. de Castorie à Bossuet.* Sur le sort qu'a eu en différens lieux le livre de l'*Amour pénitent*, et la disposition où étoit M. Arnauld d'entreprendre la réfutation du système du P. Malebranche sur la grace. 322

LETTRE CXXI. *Bossuet à M. de Castorie.* Il lui demande des éclaircissemens sur le *Traité des Billets*. 325

LETTRE CXXII. *M. de Castorie à Bossuet.* Il donne des détails sur la pratique des négocians de Hollande touchant le prêt. 326

LETTRE CXXIII. *Bossuet à M. Dirois.* Sur une affaire qu'un ecclésiastique avoit à la Pénitencerie. 327

LETTRE CXXIV. *A M. de Rancé.* Sur la mort de trois des principaux amis du prélat. 328

LETTRE CXXV. *Bossuet au Grand Condé.* De l'ouvrage du ministre Claude, intitulé : Réponse au livre de M. de Meaux. 329

LETTRE CXXVI. *Bossuet à Condé.* Estime du prélat pour l'abbé Eusèbe Renaudot, que lui a recommandé le prince. 329

LETTRE CXXVII. *Condé à Bossuet.* Le prince est fort inquiet sur la maladie de M. de Cordemoy. Il partage la douleur de Bossuet causée par la mort de l'abbé de Vares et de l'abbé de Saint-Luc. 330

LETTRE CXXVIII. *Antoine Bossuet au Grand Condé.* Il lui marque qu'il vient de quitter M. de Cordemoy à l'agonie. Il remercie le prince de ses bontés. 331

LETTRE CXXIX. *Antoine Bossuet au Grand Condé.* Mêmes sujets. 332

LETTRE CXXX. *Antoine Bossuet au Grand Condé.* Il exprime au prince combien lui est reconnoissante toute la famille Cordemoy. Il remercie le prince du bon accueil dont il a honoré ses fils. 332

LETTRE CXXXI. *Bossuet au Grand Condé.* Les fils de M. Cordemoy auront l'honneur de se présenter à Son Altesse pour le remercier de ses bienfaits. 333

LETTRE CXXXII. *Bossuet à Condé.* Le prince met à la disposition de Bossuet le fontainier de Chantilly. 334

LETTRE CXXXIII. *Bossuet au Grand Condé.* Bossuet renvoie au prince son fontainier et le remercie. 334

LETTRE CXXXIV. *Bossuet au Grand Condé.* Bossuet propose au prince d'agréer Pierre Valois pour chanoine de la collégiale de Dammartin. ... 335

LETTRE CXXXV. *Bossuet au Grand Condé.* Bossuet ira bientôt à Chantilly avec l'abbé de Fénelon. Il lui parle de différents ouvrages. 335

LETTRE CXXXVI. *Bossuet au Grand Condé.* Il complimente le prince sur e mariage du duc d'Enghien. 336

TABLE.

LETTRE CXXXVII. *Bossuet au Grand Condé.* Il parle au prince d'une lettre de Jurieu; du chapeau de cardinal refusé par le P. Colloredo; du P. Mabillon. ... 337

LETTRE CXXXVIII. *Bossuet à Henri-Jules de Bourbon, devenu en décembre 1686 prince de Condé, par la mort du Grand Condé, son père.* Le prince avoit demandé à Bossuet un curé pour l'église de Chantilly. Le prélat lui en indique un dans le diocèse de Poitiers. ... 338

LETTRE CXXXIX. *Bossuet au duc de Noailles.* Il le prie de n'être point en peine de certains papiers. ... 339

LETTRE CXL. *Bossuet au duc de Noailles.* Il se réjouit de voir le duc revenu à la santé. Il l'entretient des canons des conciles. ... 339

LETTRE CXLI. *Bossuet au duc de Noailles.* Il prie le duc d'écrire en faveur de M. de Naves. ... 340

LETTRE CXLII. *Bossuet à M. Dirois.* Sur l'affaire portée à la Pénitencerie, et sur un traité imprimé en Espagne contre les quatre Articles du clergé de France. ... 341

LETTRE CXLIII. *Bossuet à M. de Rancé.* Sur la permission accordée par les supérieurs de la congrégation de Saint-Maur, à dom Muguet, de prendre des engagemens à la Trappe. ... 342

LETTRE CXLIV. *M. de Castorie à Bossuet.* Sur un libelle qu'un imposteur menaçoit d'attribuer à M. de Meaux. ... 343

LETTRE CXLV. *Bossuet à M. de Rancé.* Sur les difficultés qui s'opposoient au dessein de dom Muguet de se fixer à la Trappe. ... 344

LETTRE CXLVI. *Réponse de Bossuet à la question envoyée par M. l'évêque d'Angers,* sur les expressions de la profession de foi de Pie IV, qui concernent l'invocation des Saints. ... 345

LETTRE CXLVII. *Bossuet à M. Dirois.* Sur l'affaire portée à la Pénitencerie; sur un projet de défense de la Déclaration du Clergé; et sur les lettres du cardinal Ubaldini, opposées aux sentimens de Bellarmin. ... 347

LETTRE CXLVIII. *Bossuet à dom Mabillon.* Sur l'affaire de Molinos, l'ordination des Anglois, et le rétablissement de la coupe en Angleterre et en Allemagne. ... 349

LETTRE CXLIX. *Dom Mabillon à Bossuet.* Sur le rétablissement de la coupe, et quelques faits historiques. ... 351

LETTRE CL. *Bossuet à un de ses diocésains, réfugié en Hollande.* Il l'exhorte à revenir à l'Eglise. ... 352

DÉCLARATION *donnée à M. de Bordes,* sur plusieurs points relatifs à son changement de croyance. ... 354

LETTRE CLI. *Bossuet à M. Perrault, de l'Académie françoise.* Il le remercie et de l'envoi et de la dédicace du poëme intitulé : *Saint Paulin.* Il trouve le poëme plein de grandes beautés. ... 355

LETTRE CLII. *Milord Perth.* Sur sa conversion. ... 356

LETTRE CLIII. *Le même.* Sur les suites de sa conversion, et le mérite des Ecrits de M. l'Evêque de Meaux. ... 358

LETTRE CLIV *Le même.* Sur les fruits qu'il a retirés des ouvrages de M. de Meaux; sa fermeté dans la foi, et les mauvaises couleurs qu'on vouloit donner à sa conversion. ... 359

LETTRE CLV. *Le même à Bossuet.* Il lui témoigne l'estime qu'il faisoit de son mérite, sa reconnoissance, et la sincérité de sa conversion. ... 360

LETTRE CLVI. *Bossuet à milord Perth.* Il relève les circonstances admirables de sa conversion, lui marque combien il est touché de l'aveuglement de l'Angleterre, et le désir qu'il a d'y voir refleurir la foi. ... 362

LETTRE CLVII. *Milord Perth à Bossuet.* Grands sentimens de ce néophyte; espérance qu'il a de la conversion des Anglois; son respect pour les Pères de l'Eglise, le Clergé de France, et Bossuet. ... 364

TABLE.

LETTRE CLVIII. *A un Juif retiré en Angleterre.* Il le sollicite de rentrer dans le sein de l'Eglise, qu'il avoit quittée après sa conversion. 368

LETTRE CLIX. *A un réfugié.* Il lui montre le tort qu'il a de regarder comme une raison légitime de son changement, la persécution qu'il prétend que l'Eglise fait souffrir aux Protestans; répond à ses difficultés sur l'Eucharistie, et lui prouve le besoin que les chrétiens ont d'une autorité vivante et parlante qui termine leurs contestations. 363

LETTRE CLX. *A M. Hermant, docteur de Sorbonne.* Sur quelques recherches d'érudition que ce docteur avoit faites pour le prélat. 371

LETTRE CLXI. *A dom Ruinart, Bénédictin.* Il le prie de faire des recherches sur une leçon de saint Ambroise. 372

LETTRE CLXII. *Réponse de dom Ruinart.* 373

LETTRE CLXIII. *Milord Perth à Bossuet.* Sur l'état des affaires de la religion dans les trois royaumes, et particulièrement en Ecosse. 375

LETTRE CLXIV. *Bossuet à M. de Rancé.* Sur la promotion de M. le Camus, évêque de Grenoble, au cardinalat. 381

LETTRE CLXV. *Bossuet à M. l'abbé Nicaise.* Il lui parle de quelques auteurs et de différens ouvrages. 382

LETTRE CLXVI. *Milord Perth à Bossuet.* Sur son fils qui venoit en France. 383

LETTRE CLXVII. *Le même à Bossuet.* Il rend au prélat de grandes actions de graces, pour la réception qu'il a faite à son fils. Il lui marque combien il est difficile de lui procurer des mémoires authentiques sur l'origine et les progrès de l'hérésie en Angleterre. 384

LETTRE CLXVIII. *Le même à Bossuet.* Sur la manière dont le livre de l'*Exposition* lui est parvenu, sur l'état des catholiques d'Ecosse, et les moyens d'étendre la foi. 387

LETTRE CLXIX. *Bossuet à M. l'évêque de Saintes.* Il répond à différentes questions sur les Protestans qui ne reviennent pas sincèrement à l'Eglise. 392

LETTRE CLXX. *Bossuet à M. de Rancé.* Sur le chantre de l'église de Meaux, qui vouloit se retirer à la Trappe. 394

LETTRE CLXXI. *Bossuet à un disciple du P. Malebranche.* Sur les funestes conséquences du livre *de la Nature et de la Grace.* 395

LETTRE CLXXII. *Bossuet au R. P. Rapin, de la compagnie de Jésus.* Il le loue d'un de ses ouvrages et lui promet qu'il en dira du bien au prince de Bourbon. 401

LETTRE CLXXIII. *Milord Perth à Bossuet.* Sur l'opposition de certains religieux à l'exécution du projet d'établir un évêque en Ecosse. 402

LETTRE CLXXIV. *Bossuet à M. de Rancé.* Sur le *Commentaire* du P. Mége, contraire à plusieurs des sentimens de cet abbé. 404

LETTRE CLXXV. *Au même.* Il l'instruit de la publication du *Commentaire* du P. Mége, et de ce qu'il convenoit de faire dans cette circonstance. 406

LETTRE CLXXVI. *Au même.* Il lui témoigne qu'il trouve à propos que le *Commentaire* de cet abbé *sur la Règle de saint Benoît*, paroisse avec les approbations ordinaires, plutôt qu'avec la sienne. 407

PROPOSITION: Qu'on peut dire que la satisfaction que Jésus-Christ fait par ses souffrances, à la justice divine, supplée à la satisfaction que les damnés lui font pour leurs péchés. 407

OBSERVATIONS de M. l'évêque de Meaux sur cette Proposition. 408

RÉPONSE de l'auteur de la *Proposition.* (D. Lami, Bénédictin). 409

LETTRE CLXXVII. *Bossuet à dom Lami.* Sur sa *Démonstration* de la Proposition susdite. 417

LETTRE CLXXVIII. *Bossuet au même.* Sur le même sujet. 418

LETTRE CLXXIX. *Dom Lami à Bossuet.* Sur le même sujet, et sur une *Réfutation de Spinosa.* 418

LETTRE CLXXX. *Bossuet à dom Lami.* Sur le même sujet. 419
LETTRE CLXXXI. *Dom Lami à Bossuet.* Il envoie à Bossuet de nouveaux éclaircissemens sur sa *Démonstration.* 420
SENTIMENT DE M. L'ÉVÊQUE DE MEAUX *sur la Démonstration au sujet de la satisfaction de Jésus-Christ,* avec les REMARQUES de dom Lami. 421
(APPENDICE. Objections contre la *Démonstration.* 437
RÉPONSE de l'auteur de la *Démonstration* à de nouvelles objections 438
LETTRE CLXXXII. *Bossuet à M. Lefèvre d'Ormesson.* Sur la source du mérite des bonnes œuvres, et la manière dont la charité opère. 440
LETTRE CLXXXIII. *Bossuet à dom Mabillon.* Il lui demande des éclaircissemens sur l'étendue de la persécution dans l'Occident. 442
LETTRE CLXXXIV. *Bossuet à M. de Rancé.* Sur le retard de la publication du *Commentaire* de cet abbé, et l'armement du prince d'Orange. 443
LETTRE CLXXXV. *Bossuet à dom Mabillon.* Sur une lettre du cardinal Collorédo, et les menaces qu'on faisoit contre l'Eglise catholique et contre la France. 444
LETTRE CLXXXVI. *Bossuet à M. l'abbé Renaudot.* Il lui témoigne le désir de le voir admis dans l'Académie françoise. 445
LETTRE CLXXXVII. *M. l'abbé Renaudot à Bossuet.* Sur la lettre suivante. 445
LETTRE CLXXXVIII. *Milord Perth à Bossuet.* Ses dispositions au milieu des souffrances que sa fidélité pour son Roi lui attiroit. 446
LETTRE CLXXXIX. *Bossuet à milord Perth.* Bossuet le félicite du bonheur qu'il a de souffrir pour la foi et pour son prince, lui témoigne le désir qu'il a de travailler au salut de l'Angleterre. 448
LETTRE CXC. *Bossuet à M. de Rancé.* Sur son *Commentaire de la Règle de Saint-Benoît.* 451
LETTRE CXCI. *Bossuet au même.* Sur les égaremens du ministre Jurieu, l'exemption de Jouarre, et un nouveau *Commentaire de la Règle de Saint-Benoît,* par un Bénédictin. 452
LETTRE CXCII. *Bossuet à dom de Montfaucon, bénédictin.* Sur son livre concernant l'Histoire de Judith. 453
LETTRE CXCIII. *A M. Santeul, chanoine régulier de Saint-Victor.* Il loue la pièce de vers que ce poète avoit composée pour s'excuser des reproches qui lui avoient été faits, lui parle de ses hymnes de saint Bruno, et d'un poëme fait contre sa Pomone. 453
LETTRE CXCIV. *Bossuet à M. de Rancé.* Sur la défense que cet abbé avoit faite aux religieuses des Clairets, de lire l'Ancien Testament. 455
LETTRE CXCV. *Bossuet à M. Santeul.* Sur le présent que ce poète lui avoit fait d'une de ses pièces, et sur la manière dont on peut se servir de la fable. 456
LETTRE CXCVI. *Bossuet au même.* Sur une de ses pièces, et sur un sermon prêché à Saint-Victor. 457
LETTRE CXCVII. *Bossuet à M. l'abbé Renaudot.* Sur l'arrivée de milord Perth. 458
LETTRE CXCVIII. *Bossuet au P. Mauduit, prêtre de l'Oratoire.* Sur deux Psaumes en vers, que ce Père lui avoit envoyés; sur les Interprètes protestans, et les sources où le prélat avoit puisé pour composer ses notes sur les Psaumes. 458
LETTRE CXCIX. *Bossuet à M. de Rancé.* Sur les dispositions du Roi pour la Trappe, et le triste état des affaires. 459
LETTRE CC. *Bossuet à M. Nicole.* Sur les maux causés à la religion en France par les Protestans, et sur Richard Simon. 460
LETTRE CCI. *Bossuet au maréchal de Bellefonds.* Sur la mort de son fils. 461
LETTRE CCII. *Bossuet à M. le curé de Doué.* Si les ecclésiastiques doivent être nommés avant les seigneurs, au catalogue des morts. 461

LETTRE CCIII. *Bossuet à Mademoiselle Dupré.* Sur la mort de M. Pelisson. 462
LETTRE CCIV. *Bossuet à Mademoiselle de Scudery.* Sur le même sujet. 463
LETTRE CCV. Sur le même sujet. 464
LETTRE CCVI. *Bossuet à M. Nicole.* Il lui témoigne qu'il préfère les notes courtes dans les explications de l'Ecriture sainte; et fait mention de quelques fautes qui s'étoient glissées dans ses notes sur Salomon. 468
LETTRE CCVII. *Bossuet à milord Perth.* Sur la liberté qui lui étoit accordée de sortir d'Angleterre, et les graces que Dieu lui avoit faites dans sa prison. 469
LETTRE CCVIII. *Bossuet à ***.* Il dépeint au naturel le livre de Simon, et le caractère de cet écrivain. 470
LETTRE CCIX. *M. de la Broue, évêque de Mirepoix, à Bossuet.* Sur des éclaircissemens que demandoit Bossuet, touchant les Albigeois; sur les erreurs de M. Dupin, et sur M. de Saint-Pons. 470
LETTRE CCX. *Bossuet au cardinal de Janson. Réponse à une consultation de Jacques II,* roi d'Angleterre. 471
PREUVES *du sentiment de M. l'évêque de Meaux sur la déclaration du roi d'Angleterre.* 473
LETTRE CCXI. *Bossuet au premier président de Harlay.* Cette lettre et les suivantes concernent les moyens à prendre pour se procurer des vivres et en faire une sage et utile distribution aux familles dans le besoin. Il déplore aussi avec amertume l'homicide rapacité des fournisseurs et des traitans. 477
LETTRE CCXII. *Bossuet au premier président de Harlay.* 478
LETTRE CCXIII. *L'évêque d'Amiens au premier président de Harlay.* 480
LETTRE CCXIV. *L'évêque d'Orléans au premier président.* 481
LETTRE CCXV. *L'évêque d'Angers au premier président de Harlay.* 482
LETTRE CCXVI. *L'évêque de Châlons-sur-Marne au premier président de Harlay.* 482
LETTRE CCXVII. *De Leibniz à Bossuet.* Sur l'essence des corps. 483
RÉFLEXIONS *du même sur l'avancement de la métaphysique réelle, et particulièrement sur la nature de la substance expliquée par la force.* 485
RÉPONSE *du même aux objections contre l'explication de la nature du corps, par la motion de la force.* 488
LETTRE CCXVIII. *Bossuet à Leibniz.* Jugement que Bossuet porte de ses écrits sur l'essence des corps. 490
LETTRE CCIX. *Leibniz à Bossuet.* Sur la réponse de Bossuet. 491
LETTRE CCXX. *Leibniz à Bossuet.* Sur les avantages de la dynamique et les divers jugemens qu'on portoit de son système. 494
LETTRE CCXXI. *Bossuet à M. de Rancé, abbé de la Trappe.* Vœux qu'il forme pour l'abbaye de la Trappe. 496
LETTRE CCXXII. *Bossuet à M. de Saint-André, curé de Vareddes.* Bossuet lui parle de plusieurs affaires du diocèse de Meaux et en particulier de celle qu'il avoit avec les religieux de Rebais touchant l'exemption. 497
LETTRE CCXXIII. *Bossuet à l'abbé Renaudot.* Sur l'épitre de Boileau, de l'Amour divin. 499
LETTRE CCXXIV. *Bossuet à M. le Pelletier, évêque d'Angers.* Il lui marque son sentiment sur les mariages entre oncles et nièces, et entre cousins germains; condamne fortement les premiers, improuve les seconds, et déclare que les évêques ne doivent point reconnoître les brefs obtenus pour contracter de tels mariages. 499
LETTRE CCXV. *M. de Noailles, évêque de Châlons à M. le Pelletier, évêque d'Angers.* Sur le même sujet et la même affaire. 500
LETTRE CCXXVI. *Bossuetus ad cardinalem de Aguirre.* Conciliorum Hispa-

niæ novam ipsius editionem eximiè prædicat; regulam morum contra fallacium doctorum theologiam lubricam et versatilem, et firmatam fuisse ab illustrissimo auctore summo plausu comprobat, ac sacri Collegii munus egregium extollit. 501

LETTRE CCXXVII. *Cardinalis de Aguirre ad Bossuetum.* Bossueti præclara opera et aliorum Galliæ scriptorum egregiè commendat, mala belli innumera lamentatur, prælatumque ut laxiorem doctrinam castigare non desinat, vehementer accendit. 503

LETTRE CCXXVIII. *Bossuet à milord Perth.* Il lui parle des moyens que Dieu emploie pour accomplir son œuvre, et prie pour sa persévérance. 505

LETTRE CCXXIX. *Milord Perth à Bossuet.* Il lui adresse un gentilhomme protestant, pour lequel il implore le zèle et la charité du prélat. 506

LETTRE CCXXX. *M. de Menize, gentilhomme écossais, ami de milord Perth, à Bossuet.* Il envoie à Bossuet la lettre précédente de milord Perth. 507

LETTRE CCXXXI. *Bossuetus ad cardinalem de Aguirre.* Quantùm exoptet ut sui ipsius nepos cardinalis aspectu fruatur, suamque erga eum animi observantiam ei studiosè aperit. 508

LETTRE CCXXXII. *Cardinalis de Aguirre ad Bossuetum.* De prælati nepote mentionem facit, ipsius scripta laudat; cumque ac cæteros Ecclesiæ gallicanæ præsules, ut pro ecclesiasticâ disciplinâ morumque doctrinâ tutiori eruditionis vires exerant, adhortatur. 509

LETTRE CCXXXIII. *Bossuet à l'abbé Renaudot.* Sur quelques sentences de l'Inquisition. 510

LETTRE CCXXXIV. *Bossuet à M. Pastel, docteur de Sorbonne.* Sur le frère de ce docteur et les erreurs de Faydit. 510

LETTRE CCXXXV. *Bossuet à M. Payen, lieutenant-général, président au présidial de Meaux.* Sur l'ordre qu'on devoit garder à la procession générale qui se fait à la Notre-Dame d'août. 511

LETTRE CCXXXVI. *Bossuet à l'abbé Renaudot.* Il lui témoigne avec quel empressement il désire voir milord Perth nouvellement arrivé à Paris. 512

LETTRE CCXXXVII. *Bossuet à milord Perth.* Sur le choix que Leurs Majestés Britanniques avoient fait de sa personne, pour la place de gouverneur du prince de Galles. 513

LETTRE CCXXXVIII. *Bossuet à M. de Noailles, archevêque de Paris.* Il se félicite de pouvoir prendre intérêt en ce qui regarde sa famille. 513

LETTRE CCXXXIX. *Bossuet à M. de Noailles, archevêque de Paris.* 514

LETTRE CCXL. *Bossuet à M. de Noailles, archevêque de Paris.* Il lui promet de répondre à un écrit qu'il lui avoit confié. 515

LETTRE CCXLI. *Bossuet à M. de Noailles, archevêque de Paris.* Il lui rend compte de quelques articles renfermés dans une thèse. 515

LETTRE CCXLII. *Bossuetus ad cardinalem Noris.* Occasione alicujus scripti archiepiscopi Parisiensis, quod cardinali mittit, hunc plurimis laudibus extollit. 517

LETTRE CCXLIII. *Bossuetus abbati Gravinæ.* Eloquentiam ejus cæterosque dotes mirificè commendat, Apocalypticam in italicum sermonem transferendi propositum firmat et acuit, et pro benevolentiâ grates amplissimas refundit. 518

LETTRE CCXLIV. Epistola illustrissimorum et reverendissimorum Ecclesiæ principum, Caroli Mauritii Le Tellier, archiepiscopi Rhemensis; Ludovici Antonii de Noailles, archiepiscopi Parisiensis; Jacobi Benigni Bossuet, episcopi Meldensis; Guidonis de Sève, episcopi Atrebatensis; et Henrici Feydau de Brou, episcopi Ambianensis ad Sanctissimum DD. Innocentium Papam XII, contra librum cui titulus: *Nodus prædestinationis dissolutus, auctore Cœlestino S. R. E. presbytero cardinali Sfondrato.* 519

Lettre CCXLV. *Innocentii Papæ XII* responsa. 531
Lettre CCXLVI. *Bossuet à milord Perth.* Il lui marque la joie que lui causent ses lettres. 532
Lettre CCXLVII. *Bossuet au cardinal de Aguirre.* Sur la paix et la charge de premier aumônier de Madame la duchesse de Bourgogne, dont le roi l'avoit honoré. 532
Lettre CCXLVIII. *Epistola cardinalis de Aguirre d Bossuetum.* De prælati nepote, deque pace novissimè sancità ipsum alloquitur. 533
Lettre CCXLIX. *Bossuet au cardinal de Aguirre.* Sur la nouvelle année, la paix, et la joie qu'il a d'apprendre des nouvelles de ce cardinal. 534

FIN DE LA TABLE DU VINGT-SIXIÈME VOLUME.

DE LA
CONNAISSANCE ET DE L'AMOUR
DU
FILS DE DIEU N.-S. JÉSUS-CHRIST

Par le P. J.-B. SAINT-JURE, de la Compagnie de Jésus

ÉDITION REVUE PAR M. L'ABBÉ LOBRY

4 beaux volumes in-8°. Papier vergé. . . . . . **20 francs.**

Cet ouvrage faisait les délices du saint curé d'Ars, qui en recommandait la lecture aux prêtres, aux missionnaires, aux communautés ; lui-même y prenait ces pensées saisissantes et profondes qui donnaient tant d'intérêt à ses catéchismes et à ses instructions. C'est là qu'il puisait ces belles pensées sur la Providence, sur la contrition, sur l'Eucharistie, etc., ces traits charmants sur tant de *bonnes petites saintes*, et les paroles des bons saints, *qui étaient de grands savants*.

Notre édition du P. Saint-Jure est bien supérieure à toutes celles qui l'ont précédée. M. l'abbé Lobry a su, tout en rajeunissant le style parfois illisible de l'auteur, lui conserver cette simplicité, cette onction, cette naïveté de foi qui donnent tant de mérite à l'ouvrage. Il suffit pour se convaincre de cette supériorité d'ouvrir le livre. Lisons la première phrase du premier chapitre.

AUTRES ÉDITIONS	NOTRE ÉDITION
L'éloquent docteur de l'Eglise grecque, saint Grégoire de Nysse, en un petit traité qu'il a fait contre ceux qui portent impatiemment les avertissements qu'on leur donne, fait, tout au commencement, un excellent discours de la raison de l'homme, qui nous servira comme d'une belle et riche porte pour entrer en la considération de la vérité que nous avons entreprise, et par elle en tout ce livre.	Comme introduction à notre sujet, nous citerons un beau passage sur la raison de l'homme, qui se lit au commencement d'un petit traité que saint Grégoire de Nysse, éloquent docteur de l'Eglise grecque, a composé contre ceux qui supportent avec impatience les avertissements qu'on leur donne.

La Table analytique, qui paraît pour la première fois, sera d'un grand secours pour les prédicateurs.

Paris. — Imprimerie Vᵛᵉ P. LAROUSSE et Cⁱᵉ, rue Montparnasse, 19.

www.ingramcontent.com/pod-product-compliance
Lightning Source LLC
Chambersburg PA
CBHW070835230426
43667CB00011B/1810